ORIGENIS
CONTRA CELSVM

LIBRI I. II. III. IV.

———◆———

RECENSVIT ET CVM DELECTV NOTARVM EDIDIT

WILHELMVS SELWYN, S.T.P.

REGIÆ MAJESTATI A SACRIS,
DOMINÆ MARGARETÆ IN SACRA THEOLOGIA LECTOR,
COLL. DIV. JOANN. OLIM SOCIVS.

Wipf & Stock
PUBLISHERS
Eugene, Oregon

Wipf and Stock Publishers
199 W 8th Ave, Suite 3
Eugene, OR 97401

Origen's Contra Celsum
Books 1 - 4
By Selwyn, William
ISBN 13: 978-1-55635-065-8
ISBN 10: 1-55635-065-1
Publication date 12/11/2006
Previously published by Bell, 1876

MONITVM.

In his libris imprimendis, hoc fère unum mihi curæ erat, ut textum auctoris, multorum laboribus emendatum, quam verissime exhiberem. Huc potissimum spectant notulæ ad calcem paginæ, ex Ruæi (R) et Lommatzschii (L) editionibus selectæ.

Delectum Notarum subjeci; argumenti plenius illustrandi causâ consulendæ sunt editiones Spenceriana et Benedictina.

EDITIONES PRIORES.

			A.D.	
Latine	Pérsona	Romæ	1481	
Gr. et Lat.	Hœschel	Augustæ Vindelicorum	1605	
Gr. et Lat.	Spencer	Cantabrigiæ	1658,	1677
Gallice	Elie Bohereau	Amstelodami	1700	
Gr. et Lat.	De la Rue	Parisiis	1733	
Gr.	Lommatzsch	Berolini	1845	

CORRIGENDA.

	PRO	LEGE
p. 4, l. 18,	κατακλήσεσιν	κατακηλήσεσιν
p. 95, l. 19,	νοῆσαι	νοῆσαι
p. 121, l. 25,	ἡνέρᾳ	ἡμέρᾳ
p. 126, l. 17,	ἐθνῶν	ἐθῶν
p. 127, l. 22,	post δυνάμεσιν	dele (,)
p. 142, l. 28,	συζήσομεν. Οὕτω	συζήσομεν· οὕτω
p. 188, l. 11,	τοῦς	τοῦ
p. 242, l. 5,	post καταβαίνειν	dele punctum
p. 244, n. 3, l. 1,	Cap. vi.	Cap. vi. vii.
p. 264, n. 2,	Num. 36	Num. 37

CONJECTURÆ.

p. 1, l. 13,	παρανομίαν	παρανομῆσαι
p. 19, l. 23,	ἐρεῖ	αἱρεῖ
p. 47, l. 5,	καταβαλὼν	καταβαλῶν
p. 55, l. 9,	αὐτῷ	αὐτοῦ
p. 91, l. 12,	ἀγωνιζόμενος	ἀνεγνωρισμένος (Ashton)
p. 165, l. 4,	ὑποτεμνομένας	ὑποτιμωμένας (Hort), vid. p. 104, 9
p. 172, l. 15,	παραστῆσαι	παραστήσεις
p. 218, l. 6,	πιστικὴ	πειστικὴ
p. 248, l. 19,	οὐ φῆς	σύ φῃς (Ashton)
p. 264, l. 3,	καταβαλὼν	καταβαλῶν, vid. p. 47, l. 5
p. 266, l. 7,	πυνθανόμεθα	πυνθανώμεθα
p. 275, l. 9,	ἆρα γὰρ	ὅρα γὰρ, vid. 192, 10. 104, 29. 204, 1. 207, 6. &c.

IN TEXTUM RECEPTÆ.

p. 125, l. 8,	τιθέναι	τιθέντι
p. 127, l. 18,	εἴπῃ	εἴποι
,, l. 24,	δώσει	δῷ σοι
,, l. 32,	ὀνομάζειν	ὀνομάζει
p. 131, l. 16,	οἴονται	οἷόν τε (de la Rue)
p. 152, l. 4,	αὐτῷ	αὐτοῦ
p. 159, l. 17,	οἴονται	οἷόν τε (et sic p. 174, l. 20)
p. 171, l. 21,	ἄρ'	ἆρ'
p. 182, l. 12,	πολλῶν	πολλῷ
p. 192, l. 14,	τὸ	τὸν
p. 225, l. 7,	κακηγορεῖ	κακηγοροῖ
p. 238, l. 22,	ταύτας ἀφανισθῆναι	ταῦτα σαφηνισθῆναι
p. 243, l. 15,	ἀπαγγελίας	ἐπαγγελίας
p. 249, l. 17,	τοῦ	του
p. 277, l. 16,	δὴ	δὲ
p. 283, l. 10,	ἴδωμεν	ἴδοιμεν
,, l. 11,	ἀπολέσθαι	ἀποθέσθαι
p. 317, l. 1,	αὐτῷ	αὐτὸν (Boh.)
p. 322, l. 31,	βλέπει	βλέποι
p. 328, l. 16,	ἐνεργείας	ἐναργείας
p. 331, l. 24,	ἐνεργεστέρας	ἐναργεστέρας (Boh.)
p. 332, l. 2,	εὔρων	εὗρεν (Philoc.)
p. 337, l. 23,	πᾶν ἔργον	πάρεργον (Boh.)

COLLATIO PAGINARVM EDITIONVM

Spenceri.	Nostrae.		Spenceri.	Nostrae.	
	LIB. I.		32	38. 6,	c. 41
			33	39. 23,	c. 43
1	iii.	Pr. c. 1	34	41. 2,	c. 44
2	iv. 7,	—	35	42. 14,	c. 46
3	v. 18,	Pr. c. 3	36	43. 27,	c. 47
4	vi. 31,	Pr. c. 5	37	45. 6,	c. 48
5	1. 10,	c. 1	38	46. 21,	c. 48
6	3. 1,	c. 3	39	48. 3,	c. 50
7	4. 10,	c. 5	40	49. 16,	c. 51
8	5. 23,	c. 7	41	50. 28,	c. 53
9	7. 3,	c. 9	42	52. 12,	c. 54
10	8. 11,	c. 10	43	53. 29,	c. 55
11	9. 19,	c. 11	44	55. 9,	c. 57
12	10. 28,	c. 13	45	56. 21,	c. 57
13	12. 8,	c. 14	46	58. 1,	c. 60
14	13. 20,	c. 16	47	59. 14,	c. 61
15	14. 30,	c. 17	48	60. 25,	c. 62
16	16. 8,	c. 19	49	62. 5,	c. 62
17	17. 20,	c. 21	50	63. 17,	c. 63
18	18. 32,	c. 23	51	64. 29,	c. 65
19	20. 7,	c. 24	52	66. 12,	c. 66
20	21. 17,	c. 25	53	67. 27,	c. 67
21	22. 28,	c. 26	54	69. 5,	c. 68
22	24. 8,	c. 27	55	70. 18,	c. 70
23	25. 23,	c. 29			
24	26. 32,	c. 29		LIB. II.	
25	28. 12,	c. 31			
26	29. 22,	c. 32	56	73. 1,	c. 1
27	31. 5,	c. 34	57	74. 16,	c. 1
28	32. 22,	c. 35	58	75. 31,	c. 2
29	34. 4,	c. 36	59	77. 12,	c. 3
30	35. 15,	c. 37	60	78. 27,	c. 4
31	36. 27,	c. 39	61	80. 14,	c. 6

COLLATIO PAGINARUM EDITIONUM.

Spenceri.	Nostrae.		Spenceri.	Nostrae.	
62	81. 28,	c. 8	107	149. 2,	c. 75
63	83. 14,	c. 9	108	150. 18,	c. 76
64	85. 2,	c. 9	109	152. 2,	c. 76
65	86. 18,	c. 10	110	153. 18,	c. 78
66	88. 6,	c. 11	111	154. 30,	c. 79
67	89. 20,	c. 12			
68	90. 29,	c. 13		LIB. III.	
69	92. 8,	c. 13			
70	93. 21,	c. 15	112	157. 1,	c. 1
71	95. 2,	c. 16	113	158. 16,	c. 2
72	96. 16,	c. 18	114	159. 28,	c. 3
73	97. 29,	c. 20	115	161. 13,	c. 5
74	99. 17,	c. 20	116	162. 30,	c. 7
75	101. 2,	c. 21	117	164. 12,	c. 9
76	102. 19,	c. 24	118	165. 25,	c. 11
77	104. 6,	c. 25	119	167. 12,	c. 13
78	105. 22,	c. 27	120	168. 25,	c. 14
79	107. 8,	c. 30	121	170. 13,	c. 17
80	108. 23,	c. 32	122	172. 1,	c. 19
81	110. 4,	c. 34	123	173. 19,	c. 22
82	111. 24,	c. 36	124	175. 4,	c. 23
83	113. 9,	c. 38	125	176. 23,	c. 25
84	114. 23,	c. 40	126	178. 7,	c. 26
85	116. 5,	c. 42	127	179. 16,	c. 27
86	117. 19,	c. 44	128	181. 1,	c. 28
87	118. 31,	c. 46	129	182. 16,	c. 30
88	120. 10,	c. 48	130	184. 4,	c. 32
89	121. 27,	c. 49	131	185. 18,	c. 33
90	123. 17,	c. 50	132	187. 1,	c. 35
91	125. 1,	c. 51	133	188. 12,	c. 36
92	126. 15,	c. 52	134	190. 1,	c. 37
93	128. 1,	c. 53	135	191. 22,	c. 39
94	129. 13,	c. 55	136	193. 11,	c. 41
95	130. 31,	c. 55	137	194. 30,	c. 43
96	132. 16,	c. 57	138	196. 10,	c. 44
97	134. 2,	c. 59	139	197. 26,	c. 45
98	135. 20,	c. 61	140	199. 17,	c. 46
99	137. 5,	c. 63	141	200. 30,	c. 48
100	138. 26,	c. 64	142	202. 15,	c. 50
101	140. 7,	c. 65	143	203. 28,	c. 51
102	141. 22,	c. 67	144	205. 10,	c. 53
103	143. 7,	c. 69	145	206. 24,	c. 55
104	144. 23,	c. 70	146	208. 10,	c. 57
105	146. 2,	c. 71	147	209. 25,	c. 58
106	147. 17,	c. 73	148	211. 6,	c. 60

COLLATIO PAGINARUM EDITIONUM.

Spenceri.	Nostrae.		Spenceri.	Nostrae.	
149	212. 19,	c. 62	188	272. 2,	c. 38
150	213. 30,	c. 63	189	273. 13,	c. 38
151	215. 14,	c. 65	190	274. 28,	c. 39
152	216. 32,	c. 67	191	276. 20,	c. 40
153	218. 14,	c. 69	192	278. 18,	c. 42
154	219. 26,	c. 70	193	280. 5,	c. 44
155	221. 4,	c. 72	194	281. 22,	c. 45
156	222. 18,	c. 74	195	282. 31,	c. 46
157	224. 4,	c. 75	196	284. 16,	c. 47
158	225. 20,	c. 76	197	286. 5,	c. 49
159	227. 5,	c. 78	198	287. 25,	c. 50
160	229. 2,	c. 81	199	289. 14,	c. 51
			200	290. 29,	c. 53
			201	292. 15,	c. 54
	LIB. IV.		202	294. 6,	c. 56
			203	295. 22,	c. 57
161	231. 1,	c. 1	204	297. 10,	c. 59
162	232. 17,	c. 2	205	298. 20,	c. 61
163	233. 30,	c. 3	206	300. 9,	c. 63
164	235. 18,	c. 4	207	301. 25,	c. 65
165	237. 4,	c. 6	208	303. 10,	c. 66
166	238. 15,	c. 8	209	305. 5,	c. 68
167	239. 30,	c. 10	210	306. 21,	c. 70
168	241. 14,	c. 12	211	308. 5,	c. 71
169	242. 30,	c. 13	212	309. 21,	c. 72
170	244. 10,	c. 15	213	311. 10,	c. 74
171	246. 6,	c. 17	214	312. 26,	c. 75
172	247. 19,	c. 18	215	314. 17,	c. 77
173	249. 2,	c. 19	216	316. 16,	c. 79
174	250. 14,	c. 21	217	318. 6,	c. 81
175	252. 3,	c. 22	218	319. 19,	c. 82
176	253. 17,	c. 24	219	321. 9,	c. 83
177	255. 6,	c. 26	220	322. 31,	c. 85
178	256. 16,	c. 26	221	324. 13,	c. 87
179	258. 4,	c. 28	222	325. 29,	c. 88
180	259. 20,	c. 29	223	327. 14,	c. 89
181	261. 11,	c. 30	224	329. 10,	c. 90
182	262. 25,	c. 31	225	330. 24,	c. 91
183	264. 11,	c. 32	226	332. 11,	c. 93
184	265. 26,	c. 33	227	334. 3,	c. 95
185	267. 13,	c. 34	228	335. 18,	c. 97
186	268. 25,	c. 36	229	337. 4,	c. 98
187	270. 11,	c. 37	230	338. 18,	c. 99

ΩΡΙΓΕΝΟΥΣ

ΠΡΟΟΙΜΙΟΝ ΕΙΣ ΤΟΜΟΥΣ

ΚΑΤΑ ΚΕΛΣΟΥ.

ΩΡΙΓΕΝΟΥΣ

ΠΡΟΟΙΜΙΟΝ ΕΙΣ ΤΟΜΟΥΣ

ΚΑΤΑ ΚΕΛΣΟΥ.

1. Ὁ μὲν σωτὴρ καὶ κύριος ἡμῶν Ἰησοῦς Χριστὸς ψευδομαρτυρούμενος μὲν, ἐσιώπα· κατηγορούμενος δὲ, οὐδὲν ἀπεκρίνατο· πειθόμενος πάντα τὸν βίον ἑαυτοῦ, καὶ τὰς ἐν Ἰουδαίοις πράξεις, κρείττους γεγονέναι φωνῆς ἐλεγχούσης τὴν ψευδομαρτυρίαν, καὶ λέξεων ἀπολογουμένων πρὸς τὰς κατηγορίας. Σὺ δ', ὦ φιλόθεε Ἀμβρόσιε[1], οὐκ οἶδ' ὅπως πρὸς τὰς Κέλσου κατὰ Χριστιανῶν ἐν συγγράμμασι ψευδομαρτυρίας, καὶ τῆς πίστεως τῶν ἐκκλησιῶν ἐν βιβλίῳ κατηγορίας, ἐβουλήθης ἡμᾶς ἀπολογήσασθαι· ὡς οὐκ ὄντος ἐναργοῦς ἐλέγχου ἐν τοῖς πράγμασι, καὶ πάντων γραμμάτων κρείττονος λόγου, τοῦ τε τὰς ψευδομαρτυρίας ἀφανίζοντος, καὶ ταῖς κατηγορίαις μηδὲ πιθανότητα, εἰς τὸ δύνασθαί τι αὐτὰς, ἐνδιδόντος. Περὶ δὲ τοῦ Ἰησοῦ ὅτι ἐσιώπα ψευδομαρτυρούμενος, ἀρκεῖ ἐπὶ τοῦ παρόντος τὰ Ματθαίου παραθέσθαι· τὰ γὰρ ἰσοδυναμοῦντα αὐτῷ ὁ Μάρκος ἔγραψεν. Ἔχει δὲ οὕτως ἡ τοῦ Ματθαίου λέξις[2]. "ὁ δὲ ἀρχιερεὺς, καὶ τὸ συνέδριον, ἐζήτουν ψευδομαρτυρίαν κατὰ τοῦ Ἰησοῦ, ὅπως θανατώσωσιν αὐτόν· καὶ οὐχ εὗρον, πολλῶν προσελθόντων ψευδομαρτύρων. Ὕστερον δὲ προσελθόντες δύο, εἶπον· οὗτος ἔφη· δύναμαι καταλῦσαι τὸν ναὸν τοῦ θεοῦ, καὶ διὰ τριῶν ἡμερῶν οἰκοδομῆσαι. Καὶ ἀναστὰς ὁ ἀρχιερεὺς, εἶπεν αὐτῷ· οὐδὲν ἀποκρίνῃ, ὅτι οὗτοί

(1) Cf. Euseb. Hist. Lib. VI. c. 18.
(2) Matth. xxvi. 59—62.

σου καταμαρτυροῦσιν; Ὁ δὲ Ἰησοῦς ἐσιώπα." Ἀλλὰ καὶ, ὅτι οὐκ ἀπεκρίνατο κατηγορούμενος, τοιαῦτα γέγραπται· " ὁ δὲ Ἰησοῦς ἔστη ἔμπροσθεν τοῦ ἡγεμόνος· καὶ ἐπηρώτησεν αὐτὸν, λέγων· σὺ εἶ ὁ βασιλεὺς τῶν Ἰουδαίων; Ὁ δὲ Ἰησοῦς ἔφη αὐτῷ· σὺ λέγεις. Καὶ ἐν τῷ κατηγορεῖσθαι αὐτὸν ὑπὸ τῶν ἀρχιερέων καὶ πρεσβυτέρων, οὐδὲν ἀπεκρίνατο. Τότε λέγει αὐτῷ ὁ Πιλάτος· οὐκ ἀκούεις, πόσα σου καταμαρτυροῦσιν; Καὶ οὐκ ἀπεκρίθη αὐτῷ πρὸς οὐδὲν ῥῆμα, ὥστε θαυμάζειν τὸν ἡγεμόνα λίαν."

2. Καὶ γὰρ θαυμασμοῦ ἄξιον ἦν παρὰ τοῖς καὶ μετρίως φρονεῖν δυναμένοις, τὸ, τὸν κατηγορούμενον καὶ ψευδομαρτυρούμενον, δυνάμενον ἀπολογήσασθαι, καὶ παραστῆσαι ἑαυτὸν οὐδενὶ ἔνοχον ἐγκλήματι, καὶ ἐγκώμια τοῦ ἑαυτοῦ βίου διεξελθεῖν, καὶ τῶν δυνάμεων, ὡς ἀπὸ θεοῦ γεγένηνται, ἵνα δῷ τῷ δικαστῇ ὁδὸν τοῦ χρηστότερα περὶ αὐτοῦ ἀποφήνασθαι, τοῦτο μὲν μὴ πεποιηκέναι, καταπεφρονηκέναι δὲ, καὶ μεγαλοφυῶς ὑπερεωρακέναι τοὺς κατηγόρους. Ὅτι δὲ, εἰ ἀπελογήσατο, ἀπέλυσεν ἂν ὁ δικαστὴς, μηδὲ διστάσας, τὸν Ἰησοῦν, δῆλον ἐκ τῶν ἀναγεγραμμένων περὶ αὐτοῦ, ἐν οἷς εἶπε· " τίνα θέλετε τῶν δύο ἀπολύσω ὑμῖν; τὸν Βαραββᾶν, ἢ Ἰησοῦν, τὸν λεγόμενον Χριστόν;" κἀκ τοῦ, ὃ ἐπιφέρει ἡ γραφὴ λέγουσα· " ᾔδει γὰρ, ὅτι διὰ φθόνον παρέδωκαν αὐτόν." Ἰησοῦς οὖν ἀεὶ ψευδομαρτυρεῖται, καὶ οὐκ ἔστιν ὅτε, κακίας οὔσης ἐν ἀνθρώποις, οὐ κατηγορεῖται. Καὶ αὐτὸς μὲν καὶ νῦν σιωπᾷ πρὸς ταῦτα, καὶ οὐκ ἀποκρίνεται μὲν διὰ φωνῆς, ἀπολογεῖται δὲ ἐν τῷ βίῳ τῶν γνησίων ἑαυτοῦ μαθητῶν, κεκραγότι τὰ διαφέροντα, καὶ πάσης ψευδομαρτυρίας ὄντι κρείττονι, ἐλέγχων καὶ ἀνατρέπων τὰς ψευδομαρτυρίας καὶ κατηγορίας.

3. Τολμῶ μὲν οὖν καὶ φημι, ὅτι ἦν ἀξιοῖς ποιήσασθαι ἡμᾶς ἀπολογίαν, ὑπεκλύει τὴν ἐν τοῖς πράγμασιν ἀπολογίαν, καὶ τὴν ἐπιφανῆ τοῖς οὐκ ἀναισθήτοις δύναμιν τοῦ Ἰησοῦ. Ὅμως δ', ἵνα μὴ δοκῶμεν ὀκνεῖν πρὸς τὸ ἐπιταχθὲν ὑπό σου, πεπειράμεθα ὑπαγορεῦσαι, κατὰ τὴν παροῦσαν δύναμιν, πρὸς ἕκαστον τῶν ὑπὸ Κέλσου γεγραμμένων, τὸ φανὲν ἡμῖν ἀνα-

τρεπτικὸν, τῶν πιστὸν οὐδένα δυναμένων σεῖσαι λόγων αὐτοῦ. Καὶ μὴ εἴη γε εὑρεθῆναί τινα, τοιαύτην ἀνειληφότα ἀγάπην τοῦ θεοῦ ἐν Χριστῷ Ἰησοῦ, ὡς ὑπὸ τῶν ῥημάτων Κέλσου, ἤ τινος τῶν ὁμοίων, σεισθῆναι τὴν προαίρεσιν αὐτοῦ. Ὁ δὲ Παῦλος μυρία ὅσα καταλέγων· τὰ εἰωθότα χωρίζειν ἀπὸ τῆς ἀγάπης τοῦ Χριστοῦ, καὶ ἀγάπης τοῦ θεοῦ ἐν Χριστῷ Ἰησοῦ, ὧν πάντων κρείττων ἦν ἡ ἐν αὐτῷ ἀγάπη, λόγον οὐ κατέταξεν ἐν τοῖς χωρίζουσιν. Πρόσχες γὰρ, ὅτι πρότερον μέν φησι[1]. "τίς ἡμᾶς χωρίσει ἀπὸ τῆς ἀγάπης τοῦ Χριστοῦ; Θλίψις, ἢ στενοχωρία, ἢ διωγμὸς, ἢ λιμὸς, ἢ γυμνότης, ἢ κίνδυνος, ἢ μάχαιρα; (καθάπερ γέγραπται[2]· ' ὅτι ἕνεκέν σου θανατούμεθα πᾶσαν τὴν ἡμέραν· ἐλογίσθημεν ὡς πρόβατα σφαγῆς.') Ἀλλ' ἐν τούτοις πᾶσιν ὑπερνικῶμεν διὰ τοῦ ἀγαπήσαντος ἡμᾶς." Δεύτερον δὲ ἄλλο τάγμα ἐκτιθέμενος τῶν πεφυκότων χωρίζειν τοὺς ἀνερματίστους ἐν θεοσεβείᾳ, λέγει· "πέπεισμαι γὰρ, ὅτι οὔτε θάνατος, οὔτε ζωὴ, οὔτε ἄγγελοι, οὔτε ἀρχαὶ, οὔτε ἐνεστῶτα, οὔτε μέλλοντα, οὔτε δυνάμεις, οὔτε ὕψωμα, οὔτε βάθος, οὔτε τις κτίσις ἑτέρα δυνήσεται ἡμᾶς χωρίσαι ἀπὸ τῆς ἀγάπης τοῦ θεοῦ, τῆς ἐν Χριστῷ Ἰησοῦ τῷ κυρίῳ ἡμῶν."

4. Καὶ ἀληθῶς ἄξιον μὲν ἡμᾶς σεμνύνεσθαι ἐπὶ θλίψει μὴ χωριζούσῃ, ἢ τοῖς ἑξῆς αὐτῇ κατειλεγμένοις, οὐχὶ δὲ Παῦλον καὶ τοὺς ἀποστόλους, καὶ εἴ τις ἐκείνοις γέγονε παραπλήσιος, διὰ τὸ πάνυ ὑπεράνω τῶν τοιούτων εἶναι, λέγοντα τό· "ἐν τούτοις πᾶσιν ὑπερνικῶμεν διὰ τοῦ ἀγαπήσαντος ἡμᾶς·" ὅπερ μεῖζόν ἐστι τοῦ νικᾷν. Εἰ δὲ δεῖ καὶ ἀποστόλους σεμνύνεσθαι, μὴ χωριζομένους ἀπὸ τῆς ἀγάπης τοῦ θεοῦ τῆς ἐν Χριστῷ Ἰησοῦ τῷ κυρίῳ ἡμῶν· σεμνύνοιντο ἂν, ὅτι οὔτε θάνατος, οὔτε ζωὴ, οὔτε ἄγγελοι, οὔτε ἀρχαὶ, οὔτε τι τῶν ἑξῆς δύναται αὐτοὺς χωρίσαι ἀπὸ[3] τῆς ἀγάπης τοῦ θεοῦ, τῆς ἐν Χριστῷ Ἰησοῦ τῷ κυρίῳ ἡμῶν. Τοίνυν οὐ συνήδομαι τῷ πιστεύσαντι εἰς Χριστὸν, ὡς δύνασθαι σαλευθῆναι αὐτοῦ

---

(1) Rom. viii. 35—39.   (2) Psalm. xliv. 22.

(3) Ita legendum ex Origene supra, quamvis vox ἀπὸ in omnibus nostris MSS. desideretur. R.

τὴν πίστιν ὑπὸ Κέλσου, τοῦ οὐδὲ κοινοτέραν ζωὴν ζῶντος ἐν ἀνθρώποις ἔτι, ἀλλ' ἤδη καὶ πάλαι νεκροῦ· ἢ τινος πιθανότητος λόγου. Οὐκ οἶδα δ' ἐν ποίῳ τάγματι λογίσασθαι χρὴ τὸν δεόμενον λόγων πρὸς τὰ Κέλσου κατὰ Χριστιανῶν ἐγκλήματα, ἐν βιβλίοις ἀναγραφομένων τῶν ἀποκαθιστάντων αὐτὸν ἀπὸ τοῦ κατὰ τὴν πίστιν σεισμοῦ ἐπὶ τὸ στῆναι ἐν αὐτῇ. Ὅμως δ' ἐπεὶ ἐν τῷ πλήθει τῶν πιστεύειν νομιζομένων εὑρεθεῖεν ἄν τινες τοιοῦτοι, ὡς σαλεύεσθαι μὲν καὶ ἀνατρέπεσθαι ὑπὸ τῶν Κέλσου γραμμάτων, θεραπεύεσθαι δὲ ὑπὸ τῆς πρὸς αὐτὰ ἀπολογίας, ἐὰν ἔχῃ χαρακτῆρά τινα καθαιρετικὸν τῶν Κέλσου, καὶ τῆς ἀληθείας παραστατικὸν τὰ λεγόμενα· ἐλογισάμεθα πεισθῆναί σου τῇ προστάξει, καὶ ὑπαγορεῦσαι πρὸς ὃ ἔπεμψας ἡμῖν σύγγραμμα· ὅπερ οὐκ οἶμαί τινα τῶν ἐν φιλοσοφίᾳ, κἂν ἐπ' ὀλίγον προκοψάντων, συγκαταθέσθαι εἶναι λόγον ἀληθῆ, ὡς ἐπέγραψεν ὁ Κέλσος.

5. Ὁ μὲν οὖν Παῦλος, συνιδὼν ὅτι ἐστὶν ἐν φιλοσοφίᾳ ἑλληνικῇ οὐκ εὐκαταφρόνητα τοῖς πολλοῖς πιθανὰ, παριστάντα τὸ ψεῦδος ὡς ἀλήθειαν, φησὶν ἐπ' ἐκείνοις τό[1]· "βλέπετε, μή τις ὑμᾶς ἔσται ὁ συλαγωγῶν διὰ τῆς φιλοσοφίας καὶ κενῆς ἀπάτης, κατὰ τὴν παράδοσιν τῶν ἀνθρώπων, κατὰ τὰ στοιχεῖα τοῦ κόσμου, καὶ οὐ κατὰ Χριστόν." Καὶ ὁρῶν ἐν τοῖς λόγοις τῆς τοῦ κόσμου σοφίας ἐμφαινόμενόν τι μέγεθος, εἶπεν εἶναι τοὺς λόγους τῶν φιλοσόφων "κατὰ τὰ στοιχεῖα τοῦ κόσμου." Οὐδεὶς δὲ τῶν νοῦν ἐχόντων φήσαι ἂν καὶ τὰ Κέλσου "κατὰ τὰ στοιχεῖα τοῦ κόσμου" εἶναι γεγραμμένα. Κἀκεῖνα μὲν ἔχοντά τι ἀπατηλὸν, καὶ κενὴν ἀπάτην ὠνόμασε, τάχα πρὸς ἀντιδιαστολὴν ἀπάτης τινὸς οὐ κενῆς· ἣν θεωρήσας ὁ Ἱερεμίας, ἐτόλμησε πρὸς θεὸν εἰπεῖν τό[2]· "ἠπάτησάς με, κύριε, καὶ ἠπατήθην· ἐκράτησας, καὶ ἠδυνήθης." Τὰ δὲ Κέλσου οὐδαμῶς ἀπάτην ἔχειν μοι φαίνεται, διὸ οὐδὲ κενήν· ὁποίαν ἔχει τὰ τῶν αἱρέσεις ἐν φιλοσοφίᾳ πηξάντων, καὶ τὸν νοῦν οὐ τὸν τυχόντα κατ' ἐκεῖνα ἀνειληφότων. Καὶ ὥσπερ οὐ τὸ τυχὸν τῶν ψευδομένων ἐν γεωμετρικοῖς θεωρήμασι ψευδογραφούμενόν τις ἂν λέγοι, ἢ καὶ ἀναγράφοι γυμνασίου

[1] Coloss. ii. 8.   [2] Jerem. xx. 7.

ἕνεκεν τοῦ ἀπὸ τοιούτων· οὕτως παραπλήσια εἶναι χρὴ τοῖς τῶν αἱρέσεις πηξάντων ἐν φιλοσοφίᾳ νοήμασι, τὰ μέλλοντα ὁμοίως ἐκείνοις λέγεσθαι κενὴν ἀπάτην, καὶ παράδοσιν ἀνθρώπων, κατὰ τὰ στοιχεῖα τοῦ κόσμου.

6. Τοῦτο δὲ τὸ προοίμιον, μετὰ τὸ ὑπαγορεῦσαι πάντα τὰ μέχρι τῆς παρὰ Κέλσῳ τοῦ Ἰουδαίου πρὸς τὸν Ἰησοῦν προσωποποιΐας, ἔδοξεν ἡμῖν προτάξαι τῆς ἀρχῆς· ἵν' αὐτῷ προεντυγχάνῃ ὁ ἀιαγνωσόμενος τὰ πρὸς Κέλσον ἡμῖν ὑπαγορευθέντα, καὶ ἴδῃ, ὅτι οὐ πάνυ πιστοῖς γέγραπται τὸ βιβλίον τοῦτο, ἀλλ' ἢ τέλεον ἀγεύστοις τῆς εἰς Χριστὸν πίστεως, ἢ τοῖς, ὡς ὁ ἀπόστολος ὠνόμασεν, ἀσθενοῦσιν ἐν τῇ πίστει. Εἶπε δ' οὕτως[1]. "τὸν δ' ἀσθενοῦντα τῇ πίστει προσλαμβάνεσθε." Ἀπολογησάσθω δὲ τὸ προοίμιον, ὅτι ἄλλη μὲν προθέσει τὴν ἀρχὴν τῶν πρὸς Κέλσον ὑπηγορεύσαμεν, ἄλλη δὲ τὰ μετὰ τὴν ἀρχήν. Πρότερον μὲν γὰρ ἐσκοποῦμεν ὑποσημειώσασθαι τὰ κεφάλαια, καὶ διὰ βραχέων τὰ πρὸς αὐτὰ λεγόμενα· εἶτα μετὰ τοῦτο σωματοποιῆσαι τὸν λόγον. Ὕστερον δ' αὐτὰ τὰ πράγματα ὑπέβαλεν ἡμῖν, φειδομένοις χρόνου, ἀρκεσθῆναι μὲν τοῖς κατὰ τὴν ἀρχὴν οὕτως ὑπαγορευθεῖσιν· ἐν δὲ τοῖς ἑξῆς, κατὰ τὸ δυνατὸν ἡμῖν, συγγραφικῶς ἀγωνίσασθαι πρὸς τὰ Κέλσου καθ' ἡμῶν ἐγκλήματα. Διόπερ αἰτοῦμεν συγγνώμην ἐπὶ τῇ ἀρχῇ τῶν μετὰ τὸ προοίμιον. Ἐὰν δὲ μὴ κινηθῇς καὶ ὑπὸ τῶν ἑξῆς ὑπαγορευθέντων ἀνυσίμως· καὶ ἐπ' αὐτοῖς τὴν ὁμοίαν συγγνώμην αἰτῶν, ἀναπέμπω σε, ἐάν περ ἔτι θέλῃς δι' ὑπαγορεύσεων τὰς λύσεις σοι τῶν Κέλσου γενέσθαι λόγων, ἐπὶ τοὺς ἡμῶν συνετωτέρους καὶ δυνατούς, διὰ λέξεων καὶ βιβλίων ἀνατρέπειν δυναμένους τὰ καθ' ἡμῶν τοῦ Κέλσου ἐγκλήματα. Πλὴν βελτίων ὁ μηδὲ τὴν ἀρχὴν δεηθείς, κἂν ἐντυχὼν τῷ Κέλσου συγγράμματι, τῆς πρὸς αὐτὸ ἀπολογίας· ἀλλ' ὑπερφρονήσας πάντα τὰ ἐν τῷ βιβλίῳ αὐτοῦ, ὡς καὶ ὑπὸ τοῦ τυχόντος ἐν Χριστῷ πιστοῦ, διὰ τὸ ἐν αὐτῷ πνεῦμα, εὐλόγως καταφρονούμενα.

(1) Rom. xiv. 1.

ΩΡΙΓΕΝΟΥΣ
ΚΑΤΑ ΚΕΛΣΟΥ.

Τόμος πρῶτος.

1. Πρῶτον τῷ Κέλσῳ κεφάλαιόν ἐστι βουλομένῳ διαβαλεῖν Χριστιανισμὸν, ὡς συνθήκας κρύβδην πρὸς ἀλλήλους ποιουμένων Χριστιανῶν παρὰ τὰ νενομισμένα, ὅτι τῶν συνθηκῶν αἱ μέν εἰσι φανεραὶ, ὅσαι κατὰ νόμους γίγνονται· αἱ δὲ ἀφανεῖς, ὅσαι παρὰ τὰ νενομισμένα συντελοῦνται. Καὶ βούλεται διαβαλεῖν τὴν καλουμένην Ἀγάπην Χριστιανῶν πρὸς ἀλλήλους[1], ἀπὸ τοῦ κοινοῦ κινδύνου ὑφισταμένην, καὶ δυναμένην ὑπερόρκια[2]. Ἐπεὶ οὖν τὸν κοινὸν νόμον θρυλλεῖ, παρὰ τοῦτον λέγων Χριστιανοῖς τὰς συνθήκας· λεκτέον πρὸς τοῦτο, ὅτι, ὥσπερ εἴ τις παρὰ Σκύθαις νόμους ἀθέσμους ἔχουσι γενόμενος, ἀναχωρήσεως μὴ ἔχων καιρὸν, βιοῦν παρ' ἐκείνοις ἀναγκάζοιτο, εὐλόγως ἂν οὗτος, διὰ τὸν τῆς ἀληθείας νόμον, ὡς πρὸς τοὺς Σκύθας παρανομίαν, καὶ συνθήκας πρὸς τοὺς τὰ αὐτὰ αὐτῷ φρονοῦντας ποιήσαι ἂν παρὰ τὰ ἐκείνοις νενομισμένα· οὕτως παρ' ἀληθείᾳ δικαζούσῃ οἱ νόμοι τῶν ἐθνῶν, οἱ περὶ ἀγαλμάτων καὶ τῆς ἀθέου πολυθεότητος, νόμοι εἰσὶ Σκυθῶν, καὶ εἴ τι Σκυθῶν ἀσεβέστερον. Οὐκ ἄλογον οὖν συνθήκας παρὰ τὰ νενομισμένα ποιεῖν, τὰς ὑπὲρ ἀληθείας. Ὥσπερ γὰρ, εἰ ὑπὲρ τοῦ τύραννον προλαβόντα τὰ τῆς πόλεως ἀνελεῖν, συνθήκας τινὲς κρύβδην ἐποιοῦντο, καλῶς ἂν ἐποίουν· οὕτω δὴ καὶ

[1] Ruæus, "lego, ὡς ἀπὸ τοῦ. κ. τ. λ."
[2] Seldenus, "de synedriis veterum Hebræorum," legebat, ὑπὲρ ὅρκια. Boherellus, apud R.

1

Χριστιανοὶ, τυραννοῦντος τοῦ παρ' αὐτοῖς καλουμένου διαβόλου, καὶ τοῦ ψεύδους, συνθήκας ποιοῦνται παρὰ τὰ νενομισμένα τῷ διαβόλῳ, κατὰ τοῦ διαβόλου, καὶ ὑπὲρ σωτηρίας ἑτέρων, οὓς ἂν πείσαι δυνηθῶσιν ἀποστῆναι τοῦ ὡσανεὶ Σκυθῶν καὶ τυράννου νόμου.

2. Ἑξῆς βάρβαρόν φησιν ἄνωθεν εἶναι τὸ δόγμα, δηλονότι τὸν Ἰουδαϊσμὸν, οὗ Χριστιανισμὸς ἤρτηται. Καὶ εὐγνωμόνως γε οὐκ ὀνειδίζει ἐπὶ τῇ ἀπὸ βαρβάρων ἀρχῇ τῷ λόγῳ, ἐπαινῶν ὡς ἱκανοὺς εὑρεῖν δόγματα τοὺς βαρβάρους. Προστίθησι δὲ τούτοις, ὅτι κρῖναι καὶ βεβαιώσασθαι καὶ ἀσκῆσαι πρὸς ἀρετὴν τὰ ὑπὸ βαρβάρων εὑρεθέντα, ἀμείνονές εἰσιν Ἕλληνες. Τοῦτ' οὖν ἡμῖν ἐστιν ἐκ τῶν ὑπ' αὐτοῦ λεγομένων, εἰς ἀπολογίαν περὶ τῶν ἐν Χριστιανισμῷ κειμένων, ὄντων ἀληθῶν· ὅτι ἀπὸ Ἑλληνικῶν τις δογμάτων καὶ γυμνασίων ἐλθὼν ἐπὶ τὸν λόγον, οὐ μόνον κρίνοι ἂν αὐτὰ[1] ἀληθῆ, ἀλλὰ καὶ ἀσκήσας κατασκευάσαι ἂν, καὶ τὸ δοκοῦν ἐλλιπὲς, ὡς πρὸς Ἑλληνικὴν ἀπόδειξιν, ἀναπληρῶσαι, κατασκευάζων τὴν Χριστιανισμοῦ ἀληθότητα. Λεκτέον δ' ἔτι πρὸς τοῦτο, ὅτι ἐστί τις οἰκεία ἀπόδειξις τοῦ λόγου, θειοτέρα παρὰ τὴν ἀπὸ διαλεκτικῆς Ἑλληνικήν. Ταύτην δὲ τὴν θειοτέραν ὁ ἀπόστολος ὀνομάζει ἀπόδειξιν[2] πνεύματος καὶ δυνάμεως· πνεύματος μὲν, διὰ τὰς προφητείας, ἱκανὰς πιστοποιῆσαι τὸν ἐντυγχάνοντα, μάλιστα εἰς τὰ περὶ τοῦ Χριστοῦ· δυνάμεως δὲ, διὰ τὰς τεραστίους δυνάμεις, ἃς κατασκευαστέον γεγονέναι καὶ ἐκ πολλῶν μὲν ἄλλων, καὶ ἐκ τοῦ ἴχνη δὲ αὐτῶν ἔτι σώζεσθαι παρὰ τοῖς κατὰ τὸ βούλημα τοῦ λόγου βιοῦσι.

3. Μετὰ ταῦτα περὶ τοῦ κρύφα Χριστιανοὺς τὰ ἀρέσκοντα ἑαυτοῖς ποιεῖν καὶ διδάσκειν εἰπὼν, καὶ ὅτι οὐ μάτην τοῦτο ποιοῦσιν, ἅτε διωθούμενοι τὴν ἐπηρτημένην αὐτοῖς δίκην τοῦ θανάτου· ὁμοιοῖ τὸν κίνδυνον κινδύνοις τοῖς συμβεβηκόσιν ἐπὶ φιλοσοφίᾳ ὡς Σωκράτει· ἐδύνατο λέγειν καὶ ὡς Πυθαγόρᾳ, καὶ ἄλλοις φιλοσόφοις. Λεκτέον δὲ πρὸς τοῦτο, ὅτι ἐπὶ Σωκράτει μὲν εὐθέως Ἀθηναῖοι μετενόησαν, καὶ οὐδὲν παρ-

---

(1) Guietus scribendum putat αὐτοῦ, et subaudit τὸν λόγον. R.
(2) Cf. 1 Cor. ii. 4.

ἔμεινεν αὐτοῖς περὶ αὐτοῦ πικρὸν, οὐδ' ἐπὶ Πυθαγόρᾳ. Οἱ γοῦν Πυθαγόρειοι ἐπὶ πλεῖον τὰς διατριβὰς συνεστήσαντο ἐν Ἰταλίᾳ, τῇ κληθείσῃ μεγάλῃ Ἑλλάδι· ἐπὶ δὲ Χριστιανοῖς ἡ Ῥωμαίων σύγκλητος βουλὴ, καὶ οἱ κατὰ καιρὸν βασιλεῖς, καὶ τὰ στρατιωτικὰ, καὶ οἱ δῆμοι, καὶ οἱ τῶν πιστευόντων συγγενεῖς προσπολεμήσαντες τῷ λόγῳ, ἐκώλυσαν ἂν αὐτὸν νικηθέντα ὑπὸ τῆς τῶν τοσούτων ἐπιβουλῆς, εἰ μὴ θείᾳ δυνάμει ὑπερέκυψε καὶ ὑπερανέβη, ὡς νικῆσαι ὅλον κόσμον αὐτῷ ἐπιβουλεύοντα.

4. Ἴδωμεν καὶ ὡς τὸν ἠθικὸν τόπον οἴεται διαβαλεῖν, τῷ κοινὸν εἶναι καὶ πρὸς τοὺς ἄλλους φιλοσόφους, ὡς οὐ σεμνόν τι καὶ καινὸν μάθημα. Πρὸς τοῦτο δὲ λεκτέον, ὅτι τοῖς εἰσάγουσι κρίσιν δικαίαν θεοῦ ἀποκέκλειστο ἂν ἡ ἐπὶ τοῖς ἁμαρτανομένοις δίκη, μὴ πάντων ἐχόντων κατὰ τὰς κοινὰς ἐννοίας πρόληψιν ὑγιῆ περὶ τοῦ ἠθικοῦ τόπου. Διόπερ οὐδὲν θαυμαστὸν, τὸν αὐτὸν θεὸν, ἅπερ ἐδίδαξε διὰ τῶν προφητῶν καὶ τοῦ σωτῆρος, ἐγκατεσπαρκέναι ταῖς ἁπάντων ἀνθρώπων ψυχαῖς· ἵν' ἀναπολόγητος ἐν τῇ θείᾳ κρίσει πᾶς ἄνθρωπος ᾖ, ἔχων τὸ βούλημα(1) τοῦ νόμου γραπτὸν ἐν τῇ ἑαυτοῦ καρδίᾳ· ὅπερ ᾐνίξατο ἐν ᾧ νομίζουσιν Ἕλληνες μύθῳ ὁ λόγος, ποιήσας τὸν θεὸν γεγραφέναι τῷ ἰδίῳ δακτύλῳ τὰς ἐντολὰς, καὶ Μωϋσεῖ δεδωκέναι, ἃς συνέτριψεν ἡ κακία τῶν μοσχοποιησάντων, ὡς εἰ ἔλεγεν, ἐπέκλυσεν ἡ χύσις τῆς ἁμαρτίας. Δεύτερον δὲ γράψας, πάλιν ἔδωκε λατομήσαντος λίθους Μωσέως ὁ θεὸς, οἱονεὶ τοῦ προφητικοῦ λόγου εὐτρεπίζοντος ψυχὴν, μετὰ τὴν πρώτην ἁμαρτίαν, δευτέροις γράμμασι τοῦ θεοῦ.

5. Τὰ δὲ περὶ τῆς εἰδωλολατρίας, ὡς ἴδια τῶν ἀπὸ τοῦ λόγου ἐκτιθέμενος, καὶ ὑποκατασκευάζει, λέγων, αὐτοὺς διὰ τοῦτο μὴ νομίζειν αὐτοὺς(2) χειροποιήτους θεοὺς, ἐπεὶ μὴ εὔλογόν ἐστι τὰ ὑπὸ φαυλοτάτων δημιουργῶν καὶ μοχθηρῶν τὸ ἦθος εἰργασμένα, εἶναι θεοὺς, πολλάκις καὶ ὑπὸ ἀδίκων ἀνθρώπων κατασκευασθέντα. Ἐν τοῖς ἑξῆς οὖν θέλων αὐτὸ κοινοποιῆσαι, ὡς οὐ πρῶτον ὑπὸ τούτου εὑρεθὲν, ἐκτίθεται

(1) Edd. Spenc. ad marg. τὸ ἔργον. Cf. Rom. ii. 15.
(2) Legendum videtur cum Boherello, μὴ νομίζειν τοὺς χειροποιήτους θεούς. R.

Ἡρακλείτου λέξιν, τὴν λέγουσαν· "ὅμοια, ὡς εἴ τις τοῖς δόμοις λεσχηνεύοιτο, ποιεῖν τοὺς προσιόντας ὡς θεοῖς τοῖς ἀψύχοις." Οὐκοῦν καὶ περὶ τούτου λεκτέον, ὅτι ὁμοίως τῷ ἄλλῳ ἠθικῷ τόπῳ ἐγκατεσπάρησαν τοῖς ἀνθρώποις ἔννοιαι, ἀφ᾽ ὧν καὶ ὁ Ἡράκλειτος, καὶ εἴ τις ἄλλος Ἑλλήνων ἢ βαρβάρων τοῦτ᾽ ἐνενόησε κατασκευάσαι. Ἐκτίθεται γὰρ καὶ Πέρσας τοῦτο φρονοῦντας, παρατιθέμενος Ἡρόδοτον ἱστοροῦντα αὐτό. Προσθήσομεν δὲ καὶ ἡμεῖς, ὅτι καὶ Ζήνων ὁ Κιττιεὺς ἐν τῇ Πολιτείᾳ φησίν· "ἱερά τε οἰκοδομεῖν οὐδὲν δεήσει· ἱερὸν γὰρ οὐδὲν χρὴ νομίζειν, οὐδὲ πολλοῦ ἄξιον καὶ ἅγιον, οἰκοδόμων τε ἔργον καὶ βαναύσων." Σαφὲς οὖν, ὅτι καὶ περὶ τούτου τοῦ δόγματος γέγραπται ἐν ταῖς καρδίαις τῶν ἀνθρώπων γράμμασι θεοῦ τὸ πρακτέον.

6. Μετὰ ταῦτα οὐκ οἶδα πόθεν κινούμενος ὁ Κέλσος φησὶ, δαιμόνων τινῶν ὀνόμασι καὶ κατακλήσεσι[1] δοκεῖν ἰσχύειν Χριστιανούς· ὡς οἶμαι, αἰνισσόμενος τὰ περὶ τῶν κατεπᾳδόντων τοὺς δαίμονας καὶ ἐξελαυνόντων. Ἔοικε δὲ σαφῶς συκοφαντεῖν τὸν λόγον. Οὐ γὰρ κατακλήσεσιν ἰσχύειν δοκοῦσιν, ἀλλὰ τῷ ὀνόματι Ἰησοῦ μετὰ τῆς ἀπαγγελίας τῶν περὶ αὐτὸν ἱστοριῶν. Ταῦτα γὰρ λεγόμενα πολλάκις τοὺς δαίμονας πεποίηκεν ἀνθρώπων χωρισθῆναι, καὶ μάλισθ᾽, ὅταν οἱ λέγοντες ἀπὸ διαθέσεως ὑγιοῦς καὶ πεπιστευκυίας γνησίως αὐτὰ λέγωσι. Τοσοῦτον μέν γε δύναται τὸ ὄνομα τοῦ Ἰησοῦ[2] κατὰ τῶν δαιμόνων, ὡς ἔσθ᾽ ὅτε καὶ ὑπὸ φαύλων ὀνομαζόμενον ἀνύειν· ὅπερ διδάσκων ὁ Ἰησοῦς, ἔλεγε· "πολλοὶ ἐροῦσί μοι ἐν ἐκείνῃ τῇ ἡμέρᾳ· τῷ ὀνόματί σου δαιμόνια ἐξεβάλομεν, καὶ δυνάμεις ἐποιήσαμεν." Τοῦτο δ᾽ οὐκ οἶδα πότερον ἑκὼν παρεῖδε καὶ κακουργεῖ ὁ Κέλσος, ἢ μὴ ἐπιστάμενος. Κατηγορεῖ δ᾽ ἐν τοῖς ἑξῆς καὶ τοῦ σωτῆρος, ὡς γοητείᾳ δυνηθέντος ἃ ἔδοξε παράδοξα πεποιηκέναι, καὶ προϊδόντος, ὅτι μέλλουσι καὶ ἄλλοι τὰ αὐτὰ μαθήματα ἐγνωκότες ποιεῖν τὸ αὐτό, σεμνυνόμενοι τῷ θεοῦ δυνάμει ποιεῖν· οὕς τινας ἀπελαύνει τῆς ἑαυτοῦ πολι-

---

(1) Sic omnes Codd. MSS. exc. Joliano, qui in textu cum Hœschelio habet: κατακλήσεσι. R. Edd. Spenc. ad marg. κατακλήσεσι. L.

(2) Cod. Regius: τὸ ὄνομα Ἰησοῦ τοῦ Θεοῦ. R.

τείας ὁ Ἰησοῦς. Καὶ κατηγορεῖ αὐτοῦ, ὅτι εἰ δικαίως ἀπελαύνει, καὶ αὐτὸς ἔνοχος ὢν τοῖς αὐτοῖς, φαῦλός ἐστιν· εἰ δ᾽ αὐτὸς οὐ φαῦλος ταῦτα ποιήσας, οὐδ᾽ οἱ ὁμοίως αὐτῷ πράττοντες. Ἀντικρυς δὲ, κἂν δοκῇ ἀνέλεγκτον εἶναι τὸ περὶ τοῦ Ἰησοῦ, πῶς ταῦτα ἐποίησε· σαφὲς, ὅτι Χριστιανοὶ οὐδεμιᾷ μελέτῃ ἐπῳδῶν χρώμενοι, ἐντυγχάνουσι· ἀλλὰ τῷ ὀνόματι τοῦ Ἰησοῦ, καὶ ἄλλων λόγων πεπιστευμένων κατὰ τὴν θείαν γραφήν.

7. Εἶτ᾽ ἐπεὶ πολλάκις ὀνομάζει κρύφιον τὸ δόγμα, καὶ ἐν τούτῳ αὐτὸν ἐλεγκτέον· σχεδὸν παντὸς τοῦ κόσμου ἐγνωκότος τὸ κήρυγμα Χριστιανῶν μᾶλλον, ἢ τὰ τοῖς φιλοσόφοις ἀρέσκοντα. Τίνα γὰρ λανθάνει ἡ ἐκ παρθένου γέννησις Ἰησοῦ, καὶ ὁ ἐσταυρωμένος, καὶ ἡ παρὰ πολλοῖς πεπιστευμένη ἀνάστασις αὐτοῦ, καὶ ἡ καταγγελλομένη κρίσις, κολάζουσα μὲν κατ᾽ ἀξίαν τοὺς ἁμαρτάνοντας, γέρως δ᾽ ἀξιοῦσα τοὺς δικαίους; Ἀλλὰ καὶ μὴν(1) νοηθὲν τὸ περὶ τῆς ἀναστάσεως μυστήριον, θρυλλεῖται γελώμενον ὑπὸ τῶν ἀπίστων. Ἐπὶ τούτοις οὖν λέγειν κρύφιον εἶναι τὸ δόγμα, πάνυ ἐστὶν ἄτοπον· τὸ δ᾽ εἶναί τινα οἷον μετὰ τὰ ἐξωτερικὰ, μὴ εἰς τοὺς πολλοὺς φθάνοντα, οὐ μόνου ἴδιόν τοῦ Χριστιανῶν λόγου, ἀλλὰ γὰρ καὶ τοῦ φιλοσόφων· παρ᾽ οἷς τινες μὲν ἦσαν ἐξωτερικοὶ λόγοι, ἕτεροι δὲ ἐσωτερικοί. Καί τινες μὲν ἀκούοντες Πυθαγόρα(2) ὡς "αὐτὸς ἔφα·" ἄλλοι δ᾽ ἐν ἀπορρήτῳ διδασκόμενοι τὰ μὴ ἄξια φθάνειν εἰς ἀκοὰς βεβήλους καὶ μηδέπω κεκαθαρμένας. Καὶ πάντα δὲ τὰ πανταχοῦ μυστήρια κατὰ τὴν Ἑλλάδα καὶ τὴν βάρβαρον, κρύφια ὄντα οὐ διαβέβληται· διόπερ μάτην μηδὲ νοήσας ἀκριβῶς τὸ κρύφιον τοῦ Χριστιανισμοῦ, διαβάλλει αὐτό.

8. Ἔοικε δὲ μετὰ δεινότητος συναγορεύειν πως τοῖς μαρτυροῦσι τῷ Χριστιανισμῷ μέχρι θανάτου, λέγων· "Καὶ οὐ τοῦτο λέγω, ὡς χρὴ τὸν ἀγαθοῦ δόγματος περιεχόμενον, εἰ μέλλει δι᾽ αὐτὸ κινδυνεύειν παρ᾽ ἀνθρώποις, ἀποστῆναι τοῦ δόγματος, ἢ πλάσασθαι ὡς ἀφέστηκεν, ἢ ἔξαρνον γενέσθαι."

(1) Lego, καὶ μὴ νοηθέν. R.
(2) Qu. Πυθαγόρᾳ?

Καὶ καταγινώσκει γε τῶν φρονούντων μὲν τὰ Χριστιανισμοῦ, προσποιουμένων δὲ μὴ φρονεῖν, ἢ ἀρνουμένων, λέγων· "μὴ δεῖν τὸν ἐν τῷ δόγματι πλάσασθαι ὡς ἀφέστηκεν, ἢ ἔξαρνον αὐτοῦ γενέσθαι." Ἐλεγκτέον δὴ ὡς τὰ ἐναντία ἑαυτῷ λέγοντα τὸν Κέλσον. Εὑρίσκεται μὲν γὰρ ἐξ ἄλλων συγγραμμάτων Ἐπικούρειος ὤν· ἐνταῦθα δὲ, διὰ τὸ δοκεῖν εὐλογώτερον κατηγορεῖν τοῦ λόγου, μὴ ὁμολογῶν τὰ Ἐπικούρου, προσποιεῖται κρεῖττόν τι τοῦ γηΐνου εἶναι ἐν ἀνθρώπῳ συγγενὲς θεοῦ, καὶ φησιν· "ὅτι οἷς τοῦτο εὖ ἔχει," τουτέστιν ἡ ψυχὴ, "πάντῃ ἐφίεται⁽¹⁾ τοῦ συγγενοῦς," λέγει δὲ τοῦ θεοῦ, "καὶ ἀκούειν ἀεί τι καὶ ἀναμιμνήσκεσθαι περὶ ἐκείνου ποθοῦσιν." Ὅρα οὖν τὸ νόθον αὐτοῦ τῆς ψυχῆς, ὅτι προειπών, ὡς "χρὴ τὸν ἀγαθοῦ δόγματος περιεχόμενον, καὶ εἰ μέλλει δι' αὐτὸ κινδυνεύειν παρ' ἀνθρώποις, μὴ ἀφίστασθαι τοῦ δόγματος, μηδὲ πλάσασθαι ὡς ἀφέστηκε, μηδ' ἔξαρνον γενέσθαι," αὐτὸς τοῖς ἐναντίοις πᾶσι περιπίπτει. Ἤιδει γὰρ, ὅτι ὁμολογῶν Ἐπικούρειος εἶναι, οὐκ ἂν ἔχοι τὸ ἀξιόπιστον ἐν τῷ κατηγορεῖν τῶν ὅπως ποτὲ πρόνοιαν εἰσαγαγόντων, καὶ θεὸν ἐφιστάντων τοῖς οὖσι. Δύο δὲ παρειλήφαμεν Κέλσους γεγονέναι Ἐπικουρείους· τὸν μὲν πρότερον, κατὰ Νέρωνα· τοῦτον δὲ, κατὰ Ἀδριανὸν, καὶ κατωτέρω.

9. Μετὰ ταῦτα προτρέπει ἐπὶ τὸ λόγῳ ἀκολουθοῦντας καὶ λογικῷ ὁδηγῷ, παραδέχεσθαι δόγματα· ὡς πάντως ἀπάτης γινομένης τῷ μὴ οὕτω συγκατατιθεμένῳ τισί· καὶ ἐξομοιοῖ τοὺς ἀλόγως πιστεύοντας Μητραγύρταις⁽²⁾, καὶ τερατοσκόποις⁽³⁾, Μίθραις⁽⁴⁾ τε καὶ Σαββαδίοις⁽⁵⁾, καὶ ὅτῳ τις προσέτυχεν, Ἑκάτης, ἢ ἄλλης δαίμονος, ἢ δαιμόνων φάσμασιν. Ὡς γὰρ ἐν ἐκείνοις πολλάκις μοχθηροὶ ἄνθρωποι ἐπιβαίνοντες τῇ ἰδιωτείᾳ τῶν εὐεξαπατήτων, ἄγουσιν αὐτοὺς ᾗ βούλονται· οὕτω φησὶ καὶ ἐν τοῖς Χριστιανοῖς γίγνεσθαι. Φησὶ δέ "τινας μηδὲ βουλομέ-

---

(1) Guieto scribendum videtur ἐφίενται. R.
(2) De his vid. Clem. Alex. Protreptic.
(3) Cf. Deut. xviii. et Zach. iii.
(4) Cf. Justin. Martyr. Apolog. II. et Colloq. cum Tryphone.
(5) Philocal. Σαβιζίοις. R. Cf. Clem. Alex. Protreptic.

νους διδόναι ἢ λαμβάνειν λόγον περὶ ὧν πιστεύουσι, χρῆσθαι τῷ· "μὴ ἐξέταζε, ἀλλὰ πίστευσον" καὶ "ἡ πίστις σου σώσει σε." Καί φησιν αὐτοὺς λέγειν· "κακὸν ἡ ἐν τῷ βίῳ σοφία, ἀγαθὸν δ' ἡ μωρία." Λεκτέον δὲ πρὸς τοῦτο, ὅτι εἰ μὲν οἷόν τε πάντας καταλιπόντας τὰ τοῦ βίου πράγματα σχολάζειν τῷ φιλοσοφεῖν, ἄλλην ὁδὸν οὐ μεταδιωκτέον οὐδενί, ἢ ταύτην μόνην. Εὑρεθήσεται γὰρ καὶ ἐν τῷ Χριστιανισμῷ οὐκ ἐλάττων, ἵνα μὴ φορτικόν τι εἴπω, ἐξέτασις τῶν πεπιστευμένων, καὶ διήγησις τῶν ἐν τοῖς προφήταις αἰνιγμάτων, καὶ τῶν ἐν τοῖς εὐαγγελίοις παραβολῶν, καὶ ἄλλων μυρίων συμβολικῶς γεγενημένων, ἢ νενομοθετημένων. Εἰ δὲ τοῦτ' ἀμήχανον, πῆ μὲν διὰ τὰς τοῦ βίου ἀνάγκας, πῆ δὲ καὶ διὰ τὴν τῶν ἀνθρώπων ἀσθένειαν, σφόδρα ὀλίγων ἐπὶ τὸν λόγον ἀττόντων· ποία ἂν ἄλλη βελτίων μέθοδος πρὸς τὸ τοῖς πολλοῖς βοηθῆσαι εὑρεθείη, τῆς ἀπὸ τοῦ Ἰησοῦ τοῖς ἔθνεσι παραδοθείσης; Καὶ πυνθανόμεθα[1] γε περὶ τοῦ πλήθους τῶν πιστευόντων, τὴν πολλὴν χύσιν τῆς κακίας ἀποθεμένων, ἐν ᾗ πρότερον ἐκαλινδοῦντο· πότερον βέλτιόν ἐστιν αὐτοῖς ἀλόγως πιστεύουσι κατεστάλθαι πως τὰ ἤθη καὶ ὠφελῆσθαι, διὰ τὴν περὶ τῶν κολαζομένων ἐπὶ ἁμαρτίαις, καὶ τιμωμένων ἐπὶ ἔργοις χρηστοῖς πίστιν, ἢ μὴ προσίεσθαι αὐτῶν τὴν ἐπιστροφὴν μετὰ ψιλῆς πίστεως, ἕως ἂν ἐπιδῶσιν ἑαυτοὺς ἐξετάσει λόγων; Φανερῶς γὰρ οἱ πάντες παρ' ἐλαχίστους οὐδὲ τοῦτο λήψονται, ὅπερ εἰλήφασιν, ἐκ τοῦ ἁπλῶς πεπιστευκέναι· ἀλλὰ μενοῦσιν ἐν κακίστῳ βίῳ. Εἴπερ οὖν ἄλλο τι κατασκευαστικόν ἐστι τοῦ, τὸ φιλάνθρωπον τοῦ λόγου οὐκ ἀθεεὶ τῷ βίῳ τῶν ἀνθρώπων ἐπιδεδημηκέναι· καὶ τοῦτ' αὐτοῖς συγκαταριθμητέον. Ὁ γὰρ εὐλαβὴς οὐδὲ σωμάτων ἰατρὸν, πολλοὺς ἐπὶ τὸ βέλτιον νοσοῦντας ἀγαγόντα, οἰήσεται ἀθεεὶ πόλεσι καὶ ἔθνεσιν ἐπιδημεῖν· οὐδὲν γὰρ χρηστὸν ἐν ἀνθρώποις ἀθεεὶ γίγνεται. Εἰ δὲ ὁ πολλῶν σώματα θεραπεύσας, ἢ ἐπὶ τὸ βέλτιον προαγαγὼν, οὐκ ἀθεεὶ θεραπεύει· πόσῳ πλέον ὁ πολλῶν ψυχὰς θεραπεύσας, καὶ ἐπιστρέψας, καὶ βελτιώσας, καὶ ἀπαρτήσας αὐτὰς θεοῦ τοῦ ἐπὶ πᾶσι, καὶ διδάξας πᾶσαν πρᾶξιν ἀναφέρειν ἐπὶ

[1] Lego πυνθανώμεθα. R.

την εκείνου αρέσκειαν, και πάντ' εκκλίνειν, όσ' απάρεστά εστι θεώ, και μέχρι του ελαχίστου των λεγομένων, η πραττομένων, η και εις ενθύμησιν ερχομένων;

10. Είτ', επεί τα περί της πίστεως θρυλλούσι, λεκτέον, ότι ημείς μεν, παραλαμβάνοντες αυτήν ως χρήσιμον τοις πολλοίς, ομολογούμεν διδάσκειν πιστεύειν και αλόγως, τους μη δυναμένους πάντα καταλιπείν, και ακολουθείν εξετάσει λόγου· εκείνοι δε τούτο μη ομολογούντες, τοις έργοις αυτό ποιούσι. Τίς γαρ προτραπείς επί φιλοσοφίαν, και αποκληρωτικώς επί τινα αίρεσιν εαυτόν φιλοσόφων ρίψας, η τω ευπορηκέναι τοιούδε διδασκάλου, άλλως επί τούτο έρχεται, η τω πιστεύειν την αίρεσιν εκείνην κρείττονα είναι; Ου γαρ περιμείνας ακούσαι τους πάντων φιλοσόφων λόγους, και των διαφόρων αιρέσεων, και την ανατροπήν μεν τώνδε, κατασκευήν δε ετέρων, ούτως αιρείται ήτοι Στωϊκός, η Πλατωνικός, η Περιπατητικός, η Επικούρειος είναι, η οποιασδήποτε φιλοσόφων αιρέσεως· αλλ' αλόγω τινί, καν μη βούλωνται τούτο ομολογείν, φορά έρχεται επί το ασκήσαι, (φέρ' ειπείν), τον Στωϊκόν λόγον, καταλιπών τε τους λοιπούς· η τον Πλατωνικόν υπερφρονήσας, ως ταπεινότερον των άλλων, η τον Περιπατητικόν, ως ανθρωπικώτερον, και μάλλον των λοιπών αιρέσεων ευγνωμόνως ομολογούντα τα ανθρώπινα αγαθά. Και από πρώτης δε προσβολής ταραχθέντες τινές εις τον περί προνοίας λόγον, εκ των επί γης γενομένων[1] φαύλοις και σπουδαίοις, προπετέστερον συγκατέθεντο τω μηδαμώς είναι πρόνοιαν, και τον Επικούρου και Κέλσου είλοντο λόγον.

11. Είπερ ουν δει πιστεύειν, ως ο λόγος εδίδαξεν, ενί τινι των αιρέσεις εισηγησαμένων εν Έλλησιν η βαρβάροις· πως ουχί μάλλον τω επί πάσι θεώ, και τω διδάσκοντι τούτον μόνον δειν σέβειν, τα δε λοιπά, ήτοι ως μη όντα, η ως όντα μεν, και τιμής άξια, ου μην και προσκυνήσεως και σεβασμού, παροράν; Περί ων ο μη πιστεύων μόνον, αλλά και λόγω θεωρών τα πράγματα, ερεί τας υποπιπτούσας αυτώ, και ευρισκομένας εκ του πάνυ ζητείν αποδείξεις. Πως δ' ουκ ευλογώ-

(1) Philocal. γινομένων.

τερον, πάντων των ανθρωπίνων πίστεως ηρτημένων, εκείνων μάλλον πιστεύειν τῷ θεῷ; Τίς γὰρ πλεῖ, ἢ γαμεῖ, ἢ παιδοποιεῖται, ἢ ρίπτει τὰ σπέρματα ἐπὶ τὴν γῆν, μὴ τὰ κρείττονα πιστεύων ἀπαντήσεσθαι, δυνατοῦ ὄντος καὶ τοῦ ἐναντία γενέσθαι, καὶ ἔστιν ὅτε γινομένου; Ἀλλ' ὅμως ἡ περὶ τοῦ τὰ κρείττονα καὶ τὰ κατ' εὐχὴν ἀπαντήσεσθαι πίστις τολμᾶν πάντας ποιεῖ, καὶ ἐπὶ τὰ ἄδηλα καὶ δυνατὰ ἄλλως συμβῆναι. Εἰ δὲ συνέχει τὸν βίον ἐν πάσῃ πράξει ἀδήλῳ, ὅπως ἐκβήσεται, ἡ ἐλπὶς καὶ ἡ περὶ τῶν μελλόντων χρηστοτέρα πίστις· πῶς οὐ μᾶλλον αὕτη παραληφθήσεται εὐλόγως τῷ πιστεύοντι ὑπὲρ τὴν πλεομένην θάλασσαν, καὶ γῆν σπειρομένην, καὶ γυναῖκα γαμουμένην, καὶ τὰ λοιπὰ ἐν ἀνθρώποις πράγματα, τῷ ταῦτα πάντα δημιουργήσαντι θεῷ, καὶ τῷ μετὰ ὑπερβαλλούσης μεγαλονοίας καὶ θείας μεγαλοφροσύνης τολμήσαντι τοῦτον τὸν λόγον παραστῆσαι τοῖς πανταχοῦ τῆς οἰκουμένης, μετὰ μεγάλων κινδύνων καὶ θανάτου νομιζομένου ἀτίμου, ἃ ὑπέμεινεν ὑπὲρ ἀνθρώπων· διδάξας καὶ τοὺς ὑπηρετεῖσθαι τῇ διδασκαλίᾳ αὐτοῦ ἐν τῇ ἀρχῇ πεισθέντας, μετὰ πάντων κινδύνων καὶ τῶν ἀεὶ προσδοκωμένων θανάτων, τολμῆσαι ἀποδημῆσαι πανταχοῦ τῆς οἰκουμένης ὑπὲρ τῆς τῶν ἀνθρώπων σωτηρίας;

12. Εἶτ' ἐπεί φησιν ὁ Κέλσος αὐταῖς λέξεσιν· "Εἰ μὲν δὴ θελήσουσιν ἀποκρίνεσθαί μοι, ὡς οὐ διαπειρωμένῳ, πάντα γὰρ οἶδα, ἀλλ' ὡς ἐξ ἴσου πάντων κηδομένῳ, εὖ ἂν ἔχοι· εἰ δ' οὐκ ἐθελήσουσιν, ἀλλ' ἐροῦσιν, ὥσπερ εἰώθασι· "μὴ ἐξέταζε," καὶ τὰ ἑξῆς· "ἀνάγκη αὐτοὺς ταῦτά τε[1]," φησὶ, "διδάξαι ὁποῖ' ἄττα ἐστὶν, ἃ λέγουσι, καὶ ὁπόθεν ἐρρύηκε," καὶ τὰ ἑξῆς. Λεκτέον δὲ πρὸς τό· "πάντα γὰρ οἶδα" ἀλαζονικώτατα ὑπ' αὐτοῦ ἀποτετολμημένον· ὅτι, εἴπερ ἀνεγνώκει μάλιστα τοὺς προφήτας, ὁμολογουμένων αἰνιγμάτων πεπληρωμένους, καὶ λόγων τοῖς πολλοῖς ἀσαφῶν· καὶ εἰ ἐντετύχει ταῖς εὐαγγελικαῖς παραβολαῖς, καὶ τῇ λοιπῇ τοῦ νόμου καὶ τῆς Ἰουδαϊκῆς ἱστορίας γραφῇ, καὶ ταῖς τῶν ἀποστόλων φωναῖς· καὶ ἀναγνοὺς εὐγνωμόνως ἐβούλετο εἰσ-

(1) Boherellus legit, τοῦτό γε; quod probo. R.

ελθεῖν εἰς τὸν τῶν λέξεων νοῦν, οὐκ ἂν οὕτως ἐθρασύνετο, οὐδ᾽ εἶπε· "πάντα γὰρ οἶδα." Ὡς οὐδ᾽ ἡμεῖς, οἱ τούτοις ἐνδιατρίψαντες, εἴποιμεν ἄν· "πάντα γὰρ οἶδα·" φίλη γὰρ ἡ ἀλήθεια. Οὐδεὶς ἡμῶν ἐρεῖ· πάντα γὰρ οἶδα τὰ Ἐπικούρου· ἢ θαρρήσει, ὅτι πάντα οἶδε τὰ Πλάτωνος· τοσούτων οὐσῶν διαφωνιῶν καὶ παρὰ τοῖς διηγουμένοις αὐτά. Τίς γὰρ οὕτω θρασὺς εἰπεῖν· πάντα γὰρ οἶδα τὰ Στωϊκὰ, ἢ πάντα τὰ Περιπατητικά; Εἰ μὴ ἄρα τό· "πάντα γὰρ οἶδα·" ἀπό τινων ἰδιωτῶν ἀναισθήτων ἀκούσας, οὐκ αἰσθανομένων τῆς ἑαυτῶν ἀμαθίας, ᾠήθη ὡς τοιούτοις[1] διδασκάλοις χρησάμενος πάντα ἐγνωκέναι. Δοκεῖ δέ μοι τοιοῦτόν τι πεποιηκέναι, ὡς εἴ τις τῇ Αἰγύπτῳ ἐπιδημήσας, ἔνθα οἱ μὲν Αἰγυπτίων σοφοὶ κατὰ τὰ πάτρια γράμματα πολλὰ φιλοσοφοῦσι περὶ τῶν παρ᾽ αὐτοῖς νενομισμένων θείων[2], οἱ δὲ ἰδιῶται μύθους τινὰς ἀκούσαντες[3], ὧν τοὺς λόγους οὐκ ἐπίστανται, μέγα ἐπ᾽ αὐτοῖς φρονοῦσιν· ᾤετο πάντα τὰ Αἰγυπτίων ἐγνωκέναι, τοῖς ἰδιώταις αὐτῶν μαθητεύσας, καὶ μηδενὶ τῶν ἱερέων συμμίξας, μηδ᾽ ἀπό τινος αὐτῶν τὰ Αἰγυπτίων ἀπόρρητα μαθών. Ἃ δ᾽ εἶπον περὶ Αἰγυπτίων σοφῶν τε καὶ ἰδιωτῶν, δυνατὸν εἰπεῖν καὶ περὶ Περσῶν· παρ᾽ οἷς εἰσι τελεταί, πρεσβευόμεναι μὲν λογικῶς ὑπὸ τῶν παρ᾽ αὐτοῖς λογίων, συμβολικῶς δὲ γινόμεναι ὑπὸ τῶν παρ᾽ αὐτοῖς πολλῶν καὶ ἐπιπολαιοτέρων. Τὸ δ᾽ αὐτὸ καὶ περὶ Σύρων, καὶ Ἰνδῶν, καὶ τῶν ὅσοι καὶ μύθους καὶ γράμματα ἔχουσι, λεκτέον.

13. Ἐπεὶ δ᾽ ὁ Κέλσος ἔθηκεν ὡς λεγόμενον ὑπὸ πολλῶν Χριστιανῶν· "κακὸν μέν γε ἡ ἐν τῷ βίῳ σοφία, ἀγαθὸν δὲ ἡ μωρία" λεκτέον, ὅτι συκοφαντεῖ τὸν λόγον, μὴ ἐκθέμενος αὐτὴν τὴν παρὰ τῷ Παύλῳ κειμένην λέξιν οὕτως ἔχουσαν· "εἴ τις δοκεῖ σοφὸς εἶναι ἐν ὑμῖν ἐν τῷ αἰῶνι τούτῳ, μωρὸς γενέσθω, ἵνα γένηται σοφός· ἡ γὰρ σοφία τοῦ κόσμου τούτου, μωρία παρὰ τῷ θεῷ ἐστιν[4]." Οὐκοῦν ὁ μὲν ἀπόστολός φησιν,

---

(1) Cod. Jolianus ad oram, τούτοις.
(2) Philoc. θεῶν.
(3) Codd. Reg. et Basil. (itemque Philoc.) ἀκούοντες.
(4) 1 Cor. iii. 18, 19.

ούχ απλώς· "ή σοφία μωρία παρά τῷ θεῷ ἐστιν·" ἀλλ'· "ή σοφία τοῦ κόσμου τούτου." Καὶ πάλιν· οὐκ, "εἴ τις δοκεῖ σοφὸς εἶναι ἐν ὑμῖν," ἀπαξαπλῶς "μωρὸς γενέσθω·" ἀλλ'· "ἐν τῷ αἰῶνι τούτῳ μωρὸς γενέσθω, ἵνα γένηται σοφός." Σοφίαν οὖν τούτου τοῦ αἰῶνος λέγομεν, τὴν κατὰ τὰς γραφὰς καταργουμένην πᾶσαν ψευδοδοξοῦσαν φιλοσοφίαν· καὶ μωρίαν λέγομεν ἀγαθήν[1], οὐκ ἀπολελυμένως, ἀλλ' ὅτε τις τῷ αἰῶνι τούτῳ γίνεται μωρός· ὡς εἰ λέγοιμεν καὶ τὸν Πλατωνικὸν, πιστεύοντα τῇ ἀθανασίᾳ τῆς ψυχῆς, καὶ τοῖς περὶ αὐτῆς λεγομένοις περὶ μετενσωματώσεως, μωρίαν ἀνειληφέναι, ὡς πρὸς τοὺς Στωϊκοὺς, διασύροντας τὴν τούτων συγκατάθεσιν· καὶ ὡς πρὸς Περιπατητικοὺς, θρυλλοῦντας τὰ Πλάτωνος τερετίσματα· καὶ ὡς πρὸς Ἐπικουρείους, δεισιδαιμονίαν ἐγκαλοῦντας τοῖς εἰσάγουσι πρόνοιαν, καὶ θεὸν ἐφιστᾶσι τοῖς ὅλοις. Ἔτι δὲ ὅτι καὶ κατὰ τὸ τῷ λόγῳ ἀρέσκον, πολλῷ διαφέρει μετὰ λόγου καὶ σοφίας συγκατατίθεσθαι τοῖς δόγμασιν, ἤπερ μετὰ ψιλῆς τῆς πίστεως· καὶ ὅτι κατὰ περίστασιν καὶ τοῦτ' ἐβουλήθη ὁ λόγος, ἵνα μὴ πάντη ἀνωφελεῖς ἐάσῃ τοὺς ἀνθρώπους· δηλοῖ ὁ τοῦ Ἰησοῦ γνήσιος μαθητὴς Παῦλος, εἰπών· "ἐπειδὴ[2] γὰρ ἐν τῇ σοφίᾳ τοῦ θεοῦ οὐκ ἔγνω ὁ κόσμος διὰ τῆς σοφίας τὸν θεὸν, εὐδόκησεν ὁ θεὸς διὰ τῆς μωρίας τοῦ κηρύγματος σῶσαι τοὺς πιστεύοντας." Σαφῶς οὖν διὰ τούτων δηλοῦται, ὅτι ἐν τῇ σοφίᾳ τοῦ θεοῦ ἐχρῆν γινώσκεσθαι τὸν θεόν. Καὶ ἐπεὶ μὴ τοῦτο γεγένηται οὕτως, δεύτερον εὐδόκησεν ὁ θεὸς σῶσαι τοὺς πιστεύοντας, οὐχ ἀπαξαπλῶς διὰ μωρίας, ἀλλὰ διὰ μωρίας ὅσον ἐπὶ τῷ κηρύγματι. Αὐτόθεν γὰρ κηρυσσόμενος Ἰησοῦς Χριστὸς ἐσταυρωμένος, μωρία ἐστὶ κηρύγματος· ὡς καὶ ὁ συναισθόμενος αὐτοῦ λέγει Παῦλος, ἐν τῷ· "ἡμεῖς[3] δὲ κηρύσσομεν Ἰησοῦν Χριστὸν, ἐσταυρωμένον, Ἰουδαίοις μὲν σκάνδαλον, Ἕλλησι δὲ μωρίαν· αὐτοῖς δὲ τοῖς κλητοῖς, Ἰουδαίοις τε καὶ Ἕλλησι, Χριστὸν θεοῦ δύναμιν καὶ θεοῦ σοφίαν."

(1) Philoc. λέγομεν ἀγαθὸν οὐκ ἀπολελυμένον.
(2) 1 Cor. i. 21.
(3) 1 Cor. i. 23, 24.

14. Συγγένειαν παρὰ πολλοῖς τῶν ἐθνῶν νομίζων εἶναι ὁ Κέλσος τοῦ αὐτοῦ λόγου, πάντα μὲν ὀνομάζει τὰ ἔθνη, ὡς ἀρξάμενα τοῦ τοιοῦδε δόγματος· οὐκ οἶδα δ' ὅπως μόνους Ἰουδαίους συκοφαντεῖ, οὐ συγκαταλέγων αὐτῶν τὸ ἔθνος τοῖς λοιποῖς, ὡς εἴτε συμφιλοπονῆσαν ἐκείνοις καὶ ὁμοφρονῆσαν, εἴτε παραπλήσια ἐν πολλοῖς δογμάτισαν. Ἄξιον οὖν αὐτὸν ἐρέσθαι, τί δήποτε ἱστορίαις μὲν βαρβάρων καὶ Ἑλλήνων πεπίστευκε περὶ τῆς ἀρχαιότητος ὧν ὠνόμασε, μόνου δὲ τοῦ ἔθνους τὰς ἱστορίας τούτου ψευδοποιεῖ; Εἰ γὰρ ἕκαστοι τὰ παρ' αὑτοῖς ἐξέθεντο φιλαλήθως, τί τοῖς Ἰουδαίων ἀπιστοῦμεν μόνοις προφήταις; Εἰ δὲ κεχαρισμένως Μωϋσῆς καὶ οἱ προφῆται τῷ ἑαυτῶν λόγῳ πολλὰ ἀνέγραψαν περὶ τῶν παρὰ σφίσιν αὐτοῖς· διὰ τί τὸ παραπλήσιον οὐκ ἐροῦμεν καὶ περὶ τῶν ἐν τοῖς λοιποῖς ἔθνεσι συγγραφέων; Ἢ Αἰγύπτιοι μὲν ἐν ταῖς ἑαυτῶν ἱστορίαις Ἰουδαίους κακολογοῦντες πιστοί εἰσι περὶ Ἰουδαίων· ταῦτα(1) δὲ λέγοντες Ἰουδαῖοι περὶ Αἰγυπτίων, πολλὰ ἀδίκως πεπονθέναι ἀναγράφοντες ἑαυτούς, καὶ διὰ τοῦτο λέγοντες αὐτοὺς κεκολάσθαι ὑπὸ θεοῦ, ψεύδονται; Καὶ οὐ περὶ Αἰγυπτίων γε μόνων τοῦτο λεκτέον· εὑρήσομεν γὰρ ἐπιπλοκὴν Ἀσσυρίων πρὸς Ἰουδαίους, καὶ ταῦτα(2) ἱστορούμενα ἐν ταῖς Ἀσσυρίων ἀρχαιολογίαις. Οὕτω δὲ καὶ Ἀσσυρίους ἀνέγραψαν ἑαυτοῖς πολεμίους οἱ Ἰουδαίων συγγραφεῖς, ἵνα μὴ δόξω προλαμβάνων λέγειν τὸ, οἱ προφῆται. Ὅρα οὖν εὐθέως τὸ φίλαυτον τοῦ τοῖσδε μέν τισι πιστεύοντος, ὡς σοφοῖς ἔθνεσι· τῶνδε δὲ καταγινώσκοντος, ὡς πάντῃ ἀνοήτων. Ἄκουε γὰρ λέγοντος τοῦ Κέλσου· "ὅτι ἐστὶν ἀρχαῖος ἄνωθεν λόγος, περὶ ὃν δὴ ἀεὶ καὶ τὰ ἔθνη τὰ σοφώτατα, καὶ πόλεις, καὶ ἄνδρες σοφοί, κατεγένοντο." Καὶ οὐκ ἐβουλήθη ἔθνος σοφώτατον εἰπεῖν, κἂν παραπλησίως Αἰγυπτίοις καὶ Ἀσσυρίοις, καὶ Ἰνδοῖς, καὶ Πέρσαις, καὶ Ὀδρύσαις, καὶ Σαμόθραξι, καὶ Ἐλευσινίοις, τοὺς Ἰουδαίους.

15. Πόσῳ δὲ βελτίων Κέλσου, καὶ διὰ πολλῶν δείξας εἶναι ἐλλογιμώτατος, καὶ πλείονα βασανίσας δόγματα, καὶ

(1) Edd. Spenc. ταὐτὰ δέ.
(2) Lego cum Boherello; ταὐτά. L.

ἀπὸ πλειόνων συναγαγὼν ἃ ἐφαντάσθη εἶναι ἀληθῆ, ὁ Πυθαγόρειος Νουμήνιος, ὅστις ἐν τῷ πρώτῳ περὶ τἀγαθοῦ λέγων περὶ τῶν ἐθνῶν, ὅσα περὶ τοῦ θεοῦ ὡς ἀσωμάτου διείληφεν, ἐγκατέταξεν αὐτοῖς καὶ Ἰουδαίους· οὐκ ὀκνήσας ἐν τῇ συγγραφῇ αὐτοῦ χρήσασθαι καὶ λόγοις προφητικοῖς, καὶ τροπολογῆσαι αὐτούς. Λέγεται δὲ καὶ Ἕρμιππον ἐν τῷ πρώτῳ περὶ νομοθετῶν ἱστορηκέναι, Πυθαγόραν τὴν ἑαυτοῦ φιλοσοφίαν ἀπὸ Ἰουδαίων εἰς Ἕλληνας ἀγαγεῖν. Καὶ Ἑκαταίου δὲ τοῦ ἱστορικοῦ φέρεται περὶ Ἰουδαίων βιβλίον, ἐν ᾧ προστίθεται μᾶλλόν πως ὡς σοφῷ τῷ ἔθνει ἐπὶ τοσοῦτον, ὡς καὶ Ἐρέννιον Φίλωνα, ἐν τῷ περὶ Ἰουδαίων συγγράμματι, πρῶτον μὲν ἀμφιβάλλειν, εἰ τοῦ ἱστορικοῦ ἐστι τὸ σύγγραμμα· δεύτερον δὲ λέγειν, ὅτι, εἴπερ ἐστὶν αὐτοῦ, εἰκὸς αὐτὸν συνηρπάσθαι ἀπὸ τῆς παρὰ Ἰουδαίοις πιθανότητος, καὶ συγκατατεθεῖσθαι αὐτῷ(1) τῷ λόγῳ.

16. Θαυμάζω δέ, πῶς Ὀδρύσας μέν, καὶ Σαμόθρακας, καὶ Ἐλευσινίους, καὶ Ὑπερβορέους, ἐν τοῖς ἀρχαιοτάτοις καὶ σοφωτάτοις ἔταξεν ἔθνεσιν ὁ Κέλσος, τοὺς δὲ Ἰουδαίους οὐκ ἠξίωσεν οὔτε εἰς σοφοὺς παραδέξασθαι, οὔτε εἰς ἀρχαίους· πολλῶν φερομένων συγγραμμάτων παρὰ Αἰγυπτίοις, καὶ Φοίνιξι, καὶ Ἕλλησι, μαρτυρούντων αὐτῶν τῇ ἀρχαιότητι· ἅπερ ἐγὼ περισσὸν ἡγησάμην εἶναι παραθέσθαι. Δυνατὸν γὰρ τὸν βουλόμενον ἀναγνῶναι τὰ γεγραμμένα Φλαυίῳ Ἰωσήπῳ περὶ τῆς τῶν Ἰουδαίων ἀρχαιότητος ἐν δυσίν· ὅπου πολλὴν συναγωγὴν συγγραφέων φέρει μαρτυρούντων τῇ Ἰουδαίων ἀρχαιότητι. Καὶ Τατιανοῦ δὲ νεωτέρου φέρεται ὁ πρὸς Ἕλληνας λόγος, πολυμαθέστατα ἐκτιθεμένου τοὺς ἱστορήσαντας περὶ τῆς Ἰουδαίων καὶ Μωσέως ἀρχαιότητος. Ἔοικεν οὖν οὐκ ἀληθῶς, ἀλλὰ φιλαπεχθημόνως, ὁ Κέλσος ταῦτα λέγειν· σκοπὸν ἔχων κατηγορῆσαι τῆς ἀρχῆς τοῦ Χριστιανισμοῦ, ἠρτημένης ἀπὸ Ἰουδαίων. Ἀλλὰ καὶ τοὺς μὲν Ὁμήρου Γαλακτοφάγους, καὶ τοὺς Γαλατῶν Δρυΐδας, καὶ τοὺς Γέτας, σοφώτατα λέγει ἔθνη εἶναι καὶ ἀρχαῖα, περὶ τῶν συγγενῶν τοῖς Ἰουδαϊκοῖς λόγοις διαλαμβάνοντας, ὧν οὐκ οἶδα εἰ φέρεται συγγράμματα·

(1). Forte scribendum αὐτῶν. Boherellus et Ruæus.

Ἑβραίους δὲ μόνον, τὸ ὅσον ἐφ' ἑαυτῷ, ἐκβάλλει καὶ τῆς ἀρχαιότητος καὶ τῆς σοφίας. Πάλιν τε αὖ κατάλογον ποιούμενος ἀνδρῶν ἀρχαίων καὶ σοφῶν, ὠφελησάντων τοὺς κατ' αὐτοὺς, καὶ διὰ συγγραμμάτων τοὺς μετ' αὐτοὺς, Μωϋσέα ἐξέβαλε τοῦ καταλόγου τῶν σοφῶν. Καὶ Λίνου μὲν, ὃν προέταξεν ἐν οἷς ὠνόμασεν ὁ Κέλσος, οὔτε νόμοι, οὔτε λόγοι φέρονται ἐπιστρέψαντες καὶ θεραπεύσαντες ἔθνη· Μωϋσέως δὲ τοὺς νόμους ὅλον ἔθνος φέρει ἐπεσπαρμένον τῇ πάσῃ οἰκουμένῃ. Ὅρα οὖν, εἰ μὴ ἄντικρυς κακουργῶν, ἐξέβαλε τοῦ καταλόγου τῶν σοφῶν καὶ Μωϋσέα· Λίνον δὲ καὶ Μουσαῖον, καὶ Ὀρφέα, καὶ τὸν Φερεκύδην, καὶ τὸν Πέρσην Ζωροάστρην, καὶ Πυθαγόραν φήσας περὶ τῶνδε διειληφέναι, καὶ ἐς βίβλους κατατεθεῖσθαι τὰ ἑαυτῶν δόγματα, καὶ πεφυλάχθαι αὐτὰ μέχρι δεῦρο. Καὶ ἑκὼν μὲν ἐπελάθετο τοῦ περὶ τῶν νομιζομένων θεῶν μύθου ὡς ἀνθρωποπαθῶν, ἀναγεγραμμένου μάλιστα ὑπὸ Ὀρφέως.

17. Ἐν δὲ τοῖς ἑξῆς κατηγορῶν τῆς Μωσέως ἱστορίας, αἰτιᾶται τοὺς τροπολογοῦντας, καὶ ἀλληγοροῦντας αὐτήν. Ἦν δ' ἂν εἰπεῖν πρὸς τὸν γενναιότατον, καὶ ἀληθῆ λόγον ἐπιγράψαντα τὸ ἑαυτοῦ βιβλίον, τί δήποτε, ὦ οὗτος, θεοὺς μὲν τηλικαύταις περιπίπτοντας συμφοραῖς, ὁποίας ἀναγράφουσιν οἱ σοφοί σου ποιηταὶ καὶ φιλόσοφοι, καὶ ἐναγέσι μίξεσι χρωμένους, καὶ κατὰ τῶν πατέρων στρατευομένους, καὶ τὰ αἰδοῖα αὐτῶν ἀποτέμνοντας, σεμνολογεῖς ἀναγεγράφθαι τὰ τηλικαῦτα τετολμηκέναι, καὶ πεποιηκέναι, καὶ πεπονθέναι· ὅταν δὲ Μωσῆς μὴ περὶ θεοῦ τοιαῦτα λέγῃ, ἀλλὰ μηδ' ἀγγέλων ἁγίων, περὶ δὲ ἀνθρώπων πολλῷ ἐλάττονα· (οὐδεὶς γὰρ παρ' αὐτῷ ἐτόλμησεν, ὅσα Κρόνος κατὰ τοῦ Οὐρανοῦ, οὐδὲ ὅσα Ζεὺς κατὰ τοῦ πατρός· οὐδ' ὅτι τῇ ἑαυτοῦ θυγατρὶ ὁ πατὴρ ἀνδρῶν τε θεῶν τε συνελήλυθε·) πλανᾶν νομίζεται ἠπατημένους τοὺς νενομοθετημένους ὑπ' αὐτοῦ; Δοκεῖ δέ μοι καὶ παραπλήσιόν τι Κέλσος ποιεῖν τῷ Πλατωνικῷ Θρασυμάχῳ, μὴ ἐπιτρέποντι ὡς βούλεται ἀποκρίνασθαι περὶ τῆς δικαιοσύνης Σωκράτει· ἀλλὰ λέγοντι· "ὅρα, μὴ τὸ συμφέρον εἴπῃς εἶναι τὸ δίκαιον, μηδὲ τὸ δέον, μηδ' ἄλλο τι τῶν παραπλη-

σίων. Καὶ γὰρ αὐτὸς κατηγορήσας, (ὡς οἴεται,) τῶν παρὰ Μωσεῖ ἱστοριῶν, καὶ μεμψάμενος τοῖς ἀλληγοροῦσι, μετὰ τοῦ καὶ ἔπαινόν τινα περὶ αὐτῶν λέγειν, ὅτι εἰσὶν οἱ ἐπιεικέστεροι· οἱονεὶ κωλύεται[1] κατηγορήσας, ὡς βούλεται[2], ἀπολογεῖσθαι τοὺς δυναμένους ὡς πέφυκεν ἔχειν τὰ πράγματα.

18. Εἴποιμεν δ' ἂν προκαλούμενοι βίβλους βίβλοις παραβάλλεσθαι, ὅτι φέρε, ὦ οὗτος, τὰ Λίνου, καὶ Μουσαίου, καὶ Ὀρφέως ποιήματα, καὶ Φερεκύδου τὴν γραφὴν, καὶ συνεξέταζε τοῖς Μωϋσέως νόμοις, ἱστορίας ἱστορίαις, καὶ ἠθικοὺς λόγους νόμοις καὶ προστάγμασι παρατιθείς· καὶ ὅρα, ὁποῖα μᾶλλον ἐπιστρέψαι δύναται καὶ αὐτόθεν τοὺς ἀκούοντας, καὶ τίνα αὐτῶν, κἂν ἐπιτρίψαι τὸν ἀκροατήν· καὶ κατανόει, ὅπως τὸ μὲν τάγμα τῶν σῶν συγγραφέων ὀλίγον μὲν ἐφρόντισε τῶν αὐτόθεν ἐντευξομένων, μόνοις δὲ ἄρα τοῖς τροπολογῆσαι καὶ ἀλληγορῆσαι δυναμένοις ἔγραψε τὴν ἰδίαν, (ὡς φῇς,) φιλοσοφίαν. Ὁ δὲ Μωσῆς ἀνάλογον γενναίῳ ῥήτορι σχῆμα μελετῶντι, καὶ πανταχοῦ τὴν διπλόην τῆς λέξεως πεφυλαγμένως προφερομένῳ, ἐπὶ τῶν πέντε βιβλίων πεποίηκε· μήτε τῷ πλήθει τῶν νομοθετουμένων Ἰουδαίων διδοὺς ἀφορμὰς βλάβης ἐν τῷ ἠθικῷ τόπῳ· μήτε τοῖς ὀλίγοις καὶ συνετώτερον ἐντυγχάνειν δυναμένοις, οὐχὶ πλήρη θεωρίας ἐκτιθέμενος, τοῖς ἐρευνᾶν τὸ βούλημα αὐτοῦ δυναμένοις, γραφήν. Καὶ τῶν μὲν σοφῶν σου ποιητῶν ἔοικε μηδὲ τὰ βιβλία ἔτι σώζεσθαι, φυλαχθέντα ἄν, εἰ ὁ ἐντυγχάνων ᾔσθετο ὠφελείας· τοῦ δὲ Μωσέως τὰ γράμματα πολλοὺς καὶ τῶν ἀλλοτρίων τῆς παρὰ τοῖς Ἰουδαίοις ἀνατροφῆς[3] κεκίνηκε πιστεῦσαι, ὅτι, κατὰ τὴν ἐπαγγελίαν τῶν γραμμάτων, ὁ πρῶτος αὐτὰ νομοθετήσας, καὶ Μωσεῖ παραδοὺς, θεὸς ὁ κτίσας τὸν κόσμον ἦν. Καὶ γὰρ ἔπρεπε τὸν ὅλου τοῦ κόσμου δημιουργὸν, νόμους τεθειμένον ὅλῳ τῷ κόσμῳ, δύναμιν παρασχεῖν τοῖς λόγοις, κρατῆσαι τῶν πανταχοῦ δυναμένην. Καὶ ταῦτά φημι, οὐδέπω περὶ

(1) Mallet Guietus: κωλύει. R.
(2) Omnes Codd. MSS. ὡς βούλεται. At sensus postulare videtur; ὡς βούλονται : quæ quidem lectio secunda manu apposita est in Cod. Joliano. R.
(3) Sic duo Codd. Vaticani ; reliqui ἀναστροφῆς. R.

τοῦ Ἰησοῦ ἐξετάζων, ἀλλ' ἔτι Μωσέα, τὸν πολλῷ ἐλάττονα Κυρίου, δεικνὺς, ὡς ὁ λόγος παραστήσει, πολλῷ διαφέροντα τῶν σοφῶν σου ποιητῶν καὶ φιλοσόφων.

19. Ἑξῆς τούτοις ὁ Κέλσος, λεληθότως βουλόμενος διαβαλεῖν τὴν κατὰ Μωϋσέα κοσμοποιΐαν, ἐμφαίνοντα μηδέπω μυρίων ἐτῶν ἀριθμὸν ἔχειν τὸν κόσμον, ἀλλὰ πολλῷ τούτου λειπόμενον· προστίθεται, κλέπτων αὐτοῦ[1] τὸ βούλημα, τοῖς λέγουσιν ἀγένητον εἶναι τὸν κόσμον. Τὸ γὰρ πολλὰς ἐκ παντὸς αἰῶνος ἐκπυρώσεις γεγονέναι, πολλὰς δ' ἐπικλύσεις, καὶ νεώτερον εἶναι τὸν ἐπὶ Δευκαλίωνος κατακλυσμὸν ἔναγχος γεγενημένον· σαφῶς τοῖς ἀκούειν αὐτοῦ δυναμένοις παρίστησι τὸ κατ' αὐτὸν τοῦ κόσμου ἀγένητον. Λεγέτω δὴ ἡμῖν ὁ τῇ πίστει Χριστιανῶν ἐγκαλῶν, ποίοις ἀποδεικτικοῖς λόγοις ἠναγκάσθη παραδέξασθαι πολλὰς γεγονέναι ἐκπυρώσεις, καὶ πολλοὺς κατακλυσμούς· πάντων δὲ νεώτερον εἶναι κατακλυσμὸν μὲν τὸν ἐπὶ Δευκαλίωνος, ἐκπύρωσιν δὲ τὴν ἐπὶ Φαέθοντος. Ἀλλ' ἐὰν προβάλληται τοὺς Πλάτωνος περὶ τούτων διαλόγους, φήσομεν αὐτῷ, καὶ ἡμῖν ἐξεῖναι πιστεύειν, ἐν καθαρᾷ καὶ εὐσεβεῖ ψυχῇ Μωϋσέως, πᾶν γενητὸν ὑπεραναβάντος, καὶ τοῦ δημιουργοῦ τῶν ὅλων ἑαυτὸν ἐξαρτήσαντος, ἐμπεπολιτεῦσθαι πνεῦμα θεῖον, πολλῷ ἐναργέστερον Πλάτωνος, καὶ τῶν παρ' Ἕλλησι καὶ παρὰ βαρβάροις σοφῶν, τὰ τοῦ θεοῦ παραστήσαντος. Εἰ δ' ἀπαιτεῖ ἡμᾶς λόγους τῆς τοιαύτης πίστεως· διδότω πρότερος περὶ ὧν αὐτὸς ἀναποδείκτως ἀπεφήνατο, καὶ ἑξῆς κατασκευάσομεν τὰ ἡμέτερα ταῦθ' οὕτως ἔχειν.

20. Πλὴν καὶ ἄκων ἐνέπεσεν ὁ Κέλσος εἰς τὸ μαρτυρεῖν τῷ, νεώτερον εἶναι τὸν κόσμον, καὶ οὐδέπω μυρίων ἐτῶν, εἰπὼν καὶ Ἕλληνας ταῦτα νομίζειν ἀρχαῖα, ὡς[2] πρεσβύτερα, διὰ τοὺς κατακλυσμοὺς, καὶ τὰς ἐκπυρώσεις οὐ[3] τεθεωρήκασιν, οὐδ' ἀπομνημονεύουσιν. Ἔστωσαν δὲ τῷ Κέλσῳ τοῦ περὶ τῶν ἐκπυρώσεων καὶ ἐξυδατώσεων μύθου διδάσκαλοι, οἱ κατ' αὐτὸν

(1) Qu. αὑτοῦ? Boherellus.
(2) Guieto scribendum videtur; ὧν πρεσβύτερα: quod et mihi arridet. R.
(3) Duo Codd. Anglic. οὓς οὐ τεθ. Codd. Reg. et Basil. οὖ οὐ τεθ. Sicque Jolianus, qui in marg. habet ἃ οὐ τεθ.: reliqui Codd. MSS. neque οὓς, neque οὐ, neque ἅ; quos hoc loco sequimur. R.

σοφώτατοι Αιγύπτιοι, ων της σοφίας ίχνη, άλογα ζώα προσκυνούμενα, και λόγοι παριστάντες εύλογον είναι και ανακεχωρηκυίαν τινα και μυστικήν την τοιαύτην του θεού θεραπείαν. Κἂν μὲν Αιγύπτιοι περὶ τῶν ζώων σεμνύνοντες εαυτῶν τὸν λόγον θεολογίας φέρωσι, σοφοί εισιν· εαν δέ τις τῶν Ἰουδαίων συγκαταθέμενος νόμῳ και νομοθέτῃ, πάντα αναφέρῃ επὶ τὸν τῶν ὅλων δημιουργὸν καὶ μόνον θεόν, ἥττων εἶναι παρὰ Κέλσῳ καὶ τοῖς ὁμοίοις αὐτῷ λογίζεται τοῦ μὴ εἰς λογικὰ μόνον καὶ θνητὰ ζῷα, ἀλλὰ καὶ εἰς ἄλογα κατάγοντος τὴν θεότητα, ὑπὲρ τὴν μυθικὴν μετενσωμάτωσιν, τὴν περὶ τῆς πιπτούσης ἀπὸ τῶν ἁψίδων τοῦ οὐρανοῦ ψυχῆς καὶ ἕως τῶν ἀλόγων ζώων, οὐ μόνον ἡμέρων, ἀλλὰ καὶ ἀγριωτάτων καταβαινούσης. Καὶ ἐὰν μὲν Αιγύπτιοι μυθολογῶσι, πιστεύονται πεφιλοσοφηκέναι δι' αἰνιγμῶν[1] καὶ ἀπορρήτων· ἐὰν δὲ Μωϋσῆς ὅλῳ ἔθνει συγγράφων, ἱστορίας καὶ νόμους αὐτοῖς καταλίπῃ, μῦθοι κενοὶ νομίζονται, μηδ' ἀλληγορίαν ἐπιδεχόμενοι, οἱ λόγοι αὐτοῦ.

21. Τοῦτο γὰρ Κέλσῳ καὶ τοῖς Ἐπικουρείοις δοκεῖ, "Τούτου οὖν," φησὶ, "τοῦ λόγου τοῦ παρὰ τοῖς σοφοῖς ἔθνεσι καὶ ἐλλογίμοις ἀνδράσιν ἐπακηκοὼς, ὄνομα δαιμόνιον ἔσχε Μωϋσῆς." Καὶ πρὸς τοῦτο δὲ λεκτέον, ἵν' αὐτῷ συγχωρηθῇ, Μωϋσέα ἀκηκοέναι ἀρχαιοτέρου λόγου, καὶ τοῦτον Ἑβραίοις παραδεδωκέναι· ὅτι εἰ μὲν ψευδοῦς λόγου ἀκούσας, καὶ μὴ σοφοῦ, μηδὲ σεμνοῦ, παρεδέξατο αὐτὸν καὶ παρέδωκε τοῖς ὑπ' αὐτὸν, ἔγκλητός ἐστιν· εἰ δ', ὡς σὺ φῇς, συγκατέθετο δόγμασι σοφοῖς καὶ ἀληθέσι, καὶ ἐπαίδευσε τοὺς οἰκείους δι' αὐτῶν, τί ποτε κατηγορίας ἄξιον πεποίηκεν; Ὡς εἴθε καὶ ὁ Ἐπίκουρος, καὶ ὁ ἔλαττον αὐτοῦ εἰς τὴν πρόνοιαν ἀσεβῶν Ἀριστοτέλης, καὶ οἱ σῶμα εἰπόντες τὸν θεὸν Στωϊκοὶ, τοῦ λόγου τούτου ἤκουσαν· ἵνα μὴ πληρωθῇ ὁ κόσμος λόγου, ἀθετοῦντος πρόνοιαν, ἢ διακόπτοντος αὐτὴν, ἢ ἀρχὴν φθαρτὴν εἰσάγοντος τὴν σωματικὴν, καθ' ἣν καὶ ὁ θεὸς τοῖς Στωϊκοῖς ἐστι σῶμα, οὐκ αἰδουμένοις λέγειν αὐτὸν τρεπτὸν καὶ δι' ὅλων ἀλλοιωτὸν καὶ

---

[1] Cod. Jolian. ad marg. αινιγμάτων. R. Item Philocal. in textu: αινιγμάτων. L.

μεταβλητὸν, καὶ ἁπαξαπλῶς δυνάμενον φθαρῆναι, εἰ ἔχει[1] τὸν φθείροντα· εὐτυχοῦντα δὲ μὴ φθαρῆναι, παρὰ τὸ μηδὲν εἶναι τὸ φθεῖρον αὐτόν. Ἀλλ' ὁ Ἰουδαίων καὶ Χριστιανῶν λόγος, ὁ τὸ ἄτρεπτον καὶ ἀναλλοίωτον τοῦ θεοῦ τηρῶν, ἀσεβὴς εἶναι νενόμισται, ἐπεὶ μὴ συνασεβεῖ τοῖς ἀσεβῆ περὶ θεοῦ φρονοῦσι, λέγων ἐν ταῖς πρὸς τὸ θεῖον εὐχαῖς· "σὺ δὲ ὁ αὐτὸς εἶ[2]." Πεπίστευται δὲ καὶ ὁ θεὸς εἰρηκέναι τό· "οὐκ ἠλλοίωμαι[3]."

22. Μετὰ ταῦτα τὸ περιτέμνεσθαι τὰ αἰδοῖα μὴ διαβαλὼν ὁ Κέλσος ὑπὸ Ἰουδαίων γιγνόμενον, φησὶν "ἀπὸ Αἰγυπτίων αὐτὸ ἐληλυθέναι·" Αἰγυπτίοις μᾶλλον ἢ Μωσεῖ πιστεύσας, λέγοντι πρῶτον ἐν ἀνθρώποις περιτετμῆσθαι τὸν Ἀβραάμ. Τοῦ δ' Ἀβραὰμ τὸ ὄνομα οὐ Μωϋσῆς ἀναγράφει μόνος, οἰκεῖων αὐτὸν θεῷ· ἀλλὰ γὰρ καὶ πολλοὶ τῶν ἐπᾳδόντων δαίμονας χρῶνται ἐν τοῖς λόγοις αὐτῶν τῷ· "ὁ θεὸς Ἀβραάμ·" ποιοῦντες μὲν διὰ τὸ ὄνομα καὶ τὴν πρὸς τὸν δίκαιον τοῦ θεοῦ οἰκειότητα. Διὸ παραλαμβάνουσι τήν· "ὁ θεὸς Ἀβραάμ" λέξιν, οὐκ ἐπιστάμενοι δὲ τίς ἐστιν ὁ Ἀβραάμ. Τὰ δ' αὐτὰ λεκτέον καὶ περὶ τοῦ Ἰσαάκ, καὶ περὶ τοῦ Ἰακώβ, καὶ περὶ τοῦ Ἰσραήλ· ἅτινα ὁμολογουμένως Ἑβραῖα ὄντα ὀνόματα, πολλαχοῦ τοῖς Αἰγυπτίοις ἐπαγγελλομένοις ἐνέργειάν τινα ἐνέσπαρται μαθήμασι. Τὸν δὲ λόγον τῆς περιτομῆς, ἀρξάμενον ἀπὸ τοῦ Ἀβραάμ, καὶ κωλυόμενον ὑπὸ τοῦ Ἰησοῦ, μὴ βουλομένου τοὺς ἑαυτοῦ μαθητὰς τὸ αὐτὸ ποιεῖν, οὐ πρόκειται νῦν ἑρμηνεύειν. Οὐ γὰρ τῆς περὶ τούτων διδασκαλίας ὁ παρὼν καιρός, ἀλλὰ ἀγῶνος καθαιροῦντος τὰ φερόμενα ὑπὸ Κέλσου κατὰ τοῦ Ἰουδαίων λόγου ἐγκλήματα, οἰομένου τάχιον ψευδοποιήσειν τὸν Χριστιανισμόν, ἐὰν τῆς ἀρχῆς αὐτοῦ ἐν τοῖς Ἰουδαϊκοῖς οὔσης λόγοις κατηγορῶν παραστήσῃ κἀκείνην ψευδῆ.

23. Ἑξῆς τούτοις φησὶν ὁ Κέλσος, ὅτι "τῷ ἡγησαμένῳ σφῶν ἑπόμενοι Μωϋσῇ αἰπόλοι καὶ ποιμένες, ἀγροίκοις ἀπάταις ψυχαγωγηθέντες, ἕνα ἐνόμισαν εἶναι θεόν." Δεικνύτω τοίνυν, πῶς αἰπόλων καὶ ποιμένων ἀλόγως, ὡς οἴεται, ἀποστάντων τοῦ σέβειν θεοὺς, αὐτὸς δύναται παραστῆσαι τὸ πλῆθος

---

[1] Qu. ἔχοι?   [2] Psalm. ci. 27.   [3] Malachi iii. 6.

τῶν καθ' Ἕλληνας θεῶν, ἢ τοὺς λοιποὺς βαρβάρους. Δεικνύτω τοίνυν ὑπόστασιν καὶ οὐσίαν Μνημοσύνης γεννώσης ἀπὸ Διὸς τὰς Μούσας· ἢ Θέμιδος τὰς Ὥρας· ἢ τὰς Χάριτας ἀεὶ γυμνὰς παραστησάτω δύνασθαι κατ' οὐσίαν ὑφεστηκέναι. Ἀλλ' οὐ δυνήσεται τὰ Ἑλλήνων ἀναπλάσματα σωματοποιεῖσθαι δοκοῦντα, ἀπὸ τῶν πραγμάτων δεικνύναι θεούς. Τί γὰρ μᾶλλον οἱ Ἑλλήνων μῦθοι περὶ θεῶν ἀληθεῖς, ἢ, φέρ' εἰπεῖν, οἱ Αἰγυπτίων, οὐκ εἰδότων τῇ σφῶν διαλέκτῳ Μνημοσύνην μητέρα Μουσῶν ἐννέα, οὐδὲ Θέμιν Ὡρῶν, οὐδὲ Εὐρυνόμην μητέρα[1] τῶν Χαρίτων, οὐδὲ τὰ λοιπὰ ὀνόματα αὐτῶν; Πόσῳ οὖν ἐναργέστερον, καὶ πάντων τούτων τῶν ἀναπλασμάτων βέλτιον, τὸ ἐκ τῶν ὁρωμένων πειθόμενον τοῖς κατὰ τὴν εὐταξίαν τοῦ κόσμου σέβειν τὸν δημιουργὸν αὐτοῦ, ἑνὸς ὄντος ἕνα, καὶ συμπνέοντος αὐτοῦ ὅλῳ ἑαυτῷ, καὶ διὰ τοῦτο μὴ δυναμένου ὑπὸ πολλῶν δημιουργῶν γεγονέναι· ὡς οὐδ' ὑπὸ πολλῶν ψυχῶν συνέχεσθαι ὅλον τὸν οὐρανὸν κινουσῶν· ἀρκεῖ γὰρ μία ἡ φέρουσα ὅλην τὴν ἀπλανῆ ἀπὸ ἀνατολῶν ἐπὶ δυσμὰς, καὶ ἐμπεριλαβοῦσα ἔνδον πάντα, ὧν χρείαν ἔχει ὁ κόσμος, τὰ μὴ αὐτοτελῆ. Πάντα γὰρ μέρη κόσμου, οὐδὲν δὲ μέρος ὅλου θεός. Δεῖ γὰρ εἶναι τὸν θεὸν μὴ ἀτελῆ, ὥσπερ ἐστὶ τὸ μέρος ἀτελές. Τάχα δὲ βαθύτερος λόγος δείξει, ὅτι κυρίως θεὸς ὥσπερ οὐκ ἔστι μέρος, οὕτως οὐδὲ ὅλον, ἐπεὶ τὸ ὅλον ἐκ μερῶν ἐστι· καὶ οὐκ ἐρεῖ λόγος παραδέξασθαι τὸν ἐπὶ πᾶσι θεὸν εἶναι ἐκ μερῶν, ὧν ἕκαστον οὐ δύναται ὅπερ[2] τὰ ἄλλα μέρη.

24. Μετὰ ταῦτά φησιν, ὅτι "οἱ αἰπόλοι καὶ ποιμένες ἕνα ἐνόμισαν θεὸν, εἴτε ὕψιστον, εἴτ' Ἀδωναῒ, εἴτ' οὐράνιον, εἴτε Σαβαώθ, εἴτε καὶ ὅπη καὶ ὅπως χαίρουσιν ὀνομάζοντες τόνδε τὸν κόσμον· καὶ πλεῖον οὐδὲν ἔγνωσαν." Καὶ ἐξῆς δέ φησι· "μηδὲν διαφέρειν τῷ παρ' Ἕλλησι φερομένῳ ὀνόματι τὸν ἐπὶ πᾶσι θεὸν καλεῖν ἢ Δία, ἢ τῷ δεῖνι[3], φέρ' εἰπεῖν, παρ' Ἰνδοῖς, ἢ τῷ δεῖνι παρ' Αἰγυπτίοις." Λεκτέον δὲ καὶ πρὸς

---
(1) Cf. Hesiod. Theogon. v. 907.
(2) Qu. ὕπερ?
(3) Ita Codd. Reg. et Basil. Philocal. vero cum reliquis MSS. τῷ δεῖνα—ἢ τῷ δεῖνα. Cod. Jolianus: τὸν δεῖνα—ἢ τὸν δεῖνα. R.

τοῦτο, ὅτι ἐμπίπτει εἰς τὸ προκείμενον λόγος βαθὺς, καὶ ἀπόρρητος, ὁ περὶ φύσεως ὀνομάτων· πότερον, ὡς οἴεται Ἀριστοτέλης, θέσει ἐστὶ τὰ ὀνόματα· ἢ, ὡς νομίζουσιν οἱ ἀπὸ τῆς Στοᾶς, φύσει, μιμουμένων τῶν πρώτων φωνῶν τὰ πράγματα, καθ' ὧν τὰ ὀνόματα, καθὸ καὶ στοιχεῖά τινα ἐτυμολογίας εἰσάγουσιν· ἢ, ὡς διδάσκει Ἐπίκουρος, (ἑτέρως ἢ ὡς οἴονται οἱ ἀπὸ τῆς Στοᾶς,) φύσει ἐστὶ τὰ ὀνόματα, ἀπορρηξάντων τῶν πρώτων ἀνθρώπων τινὰς φωνὰς κατὰ τῶν πραγμάτων. Ἐὰν τοίνυν δυνηθῶμεν ἐν προηγουμένῳ λόγῳ παραστῆσαι φύσιν ὀνομάτων ἐνεργῶν, ὧν τισι χρῶνται Αἰγυπτίων οἱ σοφοὶ, ἢ τῶν παρὰ Πέρσαις μάγων οἱ λόγιοι, ἢ τῶν παρ' Ἰνδοῖς φιλοσοφούντων Βραχμᾶνες, ἢ Σαμαναῖοι· καὶ οὕτω καθ' ἕκαστον τῶν ἐθνῶν· καὶ κατασκευάσαι οἷοί τε γενώμεθα, ὅτι καὶ ἡ καλουμένη μαγεία οὐχ, ὡς οἴονται οἱ ἀπὸ Ἐπικούρου καὶ Ἀριστοτέλους, πρᾶγμά ἐστιν ἀσύστατον πάντη, ἀλλ', ὡς οἱ περὶ ταῦτα δεινοὶ ἀποδεικνύουσι, συνεστὼς μὲν, λόγους δ' ἔχον σφόδρα ὀλίγοις γινωσκομένους· τότ' ἐροῦμεν, ὅτι τὸ μὲν Σαβαὼθ ὄνομα, καὶ τὸ Ἀδωναῒ, καὶ ἄλλα παρ' Ἑβραίοις μετὰ πολλῆς σεμνολογίας παραδιδόμενα, οὐκ ἐπὶ τῶν τυχόντων καὶ γενητῶν κεῖται πραγμάτων, ἀλλ' ἐπί τινος θεολογίας ἀπορρήτου, ἀναφερομένης εἰς τὸν τῶν ὅλων δημιουργόν. Διὸ καὶ δύναται ταῦτα τὰ ὀνόματα, λεγόμενα μετά τινος τοῦ συμφυοῦς (1) αὐτοῖς εἱρμοῦ· ἄλλα δὲ κατὰ Αἰγυπτίαν φερόμενα φωνὴν, ἐπί τινων δαιμόνων τῶν τάδε μόνα δυναμένων, καὶ ἄλλα κατὰ τὴν Περσῶν διάλεκτον ἐπὶ ἄλλων δυνάμεων, καὶ οὕτω καθ' ἕκαστον τῶν ἐθνῶν εἰς χρείας τινὰς παραλαμβάνεσθαι. Καὶ οὕτως εὑρεθήσεται τῶν ἐπὶ γῆς δαιμόνων, λαχόντων διαφόρους τόπους, φέρεσθαι τὰ ὀνόματα οἰκείως ταῖς κατὰ τόπον καὶ ἔθνος διαλέκτοις. Ὁ τοίνυν μεγαλοφυέστερον κἂν ὀλίγην τούτων περίνοιαν εἰληφὼς, εὐλαβηθήσεται ἄλλα ἄλλοις ἐφαρμόζειν ὀνόματα πράγμασι, μήποτε ὅμοιον πάθῃ τοῖς τὸ Θεὸς ὄνομα ἐσφαλμένως φέρουσιν ἐπὶ ὕλην ἄψυχον· ἢ τὴν τοῦ ἀγαθοῦ προσηγορίαν κατασπῶσιν ἀπὸ τοῦ πρώτου αἰτίου, ἢ ἀπὸ τῆς ἀρετῆς καὶ τοῦ καλοῦ, ἐπὶ τὸν τυφλὸν πλοῦτον, καὶ ἐπὶ τὴν

(1) Plerique MSS. συνύφους. Philocal. et unus Cod. Anglic. συμφυοῦς.

σαρκῶν καὶ αἱμάτων καὶ ὀστέων συμμετρίαν ἐν ὑγεία καὶ εὐεξία, ἢ τὴν νομιζομένην εὐγένειαν.

25. Καὶ τάχα οὐκ ἐλάττων ὁ κίνδυνος τῷ τὸ ὄνομα τοῦ θεοῦ, ἢ τὸ ὄνομα τοῦ ἀγαθοῦ ἐφ' ἃ μὴ χρὴ κατάγοντι, ἤπερ τῷ τὰ κατά τινα ἀπόρρητον λόγον ὀνόματα ἐναλλάσσοντι, καὶ τὰ μὲν κατὰ τῶν ἐλαττόνων φέροντι ἐπὶ τὰ κρείττονα, τὰ δὲ κατὰ τῶν κρειττόνων ἐπὶ τὰ ἥττονα. Καὶ οὐ λέγω, ὅτι τῷ Διὶ εὐθέως συνεξακούεται ὁ Κρόνου καὶ Ῥέας υἱός, καὶ Ἥρας ἀνὴρ, καὶ Ποσειδῶνος ἀδελφὸς, καὶ Ἀθηνᾶς καὶ Ἀρτέμιδος πατὴρ, καὶ ὁ τῇ θυγατρὶ Περσεφόνῃ μιγείς· ἢ τῷ Ἀπόλλωνι συνεξακούεται ὁ Λητοῦς καὶ Διὸς υἱὸς, καὶ Ἀρτέμιδος ἀδελφὸς, καὶ Ἑρμοῦ ὁμοπάτριος ἀδελφός· καὶ ὅσα ἄλλα φέρουσιν οἱ σοφοὶ Κέλσου τῶν δογμάτων πατέρες, καὶ ἀρχαῖοι θεολόγοι Ἑλλήνων. Τίς γὰρ ἡ ἀποκλήρωσις, κυριολεκτεῖσθαι μὲν τὸν Δία, οὐχὶ δὲ καὶ τὸν πατέρα μὲν αὐτοῦ εἶναι Κρόνον, μητέρα δὲ Ῥέαν; Τὸ δ' ὅμοιον ποιητέον καὶ ἐπὶ τῶν ἄλλων ὀνομαζομένων θεῶν. Τοῦτο δὲ τὸ ἔγκλημα οὐδαμῶς ἅπτεται τῶν κατά τινα ἀπόρρητον λόγον τὸ Σαβαὼθ τασσόντων ἐπὶ τοῦ θεοῦ, ἢ τὸ Ἀδωναΐ, ἤ τι τῶν λοιπῶν ὀνομάτων. Ὅταν δὲ περὶ ὀνομάτων τις δύνηται τὰ ἐν ἀπορρήτοις φιλοσοφεῖν, πολλὰ ἂν εὕρῃ [1] καὶ περὶ τῆς ἐπικλήσεως τῶν ἀγγέλων τοῦ θεοῦ· ὧν ὁ μέν τις Μιχαὴλ, ἕτερος δὲ Γαβριὴλ, καὶ ἄλλος Ῥαφαὴλ καλεῖται, φερωνύμως τοῖς πράγμασιν, ἃ διακονοῦνται κατὰ [2] βούλημα τοῦ θεοῦ τῶν ὅλων ἐν τῷ παντί. Τῆς δ' ὁμοίας ἔχεται περὶ ὀνομάτων φιλοσοφίας καὶ ὁ ἡμέτερος Ἰησοῦς, οὗ τὸ ὄνομα μυρίους ἤδη ἐναργῶς ἑώραται δαίμονας ἐξελάσαν ψυχῶν καὶ σωμάτων, ἐνεργῆσαν εἰς ἐκείνους ἀφ' ὧν ἀπηλάθησαν. Ἔτι δ' εἰς τὸν περὶ ὀνομάτων τόπον λεκτέον, ὅτι οἱ περὶ τὴν χρῆσιν τῶν ἐπῳδῶν δεινοὶ ἱστοροῦσιν, ὅτι τὴν αὐτὴν ἐπῳδὴν, εἰπόντα μὲν τῇ οἰκείᾳ διαλέκτῳ, ἔστιν ἐνεργῆσαι ὅπερ ἐπαγγέλλεται ἡ ἐπῳδή· μεταβαλόντα δὲ εἰς ἄλλην οἱανδηποτοῦν φωνὴν, ἔστιν ἰδεῖν ἄτονον, καὶ οὐδὲν δυναμένην. Οὕτως οὐ τὰ σημαινόμενα κατὰ τῶν

(1) Philocal. impressa, εὗροι.
(2) Philoc. MSS. κατὰ τό.

πραγμάτων, ἀλλ' αἱ τῶν φωνῶν ποιότητες καὶ ἰδιότητες, ἔχουσί τι δυνατὸν ἐν αὐταῖς πρὸς τάδε τινὰ, ἢ τάδε. Οὕτω δ' ἀπολογησόμεθα διὰ τῶν τοιούτων [1] καὶ περὶ τοῦ μέχρι θανάτου ἀγωνίζεσθαι Χριστιανοὺς, ἵνα μὴ τὸν Δία θεὸν ἀναγορεύσωσι, μηδ' ἄλλη διαλέκτῳ αὐτὸν ὀνομάσωσιν. Ἡ γὰρ ἀορίστως ὁμολογοῦσι τὸ κοινὸν ὄνομα, τὸ ὁ Θεὸς, ἢ καὶ μετὰ προσθήκης τῆς· ὁ δημιουργὸς τῶν ὅλων, ὁ ποιητὴς οὐρανοῦ καὶ γῆς, ὁ καταπέμψας τῷ τῶν ἀνθρώπων γένει τούσδε τινὰς τοὺς σοφούς· ὧν τῷ ὀνόματι ἐφαρμοζόμενον τὸ Θεὸς ὄνομα, δύναμίν τινα παρὰ ἀνθρώποις ἐπιτελεῖ. Πολλὰ δ' ἂν καὶ ἄλλα λέγοιτο εἰς τὸν περὶ ὀνομάτων τόπον, πρὸς τοὺς οἰομένους δεῖν ἀδιαφορεῖν περὶ τῆς χρήσεως αὐτῶν. Καὶ εἴπερ θαυμάζεται ὁ Πλάτων, εἰπὼν ἐν Φιλήβῳ· "Τὸ δ' ἐμὸν δέος, ὦ Πρώταρχε, περὶ τὰ ὀνόματα τῶν θεῶν οὐκ ὀλίγον·" ἐπεὶ Φίληβος θεὸν τὴν ἡδονὴν εἶπεν ὁ προσδιαλεγόμενος τῷ Σωκράτει· πῶς οὐ μᾶλλον τῆς εὐλαβείας ἀποδεξόμεθα Χριστιανοὺς, μηδὲν τῶν ἐν ταῖς μυθοποιίαις παραλαμβανομένων ὀνομάτων προσάπτοντας τῷ τοῦ παντὸς δημιουργῷ; Ἀλλὰ γὰρ τούτων ἐπὶ τοῦ παρόντος ἅλις.

26. Ἴδωμεν δὲ τίνα τρόπον συκοφαντεῖ Ἰουδαίους ὁ πάντ' ἐπαγγελλόμενος εἰδέναι Κέλσος, λέγων " αὐτοὺς σέβειν ἀγγέλους, καὶ γοητείᾳ προσκεῖσθαι, ἧς ὁ Μωϋσῆς αὐτοῖς γέγονεν ἐξηγητής." Ποῦ γὰρ τῶν γραμμάτων Μωϋσέως εὗρε τὸν νομοθέτην παραδιδόντα σέβειν ἀγγέλους, λεγέτω ὁ ἐπαγγελλόμενος εἰδέναι τὰ Χριστιανῶν καὶ Ἰουδαίων. Πῶς δὲ καὶ γοητεία παρὰ τοῖς παραδεξαμένοις τὸν Μωϋσέως νόμον ἐστὶν, ἀνεγνωκόσι καὶ τό· "τοῖς ἐπαοιδοῖς οὐ προσκολληθήσεσθε, ἐκμιανθῆναι ἐν αὐτοῖς[2];" Ἐπαγγέλλεται δὲ διδάξειν ἑξῆς· "πῶς καὶ Ἰουδαῖοι ὑπὸ ἀμαθίας ἐσφάλησαν ἐξαπατώμενοι." Καὶ εἰ μὲν ηὕρισκε τὴν περὶ Ἰησοῦ τοῦ Χριστοῦ ἐν Ἰουδαίοις ἀμαθίαν μὴ κατακούσασι τῶν περὶ αὐτοῦ προφητειῶν, ἀληθῶς ἂν ἐδίδαξε, πῶς ἐσφάλησαν Ἰουδαῖοι. Νῦν δὲ ταῦτα οὐδὲ βουληθεὶς φαντασθῆναι, τὰ μὴ σφάλματα Ἰου-

---

[1] Desunt in Philocal. διὰ τῶν τοιούτων.
[2] Levit. xix. 31.

δαίων, σφάλματα είναι υπολαμβάνει. Επαγγειλάμενος δ' ὁ Κέλσος ὕστερον διδάξειν τὰ περὶ Ἰουδαίων, πρῶτον ποιεῖται τὸν λόγον περὶ τοῦ Σωτῆρος ἡμῶν, ὡς γενομένου ἡγεμόνος τῇ καθὸ Χριστιανοί. ἐσμὲν γενέσει ἡμῶν, καί φησιν, αὐτὸν " πρὸ πάνυ ὀλίγων ἐτῶν τῆς διδασκαλίας ταύτης καθηγήσασθαι, νομισθέντα ὑπὸ Χριστιανῶν υἱὸν εἶναι τοῦ θεοῦ." Καὶ περὶ αὐτοῦ δὲ τοῦ, πρὸ ὀλίγων ἐτῶν γεγονέναι αὐτὸν, τοιαῦτα φήσομεν· ἆρα τὸ ἐν τούτοις[1] τοῖς ἔτεσι βουληθέντα σπεῖραι τὸν ἑαυτοῦ λόγον καὶ διδασκαλίαν τὸν Ἰησοῦν, τοσοῦτον δεδυνῆσθαι, ὡς πολλαχοῦ τῆς καθ' ἡμᾶς οἰκουμένης διατεθῆναι πρὸς τὸν λόγον αὐτοῦ οὐκ ὀλίγους Ἕλληνας καὶ βαρβάρους, σοφοὺς καὶ ἀνοήτους, ὥστε μέχρι θανάτου ἀγωνίζεσθαι ὑπὲρ Χριστιανισμοῦ, ἵν' αὐτὸν μὴ ἐξομόσαιντο, ὅπερ οὐδεὶς ὑπὲρ ἄλλου δόγματος ἱστόρηται ποιεῖν· ἀθεεὶ γεγένηται; Ἐγὼ μὲν οὖν οὐ κολακεύων τὸν λόγον, ἀλλὰ πειρώμενος τεθεωρημένως ἐξετάζειν τὰ πράγματα, φήσαιμι ἄν, ὅτι οὐδ' οἱ σώματα πολλὰ κάμνοντα θεραπεύοντες, ἀθεεὶ τυγχάνουσι τοῦ κατὰ τὴν ὑγίειαν τῶν σωμάτων τέλους· εἰ δὲ καὶ ψυχάς τις δύναιτο ἀπαλλάττειν τῆς κατὰ τὴν κακίαν χύσεως, καὶ ἀκολαστημάτων, καὶ ἀδικοπραγημάτων, καὶ τῆς περὶ τὸ θεῖον καταφρονήσεως, καὶ δεῖξιν διδοίη τοῦ τοιούτου ἔργου, βελτιωθέντας τὸν ἀριθμὸν ἑκατόν· (ἔστω γὰρ ἐπὶ τοσούτων[2] ὁ λόγος·) οὐδὲ τοῦτον ἂν εὐλόγως φῆσαι τις ἀθεεὶ λόγον τοσούτων κακῶν ἀπαλλακτικὸν ἐμπεποιηκέναι τοῖς ἑκατόν. Εἰ δ' εὐγνωμόνως ταῦτα κατανοῶν συγκαταθήσεται τῷ, μηδὲν κρεῖττον ἐν ἀνθρώποις γεγονέναι ἀθεεί· πόσῳ πλέον τὸ τοσοῦτον περὶ τοῦ Ἰησοῦ θαρρῶν ἀποφανεῖται, συνεξετάζων πολλῶν προσερχομένων αὐτοῦ τῷ λόγῳ ἀρχαιοτέρους βίους μεταγενεστέροις, καὶ κατανοῶν, ἐν ὅσαις μὲν ἀκολασίαις, ὅσαις δὲ ἀδικίαις καὶ πλεονεξίαις ἕκαστος τῶνδε ἦν, πρὶν, ὥς φησι Κέλσος καὶ οἱ τὰ αὐτὰ αὐτῷ νομίζοντες, ἀπατηθῶσι, καὶ παραδέξωνται λόγον λυμαινόμενον, ὡς ἐκεῖνοι λέγουσι, τὸν τῶν ἀνθρώπων βίον· ἐξ οὗ δὴ[3] παρειλήφασι τὸν λόγον, τίνα

(1) Codd. Regius et tres Anglicani: τὸ ἐν τοσούτοις ἔτεσι. R.
(2) Codd. Reg. et Basil. ἐπὶ τοσοῦτον. R.
(3) Codd. Reg. et Basil. δέ. R.

τρόπον γεγόνασιν επιεικέστεροι και σεμνότεροι και ευσταθέστεροι, ως τινας αυτών δια τον έρωτα της υπερβαλλούσης καθαρότητος, και δια το καθαρώτερον θρησκεύειν το θείον, μηδέ των συγκεχωρημένων υπό του νόμου άπτεσθαι αφροδισίων.

27. Έξετάζων δέ τις τα πράγματα, όψεται, ότι μείζω της ανθρωπίνης φύσεως ετόλμησεν ο Ιησούς, και τολμήσας ήνυσε. Πάντων γαρ αρχήθεν αντιπραττόντων τω σπαρήναι τον λόγον αυτού επι την όλην οικουμένην, των τε κατά καιρούς βασιλέων, και των υπ' αυτούς[1] αρχιστρατήγων και ηγεμόνων, πάντων τε, ως έπος ειπείν, των ηντινούν εξουσίαν εγκεχειρισμένων, έτι δε και των κατά πόλεις αρχόντων, και στρατιωτών, και δήμων, ενίκησε, μη πεφυκώς κωλύεσθαι, ως λόγος θεού, και γενόμενος τοσούτων ανταγωνιστών ισχυρότερος, πάσης μεν Ελλάδος, επί πλείον δε της βαρβάρου εκράτησε, και μετεποίησε μυρίας όσας ψυχάς επι την κατ' αυτόν θεοσέβειαν· αναγκαίον δ' ην εν πλήθει κρατουμένων υπό του λόγου, ων[2] πολλαπλασίους οι ιδιώται και αγροικότεροι των εν λόγοις γεγυμνασμένων, πολλαπλασίους γενέσθαι τους ιδιώτας, και αγροικοτέρους των συνετωτέρων. Αλλά μη βουληθείς ταύτα ο Κέλσος κατανοήσαι, την του λόγου φιλανθρωπίαν, και φθάνουσαν επι πάσαν ψυχήν ανατολής[3] ηλίου, οίεται είναι ιδιωτικήν, και δια το ιδιωτικόν, και ουδαμώς εν λόγοις δυνατόν, ιδιωτών μόνων κρατήσασαν· καίτοι ουδ' αυτός ιδιώτας μόνους φησίν υπό του λόγου προσήχθαι τη κατά Ιησούν θεοσεβεία· ομολογεί γαρ και μετρίους και επιεικείς, και συνετούς τινας, και επ' αλληγορίαν ετοίμους, είναι εν αυτοίς.

28. Επεί δε και προσωποποιεί, τρόπον τινά μιμησάμενος εν ρήτορος παιδίον εισαγόμενον, και εισάγει Ιουδαίον προς

---

(1) Codd. Reg. et Basil. ὑπ' αὐτοῖς. R.
(2) Boherellus: "Lego ὡς, ut sit quasi parenthesis, qua significat Origenes plures ubique esse doctis imperitos."
(3) Boherell. et Guietus scribendum putant: ἀνατολήν: ut sit allusio ad Luc. i. 78. R.

τὸν Ἰησοῦν λέγοντά τινα μειρακιωδῶς, καὶ οὐδὲν φιλοσόφου πολιᾶς ἄξιον· φέρε κατὰ δύναμιν καὶ ταῦτα ἐξετάσαντες ἐξελέγξωμεν, ὅτι οὐδὲ τὸ ἁρμόζον πάντη τῷ Ἰουδαίῳ πρόσωπον ἐν τοῖς λεγομένοις τετήρηκε. Μετὰ ταῦτα προσωποποιεῖ Ἰουδαῖον αὐτῷ διαλεγόμενον τῷ Ἰησοῦ, καὶ ἐλέγχοντα αὐτὸν περὶ πολλῶν μὲν, ὡς οἴεται· πρῶτον δὲ "ὡς πλασαμένου αὐτοῦ τὴν ἐκ παρθένου γένεσιν·" ὀνειδίζει δ' αὐτῷ "καὶ ἐπὶ τῷ ἐκ κώμης αὐτὸν γεγονέναι Ἰουδαϊκῆς, καὶ ἀπὸ γυναικὸς ἐγχωρίου καὶ πενιχρᾶς, καὶ χερνήτιδος." Φησὶ δὲ "αὐτὴν καὶ ὑπὸ τοῦ γήμαντος, τέκτονος τὴν τέχνην ὄντος, ἐξεῶσθαι, ἐλεγχθεῖσαν ὡς μεμοιχευμένην." Εἶτα λέγει, ὡς "ἐκβληθεῖσα ὑπὸ τοῦ ἀνδρὸς, καὶ πλανωμένη ἀτίμως σκότιον ἐγέννησε τὸν Ἰησοῦν. Καὶ ὅτι οὗτος διὰ πενίαν εἰς Αἴγυπτον μισθαρνήσας, κἀκεῖ δυνάμεών τινων πειραθεὶς, ἐφ' αἷς Αἰγύπτιοι σεμνύνονται, ἐπανῆλθεν, ἐν ταῖς δυνάμεσι μέγα φρονῶν, καὶ δι' αὐτὰς θεὸν αὐτὸν ἀνηγόρευσε." Ταῦτα δὲ πάντα τῷ μηδὲν δυναμένῳ ἀβασάνιστον ἐᾷν τῶν λεγομένων ὑπὸ τῶν ἀπιστούντων, ἀλλὰ τὴν ἀρχὴν τῶν πραγμάτων ἐξετάζοντι, δοκεῖ μοι συμπνεῖν τῷ ἄξιον γεγονέναι τῆς προρρήσεως περὶ τοῦ θεοῦ υἱὸν εἶναι τὸν Ἰησοῦν.

29. Ἀνθρώποις μὲν γὰρ συμβάλλεται πρὸς τὸ γενέσθαι τινὰ αὐτῶν διάσημον καὶ ἔνδοξον, καὶ τὸ ὄνομα αὐτοῦ διαβόητον, γένος, ὅταν οἱ γονεῖς ἐν ὑπεροχῇ καὶ προαγωγῇ τυγχάνωσι, καὶ πλοῦτος τῶν ἀναθρεψαμένων, καὶ δυνηθέντων ἀναλῶσαι εἰς παίδευσιν τοῦ υἱοῦ, καὶ πατρὶς μεγάλη τις οὖσα καὶ ἐπίσημος. Ὅταν δὲ πάντα τὰ τούτοις ἐναντία ἔχων τις δυνηθῇ ὑπερκύψας τὰ ἐμποδίζοντα αὐτὸν γνωσθῆναι, καὶ σεῖσαι τοὺς περὶ αὐτοῦ ἀκούοντας· καὶ γενέσθαι ἐμφανὴς καὶ δῆλος οἰκουμένῃ ὅλῃ, τὰ ἀνόμοια λεγούσῃ περὶ αὐτοῦ· πῶς οὐ θαυμαστέον τὴν τοιαύτην φύσιν, αὐτόθεν μὲν ὡς μεγαλοφυῆ, καὶ μεγάλοις ἐπιβάλλουσαν πράγμασι, καὶ ἔχουσαν παρρησίαν οὐκ εὐκαταφρόνητον; Εἰ δὲ καὶ ἐπὶ πλεῖον ἐξετάζοι τις τὰ κατὰ τὸν τοιοῦτον, πῶς οὐκ ἂν ζητῆσαι, τίνα τρόπον ἐν εὐτελείᾳ καὶ πενίᾳ ἀνατεθραμμένος, καὶ μηδεμίαν ἐγκύκλιον παιδείαν παιδευθεὶς, μηδὲ μαθὼν λόγους καὶ δόγματα, ἀφ' ὧν

κἂν πιθανὸς γενέσθαι ἐδύνατο ὁμιλεῖν ὄχλοις, καὶ δημαγωγεῖν, καὶ ἐπάγεσθαι ἀκροατὰς πλείονας, ἐπιδίδωσιν ἑαυτὸν διδασκαλία καινῶν δογμάτων· ἐπεισάγων τῷ γένει τῶν ἀνθρώπων λόγον, τά τε Ἰουδαίων ἔθη καταλύοντα, μετὰ τοῦ σεμνοποιεῖν αὐτῶν τοὺς προφήτας, καὶ τοὺς Ἑλλήνων νόμους μάλιστα περὶ τοῦ θείου καθαιροῦντα; Πῶς δ᾽ ἂν ὁ τοιοῦτος, καὶ οὕτως ἀνατεθραμμένος, καὶ μηδὲν—ὡς καὶ οἱ κακολογοῦντες αὐτὸν ὁμολογοῦσι—σεμνὸν παρὰ ἀνθρώπου μαθὼν, τοιαῦτα περὶ κρίσεως θεοῦ, καὶ κολάσεων μὲν τῶν κατὰ τῆς κακίας, τιμῶν δὲ τῶν ὑπὲρ τοῦ καλοῦ, λέγειν ἠδύνατο οὐκ εὐκαταφρονήτως; Ὥστ᾽ οὐ μόνον ἀγροίκους καὶ ἰδιώτας ἄγεσθαι ὑπὸ τῶν λεγομένων, ἀλλὰ καὶ οὐκ ὀλίγους τῶν συνετωτέρων, καὶ δυναμένων ἐνορᾶν ἀποκρύψει[1] τῶν εὐτελεστέρων νομιζομένων ἀπαγγέλλεσθαι, περιεχούσῃ τι, (ὡς ἔστιν εἰπεῖν,) ἔνδον ἀποῤῥητότερον. Ὁ μὲν οὖν παρὰ τῷ Πλάτωνι Σερίφιος ὀνειδίζων τῷ Θεμιστοκλεῖ, διαβοήτῳ γεγενημένῳ ἐπὶ τῇ στρατηγίᾳ, ὡς οὐκ ἐκ τοῦ ἰδίου ἤθους τὸ ἔνδοξον ἀνειληφότι, ἀλλ᾽ ἐκ τοῦ εὐτυχηκέναι πατρίδος τῆς ἐν ὅλῃ Ἑλλάδι ἐπισημοτάτης, ἀκήκοεν ἀπὸ εὐγνωμονοῦντος Θεμιστοκλέους, καὶ ὁρῶντος, ὅτι συνεβάλετο αὐτῷ πρὸς τὸ ἔνδοξον καὶ ἡ πατρίς· "ὅτι οὐκ ἂν ἐγὼ Σερίφιος ὢν, οὕτως ἔνδοξος ἐγεγόνειν· οὔτε σὺ Ἀθηναῖος εὐτυχήσας γενέσθαι, ἐγένου ἂν Θεμιστοκλῆς·" ὁ δ᾽ ἡμέτερος Ἰησοῦς καὶ ὀνειδιζόμενος ὡς ἐκ κώμης γεγονὼς, καὶ ταύτης οὐχ Ἑλλαδικῆς, οὐδέ τινος ἔθνους ὄντος παρὰ τοῖς πολλοῖς ἐν προαγωγῇ· δυσφημούμενος δὲ καὶ ἐπὶ τῷ πενιχρᾶς καὶ χερνήτιδος υἱὸς εἶναι, καὶ διὰ πενίαν καταλιπὼν τὴν πατρίδα, ἐν Αἰγύπτῳ μισθαρνῆσαι· καὶ οἱονεὶ (πρὸς τὸ ληφθὲν παράδειγμα) οὐ μόνον Σερίφιος γεγονὼς, καὶ ἀπὸ ἐλαχίστης καὶ ἀσημοτάτης νήσου, ἀλλὰ καὶ Σεριφίων, (ὡς ἔστιν εἰπεῖν,) ὁ ἀγεννέστατος, δεδύνηται σεῖσαι τὴν πᾶσαν ἀνθρώπων οἰκουμένην, οὐ μόνον ὑπὲρ Θεμιστοκλέα τὸν Ἀθηναῖον, ἀλλὰ καὶ ὑπὲρ Πυθαγόραν, καὶ Πλάτωνα, καί τινας ἄλλους τῶν ὁποιποτοῦν τῆς οἰκουμένης σοφῶν, ἢ βασιλέων, ἢ στρατηγῶν.

(1) Sic omnes MSS. excepto Joliano, qui cum libris editis (v. c. edd. Spenc.) in textu habet: ἀποκρίσει. Guieto scribendum videbatur: ὑποκρίσει. R.

30. Τίς οὖν μὴ παρέργως ἀνερευνῶν τὴν τῶν πραγμάτων φύσιν, οὐκ ἂν αὐτὸν καταπλαγείη νικήσαντα καὶ ὑπεραναβῆναι δυνηθέντα τῇ δόξῃ τὰ ποιητικὰ ἀδοξίας πάντα, καὶ πάντας τοὺς πώποτ' ἐνδόξους; Καίτοι γε οἱ ἐν ἀνθρώποις ἔνδοξοι σπάνιον εἰ ἐπὶ πλειόνων ἅμα τὴν δόξαν ἀναλαβεῖν δεδύνηνται. Ὁ μὲν γὰρ ἐπὶ σοφίᾳ, ἄλλος δ' ἐπὶ στρατηγίᾳ, βαρβάρων δέ τινες ἐπὶ ταῖς παραδόξοις ἐξ ἐπῳδῶν δυνάμεσι, καὶ ἄλλοι ἐπ' ἄλλοις οὐ πολλοῖς ἅμα ἐθαυμάσθησαν, καὶ ἔνδοξοι γεγένηνται· οὗτος δὲ πρὸς τοῖς ἄλλοις θαυμάζεται καὶ ἐπὶ σοφίᾳ, καὶ ἐπὶ δυνάμεσι, καὶ ἐπὶ τῷ ἀρχικῷ. Ἔπεισε γὰρ οὔθ' ὡς τύραννος συναποστῆναι αὐτῷ τινας τῶν νόμων, οὔθ' ὡς λῃστὴς κατ' ἀνθρώπων ἀλείφων[1] τοὺς ἑπομένους, οὔθ' ὡς πλούσιος χορηγῶν τοῖς προσιοῦσιν, οὔθ' ὥς τις τῶν ὁμολογουμένως ψεκτῶν· ἀλλ' ὡς διδάσκαλος τοῦ περὶ τοῦ θεοῦ τῶν ὅλων λόγου, καὶ τῆς εἰς αὐτὸν θρησκείας, καὶ παντὸς ἠθικοῦ τρόπου, δυναμένου οἰκειῶσαι τῷ ἐπὶ πᾶσι θεῷ τὸν κατ' αὐτὸν βιώσαντα. Καὶ Θεμιστοκλεῖ μὲν, ἤ τινι τῶν ἐνδόξων, οὐδὲν γέγονε τὸ ἐναντιούμενον τῇ δόξῃ· τούτῳ δὲ πρὸς τοῖς εἰρημένοις, ἱκανῶς δυναμένοις καλύψαι ἐν ἀδοξίᾳ ἀνθρώπου ψυχὴν καὶ πάνυ εὐφυοῦς, καὶ ὁ δοκῶν ἄτιμος εἶναι θάνατος σταυρωθέντι, ἱκανὸς ἦν καὶ τὴν φθάσασαν δόξαν, καὶ τὴν προκαταλαβοῦσαν ἐξαφανίσαι, καὶ τοὺς, ὡς οἴονται οἱ μὴ συγκατατιθέμενοι αὐτοῦ τῇ διδασκαλίᾳ, προεξαπατηθέντας ποιῆσαι τῆς μὲν ἀπάτης ἀποστῆναι, καταγνῶναι δὲ τοῦ ἀπατήσαντος.

31. Πρὸς τούτοις δὲ θαυμάσαι ἄν τις, πόθεν ἐπῆλθε τοῖς μαθηταῖς αὐτοῦ, ὥς λέγουσιν οἱ κακολογοῦντες τὸν Ἰησοῦν, μὴ ἑωρακόσιν αὐτὸν ἀναστάντα ἀπὸ τῶν νεκρῶν, μηδὲ πεισθεῖσιν, ὅτι θειότερόν τι ἦν ἐκεῖνος[2], πρὸς τῷ[3] μὴ φοβηθῆναι τὰ αὐτὰ τῷ διδασκάλῳ παθεῖν, καὶ ὁμόσε χωρῆσαι τῷ κινδύνῳ, καὶ καταλιπεῖν τὰς πατρίδας ὑπὲρ τοῦ διδάξαι, κατὰ τὸ Ἰησοῦ βούλημα, τὸν παραδοθέντα αὐτοῖς ὑπ' αὐτοῦ λόγον. Οἶμαι γὰρ, ὅτι ὁ εὐγνωμόνως ἐξετάζων πράγματα, οὐκ ἂν

---

(1) Gelenius legisse videtur: ὁπλίζων. R. *ἀρ*ί*σ*-ν *ή*
(2) Cod. Basil. non male, ἐκεῖνο. Reliqui MSS. ἐκεῖνος. R.
(3) Ita optime Codd. Basil. et Jolianus. Reliqui autem πρὸς τὸ μή. R.

λέγοι τούτους εαυτούς παραδεδωκέναι περιστατικῷ βίῳ, ἕνεκεν τῆς Ἰησοῦ διδασκαλίας, χωρίς τινος μεγάλης πειθοῦς, ἣν ἐνεποίησεν αὐτοῖς, διδάσκων οὐ μόνον διακεῖσθαι κατὰ τὰ μαθήματα αὐτοῦ, ἀλλὰ καὶ ἄλλους διατιθέναι· καὶ διατιθέναι, προὔπτου ὄντος, ὡς πρὸς τὸν ἀνθρώπων βίον, ὀλέθρου τῷ τολμῶντι πανταχοῦ καὶ πρὸς πάντας καινοτομεῖν, καὶ μηδένα ἀνθρώπων, ἐμμένοντα τοῖς προτέροις δόγμασι καὶ ἔθεσι, φίλον ἑαυτῷ τηρεῖν. Ἆρα γὰρ οὐχ ἑώρων οἱ τοῦ Ἰησοῦ μαθηταὶ, τολμῶντες οὐ μόνον Ἰουδαίοις ἐκ τῶν προφητικῶν λόγων παριστάνειν, ὅτι οὗτος εἴη ὁ προφητευθεὶς, ἀλλὰ καὶ τοῖς λοιποῖς ἔθνεσιν, ὅτι ὁ χθὲς καὶ πρώην σταυρωθεὶς, ἑκὼν τοῦτον τὸν θάνατον ὑπὲρ τοῦ τῶν ἀνθρώπων γένους ἀνεδέξατο, ἀνάλογον τοῖς ἀποθανοῦσιν ὑπὲρ πατρίδων, ἐπὶ τῷ σβέσαι λοιμικὰ κρατήσαντα καταστήματα, ἢ ἀφορίας, ἢ δυσπλοίας; Εἰκὸς γὰρ εἶναι ἐν τῇ φύσει τῶν πραγμάτων, κατά τινας ἀπορρήτους καὶ δυσλήπτους τοῖς πολλοῖς λόγους, φύσιν τοιαύτην, ὡς ἕνα δίκαιον, ὑπὲρ τοῦ κοινοῦ ἀποθανόντα ἑκουσίως, ἀποτροπιασμοὺς ἐμποιεῖν φαύλων δαιμονίων, ἐνεργούντων λοιμοὺς, ἢ ἀφορίας, ἢ δυσπλοίας, ἤ τι τῶν παραπλησίων. Λεγέτωσαν οὖν οἱ βουλόμενοι ἀπιστεῖν τῷ Ἰησοῦν ὑπὲρ ἀνθρώπων ἀποτεθνηκέναι τρόπῳ σταυροῦ, πότερον οὐδὲ τὰς Ἑλληνικὰς παραδέξονται καὶ βαρβαρικὰς πολλὰς ἱστορίας, περὶ τοῦ τινας ὑπὲρ τοῦ κοινοῦ τεθνηκέναι καθαιρετικῶς[1] τῶν προκαταλαβόντων τὰς πόλεις καὶ τὰ ἔθνη κακῶν; Ἢ ἐκεῖνα μὲν γεγένηται, οὐδὲν δὲ πιθανὸν ἔχει ὁ νομιζόμενος ἄνθρωπος πρὸς τὸ ἀποθανεῖν ἐπὶ καθαιρέσει μεγάλου δαίμονος, καὶ δαιμόνων ἄρχοιτος, ὑποτάξαντος ὅλας τὰς ἐπὶ γῆν ἐληλυθυίας ἀνθρώπων ψυχάς; Ὁρῶντες δὲ ταῦτα οἱ τοῦ Ἰησοῦ μαθηταὶ, καὶ ἄλλα τούτων πλείονα, ἃ εἰκὸς αὐτοὺς ἐν ἀπορρήτῳ ἀπὸ τοῦ Ἰησοῦ μεμαθηκέναι· ἔτι δὲ καὶ δυνάμεώς τινος πληρωθέντες, (ἐπεὶ ἔδωκεν αὐτοῖς μένος καὶ θάρσος οὐ ποιητική τις παρθένος, ἀλλ' ἡ ἀληθῶς φρόνησις καὶ σοφία τοῦ θεοῦ,) ἔσπευσαν,

ἵν' ἔκδηλοι μετὰ πᾶσιν,

---

(1) Cod. Julianus ad marg. habet: καθαιρετικούς. Quæ correctio non spernenda. R.

ού μόνοις Ἀργείοις γένοιντο, ἀλλὰ καὶ πᾶσιν Ἕλλησιν ὁμοῦ
καὶ βαρβάροις,
καὶ κλέος ἐσθλὸν ἄροιντο[1].

32. Ἀλλὰ γὰρ ἐπανέλθωμεν εἰς τὴν τοῦ Ἰουδαίου προσωποποιΐαν, ἐν ᾗ ἀναγέγραπται ἡ τοῦ Ἰησοῦ μήτηρ κύουσα[2] ὡς ἐξωσθεῖσα ὑπὸ τοῦ μνηστευσαμένου αὐτὴν τέκτονος ἐλεγχθεῖσα ἐπὶ μοιχείᾳ, καὶ[3] τίκτουσα ἀπό τινος στρατιώτου Πανθήρα τοὔνομα· καὶ ἴδωμεν, εἰ μὴ τυφλῶς οἱ μυθοποιήσαντες τὴν μοιχείαν τῆς παρθένου καὶ τοῦ Πανθήρα[4], καὶ τὸν τέκτονα ἐξωσάμενον αὐτὴν, ταῦτα πάντα ἀνέπλασαν ἐπὶ καθαιρέσει τῆς παραδόξου ἀπὸ ἁγίου πνεύματος συλλήψεως· ἐδύναντο γὰρ ἄλλως ψευδοποιῆσαι διὰ τὸ σφόδρα παράδοξον τὴν ἱστορίαν, καὶ μὴ ὡσπερεὶ ἀκουσίως συγκαταθέσθαι, ὅτι οὐκ ἀπὸ συνήθων ἀνθρώποις γάμων ὁ Ἰησοῦς ἐγεννήθη. Καὶ ἀκόλουθόν γε ἦν τοὺς μὴ συγκαταθεμένους τῇ παραδόξῳ γενέσει τοῦ Ἰησοῦ, πλάσαι τι ψεῦδος. Τὸ δὲ μὴ πιθανῶς αὐτοὺς τοῦτο ποιῆσαι, ἀλλὰ μετὰ τοῦ τηρῆσαι, ὅτι οὐκ ἀπὸ τοῦ Ἰωσὴφ παρθένος συνέλαβε τὸν Ἰησοῦν, τοῖς ἀκούειν καὶ ἐλέγχειν ἀναπλάσματα δυναμένοις ἐναργὲς ἦν ψεῦδος· ἆρα γὰρ εὔλογον, τὸν τοσαῦτα ὑπὲρ τοῦ γένους τῶν ἀνθρώπων τολμήσαντα, ἵνα, τὸ ὅσον ἐπ᾽ αὐτῷ, πάντες Ἕλληνες καὶ βάρβαροι κρίσιν θείαν προσδοκήσαντες, ἀποστῶσι μὲν τῆς κακίας, πάντα δὲ πράττωσιν ἀρεσκόντως τῷ τῶν ὅλων δημιουργῷ, παράδοξον μὲν μὴ ἐσχηκέναι γένεσιν, πασῶν δὲ γενέσεων παρανομωτάτην καὶ αἰσχίστην; Ἐρῶ δὲ ὡς πρὸς Ἕλληνας, καὶ μάλιστα Κέλσον, εἴτε φρονοῦντα, εἴτε μή, πλὴν παρατιθέμενον τὰ Πλάτωνος· Ἆρα ὁ καταπέμπων ψυχὰς εἰς ἀνθρώπων σώματα, τὸν τοσαῦτα τολμήσοντα, καὶ τοσούτους διδάξοντα, καὶ ἀπὸ τῆς χύσεως τῆς

(1) Homer. Iliad. v. 1—8.
(2) In omnibus MSS. præterquam in Anglicanis et Vaticano recenti deest κύουσα, quod sine jactura a textu potest abesse. R.
(3) Desunt verba: καὶ τίκτουσα—τοὔνομα, in tribus Codd. Anglicanis, et erasa sunt in veteri Vaticano. In Codd. Reg. et Basil. abest καὶ τίκτουσα. R.
(4) Deleta sunt verba: καὶ τοῦ Πανθήρα, in veteri Vaticano, et desunt in recenti, nec non in Anglicano primo; imo ad marg. Anglicani secundi et tertii apposita nota monet esse delenda. R.

κατὰ τὴν κακίαν μεταστήσοντα πολλοὺς ἀνθρώπων, ἐπὶ τὴν πασῶν αἰσχροτέραν γένεσιν ὦθει, μηδὲ διὰ γάμων γνησίων αὐτὸν εἰσαγαγὼν εἰς τὸν τῶν ἀνθρώπων βίον; Ἡ εὐλογώτερον, ἑκάστην ψυχὴν κατά τινας ἀπορρήτους λόγους, (λέγω δὲ ταῦτα νῦν κατὰ Πυθαγόραν, καὶ Πλάτωνα, καὶ Ἐμπεδοκλέα, οὓς πολλάκις ὠνόμασεν ὁ Κέλσος,) εἰσκρινομένην σώματι, κατ' ἀξίαν εἰσκρίνεσθαι καὶ κατὰ τὰ πρότερα ἤθη; Εἰκὸς οὖν, καὶ ταύτην τὴν ψυχὴν, πολλῶν, (ἵνα μὴ συναρπάζειν δοκῶ, λέγων πάντων,) ἀνθρώπων ὠφελιμωτέραν τῷ βίῳ τῶν ἀνθρώπων ἐπιδημοῦσαν, δεδεῆσθαι σώματος, οὐ μόνον ὡς ἐν ἀνθρωπίνοις σώμασι διαφέροντος, ἀλλὰ καὶ τοῦ πάντων κρείττονος.

33. Εἰ γὰρ ἥδε μὲν ἡ ψυχὴ, κατά τινας ἀπορρήτους λόγους ἀξία γενομένη μὴ πάντῃ μὲν ἐν ἀλόγου γενέσθαι σώματι, οὐ μὴν καὶ καθαρῶς ἐν λογικοῦ, ἐνδύεται σῶμα τερατῶδες, ὡς μηδὲ τὸν λόγον συμπληρωθῆναι δύνασθαι τῷ οὑτωσὶ γεγενημένῳ, καὶ ἀσύμμετρον ἔχοντι τὴν κεφαλὴν τῷ λοιπῷ σώματι, καὶ πάνυ βραχυτέραν· ἑτέρα δὲ τοιόνδε σῶμα ἀναλαμβάνει, ὡς ὀλίγῳ ἐκείνου γενέσθαι λογικωτέρα· καὶ ἄλλη ἔτι μᾶλλον, τῆς φύσεως τοῦ σώματος ἐπὶ πλεῖον ἢ ἐπ' ἔλαττον ἀντιπραττούσης τῇ τοῦ λόγου ἀντιλήψει· διὰ τί οὐχὶ καὶ ψυχή τις ἔσται πάντῃ παράδοξον ἀναλαμβάνουσα[1] σῶμα, ἔχον μέν τι κοινὸν πρὸς τοὺς ἀνθρώπους, ἵνα καὶ συνδιατρίψαι αὐτοῖς δυνηθῇ, ἔχον δέ τι καὶ ἐξαίρετον, ἵνα τῆς κακίας ἄγευστος ἡ ψυχὴ διαμεῖναι δυνηθῇ; Ἐὰν δὲ καὶ τὰ τῶν φυσιογνωμονούντων κρατῇ, εἴτε Ζωπύρου, εἴτε Λόξου, εἴτε Πολέμωνος, εἴτε οὗτινός ποτ' οὖν τοιαῦτα γράψαντος, καὶ ἐπαγγειλαμένου εἰδέναι τι θαυμαστόν, οἰκεῖα τοῖς ἤθεσι τῶν ψυχῶν πάντ' εἶναι τὰ σώματα· τῇ οὖν μελλούσῃ παραδόξως ἐπιδημεῖν τῷ βίῳ, καὶ μεγαλοποιεῖν, ἔδει γενέσθαι σῶμα, ὡς οἴεται Κέλσος, ἀπὸ Πανθήρα μοιχεύσαντος, καὶ παρθένου μοιχευθείσης; Ἐκ γὰρ τοιούτων ἀνάγνων μίξεων ἔδει μᾶλλον ἀνόητόν τινα, καὶ ἐπιβλαβῆ τοῖς ἀνθρώποις, διδάσκαλον ἀκολασίας καὶ ἀδικίας καὶ τῶν λοιπῶν κακῶν γενέσθαι· οὐχὶ δὲ σωφροσύνης καὶ δικαιοσύνης καὶ τῶν λοιπῶν ἀρετῶν.

(1) Codd. Reg. et Basil. ἀντιλαμβάνουσα. R.

34. Ἀλλ', ὡς καὶ προφῆται προεῖπον, ἀπὸ παρθένου κατ' ἐπαγγελίαν σημείου γεννώσης τὸν ἐπώνυμον τοῦ πράγματος, δηλοῦντος, ὅτι ἐπὶ τῇ γενέσει αὐτοῦ μετ' ἀνθρώπων ἔσται Θεός. Καὶ οἰκεῖόν γε φαίνεταί μοι πρὸς τὴν τοῦ Ἰουδαίου προσωποποιΐαν παραθέσθαι τὴν τοῦ Ἡσαΐου προφητείαν, λέγουσαν ἐκ παρθένου τεχθήσεσθαι τὸν Ἐμμανουήλ[1]· ἣν οὐκ ἐξέθετο. εἴτε μὴ ἐπιστάμενος, ὁ πάντ' ἐπαγγελλόμενος εἰδέναι Κέλσος, εἴτ' ἀναγνοὺς μὲν, ἑκὼν δὲ σιωπήσας, ἵνα μὴ δοκοίη κατασκευάζειν ἄκων τὸν λόγον ἐναντιούμενον αὐτοῦ τῇ προαιρέσει. Ἔχει δ' οὕτως ἡ λέξις· "καὶ προσέθετο Κύριος λαλῆσαι τῷ Ἄχαζ, λέγων· αἴτησαι σεαυτῷ σημεῖον παρὰ Κυρίου Θεοῦ σου εἰς βάθος, ἢ εἰς ὕψος. Καὶ εἶπεν Ἄχαζ· οὐ μὴ αἰτήσω, οὐδ' οὐ μὴ πειράσω τὸν Κύριον. Καὶ εἶπεν[2]· ἀκούσατε δὴ οἶκος Δαυὶδ, μὴ μικρὸν ὑμῖν ἀγῶνα παρέχειν ἀνθρώποις, καὶ πῶς Κυρίῳ παρέχετε ἀγῶνα; Διὰ τοῦτο δώσει Κύριος αὐτὸς ὑμῖν σημεῖον· ἰδοὺ, ἡ παρθένος ἐν γαστρὶ λήψεται, καὶ τέξεται υἱὸν, καὶ καλέσεις τὸ ὄνομα αὐτοῦ Ἐμμανουήλ· ὅπερ ἑρμηνεύεται· μεθ' ἡμῶν ὁ θεός." Ὅτι δὲ κακουργῶν ὁ Κέλσος οὐκ ἐξέθετο τὴν προφητείαν, δῆλόν μοι γίνεται ἐκ τοῦ παραθέμενον αὐτὸν πολλὰ ἀπὸ τοῦ κατὰ Ματθαῖον[3] εὐαγγελίου, ὥσπερ τὸν ἀνατείλαντα ἀστέρα ἐπὶ τῇ γενέσει τοῦ Ἰησοῦ, καὶ ἄλλα τῶν παραδόξων, μηδὲ τὴν ἀρχὴν τούτου ἐμνημονευκέναι. Ἐὰν δὲ Ἰουδαῖος εὑρεσιλογῶν, τό· "ἰδοὺ, ἡ παρθένος·" μὴ γεγράφθαι λέγῃ, ἀλλ' ἀντ' αὐτοῦ· "ἰδοὺ, ἡ νεᾶνις·" φήσομεν πρὸς αὐτὸν, ὅτι ἡ μὲν λέξις ἡ Ἀαλμὰ, ἣν οἱ μὲν ἑβδομήκοντα[4] μετειλήφασι πρὸς τὴν παρθένον, ἄλλοι δὲ εἰς τὴν νεᾶνιν, κεῖται, ὥς φασι, καὶ ἐν τῷ Δευτερονομίῳ ἐπὶ παρθένου, οὕτως ἔχουσα[5]· "ἐὰν δὲ γένηται παῖς παρθένος μεμνηστευμένη ἀνδρὶ, καὶ εὑρὼν αὐτὴν ἄνθρωπος ἐν πόλει κοιμηθῇ μετ' αὐτῆς, καὶ ἐξάξετε ἀμφοτέρους

(1) Jesai. vii. 14.
(2) Desunt verba: καὶ εἶπεν, in duobus Codd. Vaticanis, duobus Anglic. et Joliano. Codd. Reg. et Basil. habent: καὶ εἶπεν Ἡσαΐας. R.
(3) Cf. Matth. i. 23.
(4) Codd. Reg. et Basil. ἑβδομ. δύο. R.
(5) Cf. Deut. xxii. 23, 24.

ἐπὶ τὴν πύλην τῆς πόλεως αὐτῶν, καὶ λιθοβοληθήσονται λίθοις, καὶ ἀποθανοῦνται· τὴν νεᾶνιν, ἐπὶ λόγου, διότι οὐκ ἐβόησεν ἐν τῇ πόλει· καὶ τὸν ἄνθρωπον, ἐπὶ λόγου, διότι ἐταπείνωσε τὴν γυναῖκα τοῦ πλησίον αὐτοῦ." Καὶ ἑξῆς· " ἐὰν(1) δὲ ἐν πεδίῳ εὕρῃ ἄνθρωπος τὴν παῖδα τὴν μεμνηστευμένην, καὶ βιασάμενος αὐτὴν ὁ ἄνθρωπος κοιμηθῇ μετ' αὐτῆς, ἀποκτενεῖτε τὸν ἄνθρωπον τὸν κοιμώμενον μετ' αὐτῆς μόνον· καὶ τῇ νεάνιδι οὐ ποιήσετε οὐδέν· οὐκ ἔστι τῇ νεάνιδι ἁμάρτημα θανάτου."

35. Ἵνα δὲ μὴ δοκῶμεν ἀπὸ λέξεως Ἑβραϊκῆς τοῖς μὴ καταλαμβάνουσι, πότερον συγκαταθετέον αὐτῇ ἢ μὴ, φέρειν παραμυθίαν περὶ τοῦ, προφήτην εἰρηκέναι ἐκ παρθένου τεχθήσεσθαι τοῦτον, ἐφ' οὗ τῇ γενέσει λέλεκται τό· "μεθ' ἡμῶν ὁ θεός·" φέρε, ἐπ'(2) αὐτῆς τῆς λέξεως παραμυθησώμεθα τὸ λεγόμενον. Ὁ μὲν Κύριος ἀναγέγραπται εἰρηκέναι τῷ Ἀχαζ· "αἴτησαι σεαυτῷ σημεῖον παρὰ Κυρίου τοῦ θεοῦ σου, εἰς βάθος, ἢ εἰς ὕψος." Ἑξῆς δὲ τὸ διδόμενον σημεῖον, τό· "ἰδοὺ, ἡ παρθένος ἐν γαστρὶ ἕξει, καὶ τέξεται υἱόν." Ποῖον οὖν σημεῖον, τὸ, νεάνιδα, μὴ παρθένον, τεκεῖν; Καὶ τίνι μᾶλλον ἁρμόζει γεννῆσαι Ἐμμανουὴλ, τουτέστι· " μεθ' ἡμῶν ὁ θεός·" ἆρα γυναικὶ συνουσιασθείσῃ, καὶ διὰ πάθους γυναικείου συλλαβούσῃ, ἢ ἔτι καθαρᾷ καὶ ἁγνῇ παρθένῳ; Ταύτῃ γὰρ πρέπει γεννᾶν γέννημα, ἐφ' ᾧ τεχθέντι λέγεται τό· "μεθ' ἡμῶν ὁ θεός." Ἐὰν δὲ καὶ οὕτως εὑρεσιλογῇ λέγων, ὅτι τῷ Ἀχαζ εἴρηται· "αἴτησαι σεαυτῷ σημεῖον παρὰ Κυρίου τοῦ Θεοῦ σου·" ἀπαιτήσομεν κατὰ τοὺς χρόνους τοῦ Ἀχαζ τίς ἐγέννησεν(3), ἐφ' οὗ τῇ γενέσει λέγεται τό· " Ἐμμανουήλ· ὅ ἐστι, μεθ' ἡμῶν ὁ θεός ;" Εἰ γὰρ οὐδεὶς εὑρεθήσεται, δηλονότι τὸ τῷ Ἀχαζ εἰρημένον, τῷ οἴκῳ εἴρηται Δαυὶδ, διὰ τὸ ἐκ σπέρματος Δαυὶδ(4) ἀναγεγράφθαι τὸν σωτῆρα γεγονέναι τὸ κατὰ σάρκα· ἀλλὰ καὶ τὸ σημεῖον τοῦτο, εἰς βάθος ἢ εἰς ὕψος,

(1) Deut. xxii. 25, 26.
(2) Boherellus (itemque Ruæus in notis) "Lege: ἀπ' αὐτῆς. Recte, ut videtur." L.
(3) Scribendum forte : τίς ἐγεννήθη. R.
(4) Cf. Ev. Joann. vii. 42.

λέγεται είναι, επεί "ο καταβάς, ούτος εστι και ο αναβάς υπεράνω πάντων των ουρανών, ίνα πληρώση τα πάντα(1)." Ταύτα δε λέγω, ως προς τον Ιουδαίον συγκατατιθέμενον τη προφητεία. Λεγέτω δε και Κέλσος, ή τις των συν αυτώ, ποίω νώ ο προφήτης περί μελλόντων ή ταύτα, ή έτερα λέγει, οπόσα αναγέγραπται εν ταις προφητείαις; Άρα γαρ προγνωστικώ μελλόντων, ή ού; ει μεν γαρ προγνωστικώ μελλόντων, θείον είχον πνεύμα οι προφήται· ει δ' ου προγνωστικώ μελλόντων, παραστησάτω τον νούν του αποτολμώντος και λέγοντος περί μελλόντων, και θαυμαζομένου παρά τοις Ιουδαίοις επί προφητεία.

36. Επεί δε άπαξ εις τον περί των προφητών ήλθομεν λόγον, Ιουδαίοις μεν, τοις πιστεύουσι θείω πνεύματι αυτούς λελαληκέναι, ου μόνον έσται χρήσιμα τα εποισθησόμενα, αλλά και τοις ευγνωμονούσι δε των Ελλήνων. Προς ούς ερούμεν, ότι αναγκαίον παραδέξασθαι, ότι και Ιουδαίοι προφήτας είχον· είπερ έμελλον συνέχεσθαι εν τη δοθείση αυτοίς νομοθεσία, και πιστεύειν τω δημιουργώ, καθάπερ ειλήφεισαν, και, όσον επί τω νόμω, μη έχειν αφορμάς αποστήναι εις την των εθνών πολυθεότητα. Το δ' αναγκαίον ούτω παραστήσομεν. "Τα έθνη(2),"—ως γέγραπται και εν αυτώ τω των Ιουδαίων νόμω,—"κληδόνων και μαντειών ακούσονται·" τω δε λαώ εκείνω είρηται· "σοι δε ουχ ούτως έδωκε Κύριος ο Θεός σου." Και επιφέρεται τούτω τό· "προφήτην εκ των αδελφών σου αναστήσει σοι Κύριος ο Θεός σου(3)." Είπερ ούν των εθνών χρωμένων μαντείαις, είτε δια κληδόνων, είτε δι' οιωνών, είτε δι' ορνίθων, είτε δι' εγγαστριμύθων, είτε και δια των την θυτικήν επαγγελλομένων, είτε και δια Χαλδαίων γενεθλιαλογούντων, άπερ πάντα Ιουδαίοις απείρητο· Ιουδαίοι μηδεμίαν είχον παραμυθίαν γνώσεως των μελλόντων, υπ' αυτής αν της ανθρωπίνης περί την γνώσιν λιχνείας των εσομένων αγόμενοι, κατεφρόνησαν μεν αν των ιδίων, ως ουδέν εχόντων θείον εν εαυτοίς· και ουκ αν μετά Μωσέα προφήτην προσήκαντο, ουδ' ανέγραψαν αυτών τους λόγους, αυτόμολοι δε επί

(1) Eph. iv. 10.   (2) Deut. xviii. 14.   (3) Deut. xviii. 15.

τὰ τῶν ἐθνῶν μαντεῖα καὶ χρηστήρια μετέστησαν, ἢ ἐπεχείρησαν ἂν ἱδρῦσαί τι τοιοῦτον καὶ παρ' ἑαυτοῖς. "Ωστ' οὐδὲν ἄτοπόν ἐστι, καὶ περὶ τῶν τυχόντων τοὺς παρ' αὐτοῖς προφήτας, εἰς παραμυθίαν τῶν τὰ τοιαῦτα ποθούντων, προειρηκέναι· ὥστε καὶ περὶ ὄνων[1] ἀπολωλυιῶν προφητεύειν τὸν Σαμουὴλ, καὶ περὶ νόσου παιδὸς βασιλικοῦ τὸν ἐν τῇ τρίτῃ[2] τῶν Βασιλειῶν ἀναγεγραμμένον. Πῶς δὲ ἂν τῷ βουλομένῳ ἀπὸ τῶν εἰδώλων μαντείαν λαβεῖν ἐπέπλησσον οἱ τὰ τοῦ νόμου Ἰουδαίων πρεσβεύοντες, ὥσπερ εὑρίσκεται Ἠλίας τῷ Ὀχοζίᾳ ἐπιπλήσσων, καὶ λέγων· " εἰ[3] παρὰ τὸ μὴ εἶναι θεὸν ἐν Ἰσραὴλ, ὑμεῖς πορεύεσθε ἐκζητῆσαι ἐν τῇ Βάαλ μυῖαν θεὸν Ἀκκαρῶν;"

37. Δοκεῖ μοι οὖν μετρίως κατεσκευάσθαι, οὐ μόνον ὅτι γεννηθήσεται ἐκ παρθένου ὁ Σωτὴρ ἡμῶν· ἀλλ' ὅτι καὶ προφῆται ἦσαν ἐν Ἰουδαίοις, προλέγοντες οὐ μόνον τὰ καθολικὰ περὶ μελλόντων, ὡς τὰ περὶ Χριστοῦ, καὶ τὰ περὶ βασιλειῶν κοσμικῶν, καὶ περὶ τῶν συμβησομένων τῷ Ἰσραὴλ, καὶ περὶ τῶν πιστευόντων[4] τῷ σωτῆρι ἐθνῶν, καὶ πολλῶν ἄλλων τῶν περὶ αὐτοῦ λεχθέντων· ἀλλὰ καὶ τὰ καθ' ἕνα, ὡς περὶ τῶν ὄνων Κὶς ἀπολομένων, πῶς εὑρεθήσονται, καὶ περὶ τῆς νόσου, ἧς ἐνόσησεν ὁ τοῦ βασιλέως Ἰσραὴλ υἱὸς, ἢ εἴ τι ἄλλο ἀναγέγραπται τοιοῦτον. Ἔτι δὲ πρὸς Ἕλληνας λεκτέον ἀπειθοῦντας τῇ ἐκ παρθένου γενέσει τοῦ Ἰησοῦ, ὅτι ὁ δημιουργὸς ἐν τῇ τῶν ποικίλων ζώων γενέσει ἔδειξεν, ὅτι ἦν αὐτῷ βουληθέντι δυνατὸν ποιῆσαι, ὅπερ ἐφ' ἑνὸς ζώου, καὶ ἐπ' ἄλλων, καὶ ἐπ' αὐτῶν τῶν ἀνθρώπων. Εὑρίσκεται δέ τινα τῶν ζώων θήλεα, μὴ ἔχοντα ἄρρενος κοινωνίαν, ὡς οἱ περὶ ζώων ἀναγράψαντες λέγουσι περὶ γυπῶν· καὶ τοῦτο τὸ ζῷον χωρὶς μίξεως σώζει τὴν διαδοχὴν τῶν γενῶν. Τί οὖν παράδοξον, εἰ βουληθεὶς ὁ Θεὸς θεῖόν τινα διδάσκαλον πέμψαι τῷ γένει τῶν ἀνθρώπων, πεποίηκεν ἀντὶ σπερματικοῦ λόγου, τοῦ ἐκ μίξεως τῶν ἀρρένων ταῖς γυναιξὶ, ἄλλῳ τρόπῳ γενέσθαι τὸν λόγον τοῦ τεχθησομένου; καὶ κατ' αὐτοὺς δὲ τοὺς Ἕλληνας, οὐ

---

(1) 1 Reg. ix. 20.
(2) 3 Reg. xiv. 12. (Heb. In LXX. vid. inter cap. xii. v. 24 et 25.)
(3) 4 Reg. i. 3.   (4) Boherellus: "Bene alii, πιστευσόντων."

πάντες άνθρωποι εξ ανδρός και γυναικός εγένοντο. Ει γάρ γενητός έστιν ο κόσμος, ως και πολλοίς Ελλήνων ήρεσεν· ανάγκη τούς πρώτους μή εκ συνουσίας γεγονέναι, αλλ' από γης, σπερματικών λόγων συστάντων εν τη γη. Όπερ οίμαι παραδοξότερον είναι του εξ ημίσους ομοίως τοις λοιποίς ανθρώποις γενέσθαι τον Ιησούν. Ουδέν δ' άτοπον προς Έλληνας και Ελληνικαίς ιστορίαις χρήσασθαι, ίνα μή δοκώμεν μόνοι τη παραδόξω ιστορία ταύτη κεχρήσθαι. Έδοξε γάρ τισιν ού περί αρχαίων τινών ιστοριών και ηρωικών, αλλά και περί τινων χθες και πρώην γενομένων, αναγράψαι ως δυνατόν, ότι και Πλάτων από της Αμφικτιόνης[1] γέγονε, κωλυθέντος του Αρίστωνος αυτή συνελθείν, έως αποκυήσει τον εξ Απόλλωνος σπαρέντα. Αλλά ταύτα μέν αληθώς μύθοι, κινήσαντες εις το αναπλάσαι τοιούτό τι περί ανδρός, ον ενόμιζον μείζονα των πολλών έχοντα σοφίαν και δύναμιν, και από κρειττόνων και θειοτέρων σπερμάτων την αρχήν της συστάσεως του σώματος ειληφέναι, ως τούθ' αρμόζον τοις μείζοσιν ή κατά άνθρωπον. Επεί δε τον Ιουδαίον ο Κέλσος εισήγαγε διαλεγόμενον τω Ιησού, και διασύροντα την, ως οίεται, προσποίησιν της εκ παρθένου γενέσεως αυτού, φέροντα τους Ελληνικούς μύθους περί Δανάης και Μελανίππης[2], και Αύγης, και Αντιόπης· λεκτέον, ότι ταύτα βωμολόχω έπρεπε τα ρήματα, και ού σπουδάζοντι εν τη απαγγελία.

38. Έτι δε λαβών από της γεγραμμένης εν τω κατά Ματθαίον ευαγγελίω ιστορίας περί του εις Αίγυπτον αποδεδημηκέναι τον Ιησούν, τοις μέν παραδόξοις εις τούτο ουκ επίστευσεν, ούθ' ότι άγγελος τούτο έχρησεν, ούτε εί τι ηνίσσετο ο καταλιπών την Ιουδαίαν Ιησούς, και εν Αιγύπτω επιδημών· ανέπλασε δέ τι έτερον, συγκατατιθέμενος μέν πως ταις παραδόξοις δυνάμεσιν, ας Ιησούς εποίησεν, εν αίς τους πολλούς έπεισεν ακολουθείν αυτώ ως Χριστώ· διαβάλλειν δ' αυτάς βουλόμενος ως από μαγείας, και ού θεία δυνάμει

---

(1) Sic omnes MSS., sicque infra Origenes Lib. VI. Num. 8. Veruntamen a prophanis auctoribus Platonis mater vocatur Περικτιόνη. R.
(2) R. Boherello duce : " Forte scribendum, Μεναλίππης." L.

γεγενημένας· φησὶ γὰρ "αὐτὸν σκότιον τραφέντα, μισθαρνήσαντα εἰς Αἴγυπτον, δυνάμεών τινων πειραθέντα, ἐκεῖθεν ἐπανελθεῖν, θεὸν δι' ἐκείνας τὰς δυνάμεις ἑαυτὸν ἀναγορεύοντα." Ἐγὼ δ' οὐκ οἶδ' ὅπως ἂν (1) μάγος ἠγωνίσατο διδάξαι λόγον, πείθοντα πάντα πράττειν, ὡς θεοῦ κρινοῦντος ἕκαστον ἐπὶ πᾶσι τοῖς πεπραγμένοις· καὶ οὕτω διατιθέντα τοὺς ἑαυτοῦ μαθητὰς, οἷς ἤμελλε χρήσασθαι διακόνοις τῆς ἑαυτοῦ διδασκαλίας. Ἆρα γὰρ κἀκεῖνοι οὕτω διδαχθέντες ποιεῖν δυνάμεις, ᾖρουν τοὺς ἀκούοντας, ἢ οὐδὲ δυνάμεις ἐποίουν; τὸ μὲν οὖν λέγειν, ὅτι οὐδαμῶς δυνάμεις ἐποίουν, ἀλλὰ πιστεύσαντες οὐδεμιᾷ λόγων ἱκανότητι, παραπλησίως τῇ ἐν διαλεκτικῇ Ἑλλήνων σοφίᾳ, ἐπέδωκαν ἑαυτοὺς τῷ καινὸν διδάσκειν λόγον οἷς ἂν ἐπιδημήσωσι, πάνυ ἐστὶν ἄλογον. Τίνι γὰρ θαρροῦντες ἐδίδασκον τὸν λόγον, καὶ ἐκαινοτόμουν; εἰ δὲ δυνάμεις ἐτέλουν κἀκεῖνοι· τίνα ἔχει πιθανότητα τὸ, μάγους τοσούτοις κινδύνοις ἑαυτοὺς παραβεβληκέναι εἰσάγοντας διδασκαλίαν μαγείας ἀπαγορεύουσαν;

39. Οὐ δοκεῖ μοι ἀγωνίσασθαι πρὸς λόγον, μὴ μετὰ σπουδῆς, ἀλλὰ μετὰ χλεύης εἰρημένον· "εἰ ἆρα καλὴ ἦν ἡ μήτηρ τοῦ Ἰησοῦ, καὶ ὡς καλῇ αὐτῇ ἐμίγνυτο ὁ θεὸς, οὐ πεφυκὼς ἐρᾶν φθαρτοῦ σώματος; ἢ ὅτι οὐδ' εἰκὸς ἦν ἐρασθήσεσθαι αὐτῆς τὸν θεὸν, οὔσης οὔτ' εὐδαίμονος, οὔτε βασιλικῆς· ἐπεὶ μηδεὶς αὐτὴν ᾔδει, μηδὲ τῶν γειτόνων·" Παίζει δὲ λέγων, καὶ "ὅτι μισουμένην αὐτὴν ὑπὸ τοῦ τέκτονος, καὶ ἐκβαλλομένην, οὐκ ἔσωσε θεία δύναμις, οὐδὲ λόγος πιστικός. Οὐδὲν οὖν, φησὶ, ταῦτα πρὸς τὴν τοῦ θεοῦ βασιλείαν." Τί οὖν ταῦτα διαφέροι ἂν τῶν ἐν ταῖς τριόδοις λοιδορουμένων τισὶ, καὶ οὐδὲν σπουδῆς ἄξιον λεγόντων;

40. Ἑξῆς δὲ τούτοις ἀπὸ τοῦ κατὰ Ματθαῖον, τάχα δὲ καὶ τῶν λοιπῶν εὐαγγελίων, λαβὼν τὰ περὶ τῆς ἐπιπτάσης τῷ σωτῆρι βαπτιζομένῳ παρὰ τοῦ Ἰωάννου περιστερᾶς, διαβάλλειν βούλεται ὡς πλάσμα τὸ εἰρημένον. Διασύρας δὲ, ὡς ᾤετο, τὴν περὶ τοῦ ἐκ παρθένου γεγεννῆσθαι τὸν σωτῆρα ἡμῶν ἱστορίαν, οὐ τὰ ἑξῆς τῇ τάξει ἐκτίθεται· ἐπεὶ μηδὲν

(1) Cod. Basil. non male: ὢν μάγος. R.

έχει τεταγμένον θυμός και έχθρα· αλλά κατά το επελθόν οι οργιζόμενοι και οι εχθραΐζοντες κακηγορούσιν ούς μισούσι, μή επιτρεπόμενοι από(1) του πάθους τεθεωρημένως και κατά τάξιν λέγειν τας κατηγορίας. Ει μεν γαρ την τάξιν ετήρει, λαβών αν το ευαγγέλιον, και κατηγορείν αυτού προθέμενος, της πρώτης αν ιστορίας κατειπών, εξής επί την δευτέραν παρεγίνετο, και ούτως επί τας λοιπάς. Νυνί δε, μετά την εκ παρθένου γέννησιν, ο πάντ' ειδέναι επαγγειλάμενος Κέλσος τα ημέτερα, κατηγορεί του παρά τω βαπτίσματι φανέντος αγίου πνεύματος εν είδει περιστεράς. Είτα μετά τούτο διαβάλλει το προφητεύεσθαι την του σωτήρος ημών επιδημίαν. Και μετά ταύτα ανατρέχει επί το εξής τη γενέσει του Ιησού αναγεγραμμένον, το περί του αστέρος διήγημα, και των εληλυθότων από ανατολής μάγων προσκυνήσαι τω παιδίω. Πολλά δ' αν και αυτός επιτηρών εύρης(2) συγκεχυμένως τω Κέλσω ειρημένα δι' όλης της βίβλου· ίνα και δια τούτου υπό των τάξιν επισταμένων τηρείν και ζητείν, ελεγχθή μετά πολλής θρασύτητος και αλαζονείας επιγράψας "αληθή λόγον" την βίβλον αυτού, όπερ των ελλογίμων φιλοσόφων ουδείς εποίησεν. Ο μεν γαρ Πλάτων φησιν, ου κατά τον νούν έχοντα είναι το διϊσχυρίζεσθαι περί των τοιώνδε και αδηλοτέρων· ο δε Χρύσιππος πολλαχού εκθέμενος τα κινήσαντα αυτόν, αναπέμπει ημάς εφ' ους αν εύροιμεν κρείττον αυτού ερούντας. Ούτος ούν ο και τούτων και των λοιπών Ελλήνων σοφώτερος, ακολούθως τω φάσκειν πάντ' ειδέναι, αληθή λόγον επέγραψεν αυτού το βιβλίον.

41. Ίνα δε μη δοκώμεν εκόντες, δια το απορείν απαντήσεως, υπερβαίνειν αυτού τα κεφάλαια· εκρίναμεν έκαστον κατά δύναμιν λύσαι των υπ' αυτού προτιθεμένων, φροντίσαντες ου του εν τη φύσει των πραγμάτων ειρμού και ακολουθίας, αλλά της τάξεως των εν τη βίβλω αυτού αναγεγραμμένων. Φέρ' ούν ίδωμεν, τί ποτε και λέγει διαβάλλων το, οίον σωματικώς εωραμένον υπό του σωτήρος πνεύμα άγιον εν είδει περιστεράς. Έστι δ' ο Ιουδαίος αυτώ έτι ταύτα

(1) Cod. Jolianus, ύπο. R.   (2) Cod. Jolianus, εύροις. R.

λέγων, προς ον ομολογούμεν είναι Κύριον ημών, τον Ίησούν·
"λουομένω, φησί, σοι παρά τω Ιωάννη⁽¹⁾ φάσμα όρνιθος εξ
αέρος λέγεις επιπτήναι." Είτα πυνθανόμενος ο παρ' αυτώ
Ιουδαίος φησι· "τίς τούτο είδεν αξιόχρεως μάρτυς το φάσμα; ή τίς ήκουσεν εξ ουρανού φωνής εισποιούσης σε υιον
τω θεώ, πλην ότι συ φης, καί τινα ένα επάγη των μετά σού
κεκολασμένων;"

42. Πριν⁽²⁾ αρξώμεθα της απολογίας, λεκτέον, ότι σχεδον πάσαν ιστορίαν, κάν αληθής ή, βούλεσθαι κατασκευάζειν
ως γεγενημένην, και καταληπτικήν εμποιήσαι περί αυτής φαντασίαν, των σφόδρα εστί χαλεπωτάτων, και εν ενίοις αδύνατον. Φέρε γάρ τινα λέγειν, μη γεγονέναι τον Ιλιακον
πόλεμον, μάλιστα διά το αδύνατον προσπεπλέχθαι λόγον
περί του γεγενήσθαί τινα Αχιλλέα θαλασσίας θεάς Θέτιδος⁽³⁾
υιον και ανθρώπου Πηλέως, ή Σαρπηδόνα Διός, ή Ασκάλαφον
και Ιάλμενον Άρεος, ή Αινείαν Αφροδίτης· πώς άν κατασκευάσαιμεν το τοιούτον, μάλιστα θλιβόμενοι υπό του ουκ
οίδ' όπως παρυφανθέντος πλάσματος τη κεκρατηκυία παρά
πάσι δόξη περί του, αληθώς γεγονέναι τον εν Ιλίω πόλεμον Ελλήνων και Τρώων; Φέρε δε καί τινα απιστείν περί
Οιδίποδος και Ιοκάστης, και των γεννηθέντων από αμφοτέρων Ετεοκλέους και Πολυνείκους, διά το προσπεπλέχθαι
τω λόγω την Σφίγγα μιξοπάρθενόν τινα· πώς άν το τοιούτον αποδείξαιμεν; Ούτω δε και τα περί των Επιγόνων,
κάν μηδέν τοιούτον επιπεπλεγμένον ή τω λόγω, ή περί της
Ηρακλειδών καθόδου, ή περί άλλων μυρίων. Αλλ' ο ευγνωμόνως εντυγχάνων ταις ιστορίαις, και βουλόμενος εαυτόν
τηρείν και εν εκείναις ανεξαπάτητον, κρινεί, τίσι μεν συγκαταθήσεται, τίνα δε τροπολογήσει, το βούλημα ερευνών των
αναπλασαμένων τα τοιάδε· και τίσιν απιστήσει, ως διά την
πρός τινας χάριν αναγεγραμμένοις. Και τούτο προλαβόν-

---

(1) Cod. Julianus, in marg.: παρά τω Ιορδάνη. Quae correctio non spernenda. R.
(2) Cf. Philocal. Cap. xv. L.
(3) Sic Philocal. et Cod. Julianus. In aliis deest, Θέτιδος. R.

τες δι' ὅλην τὴν φερομένην ἐν τοῖς εὐαγγελίοις περὶ τοῦ Ἰησοῦ ἱστορίαν εἰρήκαμεν, οὐκ ἐπὶ ψιλὴν πίστιν καὶ ἄλογον τοὺς ἐντρεχεστέρους ἐκκαλούμενοι, ἀλλὰ βουλόμενοι παραστῆσαι, ὅτι εὐγνωμοσύνης χρεία τοῖς ἐντευξομένοις, καὶ πολλῆς ἐξετάσεως, καὶ, ἵν' οὕτως ὀνομάσω, εἰσόδου εἰς τὸ βούλημα τῶν γραψάντων, ἵν' εὑρεθῇ, ποίᾳ διανοίᾳ ἕκαστον γέγραπται.

43. Φήσομεν οὖν πρῶτον, ὅτι, εἰ μὲν ὁ ἀπιστῶν τῷ περὶ τοῦ εἴδους τῆς περιστερᾶς φάσματι τοῦ ἁγίου πνεύματος ἀναγέγραπτο Ἐπικούρειος εἶναι, ἢ Δημοκρίτειος, ἢ Περιπατητικὸς, χώραν ἂν εἶχεν ἀκόλουθον τῷ προσωποποιουμένῳ τὸ λεγόμενον. Νυνὶ δὲ οὐδὲ τοῦθ' ὁ σοφώτατος Κέλσος ἑώρακεν, ὅτι Ἰουδαίῳ, πλείονα πιστεύοντι καὶ παραδοξότερα ἐκ τῶν προφητικῶν γραφῶν, τῆς περὶ τοῦ εἴδους τῆς περιστερᾶς ἱστορίας, τὸν τοιοῦτον περιέθηκε λόγον. Εἴποι γὰρ ἄν τις τῷ Ἰουδαίῳ, περὶ τοῦ φάσματος ἀπιστοῦντι, καὶ οἰομένῳ κατηγορεῖν αὐτοῦ ὡς πλάσματος· Σὺ δὲ πόθεν, ὦ οὗτος, ἀποδεῖξαι ἂν ἔχοις, ὅτι εἶπε κύριος ὁ θεὸς τῷ Ἀδὰμ, ἢ τῇ Εὔᾳ, ἢ τῷ Κάϊν, ἢ τῷ Νῶε, ἢ τῷ Ἀβραὰμ, ἢ τῷ Ἰσαὰκ, ἢ τῷ Ἰακὼβ, τὰ ἀναγεγραμμένα αὐτὸν εἰρηκέναι τοῖς ἀνδράσι τούτοις; Ἵνα δὲ τῇ ἱστορίᾳ ταύτῃ ἱστορίαν παραβάλω, εἴποιμ' ἂν πρὸς τὸν Ἰουδαῖον· καὶ ὁ σὸς Ἰεζεκιὴλ ἀνέγραψε, λέγων· "ἠνοίχθησαν[1] οἱ οὐρανοὶ, καὶ εἶδον ὅρασιν θεοῦ·" ἥντινα διηγησάμενος ἐπιφέρει αὐτῇ· "αὕτη[2] ἡ ὅρασις ὁμοιώματος δόξης κυρίου. Καὶ εἶπε πρὸς μέ." Εἰ γὰρ ψευδῆ τὰ περὶ τοῦ Ἰησοῦ ἀναγεγραμμένα, ἐπεὶ μὴ ἔχομεν, ὡς ὑπολαμβάνεις, ἐναργῶς παραστῆσαι, πῶς ταῦτά ἐστιν ἀληθῆ, ὑπ' αὐτοῦ μόνου ἑωραμένα ἢ ἀκουσθέντα, καὶ, ὡς ἔδοξας τετηρηκέναι, καὶ ὑπὸ ἑνὸς τῶν κολασθέντων; τί οὐχὶ μᾶλλον καὶ τὸν Ἰεζεκιὴλ φήσομεν τερατευόμενον εἰρηκέναι τό· "ἠνοίχθησαν οἱ οὐρανοὶ," καὶ τὰ ἑξῆς; Ἀλλ' ἐὰν καὶ ὁ Ἡσαΐας φάσκῃ· "εἶδον[3] τὸν κύριον Σαβαὼθ καθήμενον ἐπὶ θρόνου ὑψηλοῦ καὶ ἐπηρμένου. Καὶ τὰ Σεραφὶμ εἱστήκεισαν κύκλῳ αὐτοῦ· ἓξ πτέρυγες τῷ ἑνὶ,

(1) Ezech. i. 1.　　(2) Ezech. i. 28; ii. 1.　　(3) Jesai. vi. 1, 2.

καὶ ἐξ πτέρυγες τῷ ἑνὶ," καὶ τὰ ἑξῆς· πόθεν ὅτι ἀληθῶς ἑώρακε; Πεπίστευκας γὰρ, ὦ Ἰουδαῖε, τούτοις ὡς ἀψευδέσι, καὶ ὑπὸ θειοτέρου πνεύματος οὐ μόνον ἑωραμένοις τῷ προφήτῃ, ἀλλὰ καὶ εἰρημένοις καὶ ἀναγεγραμμένοις. Τίνι δὲ καὶ πιστεύειν μᾶλλον ἄξιον, φάσκοντι ἀνεῷχθαι αὐτῷ τοὺς οὐρανούς, καὶ φωνῆς ἀκηκοέναι, ἢ ἑωρακέναι τὸν κύριον Σαβαὼθ καθήμενον ἐπὶ θρόνου ὑψηλοῦ καὶ ἐπηρμένου Ἡσαΐᾳ καὶ Ἰεζεκιὴλ, ἢ τῷ Ἰησοῦ; Ἐκείνων μὲν γὰρ ἔργον οὐδὲν τηλικοῦτον εὑρίσκεται· τοῦ δὲ Ἰησοῦ τὸ ἀνδραγάθημα οὐ κατὰ τοὺς αὐτοὺς τῆς ἐνσωματώσεως μόνους γέγονε χρόνους, ἀλλὰ καὶ μέχρι τοῦ δεῦρο ἡ Ἰησοῦ δύναμίς ἐστιν ἐνεργοῦσα τὴν ἐπιστροφὴν, καὶ τὴν βελτίωσιν, ἐν τοῖς πιστεύουσι δι' αὐτοῦ τῷ θεῷ. Ἐναργὲς δὲ δεῖγμα τοῦ δυνάμει αὐτοῦ ταῦτα γίνεσθαι, τὸ, ὡς αὐτός φησι, καὶ καταλαμβάνεται[1], μὴ ὄντων ἐργατῶν τῶν ἐργαζομένων τὸν θερισμὸν τῶν ψυχῶν, τοσοῦτον εἶναι θερισμὸν συγκομιζομένων καὶ συναγομένων εἰς τὰς πανταχοῦ ἅλωνας τοῦ θεοῦ καὶ ἐκκλησίας.

44. Καὶ ταῦτα πρὸς τὸν Ἰουδαῖον λέγω, οὐκ ἀπιστῶν ὁ Χριστιανὸς τῷ Ἰεζεκιὴλ καὶ τῷ Ἡσαΐᾳ· ἀλλὰ δυσωπῶν ἐκ τῶν κοινῇ ἡμῖν πεπιστευμένων, ὅτι πολλῷ οὗτος ἐκείνων ἄξιός ἐστι τοῦ πιστεύεσθαι τοιαῦτα λέγων ἑωρακέναι, καὶ, ὡς εἰκὸς, παραδοὺς τοῖς μαθηταῖς ἣν εἶδεν ὄψιν, καὶ τὴν φωνὴν ἧς ἤκουσεν. Ἄλλος δ' ἄν τις εἴποι, ὅτι οὐ πάντες τοῦ Ἰησοῦ ἤκουσαν ταῦτα διηγουμένου οἱ ἀναγράψαντες τὰ περὶ τοῦ εἴδους τῆς περιστερᾶς καὶ τῆς ἐξ οὐρανοῦ φωνῆς· ἀλλὰ τὸ διδάξαν Μωϋσέα πνεῦμα τὴν πρεσβυτέραν αὐτοῦ ἱστορίαν, ἀρξαμένην ἀπὸ τῆς κοσμογενείας μέχρι τῆς κατὰ τὸν Ἀβραὰμ τὸν πατέρα αὐτοῦ, τοῦτ' ἐδίδαξε καὶ τοὺς γράψαντας τὸ εὐαγγέλιον, τὸ γενόμενον παράδοξον κατὰ τὸν χρόνον τοῦ βαπτίσματος Ἰησοῦ. Ὁ δὲ κοσμηθεὶς χαρίσματι, καλουμένῳ λόγῳ σοφίας, καὶ τὴν αἰτίαν διηγήσεται τῆς ἀνοίξεως τῶν οὐρανῶν, καὶ τοῦ εἴδους τῆς περιστερᾶς, καὶ ὅτι οὐκ ἄλλου τινὸς ζώου εἴδει ἢ τούτου ἐφάνη τὸ

---

[1] Desunt in Codd. Reg. et Basil. verba, καὶ καταλαμβάνεται. R. Cf. Matth. ix. 37.

ἅγιον πνεῦμα τῷ Ἰησοῦ. Περὶ τούτου δὲ οὐκ ἀπαιτεῖ νῦν ἡμᾶς ὁ λόγος διηγήσασθαι. Τὸ γὰρ προκείμενόν ἐστιν, ἐλέγξαι τὸν Κέλσον οὐχ ὑγιῶς Ἰουδαίῳ περιθέντα μετὰ τοιῶνδε λόγων ἀπιστίαν περὶ πράγματος, κατὰ τὸ εἰκὸς γενομένου μᾶλλον παρὰ τὰ πεπιστευμένα ὑπ' ἐκείνου.

45. Μέμνημαι δέ ποτε, ἔν τινι πρὸς Ἰουδαίων λεγομένους σοφοὺς διαλέξει, χρησάμενος τοιούτῳ λόγῳ, πλειόνων κρινόντων τὸ λεγόμενον· "Εἴπατέ μοι, ὦ οὗτοι, δύο τινῶν ἐπιδημησάντων τῷ τῶν ἀνθρώπων γένει, περὶ ὧν παράδοξα καὶ ὑπὲρ τὴν ἀνθρωπίνην φύσιν ἀναγέγραπται, Μωϋσέως λέγω, τοῦ ὑμῶν νομοθέτου περὶ ἑαυτοῦ ἀναγράψαντος, καὶ Ἰησοῦ τοῦ ἡμετέρου διδασκάλου, μηδὲν περὶ ἑαυτοῦ σύγγραμμα καταλελοιπότος, ἀλλ' ὑπὸ τῶν μαθητῶν ἐν τοῖς εὐαγγελίοις μεμαρτυρημένου· τίς ἡ ἀποκλήρωσις, πιστεύεσθαι μὲν Μωϋσέα ὡς ἀληθεύοντα, καίτοι γε Αἰγυπτίων διαβαλλόντων αὐτὸν ὡς γόητα, καὶ μαγγανείᾳ τὰς δυνάμεις πεποιηκέναι δοκοῦντα· Ἰησοῦν δὲ ἀπιστεῖσθαι, ἐπεὶ ὑμεῖς αὐτοῦ κατηγορεῖτε; Ἔθνη γὰρ ἀμφοτέροις μαρτυρεῖ, Ἰουδαῖοι μὲν Μωϋσῇ· Χριστιανοὶ δὲ μὴ ἀρνούμενοι τὴν Μωϋσέως προφητείαν, ἀλλὰ κἀκεῖθεν ἀποδεικνύντες τὰ περὶ τοῦ Ἰησοῦ, παραδέχονται τὰ περὶ αὐτοῦ ἀληθῆ εἶναι παράδοξα ὑπὸ τῶν μαθητῶν αὐτοῦ ἀναγεγραμμένα. Εἴτε γὰρ λόγον ἀπαιτεῖτε ἡμᾶς περὶ τοῦ Ἰησοῦ, ἀπόδοτε περὶ Μωσέως τοῦ πρὸ αὐτοῦ γενομένου πρότερον, εἶθ' ἑξῆς ἡμεῖς ἀποδώσομεν τὸν περὶ τούτου. Ὑμῶν δ' ἀναδυομένων καὶ φευγόντων τὰς περὶ ἐκείνου ἀποδείξεις· ὡς μὲν πρὸς τὸ παρὸν, τὸ ὅμοιον ὑμῖν ποιοῦντες, οὐκ ἀποδεικνύομεν. Οὐδὲν δὲ ἧττον ὁμολογήσατε τὸ μὴ ἔχειν δεῖξιν περὶ Μωσέως, καὶ ἀκούσατε τὰς περὶ Ἰησοῦ ἀποδείξεις ἀπὸ τοῦ νόμου καὶ τῶν προφητῶν. Καὶ, τὸ παράδοξόν γε, ἐκ τῶν περὶ Ἰησοῦ ἀποδείξεων ἐν νόμῳ καὶ προφήταις ἀποδείκνυται, ὅτι καὶ Μωϋσῆς καὶ οἱ προφῆται, ἦσαν προφῆται τοῦ θεοῦ."

46. Πεπλήρωται δὲ ὁ νόμος, καὶ οἱ προφῆται τῶν παραπλησίων παραδόξων, τῷ ἀναγράψαντι[1] περὶ τοῦ Ἰησοῦ παρὰ

(1) Scribendum videtur: ἀναγραφέντι, ut recte monet Guietus et Boherellus. R.

τῷ βαπτίσματι, περὶ τῆς περιστερᾶς, καὶ τῆς ἐξ οὐρανοῦ φωνῆς. Σημεῖον δὲ οἶμαι τοῦ τότε ὀφθέντος ἁγίου πνεύματος ἐν εἴδει περιστερᾶς, τὰ ὑπὸ τοῦ Ἰησοῦ παράδοξα γεγενημένα· ἅτινα διαβάλλων Κέλσος, φησὶν αὐτὸν παρ' Αἰγυπτίοις μεμαθηκότα πεποιηκέναι. Καὶ οὐκ ἐκείνοις γε μόνοις χρήσομαι· ἀλλὰ γὰρ, κατὰ τὸ εἰκὸς, καὶ οἷς οἱ ἀπόστολοι τοῦ Ἰησοῦ πεποιήκασιν. Οὐκ ἂν γὰρ χωρὶς δυνάμεων καὶ παραδόξων ἐκίνουν τοὺς καινῶν λόγων καὶ καινῶν μαθημάτων ἀκούοντας πρὸς τὸ καταλιπεῖν μὲν τὰ πάτρια, παραδέξασθαι δὲ μετὰ κινδύνων τῶν μέχρι θανάτου τὰ τούτων μαθήματα. Καὶ ἔτι ἴχνη τοῦ ἁγίου ἐκείνου πνεύματος, ὀφθέντος ἐν εἴδει περιστερᾶς, παρὰ Χριστιανοῖς σώζεται. Ἐξάγουσι[1] δαίμονας, καὶ πολλὰς ἰάσεις ἐπιτελοῦσι, καὶ ὁρῶσί τινα κατὰ τὸ βούλημα τοῦ λόγου περὶ μελλόντων. κἂν χλευάσῃ δὲ Κέλσος τὸ λεχθησόμενον, ἢ ὃν εἰσήγαγεν Ἰουδαῖος· ὅμως λελέξεται, ὅτι πολλοὶ, ὡσπερεὶ ἄκοντες, προσεληλύθασι Χριστιανισμῷ, πνεύματός τινος τρέψαντος αὐτῶν τὸ ἡγεμονικὸν αἰφνίδιον ἀπὸ τοῦ μισεῖν τὸν λόγον ἐπὶ τὸ ὑπεραποθανεῖν αὐτοῦ, καὶ φαντασιώσαντος αὐτοὺς ὕπαρ ἢ ὄναρ. Πολλὰ γὰρ καὶ τοιαῦτα ἱστορήσαμεν· ἅτινα ἐὰν γράφωμεν, αὐτοὶ αὐτοῖς παρατυχόντες καὶ ἰδόντες, γέλωτα πλατὺν ὀφλήσομεν τοῖς ἀπίστοις, οἰομένοις ἡμᾶς ὁμοίως οἷς ὑπολαμβάνουσι ταῦτ' ἀναπεπλακέναι, καὶ αὐτοὺς πλάσσειν. Ἀλλὰ γὰρ θεὸς μάρτυς τοῦ ἡμετέρου συνειδότος, βουλομένου οὐ διὰ ψευδῶν ἀπαγγελιῶν, ἀλλὰ διά τινος ἐναργείας ποικίλης συνιστάνειν τὴν Ἰησοῦ θείαν διδασκαλίαν. Ἐπεὶ δὲ Ἰουδαῖός ἐστιν, ὁ περὶ τοῦ ἀναγεγραμμένου ἁγίου πνεύματος κατεληλυθέναι ἐν εἴδει περιστερᾶς πρὸς τὸν Ἰησοῦν ἀπορῶν· λεκτέον ἂν εἴη πρὸς αὐτόν· ὦ οὗτος, τίς ἐστιν ὁ ἐν τῷ Ἡσαΐᾳ λέγων· "καὶ νῦν Κύριος ἀπέστειλέ με, καὶ τὸ πνεῦμα αὐτοῦ[2];" Ἐν ᾧ ἀμφιβόλου ὄντος τοῦ ῥητοῦ, πότερον ὁ πατὴρ καὶ τὸ ἅγιον πνεῦμα ἀπέστειλαν τὸν Ἰησοῦν, ἢ ὁ πατὴρ ἀπέστειλε τόν τε Χρι-

---

(1) Ita Codd. Reg. et Basil.: reliqui MSS. ἐπεξάδουσι, exc. veteri Vaticano, qui in marg. habet, κατεξάγουσι. R.
(2) Jesai. xlviii. 16.

στον, και το άγιον πνεύμα, το δεύτερόν εστιν αληθές. Και
επεί απεστάλη ο σωτήρ, είτα το πνεύμα το άγιον, ίνα πληρωθῇ το ειρημένον υπο του προφήτου· εχρῆν δε την της
προφητείας πλήρωσιν εγνώσθαι και τοις εξής· δια τούτο ανέγραψαν οι Ιησού μαθηται το γεγενημένον.

47. Εβουλόμην δ' αν Κέλσω, προσωποποιήσαντι τον
Ιουδαίον παραδεξάμενόν πως Ιωάννην ως βαπτιστήν, βαπτίζοντα τον Ιησούν, ειπείν· ότι το, Ιωάννην γεγονέναι βαπτιστήν, εις άφεσιν αμαρτημάτων βαπτίζοντα, ανέγραψέ τις
των μετ' ου πολυ του Ιωάννου και του Ιησού γεγενημένων.
Εν γαρ τω οκτωκαιδεκάτω της Ιουδαϊκής αρχαιολογίας[1] ο
Ιώσηπος μαρτυρεί τω Ιωάννη, ως βαπτιστῇ γεγενημένω, και
καθάρσιον τοις βαπτισαμένοις επαγγελλομένω. Ο δ' αυτος,
καίτοι γε απιστών τω Ιησού ως Χριστώ, ζητών την αιτίαν
της των Ιεροσολύμων πτώσεως, και της του ναού καθαιρέσεως·
δέον αυτον ειπείν, ότι η κατα του Ιησού επιβουλη τούτων
αιτία γέγονε τω λαώ, επεί απέκτειναν τον προφητευόμενον
Χριστόν· ο δε, και ώσπερ άκων ου μακραν της αληθείας γενόμενος, φησι ταύτα συμβεβηκέναι τοις Ιουδαίοις κατ' εκδίκησιν
Ιακώβου του δικαίου, ος ην αδελφος Ιησού του λεγομένου
Χριστού, επειδήπερ δικαιότατον αυτον όντα απέκτειναν. Τον
δε Ιάκωβον τούτον ο Ιησού γνήσιος μαθητης Παύλός φησιν[2]
εωρακέναι ως αδελφον του κυρίου, ου τοσούτον δια το προς
αίματος συγγενές, η την κοινην αυτών ανατροφήν, όσον δια το
ήθος και τον λόγον. Εί περ ουν δια Ιάκωβον συμβεβηκέναι
λέγει τοις Ιουδαίοις τα κατα την ερήμωσιν της Ιερουσαλήμ,
πως ουχί ευλογώτερον δια Ιησούν τον Χριστον τούτο φάσκειν γεγονέναι; Ου της θειότητος μάρτυρες αι τοσαύται των
μεταβαλόντων απο της χύσεως των κακών εκκλησίαι, και ηρτημένων του δημιουργού, και παντ' αναφερόντων επι την προς
εκείνον αρέσκειαν.

48. Ει και μη απολογήσεται ουν ο Ιουδαίος περι Ιεζεκιηλ
και Ησαΐου, κοινοποιούντων ημών τα περι της ανοίξεως των ουρανών επι Ιησού, και της ακουσθείσης αυτώ φωνής, και τα όμοια

(1) Joseph. Antiq. lib. xviii. c. 7.   (2) Galat. i. 19.

ευρισκόντων εν τῷ Ιεζεκιὴλ αναγεγραμμένα, καὶ εν τῷ Ησαΐᾳ, ἢ καί τινι ἄλλῳ προφήτῃ· ἡμεῖς γε τὸν λόγον, ὅση δύναμις ἡμῖν, παραστήσομεν, λέγοντες, ὅτι ὥσπερ ὄναρ πεπίστευται πολλούς πεφαντασιῶσθαι, τινὰ μὲν θειότερα, τινὰ δὲ περὶ μελλόντων βιωτικῶν αναγγέλλοντα, είτε σαφῶς, είτε καὶ δι' αινιγμάτων, καὶ τοῦτ' ἐναργές ἐστι παρὰ πᾶσι τοῖς παραδεξαμένοις πρόνοιαν· οὕτω τί ἄτοπον, τὸ τυποῦν τὸ ἡγεμονικὸν ἐν ὀνείρῳ δύνασθαι αὐτὸ τυποῦν καὶ ὕπαρ πρὸς τὸ χρήσιμον τῷ ἐν ᾧ τυποῦται, ἢ τοῖς παρ' αὐτοῦ ακουσομένοις; καὶ ὥσπερ φαντασίαν λαμβάνομεν ὄναρ ακούειν, καὶ πλήσσεσθαι τὴν αἰσθητὴν ακοὴν, καὶ ὁρᾶν δι' ὀφθαλμῶν, οὔτε τῶν τοῦ σώματος ὀφθαλμῶν, οὔτε τῆς ακοῆς πλησσομένης, ἀλλὰ τοῦ ἡγεμονικοῦ ταῦτα πάσχοντος· οὕτως οὐδὲν ἄτοπον, τοιαῦτα γεγονέναι ἐπὶ τῶν προφητῶν, ὅτε αναγέγραπται ἑωρακέναι τινὰ αὐτοὺς παραδοξότερα, ἢ ακηκοέναι λόγους κυρίου, ἢ τεθεωρηκέναι οὐρανοὺς ἀνοιγομένους. Ἐγὼ γὰρ οὐχ ὑπολαμβάνω τὸν αἰσθητὸν οὐρανὸν ἀνεῷχθαι, καὶ τὸ σῶμα αὐτοῦ ἀνοιγνύμενον διηρῆσθαι, ἵνα ἀναγράψῃ τὸ τοιοῦτον Ἰεζεκιήλ. Μή ποτ' οὖν καὶ ἐπὶ τοῦ σωτῆρος τὸν φρονίμως ακούοντα τῶν εὐαγγελίων τὸ ὅμοιον ἐκδεκτέον; Κἂν προσκόπτῃ τὸ τοιοῦτον τοῖς ἁπλουστέροις, οἳ διὰ πολλὴν ἁπλότητα κινοῦσι τὸν κόσμον, σχίζοντες τὸ τηλικοῦτον σῶμα ἡνωμένον τοῦ παντὸς οὐρανοῦ. Ὁ δὲ βαθύτερον τὸ τοιοῦτον ἐξετάζων, ἐρεῖ, ὅτι οὔσης, ὡς ἡ γραφὴ ὠνόμασε, θείας τινὸς γενικῆς αἰσθήσεως, ἣν μόνος ὁ μακάριος εὑρίσκει ἤδη[1], κατὰ τὸ λεγόμενον καὶ παρὰ τῷ Σολομῶντι· "ὅτι αἴσθησιν θείαν εὑρήσεις[2]." καὶ ὄντων εἰδῶν ταύτης τῆς αἰσθήσεως, ὁράσεως πεφυκυίας βλέπειν τὰ κρείττονα σωμάτων πράγματα, ἐν οἷς δηλοῦται τὰ Χερουβὶμ, ἢ τὰ Σεραφίμ· καὶ ακοῆς αντιληπτικῆς φωνῶν, οὐχὶ ἐν αέρι τὴν οὐσίαν ἐχουσῶν· καὶ γεύσεως χρωμένης άρτῳ ζῶντι[3], καὶ ἐξ οὐρανοῦ καταβεβηκότι, καὶ ζωὴν διδόντι τῷ κόσμῳ· οὕτως δὲ καὶ

---

(1) Guieto scribendum videtur: εὑρίσκειν οἶδε, vel: εὑρίσκειν ἤδει. Quod valde placet. R.
(2) Prov. ii. 5.   (3) Joh. vi. 33.

ὀσφρήσεως ὀσφραινομένης τοιῶνδε, καθὸ Χριστοῦ εὐωδία[1] λέγει εἶναι τῷ θεῷ Παῦλος· καὶ ἀφῆς, καθ' ἣν Ἰωάννης φησὶ ταῖς χερσὶν ἐψηλαφηκέναι περὶ τοῦ λόγου τῆς ζωῆς[2]· οἱ μακάριοι προφῆται τὴν θείαν αἴσθησιν εὑρόντες, καὶ βλέποντες θείως, καὶ ἀκούοντες θείως, καὶ γενόμενοι ὁμοίως, καὶ ὀσφραινόμενοι, ἵν' οὕτως ὀνομάσω, αἰσθήσει οὐκ αἰσθητῇ, καὶ ἁπτόμενοι τοῦ λόγου μετὰ πίστεως, ὥστ' ἀπορροὴν αὐτοῦ εἰς αὐτοὺς ἥκειν θεραπεύουσαν[3] αὐτοὺς, οὕτως ἑώρων ἃ ἀναγράφουσιν ἑωρακέναι, καὶ ἤκουον ἃ λέγουσιν ἀκηκοέναι, καὶ τὰ παραπλήσια ἔπασχον, ὡς ἀνέγραφον, κεφαλίδα ἐσθίοντες διδομένην αὐτοῖς βιβλίου[4]. Οὕτω δὲ καὶ Ἰσαὰκ ὠσφράνθη τῆς ὀσμῆς τῶν τοῦ υἱοῦ θεοτέρων ἱματίων, καὶ ἐπεῖπε πνευματικῇ εὐλογίᾳ τό· "ἰδοὺ, ὀσμὴ τοῦ υἱοῦ μου, ὡς ὀσμὴ ἀγροῦ πλήρους, ὃν εὐλόγησεν ὁ κύριος[5]." Παραπλησίως δὲ τούτοις, καὶ νοητῶς μᾶλλον ἢ αἰσθητῶς, Ἰησοῦς ἥψατο τοῦ λεπροῦ[6], ἵν' αὐτὸν καθαρίσῃ, ὡς ἐγὼ οἶμαι, διχῶς, ἀπαλλάττων αὐτὸν οὐ μόνον, ὡς οἱ πολλοὶ ἀκούουσι, λέπρας αἰσθητῆς δι' αἰσθητῆς ἁφῆς· ἀλλὰ καὶ τῆς ἄλλης, διὰ τῆς ὡς ἀληθῶς θείας αὐτοῦ ἁφῆς. Οὕτως οὖν ἐμαρτύρησεν Ἰωάννης, λέγων· "ὅτι τεθέαμαι τὸ πνεῦμα καταβαῖνον ὡς περιστερὰν ἐξ οὐρανοῦ, καὶ ἔμεινεν ἐπ' αὐτόν. κἀγὼ οὐκ ᾔδειν αὐτόν· ἀλλ' ὁ πέμψας με βαπτίζειν ἐν τῷ ὕδατι, ἐκεῖνός μοι εἶπεν· ἐφ' ὃν ἂν ἴδῃς τὸ πνεῦμα καταβαῖνον, καὶ μένον ἐπ' αὐτὸν, οὗτός ἐστιν ὁ βαπτίζων ἐν πνεύματι ἁγίῳ. Κἀγὼ ἑώρακα, καὶ μεμαρτύρηκα, ὅτι οὗτός ἐστιν ὁ υἱὸς τοῦ θεοῦ[7]." Καὶ τῷ Ἰησοῦ γε ἠνοίχθησαν οἱ οὐρανοί· καὶ τότε μὲν, πλὴν Ἰωάννου, οὐδεὶς ἀναγέγραπται ἑωρακέναι ἀνοιχθέντας τοὺς οὐρανούς. Τοῦτο δὲ τὸ ἀνοιχθῆναι τοὺς οὐρανοὺς προλέγων τοῖς μαθηταῖς ὁ σωτὴρ ἐσόμενον ὀψομένοις αὐτὸ, φησίν· "ἀμὴν, ἀμὴν λέγω ὑμῖν, ὄψεσθε τὸν οὐρανὸν ἀνεῳγότα, καὶ τοὺς ἀγγέλους τοῦ θεοῦ ἀναβαίνοντας καὶ καταβαίνοντας ἐπὶ

(1) 2 Cor. ii. 15. (2) 1 Joh. i. 1.
(3) Codd. Reg. et Basil. : θεραπεύσουσαν. R.
(4) Ezech. iii. 2, 3. (5) Gen. xxvii. 27.
(6) Matth. viii. 3. (7) Joh. i. 32—34.

τὸν υἱὸν τοῦ ἀνθρώπου[1]." Καὶ οὕτως Παῦλος ἡρπάγη[2] εἰς τρίτον οὐρανὸν, πρότερον ἰδὼν αὐτὸν ἀνοιχθέντα, ἐπεὶ μαθητὴς ἦν τοῦ Ἰησοῦ. Διηγήσασθαι δὲ νῦν, διὰ τί ὁ Παῦλος λέγει τό· "εἴτε ἐν σώματι, οὐκ οἶδα· εἴτε ἐκτὸς τοῦ σώματος, οὐκ οἶδα· ὁ θεὸς οἶδεν·" οὐ τοῦ παρόντος ἐστὶ καιροῦ. Ἔτι δὲ προσθήσω τῷ λόγῳ, καὶ αὐτὰ, ἃ οἴεται ὁ Κέλσος, ὅτι αὐτὸς Ἰησοῦς εἶπε τὰ περὶ τὴν ἄνοιξιν τῶν οὐρανῶν, καὶ τὸ καταβὰν πνεῦμα ἅγιον ἐπ' αὐτὸν εἴδει περιστερᾶς παρὰ τῷ Ἰορδάνῃ· τῆς γραφῆς τοῦτο οὐ παραστησάσης, ὅτι αὐτὸς εἶπε τοῦτο ἑωρακέναι. Οὐ συνεῖδε δ' ὁ γενναιότατος, ὅτι οὐκ ἔστι κατὰ τὸν εἰπόντα τοῖς μαθηταῖς ἐπὶ τῇ ἐν τῷ ὄρει ὀπτασίᾳ· "μηδενὶ εἴπητε τὸ ὅραμα, ἕως ὁ υἱὸς τοῦ ἀνθρώπου ἐκ νεκρῶν ἀναστῇ[3]." εἰρηκέναι τοῖς μαθηταῖς τὸ παρὰ τῷ Ἰορδάνῃ ὀφθὲν ὑπὸ τοῦ Ἰωάννου, καὶ ἀκουσθέν. Ἐνιδεῖν δέ ἐστι καὶ τῷ τοῦ Ἰησοῦ ἤθει πανταχοῦ περιϊσταμένου τὴν περιαυτολογίαν, καὶ διὰ τοῦτο λέγοντος· "κἂν ἐγὼ εἴπω περὶ ἐμαυτοῦ, ἡ μαρτυρία μου οὐκ ἔστιν ἀληθής[4]." Καὶ ἐπεὶ περιΐστατο τὴν περιαυτολογίαν, καὶ τοῖς ἔργοις μᾶλλον ἐβούλετο δηλοῦν εἶναι Χριστὸς ἤπερ τῇ λέξει· διὰ τοῦτό φασιν οἱ Ἰουδαῖοι πρὸς αὐτόν· "εἰ σὺ εἶ ὁ Χριστὸς, εἰπὲ ἡμῖν παρρησίᾳ[5]." Ἐπεὶ δὲ Ἰουδαῖός ἐστιν ὁ παρὰ τῷ Κέλσῳ λέγων τῷ Ἰησοῦ περὶ πῶν κατὰ τὸ πνεῦμα τὸ ἅγιον ἐν εἴδει περιστερᾶς, τό· "πλὴν ὅτι σὺ φῇς, καί τινα ἕνα ἐπάγῃ τῶν μετὰ σοῦ κεκολασμένων·" ἀναγκαῖον αὐτῷ παραστῆσαι, ὅτι καὶ τοῦτο οὐκ οἰκείως τῷ Ἰουδαϊκῷ προσώπῳ περιέθηκεν. Οὐδὲ γὰρ συνάπτουσι τὸν Ἰωάννην οἱ Ἰουδαῖοι τῷ Ἰησοῦ, καὶ τὴν Ἰωάννου τῇ τοῦ Ἰησοῦ κολάσει. Καὶ ἐν τούτῳ οὖν ἐλέγχεται, ὁ πάντ' ἀλαζονευσάμενος εἰδέναι, μὴ ἐγνωκὼς τίνα προσάψῃ ῥήματα τῷ Ἰουδαϊκῷ πρὸς τὸν Ἰησοῦν προσώπῳ.

49. Μετὰ ταῦτ', οὐκ οἶδ' ὅπως, τὸ μέγιστον περὶ τῆς συστάσεως τοῦ Ἰησοῦ κεφάλαιον, ὡς ὅτι προεφητεύθη ὑπὸ τῶν παρὰ Ἰουδαίοις προφητῶν, Μωϋσέως καὶ τῶν μετ'

[1] Joh. i. 52. [2] 2 Cor. xii. 2. [3] Matth. xvii. 9.
[4] Joh. v. 31. [5] Joh. x. 24.

αὐτὸν, ἢ καὶ πρὸ Μωϋσέως, παραπέμπει[1] ἑκών· ὡς οἶμαι, τῷ μὴ δύνασθαι ἀπαντᾶν πρὸς λόγον, ὡς οὐδὲ Ἰουδαῖοι, οὐδ' ὅσαι αἱρέσεις, οὐ βούλονται προφητευθῆναι τὸν Χριστόν. Τάχα δὲ οὐδὲ ᾔδει τὰς περὶ τοῦ Ἰησοῦ προφητείας. Οὐκ ἂν γὰρ καταβαλὼν τὰ ὑπὸ Χριστιανῶν λεγόμενα, ὅτι πολλοὶ προφῆται προεῖπον περὶ τῆς τοῦ Σωτῆρος ἐπιδημίας, περιέθηκε τῷ τοῦ Ἰουδαίου προσώπῳ, ἃ ἥρμοζε Σαμαρεῖ μᾶλλον εἰπεῖν, ἢ Σαδδουκαίῳ· καὶ οὐκ ἂν Ἰουδαῖος ὁ ἐν τῇ προσωποποιΐᾳ ἔφασκεν· "ἀλλ' εἶπεν ὁ ἐμὸς προφήτης ἐν Ἱεροσολύμοις ποτὲ, ὅτι ἥξει θεοῦ υἱὸς, τῶν ὁσίων κριτὴς, καὶ τῶν ἀδίκων κολαστής." Οὐ γὰρ εἷς προφήτης τὰ περὶ Χριστοῦ προεφήτευσε. Κἂν οἱ μόνου δὲ Μωσέως παραδεχόμενοι τὰς βίβλους Σαμαρεῖς ἢ Σαδδουκαῖοι φάσκωσιν ἐν ἐκείνοις πεπροφητεῦσθαι τὸν Χριστόν· ἀλλ' οὔτι γε ἐν Ἱεροσολύμοις, τοῖς μηδέπω ὀνομασθεῖσι κατὰ τὸν Μωϋσέως χρόνον, ἡ προφητεία λέλεκτο. Εἴη τοίνυν πάντας τοὺς τοῦ λόγου κατηγόρους ἐν τοσαύτῃ εἶναι ἀγνοίᾳ οὐ μόνον τῶν πραγμάτων, ἀλλὰ καὶ ψιλῶν τῶν γραμμάτων τῆς γραφῆς, καὶ κατηγορεῖν Χριστιανισμοῦ, ἵνα μηδὲ τὴν τυχοῦσαν πιθανότητα ὁ λόγος αὐτῶν ἔχῃ δυναμένην τοὺς ἀνερματίστους, καὶ πρὸς καιρὸν πιστεύοντας, ἀφιστάνειν οὐ τῆς πίστεως, ἀλλὰ τῆς ὀλιγοπιστίας. Ἰουδαῖος δὲ οὐκ ἂν ὁμολογήσαι, ὅτι προφήτης τις εἶπεν ἥξειν θεοῦ υἱόν· ὃ γὰρ λέγουσιν, ἐστὶν, ὅτι ἥξει ὁ Χριστὸς τοῦ θεοῦ. Καὶ πολλάκις γε ζητοῦσι πρὸς ἡμᾶς εὐθέως περὶ υἱοῦ θεοῦ· ὡς οὐδενὸς ὄντος τοιούτου, οὐδὲ προφητευθέντος. Καὶ οὐ τοῦτό φαμεν, ὅτι οὐ προφητεύεται υἱὸς θεοῦ· ἀλλ' ὅτι οὐχ ἁρμοζόντως τῷ Ἰουδαϊκῷ προσώπῳ, μὴ ὁμολογοῦντι τὸ τοιοῦτο, περιέθηκε τό· "εἶπεν ἐμὸς προφήτης ἐν Ἱεροσολύμοις ποτὲ, ὅτι ἥξει θεοῦ υἱός."

50. Εἶτα, ὡς [2] μόνου προφητευθέντος τούτου, ὁσίων

(1) Ita recte Codd. Reg. et Basil. Libri editi (v. c. edd. Spenc.) in textu habent: παραπίπτει, male; ad marg. vero: παραρρίπτει, quæ lectio tolerabilior erat. R. Boherellus: "Sequere alteram lectionem, παραρρίπτει." L.
(2) Codd. Reg. et Basil.: ὡς οὐ μόνου. R.

αυτὸν είναι κριτὴν, καὶ τῶν ἀδίκων κολαστήν· καὶ μήτε τόπου γενέσεως αυτού, μήτε πάθους αυτού, ου ύπο Ιουδαίων πείσεται, μήτ' αναστάσεως αυτού, μήτε τεραστίων ών ποιήσει δυνάμεων προειρημένων, φησί· "τί μᾶλλον σὺ, ἢ ἄλλοι μυρίοι, οἱ μετὰ τὴν προφητείαν γενόμενοι, εἰσὶ, περὶ ὧν ταῦτα προεφητεύετο;" Καὶ οὐκ οἶδ' ὅπως βουλόμενος καὶ ἑτέροις περιθεῖναι τὸ δύνασθαι ὑπονοεῖσθαι, ὅτι αὐτοὶ ἦσαν οἱ προφητευθέντες, φησίν· "ὅτι οἱ μὲν ἐνθουσιῶντες, οἱ δὲ ἀγείροντες, φασὶν ἥκειν ἄνωθεν υἱὸν θεοῦ." Οὐ γὰρ ἱστορήσαμεν ταῦθ' ὁμολογεῖσθαι παρὰ τοῖς Ἰουδαίοις γεγονέναι. Λεκτέον οὖν πρῶτον, ὅτι πολλοὶ προφῆται παντοδαπῶς προεῖπον τὰ περὶ Χριστοῦ, οἱ μὲν δι' αἰνιγμάτων, οἱ δὲ δι' ἀλληγορίας, ἢ ἄλλῳ τρόπῳ, τινὲς δὲ καὶ αὐτολεξεί. Καὶ ἐπεὶ ἐν τοῖς ἑξῆς φησιν, ἐν τῇ τοῦ Ἰουδαίου πρὸς τοὺς ἀπὸ τοῦ λαοῦ πιστεύοντας προσωποποιΐᾳ τὰς "εἰς τὰ περὶ τούτου ἀναφερομένας προφητείας δύνασθαι καὶ ἄλλοις ἐφαρμόζειν πράγμασι·" δεινῶς καὶ κακούργως τοῦτο λέγων· ὀλίγας ἀπὸ πλειόνων ἐκθησόμεθα· περὶ ὧν ὁ βουλόμενος ἀναγκαστικόν τι εἰς ἀνατροπὴν αὐτῶν εἰπάτω, καὶ δυνάμενον ἐντρεχῶς πιστεύοντας μεταστῆσαι ἀπὸ τῆς πίστεως.

51. Εἴρηται δὴ περὶ μὲν τοῦ τόπου τῆς γενέσεως αὐτοῦ, ὅτι ἀπὸ Βηθλεὲμ ἐξελεύσεται ὁ ἡγούμενος, τοῦτον τὸν τρόπον· "καὶ(1) σὺ Βηθλεὲμ οἶκος τοῦ Ἐφραθὰ, οὐκ(2) ὀλιγοστὸς εἶ τοῦ εἶναι ἐν χιλιάσιν Ἰούδα· ἐκ σοῦ γάρ μοι ἐξελεύσεται τοῦ εἶναι εἰς ἄρχοντα ἐν τῷ Ἰσραήλ· καὶ αἱ ἔξοδοι αὐτοῦ ἀπ' ἀρχῆς ἐξ ἡμερῶν αἰῶνος." Αὕτη δ' ἡ προφητεία οὐδενὶ ἁρμόσαι ἂν τῶν, ὥς φησιν ὁ παρὰ τῷ Κέλσῳ Ἰουδαῖος, ἐνθουσιώντων, καὶ ἀγειρόντων, καὶ λεγόντων ἄνωθεν ἥκειν· ἐὰν μὴ σαφῶς δεικνύηται ἐκ Βηθλεὲμ γεγεννημένος, ἤ, ὡς ἂν εἴποι τις ἄλλος, ἀπὸ Βηθλεὲμ, ἐπὶ τὸ ἡγεῖσθαι τοῦ λαοῦ ἐρχόμενος. Περὶ δὲ τοῦ γεγεννῆσθαι τὸν Ἰησοῦν ἐν Βηθλεὲμ, εἰ βούλεταί

(1) Mich. v. 2 ; Matth. ii. 6.
(2) A duobus Codd. Anglicanis, et utroque Vaticano abest οὐκ : quemadmodum a vulgato textu Versionis LXX virorum. R. Cf. Matth. ii. 6.

τις μετὰ τὴν τοῦ Μιχαίου προφητείαν, καὶ μετὰ τὴν ἀναγεγραμμένην ἐν τοῖς εὐαγγελίοις ὑπὸ τῶν Ἰησοῦ μαθητῶν ἱστορίαν, καὶ ἄλλοθεν πεισθῆναι· κατανοησάτω, ὅτι ἀκολούθως τῇ ἐν τῷ εὐαγγελίῳ περὶ τῆς γενέσεως αὐτοῦ ἱστορίᾳ, δείκνυται τὸ ἐν Βηθλεὲμ σπήλαιον, ἔνθα ἐγεννήθη, καὶ ἡ ἐν τῷ σπηλαίῳ φάτνη, ἔνθα ἐσπαργανώθη. Καὶ τὸ δεικνύμενον τοῦτο διαβόητόν ἐστιν ἐν τοῖς τόποις καὶ παρὰ τοῖς τῆς πίστεως ἀλλοτρίοις, ὡς ἄρα ἐν τῷ σπηλαίῳ τούτῳ ὁ ὑπὸ Χριστιανῶν προσκυνούμενος καὶ θαυμαζόμενος γεγέννηται Ἰησοῦς. Ἐγὼ δ' οἶμαι, ὅτι πρὸ μὲν τῆς Χριστοῦ ἐπιδημίας οἱ ἀρχιερεῖς καὶ γραμματεῖς τοῦ λαοῦ, διὰ τὸ σαφὲς καὶ ἐναργὲς τῆς προφητείας, ἐδίδασκον, ὅτι ὁ Χριστὸς ἐν Βηθλεὲμ γεννηθήσεται. Καὶ ἔφθανεν ὁ λόγος οὗτος καὶ ἐπὶ τοὺς πολλοὺς τῶν Ἰουδαίων· ὅθεν καὶ ὁ Ἡρώδης ἀναγέγραπται πυνθανόμενος τῶν ἀρχιερέων καὶ γραμματέων τοῦ λαοῦ, ἀκηκοέναι παρ' αὐτῶν, ὅτι ὁ Χριστὸς ἐν Βηθλεὲμ τῆς Ἰουδαίας γεννηθήσεται, ὅθεν ἦν ὁ Δαυίδ. Ἔτι δὲ καὶ ἐν τῷ κατὰ Ἰωάννην[1] λέλεκται, Ἰουδαίους εἰρηκέναι, ὅτι ὁ Χριστὸς γεννηθήσεται ἐν Βηθλεέμ, ὅθεν ὁ Δαυὶδ ἦν. Μετὰ δὲ τὴν Χριστοῦ ἐπιδημίαν οἱ πραγματευόμενοι καθελεῖν τὴν περὶ αὐτοῦ ὑπόληψιν ὡς προφητευθέντος ἄνωθεν τοῦ[2] περὶ τῆς γενέσεως, τὴν τοιαύτην διδασκαλίαν περιεῖλον ἀπὸ τοῦ λαοῦ· ἀδελφόν τι ποιοῦντες τοῖς πείσασι τοὺς ἑωρακότας αὐτὸν ἀναστάντα ἀπὸ τῶν νεκρῶν στρατιώτας τῶν φρουρούντων τὸ μνημεῖον, καὶ τοῦτ' ἀπαγγέλλουσιν εἰρηκέναι τοῖς ἰδοῦσιν· "εἴπατε, ὅτι οἱ μαθηταὶ αὐτοῦ, ἡμῶν κοιμωμένων νυκτὸς, ἔκλεψαν αὐτόν. Καὶ ἐὰν ἀκουσθῇ τοῦτο ἐπὶ τοῦ ἡγεμόνος, ἡμεῖς πείσομεν, καὶ ὑμᾶς ἀμερίμνους ποιήσομεν[3]."

52. Χαλεπὸν γὰρ φιλονεικία καὶ πρόληψις πρὸς τὸ ποιῆσαι καὶ τοῖς ἐναργέσιν ἀντιβλέψαι, ἵνα μὴ καταλείψωσι δόγματα δευσοποιήσαντα, οἷς συνήθεις ἐγένοντό πως, καὶ ποιώσαντα[4] αὐτῶν τὴν ψυχήν. Καὶ εὐχερέστερόν γε ἄνθρωπος τὰς περὶ ἄλλα συνηθείας, κἂν δυσαποσπάστως αὐτῶν ἔχῃ,

(1) Joh. vii. 42.
(2) Guieto scribendum videtur: τοῦ τόπου τῆς γενέσεως: quod et mihi placet. R.
(3) Matth. xxviii. 13, 14.   (4) Omnes MSS. recte: ποιώσαντα. R.

καταλείψαι ἂν, ἢ τὰς περὶ τὰ δόγματα. Πλὴν οὐδ' ἐκεῖνα εὐχερῶς οἱ συνήθεις παρορῶσιν· οὕτως οὐδ' οἰκίας, οὐδὲ πόλεις, ἢ κώμας, οὐδὲ συνήθεις ἀνθρώπους εὐχερῶς βούλονται καταλιπεῖν οἱ προληφθέντες αὐτοῖς. Τοῦτ' οὖν αἴτιον γεγένηται καὶ Ἰουδαίων πολλοῖς τότε τοῦ ἀντιβλέψαι ταῖς ἐναργείαις τῶν τε προφητειῶν καὶ τῶν τεραστίων, ὧν ἐποίησε, καὶ πεπονθέναι ἀναγέγραπται ὁ Ἰησοῦς. Ὅτι δὲ τοιοῦτόν τι πέπονθεν ἡ ἀνθρωπίνη φύσις, δῆλον ἔσται τοῖς κατανοοῦσιν, ὅτι οἱ ἅπαξ προληφθέντες καὶ ἐν αἰσχίσταις καὶ εἰκαίαις[1] παραδόσεσι πατέρων καὶ πολιτῶν, οὐκ εὐχερῶς μετατίθενται. Οὐ ταχέως γοῦν Αἰγύπτιον πεῖσαι ἄν τις καταφρονῆσαι ὧν ἐκ πατέρων παρείληφεν, ὥστε μὴ νομίσασθαι θεὸν τόδε τὸ ἄλογον ζῶον, ἢ μέχρι θανάτου φυλάξασθαι ἀπὸ τοῦδε τοῦ ζώου κρεῶν γεύσασθαι. Εἰ καὶ ἐπὶ πλεῖον οὖν τὸν τοιοῦτον λόγον ἐξετάζοντες, τὰ περὶ Βηθλεὲμ καὶ τῆς περὶ αὐτῆς προφητείας διεξεληλύθαμεν, νομίζομεν ἀναγκαίως τοῦτο πεποιηκέναι, ἀπολογούμενοι πρὸς τοὺς φήσαντας ἄν, ὅτι, εἰ οὕτως ἐναργεῖς ἦσαν αἱ περὶ τοῦ Ἰησοῦ παρὰ Ἰουδαίοις προφητεῖαι, τί δήποτε ἐλθόντος αὐτοῦ οὐ συγκατέθεντο τῇ διδασκαλίᾳ αὐτοῦ, καὶ μετέθεντο ἐπὶ τὰ ὑπὸ τοῦ Ἰησοῦ δεικνύμενα κρείττονα; Μηδεὶς δ' ἡμῶν[2] τοῖς πιστεύουσι τὸ παραπλήσιον ὀνειδιζέτω, ὁρῶν, ὅτι οὐκ εὐκαταφρόνητοι λόγοι ὑπὸ τῶν μεμαθηκότων αὐτοὺς πρεσβεύειν φέρονται περὶ τῆς εἰς τὸν Ἰησοῦν πίστεως.

53. Εἰ δὲ καὶ δευτέρας προφητείας ἐναργοῦς ἡμῖν εἶναι φαινομένης περὶ τοῦ Ἰησοῦ χρεία ἐστὶν, ἐκθησόμεθα τὴν ἀναγραφεῖσαν πρὸ πλείστων ὅσων ἐτῶν τῆς Ἰησοῦ ἐπιδημίας ὑπὸ Μωϋσέως, φήσαντος τὸν Ἰακὼβ ἀπαλλασσόμενον τοῦ βίου πεπροφητευκέναι ἑκάστῳ τῶν υἱῶν, καὶ τῷ Ἰούδᾳ εἰρηκέναι μετὰ καὶ ἄλλων τό· "οὐκ[3] ἐκλείψει ἄρχων ἐξ Ἰούδα, καὶ ἡγούμενος ἐκ τῶν μηρῶν αὐτοῦ, ἕως ἂν ἔλθῃ τὰ ἀποκείμενα αὐτῷ[4]." Ἐντυγχάνων δέ τις τῇ προφητείᾳ

---

(1) Sic uterque Cod. Vaticanus, duo Codd. Anglicani, sicque habent libri editi (v. c. edd. Spenc.) in marg., sed in textu habent: οἰκείαις. R.
(2) Lego: ἡμῖν. R.   (3) Gen. xlix. 10.
(4) Cod. Reg. ᾧ ἀπόκειται. Cod. Basil. ὃ ἀπόκειται. Lectio: ᾧ ἀπόκειται, est

ταύτῃ, κατὰ μὲν τὸ ἀληθὲς πολλῷ πρεσβυτέρα τυγχανούσῃ Μωσέως, ὡς δ' ἂν ὑπονοήσαι τις τῶν οὐ πιστῶν, ὑπὸ Μωϋσέως λεχθείσῃ, θαυμάσαι ἂν, πῶς Μωϋσῆς δεδύνηται. προειπεῖν, ὅτι οἱ τῶν Ἰουδαίων βασιλεύοντες, δώδεκα οὐσῶν φυλῶν ἐν αὐτοῖς, ἀπὸ τῆς Ἰούδα φυλῆς γεννηθέντες, ἄρξουσι τοῦ λαοῦ· διὸ καὶ ὁ πᾶς λαὸς Ἰουδαῖοι ὀνομάζονται, τῆς βασιλευούσης φυλῆς ὄντες ἐπώνυμοι. Καὶ δεύτερον δ' ἂν θαυμάσαι τὴν προφητείαν ὁ εὐγνωμόνως αὐτῇ ἐντυγχάνων, τίνα τρόπον εἰπὼν ἀπὸ τῆς Ἰούδα φυλῆς ἔσεσθαι τοὺς ἄρχοντας καὶ ἡγεμόνας τοῦ λαοῦ, ἔστησε καὶ τὸ τέλος τῆς αὐτῆς ἀρχῆς, εἰπών· " οὐκ ἐκλείψειν ἄρχοντα ἐξ Ἰούδα, καὶ ἡγούμενον ἐκ τῶν μηρῶν αὐτοῦ, ἕως ἂν ἔλθῃ τὰ ἀποκείμενα αὐτῷ· καὶ αὐτὸς προσδοκία ἐθνῶν." Ἦλθε γὰρ ᾧ ἐστι τὰ ἀποκείμενα, ὁ Χριστὸς τοῦ θεοῦ, ὁ ἄρχων τῶν ἐπαγγελιῶν τοῦ θεοῦ· καὶ σαφῶς γέγονεν οὗτος μόνος παρὰ τοὺς πρὸ αὐτοῦ πάντας, θαρρῶν δ' ἂν εἴποιμι καὶ τοὺς μετ' αὐτὸν, " προσδοκία ἐθνῶν." ἀπὸ γὰρ πάντων τῶν ἐθνῶν πεπιστεύκασι τῷ θεῷ δι' αὐτοῦ, καὶ, κατὰ τὸ εἰρημένον ὑπὸ τοῦ Ἡσαΐου, ἐπὶ τῷ ὀνόματι αὐτοῦ ἔθνη ἤλπισαν, εἰπόντος· " ἐπὶ τῷ ὀνόματι αὐτοῦ ἔθνη ἐλπιοῦσιν(1)." Οὗτος δὲ καὶ εἶπε τοῖς ἐν δεσμοῖς, καθὸ σειραῖς τῶν ἑαυτοῦ ἁμαρτιῶν ἕκαστος σφίγγεται, τό· " ἐξέλθετε(2)." καὶ τοῖς ἐν τῇ ἀγνοίᾳ, τὸ " εἰς φῶς ἥκειν." Καὶ τούτων οὕτω προφητευθέντων· " καὶ ἔδωκά σε εἰς διαθήκην ἐθνῶν, τοῦ καταστῆσαι τὴν γῆν, καὶ κληρονομῆσαι κληρονομίαν ἐρήμου, λέγοντα τοῖς ἐν δεσμοῖς· ἐξέλθετε· καὶ τοῖς ἐν σκότει· ἀνακαλύφθητε." Καὶ ἔστιν ἰδεῖν ἐπὶ τῇ τούτου παρουσίᾳ, διὰ τοὺς πανταχοῦ τῆς οἰκουμένης ἁπλούστερον πιστεύοντας, πληρούμενον τό· " καὶ ἐν πάσαις ταῖς ὁδοῖς βοσκηθήσονται, καὶ ἐν πάσαις ταῖς τρίβοις ἡ νομὴ αὐτῶν(3)."

54. Ἐπεὶ δὲ ὁ ἐπαγγελλόμενος εἰδέναι τὰ τοῦ λόγου πάντα Κέλσος ὀνειδίζει τῷ σωτῆρι ἐπὶ τῷ πάθει, ὡς μὴ

Aquilæ, et Symmachi, sed cum in quibusdam LXX interpretum edd. reperiretur, hinc Patres modo τὰ ἀποκείμενα αὐτῷ, modo ᾧ ἀπόκειται usurpant. R.

(1) Jesai. xlii. 4.   (2) Jesai. xlix. 9.   (3) Ibid.

βοηθηθέντι υπό τοῦ πατρὸς, ἢ μὴ δυνηθέντι εαυτῷ βοηθῆσαι, παραθετέον, ὅτι τὸ πάθος αυτοῦ προεφητεύετο μετὰ τῆς αἰτίας, ὅτι χρήσιμον ἦν ἀνθρώποις τὸ ἐκεῖνον ὑπὲρ αυτῶν ἀποθανεῖν, καὶ μώλωπα τὸν ἐπὶ τῷ καταδεδικάσθαι παθεῖν. Προείρητο δὲ καὶ, ὅτι συνήσουσιν αυτὸν οἱ ἀπὸ τῶν ἐθνῶν, παρ' οἷς οὐ γεγόνασιν οἱ προφῆται, καὶ λέλεκτο, ὅτι εἶδος ἄτιμον ἐν ἀνθρώποις φαινόμενον ἔχων ὀφθήσεται. Οὕτω δ' ἔχει ἡ λέξις· "(1)ἰδοὺ, συνήσει ὁ παῖς μου, καὶ ὑψωθήσεται, καὶ δοξασθήσεται, καὶ μετεωρισθήσεται σφόδρα. Ὃν τρόπον ἐκστήσονται ἐπὶ σὲ πολλοί, οὕτως ἀδοξήσει ἀπὸ ἀνθρώπων τὸ εἶδός σου, καὶ ἡ δόξα σου ἀπὸ τῶν(2) ἀνθρώπων. Οὕτω θαυμάσονται ἔθνη πολλὰ ἐπ' αὐτῷ, καὶ συνέξουσι βασιλεῖς τὸ στόμα αὐτῶν· ὅτι οἷς οὐκ ἀνηγγέλη περὶ αὐτοῦ, ὄψονται, καὶ οἳ οὐκ ἀκηκόασι, συνήσουσι." "Κύριε(3), τίς ἐπίστευσε τῇ ἀκοῇ ἡμῶν; Καὶ ὁ βραχίων κυρίου τίνι ἀπεκαλύφθη; Ἀνηγγείλαμεν ὡς παιδίον ἐναντίον αὐτοῦ, ὡς ῥίζα ἐν γῇ διψώσῃ. Οὐκ ἔστιν εἶδος αὐτῷ, οὐδὲ δόξα· καὶ εἴδομεν αὐτὸν, καὶ οὐκ εἶχεν εἶδος, οὐδὲ κάλλος· ἀλλὰ τὸ εἶδος αὐτοῦ ἄτιμον καὶ ἐκλεῖπον παρὰ(4) πάντας ἀνθρώπους. Ἄνθρωπος ἐν πληγῇ ὢν, καὶ εἰδὼς φέρειν μαλακίαν· ὅτι ἀπέστραπται τὸ πρόσωπον αὐτοῦ, ἠτιμάσθη, καὶ οὐκ ἐλογίσθη. Οὗτος τὰς ἁμαρτίας ἡμῶν φέρει, καὶ περὶ ἡμῶν ὀδυνᾶται· καὶ ἡμεῖς ἐλογισάμεθα αὐτὸν εἶναι ἐν πόνῳ, καὶ ἐν πληγῇ, καὶ ἐν κακώσει· αὐτὸς δὲ ἐτραυματίσθη διὰ τὰς ἁμαρτίας ἡμῶν, καὶ μεμαλάκισται διὰ τὰς ἀνομίας ἡμῶν. Παιδεία εἰρήνης ἡμῶν ἐπ' αὐτὸν, τῷ μώλωπι αὐτοῦ ἡμεῖς ἰάθημεν. Πάντες ὡς πρόβατα ἐπλανήθημεν· ἄνθρωπος τῇ ὁδῷ αὐτοῦ ἐπλανήθη, καὶ κύριος παρέδωκεν αὐτὸν ταῖς ἁμαρτίαις ἡμῶν, καὶ αὐτὸς διὰ τὸ κεκακῶσθαι οὐκ ἀνοίγει τὸ στόμα αὐτοῦ. Ὡς(5) πρόβατον ἐπὶ σφαγὴν ἤχθη, καὶ ὡς ἀμνὸς ἐναντίον τοῦ κεί-

---

(1) Jesai. lii. 13.
(2) Vulgatus Bibliorum textus, ἀπὸ υἱῶν ἀνθρώπων. R.
(3) Jesai. liii. 1—8.
(4) Vulgatus Bibliorum textus habet, παρὰ τοὺς υἱοὺς τῶν, κ.τ.λ. R.
(5) Verba : ὡς πρόβατον—στόμα αὐτοῦ desiderantur in omnibus MSS. R.

ροντος ἄφωνος, οὕτως οὐκ ἀνοίγει τὸ στόμα αὐτοῦ. Ἐν τῇ ταπεινώσει αὐτοῦ ἡ κρίσις αὐτοῦ ἤρθη. Τὴν δὲ γενεὰν αὐτοῦ τίς διηγήσεται; ὅτι αἴρεται ἀπὸ τῆς γῆς ἡ ζωὴ αὐτοῦ, ἀπὸ τῶν ἀνομιῶν τοῦ λαοῦ μου ἤχθη εἰς θάνατον." 55. Μέμνημαι δέ ποτε ἔν τινι πρὸς τοὺς λεγομένους παρὰ Ἰουδαίοις σοφοὺς ἐνζητήσει ταῖς προφητείαις ταύταις χρησάμενος· ἐφ' οἷς ἔλεγεν ὁ Ἰουδαῖος, ταῦτα πεπροφητεῦσθαι ὡς περὶ ἑνὸς τοῦ ὅλου λαοῦ, καὶ γενομένου ἐν τῇ διασπορᾷ, καὶ πληγέντος, ἵνα πολλοὶ προσήλυτοι γένωνται, τῇ προφάσει τοῦ ἐπεσπάρθαι Ἰουδαίους τοῖς πολλοῖς ἔθνεσι. Καὶ οὕτω διηγεῖτο τό· "ἀδοξήσει ἀπὸ ἀνθρώπων τὸ εἶδός σου·" καὶ τό· "οἷς οὐκ ἀνηγγέλη περὶ αὐτοῦ, ὄψονται·" καὶ τό· "ἄνθρωπος ἐν πληγῇ ὤν." Πολλὰ μὲν οὖν τότ' ἐν τῇ ζητήσει λέλεκται, τὰ ἐλέγχοντα ὅτι περί τινος ἑνὸς ταῦτα προφητευόμενα οὐκ εὐλόγως ἐκεῖνοι ἀνάγουσιν ἐπὶ ὅλον τὸν λαόν. Ἐπυνθανόμην δέ, τίνος ἂν εἴη πρόσωπον τὸ λέγον· "οὗτος τὰς ἁμαρτίας ἡμῶν φέρει, καὶ περὶ ἡμῶν ὀδυνᾶται·" καὶ τό· "αὐτὸς δὲ ἐτραυματίσθη διὰ τὰς ἁμαρτίας ἡμῶν, καὶ μεμαλάκισται διὰ τὰς ἀνομίας ἡμῶν·" καὶ τίνος πρόσωπον ἦν τὸ φάσκον· "τῷ μώλωπι αὐτοῦ ἡμεῖς ἰάθημεν." Σαφῶς γὰρ οἱ ἐν ταῖς ἁμαρτίαις γενόμενοι, καὶ ἰαθέντες ἐκ τοῦ τὸν σωτῆρα πεπονθέναι, εἴτ' ἀπὸ τοῦ λαοῦ ἐκείνου, εἴτε καὶ οἱ ἀπὸ τῶν ἐθνῶν, ταῦτα λέγουσι παρὰ τῷ προφήτῃ προεωρακότι, καὶ ἀπὸ τοῦ ἁγίου πνεύματος ταῦτα προσωποποιήσαντι. Μάλιστα δ' ἐδόξαμεν θλίβειν ἀπὸ τῆς φασκούσης λέξεως τό· "ἀπὸ τῶν ἀνομιῶν τοῦ λαοῦ μου ἤχθη εἰς θάνατον [1]." Εἰ γὰρ ὁ λαὸς κατ' ἐκείνους εἰσὶν οἱ προφητευόμενοι, πῶς ἀπὸ τῶν ἀνομιῶν τοῦ λαοῦ τοῦ θεοῦ λέγεται ἦχθαι εἰς θάνατον οὗτος, εἰ μὴ ἕτερος ὢν παρὰ τὸν λαὸν τοῦ θεοῦ; Τίς δ' οὗτος, εἰ μὴ Ἰησοῦς Χριστός; οὗ τῷ μώλωπι ἰάθημεν οἱ εἰς αὐτὸν πιστεύοντες, ἀπεκδυσαμένου[2] τὰς ἐν ἡμῖν ἀρχὰς καὶ ἐξουσίας, καὶ παραδειγματίσαντος αὐτὰς ἐν τῷ ξύλῳ. Ἕκαστον δὲ

(1) Heb. לְמוֹ נֶגַע. Lectio εἰς θάνατον postularet לָמֶת vel לַמָּוֶת.
(2) Coloss. ii. 15.

τῶν ἐν τῇ προφητείᾳ σαφηνίσαι, καὶ μηδὲν ἀβασάνιστον αὐτῶν παραλιπεῖν, ἄλλου καιροῦ ἐστι. Καὶ ταῦτα δ᾽ ἐπὶ πλεῖον εἴρηται, ὡς νομίζω, ἀναγκαίως διὰ τὴν ἐκκειμένην τοῦ παρὰ τῷ Κέλσῳ Ἰουδαίου λέξιν.

56. Ἔλαθε δὲ τὸν Κέλσον, καὶ τὸν παρ᾽ αὐτῷ Ἰουδαῖον, καὶ πάντας, ὅσοι τῷ Ἰησοῦ μὴ πεπιστεύκασιν, ὅτι αἱ προφητεῖαι δύο λέγουσιν εἶναι τὰς Χριστοῦ ἐπιδημίας· τὴν μὲν προτέραν, ἀνθρωποπαθεστέραν καὶ ταπεινοτέραν, ἵνα σὺν ἀνθρώποις ὢν ὁ Χριστὸς, διδάξῃ τὴν φέρουσαν πρὸς θεὸν ὁδὸν, καὶ μηδενὶ τῶν ἐν τῷ βίῳ τῶν ἀνθρώπων ἀπολογίας καταλίπῃ τόπον, ὡς οὐκ ἐγνωκότι περὶ τῆς ἐσομένης κρίσεως· τὴν δ᾽ ἑτέραν, ἔνδοξον καὶ μόνον θειοτέραν, οὐδὲν ἐπιπεπλεγμένον τῇ θειότητι ἔχουσαν ἀνθρωποπαθές. Παραθέσθαι δὲ καὶ τὰς προφητείας, πολὺ ἂν εἴη· ἀρκεῖ δ᾽ ἐπὶ τοῦ παρόντος τὸ ἀπὸ τοῦ τεσσαρακοστοῦ καὶ τετάρτου ψαλμοῦ, ὃς καὶ ἐπιγέγραπται πρὸς ἄλλοις εἶναι καὶ "ᾠδὴ ὑπὲρ τοῦ ἀγαπητοῦ," ἔνθα καὶ θεὸς ἀνηγόρευται σαφῶς διὰ τούτων· "ἐξεχύθη⁽¹⁾ ἡ χάρις ἐν χείλεσί σου, διὰ τοῦτο εὐλόγησέ σε ὁ θεὸς εἰς τὸν αἰῶνα. Περίζωσαι τὴν ῥομφαίαν σου ἐπὶ τὸν μηρόν σου, δυνατέ, τῇ ὡραιότητί σου, καὶ τῷ κάλλει σου, καὶ ἔντεινον καὶ κατευοδοῦ καὶ βασίλευε· ἕνεκεν ἀληθείας καὶ πραότητος καὶ δικαιοσύνης, καὶ ὁδηγήσει σε θαυμαστῶς ἡ δεξιά σου. Τὰ βέλη σου ἠκονημένα, δυνατέ, λαοὶ ὑποκάτω σου πεσοῦνται ἐν καρδίᾳ τῶν ἐχθρῶν τοῦ βασιλέως." Πρόσχες δ᾽ ἐπιμελῶς τοῖς ἑξῆς, ἔνθα θεὸς εἴρηται· "ὁ⁽²⁾ θρόνος σου γὰρ," φησὶν, "ὁ θεὸς εἰς τὸν αἰῶνα τοῦ αἰῶνος, ῥάβδος εὐθύτητος ἡ ῥάβδος τῆς βασιλείας σου. Ἠγάπησας δικαιοσύνην, καὶ ἐμίσησας ἀνομίαν· διὰ τοῦτο ἔχρισέ σε ὁ θεὸς ὁ θεός σου ἔλαιον ἀγαλλιάσεως παρὰ τοὺς μετόχους σου." Καὶ κατανόει, ὅτι θεῷ ὁμιλῶν ὁ προφήτης, οὗ ὁ θρόνος ἐστὶν εἰς τὸν αἰῶνα τοῦ αἰῶνος, καὶ ῥάβδος εὐθύτητος ἡ ῥάβδος τῆς βασιλείας αὐτοῦ, τοῦτον τὸν θεόν φησι κεχρίσθαι ὑπὸ θεοῦ, ὃς ἦν αὐτοῦ θεός· κεχρίσθαι δὲ, ἐπεὶ παρὰ τοὺς μετόχους αὐτοῦ οὗτος

(1) Psalm. xlv. 2—5. (xliv.)   (2) Ibid. 6, 7.

ἠγάπησε δικαιοσύνην, καὶ ἐμίσησεν ἀνομίαν. Καὶ μέμνημαί
γε πάνυ θλίψας τὸν Ἰουδαῖον νομιζόμενον σοφὸν ἐκ τῆς
λέξεως ταύτης· ὃς πρὸς αὐτὴν ἀπορῶν, εἶπε τὰ τῷ ἑαυτοῦ
Ἰουδαϊσμῷ ἀκόλουθα· εἶπε, πρὸς μὲν τὸν τῶν ὅλων θεὸν
εἰρῆσθαι τό· " ὁ θρόνος σου ὁ θεὸς εἰς τὸν αἰῶνα τοῦ αἰ-
ῶνος, ῥάβδος εὐθύτητος ἡ ῥάβδος τῆς βασιλείας σου·" πρὸς
δὲ τὸν Χριστὸν τό· " ἠγάπησας δικαιοσύνην, καὶ ἐμίσησας
ἀνομίαν· διὰ τοῦτο ἔχρισέ σε ὁ θεός σου," καὶ τὰ ἑξῆς.

57. Ἔτι δὲ πρὸς τὸν σωτῆρα αὐτῷ ὁ Ἰουδαῖός φησιν·
" ὅτι εἰ τοῦτο λέγεις, ὅτι πᾶς ἄνθρωπος κατὰ θείαν πρό-
νοιαν γεγονὼς υἱός ἐστι θεοῦ· τί ἂν σὺ ἄλλου διαφέρῃς;"
Πρὸς ὃν ἐροῦμεν, ὅτι πᾶς μὲν ὁ, ὡς ὁ Παῦλος ὠνόμασε,
μηκέτι ὑπὸ φόβου παιδαγωγούμενος, ἀλλὰ δι' αὐτὸ τὸ κα-
λὸν αἱρούμενος, υἱός ἐστι θεοῦ· οὗτος δὲ πολλῷ καὶ μα-
κρῷ διαφέρει παντὸς τοῦ διὰ τὴν ἀρετὴν χρηματίζοντος
υἱοῦ τοῦ θεοῦ, ὅστις ὡσπερεὶ πηγή τις καὶ ἀρχὴ τῶν τοι-
ούτων τυγχάνει. Ἡ δὲ τοῦ Παύλου λέξις οὕτως ἔχει[1]·
" οὐ γὰρ ἐλάβετε πνεῦμα δουλείας πάλιν εἰς φόβον, ἀλλ'
ἐλάβετε πνεῦμα υἱοθεσίας, ἐν ᾧ κράζομεν· Ἀββᾶ, ὁ πα-
τήρ." " Τινὲς δὲ καὶ ἐλέγξουσιν," ὥς φησιν ὁ παρὰ Κέλσῳ
Ἰουδαῖος, " μυρίοι τὸν Ἰησοῦν, φάσκοντες περὶ ἑαυτῶν ταῦτα
εἰρῆσθαι, ἅπερ περὶ ἐκείνου προεφητεύετο." Οὐκ οἴδαμεν
οὖν, εἰ ὁ Κέλσος ἐπίστατό τινας ἐπιδημήσαντας τῷ βίῳ,
καὶ τὸ παραπλήσιον βουληθέντας ποιεῖν τῷ Ἰησοῦ, καὶ θεοῦ
υἱοὺς αὑτοὺς ἀναγορεύειν, ἢ θεοῦ δύναμιν. Ἐπεὶ δὲ φιλ-
αλήθως τὰ κατὰ τοὺς τόπους ἐξετάζομεν, ἐροῦμεν, ὅτι Θευ-
δᾶς πρὸ τῆς γενέσεως Ἰησοῦ γέγονέ τις παρὰ Ἰουδαίοις,
μέγαν τινὰ ἑαυτὸν λέγων· οὗ ἀποθανόντος, οἱ ἀπατηθέν-
τες ὑπ' αὐτοῦ διεσκεδάσθησαν. Καὶ μετ' ἐκεῖνον, ἐν ταῖς
τῆς ἀπογραφῆς ἡμέραις, ὅτ' ἔοικε γεγενῆσθαι ὁ Ἰησοῦς,
Ἰούδας τις Γαλιλαῖος πολλοὺς ἑαυτῷ συναπέστησεν ἀπὸ
τοῦ λαοῦ τῶν Ἰουδαίων, ὡς σοφὸς καὶ καινοτομῶν τινα.
Οὗ καὶ αὐτοῦ δίκας τίσαντος, ἡ διδασκαλία καθῃρέθη, πάνυ
ἐν ὀλίγοις καὶ ἐλαχίστοις μείνασα. Καὶ μετὰ τοὺς Ἰησοῦ

(1) Rom. viii. 15.

δὲ χρόνους ἠθέλησε καὶ ὁ Σαμαρεὺς Δοσίθεος πεῖσαι Σαμαρεῖς, ὅτι αὐτὸς εἴη ὁ προφητευόμενος ὑπὸ Μωσέως Χριστός· καὶ ἔδοξέ τινων τῇ ἑαυτοῦ διδασκαλίᾳ κεκρατηκέναι. Ἀλλὰ τὸ εἰρημένον πάνυ σοφῶς ὑπὸ τοῦ ἐν ταῖς Πράξεσι τῶν ἀποστόλων ἀναγεγραμμένου Γαμαλιὴλ, οὐκ ἄλογον παραθέμενον δεῖξαι, πῶς ἐκεῖνοι μὲν ἀλλότριοι τῆς ἐπαγγελίας ἦσαν, οὔτε υἱοὶ θεοῦ, οὔτε δυνάμεις ὄντες αὐτοῦ· ὁ δὲ Χριστὸς Ἰησοῦς ἀληθῶς ἦν θεοῦ υἱός. Εἶπε δ' ἐκεῖ ὁ Γαμαλιήλ· " ὅτι ἐὰν ᾖ ἐξ ἀνθρώπων ἡ βουλὴ αὕτη, καὶ ὁ λόγος οὗτος, καταλυθήσεται." ὡς καὶ τὰ ἐκείνων κατελύθη, ἀποθανόντων· " ἐὰν δὲ ᾖ ἐκ θεοῦ, οὐ δυνήσεσθε καταλῦσαι τὴν τούτου διδασκαλίαν, μήποτε καὶ θεομάχοι εὑρεθῆτε." Ἠθέλησε δὲ καὶ Σίμων ὁ Σαμαρεὺς μάγος τῇ μαγείᾳ ὑφελέσθαι τινάς. Καὶ τότε μὲν ἠπάτησε· νυνὶ δὲ τοὺς πάντας ἐν τῇ οἰκουμένῃ οὐκ ἔστι Σιμωνιανοὺς εὑρεῖν τὸν ἀριθμὸν οἶμαι τριάκοντα· καὶ τάχα πλείονας εἶπον τῶν ὄντων. Εἰσὶ δὲ περὶ τὴν Παλαιστίνην σφόδρα ἐλάχιστοι· τῆς δὲ λοιπῆς οἰκουμένης οὐδαμοῦ τὸ ὄνομα αὐτοῦ, καθ' ἣν ἠθέλησε δόξαν περὶ ἑαυτοῦ διασκεδάσαι. Παρὰ γὰρ οἷς φέρεται, ἐκ τῶν Πράξεων τῶν ἀποστόλων φέρεται· Χριστιανοὶ δ' εἰσὶν οἱ ταῦτα περὶ αὐτοῦ λέγοντες, καὶ ἡ ἐνάργεια ἐμαρτύρησεν, ὅτι οὐδὲν θεῖον ὁ Σίμων ἦν.

58. Μετὰ ταῦτα ὁ παρὰ τῷ Κέλσῳ Ἰουδαῖος ἀντὶ τῶν ἐν τῷ εὐαγγελίῳ μάγων " Χαλδαίους φησὶν ὑπὸ τοῦ Ἰησοῦ λελέχθαι, κινηθέντας ἐπὶ τῇ γενέσει αὐτοῦ ἐληλυθέναι προσκυνήσοντας αὐτὸν ἔτι νήπιον ὡς θεόν· καὶ Ἡρώδῃ τῷ τετράρχῃ τοῦτο δεδηλωκέναι· τὸν δὲ πέμψαντα, ἀποκτεῖναι τοὺς ἐν τῷ αὐτῷ χρόνῳ γεγενημένους, οἰόμενον καὶ τοῦτον ἀνελεῖν σὺν αὐτοῖς· μή πως τὸν αὐτάρκη ἐπιβιώσας χρόνον, βασιλεύσῃ." Ὅρα οὖν ἐν τούτῳ τὸ παράκουσμα τοῦ μὴ διακρίνοντος μάγους Χαλδαίων, μηδὲ τὰς ἐπαγγελίας διαφόρους οὔσας αὐτῶν θεωρήσαντος, καὶ διὰ τοῦτο καταψευσαμένου τῆς εὐαγγελικῆς γραφῆς. Οὐκ οἶδα δ' ὅπως καὶ τὸ κινῆσαν τοὺς μάγους σεσιώπηκε, καὶ οὐκ εἶπεν αὐτὸ εἶναι ἀστέρα ὀφθέντα ὑπ' αὐτῶν ἐν τῇ ἀνατολῇ κατὰ τὸ

γεγραμμένον. Ἴδωμεν οὖν καὶ πρὸς ταῦτα τί λεκτέον. Τὸν ὀφθέντα ἀστέρα ἐν τῇ ἀνατολῇ καινὸν εἶναι νομίζομεν, καὶ μηδενὶ τῶν συνήθων παραπλήσιον, οὔτε τῶν ἐν τῇ ἀπλανεῖ, οὔτε τῶν ἐν ταῖς κατωτέρω σφαίραις· ἀλλὰ τῷ γένει τοιοῦτον γεγονέναι, ὁποῖοι κατὰ καιρὸν γινόμενοι κομῆται, ἢ δοκίδες, ἢ πωγωνίαι, ἢ πίθοι, ἢ ὅπως ποτὲ φίλον Ἕλλησιν ὀνομάζειν τὰς διαφορὰς αὐτῶν. Κατασκευάζομεν δὲ τοῦτον τὸν τρόπον τὸ τοιοῦτο.

59. Ἐπὶ μεγάλοις τετήρηται πράγμασι, καὶ μεγίσταις μεταβολαῖς τῶν ἐπὶ γῆς, ἀνατέλλειν τοὺς τοιούτους ἀστέρας, σημαίνοντας ἢ μεταστάσεις βασιλειῶν, ἢ πολέμους, ἢ ὅσα δύναται ἐν ἀνθρωπίνοις συμβῆναι, σεῖσαι τὰ ἐπὶ γῆς δυνάμενα. Ἀνέγνωμεν δ' ἐν τῷ περὶ κομητῶν Χαιρήμονος τοῦ Στωϊκοῦ συγγράμματι, τίνα τρόπον ἔσθ' ὅτε καὶ ἐπὶ χρηστοῖς ἐσομένοις κομῆται ἀνέτειλαν, καὶ ἐκτίθεται τὴν περὶ τούτων ἱστορίαν. Εἴπερ οὖν ἐπὶ βασιλείαις καιναῖς, ἢ ἄλλοις μεγάλοις συμπτώμασιν ἐπὶ γῆς ἀνατέλλει ὁ καλούμενος κομήτης, ἤ τις τῶν παραπλησίων ἀστήρ· τί θαυμαστὸν ἐπὶ τῇ γενέσει τοῦ καινοτομεῖν μέλλοντος ἐν τῷ γένει τῶν ἀνθρώπων, καὶ διδασκαλίαν ἐπεισάγειν οὐ μόνον Ἰουδαίοις, ἀλλὰ καὶ Ἕλλησι, πολλοῖς δὲ καὶ τοῖς βαρβάρων ἔθνεσιν, ἀστέρα ἀνατεταλκέναι; Ἐγὼ δ' εἴποιμ' ἂν, ὅτι περὶ μὲν τῶν κομητῶν οὐδεμία προφητεία φέρεται, ὡς ὅτι κατὰ τήνδε τὴν βασιλείαν, ἢ τούσδε τοὺς χρόνους ἀνατέλλει⁽¹⁾ τοιόσδε κομήτης· περὶ δὲ τοῦ ἐπὶ τῇ γενέσει τοῦ Ἰησοῦ ἀνατείλαντος προεφήτευσε Βαλαὰμ λέγων, ὡς ἀνέγραψε Μωϋσῆς· "ἀνατελεῖ ἄστρον ἐξ Ἰακὼβ, καὶ ἀναστήσεται ἄνθρωπος ἐξ Ἰσραήλ⁽²⁾." Εἰ δὲ δεήσει καὶ τὰ περὶ τῶν μάγων ἀναγραφέντα ἐπὶ τῇ γενέσει τοῦ Ἰησοῦ, καὶ τοῦ ὦφθαι τὸν ἀστέρα ἐξετάσαι· τοιαῦτα ἂν εἴποιμεν, τινὰ μὲν πρὸς Ἕλληνας, ἄλλα δὲ πρὸς Ἰουδαίους.

60. Πρὸς μὲν οὖν Ἕλληνας, ὅτι μάγοι δαίμοσιν ὁμιλοῦντες, καὶ τούτους ἐφ' ἃ μεμαθήκασι καὶ βούλονται

(1) Scribendum videtur: ἀνατελεῖ. R.   (2) Num. xxiv. 17.

καλοῦντες ποιοῦσι μὲν τὸ τοιοῦτον[1], ὅσον οὐδὲν θειότερον καὶ ἰσχυρότερον τῶν δαιμόνων, καὶ τῆς καλούσης αὐτοὺς ἐπῳδῆς, ἐπιφαίνεται ἢ λέγεται· ἐὰν δὲ θειοτέρα τις ἐπιφάνεια γένηται, καθαιροῦνται αἱ τῶν δαιμόνων ἐνέργειαι μὴ δυνάμεναι ἀντιβλέψαι τῷ τῆς θεότητος φωτί. Εἰκὸς οὖν καὶ κατὰ τὴν τοῦ Ἰησοῦ γένεσιν, ἐπεὶ πλῆθος στρατιᾶς οὐρανίου, ὡς ὁ Λουκᾶς ἀνέγραψε, κἀγὼ πείθομαι, ᾔνεσε τὸν θεὸν, καὶ ἔλεγε· "δόξα ἐν ὑψίστοις θεῷ, καὶ ἐπὶ γῆς εἰρήνη· ἐν ἀνθρώποις εὐδοκία·" διὰ τοῦτο οἱ δαίμονες ἠτόνησαν καὶ ἐξησθένησαν, ἐλεγχθείσης αὐτῶν τῆς γοητείας, καὶ καταλυθείσης τῆς ἐνεργείας· οὐ μόνον ὑπὸ τῶν ἐπιδημησάντων τῷ περιγείῳ τόπῳ ἀγγέλων διὰ τὴν Ἰησοῦ γένεσιν καθαιρεθέντες, ἀλλὰ καὶ ὑπὸ τῆς ἰσχύος τοῦ Ἰησοῦ, καὶ τῆς ἐν αὐτῷ θειότητος. Οἱ τοίνυν μάγοι τὰ συνήθη πράττειν θέλοντες, ἅπερ πρότερον διά τινων ἐπῳδῶν καὶ μαγγανειῶν ἐποίουν, ἐζήτησαν τὴν αἰτίαν, μεγάλην αὐτὴν εἶναι τεκμαιρόμενοι· καὶ ἰδόντες θεοσημίαν ἐν οὐρανῷ, ἐβούλοντο τὸ σημαινόμενον ἀπ' αὐτῆς ἰδεῖν. Δοκεῖ μοι οὖν, ὅτι ἔχοντες τοῦ Βαλαὰμ, ἃς καὶ Μωσῆς ἀνέγραψε, προφητείας, ὡς καὶ αὐτοῦ περὶ τὰ τοιαῦτα γενομένου δεινοῦ· καὶ εὑρόντες ἐκεῖ περὶ τοῦ ἄστρου, καὶ τό· "δείξω αὐτῷ, καὶ οὐχὶ νῦν· μακαρίζω, καὶ οὐκ ἐγγιεῖ[2]·" ἐστοχάσαντο τὸν μετὰ τοῦ ἄστρου προφητευόμενον ἄνθρωπον ἐπιδεδημηκέναι τῷ βίῳ· καὶ ὡς πάντων δαιμόνων καὶ τῶν ἐν ἔθει αὐτοῖς φανταζομένων καὶ ἐνεργούντων κρείττονα προλαβόντες, προσκυνῆσαι ἠθέλησαν. Ἧκον οὖν ἐπὶ τὴν Ἰουδαίαν, ὅτι μὲν βασιλεύς τις γεγένηται πειθόμενοι, τίνα δὲ βασιλείαν βασιλεύσων, οὐκ ἐπιστάμενοι, ἢ ποῦ γεννηθήσεται, οὐ γιγνώσκοντες· φέροντες μὲν δῶρα, ἃ, ἵν' οὕτως ὀνομάσω, συνθέτῳ τινὶ ἐκ θεοῦ καὶ ἀνθρώπου θνητοῦ προσήνεγκαν σύμβολα μὲν, ὡς βασιλεῖ τὸν χρυσὸν, ὡς δὲ τεθνηξομένῳ τὴν σμύρναν, ὡς δὲ θεῷ τὸν λιβανωτόν· προσήνεγκαν δὲ, μαθόντες τὸν τόπον τῆς γενέσεως αὐτοῦ. Ἀλλ' ἐπεὶ θεὸς ἦν, ὁ ὑπὲρ τοὺς βοηθοῦντας ἀνθρώποις ἀγγέλους ἐνυπάρχων σωτὴρ τοῦ γε-

---

(1) Guieto scribendum videtur: ἐφ' ὅσον. R.   (2) Num. xxiv. 17.

νους των ανθρώπων, άγγελος ημείψατο την των μάγων επι προσκυνήσαι τον Ιησούν ευσέβειαν, χρηματίσας αυτοίς, μη ήκειν προς τον Ηρώδην, αλλ' επανελθείν άλλη οδώ εις τα οικεία.

61. Ει δ' Ηρώδης επεβούλευσε τω γεννηθέντι, κάν μη πιστεύση αληθώς τούτο γεγονέναι ο παρά τω Κέλσω Ιουδαίος, ου θαυμαστόν. Τυφλόν γάρ τί εστιν η πονηρία, και βουλομένη ως ισχυροτέρα του χρεών νικάν αυτό. Όπερ και Ηρώδης παθών, και πεπίστευκε βασιλέα γεγεννήσθαι Ιουδαίων, και ανομολογουμένην είχε τη πίστει ταύτη συγκατάθεσιν· μη ιδών, ότι ήτοι πάντως βασιλεύς εστι, και βασιλεύσει· η ου βασιλεύσει, και μάτην αναιρεθήσεται. Εβουλήθη ούν αυτόν αποκτείναι, μαχομένας δια την κακίαν έχων κρίσεις, υπό του τυφλού και πονηρού διαβόλου κινούμενος, ος και αρχήθεν επεβούλευε τω σωτήρι, φαντασθείς αυτόν είναί τινα μέγαν και έσεσθαι. Άγγελος μεν ούν εχρημάτισε τω Ιωσήφ, την ακολουθίαν των πραγμάτων τηρών, κάν μη πιστεύη Κέλσος, αναχωρήσαι μετά του παιδός και της μητρός αυτού εις Αίγυπτον· ο δ' Ηρώδης ανείλε πάντα τα εν Βηθλεέμ και τοις ορίοις αυτής παιδία, ως συναναιρήσων τον γεννηθέντα Ιουδαίων βασιλέα. Ου γαρ εώρα την ακοίμητον φρουρόν δύναμιν των αξίων φρουρείσθαι και τηρείσθαι τη σωτηρία των ανθρώπων, ων πρώτος πάντων τιμή και υπεροχή πάση μείζων ην ο Ιησούς, βασιλεύς, ουχ ως Ηρώδης ώετο, εσόμενος· αλλ', ως έπρεπε τον θεόν διδόναι βασιλείαν, επ' ευεργεσία των βασιλευομένων, τω ου μέσην και αδιάφορον, ίν' ούτως ονομάσω, ευεργεσίαν ευεργετήσοντι τους υποτεταγμένους, αλλά ιόμοις αληθώς θεού παιδεύσοντι και υπάξοντι αυτούς· όπερ και Ιησούς επιστάμενος, και αρνούμενος μεν το είναι, ως οι πολλοί εκδέχονται, βασιλεύς, διδάσκων δε το εξαίρετον της εαυτού βασιλείας, φησί τό· " ει ην εκ του κόσμου τούτου η βασιλεία η εμή, οι υπηρέται οι εμοί ηγωνίζοντο αν, ίνα μη παραδοθώ τοις Ιουδαίοις· νυνί δε ουκ έστιν εκ του κόσμου τούτου η βασιλεία η εμή[1]." Ταύτα δ' ει εωράκει ο Κέλσος,

(1) Joh. xviii. 36.

οὐκ ἂν ἔλεγεν· "εἰ δ' ὅπως μὴ σὺ αὐξηθεὶς ἀντ' ἐκείνου βασιλεύσῃς, τί ἐπειδή γε ηὐξήθης, οὐ βασιλεύεις, ἀλλ' ὁ τοῦ θεοῦ παῖς οὕτως ἀγεννῶς ἀγείρεις, κυπτάζων ὑπὸ φόβου, καὶ περιφθειρόμενος ἄνω κάτω;" Οὐκ ἔστι δ' ἀγεννές, τὸ, μετ' οἰκονομίας περιϊστάμενον τοὺς κινδύνους, μὴ ὁμόσε αὐτοῖς χωρεῖν· οὐ διὰ φόβον θανάτου, ἀλλ' ὑπὲρ τοῦ χρησίμως αὐτὸν τῷ βίῳ ἐπιδημοῦντα ἑτέρους ὠφελεῖν, ἕως ἐπιστῇ ὁ ἐπιτήδειος καιρὸς τοῦ τὸν ἀνειληφότα ἀνθρώπου φύσιν ἀνθρώπου θάνατον ἀποθανεῖν, ἔχοντά τι χρήσιμον τοῖς ἀνθρώποις. Ὅπερ δηλόν ἐστι τῷ νοήσαντι τὸν Ἰησοῦν ὑπὲρ ἀνθρώπων ἀποθανεῖν· περὶ οὗ κατὰ δύναμιν ἐν τοῖς πρὸ τούτων εἴπομεν.

62. Μετὰ ταῦτα δ' ἐπεὶ μηδὲ τὸν ἀριθμὸν τῶν ἀποστόλων ἐπιστάμενος "δέκα εἶπεν ἢ ἕνδεκά τινας ἐξαρτησάμενον τὸν Ἰησοῦν ἑαυτῷ ἐπιρρήτους ἀνθρώπους, τελώνας καὶ ναύτας τοὺς πονηροτάτους, μετὰ τούτων τῇδε κἀκεῖσε αὐτὸν ἀποδεδρακέναι, αἰσχρῶς καὶ γλίσχρως τροφὰς συνάγοντα·" φέρε καὶ περὶ τούτων, κατὰ τὸ δυνατόν, διαλάβωμεν. Φανερὸν δέ ἐστι τοῖς ἐντυγχάνουσιν εὐαγγελικοῖς λόγοις, οὓς οὐδ' ἀνεγνωκέναι ὁ Κέλσος φαίνεται, ὅτι δώδεκα ἀποστόλους ὁ Ἰησοῦς ἐπελέξατο, τελώνην μὲν τὸν Ματθαῖον· οὓς δ' εἶπε συγκεχυμένως ναύτας, τάχα τὸν Ἰάκωβον καὶ τὸν Ἰωάννην φησὶν, ἐπεὶ καταλιπόντες τὸ πλοῖον, καὶ τὸν πατέρα αὐτῶν Ζεβεδαῖον, ἠκολούθησαν τῷ Ἰησοῦ. Τὸν γὰρ Πέτρον, καὶ τὸν ἀδελφὸν αὐτοῦ Ἀνδρέαν, ἀμφιβλήστρῳ χρωμένους διὰ τὰς ἀναγκαίας τροφὰς, οὐκ ἐν ναύταις, ἀλλ', ὡς ἀνέγραψεν ἡ γραφὴ, ἐν ἁλιεῦσιν ἀριθμητέον. Ἔστω δὲ καὶ ὁ Λεβῆς τελώνης ἀκολουθήσας τῷ Ἰησοῦ· ἀλλ' οὔτι γε τοῦ ἀριθμοῦ τῶν ἀποστόλων αὐτοῦ ἦν, εἰ μὴ κατά τινα τῶν ἀντιγράφων τοῦ κατὰ Μάρκον εὐαγγελίου[1]. Τῶν δὲ λοιπῶν οὐ μεμαθήκαμεν τὰ ἔργα, ὅθεν πρὸ τῆς μαθητείας τοῦ Ἰησοῦ περιεποίουν ἑαυτοῖς τὰς τροφάς. Φημὶ οὖν καὶ πρὸς ταῦτα· ὅτι[2]

---

(1) Marc. iii. 18, coll. Matth. x. 3.
(2) Cf. Philocal. cap. xviii.

τοις δυναμένοις φρονίμως και εὐγνωμόνως ἐξετάζειν τα περι τους ἀποστόλους του Ἰησοῦ, φαίνεται, ὅτι δυνάμει θεία ἐδίδασκον ούτοι τον Χριστιανισμον, και ἐπετύγχανον ὑπάγοντες ἀνθρώπους τω λόγω του θεοῦ. Οὐ γαρ ἡ εἰς το λέγειν δύναμις, και τάξις ἀπαγγελίας, κατα τας Ἑλλήνων διαλεκτικας ἢ ῥητορικας τέχνας, ἣν ἐν αὐτοῖς ὑπαγομένη τους ἀκούοντας. Δοκεῖ δέ μοι, ὅτι σοφοὺς μέν τινας ὡς προς την τῶν πολλῶν ὑπόληψιν, και ἱκανοὺς προς το νοεῖν ἀρεσκόντως πλήθεσι και λέγειν, ἐπιλεξάμενος, και χρησάμενος αὐτοῖς διακόνοις της διδασκαλίας ὁ Ἰησοῦς· εὐλογώτατ' ἂν ὑπενοήθη ὁμοία φιλοσόφοις κεχρῆσθαι ἀγωγῇ, αἱρέσεώς τινος προϊσταμένοις· και οὐκέτι ἂν ἡ περι του, θεῖον εἶναι τον λόγον, ἐπαγγελία ἀνεφαίνετο· ἅτε του λόγου ὄντος και του κηρύγματος ἐν πειθοῖ της ἐν φράσει και συνθέσει τῶν λέξεων σοφίας· και ἦν ἂν ἡ πίστις, ὁμοίως τῇ τῶν του κόσμου φιλοσόφων περι των δογμάτων πίστει, ἐν σοφίᾳ ἀνθρώπων, και οὐκ ἐν δυνάμει θεοῦ. Νυνὶ δὲ τίς βλέπων ἁλιεῖς και τελώνας, μηδὲ τα πρῶτα γράμματα μεμαθηκότας,—ὡς το εὐαγγέλιον ἀναγράφει περι αὐτῶν, και ὁ Κέλσος κατὰ ταῦτα πεπίστευκεν αὐτοῖς, ἀληθεύουσι περι της ἰδιωτείας αὐτῶν,— τεθαρρηκότως οὐ μόνον Ἰουδαίοις ὁμιλοῦντας περι της εἰς τον Ἰησοῦν πίστεως, ἀλλὰ και ἐν τοῖς λοιποῖς ἔθνεσι κηρύσσοντας αὐτὸν και ἀνύοντας, οὐκ ἂν ζητῆσαι, πόθεν ἦν αὐτοῖς δύναμις πειστική; οὐ γαρ ἡ νενομισμένη τοῖς πολλοῖς. Και τίς οὐκ ἂν λέγοι, ὅτι τό· "δεῦτε ὀπίσω μου, και ποιήσω ὑμᾶς ἁλιεῖς ἀνθρώπων·" δυνάμει τινὶ θείᾳ ἐν τοῖς ἀποστόλοις αὐτοῦ ἐπλήρωσεν ὁ Ἰησοῦς; ἥντινα και ὁ Παῦλος παριστας, ὡς και ἐν τοῖς ἀνωτέρω εἰρήκαμεν, φησί(1)· "και ὁ λόγος μου και το κήρυγμά μου οὐκ ἐν πειθοῖς ἀνθρωπίνης σοφίας λόγοις, ἀλλ' ἐν ἀποδείξει πνεύματος και δυνάμεως· ἵνα ἡ πίστις ἡμῶν(2) μὴ ᾖ ἐν σοφίᾳ ἀνθρώπων, ἀλλ' ἐν δυνάμει θεοῦ." Κατὰ γαρ τα εἰρημένα ἐν τοῖς προφήταις, προγνωστικῶς ἀπαγγέλλουσι περι της κηρύξεως του εὐαγγελίου· "κύριος ἔδωκε ῥῆμα

---

(1) 1 Cor. ii. 4, 5.
(2) Apud Paulum legitur: ὑμῶν, quod praestat. Boherellus et Ruaeus. L.

τοις ευαγγελιζομενοις δυνάμει πολλή, ο βασιλεύς των δυνάμεων του αγαπητου[1]." "ίνα και ή λέγουσα προφητεία· "έως τάχους δραμείται ο λόγος αυτου[2]." πληρωθή. Και βλέπομεν γε, ότι "εις πασαν την γην εξήλθεν" ο των αποστόλων Ιησού " φθόγγος, και εις τα πέρατα της οικουμένης τα ρήματα αυτων[3]." Δια τούτο δυνάμεως μεν πληρούνται οι λόγου του μετά δυνάμεως απαγγελλομένου ακούοντες· ην επιδείκνυνται τή τε διαθέσει, και τω βίω, και τω έως θανάτου αγωνίζεσθαι περί της αληθείας· διάκενοι δε τινές εισι, καν επαγγέλλωνται πιστεύειν τω θεω δια του Ιησού, οι μη δύναμιν θείαν έχοντες, προσάγεσθαι δοκούντες τω λόγω του θεού. Ει και ανωτέρω δ' εμνήσθην ευαγγελικού ρητού υπό του σωτήρος ειρημένου, ουδέν ήττον και νυν αυτώ κατά καιρόν χρήσομαι. Παριστάς και την του σωτήρος ημών περί της του ευαγγελίου κηρύξεως πρόγνωσιν θειότατα δηλουμένην, και την του λόγου ισχύν, χωρίς διδασκάλων κρατούσαν των πιστευόντων τή μετά δυνάμεως θείας πειθοί. Φησί δη ο Ιησούς[4]. "ο μεν θερισμός πολύς, οι δε εργάται ολίγοι· δεήθητε ουν του κυρίου του θερισμού, όπως εκβάλη εργάτας εις τον θερισμόν αυτου."

63. Επεί δε και "επιρρήτους είπεν ανθρώπους, τελώνας και ναύτας πονηροτάτους λέγων ο Κέλσος τους αποστόλους Ιησού" και περί τούτου φήσομεν, ότι έοικεν, ίνα μεν εγκαλέση τω λόγω, πιστεύειν όπου θέλει τοις γεγραμμένοις, ίνα δε την εμφαινομένην θειότητα εν τοις αυτοίς βιβλίοις απαγγελλομένην μη παραδέξηται, απιστείν τοις ευαγγελίοις· δέον το φιλάληθες ιδόντα των γραψάντων, εκ της περί των χειρόνων αναγραφής πιστεύσαι και περί των θειοτέρων. Γέγραπται δη εν τή Βαρνάβα καθολική επιστολή,—όθεν ο Κέλσος λαβών τάχα είπεν, είναι επιρρήτους και πονηροτάτους τους αποστόλους—, ότι εξελέξατο τους ιδίους αποστόλους Ιησούς, όντας υπέρ πασαν ανομίαν ανομωτέρους. Και εν τω ευαγγελίω δε

(1) Psalm. lxviii. 11, 12. (lxvii.) (2) Psalm. cxlvii. 15.
(3) Psalm. xix. 4. (xviii.) (4) Matth. ix. 37, 38.

τῷ κατὰ Λουκᾶν φησι πρὸς τὸν Ἰησοῦν ὁ Πέτρος· "ἔξελθε ἀπ' ἐμοῦ, ὅτι ἀνὴρ ἁμαρτωλός εἰμι, κύριε(1)." Ἀλλὰ καὶ ὁ Παῦλος ἐν τῇ πρὸς Τιμόθεόν φησι, καὶ αὐτὸς ὕστερον ἀπόστολος Ἰησοῦ γενόμενος· " ὅτι πιστὸς ὁ λόγος, ὅτι Ἰησοῦς Χριστὸς ἦλθεν εἰς τὸν κόσμον ἁμαρτωλοὺς σῶσαι, ὧν πρῶτός εἰμι ἐγώ(2)." Οὐκ οἶδα δ' ὅπως ἐπελάθετο, ἢ οὐκ ἐνόησεν περὶ Παύλου τι εἰπεῖν, τοῦ μετὰ τὸν Ἰησοῦν τὰς ἐν Χριστῷ πήξαντος ἐκκλησίας. Εἰκὸς γὰρ, ὅτι ἑώρα δεῖσθαι αὐτῷ ἀπολογίας τὸν περὶ Παύλου λόγον, πῶς διώξας τὴν ἐκκλησίαν τοῦ θεοῦ, καὶ πικρῶς ἀγωνισάμενος κατὰ τῶν πιστευόντων, ὡς καὶ εἰς θάνατον παραδιδόναι ἐθέλειν τοὺς Ἰησοῦ μαθητὰς, ὕστερον ἐπὶ τοσοῦτον μετεβάλετο, ὡς ἀπὸ Ἱερουσαλὴμ μέχρι τοῦ Ἰλλυρικοῦ πεπληρωκέναι τὸ εὐαγγέλιον τοῦ Ἰησοῦ, καὶ φιλοτιμούμενον εὐαγγελίζεσθαι, ὥστε μὴ ἐπ' ἀλλότριον θεμέλιον οἰκοδομεῖν, ἀλλ' ὅπου μηδὲ τὴν ἀρχὴν ἐκηρύχθη τὸ ἐν Χριστῷ εὐαγγέλιον τοῦ θεοῦ. Τί οὖν ἄτοπον, βουλόμενον παραστῆσαι τῷ γένει τῶν ἀνθρώπων τὸν Ἰησοῦν, ὁπηλίκην ἔχει ψυχῶν ἰατρικὴν, τοὺς ἐπιρρήτους καὶ πονηροτάτους ἐπιλέξασθαι, καὶ τούτους προαγαγεῖν ἐπὶ τοσοῦτον, ὥστ' αὐτοὺς παράδειγμα εἶναι ἤθους καθαρωτάτου τοῖς δι' αὐτῶν προσαγομένοις τῷ Χριστοῦ εὐαγγελίῳ;

64. Εἰ δ' ἐπὶ τῷ προτέρῳ βίῳ ὀνειδίζειν μέλλοιμεν τοῖς μεταβαλοῦσιν, ὥρα καὶ Φαίδωνος ἡμᾶς κατηγορεῖν καὶ φιλοσοφήσαντος, ἐπεὶ, ὡς ἡ ἱστορία φησὶν, ἀπὸ οἰκήματος αὐτὸν μετήγαγεν εἰς φιλόσοφον διατριβὴν ὁ Σωκράτης. Ἀλλὰ καὶ τὴν Πολέμωνος ἀσωτείαν, τοῦ διαδεξαμένου Ξενοκράτην, ὀνειδίσομεν φιλοσοφίᾳ· δέον κἀκεῖ τοῦτ' αὐτῆς ἀποδέξασθαι, ὅτι δεδύνηται ὁ ἐν τοῖς πείσασι λόγος ἀπὸ τηλικούτων μεταστῆσαι κακῶν τοὺς προκατειλημμένους ἐν αὐτοῖς. Καὶ παρὰ μὲν τοῖς Ἕλλησιν, εἷς τις Φαίδων, καὶ οὐκ οἶδα εἰ δεύτερος, καὶ εἷς Πολέμων, μεταβαλόντες ἀπὸ ἀσώτου καὶ μοχθηροτάτου βίου, ἐφιλοσόφησαν· παρὰ δὲ τῷ Ἰησοῦ οὐ μόνοι τότε οἱ δώδεκα, ἀλλ' ἀεὶ καὶ πολλαπλασίους, οἵτινες γενόμενοι σωφρόνων χορὸς, λέγουσι περὶ

(1) Luc. v. 8.   (2) 1 Timoth. i. 15.

τῶν προτέρων· "ἦμεν(1) γάρ ποτε καὶ ἡμεῖς ἀνόητοι, ἀπειθεῖς, πλανώμενοι, δουλεύοντες ἐπιθυμίαις καὶ ἡδοναῖς ποικίλαις, ἐν κακίᾳ καὶ φθόνῳ διάγοντες, στυγητοὶ, μισοῦντες ἀλλήλους. Ὅτε δ' ἡ χρηστότης καὶ ἡ φιλανθρωπία ἐπεφάνη τοῦ σωτῆρος ἡμῶν θεοῦ, διὰ λουτροῦ παλιγγενεσίας, καὶ ἀνακαινώσεως τοῦ πνεύματος, οὗ ἐξέχεεν ἐφ' ἡμᾶς πλουσίως," τοιοίδε γεγόναμεν. "Ἐξαπέστειλε γὰρ ὁ θεὸς τὸν λόγον αὐτοῦ, καὶ ἰάσατο αὐτοὺς, καὶ ἐρρύσατο αὐτοὺς ἐκ τῶν διαφθορῶν αὐτῶν(2)." ὡς ὁ ἐν ψαλμοῖς προφητεύσας ἐδίδαξε. Καὶ ταῦτα δ' ἂν προσθείην τοῖς λεγομένοις, ὅτι Χρύσιππος, ἐν τῷ περὶ παθῶν θεραπευτικῷ, πειρᾶται ὑπὲρ τοῦ καταστεῖλαι τὰ ἐν ἀνθρώποις πάθη τῶν ψυχῶν, μὴ προσποιησάμενος(3) ποῖον τὸ τῆς ἀληθείας ἐστὶ δόγμα, θεραπεύειν κατὰ τὰς διαφόρους αἱρέσεις τοὺς ἐν τοῖς πάθεσι προκατειλημμένους, καί φησιν· "ὅτι κἂν ἡδονὴ τέλος ᾖ, οὑτωσεὶ(4) θεραπευτέον τὰ πάθη· κἂν τρία γένη τῶν ἀγαθῶν, οὐδὲν ἧττον καὶ κατὰ τὸν λόγον τοῦτον, τῶν παθῶν οὕτως ἀπαλλακτέον τοὺς ἐνεχομένους αὐτοῖς." Οἱ δὲ κατήγοροι τοῦ Χριστιανισμοῦ οὐχ ὁρῶσιν, ὅσων πάθη, καὶ ὅσων χύσις κακίας καταστέλλεται, καὶ ὅσων ἄγρια ἤθη ἡμεροῦται προφάσει τοῦ λόγου. Ὧι ἔδει αὐχοῦντας αὐτοὺς τὸ κοινωνικὸν(5) χάριτας ὁμολογεῖν, καινῇ μεθόδῳ πολλῶν κακῶν μεταστήσαντι τοὺς ἀνθρώπους· καὶ μαρτυρεῖν γε αὐτῷ, εἰ καὶ μὴ ἀλήθειαν, ἀλλὰ τὸ λυσιτελὲς τῷ τῶν ἀνθρώπων γένει.

65. Ἐπεὶ δὲ μὴ προπετεῖς(6) διδάσκων τοὺς μαθητὰς ὁ Ἰησοῦς, ἔλεγεν αὐτοῖς τό· "ἐὰν διώκωσιν ὑμᾶς ἐν τῇ πόλει ταύτῃ, φεύγετε εἰς τὴν ἑτέραν· κἂν ἐν τῇ ἑτέρᾳ διώκωσι, πάλιν φεύγετε εἰς τὴν ἄλλην·" καὶ διδάσκων παράδειγμα αὐτοῖς ἐγίνετο εὐσταθοῦς βίου, οἰκονομοῦντος μὴ εἰκῆ, μηδὲ ἀκαίρως καὶ ἀλόγως ὁμόσε χωρεῖν τοῖς κινδύνοις· τοῦτο

(1) Tit. iii. 3—6.   (2) Psalm. cvii. 20.
(3) Gelenius interpres legisse videtur : προορισάμενος. R.
(4) Philocal. ούτωσί.
(5) Philocal. ἔδει αὐτοὺς ἐντυχόντας τῷ κοινωνικῷ. Boherellus; non contemnendum, quod in Philocal. legitur. L.
(6) Boherellus post προπετεῖς addendum putat εἶναι. R.

πάλιν κακουργῶν ὁ Κέλσος διαβάλλει, καί φησι πρὸς τὸν Ἰησοῦν ὁ παρ' αὐτῷ Ἰουδαῖος· "ὅτι μετὰ τῶν μαθητῶν τῇδε κἀκεῖσε ἀποδιδράσκεις." Ὅμοιον δὲ ᾗ πεποίηται κατὰ Ἰησοῦ καὶ τῶν μαθητῶν διαβολῇ φήσομεν εἶναι καὶ τὸ περὶ Ἀριστοτέλους ἱστορούμενον· οὗτος γὰρ, ἰδὼν συγκροτεῖσθαι μέλλον καθ' αὐτοῦ δικαστήριον, ὡς κατὰ ἀσεβοῦς, διά τινα δόγματα τῆς φιλοσοφίας αὐτοῦ, ἃ ἐνόμισαν εἶναι ἀσεβῆ Ἀθηναῖοι, ἀναχωρήσας ἀπὸ τῶν Ἀθηνῶν, ἐν Χαλκίδι τὰς διατριβὰς ἐποιήσατο, ἀπολογησάμενος τοῖς γνωρίμοις, καὶ εἰπών· "ἀπίωμεν ἀπὸ τῶν Ἀθηνῶν, ἵνα μὴ πρόφασιν δῶμεν Ἀθηναίοις τοῦ δεύτερον ἄγος ἀναλαβεῖν παραπλήσιον τῷ κατὰ Σωκράτους, καὶ ἵνα μὴ δεύτερον εἰς φιλοσοφίαν ἀσεβήσωσιν." Φησὶ δὲ "τὸν Ἰησοῦν μετὰ τῶν μαθητῶν αἰσχρῶς καὶ γλίσχρως τὰς τροφὰς συλλέγοντα περιεληλυθέναι." Πόθεν λαβὼν, ἀπαγγελλέτω, τὸ αἰσχρὸν καὶ τὸ γλίσχρον τῆς συλλογῆς· ἐν γὰρ τοῖς εὐαγγελίοις[1] γυναῖκές τινες, τεθεραπευμέναι ἀπὸ τῶν ἀσθενειῶν αὐτῶν, ἐν αἷς ἦν καὶ Σωσάννα, παρεῖχον τοῖς μαθηταῖς ἐκ τῶν ὑπαρχόντων αὐταῖς τροφάς. Τίς δὲ τῶν φιλοσοφούντων, καὶ ἀνακειμένων ὠφελείᾳ γνωρίμων, οὐκ ἀπ' αὐτῶν ἐλάμβανε τὰ πρὸς τὰς χρείας; Ἦ ἐκεῖνοι μὲν τοῦτο καθηκόντως ἐποίουν καὶ καλῶς· ἐπὰν δ' οἱ Ἰησοῦ μαθηταὶ πράττωσιν αὐτὸ, κατηγοροῦνται ὑπὸ Κέλσου, ὡς αἰσχρῶς καὶ γλίσχρως τὰς τροφὰς συλλέγοντες;

66. Ἐπὶ δὲ τούτοις ἑξῆς ὁ Ἰουδαῖος πρὸς τὸν Ἰησοῦν παρὰ τῷ Κέλσῳ λέγει· "Τί δὲ καί σε νήπιον ἔτι ἐχρῆν εἰς Αἴγυπτον ἐκκομίζεσθαι; Μὴ ἀποσφαγῇς; Θεὸν γὰρ οὐκ εἰκὸς ἦν περὶ θανάτου δεδιέναι. Ἀλλ' ἄγγελος μὲν ἧκεν ἐξ οὐρανοῦ, κελεύων σοι καὶ τοῖς σοῖς οἰκείοις φεύγειν, μὴ ἐγκαταληφθέντες ἀποθάνητε. Φυλάσσειν δέ σε αὐτόθι ὁ δύο ἤδη διά σε πεπομφὼς ἀγγέλους, ὁ μέγας θεὸς τὸν ἴδιον υἱὸν, οὐκ ἐδύνατο;" Οἴεται δ' ἐν τούτοις ὁ Κέλσος, μὴ θεῖόν τι εἶναι ἐνανθρωπίνῳ σώματι καὶ ψυχῇ κατὰ τὸν Ἰησοῦν· ἀλλὰ καὶ τὸ σῶμα αὐτοῦ τοιοῦτον γεγονέναι,

[1] Luc. viii. 2, 3.

ὁποῖον Ὁμήρου μῦθοι εἰσάγουσι. Παίζων γοῦν τὸ ἐπὶ τῷ σταυρῷ προχυθὲν αἷμα τοῦ Ἰησοῦ φησιν, ὅτι οὐκ ἦν

Ἰχὼρ, οἷός πέρ τε ῥέει μακάρεσσι θεοῖσιν[1].

Ἡμεῖς δ' αὐτῷ πιστεύοντες Ἰησοῦ, περὶ μὲν τῆς ἐν αὐτῷ θειότητος λέγοντι[2]· "ἐγώ εἰμι ἡ ὁδὸς, καὶ ἡ ἀλήθεια, καὶ ἡ ζωὴ," καὶ εἴ τι τούτοις παραπλήσιον· περὶ δὲ τοῦ, ὅτι ἐν ἀνθρωπίνῳ σώματι ἦν, ταῦτα φάσκοντι· "νῦν[3] δὲ ζητεῖτέ με ἀποκτεῖναι, ἄνθρωπον, ὅστις[4] τὴν ἀλήθειαν ὑμῖν λελάληκα." σύνθετόν τι χρῆμά φαμεν αὐτὸν γεγονέναι. Καὶ ἐχρῆν τὸν προνοούμενον τῆς ὡς ἀνθρώπου ἑαυτοῦ εἰς τὸν βίον ἐπιδημίας, μὴ ἀκαίρως ὁμόσε χωρεῖν τῷ ἕως θανάτου κινδύνῳ. Οὕτως δὲ ἔδει αὐτὸν καὶ ὑπὸ τῶν ἀνατρεφόντων ἄγεσθαι, ὑπὸ θείου ἀγγέλου οἰκονομουμένων· πρότερον μὲν λέγοντος τοῦ χρηματίζοντος[5]· "Ἰωσὴφ υἱὸς Δαυὶδ, μὴ φοβηθῇς παραλαβεῖν Μαριὰμ τὴν γυναῖκά σου· τὸ γὰρ ἐν αὐτῇ γεννηθὲν, ἐκ πνεύματος ἁγίου ἐστί·" δεύτερον δέ[6]· "ἐγερθεὶς παράλαβε τὸ παιδίον καὶ τὴν μητέρα αὐτοῦ, καὶ φεῦγε εἰς Αἴγυπτον, καὶ ἴσθι ἐκεῖ ἕως ἂν εἴπω σοι· μέλλει γὰρ Ἡρώδης ζητεῖν τὸ παιδίον, τοῦ ἀπολέσαι αὐτό." Ἐν τούτοις δ' οὐδὲ πάνυ παράδοξόν μοι φαίνεται τὸ ἀναγεγραμμένον. Ὄναρ γὰρ τῷ Ἰωσὴφ καθ' ἕτερον[7] τόπον τῆς γραφῆς λέγεται ἄγγελος ταῦτ' εἰρηκέναι. Τὸ δὲ τὸ ὄναρ δηλοῦσθαί τισι τάδε ποιεῖν, καὶ ἄλλοις πλείοσι συμβαίνει· εἴτ' ἀγγέλου, εἴθ' οὑτινοσοῦν φαντασιοῦντος τὴν ψυχήν. Τί οὖν ἄτοπον, τὸν ἅπαξ ἐνανθρωπήσαντα, καὶ κατ' ἀνθρωπίνην ἀγωγὴν οἰκονομεῖσθαι πρὸς τὸ ἐκκλίνειν κινδύνους; Οὐ τῷ ἄλλως ἀδύνατον εἶναι τοιοῦτον γενέσθαι, ἀλλὰ τῷ δεῖν τὸ ἐγχωροῦν ὁδῷ καὶ τάξει περὶ τῆς σωτηρίας τοῦ Ἰησοῦ οἰκονομεῖσθαι. Καὶ βέλτιόν γε ἦν ὑπεκστῆναι τὸ παιδίον Ἰησοῦν τὴν Ἡρώδου ἐπιβουλὴν, καὶ ἀποδημῆσαι

---

(1) Iliad. v. 340. (2) Joh. xiv. 6.
(3) Joh. viii. 40. (4) Philoc. ὅς: sic in N. T.
(5) Matth. i. 20. (6) Matth. ii. 13.
(7) Forte legendum: καθ' ἑκάτερον. Boherellus, vid. Matth. ii. 13, 19.

ORIGENIS CONTRA CELSUM LIB. I. 67

μετὰ τῶν τρεφόντων αὐτὸ εἰς Αἴγυπτον, ἕως τῆς τελευτῆς τοῦ ἐπιβουλεύοντος· ἢ τὴν περὶ τοῦ Ἰησοῦ πρόνοιαν κωλύειν τὸ ἐφ' ἡμῖν(1) Ἡρώδου ἀναιρεῖν τὸ παιδίον θέλοντος, ἢ τὴν λεγομένην παρὰ τοῖς ποιηταῖς "Ἀϊδος κυνέην(2), ἤ τι παραπλήσιον ποιεῖν εἶναι περὶ τὸν Ἰησοῦν, ἢ πατάξαι(3) ὁμοίως τοῖς ἐν Σοδόμοις τοὺς ἥκοντας ἐπὶ τὴν ἀναίρεσιν αὐτοῦ. Τὸ γὰρ πάνυ παράδοξον τῆς ἐπ' αὐτὸν βοηθείας, καὶ ἐπὶ πλέον ἐμφανὲς, οὐκ ἦν χρήσιμον τῷ βούλεσθαι αὐτὸν διδάξαι ὡς ἄνθρωπον μαρτυρούμενον ὑπὸ τοῦ θεοῦ, ἔχειν τι θειότερον ἐν τῷ βλεπομένῳ ἀνθρώπῳ· ὅπερ ἦν ὁ κυρίως υἱὸς θεοῦ, θεὸς λόγος, θεοῦ δύναμις, καὶ θεοῦ σοφία, ὁ καλούμενος Χριστός. Οὐ καιρὸς δὲ νῦν τὰ περὶ τοῦ συνθέτου, καὶ ἐξ ὧν συνέκειτο ὁ ἐνανθρωπήσας Ἰησοῦς, διηγήσασθαι· οὔσης τινὸς καὶ, ἵν' οὕτως ὀνομάσω, οἰκείας ζητήσεως τοῖς πιστεύουσιν εἰς τὸν τόπον.

67. Μετὰ ταῦτά φησιν ὁ παρὰ τῷ Κέλσῳ Ἰουδαῖος, ὡς φιλομαθής τις Ἕλλην, καὶ τὰ Ἑλλήνων πεπαιδευμένος· " ὅτι οἱ μὲν παλαιοὶ μῦθοι Περσεῖ, καὶ Ἀμφίονι, καὶ Αἰακῷ, καὶ Μίνωι θείαν σπορὰν νείμαντες, οὐδ' αὐτοῖς ἐπιστεύσαμεν· ὅμως ἐπέδειξαν ἑαυτῶν ἔργα μεγάλα καὶ θαυμαστά, ἀληθῶς τε ὑπὲρ ἄνθρωπον, ἵνα μὴ ἀπίθανοι δοκῶσι· σὺ δὲ δὴ, τί καλὸν ἢ θαυμάσιον ἔργῳ, ἢ λόγῳ πεποίηκας ; Ἡμῖν οὐδὲν ἐπεδείξω· καί τοι προκαλουμένων ἐν τῷ ἱερῷ(4) σε παρασχέσθαι τι ἐναργὲς γνώρισμα, ὡς εἴης ὁ τοῦ θεοῦ παῖς." Πρὸς τοῦτο δὲ λεκτέον, ὅτι δεικνύτωσαν ἡμῖν Ἕλληνες τῶν κατειλεγμένων τινὸς βιωφελὲς, λαμπρὸν, καὶ παρατεῖναν ἐπὶ τὰς ὕστερον γενεὰς, καὶ τηλικοῦτον ἔργον, ὡς ἐμποιεῖν πιθανότητα τῷ περὶ αὐτῶν μύθῳ, λέγοντι ἀπὸ θείας αὐτοὺς γεγονέναι σπορᾶς. Ἀλλὰ γὰρ οὐδὲν δείξουσιν οὐδὲ μακρῷ ἔλαττον περὶ οὓς ἀνέγραψεν ἄνδρας, ὧν παρέστησεν ὁ Ἰησοῦς· ἐὰν ἄρα μὴ ἐπὶ

(1) Sic recte Philoc., Codd. Regius, Basileensis, et vetustus Vaticanus. Nec aliter Origenes libro de Oratione τὸ ἐφ' ἡμῖν τοῦ ἡλίου usurpat ad significandum liberum solis arbitrium. Spencer. in textu habet: κωλύειν τὴν ὁρμὴν Ἡρώδου. Quæ lectio non spernenda. Hœschel. in textu : τοῦ ἐφ' ἡμῖν Ἡρώδου. R.
(2) Iliad. v. 845. (3) Genesis xix. 11.
(4) Joh. x. 24.

μύθους ἀνάγωσιν ἡμᾶς "Ελληνες, καὶ τὰς παρ' ἑαυτοῖς ἱστορίας, θέλοντες ἡμᾶς μὲν ἐκείνοις ἀλόγως πιστεύειν· τούτοις δὲ καὶ μετὰ πολλὴν ἐνάργειαν ἀπιστεῖν. Φαμὲν οὖν, ὅτι τοῦ Ἰησοῦ τὸ ἔργον ἡ πᾶσα ἔχει ἀνθρώπων οἰκουμένη, ᾗ παροικοῦσιν αἱ τοῦ θεοῦ διὰ Ἰησοῦ ἐκκλησίαι τῶν μεταβαλόντων ἀπὸ μυρίων ὅσων κακῶν. Καὶ ἔτι γε τὸ ὄνομα τοῦ Ἰησοῦ ἐκστάσεις μὲν διανοίας ἀνθρώπων ἀφίστησι, καὶ δαίμονας, ἤδη δὲ καὶ νόσους· ἐμποιεῖ δὲ θαυμασίαν τινὰ πραότητα, καὶ καταστολὴν τοῦ ἤθους, καὶ φιλανθρωπίαν, καὶ χρηστότητα, καὶ ἡμερότητα, ἐν τοῖς μὴ διὰ τὰ βιωτικὰ ἤ τινας χρείας ἀνθρωπικὰς ὑποκριναμένοις, ἀλλὰ παραδεξαμένοις γνησίως τὸν περὶ θεοῦ καὶ Χριστοῦ καὶ τῆς ἐσομένης κρίσεως λόγον.

68. Ἑξῆς δὲ τούτοις ὁ Κέλσος ὑπιδόμενος τὰ ἐπιδειχθησόμενα ὑπὸ τοῦ Ἰησοῦ γεγενημένα μεγάλα, περὶ ὧν ὀλίγα ἀπὸ πολλῶν εἰρήκαμεν· προσποιεῖται συγχωρεῖν ἀληθῆ εἶναι, ὅσα περὶ θεραπειῶν, ἢ ἀναστάσεως, ἢ περὶ ἄρτων ὀλίγων θρεψάντων πολλοὺς ἀναγέγραπται, ἀφ' ὧν λείψανα πολλὰ καταλέλειπται, ἢ ὅσα ἄλλα οἴεται τερατευσαμένους τοὺς μαθητὰς ἱστορηκέναι, καὶ ἐπιφέρει αὐτοῖς· " φέρε πιστεύσωμεν εἶναί σοι ταῦτ' εἰργασμένα." Καὶ εὐθέως κοινοποιεῖ αὐτὰ πρὸς τὰ ἔργα τῶν γοήτων, ὡς ὑπισχνουμένων θαυμασιώτερα, καὶ πρὸς τὰ ὑπὸ τῶν μαθόντων ἀπὸ Αἰγυπτίων ἐπιτελούμενα, ἐν μέσαις ἀγοραῖς ὀλίγων ὀβολῶν ἀποδομένων τὰ σεμνὰ μαθήματα, καὶ δαίμονας ἀπὸ ἀνθρώπων ἐξελαυνόντων, καὶ νόσους ἀποφυσώντων, καὶ ψυχὰς ἡρώων ἀνακαλούντων, δεῖπνά τε πολυτελῆ, καὶ τραπέζας, καὶ πέμματα, καὶ ὄψα τὰ οὐκ ὄντα δεικνύντων, καὶ ὡς ζῶα κινούντων οὐκ ἀληθῶς ὄντα ζῶα, ἀλλὰ μέχρι φαντασίας φαινόμενα τοιαῦτα. Καί φησιν· " ἆρ' ἐπεὶ ταῦτα ποιοῦσιν ἐκεῖνοι, δεήσει ἡμᾶς αὐτοὺς ἡγεῖσθαι υἱοὺς εἶναι θεοῦ; ἢ λεκτέον αὐτὰ ἐπιτηδεύματα εἶναι ἀνθρώπων πονηρῶν καὶ κακοδαιμόνων;" Ὁρᾷς ὡς διὰ τούτων οἱονεὶ παραδέχεται μαγείαν εἶναι· οὐκ οἶδα, εἰ ὁ αὐτὸς ὢν τῷ γράψαντι κατὰ μαγείας βιβλία πλείονα. Πλὴν ὡς χρήσιμον αὐτῷ εἰς τὰ προκείμενα, τοῖς ἀπὸ μαγείας ὁμοιοῖ τὰ περὶ Ἰησοῦ ἱστορούμενα. Καὶ ἦν ἂν ὅμοια, εἰ μέχρι ἀποδείξεως

ὁμοίως τοῖς μαγγανεύουσιν ἔφθανε δείξας· νυνὶ δε οὐδεὶς μὲν τῶν γοήτων δι' ὧν ποιεῖ, ἐπὶ τὴν τῶν ἠθῶν ἐπανόρθωσιν καλεῖ τοὺς θεασαμένους, οὐδὲ φόβῳ θεοῦ παιδαγωγεῖ τοὺς καταπλαγέντας τὰ θεάματα, οὐδὲ πειρᾶται πείθειν οὕτω ζῆν τοὺς ἰδόντας, ὡς δικαιωθησομένους ὑπὸ θεοῦ. Καὶ οὐδὲν τούτων ποιοῦσι γόητες, ἐπειδὴ οὐ δύνανται, ἢ μηδὲ βούλονται, μηδὲ θέλουσι πραγματεύεσθαι τὰ περὶ τῆς τῶν ἀνθρώπων διορθώσεως· ἅτε καὶ αὐτοὶ πλήρεις ὄντες αἰσχίστων καὶ ἐπιρρητοτάτων ἁμαρτημάτων. Ὁ δὲ δι' ὧν ἐποίει παραδόξων ἐπὶ τὴν τῶν ἠθῶν ἐπανόρθωσιν ἐπαγόμενος[1] τοὺς θεωροῦντας τὰ γιγνόμενα καλῶς, πῶς οὐκ εἰκὸς, ὅτι παρεῖχεν ἑαυτὸν οὐ μόνον τοῖς γνησίοις αὐτοῦ μαθηταῖς, ἀλλὰ καὶ τοῖς λοιποῖς παράδειγμα ἀρίστου βίου; ἵνα καὶ οἱ μαθηταὶ προτραπῶσιν ἐπὶ τὸ διδάσκειν κατὰ τὸ τοῦ θεοῦ βούλημα τοὺς ἀνθρώπους· καὶ οἱ λοιποὶ, πλέον διδαχθέντες ἀπὸ τοῦ λόγου καὶ ἤθους, ἢ καὶ τῶν παραδόξων, ὡς χρὴ βιοῦν, πάντα πράττωσι κατ' ἀναφορὰν τοῦ ἀρέσκειν τῷ ἐπὶ πᾶσι θεῷ. Εἰ δὲ τοιοῦτος ἦν ὁ τοῦ Ἰησοῦ βίος, πῶς εὐλόγως ἄν τις αὐτὸν τῇ προαιρέσει τῶν γοήτων παραβάλοι, καὶ μὴ κατ' ἐπαγγελίαν τοῦ θεὸν εἶναι, πιστεύοι ἐν ἀνθρωπίνῳ φανέντα σώματι ἐπ' εὐεργεσίᾳ τοῦ γένους ἡμῶν;

69. Μετὰ ταῦτα φύρων τὸν λόγον, καὶ τὰ ὑπὸ αἱρέσεώς τινος λεγόμενα, ὡς κοινὰ Χριστιανῶν ἐγκλήματα πᾶσι τοῖς ἀπὸ τοῦ θείου προσάγων λόγου, φησίν· "ὅτι θεοῦ οὐκ ἂν εἴη τοιοῦτον σῶμα, οἷον τὸ σόν." Ἀλλ' ἡμεῖς πρὸς ταῦτα, σῶμα αὐτὸν λέγομεν ἀνειληφέναι, ὡς ἀπὸ θηλείας, τῷ βίῳ ἐπιδημήσαντα, ἀνθρώπινον, καὶ θανάτου ἀνθρωπίνου δεκτικόν. Διὸ πρὸς τοῖς ἄλλοις καὶ μέγαν ἀγωνιστὴν αὐτόν φαμεν γεγονέναι, διὰ τὸ ἀνθρώπινον σῶμα, πεπειρασμένον μὲν ὁμοίως πᾶσιν ἀνθρώποις κατὰ πάντα, οὐκέτι δ', ὡς ἄνθρωποι, μεθ' ἁμαρτίας, ἀλλὰ πάντη "χωρὶς ἁμαρτίας[2]." Τρανῶς γὰρ ἡμῖν φαίνεται, ὅτι "ἁμαρτίαν οὐκ ἐποίησεν, οὐδὲ εὑρέθη δόλος

---

(1) Vocem ἐπαγόμενος in libris antea editis (v. c. edd. Spenc.) omissam restituit Cod. Jolianus. R.

(2) Heb. iv. 15.

ἐν τῷ στόματι αὐτοῦ(1)." καὶ " μὴ γνόντα αὐτὸν ἁμαρτίαν(2)," ὡς καθαρὸν παρέδωκεν ὑπὲρ πάντων τῶν ἡμαρτηκότων ὁ Θεός. Εἶτα ὁ Κέλσος φησίν· " ὅτι οὐκ ἂν εἴη θεοῦ σῶμα τὸ(3) οὕτω σπαρὲν, ὡς σὺ, ὦ Ἰησοῦ, ἐσπάρης." Πλὴν ὑπείδετο, ὅτι εἰ, ὡς γέγραπται, γεγέννητο, δύναταί πως εἶναι τὸ σῶμα αὐτοῦ καὶ θειότερον παρὰ τοῖς πολλοῖς, καὶ κατά τι σημαινόμενον θεοῦ σῶμα. Ἀλλὰ γὰρ ἀπιστεῖ τοῖς ἀναγραφεῖσι περὶ τῆς ἐξ ἁγίου πνεύματος συλλήψεως αὐτοῦ, καὶ πιστεύει αὐτὸν ὑπό τινος Πανθήρα φθείραντος τὴν παρθένον ἐσπάρθαι· διόπερ εἶπεν· " ὅτι οὐκ ἂν εἴη θεοῦ σῶμα οὕτω σπαρὲν, ὡς σὺ ἐσπάρης." Ἀλλὰ γὰρ περὶ τούτων ἐν τοῖς ἀνωτέρω πλείονα εἰρήκαμεν.

70. Λέγει δ' " ὅτι οὐδὲ τοιαῦτα σιτεῖται σῶμα θεοῦ·" ὡς ἔχων αὐτὸν παραστῆσαι ἀπὸ τῶν εὐαγγελικῶν γραμμάτων σιτούμενον, καὶ ποῖα σιτούμενον. Ἀλλ' ἔστω, λεγέτω αὐτὸν βεβρωκέναι μετὰ τῶν μαθητῶν τὸ Πάσχα, οὐ μόνον εἰπόντα τό· " ἐπιθυμίᾳ ἐπεθύμησα τοῦτο τὸ Πάσχα φαγεῖν μεθ' ὑμῶν(4)." ἀλλὰ καὶ βεβρωκότα. Λεγέτω δ' αὐτὸν καὶ διψήσαντα παρὰ τῇ πηγῇ(5) τοῦ Ἰακὼβ πεπωκέναι· τί τοῦτο πρὸς τὰ περὶ τοῦ σώματος αὐτοῦ ὑφ' ἡμῶν λεγόμενα; Σαφῶς δὲ φαίνεται ἰχθύος(6) μετὰ τὴν ἀνάστασιν βεβρωκώς· κατὰ γὰρ ἡμᾶς σῶμα ἀνείληφεν, ὡς γενόμενος ἐκ γυναικός(7). " Ἀλλ' οὐδὲ σῶμα, φησὶ, θεοῦ χρῆται τοιαύτῃ φωνῇ, οὐδὲ τοιᾷδε πειθοῖ." Καὶ ταῦτα δ' εὐτελῆ καὶ σφόδρα εὐκαταφρόνητα· λελέξεται γὰρ πρὸς αὐτὸν, ὅτι χρῆται ὁ πεπιστευμένος παρ' Ἕλλησιν εἶναι θεὸς, ὁ Πύθιος, καὶ ὁ Διδυμεὺς, τοιᾷδε φωνῇ τῇ τῆς Πυθίας, ἢ τῆς ἐν Μιλήτῳ γενομένης προφήτιδος· καὶ οὐ διὰ τοῦτο ἐγκαλεῖται παρ' Ἕλλησιν ὡς οὐ θεὸς ὁ Πύθιος, ἢ ὁ Διδυμεὺς, ἤ τις ἄλλος τοιοῦτος ἑνὶ τόπῳ ἐγκαθιδρυμένος Ἑλληνικὸς θεός. Πολλῷ δὲ τούτου βέλτιον ἦν χρήσασθαι τὸν θεὸν φωνῇ ἐμποιούσῃ, διὰ τὸ μετὰ δυνάμεως ἀπαγγέλλεσθαι, ἄφατόν τινα πειθὼ(8) τοῖς ἀκούουσιν.

(1) Jesai. liii. 9; 1 Pet. ii. 22.   (2) 2 Cor. v. 21.
(3) Boherellus: " dele τό: vid. ad finem capitis." R.
(4) Luc. xxii. 15.   (5) Joh. iv. 6.   (6) Joh. xxi. 13.
(7) Galat. iv. 4.   (8) Matth. vii. 29; Joh. vii. 46.

71. Εἶτά φησι λοιδορούμενος τῷ Ἰησοῦ ὁ διὰ τὴν ἀσέβειαν καὶ τὰ μοχθηρὰ δόγματα, ἵν' οὕτως εἴπω, θεομισής, ὅτι " ταῦτα θεομισοῦς ἦν τινος καὶ μοχθηροῦ γόητος." Καίτοι γε, ἐὰν κυρίως ἐξετάζηται τὰ ὀνόματα καὶ τὰ πράγματα, ἀδύνατον ἔσται ἄνθρωπος θεομισής· ἐπεὶ ὁ θεὸς ἀγαπᾷ τὰ ὄντα πάντα, καὶ οὐδὲν βδελύσσεται ὧν ἐποίησεν· οὐδὲ γὰρ μισῶν τι κατεσκεύασεν. Εἰ δέ τινες λέξεις προφητικαὶ τὸ τοιοῦτον λέγουσι, καθολικῷ λόγῳ διηγήσεως τεύξονται τῷ διότι ὡς περὶ ἀνθρωποπαθοῦς [1] λέξεσι χρῆται ἡ γραφὴ περὶ τοῦ θεοῦ. Τί δὲ δεῖ λέγειν ἀπολογούμενον πρὸς τὸν οἰόμενον ἐν οἷς ἐπαγγέλλεται πιστικοῖς λόγοις, δεῖν χρῆσθαι δυσφημίαις καὶ λοιδορίαις, ὡς περὶ μοχθηροῦ καὶ γόητος τοῦ Ἰησοῦ; Τοῦτο γὰρ οὐκ ἀποδεικνύντος, ἀλλ' ἰδιωτικὸν καὶ ἀφιλόσοφον πάθος πεπονθότος ἔργον ἐστί· δέον ἐκτιθέμενον τὸ πρᾶγμα, εὐγνωμόνως αὐτὸ ἐξετάζειν, καὶ κατὰ τὸ δυνατὸν λέγειν πρὸς αὐτὸ τὰ ὑποπίπτοντα. Ἀλλὰ γὰρ ἐν τούτοις καταπαύσαντος τὸν λόγον τοῦ παρὰ τῷ Κέλσῳ Ἰουδαίου πρὸς τὸν Ἰησοῦν καὶ ἡμεῖς αὐτοῦ που καταπαύσομεν τὴν περιγραφὴν τοῦ πρώτου πρὸς αὐτὸν βιβλίου. Θεοῦ δὲ διδόντος τὴν ἐξολοθρεύουσαν τοὺς ψευδεῖς λόγους ἀλήθειαν, κατὰ τὴν φάσκουσαν εὐχήν· " ἐν τῇ ἀληθείᾳ σου ἐξολόθρευσον αὐτούς [2]." ἀρξόμεθα ἐν τοῖς ἑξῆς τῆς δευτέρας προσωποποιΐας, ἐν ᾗ ὁ Ἰουδαῖος αὐτῷ πεποίηται λέγων πρὸς τοὺς πεισθέντας τῷ Ἰησοῦ τὰ μετὰ ταῦτα.

(1) Cf. Gen. vi. 6; 1 Sam. xv. 11 (1 Reg.); Hos. xi. 9; Joel. ii. 13; Psalm. cvi. 40. (cv.)
(2) Psalm. liv. 5. (liii.)

ΩΡΙΓΕΝΟΥΣ

ΚΑΤΑ ΚΕΛΣΟΥ

Τόμος δεύτερος.

1. Τῷ πρώτῳ τόμῳ τῶν ὑπαγορευθέντων ἡμῖν πρὸς τὸν Κέλσου ἐπιγραφέντα "ἀληθῆ λόγον," καταλήξαντι εἰς τὴν τοῦ Ἰουδαίου πρὸς τὸν Ἰησοῦν προσωποποιΐαν, αὐτάρκη περιγραφὴν εἰληφότι, τοῦτον συντάσσειν προαιρούμεθα, ἀπολογούμενοι πρὸς τὰ φερόμενα ὑπ᾽ αὐτοῦ ἐγκλήματα κατὰ τῶν ἀπὸ τοῦ λαοῦ τῶν Ἰουδαίων εἰς τὸν Ἰησοῦν πιστευσάντων. Καὶ αὐτό γε τοῦτο πρῶτον ἐφίσταμεν, τί δήποτε ἅπαξ κρίνας προσωποποιεῖν ὁ Κέλσος, οὐ προσωποποιεῖ Ἰουδαῖον πρὸς τοὺς ἀπὸ τῶν ἐθνῶν πιστεύοντας λέγοντα, ἀλλὰ πρὸς τοὺς ἀπὸ Ἰουδαίων· πιθανώτατος δ᾽ ἂν καὶ ἔδοξεν ὁ λόγος εἶναι αὐτῷ πρὸς ἡμᾶς γραφόμενος. Ἀλλὰ μήποτε ὁ πάντ᾽ ἐπαγγελλόμενος εἰδέναι, τὸ ἀκόλουθον οὐκ οἶδε[1] κατὰ τὸν τόπον τῆς προσωποποιΐας· τί οὖν καὶ λέγει πρὸς τοὺς ἀπὸ Ἰουδαίων πιστεύοντας, κατανοητέον. Φησὶν "αὐτοὺς καταλιπόντας τὸν πάτριον νόμον, τῷ ἐψυχαγωγῆσθαι ὑπὸ τοῦ Ἰησοῦ, ἠπατῆσθαι πάνυ γελοίως, καὶ ἀπηυτομοληκέναι εἰς ἄλλο ὄνομα, καὶ εἰς ἄλλον βίον·" μηδὲ τοῦτο κατανοήσας, ὅτι οἱ ἀπὸ Ἰουδαίων εἰς τὸν Ἰησοῦν πιστεύοντες οὐ καταλελοίπασι τὸν πάτριον νόμον. Βιοῦσι γὰρ κατ᾽ αὐτὸν, ἐπώνυμοι τῆς κατὰ τὴν ἐκδοχὴν πτωχείας τοῦ νόμου γεγενημένοι. Ἐβίων τε γὰρ ὁ

(1) Duo Codd. Vaticani, et tres Anglicani : εἶδε, sicque libri antea editi in margine. R.

πτωχὸς παρὰ Ἰουδαίοις καλεῖται· καὶ Ἐβιωναῖοι χρηματίζουσιν οἱ ἀπὸ Ἰουδαίων τὸν Ἰησοῦν ὡς Χριστὸν παραδεξάμενοι. Καὶ ὁ Πέτρος δὲ μέχρι πολλοῦ φαίνεται τὰ κατὰ τὸν Μωϋσέως νόμον Ἰουδαϊκὰ ἔθη τετηρηκέναι· ὡς μηδέπω ἀπὸ Ἰησοῦ μαθὼν ἀναβαίνειν ἀπὸ τοῦ κατὰ τὸ γράμμα νόμου ἐπὶ τὸν κατὰ τὸ πνεῦμα· ὅπερ ἀπὸ τῶν Πράξεων τῶν Ἀποστόλων μεμαθήκαμεν. "Τῇ[1] γὰρ ἐπαύριον" τοῦ ἑωρᾶσθαι ἄγγελον θεοῦ τῷ Κορνηλίῳ, ὑποτιθέμενον αὐτῷ πέμψαι εἰς Ἰόππην ἐπὶ Σίμωνα τὸν καλούμενον Πέτρον, " ἀνέβη Πέτρος εἰς τὸ ὑπερῷον προσεύξασθαι, περὶ ὥραν ἕκτην. Ἐγένετο δὲ πρόσπεινος, καὶ ἤθελε γεύσασθαι. Παρασκευαζόντων δ' αὐτῶν, ἐγένετο ἔκστασις ἐπ' αὐτόν, καὶ θεωρεῖ τὸν οὐρανὸν ἀνεῳγμένον, καὶ καταβαῖνον σκεῦός τι ὡς ὀθόνην μεγάλην, τέσσαρσιν[2] ἀρχαῖς καθιέμενον ἐπὶ τῆς γῆς, ἐν ᾧ ὑπῆρχε πάντα τὰ τετράποδα καὶ ἑρπετὰ τῆς γῆς, καὶ πετεινὰ τοῦ οὐρανοῦ. καὶ ἐγένετο φωνὴ πρὸς αὐτόν· ἀναστάς, Πέτρε, θῦσον καὶ φάγε. ὁ δὲ Πέτρος εἶπε· μηδαμῶς, Κύριε· ὅτι οὐδέποτε ἔφαγον πᾶν κοινὸν καὶ ἀκάθαρτον. καὶ φωνὴ ἐκ δευτέρου πρὸς αὐτόν· ἃ ὁ θεὸς ἐκαθάρισε, σὺ μὴ κοίνου." Ὅρα γὰρ ἐν τούτοις, τίνα τρόπον παρίσταται τὰ Ἰουδαϊκὰ ἔθη περὶ καθαρῶν καὶ ἀκαθάρτων ἔτι τηρῶν ὁ Πέτρος. Καὶ ἐκ τῶν ἑξῆς[3] δηλοῦται, ὅτι ὀπτασίας ἐδεήθη, ἵνα κοινωνήσῃ τῶν λόγων τῆς πίστεως τῷ μὴ κατὰ σάρκα Ἰσραηλίτῃ Κυρνηλίῳ καὶ τοῖς σὺν αὐτῷ, ὡς ἔτι Ἰουδαῖος, καὶ κατὰ τὰς Ἰουδαίων παραδόσεις ζῶν, καταφρονῶν τῶν ἔξω τοῦ Ἰουδαϊσμοῦ. Καὶ ἐν τῇ πρὸς Γαλάτας δὲ ἐπιστολῇ Παῦλος ἐμφαίνει, ὅτι Πέτρος ἔτι φοβούμενος τοὺς Ἰουδαίους, παυσάμενος τοῦ μετὰ τῶν ἐθνῶν συνεσθίειν, ἐλθόντος Ἰακώβου πρὸς αὐτόν, "ἀφώριζεν[4] ἑαυτὸν" ἀπὸ τῶν ἐθνῶν, "φοβούμενος τοὺς ἐκ τῆς περιτομῆς·" καὶ τὸ αὐτὸ πεποιήκασιν αὐτῷ οἱ λοιποὶ Ἰουδαῖοι, καὶ Βαρνάβας. Καὶ ἀκόλουθόν γε ἦν μὴ ἀποστῆναι τῶν Ἰουδαϊκῶν ἐθῶν τοὺς εἰς τὴν περιτομὴν

---

(1) Act. x. 9.
(2) Vulgatus Actorum textus: "τέσσαρσιν ἀρχαῖς δεδεμένον, καὶ καθιέμενον." R.
(3) Act. x. 17—34. seqq.
(4) Galat. ii. 12.

ἀποσταλέντας, ὅτε οἱ δοκοῦντες[1] στύλοι εἶναι δεξιὰς ἔδωκαν Παύλῳ καὶ Βαρνάβᾳ κοινωνίας, αὐτοὶ εἰς τὴν περιτομὴν ἀπιόντες, ἵν' ἐκεῖνοι τοῖς ἔθνεσι κηρύξωσι. Τί δὲ λέγω, ὅτι οἱ κηρύσσοντες εἰς τὴν περιτομὴν ὑπέστελλον ἑαυτοὺς ἀπὸ τῶν ἐθνῶν, καὶ ἀφώριζον; ὅτε καὶ αὐτὸς ὁ Παῦλος τοῖς[2] Ἰουδαίοις Ἰουδαῖος ἐγίνετο, ἵνα Ἰουδαίους κερδήσῃ. Διὸ ὡς καὶ ἐν ταῖς Πράξεσι[3] τῶν Ἀποστόλων γέγραπται, καὶ προσφορὰν προσήνεγκεν ἐπὶ τὸ θυσιαστήριον, ἵνα πείσῃ Ἰουδαίους περὶ τοῦ μὴ εἶναι ἀποστάτης νόμου. Ταῦτα δὲ πάντα εἰ ἐπίστατο ὁ Κέλσος, οὐκ ἂν ἐπροσωποποιήσατο τὸν Ἰουδαῖον λέγοντα πρὸς τοὺς ἀπὸ Ἰουδαϊσμοῦ πιστεύοντας τό· "τί παθόντες, ὦ πολῖται, κατελίπετε τὸν πάτριον νόμον, καὶ ὑπ' ἐκείνου, πρὸς ὃν ἄρτι διειλέγμεθα, ψυχαγωγηθέντες, πάνυ γελοίως ἐξηπατήθητε, καὶ ἀφ' ἡμῶν ἀπηυτομολήσατε εἰς ἄλλο ὄνομα, καὶ εἰς ἄλλον βίον;"

2. Ἐπεὶ δ' ἅπαξ γεγόναμεν ἐν τῷ περὶ τοῦ Πέτρου λόγῳ καὶ τῶν διδαξάντων τοὺς ἐν τῇ περιτομῇ τὸν Χριστιανισμόν· οὐκ ἄτοπον ἡγοῦμαι παραθέσθαι. τοῦ Ἰησοῦ τινα φωνὴν ἀπὸ τοῦ κατὰ Ἰωάννην εὐαγγελίου, καὶ τὴν διήγησιν αὐτῆς. Γέγραπται δὴ αὐτὸν εἰρηκέναι· "ἔτι[4] πολλὰ ἔχω λέγειν ὑμῖν, ἀλλ' οὐ δύνασθε βαστάζειν ἄρτι. ὅταν δὲ ἔλθῃ ἐκεῖνος, τὸ πνεῦμα τῆς ἀληθείας, ὁδηγήσει ὑμᾶς εἰς τὴν ἀλήθειαν πᾶσαν· οὐ γὰρ λαλήσει ἀφ' ἑαυτοῦ, ἀλλ' ὅσα ἂν ἀκούσει, λαλήσει." Καὶ ζητοῦμεν ἐν τῷ τόπῳ, τίνα ἦν τὰ πολλὰ, ἃ εἶχε μὲν λέγειν ὁ Ἰησοῦς τοῖς μαθηταῖς ἑαυτοῦ, οὐκ ἠδύναντο δὲ αὐτὰ βαστάζειν τότε; Καί φημι· μήποθ' ὡς Ἰουδαίοις, καὶ συντραφεῖσι τῷ κατὰ τὸ γράμμα Μωσέως νόμῳ τοῖς ἀποστόλοις, εἶχε μὲν λέγειν, τίς ὁ ἀληθὴς νόμος, καὶ τίνων ἐπουρανίων ὑποδείγματι καὶ σκιᾷ ἡ παρὰ τοῖς Ἰουδαίοις λατρεία ἐπετελεῖτο, καὶ τίνων μελλόντων ἀγαθῶν σκιὰν περιεῖχεν ὁ περὶ βρώσεως καὶ πόσεως καὶ ἑορτῶν καὶ νουμηνιῶν καὶ σαββάτων νόμος. Καὶ πολλὰ ἦν ταῦθ', ἃ εἶχεν αὐτοῖς λέγειν· ὁρῶν δ' ὅτι πάνυ χαλεπόν ἐστιν ἀπὸ ψυχῆς ἀνατρέπειν σχεδὸν

(1) Galat. ii. 9.   (2) 1 Cor. ix. 20.
(3) Act. xxi. 26.   (4) Ev. Joann. xvi. 12, 13.

συγγεννηθέντα και συντραφέντα δόγματα μέχρι της του ανδρός ηλικίας, και πείσαντα τους ανειληφότας αυτά, ότι ταύτα μέν εστι θεία, το δε μετασαλεύειν αυτά, εστίν ασεβές· και εν τη υπεροχή της κατά Χριστόν, τουτέστι την αλήθειαν γνώσεως ελέγχειν αυτά σκύβαλα και ζημίαν[1], ώστε πεισθήναι τους ακούοντας· υπερετίθετο εις επιτηδειότερον καιρόν τον μετά το πάθος και την ανάστασιν αυτού. Και γαρ αληθώς ην ακαίρως προσαγόμενον το βοήθημα τοις μηδέπω χωρούσιν αυτό, ανατρεπτικόν της περί του Ιησού υπολήψεως τυγχάνον, ην ήδη ανειλήφεισαν ως περί Χριστού και υιού του θεού του ζώντος. Και πρόσχες, ει μη νούν έχει ουκ ευκαταφρόνητον το ούτως ακούσαι του· "πολλά έχω υμίν λέγειν, αλλ' ου δύνασθε βαστάζειν άρτι·" πολλά γαρ τα της του νόμου κατά τα πνευματικά διηγήσεως και σαφηνείας· και ουκ ηδύναντό πως βαστάζειν αυτά οι μαθηταί, εν Ιουδαίοις γεγεννημένοι και ανατεθραμμένοι τότε. Οίμαι δ' ότι και επεί τύπος μεν ην εκείνα, αλήθεια δε α έμελλε διδάσκειν αυτούς το άγιον πνεύμα, δια τούτο λέλεκται· "όταν[2] έλθη εκείνος, το πνεύμα της αληθείας, οδηγήσει υμάς εις την αλήθειαν πάσαν·" ως ει έλεγεν, εις πάσαν την αλήθειαν των πραγμάτων, ων εν τοις τύποις γενόμενοι, ώεσθε την αληθή λατρείαν λατρεύειν τω θεώ. Και κατά την επαγγελίαν του Ιησού ήλθε το πνεύμα της αληθείας επί τον Πέτρον, λέγον προς αυτόν περί των τετραπόδων, και ερπετών της γης, και πετεινών του ουρανού· "αναστάς[3], Πέτρε, θύσον και φάγε." Και ήλθε προς αυτόν έτι δεισιδαιμονούντα· φησί γαρ και προς την θείαν φωνήν· "μηδαμώς, Κύριε· ότι ουδέποτε έφαγον πάν κοινόν, η ακάθαρτον." Και εδίδαξε τον περί βρωμάτων αληθών[4] και πνευματικών λόγον εν τω· "α ο θεός εκαθάρισε συ μη κοίνου." Και εξής εκείνη τη οπτασία το πνεύμα της αληθείας οδηγούν εις την αλήθειαν πάσαν τον Πέτρον, τα πολλά έλεγεν

---

(1) Philipp. iii. 8.   (2) Ev. Joann. xvi. 13.
(3) Act. x. 13.
(4) Boherellus, cui Ruæus adstipulatur, in notis: "Bene Velserus apud Hœschel. scribendum monet: αληθινόν και πνευματικόν." L.

αὐτῷ, ἃ οὐκ ἐδύνατο βαστάζειν, ὅτε κατὰ σάρκα αὐτῷ ἔτι ὁ Ἰησοῦς συνῆν. Ἀλλὰ περὶ μὲν τούτων ἄλλος ἔσται καιρὸς πρὸς τὸ διηγήσασθαι περὶ τῶν[1] κατὰ τὴν ἐκδοχὴν τοῦ Μωϋσέως νόμου.

3. Νῦν δὲ πρόκειται ἐλέγξαι τὴν τοῦ Κέλσου ἀμαθίαν, παρ' ᾧ ὁ Ἰουδαῖος λέγει τοῖς πολίταις καὶ τοῖς Ἰσραηλίταις πιστεύσασιν ἐπὶ τὸν Ἰησοῦν τό· "τί παθόντες κατελίπετε τὸν πάτριον νόμον;" καὶ τὰ ἑξῆς. Πῶς δὲ καταλελοίπασι τὸν πάτριον νόμον, οἱ ἐπιτιμῶντες τοῖς μὴ ἀκούουσιν αὐτοῦ, καὶ λέγοντες· "λέγετέ[2] μοι οἱ τὸν νόμον ἀναγινώσκοντες, τὸν νόμον οὐκ ἀκούετε; Γέγραπται γὰρ, ὅτι Ἀβραὰμ δύο υἱοὺς ἔσχε·" μέχρι τοῦ· "ἅτινά[3] ἐστιν ἀλληγορούμενα," καὶ τὰ ἑξῆς. Καὶ πῶς καταλελοίπασι τὸν πάτριον νόμον, οἱ ἀεὶ μεμνημένοι ἐν τοῖς λόγοις ἑαυτῶν τῶν πατρίων, καὶ λέγοντες· "ἢ[4] καὶ ὁ νόμος ταῦτα οὐ λέγει; ἐν γὰρ τῷ Μωσέως νόμῳ γέγραπται· οὐ φιμώσεις βοῦν ἀλοῶντα. μὴ τῶν βοῶν μέλει τῷ θεῷ, ἢ δι' ἡμᾶς πάντως λέγει; δι' ἡμᾶς γὰρ ἐγράφη," καὶ τὰ ἑξῆς. Καὶ ὡς συγκεχυμένως γε ταῦθ' ὁ παρὰ τῷ Κέλσῳ Ἰουδαῖος λέγει, δυνάμενος πιθανώτερον εἰπεῖν· "ὅτι τινὲς μὲν ὑμῶν καταλελοίπασι τὰ ἔθη, προφάσει διηγήσεων καὶ ἀλληγοριῶν· τινὲς δὲ καὶ διηγούμενοι, ὡς ἐπαγγέλλεσθε, πνευματικῶς, οὐδὲν ἧττον τὰ πάτρια τηρεῖτε· τινὲς δὲ οὐδὲ διηγούμενοι, βούλεσθε καὶ τὸν Ἰησοῦν παραδέξασθαι ὡς προφητευθέντα, καὶ τὸν Μωϋσέως νόμον τηρῆσαι κατὰ τὰ πάτρια· ὡς ἐν τῇ λέξει ἔχοντες τὸν πάντα τοῦ πνεύματος νοῦν." Ἀλλὰ γὰρ πόθεν Κέλσῳ τὰ κατὰ τὸν τόπον τρανῶσαι, ὃς καὶ αἱρέσεων μὲν ἀθέων, καὶ τοῦ Ἰησοῦ πάντῃ ἀλλοτρίων, ἐν τοῖς ἑξῆς ἐμνημόνευσε, καὶ ἄλλων καταλειπουσῶν τὸν δημιουργόν; οὐκ οἶδε δὲ καὶ Ἰσραηλίτας εἰς Ἰησοῦν πιστεύοντας, καὶ οὐ καταλιπόντας τὸν πάτριον νόμον; Οὐ γὰρ προέκειτο αὐτῷ φιλαλήθως ὅλα τὰ κατὰ τὸν τόπον ἐξετάσαι, ἵν'

---

(1) Boherell. τῶν Masculinum esse putat, et τοὺς κατὰ τὴν ἐκδοχὴν τοῦ Μωυσέως νόμου interpretatur eos, qui literalem Mosaicæ legis sensum sectantur. R.
(2) Galat. iv. 21, 22. (3) Galat. iv. 24.
(4) 1 Cor. ix. 8, 9, 10, coll. Deut. xxv. 4.

εἴ τι χρήσιμον εὑρίσκοι παραδέξηται· ἀλλ' ὡς ἐχθρὸς, καὶ ὅλος τοῦ ἀνατρέπειν ἅμα τῷ ἀκοῦσαι γενόμενος, τὰ τοιαῦτα ἀνέγραψεν.

4. Εἶτα λέγει ὁ παρ' αὐτῷ Ἰουδαῖος πρὸς τοὺς ἀπὸ τοῦ λαοῦ πιστεύσαντας· "ὅτι χθὲς καὶ πρώην, ὁπηνίκα τοῦτον ἐκολάζομεν βουκολοῦντα ὑμᾶς, ἀπέστητε τοῦ πατρίου νόμου·" οὐδὲν ἀκριβὲς [1] εἰδὼς ἐν οἷς ἔλεγεν, ὡς ἐδείξαμεν. Μετὰ δὲ ταῦτα δοκεῖ μοι δεινότητος ἔχεσθαι τό· "ἢ πῶς ἄρχεσθε μὲν ἀπὸ τῶν ἡμετέρων ἱερῶν, προϊόντες δὲ αὐτὰ ἀτιμάζετε; οὐκ ἔχοντες ἄλλην ἀρχὴν εἰπεῖν τοῦ δόγματος, ἢ τὸν ἡμέτερον νόμον." Ἀληθῶς μὲν γὰρ Χριστιανοῖς ἡ εἰσαγωγή ἐστιν ἀπὸ τῶν ἱερῶν Μωϋσέως, καὶ τῶν προφητικῶν γραμμάτων· καὶ μετὰ τὴν εἰσαγωγὴν, ἐν τῇ διηγήσει καὶ σαφηνείᾳ αὐτῶν ἐστι τοῖς εἰσαγομένοις ἡ προκοπὴ, ζητοῦσι τὸ κατὰ [2] ἀποκάλυψιν μυστήριον, χρόνοις αἰωνίοις σεσιγημένον, φανερωθὲν δὲ νῦν ταῖς προφητικαῖς φωναῖς, καὶ τῇ τοῦ κυρίου ἡμῶν Ἰησοῦ Χριστοῦ ἐπιφανείᾳ. Οὐχ ὡς λέγετε δὲ οἱ προϊόντες ἀτιμάζουσι τὰ ἐν νόμῳ γεγραμμένα· ἀλλὰ πλείονα τιμὴν αὐτοῖς περιτιθέασιν, ἀποδεικνύντες ὅσον ἔχει βάθος σοφῶν καὶ ἀπορρήτων λόγων ἐκεῖνα τὰ γράμματα, τὰ ὑπὸ Ἰουδαίων οὐ τεθεωρημένα, τῶν ἐπιπολαιότερον καὶ μυθικώτερον αὐτοῖς ἐντυγχανόντων. Τί δὲ ἄτοπον, τὸ ἀρχὴν τοῦ ἡμετέρου δόγματος, τουτέστι τοῦ εὐαγγελίου, εἶναι τὸν νόμον; ἅτε καὶ αὐτοῦ τοῦ Ἰησοῦ Κυρίου ἡμῶν λέγοντος πρὸς τοὺς μὴ πιστεύοντας αὐτῷ· "εἰ[3] ἐπιστεύετε Μωϋσεῖ, ἐπιστεύετε ἂν ἐμοί· περὶ γὰρ ἐμοῦ ἐκεῖνος ἔγραψεν. εἰ δὲ τοῖς ἐκείνου γράμμασιν οὐ πιστεύετε, πῶς τοῖς ἐμοῖς ῥήμασι πιστεύσετε;" Ἀλλὰ καὶ εἷς τῶν εὐαγγελιστῶν, ὁ Μάρκος, φησίν· "ἀρχὴ[4] τοῦ εὐαγγελίου[5] Ἰησοῦ Χριστοῦ· ὡς γέγραπται ἐν Ἡσαΐᾳ τῷ προφήτῃ· ἰδοὺ, ἐγὼ ἀποστέλλω τὸν ἄγγελόν μου πρὸ προσώπου σου, ὃς κατα-

---

(1) Libri editi in marg. habent : ακριβές, sicque Codd. Reg. et Basileensis. R.
(2) Rom. xvi. 25, 26.
(3) Ev. Joann. v. 46, 47.
(4) Marc. i. 1, 2, coll. Malach. iii. 1 et Jesai. xl. 3.
(5) Vox ἡμῶν post εὐαγγελίου abest a MSS. Regio et Basileensi. R.

σκευάσει την οδόν σου έμπροσθέν σου·" δεικνύς, ότι ή του ευαγγελίου αρχή των Ιουδαϊκών γραμμάτων ήρτηται. Τί ούν καθ' ημών λέγεται υπό του παρά τω Κέλσω Ιουδαίου, εν τω· " είτε γαρ προηγόρευσε τις ημίν, ότι άρα ο του θεού παις εις ανθρώπους αφίξεται, ούτος ημέτερος ην ο προφήτης, και του ημετέρου θεού;" ποίον δε έγκλημα Χριστιανισμώ έστιν, ει ο βαπτίσας τον Ιησούν Ιωάννης Ιουδαίος ην; Ου γαρ, επεί Ιουδαίος ην, συνάγεται, ότι δεί πάντα τον πιστεύοντα, είτ' από των εθνών προσέρχεται τω λόγω, είτε από Ιουδαίων, κατά το γράμμα τον Μωϋσέως τηρείν νόμον. 10

5. Μετά ταύτα ει και ταυτολογεί ο Κέλσος περί του Ιησού[1], δεύτερον ήδη λέγων " πλημμελήσαντα αυτόν δεδωκέναι παρά Ιουδαίοις δίκην·" αλλ' ημείς ουκ επαναληψόμεθα την απολογίαν, αρκούμενοι τη προειρημένη. είτ' επεί ως έωλα τα περί αναστάσεως νεκρών, και κρίσεως θεού, και τιμής μεν επί τους δικαίους, πυρός δ' επί τους αδίκους, ευτελίζει ο παρ' αυτώ Ιουδαίος· μηδέν δε καινόν εν τούτοις διδάσκεσθαι φάσκων Χριστιανούς, οίεται ανατρέπειν Χριστιανισμόν· λεκτέον προς αυτόν, ότι[2] ο Ιησούς ημών, ορών Ιουδαίους μηδέν άξιον των εν τοις προφήταις μαθημάτων πράττοντας, εδίδαξε διά 20 παραβολής, ότι[3] η βασιλεία του θεού αρθήσεται μεν απ' εκείνων, και δοθήσεται τοις από των εθνών. Διό και έστιν αληθώς ιδείν, πάντα μεν τα Ιουδαίων των νυν μύθους και λήρους· ου γαρ έχουσι το φως της γνώσεως των γραφών· τα δε Χριστιανών αλήθειαν, επάραι και μετεωρίσαι ανθρώπου ψυχήν και νουν δυνάμενα· και πείθοντα έχειν τι πολίτευμα[4] ουχ όμοιον τοις κάτω Ιουδαίοις, κάτω που· αλλ' εν ουρανοίς. Όπερ φαίνεται παρά τοις το μέγεθος των εν τω νόμω και τοις προφήταις νοημάτων θεωρούσι, και άλλοις παραστήσαι δυναμένοις. 30

6. Έστω δε, και πάντα τα κατά Ιουδαίους έθη, μέχρι

(1) Ita Spenc. in textu, sicque certe legendum, reluctantibus licet omnibus MSS. et Hœschelio, apud quos legitnr: Ιωάννου. Neque enim usquam antea dixit Celsus de Joanne, πλημμελήσαντα αυτόν δεδωκέναι παρά Ιουδαίοις δίκην. R.
(2) Codd. Reg. et Basil. ότι ο κύριος ημών. R.
(3) Matth. xxi. 43. (4) Philipp. iii. 20.

καὶ τῶν παρ' αὐτοῖς θυσιῶν, πεποιηκέναι τὸν Ἰησοῦν· τί τοῦτο συμβάλλεται πρὸς τὸ μὴ δεῖν πιστεύειν αὐτῷ ὡς υἱῷ τοῦ θεοῦ; Ἔστιν οὖν υἱὸς τοῦ δόντος[1] τὸν νόμον καὶ τοὺς προφήτας θεοῦ ὁ Ἰησοῦς· καὶ τοῦτον ἡμεῖς οἱ ἀπὸ τῆς ἐκκλησίας οὐχ ὑπερβαίνομεν, ἀλλὰ καὶ ἀπεδράσαμεν μὲν τὰς Ἰουδαίων μυθο- λογίας, σωφρονιζόμεθα δὲ καὶ παιδευόμεθα τῇ τοῦ νόμου καὶ τῶν προφητῶν μυστικῇ θεωρίᾳ. καὶ γὰρ οἱ προφῆται, ὡς μὴ καταπαύοντες τὸν νοῦν τῶν λεγομένων ἐν τῇ προφανεῖ ἱστορίᾳ, μηδ' ἐν τῇ κατὰ τὰς λέξεις καὶ τὸ γράμμα νομοθεσίᾳ, ὅπου μέν φασιν, ἱστορίας δῆθεν ἐκθησόμενοι, τό· "ἀνοίξω[2] ἐν παραβολαῖς τὸ στόμα μου, φθέγξομαι προβλήματα ἀπ' ἀρχῆς·" ὅπου δὲ εὐχόμενοι περὶ τοῦ νόμου ὡς ἀσαφοῦς, καὶ δεομένου θεοῦ, ἵνα νοηθῇ, λέγουσιν ἐν εὐχῇ· "ἀποκάλυψον[3] τοὺς ὀφθαλμούς μου, καὶ κατανοήσω τὰ θαυμάσιά σου ἐκ τοῦ νόμου σου."

7. Δεικνύτωσαν δέ, ποῦ κἂν ἔμφασις λέξεως ἀπὸ ἀλα- ζονείας προφερομένης[4] παρὰ τῷ Ἰησοῦ εὑρίσκεται. Πῶς[5] γὰρ ἂν ἀλαζὼν ὁ λέγων· "μάθετε[6] ἀπ' ἐμοῦ, ὅτι πρᾷός εἰμι, καὶ ταπεινὸς τῇ καρδίᾳ· καὶ εὑρήσετε ἀνάπαυσιν ταῖς ψυχαῖς ὑμῶν;" ἢ πῶς ἀλαζὼν ὁ, δείπνου γενομένου, ἐκδυσάμενος ἐπὶ τῶν μαθητῶν, ζωσάμενος δὲ λέντιον, καὶ βαλὼν ὕδωρ εἰς τὸν νιπτῆρα, καὶ νίπτων ἑκάστου τοὺς πόδας, καὶ ἐπιτιμῶν τῷ μὴ θέλοντι παρέχειν αὐτούς, καὶ λέγων· "ἐὰν μὴ νίψω σε, οὐκ ἔχεις μέρος μετ' ἐμοῦ;" ἢ πῶς ἀλαζὼν ὁ φάσκων· "κἀγὼ[7] ἐγενόμην ἐν μέσῳ ὑμῶν, οὐχ ὡς ὁ ἀνακείμενος, ἀλλ' ὡς ὁ δια- κονῶν;" ἐλεγχέτω δέ τις, τίνα ἐψεύσατο, καὶ παραστησάτω μεγάλα καὶ μικρὰ ψεύδη, ἵνα δείξῃ τὰ μεγάλα ψευσάμενον τὸν Ἰησοῦν. ἔστι δὲ καὶ ἄλλως αὐτὸν ἐλέγξαι· ὅτι ὡς οὐκ ἔστι ψεῦσμα ψεύσματος μᾶλλον ψεῦσμα, οὕτως οὐδὲ μειζό- νως· ὡς οὐδὲ ἀληθὲς ἀληθοῦς μᾶλλον ἀληθές, ἢ μειζόνως ἀλη-

---

(1) Ita Codd. duo Vaticani, Regius et Basileensis. Libri vero editi (v. c. edd. Spenc.) διδόντος. R.
(2) Psalm. lxxviii. 2 (lxxvii.)   (3) Psalm cxix. 18 (cxviii.)
(4) Codd. Regius Basileensis : προφερομένη. R.
(5) Cod. Basileensis : Πῶς γὰρ ἀλαζὼν ὁ λέγων. R.
(6) Matth. xi. 29.   (7) Luc. xxii. 27.

θές. Τίνα δε και τα ανόσια του Ιησού απαγγελλέτω και μάλιστα ο παρά τω Κέλσω Ιουδαίος. Ἡ ανόσιον μεν το αφιστάνειν σωματικής περιτομής, και σωματικού σαββάτου, και σωματικών εορτών, και σωματικών νουμηνιών, και καθαρών και ακαθάρτων· μετατιθέναι δε τον νουν επι νόμον θεού άξιον και αληθή και πνευματικόν, μετά του τον πρεσβεύοντα[1] υπέρ Χριστού ειδέναι τοις[2] Ιουδαίοις Ιουδαίον γίγνεσθαι, ίνα Ιουδαίους κερδήση· και τοις υπό νόμον, ως υπό νόμον, ίνα τους υπό νόμον κερδήση;

8. Φησὶ δὲ "πολλοὺς ἂν καὶ ἄλλους φανῆναι τοιούτους τοῖς ἐξαπατᾶσθαι θέλουσιν, ὁποῖος ἦν ὁ Ἰησοῦς." Μὴ πολλοὺς οὖν, ἀλλὰ μηδ' ὀλίγους, ἀλλὰ[3] καὶ ἕνα δεικνύτω ὁ παρὰ τῷ Κέλσῳ Ἰουδαῖος τοιοῦτον, ὁποῖος ἦν ὁ Ἰησοῦς, λόγον καὶ δόγματα μετὰ τῆς ἐν αὐτῷ δυνάμεως βιωφελῆ ἐπεισάγοντα τῷ γένει τῶν ἀνθρώπων, καὶ ἐπιστρέφοντα ἀπὸ χύσεως ἁμαρτημάτων. Φησὶ δὲ τοῦτο ἔγκλημα ἀπὸ τῶν εἰς τὸν Χριστὸν πιστευόντων προσάγεσθαι Ἰουδαίοις, ἐπεὶ μὴ πεπιστεύκασιν ὡς εἰς θεὸν τὸν Ἰησοῦν· καὶ περὶ τούτου δ' ἐν τοῖς ἀνωτέρω προαπελογησάμεθα, δεικνύντες ἅμα, πῶς μὲν θεὸν αὐτὸν νοοῦμεν, κατὰ τί δὲ ἄνθρωπον λέγομεν· "Πῶς δὲ, φησὶν, ἡμεῖς οἱ πᾶσιν ἀνθρώποις δηλώσαντες ἥξειν ἀπὸ θεοῦ τὸν κολάσοντα τοὺς ἀδίκους, ἐλθόντα ἠτιμάζομεν;" Πρὸς τοῦτο δὲ ἀπολογήσασθαι, πάνυ εὔηθες ὂν, οὐ δοκεῖ μοι εἶναι εὔλογον. Ὡς εἰ καὶ ἄλλος τις ἔλεγε· πῶς ἂν ἡμεῖς, οἱ διδάξαντες[4] σωφρονεῖν, ἀκόλαστον ἄν τι ἐποιήσαμεν; ἢ περὶ δικαιοσύνης πρεσβεύοντες, ἠδικήσαμεν; Ὡς γὰρ ἐκεῖνα ἐν ἀνθρώποις εὑρίσκεται· οὕτω φάσκοντας προφήταις πεπιστευκέναι λέγουσι περὶ ἐπιδημήσοντος Χριστοῦ, ἠπιστηκέναι τῷ ἐληλυθότι κατὰ τὰ προφητευόμενα, ἀνθρώπινον ἦν. Εἰ δὲ δεῖ προσθεῖναι καὶ ἄλλην αἰτίαν, φήσομεν, ὅτι καὶ τοῦτ' αὐτὸ προεῖπον οἱ προφῆται. Σαφῶς γοῦν Ἡσαΐας λέγει· "ἀκοῇ[5] ἀκούσετε,

---

(1) 2 Cor. v. 20. (2) 1 Cor. ix. 20.
(3) Codd. duo Vaticani, Regius, Basileensis, et Anglicanus primus: ἀλλὰ κἂν δεικνύτω. R.
(4) Cod. Regius: διδάσκοντες. R. (5) Jesai. vi. 9, 10.

καὶ οὐ μὴ συνῆτε· καὶ βλέποντες βλέψετε, καὶ οὐ μὴ ἴδητε. Ἐπαχύνθη γὰρ ἡ καρδία τοῦ λαοῦ τούτου," καὶ τὰ ἑξῆς. Καὶ λεγέτωσαν ἡμῖν, τί ἀκούουσι, καὶ τί[1] βλέπουσι τοῖς Ἰουδαίοις προφητεύεται μὴ συνήσειν τὰ λεγόμενα, καὶ μὴ ὃν δεῖ τρόπον ὄψεσθαι τὸ ὁραθέν; Ἀλλὰ[2] μὴν δῆλον, ὅτι ἰδόντες τὸν Ἰησοῦν, οὐκ εἶδον ὅστις ἦν· καὶ ἀκούοντες αὐτοῦ, οὐ συνῆκαν ἐκ τῶν λεγομένων τὴν ἐν αὐτῷ θειότητα, μεταβιβάζουσαν τὴν ἐπὶ Ἰουδαίους τοῦ θεοῦ ἐπισκοπὴν, ἐπὶ τοὺς ἀπὸ τῶν ἐθνῶν ἐπ' αὐτὸν πιστεύοντας. Ἔστιν οὖν ἰδεῖν μετὰ τὴν Ἰησοῦ ἐπιδημίαν, Ἰουδαίους καταλελειμμένους πάντη, καὶ μηδὲν ἔχοντας τῶν πάλαι νομιζομένων αὐτοῖς εἶναι σεμνῶν· ἀλλὰ καὶ μηδὲν σημεῖον τοῦ εἶναί τινα θειότητα παρ' αὐτοῖς. Οὐκ ἔτι γὰρ προφῆται, οὐδὲ τεράστια· ὧν κἂν ἴχνη ἐπὶ ποσὸν παρὰ Χριστιανοῖς εὑρίσκεται, καί τινά γε μείζονα· καὶ εἰ[3] πιστοί ἐσμεν λέγοντες, ἑωράκαμεν καὶ ἡμεῖς. Λέγει δὲ ὁ παρὰ τῷ Κέλσῳ Ἰουδαῖος· " διὰ τί ἠτιμάζομεν ὃν προεκηρύσσομεν; ἢ ἵνα πλέον τῶν ἄλλων κολασθῶμεν;" Καὶ πρὸς τοῦτο δ' ἔστιν εἰπεῖν, ὅτι πλέον τῶν ἄλλων Ἰουδαῖοι διὰ τὴν εἰς Χριστὸν ἀπιστίαν, καὶ ὅσα ἄλλα αὐτῷ ἐνύβρισαν, οὐ μόνον κατὰ τὴν πεπιστευμένην κρίσιν πείσονται, ἀλλὰ γὰρ καὶ ἤδη πεπόνθασι. Ποῖον γὰρ ἔθνος πεφυγάδευται ἀπὸ τῆς ἰδίας μητροπόλεως καὶ τοῦ οἰκείου τόπου τῇ[4] πατρίῳ θρησκείᾳ, ἢ μόνοι Ἰουδαῖοι; Τοῦτο δὲ πεπόνθασιν ὡς ἀγεννέστατοι, εἰ καὶ πολλὰ ἥμαρτον, δι' οὐδὲν οὕτως ἐκείνων, ὡς διὰ τὰ κατὰ τοῦ Ἰησοῦ ἡμῶν τετολμημένα.

9. Μετὰ ταῦτά φησιν ὁ Ἰουδαῖος· " Πῶς δ' ἐμέλλομεν τοῦτον νομίζειν θεόν, ὃς τά τε ἄλλα, ὥσπερ[5] ἐπηκούετο,

---

(1) Ita recte Cod. Reg. et Basileensis. Reliqui cum editis (v. c. edd. Spenc.) habent: τί ἀκούουσι τοῖς Ἰουδαίοις, καὶ τί βλέπουσι τοῖς Ἰουδαίοις. R.

(2) Ita Spenc. in textu, Hœschel. vero (itemq. edd. Spenc. ad marg.) ἀλλὰ μὴ δῆλον ὅτι. Codd. Regius et Basileensis: ἀλλὰ μὴ δηλονότι. R.

(3) Boherellus in notis: "Illud οἱ, quod est ad oram, scribi velim ante λέγοντες, ut sic haec legantur: εἰ πιστοί ἐσμεν οἱ λέγοντες, ἑωράκαμεν καὶ ἡμεῖς. Subaudi μείζονα. Respicit Joann. xiv. 12." R.

(4) Absunt a Codd. Regio et Basileensi verba: τῇ πατρίῳ θρησκείᾳ. R.

(5) Boherellus: prout vulgo etiam audiebatur, vel ferebatur. Melius forte:

ουδέν ων επηγγέλλετο επεδείκνυτο, και επειδή ημείς ελέγξαντες αυτόν, και καταγνόντες ηξιούμεν κολάζεσθαι, κρυπτόμενος μεν, και διαδιδράσκων επονειδιστότατα εάλω· υπ' αυτών δε ων ωνόμαζε μαθητών προυδόθη; Καί τοι θεόν, φησίν, όντα ούτε φεύγειν ενήν, ούτε δεθέντα απάγεσθαι· ήκιστα δε υπό των συνόντων αυτώ, και παντός ιδία κεκοινωνηκότων, και διδασκάλω χρωμένων, και σωτήρα νομιζόμενον, και θεού του μεγίστου παίδα, και άγγελον, εγκαταλείπεσθαί τε και εκδίδοσθαι." Προς ταύτα δε φήσομεν, ότι ουθ' ημείς υπολαμβάνομεν το βλεπόμενον τότε και αισθητόν του Ιησού σώμα, είναι θεόν. Και τί λέγω το σώμα; Αλλ' ουδέ την ψυχήν, περί ης λέλεκται το· "περίλυπός[1] εστιν η ψυχή μου έως θανάτου." Αλλ' ώσπερ κατά μεν τον των Ιουδαίων λόγον ο λέγων· "εγώ[2] κύριος ο θεός πάσης σαρκός·" και το· "έμπροσθεν[3] μου ουκ εγένετο άλλος θεός, και μετ' εμέ ουκ έσται·" ο[4] θεός είναι πεπίστευται, οργάνω τη ψυχή και τω σώματι του προφήτου χρώμενος· κατά δε Έλληνας ο λέγων·

Οίδα[5] δ' εγώ ψάμμου τ' αριθμόν, και μέτρα θαλάσσης,
Και κωφού ξυνίημι, και ου λαλέοντος ακούω·

θεός νενόμισται, διά της Πυθίας λέγων και ακουόμενος· ούτω καθ' ημάς ο λόγος θεός, και θεού των όλων υιός, έλεγεν εν τω Ιησού το· "εγώ[6] ειμι η οδός, και η αλήθεια, και η ζωή·" και το· "εγώ[7] ειμι η θύρα·" και το· "εγώ[8] ειμι ο άρτος ο ζων, ο εκ του ουρανού καταβάς·" και εί τι άλλο τούτοις παραπλήσιον. Εγκαλούμεν ουν Ιουδαίοις τούτον μη νομίσασι θεόν υπό των προφητών πολλαχού μεμαρτυρημένον ως

ώσπερ υπηκούετο. Respicit Celsus Matth. xiii. 58, et xvi. 4. Luc. xxiii. 11.
Joann. ii. 18, et vi. 30. Item vii. 4, et similes locos. R.
(1) Matt. xxvi. 38.
(2) Jerem. xxxii. 27. coll. Num. xxviii. 16.
(3) Jesai. xliii. 10.
(4) Codd. MSS. omnes, excepto Joliano, όθεν είναι. R. q. θεός, sine articulo. W. S.
(5) Herodot. lib. i. cap. 47. (6) Ev. Joann. xiv. 6.
(7) Ev. Joann. x. 7. (8) Ev. Joann. vi. 51.

μεγάλην όντα δύναμιν, και θεόν, κατὰ[1] τὸν τῶν ὅλων θεὸν και πατέρα. Τούτῳ γάρ φαμεν ἐν τῇ κατὰ Μωσέα κοσμοποιΐᾳ προστάττοντα τὸν πατέρα εἰρηκέναι τό· "γενηθήτω[2] φῶς·" καί· "γενηθήτω[3] στερέωμα," καὶ τὰ λοιπά, ὅσα προσέταξεν ὁ θεὸς γενέσθαι· καὶ τούτῳ εἰρηκέναι τό· "ποιήσωμεν[4] ἄνθρωπον κατ' εἰκόνα καὶ ὁμοίωσιν ἡμετέραν·" προσταχθέντα δὲ τὸν λόγον πεποιηκέναι πάντα ὅσα ὁ πατὴρ αὐτῷ ἐνετείλατο. Καὶ ταῦτα λέγομεν, οὐκ αὐτοὶ ἐπιβάλλοντες,[5] ἀλλὰ ταῖς παρὰ Ἰουδαίοις φερομέναις προφητείαις πιστεύοντες· ἐν οἷς λέγεται περὶ θεοῦ, καὶ τῶν δημιουργημάτων, αὐταῖς λέξεσι τὰ οὕτως ἔχοντα· "ὅτι[6] αὐτὸς εἶπε, καὶ ἐγενήθησαν· αὐτὸς ἐνετείλατο, καὶ ἐκτίσθησαν." Εἰ γὰρ ἐνετείλατο ὁ θεὸς, καὶ ἐκτίσθη τὰ δημιουργήματα· τίς ἂν, κατὰ τὸ ἀρέσκον τῷ προφητικῷ πνεύματι, εἴη ὁ τὴν τηλικαύτην τοῦ πατρὸς ἐντολὴν ἐκπληρῶσαι δυνηθεὶς, ἢ ὁ, ἵν' οὕτως ὀνομάσω, ἔμψυχος λόγος καὶ ἀλήθεια τυγχάνων; Ὅτι δὲ τὸν ἐν τῷ Ἰησοῦ λέγοντα τό· "ἐγώ εἰμι ἡ ὁδὸς καὶ ἡ ἀλήθεια καὶ ἡ ζωή·" οὐδὲ τὰ εὐαγγέλια οἶδε περιγεγραμμένον τινὰ γενονέναι, ὡς οὐδαμοῦ ἔξω τῆς ψυχῆς καὶ τοῦ σώματος τοῦ Ἰησοῦ τυγχάνοντα· δῆλον μὲν καὶ ἀπὸ πολλῶν, καὶ ἐξ ὀλίγων δὲ, ὧν παραθησόμεθα, οὕτως ἐχόντων. Ὁ βαπτιστὴς Ἰωάννης προφητεύων ὅσον οὐδέπω ἐνστήσεσθαι τὸν υἱὸν τοῦ θεοῦ, οὐκ ἐν ἐκείνῳ τῷ σώματι καὶ τῇ ψυχῇ τυγχάνοντα, ἀλλὰ γὰρ φθάνοντα πανταχοῦ, λέγει περὶ αὐτοῦ· "μέσος[7] ὑμῶν στήκει, ὃν ὑμεῖς οὐκ οἴδατε, ὁ ὀπίσω μου ἐρχόμενος." Εἴπερ ἐνόει ἐκεῖ μόνον εἶναι τὸν υἱὸν τοῦ θεοῦ, ὅπου τὸ βλεπόμενον ἦν σῶμα Ἰησοῦ· πῶς ἔφασκεν ἂν τό· "μέσος ὑμῶν στήκει, ὃν ὑμεῖς οὐκ οἴδατε;" Καὶ αὐτὸς δὲ ὁ Ἰησοῦς ἐπαίρων τὸ φρόνημα τῶν μαθητευόντων αὐτῷ εἰς τὸ μείζονα φρονεῖν περὶ υἱοῦ θεοῦ, φησίν· "ὅπου[8] δύο ἢ τρεῖς συνηγμένοι εἰς τὸ ἐμὸν

(1) In Cod. Anglicano primo deest κατά. R.
(2) Genes. i. 3. (3) Genes. i. 6. (4) Genes. i. 26.
(5) Sic recte omnes Codd. MSS. excepto Joliano, qui cum libris impressis (v. c. edd. Spenc.) habet : ἀμφιβάλλοντες. R.
(6) Psalm cxlviii. 5.
(7) Ev. Joann. i. 26. (8) Matth. xviii. 20.

ὄνομα, ἐκεῖ εἰμι ἐν μέσῳ αὐτῶν." Τοιαύτη δ' αὐτοῦ ἐστι καὶ
ἡ πρὸς τοὺς μαθητὰς ἐπαγγελία, λέγοντος· "καὶ[1] ἰδοὺ, ἐγὼ
μεθ' ὑμῶν εἰμι πάσας τὰς ἡμέρας, ἕως τῆς συντελείας τοῦ
αἰῶνος." Ταῦτα δέ φαμεν, οὐ χωρίζοντες τὸν υἱὸν τοῦ θεοῦ
ἀπὸ τοῦ Ἰησοῦ. Ἐν γὰρ μάλιστα μετὰ τὴν οἰκονομίαν
γεγένηται πρὸς τὸν λόγον τοῦ θεοῦ ἡ ψυχὴ καὶ τὸ σῶμα
Ἰησοῦ. Εἰ γὰρ κατὰ τὴν Παύλου διδασκαλίαν, λέγοντος·
"ὁ[2] κολλώμενος τῷ κυρίῳ, ἓν πνεῦμά ἐστι." πᾶς ὁ νοήσας τί
τὸ κολλᾶσθαι τῷ κυρίῳ, καὶ κολληθεὶς αὐτῷ, ἕν ἐστι πνεῦμα
πρὸς τὸν κύριον· πῶς οὐ πολλῷ μᾶλλον[3] θειοτέρως καὶ μει- 10
ζόνως ἕν ἐστι τό ποτε σύνθετον πρὸς τὸν λόγον τοῦ θεοῦ;
Οὗτος δὴ ἐπεδείξατο ἐν Ἰουδαίοις θεοῦ δύναμις ὢν τὸ τοιοῦ-
τον, δι' ὧν παραδόξων ἐποίησεν, ὑπονοηθέντων ὑπὸ μὲν Κέλσου
γοητείᾳ γεγονέναι, ὑπὸ δὲ τῶν τότε Ἰουδαίων, οὐκ οἶδ' ὁπόθεν,
ἐν[4] Βεελζεβοὺλ, λεγόντων· "ἐν[5] Βεελζεβοὺλ, ἄρχοντι τῶν
δαιμονίων, ἐκβάλλει τὰ δαιμόνια." Οὓς ἤλεγξεν[6] ἀτοπώ-
τατα λέγοντας ὁ σωτὴρ ἡμῶν ἐκεῖ, τῷ μηδέπω τέλος ἔχειν
τὴν τῆς κακίας βασιλείαν. Ὅπερ ἔσται δῆλον τοῖς φρονίμως
ἐντυγχάνουσι τῇ εὐαγγελικῇ γραφῇ, ἣν οὐ καιρὸς νῦν διη-
γήσασθαι. 20

10. Τί δὲ καὶ ἐπηγγείλατο ὁ Ἰησοῦς, καὶ οὐκ ἐποίησε;
παραστησάτω ὁ Κέλσος καὶ ἀποδειξάτω. Ἀλλ' οὐ δυνή-
σεται, μάλιστα ἐπεὶ εἴτ' ἐκ παρακουσμάτων, εἴτε καὶ ἐξ ἀνα-
γνωσμάτων εὐαγγελικῶν, εἴτ' ἐκ διηγημάτων Ἰουδαϊκῶν, οἴεται
φέρειν ἃ λέγει κατὰ τοῦ Ἰησοῦ, ἢ καθ' ἡμῶν. Ἀλλ' ἐπεὶ
πάλιν ὁ Ἰουδαῖός φησιν· "ὅτι καὶ ἐλέγξαντες αὐτὸν καὶ
καταγνόντες ἠξιοῦμεν κολάζεσθαι·" δεικνύτωσαν, πῶς αὐτὸν
ἤλεγξαν οἱ ζητοῦντες[7] ψευδομαρτυρίας κατασκευάσαι αὐτῷ·
εἰ μὴ ἄρα ὁ μέγας ἔλεγχος κατὰ τοῦ Ἰησοῦ ἦν, ὃν εἶπον οἱ
κατήγοροι, ὅτι "οὗτος[8] ἔφη· δύναμαι καταλῦσαι τὸν ναὸν 30

(1) Matth. xxviii. 20.   (2) 1 Cor. vi. 47.
(3) Deest μᾶλλον in ed. Ruaei.
(4) Sic recte omnino Codd. Reg. et Basileensis. R.
(5) Matth. xii. 24.   (6) Matth. xii. 25. seqq.
(7) Matth. xxvi. 59. seqq.
(8) Matth. xxvi. 61. coll. ev. Joann. ii. 19.

του θεού, και δια τριών ημερών αναστήσαι·" επεί αυτός μεν
"έλεγε⁽¹⁾ περί του ναού του σώματος αυτού," εκείνοι δ' ώοντο,
ως μη ειδότες ακούειν κατά το βούλημα του λέγοντος, ότι
περί του λιθίνου αυτώ ναού ο λόγος ην, του τετιμημένου παρά
Ιουδαίοις μάλλον ή ως εχρήν τιμάσθαι τον αληθώς ναόν θεού
του λόγου, και της σοφίας, και της αληθείας. Λεγέτω δε τις,
πως " επονειδιστότατα κρυπτόμενος, διεδίδρασκεν ο Ιησούς ;"
το γαρ ονείδους άξιόν τις παραστησάτω. Αλλ' επεί φησι
και "ότι εάλω." είποιμ' αν, ότι είπερ το αλώναι ακούσιόν
εστιν, ουχ εάλω ο Ιησούς· εαυτόν γαρ εν επιτηδείω καιρώ εις
χείρας ανθρώπων γενέσθαι ουκ εκώλυσεν, ως αμνός⁽²⁾ του θεού,
ίν' άρη την αμαρτίαν του κόσμου. " Ειδώς⁽³⁾ γούν πάντα τα
ερχόμενα επ' αυτόν, εξήλθε, και λέγει αυτοίς· τίνα ζητείτε ;
οι δ' απεκρίθησαν· Ιησούν τον Ναζωραίον· λέγει δε αυτοίς·
εγώ ειμι. Ειστήκει δε και Ιούδας, ο παραδιδούς αυτόν, μετ'
αυτών. Ως ούν είπεν αυτοίς· ότι εγώ ειμι· απήλθον εις τα
οπίσω, και έπεσον χαμαί. Πάλιν ούν αυτός⁽⁴⁾ επηρώτησε·
τίνα ζητείτε; οι δε είπον πάλιν· Ιησούν τον Ναζωραίον.
Απεκρίθη αυτοίς ο Ιησούς· είπον υμίν, ότι εγώ ειμι· ει ούν
εμέ ζητείτε, άφετε τούτους υπάγειν." Αλλά και προς τον
βουλόμενον αυτώ βοηθήσαι, και πατάξαντα τον του αρχιερέως
δούλον, και αφελόντα αυτού το ωτίον, είπεν· " απόστρεψον⁽⁵⁾
την μάχαιράν σου εις τον τόπον αυτής· πάντες γαρ οι λα-
βόντες μάχαιραν, εν μαχαίρα απολούνται. Η δοκεί⁽⁶⁾ σοι,
ότι ου δύναμαι άρτι παρακαλέσαι τον πατέρα μου, και παρα-
στήσει μοι ώδε πλείους ή δώδεκα λεγεώνας αγγέλων ; Πως
ούν πληρωθώσιν αι γραφαί, ότι ούτω δει γενέσθαι ;" Ει δε
πλάσματα των γραψάντων τα ευαγγέλια οίεταί τις είναι

---

(1) Ev. Joann. ii. 21.
(2) Ev. Joann. i. 29.   (3) Ev. Joann. xviii. 4—8.
(4) Spencer. (in textu): αυτούς, sed omnes MSS. et Hœschel. (itemq. edd. Spenc. ad marg.) in textu : αυτός. Vulgata Joannis exemplaria rectius habent: αυτούς. Sed a MSS. Origenis non recedendum in textu duximus. R.
(5) Matth. xxvi. 52—54.
(6) Sic omnes Codd. MSS. Vulgata vero Matthæi exemplaria (itemq. edd. Spenc. ad marg.) δοκείς. R.

ταῦτα· πῶς οὐχὶ μᾶλλον πλάσματα μέν ἐστι τὰ ἀπὸ ἔχθους
καὶ μίσους τοῦ πρὸς αὐτὸν καὶ Χριστιανοὺς λεγόμενα· ἀλήθεια
δὲ τὰ τῶν τὸ γνήσιον τῆς πρὸς τὸν Ἰησοῦν διαθέσεως ἀπο-
δειξαμένων(1) ἐν τῷ πᾶν ὅτι ποτ' οὖν ὑπομεμενηκέναι διὰ
τοὺς λόγους αὐτοῦ; Τοσαύτην γὰρ ὑπομονὴν καὶ ἔνστασιν
μέχρι θανάτου ἀνειληφέναι τοὺς Ἰησοῦ μαθητὰς, μετὰ δια-
θέσεως οὐκ(2) ἀναπλασσούσης περὶ τοῦ διδασκάλου τὰ μὴ
ὄντα· καὶ πολὺ τοῖς εὐγνωμονοῦσι τὸ ἐναργές ἐστι, περὶ τοῦ
πεπεῖσθαι αὐτοὺς περὶ ὧν ἀνέγραψαν, ἐκ τοῦ τηλικαῦτα καὶ
τοσαῦτα, διὰ τὸν πεπιστευμένον αὐτοῖς εἶναι υἱὸν θεοῦ, ὑπομε- 10
μενηκέναι.

11. Εἶτα, ὅτι μὲν ὑφ' ὧν ὠνόμαζε μαθητῶν προϋδόθη·
ἔμαθεν ὁ παρὰ τῷ Κέλσῳ Ἰουδαῖος ἀπὸ τῶν εὐαγγελίων,
πολλοὺς εἰπὼν μαθητὰς τὸν ἕνα Ἰούδαν, ἵνα δόξῃ αὔξειν τὴν
κατηγορίαν. Οὐκέτι δὲ πάντα τὰ περὶ τοῦ Ἰούδα ἀναγε-
γραμμένα περιειργάσατο· ὅτι μαχομέναις καὶ ἐναντίαις κρί-
σεσι περιπεσὼν ὁ Ἰούδας περὶ τοῦ διδασκάλου, οὔθ' ὅλῃ ψυχῇ
γέγονε κατ' αὐτοῦ, οὐδ' ὅλῃ ψυχῇ ἐτήρησε τὴν αἰδὼ πρὸς
διδάσκαλον φοιτητοῦ. Ὁ γὰρ παραδιδοὺς αὐτὸν, ἔδωκε τῷ
ἐληλυθότι ἐπὶ τὸ συλλαβεῖν τὸν Ἰησοῦν σημεῖον ὄχλῳ, λέγων· 20
"ὃν (3) ἂν φιλήσω, αὐτός ἐστι· κρατήσατε αὐτόν." σώζων τι
τῆς πρὸς αὐτὸν αἰδοῦς· εἰ γὰρ μὴ ἔσωζεν αὐτὴν, κἂν μετὰ
παρρησίας, χωρὶς προσποιήσεως φιλήματος, παρέδωκεν αὐτόν.
Τοῦτο μὲν οὖν πάντας πείσει περὶ τῆς τοῦ Ἰούδα προαιρέσεως,
ὅτι μετὰ τῆς φιλαργυρίας, καὶ τῆς μοχθηρᾶς εἰς τὸ προδοῦναι
τὸν διδάσκαλον προαιρέσεως, εἶχέ τι ἀναμεμιγμένον ἐν τῇ
ψυχῇ ἀπὸ τῶν Ἰησοῦ λόγων αὐτῷ ἐγγεγενημένον, ἔμφασιν
ἔχον λείμματος, ἵν' οὕτως ὀνομάσω, χρηστότητος. Γέγραπται
γὰρ, ὅτι "ἰδὼν(4) ὁ Ἰούδας, ὁ παραδιδοὺς αὐτὸν, ὅτι κατε-
κρίθη, μεταμεληθεὶς ἔστρεψε τὰ τριάκοντα ἀργύρια τοῖς ἀρχι- 30

(1) Edd. Spenc. et Ruæi in textu : ἀποδεξαμένων. Boherell. vero, cui Ruæus adstipulatur, in notis : "Lego: ἀποδειξαμένων." L.
(2) In MSS. deest οὐκ, quod abesse potest, si cetera interrogative legantur. Ut ut est, post μετὰ διαθέσεως, cum Boherello subaudiendum : γέγονεν, vel aliquid simile. R.
(3) Matth. xxvi. 48. (4) Matth. xxvii. 3—5.

ερεῦσι καὶ πρεσβυτέροις, λέγων· ἥμαρτον, παραδοὺς αἷμα[1] δίκαιον· οἱ δὲ εἶπον· τί πρὸς ἡμᾶς; Σὺ ὄψει. Καὶ ῥίψας τὰ ἀργύρια εἰς τὸν ναὸν ἀνεχώρησε· καὶ ἀπελθὼν ἀπήγξατο." Εἰ δ᾽ ὁ φιλάργυρος Ἰούδας,[2] καὶ κλέπτων τὰ εἰς λόγον τῶν πενήτων εἰς τὸ γλωσσόκομον βαλλόμενα, μεταμεληθεὶς ἔστρεψε τὰ τριάκοντα ἀργύρια τοῖς ἀρχιερεῦσι καὶ πρεσβυτέροις· δῆλον, ὅτι δεδύνηταί τινα μεταμέλειαν ἐμποιῆσαι αὐτῷ τὰ Ἰησοῦ μαθήματα, οὐ πανταχῇ καταφρονηθέντα ὑπὸ τοῦ προδότου καὶ ἀποπτυσθέντα. Ἀλλὰ καὶ τό· "ἥμαρτον,[3] παραδοὺς αἷμα δίκαιον·" ἐξομολογουμένου ἦν τὸ ἡμαρτημένον. Ὅρα δέ, ὅση διάπυρος καὶ σφόδρα γέγονεν αὐτῷ ἀπὸ μεταμελείας τῆς ἐπὶ τοῖς ἡμαρτημένοις λύπη, ὡς μηδὲ τὸ ζῆν αὐτὸν ἔτι ὑπομεῖναι· ἀλλ᾽ εἰς τὸν ναὸν ῥίψαντα τὸ ἀργύριον, ἀναχωρῆσαι, καὶ ἀπελθεῖν, καὶ ἀπάγξασθαι· ἑαυτὸν γὰρ κατεδίκασε, δεικνὺς ὅσον ἐδύνατο καὶ ἐν τῷ ἁμαρτωλῷ τῷ Ἰούδᾳ, τῷ κλέπτῃ καὶ προδότῃ, ἡ Ἰησοῦ διδασκαλία, οὐ δυνηθέντι πάντῃ καταφρονῆσαι ὧν ἀπὸ τοῦ Ἰησοῦ μεμάθηκεν. Ἢ τὰ μὲν ἐμφαίνοντα τὸ μὴ πάντῃ ἀποστατικὸν τοῦ Ἰούδα, καὶ μετὰ τὰ τετολμημένα κατὰ τοῦ διδασκάλου, πλάσματα ἐροῦσιν οἱ περὶ τὸν Κέλσον· μόνον δ᾽ ἀληθές, ὅτι εἷς τῶν μαθητῶν προέδωκεν αὐτόν· καὶ προσθήσουσι τῷ γεγραμμένῳ, ὅτι καὶ ὅλῃ ψυχῇ προέδωκεν αὐτόν; Ὅπερ ἐστὶν ἀπίθανον, ἀπὸ τῶν αὐτῶν γραμμάτων πάντα ὡς ἐχθρὸν ποιεῖν, καὶ τὸ πιστεύειν, καὶ τὸ ἀπιστεῖν. Εἰ δὲ δεῖ καὶ περὶ τοῦ Ἰούδα δυσωπητικόν τινα παραθέσθαι λόγον· φήσομεν, ὅτι ἐν τῇ βίβλῳ τῶν ψαλμῶν ὅλος ὁ ἑκατοστὸς ὄγδοος ψαλμὸς τὴν περὶ τοῦ Ἰούδα περιέχει προφητείαν, οὗ ἡ ἀρχὴ· "ὁ[4] θεὸς τὴν αἴνεσίν μου μὴ παρασιωπήσῃς, ὅτι στόμα ἁμαρτωλοῦ καὶ στόμα δολίου ἐπ᾽ ἐμὲ ἠνοίχθη." Προφητεύεται δ᾽ ἐν αὐτῷ, καὶ ὅτι Ἰούδας τοῦ μὲν τῶν ἀποστόλων ἀπεχώρισεν ἑαυτὸν διὰ τὴν ἁμαρτίαν ἀριθμοῦ, εἰς δὲ τὸν τόπον αὐτοῦ ἕτερος ἐνεκρίθη· καὶ τοῦτο δηλοῦται ἐν τῷ· "καὶ[5] τὴν ἐπισκοπὴν αὐτοῦ λάβοι

---

[1] Cod. Regius: αἷμα ἀθῶον. R.
[2] Ev. Joann. xiii. 29.
[3] Matth. xxvii. 4.
[4] Psalm. cix. 1, 2. (cviii.)
[5] Psalm. cix. 8. (cviii.)

ἕτερος." Ἀλλὰ γὰρ φέρε ὑπό τινος τῶν μαθητῶν αὐτὸν προδεδόσθαι χειρόνως Ἰούδα διατεθέντος, καὶ ὡσπερεὶ ἐκχέαντος πάντας οὓς ἤκουσε παρὰ τοῦ Ἰησοῦ λόγους· τί τοῦτο πρὸς κατηγορίαν Ἰησοῦ ἢ Χριστιανισμοῦ συμβάλλεται; Καὶ πῶς τοῦτο ψευδῆ τὸν λόγον ἀποδείκνυσιν; Ἀπελογησάμεθα δὲ περὶ τῶν ἑξῆς καὶ ἐν τοῖς πρὸ τούτων, δεικνύντες, ὅτι οὐ φεύγων ἑάλω ὁ Ἰησοῦς, ἀλλ' ἑκὼν ὑπὲρ ἡμῶν πάντων παρέδωκεν ἑαυτόν· ᾧ ἀκόλουθόν ἐστιν, ὅτι εἰ καὶ ἐδέθη, ἑκὼν ἐδέθη· διδάσκων μὴ ἀκουσίως ἡμᾶς ὑπὲρ εὐσεβείας ταῦτα ἀναλαμβάνειν.

12. Παιδαριώδη δέ μοι δοκεῖ καὶ τὰ τοιαῦτα, ὅτι "στρατηγὸς μὲν ἀγαθὸς, καὶ πολλῶν μυριάδων ἡγησάμενος, οὐδεπώποτε προὐδόθη· ἀλλ' οὐδὲ λῄσταρχος πονηρὸς καὶ παμπονήρων ἄρχων, ὠφέλιμος τοῖς συνοῦσιν εἶναι δοκῶν· αὐτὸς δὲ προδοθεὶς ὑπὸ τῶν ὑπ' αὐτῷ, οὔτε ὡς στρατηγὸς ἦρξεν ἀγαθὸς, οὔτ' ἀπατήσας τοὺς μαθητὰς, κἂν τὴν ὡς πρὸς λῄσταρχον, ἵν' οὕτως ὀνομάσω, εὔνοιαν ἐνεποίησε τοῖς ἀπατηθεῖσι." Πολλὰς γὰρ ἄν τις εὕροι ἱστορίας περὶ στρατηγῶν προδοθέντων ὑπὸ τῶν οἰκείων, καὶ λῃστάρχων ἁλόντων, διὰ τοὺς μὴ τηρήσαντας τὰς πρὸς αὐτοὺς συνθήκας. Ἀλλ' ἔστω μηδένα στρατηγῶν προδεδόσθαι, ἢ λῃστάρχων· τί τοῦτο συμβάλλεται πρὸς τὸ κατὰ Ἰησοῦ εἶναι τὸ, ἕνα τῶν φοιτητῶν προδότην αὐτοῦ γεγονέναι; Ἐπεὶ δὲ φιλοσοφίαν προβάλλεται ὁ Κέλσος, πυθοίμεθ' ἂν αὐτοῦ, ὅ, τι ἄρα Πλάτωνος ἦν κατηγορία, τὸ μετὰ εἴκοσιν ἔτη τῆς παρ' αὐτῷ ἀκροάσεως ἀποφοιτήσαντα τὸν Ἀριστοτέλη κατηγορηκέναι μὲν τοῦ περὶ τῆς ἀθανασίας τῆς ψυχῆς λόγου, Πλάτωνος δὲ τερετίσματα τὰς ἰδέας ὠνομακέναι; Ἔτι δὲ προσαποροῦντες, καὶ τοιαῦτα λέγοιμεν ἄν· ἆρα Πλάτων οὐκέτι δυνατὸς ἦν ἐν διαλεκτικῇ, οὐδ' ἱκανὸς παραστῆσαι τὰ νενοημένα, ἐπεὶ ἀπεφοίτησεν αὐτοῦ Ἀριστοτέλης, καὶ παρὰ τοῦτο ψευδῆ τὰ Πλάτωνός ἐστι δόγματα; Ἢ δύναται καὶ ἀληθοῦς ὄντος Πλάτωνος, ὡς ἂν λέγοιεν οἱ κατ' αὐτὸν φιλοσοφοῦντες, Ἀριστοτέλης πονηρὸς καὶ ἀχάριστος πρὸς τὸν διδάσκαλον γεγονέναι; Ἀλλὰ καὶ ὁ Χρύσιππος πολλαχοῦ τῶν συγγραμμάτων αὐτοῦ φαίνεται καθαπτόμενος Κλεάνθους, καινοτομῶν

παρὰ τὰ ἐκείνῳ δεδογμένα, γενομένῳ αὐτοῦ διδασκάλῳ ἔτι νέου, καὶ ἀρχὰς ἔχοντος φιλοσοφίας. καίτοι γε Ἀριστοτέλης μὲν εἴκοσιν ἔτεσι λέγεται πεφοιτηκέναι Πλάτωνι· οὐκ ὀλίγον δὲ χρόνον καὶ ὁ Χρύσιππος παρὰ τῷ Κλεάνθει πεποιῆσθαι τὰς διατριβάς. Ὁ δὲ Ἰούδας παρὰ τῷ Ἰησοῦ οὐδὲ τρία διέτριψεν ἔτη. Ἀπὸ δὲ τῶν γεγραμμένων ἐν τοῖς βίοις τῶν φιλοσόφων πολλὰ ἄν τις εὕροι τοιαῦτα, ἐφ᾽ οἷς ἐγκαλεῖ τῷ Ἰησοῦ διὰ τὸν Ἰούδαν ὁ Κέλσος. Οἱ δὲ Πυθαγόρειοι κενοτάφια ᾠκοδόμουν τοῖς μετὰ τὸ προτραπῆναι ἐπὶ φιλο-
10 σοφίαν παλινδρομήσασιν ἐπὶ τὸν ἰδιωτικὸν βίον· καὶ οὐ παρὰ τοῦτο ἀσθενὴς ἦν λόγῳ καὶ ἀποδείξεσι Πυθαγόρας, καὶ οἱ ἀπ᾽ αὐτοῦ.

13. Μετὰ ταῦτά φησιν ὁ παρὰ τῷ Κέλσῳ Ἰουδαῖος, "ὅτι πολλὰ ἔχων λέγειν περὶ τῶν κατὰ τὸν Ἰησοῦν γενομένων καὶ ἀληθῆ, καὶ οὐ παραπλήσια τοῖς ὑπὸ τῶν μαθητῶν τοῦ Ἰησοῦ γραφεῖσιν, ἑκὼν ἐκεῖνα παραλείπω." Τίνα οὖν ἄρα τἀληθῆ, καὶ οὐχ ὁποῖα ἐν τοῖς εὐαγγελίοις γέγραπται, ἃ παραλείπει ὁ παρὰ Κέλσῳ Ἰουδαῖος; Ἡ δοκούσῃ δεινότητι ῥητορικῇ χρησάμενος, προσποιεῖται μὲν ἔχειν λέγειν· οὐδὲν δὲ
20 εἶχεν ἔξωθεν τοῦ εὐαγγελίου φέρειν, δυνάμενον πλῆξαι ὡς ἀληθὲς ὂν τὸν ἀκούοντα, καὶ ὡς ἐναργῶς κατηγοροῦν Ἰησοῦ, καὶ τῆς διδασκαλίας αὐτοῦ· Ἐγκαλεῖ δὲ τοῖς μαθηταῖς, ὡς πλασαμένοις, ὅτι πάντα τὰ συμβάντα αὐτῷ ἐκεῖνος προῄδει καὶ προείρηκει. Καὶ τοῦτο δὲ ἀληθὲς ὂν, κἂν μὴ Κέλσος βούληται, παραστήσομεν ἀπὸ πολλῶν καὶ ἄλλων προφητικῶς ὑπὸ τοῦ σωτῆρος εἰρημένων, ἐν οἷς προεῖπε τὰ Χριστιανοῖς καὶ ἐν ταῖς ὕστερον γενόμενα γενεαῖς. Καὶ τίς γε[1] οὐκ ἂν θαυμάσαι τὸ προειρημένον, τὸ "ἐπὶ[2] ἡγεμόνας δὲ καὶ βασιλεῖς ἀχθήσεσθε ἕνεκεν ἐμοῦ, εἰς μαρτύριον αὐτοῖς καὶ τοῖς
30 ἔθνεσι·" καὶ εἴ τι ἄλλο περὶ τοῦ διωχθήσεσθαι τοὺς μαθητὰς αὐτοῦ προεῖπε; Διὰ ποῖον γὰρ δόγμα τῶν ἐν ἀνθρώποις γεγενημένων κολάζονται καὶ ἄλλοι, ἵνα τις τῶν κατηγορούντων Ἰησοῦ λέγοι, ὅτι ὁρῶν τὰ ἀσεβῆ ἢ τὰ ψευδῆ τῶν δογμάτων

(1) In edd. Spenc. uncis inclusum legitur: γε. R. (2) Matth. x. 18.

κατηγορούμενα, έδοξε και τούτο σεμνύνειν δια του προλέγειν
ᾠηθεν περι αυτοί; είπερ γαρ έχρην δια δόγματα επι ηγεμόνας και βασιλείς άγεσθαί τινας· και τίνας εχρην άλλους, η
Επικουρείους τους πάντη πρόνοιαν αναιρούντας; αλλά και
τους από του Περιπάτου, μηδέν φάσκοντας ανύειν ευχάς, και
τας ως προς το θείον θυσίας; Αλλά φήσει τις, ότι και
Σαμαρείς δια την εαυτών θεοσέβειαν διώκονται. Προς ον
τοιαύτα ερούμεν· οι Σικάριοι δια την περιτομήν, ως ακρωτηριάζοντες παρά τους καθεστώτας νόμους και τα Ιουδαίοις
συγκεχωρημένα μόνοις, αναιρούνται. Και ουκ έστιν ακούσαι
δικαστού πυνθανομένου, ει κατά τήνδε την νομιζομένην θεοσέβειαν ο Σικάριος αγωνιζόμενος βιούν, μεταθέμενος μεν απολυθήσεται· εμμένων δε, την επι θανάτω απαχθήσεται. Αλλά
γαρ αρκεί δειχθείσα η περιτομή προς αναίρεσιν του πεπονθότος
αυτήν. Χριστιανοι δε μόνοι—κατά τα ειρημένα υπό του
σωτήρος αυτών, λέγοντος· "επι ηγεμόνας και βασιλείς
αχθήσεσθε ένεκεν εμού."—μέχρι τελευταίας αναπνοής υπό των
δικαστών επιτρέπονται, εξομοσάμενοι τον Χριστιανισμόν, και
κατά τα κοινά έθη θύσαντες, και ομόσαντες, οίκοι γενέσθαι,
και ζην ακινδύνως. Όρα δε, ει μη μετά πολλής εξουσίας
λέγεται το· "πας(1) ος εαν ομολογήση εν εμοί έμπροσθεν
των ανθρώπων, καγω ομολογήσω εν αυτώ έμπροσθεν του
πατρός μου του εν ουρανοίς· και πας ος εαν αρνήσηταί με
έμπροσθεν των ανθρώπων," και τα εξής. Και ανάβα μοι τω
λόγω επι τον Ιησούν λέγοντα ταύτα, και όρα μηδέπω γενόμενα προφητευόμενα· ει μη φήσεις, απιστών μεν αυτώ, ότι
ταύτα φλυαρεί και μάτην λέγει—ου γαρ έσται τα λεγόμενα·—αμφιβάλλων δε περι του συγκαταθέσθαι τοις λόγοις
αυτού, η μη, ότι εαν ταύτα πληρωθή, και συστή η διδασκαλία
των λόγων του Ιησού, ως φροντίζειν τους ηγεμόνας και τους
βασιλείς αναιρείν τους ομολογούντας τον Ιησούν· τότε πιστεύσομεν, ότι ως μεγάλην εξουσίαν λαβών από του θεού
προς το σπείραι τούτον τον λόγον τω γένει των ανθρώπων,

(1) Matth. x. 32, 33.

καὶ πειθόμενος κρατήσειν αυτόν, ταῦτά φησι. Τίς δ' οὐ θαυμάσεται, ἀναβαίνων τῷ λόγῳ ἐπ' ἐκεῖνον διδάσκοντα τότε καὶ λέγοντα· "κηρυχθήσεται(1) τὸ εὐαγγέλιον τοῦτο ἐν ὅλῳ τῷ κόσμῳ, εἰς μαρτύριον αὐτοῖς καὶ τοῖς ἔθνεσι·" καὶ θεωρῶν κατὰ τὰ ὑπ' ἐκείνου εἰρημένα κεκηρυγμένον τὸ Ἰησοῦ Χριστοῦ εὐαγγέλιον ἐν τῇ ὑπὸ τὸν οὐρανὸν Ἕλλησι καὶ βαρβάροις, συφοῖς καὶ ἀνοήτοις; Πᾶσαν γὰρ φύσιν ἀνθρώπων ὁ μετὰ δυνάμεως λαληθεὶς λόγος κεκράτηκε· καὶ οὐκ ἔστι τι γένος ἰδεῖν ἀνθρώπων, ὃ ἐκπέφευγε παραδέξασθαι τὴν Ἰησοῦ διδασ-
10 καλίαν. Ὁ δὲ ἀπιστῶν παρὰ τῷ Κέλσῳ Ἰουδαῖος περὶ τοῦ Ἰησοῦ, ὅτι πάντα τὰ συμβάντα αὐτῷ προῄδει, κατανοησάτω τίνα τρόπον, ἔτι συνεστώσης τῆς Ἱερουσαλήμ, καὶ πάσης τῆς Ἰουδαϊκῆς λατρείας γινομένης ἐν αὐτῇ, προεῖπεν Ἰησοῦς τὰ συμβησόμενα αὐτῇ ὑπὸ Ῥωμαίων. Οὐ γὰρ δὴ τοὺς αὐτοῦ Ἰησοῦ γνωρίμους καὶ ἀκροατὰς φήσουσι χωρὶς γραφῆς τὴν τῶν εὐαγγελίων παραδεδωκέναι διδασκαλίαν, καὶ καταλιπεῖν τοὺς μαθητὰς χωρὶς τῶν περὶ Ἰησοῦ ἐν γράμμασιν ὑπομνημάτων. Γέγραπται δὴ ἐν αὐτοῖς τό· "ὅταν(2) δὲ ἴδητε κυκλουμένην ὑπὸ στρατοπέδων τὴν Ἱερουσαλήμ, τότε γνῶτε,
20 ὅτι ἤγγισεν ἡ ἐρήμωσις αὐτῆς." Καὶ οὐδαμῶς τότε ἦν στρατόπεδα περὶ τὴν Ἱερουσαλὴμ κυκλοῦντα αὐτήν, καὶ περιέχοντα καὶ πολιορκοῦντα· τοῦτο γὰρ ἤρξατο μὲν ἔτι Νέρωνος βασιλεύοντος, παρέτεινε δὲ ἕως τῆς Οὐεσπασιανοῦ ἡγεμονίας· οὗ ὁ υἱὸς Τίτος καθεῖλε τὴν Ἱερουσαλήμ· ὡς μὲν Ἰώσηπος γράφει, διὰ Ἰάκωβον τὸν δίκαιον, τὸν ἀδελφὸν Ἰησοῦ τοῦ λεγομένου Χριστοῦ· ὡς δὲ ἡ ἀλήθεια παρίστησι, διὰ Ἰησοῦν τὸν Χριστόν, τὸν υἱὸν τοῦ θεοῦ.

14. Ἐδύνατο μέν τοι, παραδεξάμενος ἢ συγχωρήσας ὁ Κέλσος τὸ προεγνωκέναι αὐτὸν τὰ συμβησόμενα αὐτῷ, ἐξευ-
30 τελίζειν μὲν τοῦτο δοκεῖν· ὅπερ πεποίηκεν ἐπὶ τῶν δυνάμεων, γοητείᾳ φάσκων αὐτὰς γεγονέναι· καὶ ἐδύνατό γε λέγειν, ὅτι πολλοὶ ἀπὸ μαντειῶν, τῶν ἐν οἰωνοῖς, ἢ ὄρνισιν, ἢ θυτικῇ, ἢ γενεθλιαλογίᾳ, ἔγνωσαν τὰ ἀπαντησόμενα αὐτοῖς. Ἀλλὰ

(1) Matth. xxiv. 14.   (2) Luc. xxi. 20.

τοῦτο μὲν οὐκ ἠθέλησε συγχωρῆσαι, ὡς μεῖζον· τὸ δὲ τὰς δυνάμεις πεποιηκέναι παραδεξάμενός πως, δοκεῖ αὐτὸ προφάσει γοητείας διαβεβληκέναι. Φλέγων μέν τοι ἐν τρισκαιδεκάτῳ, ἢ τεσσαρεσκαιδεκάτῳ, οἶμαι, τῶν Χρονικῶν, καὶ τὴν περί τινων μελλόντων πρόγνωσιν ἔδωκε τῷ Χριστῷ, συγχυθεὶς ἐν τοῖς περὶ Πέτρου ὡς περὶ τοῦ Ἰησοῦ· καὶ ἐμαρτύρησεν, ὅτι κατὰ τὰ εἰρημένα ὑπ' αὐτοῦ τὰ λεγόμενα ἀπήντησε. πλὴν κἀκεῖνος καὶ διὰ τῶν κατὰ τὴν πρόγνωσιν ἄκων ὡσπερεὶ οὐ κενὸν θειοτέρας δυνάμεως ἀπεφήνατο εἶναι τὸν ἐν τοῖς πατράσι τῶν δογμάτων λόγον. 10

15. Φησὶ δὲ ὁ Κέλσος· "ὅτι καὶ μαθηταὶ τοῦ Ἰησοῦ, ἐπὶ πράγματι περιφανεῖ μηδὲν ἔχοντες ἐπισκήψασθαι, τοῦτο ἐπενόησαν, τὸ λέγειν αὐτὸν πάντα προεγνωκέναι·" οὐκ ἐπιστήσας, ἢ οὐ βουληθεὶς ἐπιστῆσαι τῷ φιλαλήθει τῶν γραψάντων, ὁμολογησάντων καὶ προειρηκέναι τὸν Ἰησοῦν τοῖς μαθηταῖς· "ὅτι[1] πάντες ὑμεῖς σκανδαλισθήσεσθε ἐν ἐμοὶ ἐν τῇ νυκτὶ ταύτῃ·" καὶ ἠληθευκέναι, σκανδαλισθέντων αὐτῶν· πεπροφητευκέναι δὲ καὶ τῷ Πέτρῳ· "ὅτι[2] πρὸ ἀλεκτοροφωνίας ἀρνήσῃ με τρίς·" καὶ ὅτι Πέτρος τρὶς ἠρνήσατο. Εἰ γὰρ μὴ ἦσαν φιλαλήθεις, ἀλλ', ὡς οἴεται Κέλσος, πλάσματα ἀνα- 20 γράφοντες, οὐκ ἂν Πέτρον ἀνέγραψαν ἀρνησάμενον, ἢ τοὺς μαθητὰς Ἰησοῦ σκανδαλιζομένους. Τίς γὰρ, εἰ καὶ γέγονε ταῦτα, ἤλεγξε τὸν λόγον, ὅτι οὕτως ἀπήντησε; καίτοι γε, κατὰ τὸ εἰκὸς, ἐχρῆν σεσιωπῆσθαι ταῦτα ἀνθρώποις, βουλομένοις διδάσκειν τοὺς ἐντυγχάνοντας τοῖς εὐαγγελίοις[3] θανάτου καταφρονεῖν ὑπὲρ τῆς ὁμολογίας τοῦ Χριστιανισμοῦ. νυνὶ δ' ὁρῶντες, ὅτι ὁ λόγος δυνάμει κρατήσει τῶν ἀνθρώπων, ἔθηκαν καὶ τὰ τοιαῦτα, οὐκ οἶδ' ὅπως οὐ βλάψοντα τοὺς ἐντυγχάνοντας, οὐδὲ πρόφασιν δώσοντα ἀρνήσεως.

16. Πάνυ δ' εὐήθως φησί· "τοὺς μαθητὰς πρὸς παραί- 30 τησιν τῶν κατὰ τὸν Ἰησοῦν ἀναγεγραφέναι περὶ αὐτοῦ τοιαῦτα· ὥσπερ, φησὶν, εἴ τις λέγων εἶναί τινα δίκαιον, δεικνύει αὐτὸν ἀδικοῦντα· καὶ λέγων ὅσιον, δεικνύει φονεύοντα· καὶ

(1) Matth. xxvi. 31.   (2) Matth. xxvi. 34.
(3) Philoc. τοῖς εὐαγγελίοις.

λέγων αθάνατον, δεικνύει νεκρόν· πᾶσι τούτοις ἐπιφέρων, ὅτι προειρηκὼς αὐτὰ ἔτυχεν." Αὐτόθεν γὰρ ἀνόμοιον αὑτοῦ τὸ παράδειγμα· ἐπεὶ οὐδὲν ἄτοπόν ἐστιν, ἀνειληφότα τὸν ἐσόμενον ἀνθρώποις ἐγκείμενον σκοπὸν περὶ τοῦ πῶς δεῖ βιοῦν, ὑποδεδειχέναι ὡς δεῖ ὑπὲρ εὐσεβείας ἀποθνήσκειν, χωρὶς τοῦ χρήσιμόν τι τῷ παντὶ γεγονέναι τὸ ὑπὲρ ἀνθρώπων αὐτὸν ἀποθανεῖν, ὡς ἐν τῷ πρὸ τούτου ἐδείξαμεν λόγῳ. Εἶτ' οἴεται, ὅτι πᾶσα ἡ τοῦ πάθους ὁμολογία, βεβαιοῖ τὸν ἔλεγχον, οὐ λύει. Οὐ γὰρ οἶδεν, ὅσα περὶ τούτου καὶ παρὰ τῷ Παύλῳ
10 πεφιλοσόφηται, καὶ ὑπὸ τῶν προφητῶν λέλεκται· ἔλαθε δὲ αὐτὸν τὸ εἰρηκέναι τινὰ τῶν ἐν ταῖς αἱρέσεσι, δοκήσει τὸν Ἰησοῦν ταῦτα πεπονθέναι, οὐ πεπονθότα. Οὐ γὰρ ἐγνωκὼς εἶπε τό· "οὐδὲ γὰρ τοῦτο εἴπετε, ὅτι ἐδόκει μὲν τοῖς ἀσεβέσιν ἀνθρώποις ταῦτα πάσχειν, οὐκ ἔπασχε δέ· ἀλλ' ἄντικρυς παθεῖν ὁμολογεῖτε." Ἀλλ' ἡμεῖς τὸ δοκεῖν ἐπὶ τοῦ παθεῖν οὐ τάσσομεν, ἵνα μὴ ψευδὴς αὐτοῦ καὶ ἡ ἀνάστασις ᾖ, ἀλλ' ἀληθής. ὁ γὰρ ἀληθῶς ἀποθανὼν, εἰ ἀνέστη, ἀληθῶς ἀνέστη· ὁ δὲ δοκῶν ἀποτεθνηκέναι, οὐκ ἀληθῶς ἀνέστη. Ἐπεὶ δὲ τὸ περὶ τῆς ἀναστάσεως Ἰησοῦ Χριστοῦ χλευάζουσιν οἱ ἄπιστοι,
20 παραθησόμεθα μὲν καὶ Πλάτωνα λέγοντα, Ἦρα[1] τὸν[2] Ἀρμενίου μετὰ δώδεκα ἡμέρας ἐκ τῆς πυρᾶς ἐγηγέρθαι, καὶ ἀπηγγελκέναι τὰ περὶ τῶν ἐν ᾅδου· ὡς πρὸς ἀπίστους δὲ καὶ τὰ περὶ τῆς παρὰ τῷ Ἡρακλείδῃ ἄπνου, οὐ πάντη ἔσται εἰς τὸν τόπον ἄχρηστα. πολλοὶ δ' ἱστόρηνται καὶ ἀπὸ τῶν μνημείων ἐπανελθόντες οὐ μόνον αὐτῆς ἡμέρας, ἀλλὰ γὰρ καὶ τῇ ἑξῆς. Τί οὖν θαυμαστὸν, εἰ ὁ παραδόξως πολλὰ ποιήσας, καὶ ὑπὲρ ἄνθρωπον, καὶ οὕτως ἐναργῆ, ὡς μὴ δυνάμενον[3] ἀντιβλέψαι τῷ γεγονέναι αὐτὰ, κακίζειν διὰ τοῦ κοινοποιεῖν αὐτὰ πρὸς τὰς γοητείας, καὶ περὶ τὴν ἑαυτοῦ τελευτὴν εἶχέ τι
30 πλεῖον· ἵνα ἑκοῦσα μὲν τὸ σῶμα καταλίπῃ ἡ ψυχὴ, οἰκονομη-

(1) Boherellus et Ruæus in notis : "Ita legendum ex Platon. libr. X. de Republica."—Edd. Spenc. ad marg. Ἤρον. L.
(2) Edd. Spenc. in textu: τὸν Ἀρμένιον, Boherell. vero, cui Ruæus adstipulatur, in notis: "Lege: τὸν Ἀρμένιου." L.
(3) Libri editi (v. c. edd. Spenc.) in margine: δυναμένους. Item MSS. excepto Cod. Joliano. R.

σαμένη δε τινα έξω αυτού, πάλιν επανέλθη ότε βούλεται; τοιούτον δ' αναγέγραπται παρά τω Ιωάννη ειρηκέναι ο Ιησούς λόγον, εν τω· " ουδείς(1) αίρει την ψυχήν μου απ' εμού, αλλ' εγώ τίθημι αυτήν απ' εμαυτού. εξουσίαν έχω θείναι αυτήν, και πάλιν εξουσίαν έχω λαβείν αυτήν." Και τάχα διά τούτο προλαβών εξελήλυθεν από του σώματος, ίνα αυτό τηρήση, και μη καταχθή τα σκέλη, ως τα των συν αυτώ σταυρωθέντων ληστών. "Του(2) μεν γαρ πρώτου οι στρατιώται κατέαξαν τα σκέλη, και του άλλου του συσταυρωθέντος αυτώ· επι δε τον Ιησούν ελθόντες, και ιδόντες, ότι εξέπνευσεν, ου κατέαξαν αυτού τα σκέλη." Είπωμεν(3) ούν προς το· " πόθεν ούν πιστόν το προειρηκέναι;" το δέ· "πόθεν αθάνατος ο νεκρός;" μανθανέτω ο βουλόμενος, ότι ουχ ο νεκρός αθάνατος, αλλ' ο αναστάς εκ νεκρών. Ου μόνον ούν ουχ ο νεκρός αθάνατος, αλλ' ουδ' ο προ του νεκρού Ιησούς ο σύνθετος, αθάνατος ην, ός γε έμελλε τεθνήξεσθαι. ουδείς γαρ τεθνηξόμενος, αθάνατος· αλλά αθάνατος, ότε ουκέτι τεθνήξεται. "Χριστός(4) δε εγερθείς εκ νεκρών, ουκέτι αποθνήσκει·" θάνατος αυτού ουκέτι κυριεύει· καν μη βούλωνται οι ταύτα πως είρηται νοήσαι μη χωρήσαντες.

17. Σφόδρα δε μωρόν και το· "Τίς αν ή θεός, ή δαίμων, ή άνθρωπος φρόνιμος προειδώς αυτώ τοιαύτα συμβησόμενα, ουκ άν, εί γε εδύνατο, εξέκλινεν, αλλά συνέπιπτεν οίς προηπίστατο;" Και Σωκράτης γούν ήδει το κώνειον πιόμενος και τεθνηξόμενος, και εδύνατο, είπερ επείσθη τω Κρίτωνι, υπεξελθών την φυλακήν μηδέν τούτων παθείν· αλλ' είλετο, κατά το φαινόμενον αυτώ εύλογον, κρείττον αυτώ είναι φιλοσόφως αποθανείν, ή αφιλοσόφως ζην. Αλλά και Λεωνίδας, ο Λακεδαιμονίων στρατηγός, ειδώς όσον ουδέπω τεθνηξόμενος μετά των εν Θερμοπύλαις, ουκ επραγματεύσατο το ζήσαι αισχρώς· αλλ' είπε τοις συν αυτώ· "αριστήσωμεν, ως εν άδου δειπνοποιησόμενοι."(5) Οίς δε μέλει ιστορίας τοιαύτας συναγαγείν,

(1) Ev. Joann. x. 18.   (2) Ev. Joann. xix. 32, 33.
(3) Edd. priores είπομεν. W. S.   (4) Rom. vi. 9.
(5) Codd. Regius et Basileensis: δειπνησόμενοι. R.

πολλὰ εὑρήσουσι. Καὶ τί θαυμαστὸν, εἰ ὁ Ἰησοῦς, ἐπιστάμενος τὰ συμβησόμενα, οὐκ ἐξέκλινεν· ἀλλὰ περιέπιπτεν οἷς καὶ προηπίστατο; ὅπου καὶ Παῦλος,(1) ὁ μαθητὴς αὐτοῦ, ἀκούσας τὰ συμβησόμενα αὐτῷ ἀναβάντι εἰς τὰ Ἱεροσόλυμα, ὁμόσε τοῖς κινδύνοις ἐχώρησεν, ἐπιπλήσσων καὶ τοῖς δεδακρυμένοις περὶ αὐτὸν καὶ κωλύουσιν ἀναβῆναι εἰς τὰ Ἱεροσόλυμα. πολλοὶ δὲ καὶ τῶν καθ' ἡμᾶς ἐπιστάμενοι, ὡς ὁμολογήσαντες μὲν Χριστιανισμὸν, ἀποθανοῦνται· ἀρνησάμενοι δὲ, ἀπολυθήσονται, καὶ τὰ ὑπάρχοντα ἀπολήψονται· κατεφρόνησαν μὲν τοῦ βίου, ἑκουσίως δὲ τὸν ὑπὲρ εὐσεβείας θάνατον εἵλοντο.

18. Ἑξῆς δὲ τούτῳ καὶ ἄλλο εὔηθές φησιν ὁ παρὰ τῷ Κέλσῳ Ἰουδαῖος· "ὅτι πῶς, εἴπερ προεῖπε καὶ τὸν προδώσοντα καὶ τὸν ἀρνησόμενον, οὐκ ἂν ὡς θεὸν ἐφοβήθησαν, ὡς τὸν μὲν μὴ προδοῦναι ἔτι, τὸν δὲ μὴ ἀρνήσασθαι;" καὶ οὐκ εἶδέ(2) γε ὁ σοφώτατος Κέλσος ἐν τῷ τόπῳ τὴν μαχὴν, ὅτι εἰ μὲν ὡς θεὸς προέγνω, καὶ οὐχ οἷόν τε ἦν αὐτοῦ τὴν πρόγνωσιν ψεύσασθαι· οὐχ οἷόν τε ἦν οὔτε τὸν ἐγνωσμένον ὡς προδώσοντα μὴ προδοῦναι, οὔτε τὸν ἐλεγχθέντα ἀρνησόμενον μὴ ἀρνήσασθαι. Εἰ δ' οἷόν τ' ἦν τόνδε μὲν μὴ προδώσειν, τόνδε δὲ μὴ ἀρνήσασθαι, ὡς καὶ γενέσθαι ἂν τὸ μὴ προδοῦναι καὶ τὸ μὴ ἀρνήσασθαι ἐν τοῖς ταῦτα προμεμαθηκόσιν, οὐκέτι ἀληθὴς ἦν ὁ λέγων, ὅτι ὅδε μὲν προδώσει, ὅδε δὲ ἀρνήσεται. καὶ γὰρ εἰ προέγνω προδώσοντα, τὴν πονηρίαν οἶδεν ἀφ' ἧς προδώσει, ἥτις οὐ πάντως ἐκ τῆς προγνώσεως ἀνετέτραπτο. πάλιν τε αὖ εἰ κατείληφε τὸν ἀρνησόμενον, τὴν ἀσθένειαν ἰδὼν, ἀφ' ἧς ἀρνήσεται, προεῖπεν ὅτι ἀρνήσεται· ἡ δ' ἀσθένεια οὐκ ἔμελλεν ἀνατρέπεσθαι οὕτως ἀθρόως ἀπὸ τῆς προγνώσεως. πόθεν δὲ καὶ τό· "ἀλλ' αὐτοὶ προέδωκάν τε καὶ ἠρνήσαντο, μηδὲν αὐτοῦ φροντίσαντες;" ἐδείχθη γὰρ, ὅτι περὶ μὲν τοῦ προδόντος ψεῦδος, τό, μηδαμῶς αὐτὸν πεφροντικότα τοῦ διδασκάλου προδεδωκέναι. Οὐδὲν δ' ἧττον καὶ περὶ τοῦ

(1) Act. xxi. 12 seqq.
(2) Sic Codd. Regius, Basileensis, et Anglicanus primus. Libri autem editi (v. c. edd. Spenc.) οἶδέ γε. R.

ἀρνησαμένου τοῦτο δείκνυται, ὃς ἐξελθὼν⁽¹⁾ ἔξω, μετὰ τὸ ἀρνήσασθαι, ἔκλαυσε πικρῶς.

19. Ἐπιπόλαιον δὲ καὶ τό· "ἤδη γὰρ που καὶ ἄνθρωπος ἐπιβουλευόμενός τε καὶ προαισθόμενος ἐὰν προείπῃ τοῖς ἐπιβουλεύουσιν, ἀποτρέπονται καὶ φυλάσσονται." πολλοὶ γὰρ καὶ προαισθομένοις τοῖς ἐπιβουλευομένοις ἐπεβούλευσαν. Ἑξῆς δὲ, ὡσπερεὶ τὸ συμπέρασμα ἐπάγων τῷ λόγῳ, φησίν· "Οὔκουν ἐπειδὴ προείρητο ταῦτα, γέγονεν· ἀδύνατον γάρ. Ἀλλ' ἐπειδὴ γέγονε, ψεῦδος ἐλέγχεται τὸ προειρηκέναι· πάντῃ γὰρ ἀμήχανον τοὺς προακούσαντας ἔτι προδοῦναι καὶ ἀρνήσασθαι." Ἀνατραπεῖσι δὲ τοῖς προειρημένοις, συνανετράπη τὸ συμπέρασμα, τό· "οὐκ ἐπεὶ προείρητο ταῦτα, γέγονε." Φαμὲν δ' ὅτι καὶ γέγονεν, ὡς δυνατόν· καὶ ἐπεὶ γέγονεν, ἀληθὲς δείκνυται τὸ προειρηκέναι· τὸ γὰρ περὶ μελλόντων ἀληθὲς, τοῖς ἐκβάσεσι κρίνεται. Ψεῦδος οὖν τὸ ὑπ' αὐτοῦ οὕτως εἰρημένον, ὅτι ψεῦδος ἐλέγχεται τὸ προειρηκέναι· καὶ μάτην λέλεκται τῷ Κέλσῳ τό· "πάντῃ γὰρ ἀμήχανον τοὺς προακούσαντας ἔτι προδοῦναι καὶ ἀρνήσασθαι."

20. Μετὰ ταῦτα ἴδωμεν, πῶς λέγει· "Ταῦτα θεὸς, φησὶν, ὧν προεῖπε, καὶ πάντως ἐχρῆν γενέσθαι τὸ προειρημένον. Θεὸς οὖν τοὺς αὐτοῦ μαθητὰς καὶ προφήτας, μεθ' ὧν συνεδείπνει καὶ συνέπινεν, εἰς τοῦτο περιήγαγεν, ὥστε ἀσεβεῖς καὶ ἀνοσίους γενέσθαι, ὃν ἐχρῆν μάλιστα πάντας ἀνθρώπους εὐεργετεῖν, διαφερόντως δὲ τοὺς ἑαυτοῦ συνεστίους. Ἢ ἀνθρώπῳ μὲν ὁ κοινωνήσας τραπέζης, οὐκ ἂν ἔτι ἐπεβούλευσε· θεῷ δὲ συνευωχθεὶς, ἐπίβουλος ἐγίνετο. Καὶ, ὅπερ ἔτι ἀτοπώτερον, αὐτὸς ὁ θεὸς τοῖς συντραπέζοις ἐπεβούλευσε, προδότας καὶ δυσσεβεῖς ποιῶν." Καὶ πρὸς ταῦτα δὲ, ἐπεὶ βούλει καὶ τοῖς ἐμοὶ φαινομένοις εὐτελέσι τοῦ Κέλσου ἐπιχειρήμασιν ἀπαντᾶν, τοιαῦτα φήσομεν. Ὁ μὲν Κέλσος οἴεται διὰ τοῦτο γίνεσθαι τὸ ὑπό τινος προγνώσεως θεσπισθέν, ἐπεὶ ἐθεσπίσθη· ἡμεῖς δὲ τοῦτο οὐ διδόντες φαμὲν οὐχὶ τὸν θεσπίσαντα αἴτιον εἶναι τοῦ ἐσομένου, ἐπεὶ προεῖπεν αὐτὸ

(1) Matth. xxvi. 75.

γενησόμενον, ἀλλὰ τὸ ἐσόμενον, ἐσόμενον ἂν, καὶ μὴ θεσπισθὲν, τὴν αἰτίαν τῷ προγιγνώσκοντι παρεσχηκέναι τοῦ αὐτὸ προειπεῖν. Καὶ ὅλον γε τοῦτο ἐν τῇ προγνώσει τοῦ θεσπίζοντος αὐτὸ τυγχάνει· δυνατοῦ ὄντος τοῦδέ τινος γενέσθαι, δυνατοῦ[1] δὲ καὶ μὴ γενέσθαι, ἔσται τὸ ἕτερον αὐτῶν τόδε τι. Καὶ οὔ φαμεν, ὅτι ὁ προγινώσκων ὑφελὼν τὸ δυνατὸν εἶναι γενέσθαι, καὶ μὴ γενέσθαι, οἱονεὶ τοιοῦτόν τι λέγει· τόδε πάντως ἔσται, καὶ ἀδύνατον ἑτέρως γενέσθαι. Καὶ τὸ τοιοῦτο φθάνει[2] ἐπὶ πᾶσαν τὴν περὶ τοῦ ἐφ᾽ ἡμῖν τινος πρόγνωσιν, εἴτε κατὰ τὰς
10 θείας γραφὰς, εἴτε κατὰ τὰς[3] τῶν Ἑλλήνων ἱστορίας. Καὶ ὁ καλούμενός γε παρὰ τοῖς διαλεκτικοῖς ἀργὸς λόγος, σόφισμα τυγχάνων, οὐκ ἔσται μὲν σόφισμα, ὅσον ἐπὶ τῷ Κέλσῳ, κατὰ δὲ τὸν ὑγιῆ λόγον σόφισμά ἐστιν. Ἵνα δὲ τὸ τοιοῦτον νοηθῇ, ἀπὸ μὲν τῆς γραφῆς χρήσομαι ταῖς περὶ Ἰούδα προφητείαις, ἢ τῇ τοῦ σωτῆρος ἡμῶν περὶ αὐτοῦ ὡς προδώσοντος προγνώσει· ἀπὸ δὲ τῶν Ἑλληνικῶν ἱστοριῶν τῷ πρὸς τὸν Λάϊον χρησμῷ, συγχωρῶν ἐπὶ τοῦ παρόντος εἶναι αὐτὸν ἀληθῆ, ἐπεὶ μὴ λυπεῖ τὸν λόγον. Περὶ τοῦ Ἰούδα τοίνυν ἐν ἑκατοστῷ καὶ ὀγδόῳ λέγεται ἐκ προσώπου τοῦ σωτῆρος
20 ψαλμῷ, οὗ ἡ ἀρχή· "ὁ[4] θεὸς τὴν αἴνεσίν μου μὴ παρασιωπήσῃς· ὅτι στόμα ἁμαρτωλοῦ καὶ στόμα δολίου ἐπ᾽ ἐμὲ ἠνοίχθη." Καὶ τηρήσας γε τὰ ἐν τῷ ψαλμῷ γεγραμμένα, εὑρήσεις ὅτι ὡς προέγνωσται προδώσων τὸν σωτῆρα, οὕτω καὶ αἴτιος ὢν τῆς προδοσίας, καὶ ἄξιος τῶν ἐν τῇ προφητείᾳ λεγομένων διὰ[5] τὴν αὐτοῦ κακίαν ἀρῶν. Τάδε γὰρ παθέτω, "ἀνθ᾽[6] ὧν, φησὶν, οὐκ ἐμνήσθη τοῦ ποιῆσαι ἔλεος, καὶ κατεδίωξεν ἄνθρωπον πένητα καὶ πτωχόν." Οὐκοῦν ἐδύνατο μνησθῆναι τοῦ ποιῆσαι ἔλεος, καὶ μὴ καταδιῶξαι ὃν κατεδίωξε. Δυνάμενος δὲ οὐ πεποίηκεν, ἀλλὰ προέδωκεν· ὥστε ἄξιος εἶναι
30 τῶν ἐν τῇ προφητείᾳ κατ᾽ αὐτοῦ ἀρῶν. Καὶ πρὸς Ἕλληνας

---

(1) In antea editis (v. c. edd. Spenc.) desiderabantur verba: δυνατοῦ δὲ καὶ μὴ γενέσθαι, quæ e Philoc. supplenda esse duximus. R.
(2) Sic recte Philoc.; male vero Hœschel. et Spencerus: φθάνειν. R.
(3) Philoc. τὰς τῶν Ἑλλήνων. (4) Psalm. cix. 1, 2 (cviii.)
(5) Philoc. διὰ τὴν κακουργίαν αὐτοῦ ἀρῶν.
(6) Psalm. cix. 16 (cviii.)

δὲ χρησόμεθα τῷ εἰρημένῳ τοῦτον τὸν τρόπον πρὸς τὸν Λάϊον, εἴτε αὐταῖς λέξεσιν, εἴτε τὸ ἰσοδυναμοῦν αὐταῖς ἀναγράψαντος τοῦ Τραγικοῦ. Λέγεται τοίνυν πρὸς αὐτὸν ἀπὸ τοῦ προεγνωκότος δὴ[1] τὰ ἐσόμενα·

Μὴ[2] σπεῖρε τέκνων ἄλοκα δαιμόνων βίᾳ·
Εἰ γὰρ τεκνώσεις παῖδ᾽, ἀποκτενεῖ σ᾽ ὁ φύς,
Καὶ πᾶς σὸς οἶκος βήσεται δι᾽ αἵματος.

Καὶ ἐν τούτῳ δηλοῦται τοίνυν, ὅτι δυνατὸν μὲν ἦν τῷ Λαΐῳ, μὴ σπείρειν παίδων ἄλοκα· οὐκ ἂν γὰρ τὸ[3] μὴ δυνατὸν προσέταξεν αὐτῷ ὁ χρησμός. δυνατὸν δὲ ἦν καὶ τὸ σπείρειν, καὶ οὐδέτερον αὐτῶν κατηνάγκαστο. Ἠκολούθησε δὲ τῷ μὴ φυλαξαμένῳ σπεῖραι παίδων ἄλοκα, παθεῖν ἐκ τοῦ ἐσπαρκέναι τὰ τῆς κατὰ Οἰδίποδα καὶ Ἰοκάστην καὶ τοὺς υἱοὺς τραγῳδίας. Ἀλλὰ καὶ ὁ ἀργὸς καλούμενος λόγος, σόφισμα ὢν, τοιοῦτός ἐστι, λεγόμενος ἐπὶ ὑποθέσεως πρὸς τὸν νοσοῦντα, καὶ ὡς σόφισμα ἀποτρέπων αὐτὸν χρῆσθαι τῷ ἰατρῷ πρὸς ὑγίειαν· καὶ ἔχει γε οὕτως ὁ λόγος· εἰ εἵμαρταί σοι ἀναστῆναι ἐκ τῆς νόσου· ἐάν τε εἰσαγάγῃς τὸν ἰατρόν, ἐάν τε μὴ εἰσαγάγῃς, ἀναστήσῃ. Ἀλλὰ καὶ εἰ εἵμαρταί σοι μὴ ἀναστῆναι ἐκ τῆς νόσου· ἐάν τε εἰσαγάγῃς τὸν ἰατρόν, ἐάν τε μὴ εἰσαγάγῃς, οὐκ ἀναστήσῃ. Ἤτοι δὲ εἵμαρταί σοι ἀναστῆναι ἐκ τῆς νόσου, ἢ εἵμαρταί σοι μὴ ἀναστῆναι· μάτην ἄρα εἰσάγεις τὸν ἰατρόν. Ἀλλὰ χαριέντως τούτῳ τῷ λόγῳ τοιοῦτόν τι παραβάλλεται· Εἰ εἵμαρταί σοι τεκνοποιῆσαι, ἐάν τε συνέλθῃς γυναικί, ἐάν τε μὴ συνέλθῃς, τεκνοποιήσεις. Ἀλλὰ καὶ εἰ εἵμαρταί σοι μὴ τεκνοποιῆσαι· ἐάν τε συνέλθῃς γυναικί, ἐάν τε μὴ συνέλθῃς[4], οὐ τεκνοποιήσεις. Ἤτοι δὲ εἵμαρταί σοι τεκνοποιῆσαι, ἢ μὴ τεκνοποιῆσαι· μάτην ἄρα συνέρχῃ γυναικί· Ὡς γὰρ ἐπὶ τούτου, ἐπεὶ ἀμήχανον καὶ ἀδύνατον τεκνοποιῆσαι τὸν μὴ συνελθόντα γυναικὶ, οὐ μάτην παραλαμβάνεται τὸ συνελθεῖν

(1) Philoc. Mscr. Hœschel. teste: δῆθεν.
(2) Euripid. Phœniss. vers. 17—19.
(3) Verba: τὸ μὴ δυνατὸν—χρησμός. Δυνατὸν—σπείρειν, καὶ—κατηνάγκαστο. Ἠκολούθησε δὲ τῷ μή, in libris editis (v. c. edd. Spenc.) omissa supplentur e MSS. Codd. et Philocalia. R. (4) Philoc. ἐάν τε μὴ συνέλθῃς. L.

γυναικί· ούτως ει το αναστήναι εκ της νόσου οδώ τη από
ιατρικής γίνεται, αναγκαίως παραλαμβάνεται ο ιατρός· και
ψεύδος τό· "μάτην εισάγεις τον ιατρόν." Όλα δε ταύτα
παρειλήφαμεν, δι' α παρέθετο ο σοφώτατος Κέλσος ειπών·
"θεός ων προείπε, και πάντως εχρήν γενέσθαι το προειρημένον." Ει γαρ τό· "πάντως." ακούει αντί του· "κατηναγκασμένως." ου δώσομεν αυτώ. δυνατόν γαρ ην και μη
γενέσθαι. Ει δε τό· "πάντως" λέγει αντί του· "έσται"
όπερ ου κωλύεται είναι αληθές, καν δυνατόν η το μη γενέσθαι·
10 ουδέν λυπεί τον λόγον· ουδ' ηκολούθει τω προειρηκέναι τον
Ιησούν τα περί του προδότου, η τα περί του αρνησαμένου, το
αυτόν αυτοίς αίτιον γενέσθαι ασεβείας και ανοσίου πράξεως.
Ιδών γαρ αυτού το μοχθηρόν ήθος ὁ[1] καθ' ημάς γιγνώσκων
τι ην εν τω ανθρώπω, και ορών α τολμήσει, έκ τε του φιλάργυρος είναι, και εκ του μη βεβαίως περί του διδασκάλου φρονείν
α εχρήν, είπε μετά πολλών και τό· "ὁ[2] εμβάψας μετ' εμού
την χείρα εις το τρυβλίον, εκείνος με παραδώσει."

21. Όρα δε και το επιπόλαιον και το άντικρυς ψεύδος
της τοιαύτης του Κέλσου λέξεως αποφηναμένου· "ότι ανθρώπω
20 μεν ο κοινωνήσας τραπέζης, ουκ αν αυτώ επιβουλεύσειεν. Ει
δε ανθρώπω ουκ αν επιβουλεύσειε· πολλώ πλέον ο θεώ συνευωχηθείς ουκ αν αυτώ επίβουλος εγίνετο." Τις γαρ ουκ
οίδεν, ότι πολλοί, κοινωνήσαντες αλών και τραπέζης, επεβούλευσαν τοις συνεστίοις; Και πλήρης εστίν η Ελλήνων και
βαρβάρων ιστορία τοιούτων παραδειγμάτων· και ονειδίζων
γε ὁ[3] Πάριος Ιαμβοποιός τον Λυκάμβην μετά άλας και
τράπεζαν συνθήκας αθετήσαντα, φησί προς αυτόν·

"Όρκον δ' ενοσφίσθης μέγαν, άλας τε και τράπεζαν.

Οίς δε μέλει της εν ιστορίαις φιλομαθίας, όλοις γενομένοις
30 αυτής, και καταλιπούσι τα αναγκαιότερα περί του ως δη

[1] Philoc. ο τα καθ' ημάς. L.
[2] Matth. xxvi. 23.
[3] Intelligit Archilochum. Clemens Alexandrin. Strom. I. 16. ex ed. Potteri pag. 365. Ναι μην ίαμβον μεν επενόησεν Αρχίλοχος ο Πάριος. Cfr. contra Cels. lib. III. num. 25. L.

βιωτέον μαθήματα, πλείονα παραθήσονται, δεικνύντες ως οἱ κοινωνήσαντες τραπέζης τισὶν, ἐπεβούλευσαν αὐτοῖς.

22. Εἶτα, ὡς συναγαγὼν ἀραρυίαις ἀποδείξεσι καὶ ἀκολουθίαις τὸν λόγον, εἶπε τό· "καὶ, ὅπερ ἔτι ἀτοπώτερον, αὐτὸς ὁ θεὸς τοῖς συντραπέζοις ἐπεβούλευε, προδότας καὶ δυσσεβεῖς ποιῶν." πῶς γὰρ ὁ Ἰησοῦς ἢ ἐπεβούλευσεν, ἢ προδότας ἢ δυσσεβεῖς τοὺς μαθητὰς ἐποίησεν, οὐκ ἂν ἔχοι παραδεικνύειν, εἰ μὴ ἐξ ἧς ἐνόμισεν ἀκολουθίας, ἣν καὶ ὁ τυχὼν εὐχερέστατα διελέγξαι ἄν.

23. Μετὰ ταῦτα λέγει· "ὅτι εἰ δέδοκτο αὐτῷ ταῦτα, καὶ τῷ πατρὶ πειθόμενος ἐκολάζετο· δῆλον, ὅτι θεῷ γε ὄντι, καὶ βουλομένῳ, οὔτ' ἀλγεινὰ, οὔτ' ἀνιαρὰ ἦν τὰ κατὰ γνώμην γινόμενα."[1] Καὶ οὐχ ἑώρακέ γε αὐτὸς ἑαυτῷ παραπόδας ἐναντία εἰπών. εἰ γὰρ ἔδωκεν ὅτι ἐκολάζετο, ἐπεὶ δέδοκτο αὐτῷ ταῦτα, καὶ τῷ πατρὶ πειθόμενον ἐμπαρεῖχεν ἑαυτόν· δῆλον ὅτι ἐκολάζετο, καὶ οὐχ οἷόν τε ἦν μὴ εἶναι ἀλγεινὰ τὰ προσαγόμενα ὑπὸ τῶν κολαστῶν·[2] ἀπροαίρετον γὰρ ὁ πόνος. Εἰ δὲ βουλομένῳ οὔτε ἀλγεινὰ, οὔτε ἀνιαρὰ ἦν τὰ προσαγόμενα· πῶς ἔδωκε τό· "ἐκολάζετο;" Οὐχ ἑώρακε δὲ, ὅτι ἅπαξ ἀναλαβὼν τὸ διὰ γενέσεως σῶμα, ἀνείληφεν αὐτὸ καὶ πόνων δεκτικὸν τυγχάνον, καὶ τῶν τοῖς ἐν[3] σώμασι συμβαινόντων ἀνιαρῶν· εἰ τοῦ ἀνιαροῦ μὴ[4] ὡς προαιρετικοῦ[5] ἀκούοιμεν. Ὥσπερ οὖν βουληθεὶς ἀνείληφε σῶμα, οὐ πάντη ἄλλης φύσεως παρὰ τὴν ἀνθρωπίνην σάρκα· οὕτω συνανείληφε τῷ σώματι καὶ τὰ ἀλγεινὰ αὐτοῦ, καὶ τὰ ἀνιαρὰ, ὧν πρὸς τὸ μὴ παθεῖν κύριος οὐκ ἦν, ἐπὶ τοῖς διατιθεῖσιν ὄντος προσάγειν αὐτῷ καὶ τὰ ἀνιαρὰ, καὶ τὰ ἀλγεινά. Προαπελογησάμεθα δὲ ἐν τοῖς ἀνωτέρω, ὅτι βουληθεὶς μὴ ἥκειν εἰς χεῖρας ἀνθρώπων, οὐκ ἐληλύθει ἄν. ἦλθε δὲ, ἐπεὶ ἐβούλετο, διὰ τὸ προαποδε-

---

(1) Recte, ut videtur, Ruæus in notis, Boherello duce: "Lege γινόμενα, ut monet Velserus apud Hœschelium." L.
(2) Libri antea editi (v. c. edd. Spenc.) in margine habent: κολαζόντων. R.
(3) Malim: ἐν σώματι, ut Hebr. xiii. 3. Boherellus. L.
(4) Boherellus: "Melius legas: ὡς μή." L. Sic R.
(5) Lego: προαιρέτου. R.

δομένον(1) ἐκ τοῦ αὐτὸν ὑπὲρ ἀνθρώπων ἀποθανεῖν τῷ παντὶ χρήσιμον.

24. Ἑξῆς δὲ τούτοις θέλων παραστῆσαι, ὅτι ἀλγεινὰ καὶ ἀνιαρὰ ἦν τὰ συμβάντα αὐτῷ· καὶ ὅτι οὐχ οἷόν τε ἦν βουληθέντα αὐτὸν ποιῆσαι εἶναι αὐτὰ μὴ τοιαῦτα, λέγει· "Τί οὖν ποτνιᾶται, καὶ ὀδύρεται, καὶ τὸν τοῦ ὀλέθρου φόβον εὔχεται παραδραμεῖν, λέγων ὦδέ πως·" "ὦ(2) πάτερ, εἰ δύναται τὸ ποτήριον τοῦτο παρελθεῖν;" Καὶ ἐν τούτοις δὲ ὅρα τὸ τοῦ Κέλσου κακοῦργον, ὅτι μὴ ἀποδεξάμενος τὸ 10 φιλάληθες τῶν ἀναγραψάντων τὰ εὐαγγέλια, δυνηθέντων μὲν παρασιωπῆσαι τὰ, ὡς Κέλσος οἴεται, ἔγκλητα· οὐ σιωπησάντων δὲ διὰ πολλοὺς λόγους, οὓς ἐν καιρῷ τις ἀποδώσει τὸ εὐαγγέλιον διηγούμενος, κατηγορεῖ τῆς εὐαγγελικῆς λέξεως· προσεκτραγῳδῶν καὶ τιθεὶς μὴ τὰ ἀναγεγραμμένα· οὐ γὰρ εὑρίσκεται, πῶς ὁ Ἰησοῦς ὀδύρεται. Καὶ παραφράζει μὲν τό· "πάτερ, εἰ δυνατόν ἐστι, παρελθέτω τὸ ποτήριον τοῦτο." οὐκέτι δὲ καὶ τὸ αὐτόθεν ἐμφαῖνον τὴν πρὸς τὸν πατέρα εὐσέβειαν αὐτοῦ καὶ μεγαλοψυχίαν, ἑξῆς τούτῳ ἀναγεγραμμένον παρατίθεται, οὕτως ἔχον· "οὐχ ὡς ἐγὼ θέλω, ἀλλ' 20 ὡς σύ." Ἀλλ' οὐδὲ τὴν πρὸς τὸ βούλημα τοῦ πατρὸς περὶ τῶν κεκριμένων αὐτὸν παθεῖν εὐπείθειαν τοῦ Ἰησοῦ δηλουμένην ἐν τῷ· "εἰ(3) οὐ δύναται τοῦτο παρελθεῖν, ἐὰν μὴ αὐτὸ πίω, γενηθήτω τὸ θέλημά σου·" προσποιεῖται ἀνεγνωκέναι, ὅμοιόν τι ποιῶν τοῖς κακουργότερον ἀκούουσι τῶν θείων γραφῶν ἀσεβέσι, καὶ ἀδικίαν εἰς τὸ ὕψος λαλοῦσι. Καὶ γὰρ ἐκεῖνοι τοῦ μέν· "ἐγὼ(4) ἀποκτενῶ·" δοκοῦσιν ἀκηκοέναι, καὶ πολλάκις ἡμῖν αὐτὸ ὀνειδίζουσι· τοῦ δέ· "ζῆν ποιήσω" οὐδὲ μέμνηνται· τοῦ ὅλου ῥητοῦ δηλοῦντος, τοὺς ἐπὶ κοινῷ κακῷ ζῶντας, καὶ ἐνεργοῦντας κατὰ κακίαν, ἀποκτείνεσθαι(5) ἀπὸ 30 τοῦ θεοῦ· ζωὴν δ' αὐτοῖς κρείττονα ἀντεισάγεσθαι, καὶ ἣν δῴη

---

(1) Boherellus, cui Ruæus adstipulatur: "Lege: προαποδεδειγμένον, aut eodem sensu explica." (2) Matth. xxvi. 39.
(3) Matth. xxvi. 42. (4) Deut. xxxii. 39, coll. 1 Sam. ii. 6 (1 Regg.).
(5) Cod. Basileensis: ἀποκτίννυσθαι. R.

ἂν ὁ θεὸς τοῖς τῇ ἁμαρτίᾳ ἀποθανοῦσιν. Οὕτω δ' ἐκεῖνοι ἤκουσαν μὲν τοῦ· "πατάξω."[1] οὐκέτι δὲ ὁρῶσι τό· "κἀγὼ ἰάσομαι·" ὅτι ὅμοιόν ἐστι λεγομένῳ ὑπὸ ἰατροῦ διελόντος σώματα, καὶ τραύματα χαλεπὰ ποιήσαντος, ἐπὶ τῷ ἐξελεῖν αὐτῶν τὰ βλάπτοντα καὶ ἐμποδίζοντα τῇ ὑγιείᾳ· καὶ οὐ καταλήξαντος εἰς τοὺς πόνους καὶ τὴν διαίρεσιν, ἀλλ' ἀποκαθιστῶντος τῇ θεραπείᾳ τὸ σῶμα ἐπὶ τὴν προκειμένην αὐτῷ ὑγίειαν. Ἀλλὰ καὶ οὐκ ἤκουσαν ὅλου τοῦ· "αὐτὸς[2] γὰρ ἀλγεῖν ποιεῖ, καὶ πάλιν ἀποκαθίστησιν·" ἀλλὰ μόνου τοῦ· "ἀλγεῖν ποιεῖ." Οὕτω τοίνυν καὶ ὁ παρὰ τῷ Κέλσῳ Ἰου- 10 δαῖος ἐκτεθειμένος τό· "ὦ[3] πάτερ, εἴθε δύναιτο τὸ ποτήριον τοῦτο παρελθεῖν·" οὐκέτι δὲ καὶ τὰ ἑξῆς, καὶ τὰ παριστάντα τὴν Ἰησοῦ πρὸς τὸ πάθος παρασκευὴν καὶ εὐτονίαν. Καὶ ταῦτα δὲ, πολλὴν ἔχοντα διήγησιν ἀπὸ σοφίας θεοῦ οἷς ὁ Παῦλος ὠνόμασε τελείοις εὐλόγως παραδοθησομένην, λέγων· "σοφίαν[4] δὲ λαλοῦμεν ἐν τοῖς τελείοις·" ἐπὶ τοῦ παρόντος ὑπερτιθέμενοι, ἐπ' ὀλίγον ὑπομιμνησκόμεθα τῶν πρὸς τὸ προκείμενον χρησίμων.

25. Ἐλέγομεν δὴ καὶ ἐν τοῖς ἀνωτέρω, ὅτι αἱ μέν τινές εἰσι φωναὶ τοῦ ἐν τῷ Ἰησοῦ πρωτοτόκου[5] πάσης κτίσεως, ὡς 20 ἡ· "ἐγώ[6] εἰμι ἡ ὁδὸς, καὶ ἡ ἀλήθεια, καὶ ἡ ζωή·" καὶ αἱ τούτοις παραπλήσιαι· αἱ δὲ τοῦ κατ' αὐτὸν νοουμένου ἀνθρώπου, ὡς ἡ τοῦ· "νῦν[7] δέ με ζητεῖτε ἀποκτεῖναι, ἄνθρωπον, ὃς τὴν ἀλήθειαν ὑμῖν λελάληκα, ἣν ἤκουσα παρὰ τοῦ πατρός."[8] Καὶ ἐνθάδε τοίνυν διαγράφει ἐν τῷ ἀνθρωπίνῳ αὐτοῦ καὶ τὸ τῆς ἀνθρωπίνης σαρκὸς ἀσθενὲς, καὶ τὸ τοῦ πνεύματος πρόθυμον· τὸ μὲν ἀσθενὲς, ἐν τῷ· "πάτερ, εἰ δυνατόν ἐστι, παρελθέτω ἀπ' ἐμοῦ τὸ ποτήριον τοῦτο·" τὸ δὲ πρόθυμον τοῦ πνεύματος, ἐν τῷ· "πλὴν οὐχ ὡς ἐγὼ θέλω, ἀλλ' ὡς σύ." Εἰ δὲ καὶ τὴν τάξιν τῶν λελεγμένων τηρῆσαι δεῖ, πρόσχες, 30

(1) Jesai. lvii. 17, 18.
(2) Job v. 18.
(3) Matth. xxvi. 39.
(4) 1 Cor. ii. 6.
(5) Coloss. i. 15.
(6) Ev. Joann. xiv. 6.
(7) Ev. Joann. viii. 40.
(8) Codd. Reg. et Basileensis : πατρός μου. L.

ὅτι πρότερον μὲν εἴρηται τὸ, ὡς ἂν εἴποι τις, κατὰ τὴν ἀσθένειαν τῆς σαρκὸς, ἐν[1] τυγχάνον· ὕστερον δὲ τὰ κατὰ τὴν προθυμίαν τοῦ πνεύματος, ὄντα πλείονα. "Ἐν μὲν γὰρ τό· "πάτερ, εἰ δυνατόν ἐστι, παρελθέτω ἀπ᾿ ἐμοῦ τὸ ποτήριον τοῦτο". πλείονα δὲ τό τε· "οὐχ[2] ὡς ἐγὼ θέλω, ἀλλ᾿ ὡς σύ·" καὶ τό· "πάτερ μου, εἰ οὐ δύναται τοῦτο παρελθεῖν, ἐὰν μὴ αὐτὸ πίω, γενηθήτω τὸ θέλημά σου." Τηρητέον δὲ καὶ τό· μὴ εἰρῆσθαι μέν· "ἀπελθέτω ἀπ᾿ ἐμοῦ τὸ ποτήριον τοῦτο" λελέχθαι δὲ εὐσεβῶς καὶ μεθ᾿ ὑποτιμήσεως ὅλον τοῦτο·
10 "πάτερ, εἰ δυνατόν ἐστι, παρελθέτω ἀπ᾿ ἐμοῦ τὸ ποτήριον τοῦτο." Οἶδα δέ τινα καὶ τοιαύτην εἰς τὸν τόπον διήγησιν· ὅτι ὁρῶν ὁ σωτὴρ οἷα ὁ λαὸς καὶ Ἱερουσαλὴμ πείσεται ἐπὶ τῇ ἐκδικήσει τῶν κατ᾿ αὐτοῦ τετολμημένων ὑπὸ Ἰουδαίων, οὐ δι᾿ ἄλλο τι, ἢ διὰ τὸ πρὸς ἐκείνους φιλάνθρωπον, θέλων μὴ παθεῖν τὸν λαὸν ἃ ἔμελλε πάσχειν, φησὶ τό· "πάτερ, εἰ δυνατόν ἐστι, παρελθέτω ἀπ᾿ ἐμοῦ τὸ ποτήριον τοῦτο." Ὡς εἰ ἔλεγεν· ἐπεὶ ἐκ[3] τοῦ με πιεῖν τουτὶ τὸ τῆς κολάσεως ποτήριον, ὅλον ἔθνος ὑπὸ σοῦ ἐγκαταλειφθήσεται· εὔχομαι, εἰ δυνατόν ἐστι, παρελθεῖν ἀπ᾿ ἐμοῦ τὸ ποτήριον τοῦτο· ἵνα
20 μὴ ἡ μερίς σου, τολμήσασα κατ᾿ ἐμοῦ, πάντη ὑπὸ σοῦ ἐγκαταλειφθῇ. Ἀλλὰ καὶ εἰ, ὥς φησιν ὁ Κέλσος, μήτ᾿ "ἀλγεινόν τι, μήτ᾿ ἀνιαρὸν τῷ Ἰησοῦ κατὰ τὸν καιρὸν τοῦτον ἐγίγνετο," πῶς ἂν οἱ μετὰ ταῦτα παραδείγματι[4] τοῦ ὑπομένειν τὰ δι᾿ εὐσέβειαν ἐπίπονα ἐδύναντο χρήσασθαι Ἰησοῦ, μὴ παθόντι μὲν τὰ ἀνθρώπινα, μόνον δὲ δόξαντι πεπονθέναι;

26. Ἔτι δὲ λέγει ὁ παρὰ τῷ Κέλσῳ Ἰουδαῖος πρὸς τοὺς Ἰησοῦ μαθητὰς ὡς πλασαμένους ταῦτα· "ὅτι οὐδὲ ψευδόμενοι τὰ πλάσματα ὑμῶν πιθανῶς ἐπικαλύψαι ἠδυνήθητε." Καὶ πρὸς τάδε λελέξεται, ὅτι εὐχερὴς μὲν ἦν ὁδὸς πρὸς τὸ
30 ἐπικαλύψαι τὰ τοιαῦτα, τὸ μηδὲ τὴν ἀρχὴν αὐτὰ ἀναγράψαι.

---

(1) Sic lego, licet antea scriptum sit: ἐντυγχάνον. Nam manifeste hoc loco unum opponitur pluribus. R.—Edd. Spenc. ἐντυγχάνον. L.
(2) Matth. xxvi. 39.
(3) Libri antea editi (v. c. edd. Spenc.) ἐκ τοῦ μὲν πιεῖν, sed rectius omnes MSS. ἐκ τοῦ με πιεῖν. R. (4) 1 Petr. ii. 21.

Τίς γὰρ ἂν, τῶν εὐαγγελίων ταῦτα μὴ περιεχόντων, ὀνειδίσαι ἐδύνατο ἡμῖν ἐπὶ τῷ τὸν Ἰησοῦν τοιαῦτα παρὰ[1] τῇ οἰκονομίᾳ λελαληκέναι; Οὐ συνεῖδε δὲ ὁ Κέλσος, ὅτι οὐκ ἔστι κατὰ τοὺς αὐτοὺς καὶ ἠπατῆσθαι περὶ τοῦ Ἰησοῦ, ὡς θεοῦ καὶ προφητευθέντος· καὶ πλάσασθαι περὶ αὐτοῦ δηλονότι ἐγνωκότας, ὅτι οὐκ ἀληθῆ τὰ πλάσματα. Ἤτοι οὖν οὐκ ἔπλασαν, ἀλλ᾽ οὕτως ἐφρόνουν, καὶ οὐ ψευδόμενοι ἀνέγραψαν· ἢ ψευσάμενοι ἀνέγραψαν, καὶ ταῦτα οὐκ ἐφρόνουν, οὐδὲ ἀπατηθέντες θεὸν αὐτὸν ἐνόμιζον.

27. Μετὰ ταῦτά τινας τῶν πιστευόντων φησὶν, "ὡς ἐκ μέθης ἥκοντας εἰς τὸ ἐφεστάναι αὐτοῖς[2], μεταχαράττειν ἐκ τῆς πρώτης γραφῆς τὸ εὐαγγέλιον τριχῇ καὶ τετραχῇ καὶ πολλαχῇ, καὶ μεταπλάττειν, ἵν᾽ ἔχοιεν πρὸς τοὺς ἐλέγχους ἀρνεῖσθαι." Μεταχαράξαντας δὲ τὸ εὐαγγέλιον ἄλλους οὐκ οἶδα, ἢ τοὺς ἀπὸ Μαρκίωνος, καὶ τοὺς ἀπὸ Οὐαλεντίνου, οἶμαι δὲ καὶ τοὺς ἀπὸ Λουκιάνου.[3] Τοῦτο δὲ λεγόμενον οὐ τοῦ λόγου ἐστὶν ἔγκλημα, ἀλλὰ τῶν τολμησάντων ῥᾳδιουργῆσαι τὰ εὐαγγέλια. Καὶ ὥσπερ οὐ φιλοσοφίας ἔγκλημά εἰσιν οἱ Σοφισταὶ, ἢ οἱ Ἐπικούρειοι, ἢ οἱ Περιπατητικοὶ, ἢ οἵτινές ποτ᾽ ἂν ὦσιν οἱ ψευδοδοξοῦντες· οὕτως οὐ τοῦ ἀληθινοῦ Χριστιανισμοῦ ἔγκλημα οἱ μεταχαράττοντες τὰ εὐαγγέλια, καὶ αἱρέσεις ξένας ἐπεισάγοντες τῷ βουλήματι τῆς Ἰησοῦ διδασκαλίας.

28. Ἐπεὶ δὲ μετὰ ταῦτα καὶ τὸ "προφήταις χρῆσθαι Χριστιανοὺς προκηρύξασι τὰ περὶ τοῦ Ἰησοῦ," ὀνειδίζει ὁ παρὰ τῷ Κέλσῳ Ἰουδαῖος· φήσομεν πρὸς τοῖς ἀνωτέρω εἰς τοῦτο λελεγμένοις, καὶ ὅτι ἐχρῆν αὐτὸν, ὥς φησι, φειδόμενον[4] ἀνθρώπων αὐτὰς ἐκθέσθαι τὰς προφητείας· καὶ συναγορεύσαντα ταῖς πιθανότησιν αὐτῶν, τὴν φαινομένην αὐτῶν[5] ἀνατροπὴν

(1) Guieto scribendum videtur: παρὰ τὴν οἰκονομίαν. R.
(2) Edd. Spenc. αὐτοῖς. Sed jam Boherellus: "Melius αὑτοῖς." L.
(3) Hœschel. in notis: "Genuina veteris interpretis lectio: Λουκιανοῦ, cujus sectatores Λουκιανισταὶ οἱ ἀρχαῖοι ab Epiphanio dicuntur lib. I." L.
(4) Boherellus legit κηδόμενον. R.
(5) Boherellus: "Malim: αὐτῷ."—Guieto hic locus glossematis interpolatus videtur, et fortasse sic restituendus: καὶ συναγορεύσαντα ταῖς πιθανότησιν αὐτῶν τὴν φαινομένην ἀνατροπὴν ἐκθέσθαι. Οὕτω γὰρ ἄν κ.τ.λ. Haec igitur verba: αὐ-

τῆς χρήσεως τῶν προφητικῶν ἐκθέσθαι. Οὕτω γὰρ ἂν ἔδοξε μὴ συναρπάζειν τηλικοῦτον κεφάλαιον διὰ λεξειδίων ὀλίγων, καὶ μάλιστα, ἐπεί φησι "μυρίοις ἄλλοις ἐφαρμοσθῆναι δύνασθαι πολὺ πιθανώτερον τὰ προφητικὰ ἢ τῷ Ἰησοῦ." Καὶ ἐχρῆν γε αὐτὸν πρὸς τὴν κρατήσασαν Χριστιανῶν ταύτην ὡς ἰσχυροτάτην ἀπόδειξιν στῆναι ἐπιμελῶς, καὶ καθ' ἑκάστην προφητείαν ἐκθέσθαι, πῶς ἄλλοις ἐφαρμοσθῆναι δύναται πολὺ πιθανώτερον ἢ τῷ Ἰησοῦ. Ἀλλ' οὐδὲ συνεῖδεν, ὅτι[1] τουτὶ ἄρα πιθανὸν ἦν ὑπό τινος λέγεσθαι κατὰ Χριστιανῶν τῶν ἀλλοτρίων τῶν προφητικῶν γραμμάτων· νυνὶ δὲ ὅπερ Ἰουδαῖος ἂν οὐκ εἶπε, περιέθηκεν ὁ Κέλσος τῷ τοῦ Ἰουδαίου προσώπῳ. Οὐ συγκαταθήσεται γὰρ ὁ Ἰουδαῖος, ὅτι μυρίοις ἐφαρμοσθῆναι δύναται τὰ προφητικὰ πολὺ πιθανώτερον, ἢ τῷ Ἰησοῦ· ἀλλὰ περὶ ἑκάστου τὴν φαινομένην αὐτῷ διήγησιν ἀποδιδοὺς, στῆναι πειράσεται πρὸς τὴν τῶν Χριστιανῶν ἐκδοχήν· οὐ πάντως μὲν πιστικὰ λέγων, πειρώμενος δὲ τὸ τοιοῦτο ποιεῖν.

29. Φθάσαντες δ' ἐν τοῖς ἀνωτέρω εἰρήκαμεν περὶ τοῦ, τὸν Χριστὸν προφητεύεσθαι, δύο ἐπιδημίαις χρησόμενον εἰς τὸ τῶν ἀνθρώπων γένος· διόπερ οὐκ ἔτι χρεία ἡμᾶς ἀπολογήσασθαι πρὸς τὸ λεγόμενον ὡς ὑπὸ τοῦ Ἰουδαίου· "ὅτι μέγαν καὶ δυνάστην, καὶ πάσης τῆς γῆς, καὶ πάντων τῶν ἐθνῶν καὶ στρατοπέδων κύριόν φασιν οἱ προφῆται εἶναι τὸν ἐπιδημήσοντα." Ἰουδαϊκῶς δ', οἶμαι, εἶπε καὶ κατὰ τὴν ἐκείνων χολὴν μετὰ τοῦ χωρὶς ἀποδείξεως, κἂν πιθανῶς[2], λοιδορεῖν τὸν Ἰησοῦν, ὅτι[3] δὲ οὐχὶ τοιοῦτον ὄλεθρον κατήγγειλαν.[4] Οὔτε γὰρ Ἰουδαῖοι, οὔτε Κέλσος, οὔτε ἄλλος τις μετὰ ἀποδείξεως ἔχει παραστῆσαι, ὅτι ὄλεθρος τοσούτους ἀνθρώπους ἐπιστρέφει ἀπὸ τῆς χύσεως τῶν κακῶν ἐπὶ τὸν κατὰ φύσιν μετὰ σωφροσύνης καὶ τῶν λοιπῶν ἀρετῶν βίον.

τῶν, et : τῆς χρήσεως τῶν προφητικῶν interpretamenta ei videntur esse, quæ e margine in textum transierunt. R.
(1) Sic MSS. Reg., Basil. et vetus Vaticanus. R.
(2) Boherellus, πιθανῆς. R.
(3) Boherell. non male : "Legendum : ὅτι οὐχὶ δὲ τοιοῦτον κ.τ.λ." L. q. δή.
(4) Edd. Spenc. et Ruæi in textu : κατήγγειλεν. Οὔτε Ἰουδαῖοι κ.τ.λ., Boherellus vero, cui Ruæus adstipulatur, recte in notis : "Lego : κατήγγειλαν, ut referatur ad voc. προφῆται. Post sequens οὔτε vero addendum videtur : γάρ." L.

30. Παρέρριψε δ' ο Κέλσος και τό· "Θεὸν δὲ καὶ τοῦ θεοῦ υἱὸν οὐδεὶς ἐκ τοιούτων συμβόλων καὶ παρακουσμάτων, οὐδ' ἐξ οὕτως ἀγεννῶν τεκμηρίων συνίστησιν." Ἐχρῆν δὲ αὐτὸν τὰ παρακούσματα ἐκθέμενον, ἐλέγξαι· καὶ τὰ ἀγεννῆ τεκμήρια λόγῳ παραστῆσαι· ἵν' εἴ τι πιθανὸν ἐδόκει λέγειν, ὁ Χριστιανὸς ἀγωνίσασθαι πρὸς αὐτὸ πειρασθῇ, καὶ ἀνατρέψαι τὸν λόγον. Ὅπερ δὲ εἶπε περὶ τοῦ Ἰησοῦ, ἀπήντησε μὲν, ὡς περὶ μεγάλου, οὐκ ἐβουλήθη δὲ ἰδεῖν, ὅτι τοῦτ' ἀπήντησεν, [κἂν](1) ἡ ἐνάργεια παρίστησι περὶ τοῦ Ἰησυῦ. "Ὡς γὰρ ὁ ἥλιος, φησὶ, πάντα τὰ ἄλλα φωτίζων πρῶτον αὐτὸν δεικνύει· οὕτως ἐχρῆν πεποιηκέναι τὸν υἱὸν τοῦ θεοῦ." Εἴποιμεν ἂν οὖν, ὅτι καὶ πεποίηκεν· ἀνέτειλε γὰρ ἐν ταῖς ἡμέραις αὐτοῦ δικαιοσύνη, καὶ πλῆθος εἰρήνης γέγονεν, ἀρξάμενον ἀπὸ τῆς γενέσεως αὐτοῦ, εὐτρεπίζοντος τοῦ θεοῦ τῇ διδασκαλίᾳ αὐτοῦ τὰ ἔθνη, ἵν' ὑπὸ ἕνα γένηται τῶν Ῥωμαίων βασιλέα· καὶ μὴ, διὰ τὸ προφάσει τῶν πολλῶν βασιλειῶν ἄμικτον τῶν ἐθνῶν πρὸς ἄλληλα, χαλεπώτερον γένηται τοῖς ἀποστόλοις τοῦ Ἰησοῦ τὸ ποιῆσαι, ὅπερ προσέταξεν αὐτοῖς ὁ Ἰησοῦς, εἰπών· "πορευθέντες(3) μαθητεύσατε πάντα τὰ ἔθνη." Καὶ σαφές γε, ὅτι κατὰ τὴν Αὐγούστου βασιλείαν ὁ Ἰησοῦς γεγέννηται, τοῦ, ἵν' οὕτως ὀνομάσω, ὁμαλίσαντος διὰ μιᾶς βασιλείας τοὺς πολλοὺς τῶν ἐπὶ γῆς. Ἦν δὲ ἂν ἐμπόδιον τοῦ νεμηθῆναι τὴν Ἰησοῦ διδασκαλίαν εἰς πᾶσαν τὴν οἰκουμένην τὸ, πολλὰς εἶναι βασιλείας· οὐ μόνον διὰ τὰ προειρημένα, ἀλλὰ καὶ διὰ τὸ ἀναγκάζεσθαι στρατεύεσθαι καὶ ὑπὲρ τῶν πατρίδων πολεμεῖν τοὺς πανταχοῦ· ὅ, τι ἐγίνετο πρὸ τῶν Αὐγούστου χρόνων, καὶ ἔτι γε ἀνωτέρω· ὅτε γε χρεία ἦν, ὡς Πελοποννησίων καὶ Ἀθηναίων εἶναι πόλεμον, οὕτω καὶ ἑτέρων πρὸς ἑτέρους. Πῶς οὖν οἷόν τε ἦν τὴν εἰρηνικὴν ταύτην διδασκαλίαν, καὶ μηδὲ ἐχθροὺς ἐπιτρέπουσαν ἀμύνεσθαι, κρατῆσαι· εἰ μὴ τὰ τῆς οἰκουμένης τῇ Ἰησοῦ ἐπιδημίᾳ μετεβέβλητο πανταχοῦ ἐπὶ τὸ ἡμερώτερον;

(1) Deest κἂν in omnibus MSS. R.
(2) Psalm. lxxii. 7 (lxxi.).
(3) Matth. xxviii. 19.

31. Μετὰ ταῦτα Χριστιανοῖς ἐγκαλεῖ, ὡς " σοφιζομένοις ἐν τῷ λέγειν τὸν υἱὸν τοῦ θεοῦ εἶναι αὐτολόγον." Καὶ οἴεταί γε κρατύνειν τὸ ἔγκλημα· ἐπεὶ "λόγον ἐπαγγελλόμενοι υἱὸν εἶναι τοῦ θεοῦ, ἀποδείκνυμεν οὐ λόγον καθαρὸν καὶ ἅγιον, ἀλλὰ ἄνθρωπον ἀτιμότατον⁽¹⁾ ἀπαχθέντα καὶ ἀποτυμπανισθέντα." Καὶ περὶ τούτου δ᾽ ἐν τοῖς ἀνωτέρω, ὡς ἐν ἐπιτομῇ, πρὸς τὰς Κέλσου κατηγορίας εἴρηται· ἐν οἷς ἀπεδείκνυτο ὁ πάσης κτίσεως πρωτότοκος⁽²⁾ ἀνειληφὼς σῶμα καὶ ψυχὴν ἀνθρωπίνην· καὶ ὅτι ὁ θεὸς ἐνετείλατο περὶ τῶν τοσούτων ἐν κόσμῳ, καὶ ἐκτίσθη· καὶ ὅτι ὁ τὴν ἐντολὴν λαβὼν ὁ θεὸς λόγος ἦν. Καὶ ἐπεὶ Ἰουδαῖός ἐστιν ὁ παρὰ τῷ Κέλσῳ ταῦτα λέγων· οὐκ ἀτόπως χρησόμεθα τῷ· "ἐξαπέστειλε⁽³⁾ τὸν λόγον αὐτοῦ, καὶ ἰάσατο αὐτούς, καὶ ἐρρύσατο αὐτοὺς ἐκ τῶν διαφθορῶν αὐτῶν·" οὗ καὶ ἀνωτέρω ἐμνήσθημεν. Ἐγὼ δὲ καὶ πολλοῖς Ἰουδαίοις καὶ σοφοῖς γε ἐπαγγελλομένοις εἶναι συμβαλὼν, οὐδενὸς ἀκήκοα ἐπαινοῦντος τὸ, λόγον εἶναι τὸν υἱὸν τοῦ θεοῦ, ὡς ὁ Κέλσος εἴρηκε· καὶ τοῦτο περιάπτων τῷ τοῦ Ἰουδαίου προσώπῳ, λέγοντος· "ὡς εἴ γε ὁ λόγος ἐστὶν ὑμῖν υἱὸς τοῦ θεοῦ, καὶ ἡμεῖς ἐπαινοῦμεν."

32. Προείρηται δ᾽ ἡμῖν, ὅτι οὔτ᾽ ἀλαζὼν, οὔτε γόης δύναται εἶναι ὁ Ἰησοῦς· διὸ οὐκ ἀναγκαῖον ἐπαναλαμβάνειν τὰ εἰρημένα, ἵνα μὴ πρὸς τὰς ταυτολογίας Κέλσου καὶ ἡμεῖς ταυτολογῶμεν. Ἐγκαλῶν δὲ τῇ γενεαλογίᾳ, τὰ μὲν καὶ παρὰ Χριστιανοῖς ζητούμενα, καὶ ὑπό τινων ὡς ἐγκλήματα προσαγόμενα τῇ διαφωνίᾳ τῶν γενεαλογιῶν, οὐδαμῶς ὠνόμασεν· οὐ γὰρ ᾔδει ὁ ὡς ἀληθῶς ἀλαζὼν Κέλσος, καὶ ἐπαγγελλόμενος εἰδέναι πάντα τὰ Χριστιανῶν, φρονίμως ἐπαπορῆσαι τῇ γραφῇ. Φησὶ δὲ "ἀπηυθαδῆσθαι τοὺς γενεαλογήσαντας ἀπὸ τοῦ πρώτου φύντος καὶ τῶν ἐν Ἰουδαίοις βασιλέων τὸν Ἰησοῦν·" καὶ οἴεταί τι εἰσφέρειν γενναῖον, ὅτι "οὐκ ἂν ἡ τοῦ τέκτονος γυνὴ τηλικούτου γένους τυγχάνουσα ἠγνόει." Τί γὰρ τοῦτο πρὸς τὸν λόγον; Ἔστω, ὅτι οὐκ ἠγνόει. Τί λυπεῖ τὰ προκείμενα; Ἀλλὰ ἀγνοείτω· πόθεν, ὅτι ἠγνόει,

(1) Quatuor Codd. MSS. Regius, Basileensis, et duo Anglicani: ἀτιμότατα. R.
(2) Coloss. i. 15.   (3) Psalm. cvii. 20 (cvi.)

ούκ ην από του πρώτου ανθρώπου; και ούκ ανήγετο αυτής το γένος επί τους εν Ἰουδαίοις βασιλεύσαντας; Ἡ αναγκαίον οἴεται ὁ Κέλσος τους πενεστέρους εκ πάντων πενεστέρων προγόνων γεγονέναι, ἢ τους βασιλείς εκ βασιλέων; Διατρίβειν οὖν περὶ τον λόγον δοκεῖ μοι εἶναι μάταιον· φανερού όντος, ότι και κατά τους ημετέρους χρόνους εκ πλουσίων και ενδόξων γεγόνασί τινες, της Μαρίας πενέστεροι και ἐξ ἀσημοτάτων, ηγούμενοι εθνών και βασιλείς.

33. "Τί δέ, φησί, και γενναίον έδρασεν οίον θεός, καταφρονών ανθρώπων, και διαγελών και παίζων το συμβαίνον, ὁ Ἰησούς;" Πυνθανομένω δη αυτώ πόθεν ἂν αποκρινοίμεθα, κἂν έχωμεν παριστάνειν το γενναίον και το παράδοξον επί τοις συμβεβηκόσιν αυτώ, ἢ ἀπὸ τών ευαγγελίων, ότι ἡ γη ἐσείσθη[1], και αι πέτραι ἐσχίσθησαν, και τα μνημεία ηνεώχθη, και το καταπέτασμα του ναού ἐσχίσθη ἀπὸ άνωθεν ἕως κάτω, και σκοτία εγένετο εν καιρώ ημέρας του ηλίου εκλιπόντος; Ἀλλ' εάν πιστεύη μεν τοις ευαγγελίοις ὁ Κέλσος, όπου κατηγορείν και[2] Χριστιανών οἴεται, ἀπιστή δὲ επί τών συνιστάντων την εν Ἰησού θειότητα, φήσομεν αὐτῷ· ὦ οὗτος, ἢ πᾶσιν απίστει, και μηδ' εγκαλείν νόμιζε· ἢ πιστεύων πᾶσι, θαύμαζε θεού λόγον ενανθρωπήσαντα, και όλον το τών ανθρώπων γένος ωφελήσαι βουληθέντα. Γενναίον δ' έργον του Ἰησού τὸ, μέχρι σήμερον θεραπεύεσθαι τῷ ονόματι αυτού, ους ο θεός βούλεται. Περί δε της επί Τιβερίου Καίσαρος εκλείψεως, οὗ βασιλεύοντος και ὁ Ἰησούς έοικεν εσταυρώσθαι, και περί τών μεγάλων τότε γενομένων σεισμών της γης, ανέγραψε και Φλέγων εν τῷ τρισκαιδεκάτω, ἢ τῷ τεσσαρεσκαιδεκάτω, οἶμαι τών Χρονικών.

34. Παίζων δ', ως οἴεται, τον Ἰησούν ὁ παρὰ τῷ Κέλσῳ Ἰουδαίος, ειδέναι αναγέγραπται τον Ευριπίδου Βάκχον λέγοντα·

Λύσει[3] μ' ὁ δαίμων αυτός, όταν εγώ θέλω.

(1) Matth. xxvii. 51, 52 coll. Luc. xxiii. 44, 45. L.
(2) Dele καί, vel ejus loco lege: τῶν, vel potius ante καί, adde: Ἰησοῦ. R.
(3) Euripid. Bacch. vers. 426.

Οὐ πάνυ μὲν οὖν Ἰουδαῖοι τὰ Ἑλλήνων φιλολογοῦσι. Ἀλλ᾽ ἔστω, τινὰ τῶν Ἰουδαίων καὶ φιλόλογον οὕτω γεγονέναι· πῶς οὖν ὁ Ἰησοῦς, ἐπεὶ μὴ ἔλυσεν αὐτὸν δεδεμένον, οὐδὲ ἐδύνατο λῦσαι; Ἢ[1] γὰρ ἐκ[2] τῶν ἐμῶν γραφῶν πιστευέτω, ὅτι καὶ Πέτρος[3] δεδεμένος ἐν φυλακῇ, ἀγγέλου λύσαντος τοὺς δεσμούς, ἐξῆλθε· καὶ Παῦλος[4] μετὰ τοῦ Σίλα ἐν Φιλίπποις τῆς Μακεδονίας ὑπὸ ξύλον δεδεμένος, ἐλύθη θείᾳ δυνάμει· ὅτε καὶ θύραι τῆς φυλακῆς ἠνοίχθησαν. Ἀλλ᾽ εἰκὸς, ὅτι ταῦτα γελᾷ ὁ Κέλσος, ἢ καὶ οὐδαμῶς ἀνέγνω τὴν ἱστορίαν· ἔδοξε γὰρ ἂν 10 λέγειν πρὸς αὐτὴν, ὅτι καὶ γόητές τινες ἐπῳδαῖς δεσμοὺς λύουσι, καὶ θύρας ἀνοίγουσιν· ἵνα κοινοποιήσῃ τὰ τῶν γοήτων πρὸς τὰ παρ᾽ ἡμῖν ἱστορούμενα. "Ἀλλ᾽,[5] οὐδ᾽ ὁ καταδικάσας, φησὶν, αὐτὸν ἔπαθέ τι, οἷον ὁ Πενθεὺς, μανεὶς ἢ σπαραχθείς.". Οὐκ οἶδε δ᾽, ὅτι οὐχ οὕτω Πιλάτος ἦν καταδικάσας αὐτὸν, ὅς γε "ᾔδει,[6] ὅτι διὰ φθόνον παρέδωκαν αὐτὸν" οἱ Ἰουδαῖοι, ὡς τὸ Ἰουδαίων ἔθνος· ὅπερ καταδεδίκασται ὑπὸ θεοῦ σπαραχθὲν καὶ εἰς πᾶσαν τὴν γῆν, ὑπὲρ τὸν Πενθέως σπαραγμὸν διασπαρέν. Διὰ τί δὲ καὶ ἑκὼν παρεπέμψατο τὰ περὶ τῆς γυναικὸς Πιλάτου, ἑωρακυίας 20 ὄναρ, καὶ οὕτω κεκινημένης ὑπ᾽ αὐτοῦ, ὡς προσπέμψαι τῷ ἀνδρὶ, καὶ λέγειν· "μηδέν[7] σοι καὶ[8] τῷ ἀνθρώπῳ τούτῳ τῷ δικαίῳ· σήμερον γὰρ κατ᾽ ὄναρ πολλὰ ἔπαθον δι᾽ αὐτόν;" Πάλιν τε αὖ, σιωπῶν τὰ ἐμφαίνοντα τὴν τοῦ Ἰησοῦ θειότητα, ὁ Κέλσος ὀνειδίζει ἐκ τῶν γεγραμμένων ἐν τῷ εὐαγγελίῳ περὶ τοῦ Ἰησοῦ, παρατιθέμενος[9] τοὺς ἐμπαίξαντας αὐτῷ, καὶ φοινικίδα περιθέντας, καὶ τὸν ἐξ ἀκανθῶν στέφανον, καὶ τὸν ἐν τῇ χειρὶ κάλαμον. Πόθεν οὖν, ὦ

---

(1) Boherellus mavult: ἦ γάρ, sane, profecto. R.
(2) Guietus legit: ἐκ τῶν ἡμετέρων, et suspicatur ex compendio mendum natum, quod admodum est verisimile. R.
(3) Act. xii. 7. (4) Act. xvi. 24—26.
(5) Euseb. Lib. II. Hist. Eccles. cap. 7. R.
(6) Matth. xxvii. 18.
(7) Matth. xxvii. 19.
(8) Codd. Regius et Basileensis: καὶ τῷ δικαίῳ τούτῳ. R.
(9) Matth. xxvii. 28, 29.

Κέλσε, ταῦτα μεμάθηκας, ἢ ἀπὸ τῶν εὐαγγελίων; Ἆρ' οὖν σὺ μὲν ἑώρας ταῦτα ὀνειδισμοῦ ἄξια· οἱ δ' ἀναγράφοντες αὐτὰ οὐ κατενόουν, ὅτι σὺ μὲν καταγελάσῃ, καί οἵ σοι παραπλήσιοι· ἄλλοι δὲ παράδειγμα λήψονται τοῦ καταφρονεῖν γελώντων, καὶ χλευαζόντων ἐπὶ εὐσεβείᾳ τὸν δι' αὐτὴν ἑτοίμως ἀποθανόντα; Μᾶλλον οὖν θαύμαζε αὐτῶν τὸ φιλάληθες, καὶ τοῦ ταῦτα ἑκουσίως παθόντος ὑπὲρ ἀνθρώπων, καὶ μετὰ πάσης ἀνεξικακίας καὶ μακροθυμίας αὐτὰ ὑπομείναντος. Οὐ γὰρ ἀνεγέγραπτο, ὅτι ὠδύρατο, ἤ τι ἀγεννὲς ἐκ τοῦ καταδεδικάσθαι ἔπαθεν, ἢ ἐφθέγξατο. 10

35. Πρὸς δὲ τό· "τί οὐκ εἰ μὴ πρόσθεν, ἀλλὰ νῦν γοῦν θεῖόν τι ἐπιδείκνυται, καὶ τῆς αἰσχύνης ταύτης ἑαυτὸν ῥύεται, καὶ τοὺς ὑβρίζοντας εἰς ἑαυτόν τε καὶ τὸν πατέρα δικαιοῖ;"(1) λεκτέον, ὅτι τὸ παραπλήσιόν ἐστιν εἰπεῖν καὶ πρὸς Ἕλληνας, πρόνοιαν εἰσάγοντας καὶ θεοσημείας παραδεχομένους γενέσθαι, τί δήποτε τοὺς ἐνυβρίζοντας(2) τῷ θείῳ, καὶ ἀναιροῦντας πρόνοιαν, οὐ κολάζει ὁ θεός; Ὡς γὰρ ἂν ἀπολογήσωνται πρὸς ταῦτα Ἕλληνες, καὶ ἡμεῖς τὰ ὅμοια, ἢ καὶ κρείττονα ἐροῦμεν. Γέγονε δὲ καὶ θεοσημία τις ἐξ οὐρανοῦ, ὁ ἐκλιπὼν ἥλιος, καὶ τὰ λοιπὰ παράδοξα, ἐμφανίζοντα ὅτι θεῖόν τι καὶ πλεῖον τῶν 20 πολλῶν εἶχεν ὁ σταυρωθείς.

36. Εἶτά φησιν ὁ Κέλσος·(3) "τί καὶ ἀνασκολοπιζομένου τοῦ σώματος ποῖος ἰχώρ,

— — οἷός πέρ τε ῥέει μακάρεσσι θεοῖσιν;"(4)

Ἐκεῖνος μὲν οὖν παίζει· ἡμεῖς δὲ ἀπὸ τῶν σπουδαίων εὐαγγελίων, κἂν μὴ Κέλσος βούληται, παραστήσομεν· ὅτι ἰχὼρ μὲν ὁ μυθικὸς καὶ Ὁμηρικὸς οὐκ ἔρρευσεν αὐτοῦ ἀπὸ τοῦ σώματος· ἤδη δ' αὐτοῦ ἀποθανόντος, εἰς(5) "τῶν στρατιωτῶν λόγχῃ τὴν πλευρὰν αὐτοῦ ἔνυξε, καὶ ἐξῆλθεν αἷμα καὶ ὕδωρ· Καὶ ὁ ἑωρακὼς μεμαρτύρηκε, καὶ ἀληθινὴ αὐτοῦ ἐστιν ἡ μαρ- 30

(1) Boherellus legit δικάζει. R.
(2) Codd. Regius et Basileensis: ὑβρίζοντας τὸ θεῖον. Duo Codd. Anglicani: ἐνυβρίζοντας τὸ θεῖον." R.
(3) Libri antea editi, τί φησι καί. Sed cum istud, φησι, absit a MS. Regio, et redundet, expungendum duximus. R.
(4) Iliad. Lib. v. vers. 340.   (5) Ev. Joann. xix. 34, 35.

τυρία· κάκεινος οίδεν, ότι αληθή λέγει." Των μεν ούν άλλων νεκρών σωμάτων το αίμα πήγνυται, και ύδωρ καθαρόν ουκ απορρεί· του δε κατά τον Ίησούν νεκρού σώματος, το παράδοξον, και περί το νεκρόν σώμα ην αίμα και ύδωρ από των πλευρών προχυθέν. Ει δ' εις μεν το κατηγορείν Ίησου και Χριστιανών φέρων από του ευαγγελίου ουδέ καλώς ερμηνευομένας λέξεις, σιωπών δε τα παριστάντα την θεότητα του Ίησου, ακούειν βούλεται τας θεοσημείας· αναγνώτω το ευαγγέλιον, και οράτω, ότι και ο εκατοντάρχης, και οι μετ' αυτού
10 τηρούντες τον Ίησούν, ιδόντες τον σεισμόν, και τα γινόμενα, εφοβήθησαν σφόδρα, λέγοντες· " θεού υιός ην ούτος."[1]

37. Μετά ταύθ' ο από του ευαγγελίου εκλαβών λέξεις, ών κατηγορείν νομίζει, το όξος και την χολήν ονειδίζει τω Ίησου, ως "χανδόν επί το πιείν ωρμημένω, και[2] μη διακαρτερήσαντι την δίψαν ως και ο τυχών άνθρωπος πολλάκις διακαρτερεί." Και τούτο ιδία[3] μεν εν τροπολογία τυγχάνει διηγήσεως· νυν δε κοινοτέρας άν τοιαύτης αποκρίσεως προς τα επηπορημένα έχοιτο το λεγόμενον, ότι και περί τούτου προφήται προείπον. Γέγραπται γαρ εν εξηκοστώ και ογδόω
20 ψαλμώ εκ προσώπου του Χριστού· "και[4] έδωκαν εις το βρώμά μου χολήν, και εις την δίψαν μου επότισάν με όξος." ή λεγέτωσαν Ιουδαίοι, τίς εστιν ο εν τω προφήτη ταύτα λέγων, και παραστησάτωσαν από της ιστορίας τον ανειληφότα εις το βρώμα εαυτού χολήν, και ποτισθέντα όξος. Ή κάν τολμησάτωσαν λέγειν, όν οίονται επιδημήσειν Χριστόν μέλλειν εν τούτοις γίγνεσθαι· ίν' ημείς είπωμεν· τί ουν λυπεί ήδη γεγονέναι το προφητευθέν; όπερ και αυτό προ τοσούτων λεχθεν χρόνων, ικανόν εστι μετά των άλλων προφητικών προγνώσεων κινήσαι τον ευγνωμόνως όλα τα πράγματα εξετά-
30 ζοντα, προς το συγκαταθέσθαι ως Χριστώ προφητευθέντι και υιώ του θεού τω Ίησου.

(1) Luc. xxiii. 47.
(2) Verba: και μη—πολλάκις διακαρτερεί, in antea editis (v. c. edd. Spenc.) omissa restituunt omnes Codd. MSS. R.
(3) Boherellus: " Malim: ιδίας." (4) Psalm. lxix. 21 (lxviii.)

38. Μετὰ ταῦτά φησιν ἔτι πρὸς ἡμᾶς ὁ Ἰουδαῖος·
"Ταῦτ' οὖν ἡμῖν ἐγκαλεῖτε, ὦ πιστότατοι, διότι τοῦτον οὐ
νομίζομεν θεὸν, οὐδὲ συντιθέμεθα ὑμῖν, ὅτι ἐπ' ἀνθρώπων ὠφε-
λείᾳ ταῦτα ὑπέμεινεν, ἵνα καὶ ἡμεῖς κολάσεων καταφρονῶμεν;"
Καὶ πρὸς ταῦτα δὲ φήσομεν, ὅτι ἐγκαλοῦμεν Ἰουδαίοις, ἐντρα-
φεῖσι νόμῳ καὶ προφήταις τοῖς Χριστὸν προκαταγγέλλουσι,
ἐπεὶ μήτε τὰ προσαγόμενα αὐτοῖς ὑφ' ἡμῶν εἰς ἀπόδειξιν περὶ
τοῦ τοῦτον εἶναι τὸν Χριστὸν λύουσιν, ἀπολογίαν ποριζόμενοι
τοῦ μὴ πιστεύειν, τὴν λύσιν μήτε ὡς μὴ λύοντες πιστεύουσι
τῷ προφητευθέντι, ἐναργῶς παραστήσαντι ἐν τοῖς μαθητεύ-
σασιν αὐτῷ, καὶ μετὰ τὸν χρόνον τῆς ἐνσωματώσεως ἑαυτοῦ,
ὅτι ἐπ' ἀνθρώπων ὠφελείᾳ ταῦθ' ὑπέμεινε· σκοπὸν ἔχων τῆς
πρώτης ἐπιδημίας οὐχὶ κρίνειν τὰ ἀνθρώπων, καὶ(1) πρὸ τοῦ
διδάξαι καὶ μαρτύρασθαι περὶ τῶν πρακτέων· καὶ μὴ τοὺς μὲν
πονηροὺς κολάζειν, τοὺς δ' ἀγαθοὺς σώζειν, ἀλλὰ σπεῖραι
παραδόξως τὸν ἑαυτοῦ λόγον, καὶ μετά τινος δυνάμεως θειο-
τέρας, παντὶ τῷ ἀνθρώπων γένει, ὡς οἱ προφῆται καὶ ταῦτα
παρέστησαν. Ἔτι δ' ἐγκαλοῦμεν αὐτοῖς, ἐπεὶ τὴν ὑπάρ-
χουσαν(2) δύναμιν ἐπιδεικνυμένῳ οὐκ ἐπίστευσαν, ἀλλ' ἐν Βεελ-
ζεβοὺλ(3), τῷ ἄρχοντι τῶν δαιμονίων, εἰρήκασι τοὺς δαίμονας
αὐτὸν ἀποβεβληκέναι τῆς τῶν ἀνθρώπων ψυχῆς. Ἐγκαλοῦ-
μεν δ' ὅτι καὶ τὸ φιλάνθρωπον αὐτοῦ, μὴ ὑπερορῶντος οὐ
μόνον πόλιν, ἀλλ' οὐδὲ κώμην τινὰ τῆς Ἰουδαίας, ἵνα πανταχοῦ
ἀπαγγείλῃ τὴν βασιλείαν τοῦ θεοῦ, διαβάλλοντες, πλάνην
κατηγοροῦσιν αὐτοῦ ὡς ἀλωμένου, καὶ ἀλύοντος ἐν ἀγεννεῖ
σώματι. Οὐ γὰρ ἀγεννὲς τὸ τοσούτους ὑπομεῖναι ὑπὲρ ὠφε-
λείας τῶν πανταχοῦ ἀκούειν δυναμένων πόνους.

39. Πῶς δ' οὐκ ἀντικρὺς ψεῦδος τὸ ὑπὸ τοῦ παρὰ τῷ
Κέλσῳ Ἰουδαίου λεγόμενον, ὅτι "μηδένα πείσας μέχρι ἔζη,
ὅγε(4) μηδὲ τοὺς ἑαυτοῦ μαθητὰς, ἐκολάσθη καὶ τοιαῦτα ὑπέ-

(1) Boherell. non male: "Dele καὶ," Ruæus vero: "Vel delendum istud καὶ, vel expungendum sequens: καὶ μή." L.
(2) Boherellus, cui Ruæus adstipulatur: "Forte legendum: ὑπερέχουσαν. Nil tamen muto." L.
(3) Matth. xii. 24.
(4) Sic omnes MSS. (itemq. edd. Spenc. ad marg.) exceptis Anglicanis, qui

μεῖνε;" Πόθεν γὰρ ὁ φθόνος ὑπὸ τῶν παρὰ Ἰουδαίοις ἀρχιερέων καὶ πρεσβυτέρων καὶ γραμματέων ἐκινήθη κατ' αὐτοῦ, ἢ ἐκ τοῦ πλήθη πειθόμενα ἀκολουθεῖν αὐτῷ καὶ εἰς τὰς ἐρημίας, κρατούμενα οὐ μόνον ὑπὸ τῆς τῶν λόγων αὐτοῦ ἀκολουθίας, ἁρμόζοντα τοῖς ἀκούουσιν ἀεὶ λέγοντος, ἀλλὰ καὶ ταῖς δυνάμεσιν ἐκπλήττοντος τοὺς μὴ τῇ τοῦ λόγου αὐτοῦ ἀκολουθίᾳ πιστεύοντας; Πῶς δ' οὐκ ἀντικρὺς ψεῦδος, ὅτι "οὐδὲ τοὺς ἑαυτοῦ ἔπεισε μαθητὰς," τοὺς παθόντας μὲν ἀνθρώπινόν τι ἀπὸ δειλίας τότε,—οὐδέπω γὰρ ἦσαν πρὸς ἀνδρίαν ἠκο-
10 νημένοι—, οὐ μὴν τὰ κριθέντα αὐτοῖς ὡς περὶ Χριστοῦ ἀποθεμένους; Ὁ μὲν γὰρ Πέτρος μετὰ τὸ ἀρνήσασθαι συναισθόμενος οἷ γέγονε κακῶν "ἐξελθὼν ἔξω, ἔκλαυσε πικρῶς·" οἱ δὲ λοιποὶ πεπληγότες ὑπὸ τῆς ἐπ' αὐτῷ ἀθυμίας, ἔτι γὰρ αὐτὸν ἐθαύμαζον, ἐβεβαιώθησαν(1) διὰ τῆς ἐπιφανείας αὐτοῦ πρὸς τὸ πιστεύειν ἔτι μᾶλλον καὶ βεβαιότερον παρὰ τὸ πρότερον, ὅτι υἱὸς ἦν τοῦ θεοῦ.

40. Καὶ ἀφιλόσοφον δέ τι παθὼν ὁ Κέλσος, τὴν ἐν ἀνθρώποις ὑπεροχὴν οὐκ ἐν λόγῳ σωτηρίας καὶ ἤθει καθαρῷ φαντάζεται εἶναι, ἀλλὰ ἐν τῷ παρὰ τὴν ὑπόθεσιν οὗ ἀνείληφε
20 προσώπου ποιῆσαι, καὶ ἀνειληφότα τὸ θνητὸν μὴ ἀποθανεῖν· ἢ ἀποθανεῖν μέν, οὐχὶ δὲ θάνατον, τὸν δυνάμενον παράδειγμα γενέσθαι τοῖς καὶ(2) ὑπ' αὐτοῦ τοῦ ἔργου εἰσομένοις ὑπὲρ εὐσεβείας ἀποθνήσκειν, καὶ παρρησιάζεσθαι ἐν αὐτῇ πρὸς τοὺς ἐσφαλμένους ἐν τῷ περὶ εὐσεβείας καὶ ἀσεβείας τόπῳ· καὶ νομίζοντας τοὺς μὲν εὐσεβεῖς εἶναι ἀσεβεστάτους, τοὺς δὲ πλανωμένους περὶ θεοῦ, καὶ παντὶ μᾶλλον ἢ θεῷ ἐφαρμόζοντας τὴν περὶ αὐτοῦ ἀδιάστροφον ἔννοιαν, ὑπολαμβάνοντας εἶναι εὐσεβεστάτους· καὶ μάλιστα ὅτε καὶ ἐπὶ τὸ ἀναιρεῖν ὁρμῶσι τοὺς τῇ ἐναργείᾳ τοῦ ἑνὸς καὶ ἐπὶ πᾶσι θεοῦ ἑαυτοὺς
30 ὅλῃ ψυχῇ μέχρι θανάτου ἐπιδεδωκότας.

41. Ἔτι δ' ἐγκαλεῖ τῷ Ἰησοῦ ὁ Κέλσος διὰ τοῦ Ἰου-

cum Spencero (in textu) habent: ὅτι μηδέ. Gelenius interpres legebat: μέχρι ἔξη, οὐδὲ τοὺς ἑαυτοῦ, κ.τ.λ. Quam lectionem seqq. confirmant. R.—Boherellus: "Dele hic ὅτι, natum ex seqq." L.

(1) Luc. xxiv. 30—34 coll. ev. Joann. xx. 19—28. L.
(2) Lego : καὶ ἀπ' αὐτοῦ, κ.τ.λ. R.

δαϊκοῦ προσώπου, ως " μη δείξαντι εαυτόν πάντων δη κακών καθαρεύοντα." Ποίων δη κακών, λεγέτω ο Κέλσος, ουκ έδειξεν εαυτόν καθαρεύοντα ο Ιησούς· Εἰ μὲν γὰρ τῶν κυρίως κακῶν λέγει αυτόν μη κεκαθαρευκέναι· παραστησάτω εναργώς κακίας έργον εν αυτώ. Ει δε κακα νομίζει πενίαν και σταυρόν, και την ἀπὸ τῶν ἀτόπων ἀνθρώπων επιβουλήν· δῆλον ὅτι καὶ Σωκράτει φησι κακὰ συμβεβηκέναι, μη(1) δυνηθέντι εαυτόν αποδείξαι καθαρόν από των κακών. όσος δε και άλλος χορὸς πενήτων ἐστὶ παρ' Ἕλλησι φιλοσοφησάντων, καὶ εκούσιον πενίαν αναδεξαμένων, και οι πολλοί Ἑλλήνων ἴσασιν ἐκ τῶν ἀναγραφέντων, περὶ μὲν Δημοκρίτου μηλόβοτον ἐάσαντος την ουσίαν· περι δε Κράτητος εαυτόν ελευθερώσαντος, διὰ τοῦ τοῖς Θηβαίοις χαρίσασθαι το υπερ πάσης της κτήσεως πραθείσης δοθεν αυτώ αργύριον. αλλα και Διογένης δι' υπερβάλλουσαν ευτέλειαν πίθον ώκει, και παρ' ουδενί των νουν εχόντων καν μέτριον τούτου γε χάριν Διογένης εν κακοίς ήν.

42. Ἔτι δὲ, ἐπεὶ "βούλεται μηδὲ ἀνεπίληπτον γεγονέναι τὸν Ἰησοῦν" ὁ Κέλσος· παραστησάτω, τίς τῶν αρεσκομένων τω λόγω αυτού το αληθώς επίληπτον του Ιησού ανέγραψεν· ή, ει μη από τούτων αυτού κατηγορεί ως ἐπιλήπτου, δεικνύτω, πόθεν μαθών ουκ ανεπίληπτον αυτόν εἴρηκεν. Ἐποίησε μὲν οὖν ἃ ἐπηγγείλατο πιστὰ δι' ὧν ὠφέλησε τοὺς προσέχοντας αυτώ ο Ιησούς. Καὶ ἀεὶ ὁρῶντες πληρούμενα τα ειρημένα υπ' αυτού πριν γένηται, το κηρυχθηναι(2) το ευαγγέλιον τούτο εν όλω τω κόσμω· και πορευθέντας(3) αυτού τους μαθητάς εις πάντα τα έθνη τον λόγον αυτού κατηγγελκέναι· ἔτι δὲ περὶ τοῦ ἐπὶ ἡγεμόνας(4) καὶ βασιλεῖς ἀχθήσεσθαι μέλλειν, δι' ουδεμίαν άλλην αιτίαν, ή την διδασκαλίαν αυτού· τεθήπαμεν αυτόν, και οσημέραι βεβαιούμεν την εις αυτόν πίστιν. Ουκ οίδα δ' από ποίων μειζόνων και εναργεστέρων εβούλετο αυτόν πιστα ποιήσαι τὰ προειρημένα ὁ Κέλσος· εἰ μὴ ἄρα, ως φαίνεται, μη επιστάμενος τον λόγον

(1) Cod. Regius: μὴ ἀποδείξαντι εαυτον καθαρόν. R.
(2) Matth. xxiv. 14.   (3) Matth. xxviii. 19.   (4) Matth. x. 18.

τὸν Ἰησοῦν ἄνθρωπον γενόμενον, ἐβούλετο μηδὲν ἀνθρώπινον
παθεῖν, μηδὲ γενέσθαι ἀνθρώποις παράδειγμα γενναῖον, περὶ
τοῦ φέρειν τὰ συμβαίνοντα· κἂν οἴκτιστα τῷ Κέλσῳ ταῦτ'
εἶναι δοκῇ, καὶ ἐπονειδιστότατα, ἐπεὶ πόνον μὲν τὸ μέγιστον
οἶδε τῶν κακῶν, ἡδονὴν δὲ τὸ τέλειον ἀγαθόν· ὅπερ οὐδεὶς τῶν
πρόνοιαν εἰσαγόντων φιλοσόφων, καὶ ἀνδρίαν ὁμολογούντων
εἶναι ἀρετὴν, καὶ καρτερίαν, καὶ μεγαλοψυχίαν, παρεδέξατο.
Οὐ διέβαλεν οὖν τὴν εἰς αὐτὸν πίστιν ὁ Ἰησοῦς δι' ὧν ὑπέ-
μεινεν· ἀλλὰ μᾶλλον ἐν τοῖς ἀνδρίαν ἀποδέξασθαι βουλομένοις
10 ἐκράτυνε, καὶ ἐν τοῖς διδαχθεῖσιν ὑπ' αὐτοῦ τὸ μὲν κυρίως καὶ
ἀληθῶς ζῆν τὸ μακάριον οὐκ εἶναι ἐνταῦθα, ἀλλ' ἐν τῷ καλου-
μένῳ κατὰ τοὺς λόγους αὐτοῦ μέλλοντι αἰῶνι· τὸ δ' ἐν τῷ
ἐνεστῶτι αἰῶνι λεγομένῳ ζῆν συμφορὰν εἶναι, ἢ ἀγῶνα τὸν
πρῶτον καὶ μέγιστον τῆς ψυχῆς.

43. Μετὰ ταῦτα δὲ λέγει πρὸς ἡμᾶς, ὅτι "οὐ δήπου
φήσετε περὶ αὐτοῦ, ὅτι μὴ πείσας τοὺς ὧδε ὄντας, ἐστέλλετο
εἰς ᾅδου πείσων τοὺς ἐκεῖ." Κἂν μὴ βούληται οὖν, τοῦτό
φαμεν, ὅτι καὶ ἐν σώματι ὢν οὐκ ὀλίγους ἔπεισεν, ἀλλὰ
τοσούτους, ὡς διὰ τὸ πλῆθος τῶν πειθομένων ἐπιβουλευθῆναι
20 αὐτόν· καὶ γυμνῇ[1] σώματος γενόμενος ψυχῇ, ταῖς γυμναῖς
σωμάτων ὡμίλει ψυχαῖς, ἐπιστρέφων κἀκείνων τὰς βουλομένας
πρὸς αὐτὸν, ἢ ἃς ἑώρα, δι' οὓς ᾔδει αὐτὸς λόγους, ἐπιτη-
δειοτέρας.

44. Ἑξῆς δὲ τούτοις οὐκ οἶδ' ὅπως σφόδρα εὔηθες λέγει,
ὅτι "εἴπερ ἀτόπους ἀπολογίας εὑρίσκοντες, ἐφ' αἷς κατα-
γελάστως ἐξηπατήθητε, οἴεσθε ἀληθῶς ἀπολογεῖσθαι, τί κωλύει
καὶ ἄλλους, ὅσοι καταγνωσθέντες κακοδαιμονέστερον ἀπήλ-
λαξαν, μείζονας νομίζειν εἶναι καὶ θειοτέρους τούτους ἀγγέ-
λους;" Ὅτι δ' ἀντικρὺς καὶ σαφῶς οὐδὲν ὅμοιον ἔχει ὁ παθὼν
30 τὰ ἀναγεγραμμένα Ἰησοῦς τοῖς κακοδαιμονέστερον ἀπαλλά-
ξασι διὰ γοητείαν, ἢ ὅ, τι δή ποτε ἔγκλημα ἄλλο, παντί τῳ
δῆλον. Οὐδὲ γὰρ δύναταί τις παραστῆσαι γοήτων ἔργον
ἐπιστρέψαν ψυχὰς ἀπὸ τῶν πολλῶν ἐν ἀνθρώποις ἁμαρτη-

(1) Mavult Guietus: καὶ γυμνὴ σώματος γενόμενος ψυχῇ, ταῖς γυμναῖς, κ.τ.λ. R.
Cfr. ‡ Petr. iii. 19.

μάτων, καὶ τῆς κατὰ τὴν κακίαν χύσεως. Ἐπεὶ δὲ καὶ λησταῖς αὐτὸν παραβαλὼν ὁ παρὰ τῷ Κέλσῳ Ἰουδαῖός φησιν, ὅτι "δύναιτο ἄν τις ὁμοίως ἀναισχυντῶν, καὶ περὶ ληστοῦ καὶ ἀνδροφόνου κολασθέντος εἰπεῖν, ὅτι οὗτός γε οὐχὶ ληστὴς, ἀλλὰ θεὸς ἦν· προεῖπε γὰρ τοῖς συλλήσταις, ὅτι πείσεται τοιαῦτα, οἷα δὴ πέπονθε." Λέγοιτ' ἂν πρῶτον μὲν, ὅτι οὐ παρὰ τὸ προειρηκέναι αὐτὸν ταῦτα πείσεσθαι, τοιαῦτα ὑπολαμβάνομεν περὶ τοῦ Ἰησοῦ, ὁποῖα καὶ φρονοῦντες παρρησιαζόμεθα ἐν αὐτῷ ὡς ἀπὸ θεοῦ ἡμῖν κατεληλυθότι· δεύτερον δὲ καὶ ταῦτα λέγομεν ἐν τοῖς εὐαγγελίοις προειρῆσθαί πως· 10 ἐπεὶ μετὰ ἀνόμων ἐλογίσθη[1] ὁ θεὸς παρὰ τοῖς ἀνόμοις, ληστὴν μᾶλλον, τὸν διὰ στάσιν[2] καὶ φόνον βληθέντα εἰς φυλακὴν, βουλομένοις ἀπολυθῆναι· τὸν δὲ Ἰησοῦν σταυρῶσαι· καὶ σταυρώσασιν αὐτὸν μεταξὺ ληστῶν δύο. Καὶ ἀεὶ δ' ἐν τοῖς γνησίοις μαθηταῖς καὶ μαρτυροῦσι τῇ ἀληθείᾳ ὁ Ἰησοῦς συσταυροῦται λησταῖς, καὶ τὴν αὐτὴν αὐτοῖς παρὰ ἀνθρώποις καταδίκην πάσχει. Καὶ φαμεν, ὅτι εἴπερ οὗτοι ὅμοιόν τι λησταῖς ἔχουσιν, οἱ διὰ τὴν εἰς τὸν δημιουργὸν εὐσέβειαν, ἵν' αὐτὴν εἰλικρινῆ καὶ καθαρὰν διαφυλάξωσιν κατὰ τὴν τοῦ Ἰησοῦ διδασκαλίαν, πᾶσαν αἰκίαν καὶ πάντας θανάτους ἀναδεχόμενοι· 20 δῆλον ὅτι καὶ ὁ Ἰησοῦς, ὁ πατὴρ τῆς τοιαύτης διδασκαλίας, εὐλόγως ὑπὸ τοῦ Κέλσου ληστάρχαις παραβάλλεται. Ἀλλ' οὔτ' ἐκεῖνος κατὰ τὸ κοινωνικὸν ἀποθνήσκων, οὔθ' οὗτοι δι' εὐσέβειαν πάσχοντες ταῦτα, καὶ μόνοι πάντων ἀνθρώπων διὰ τὴν φανεῖσαν αὐτοῖς ὁδὸν τῆς εἰς τὸ θεῖον τιμῆς ἐπιβουλευόμενοι, οὐκ ἀδίκως ἀναιροῦνται· οὔθ' ὁ Ἰησοῦς οὐκ ἀσεβῶς ἐπεβουλεύθη.

45. Πρόσχες δὲ καὶ τῷ ἐπιπολαίῳ τοῦ περὶ τῶν τότε μαθητῶν Ἰησοῦ λόγου, ἐν ᾧ φησιν· "εἶτα οἱ μὲν τότε ζῶντι αὐτῷ συνόντες, καὶ τῆς φωνῆς ἐπακούοντες αὐτοῦ, καὶ διδασκάλῳ 30 χρώμενοι, κολαζόμενον καὶ ἀποθνήσκοντα ὁρῶντες, οὔτε συναπέθανον, οὔτε ὑπεραπέθανον αὐτοῦ, οὐδὲ κολάσεων καταφρονεῖν ἐπείσθησαν· ἀλλὰ καὶ ἠρνήσαντο εἶναι μαθηταί· νῦν δὲ ὑμεῖς

[1] Marc. xv. 28.　　　　　　[2] Luc. xxiii. 19.

αὐτῷ συναποθνήσκετε." Καὶ ἐν τούτοις δὲ τὸ μὲν ἔτι εἰσαγομένοις τοῖς μαθηταῖς καὶ ἀτελεστέροις οὖσιν ἁμαρτηθὲν καὶ γεγραμμένον ἐν τοῖς εὐαγγελίοις πιστεύει γεγονέναι, ἵν᾽ ἐγκαλῇ τῷ λόγῳ· τὸ δὲ μετὰ τὴν ἁμαρτίαν αὐτοῖς κατορθωθὲν, παρρησιασαμένοις[1] ἐπὶ Ἰουδαίων, καὶ μυρία ὅσα πεπονθόσιν ὑπ᾽ ἐκείνων, καὶ τὸ τελευταῖον ἀποθανοῦσιν ὑπὲρ τῆς Ἰησοῦ διδασκαλίας, παρασιωπᾷ. Οὔτε γὰρ Ἰησοῦ ἐβουλήθη ἀκοῦσαι προλέγοντος τῷ Πέτρῳ· "ὅταν[2] δὲ γηράσῃς, ἐκτενεῖς τὰς χεῖράς σου," καὶ τὰ ἑξῆς· ᾧ ἐπιφέρει ἡ γραφή· "τοῦτο δ᾽ εἶπε, σημαίνων ποίῳ θανάτῳ δοξάσει τὸν θεόν." οὔθ᾽ ὅτι Ἰάκωβος ὁ ἀδελφὸς Ἰωάννου, ἀπόστολος ἀποστόλου ἀδελφὸς, ἀνῃρέθη[3] ὑπὸ τοῦ Ἡρώδου διὰ τὸν λόγον Χριστοῦ μαχαίρᾳ. ἀλλ᾽ οὐδ᾽ ὅσα παρρησιαζόμενοι[4] ἐπὶ τῷ λόγῳ πεποιήκασιν ὁ Πέτρος καὶ οἱ λοιποὶ ἀπόστολοι, καὶ ὡς "ἀπὸ[5] προσώπου τοῦ συνεδρίου ἐξῆλθον μετὰ τὸ μαστιγωθῆναι, χαίροντες ὅτι κατηξιώθησαν ὑπὲρ τοῦ ὀνόματος αὐτοῦ ἀτιμασθῆναι," καὶ ὑπεραίροντες πολλὰ τῶν παρ᾽ Ἕλλησιν ἱστορουμένων ἐπὶ τῇ καρτερίᾳ καὶ ἀνδρείᾳ τῶν φιλοσοφησάντων. Ἀρχῆθεν οὖν μάλιστα τοῦτο τοῦ Ἰησοῦ μάθημα ἐκρατύνετο παρὰ τοῖς ἀκούουσιν αὐτοῦ, διδάσκον καταφρονεῖσθαι μὲν τὸ ὑπὸ τῶν πολλῶν περιεπόμενον ζῆν, σπουδάζεσθαι δὲ τὸ παραπλήσιον τῷ ζῆν τοῦ θεοῦ ζῆν.

46. Πῶς δ᾽ οὐ ψεύδεται ὁ λέγων παρὰ τῷ Κέλσῳ Ἰουδαῖος, ὅτι "παρὼν δέκα ναύτας καὶ τελώνας τοὺς ἐξωλεστάτους μόνους εἷλε, καὶ οὐδὲ τούτους ἅπαντας;" Σαφὲς γὰρ, ὅτι καὶ Ἰουδαῖοι ὁμολογήσαιεν ἂν, ὅτι οὐ δέκα μόνους εἷλεν, οὐδὲ ἑκατὸν, οὐδὲ χιλίους· ἀλλ᾽ ἀθρόως ὁτὲ μὲν πέντε χιλιάδας, ὁτὲ δὲ τέσσαρας· καὶ ἐπὶ τοσοῦτόν γε εἷλεν, ὥστε καὶ εἰς τὰς ἐρημίας αὐτῷ ἀκολουθεῖν, τὰς μόνον χωρούσας ἀθρόον τι πλῆθος τῶν πιστευόντων τῷ θεῷ διὰ τοῦ Ἰησοῦ· ἐν αἷς οὐ μόνον λόγους, ἀλλὰ καὶ ἔργα αὐτοῖς ἐπεδείκνυτο. Ἀναγκάζει δ᾽ ἡμᾶς ταυτολογῶν τὸ παραπλήσιον αὐτῷ ποιεῖν· ἐπεὶ φυλασσόμεθα ὑπολαμβάνεσθαι ὑπερβαίνειν τινὰ τῶν

---

(1) Act. iv. 13.   (2) Ev. Joann. xxi. 18.
(3) Act. xii. 2.   (4) Act. xiii. 46.   (5) Act. v. 41.

παρ' αὐτῷ λεγομένων εγκλημάτων. Καὶ ἐν τῷ προκειμένῳ τοίνυν λόγῳ καθ' ἣν ἔχομεν τάξιν τῆς γραφῆς, φησίν· " εἰ ζῶν μὲν αὐτὸς μηδένα ἔπεισεν, ἀποθανόντος δ' αὐτοῦ πείθουσιν οἱ βουλόμενοι τοσούτους· πῶς τοῦτο οὐχ ὑπεράτοπόν ἐστι;" Δέον λέγειν ἀκολουθίαν σώζοντα, ὅτι εἴπερ ἀποθανόντος αὐτοῦ πείθουσιν, οὐχ ἁπαξαπλῶς οἱ βουλόμενοι, ἀλλ' οἱ βουλόμενοι καὶ δυνάμενοι, τοὺς τοσούτους· πόσῳ μᾶλλον εὔλογον αὐτὸν, ἡνίκα τῷ βίῳ ἐπεδήμει, πολλαπλασίους καὶ δυνατωτέρῳ λόγῳ καὶ πράξεσι πεπεικέναι;

47. Ἑαυτῷ δὲ λαμβάνει ὡς ἡμετέραν ἀπόκρισιν πρὸς πεῦσιν αὐτοῦ λεγομένην φήσαντος· " τίνι προσήχθητε λογισμῷ τοῦτον νομίζειν υἱὸν θεοῦ;" πεποίηκε γὰρ ἡμᾶς ἀποκρινομένους, ὅτι " τούτῳ προσήχθημεν, εἰ[1] καὶ ἴσμεν τὴν κόλασιν αὐτοῦ ὑπὲρ καθαιρέσεως τοῦ πατρὸς τῆς κακίας γεγονυῖαν." Ἄλλοις γὰρ μυρίοις προσήχθημεν, ὧν πολλοστημόριον ἐν τοῖς πρὸ τούτων ἐξεθέμεθα, καὶ, θεοῦ διδόντος, ἐκθησόμεθα οὐ μόνον ἐν τοῖς πρὸς τὸν νομιζόμενον Κέλσου ἀληθῆ λόγον πραγματευόμενοι, ἀλλὰ καὶ ἐν ἄλλοις μυρίοις. Καὶ ὡς ἡμῶν λεγόντων, ὅτι υἱὸν αὐτὸν νομίζομεν θεοῦ, ἐπεὶ ἐκολάσθη, φησί· " τί οὖν, οὐχὶ καὶ ἄλλοι πολλοὶ ἐκολάσθησαν, καὶ οὐχ ἧττον ἀγεννῶς;" Ὅμοιον δ' ἐν τούτῳ ποιεῖ ὁ Κέλσος τοῖς ἀνδραποδωδεστάτοις τῶν ἐχθρῶν τοῦ λόγου, καὶ οἰομένοις, ὅτι ἀκολουθεῖ τῇ περὶ τὸν Ἰησοῦν ἱστορίᾳ σταυρωθέντα τὸ σέβειν ἡμᾶς τοὺς ἐσταυρωμένους.

48. Πολλάκις δ' ὁ Κέλσος ἤδη, μὴ δυνάμενος ἀντιβλέπειν αἷς ἀναγέγραπται πεποιηκέναι δυνάμεσιν ὁ Ἰησοῦς, διαβάλλει αὐτὰς ὡς γοητείας· καὶ πολλάκις τῷ λόγῳ, κατὰ τὸ δυνατὸν ἡμῖν, ἀντείπομεν. Καὶ νῦν δέ φησιν οἱονεὶ ἡμᾶς ἀποκρίνασθαι, ὅτι "διὰ τοῦτ' ἐνομίσαμεν αὐτὸν εἶναι υἱὸν θεοῦ, ἐπεὶ χωλοὺς καὶ τυφλοὺς ἐθεράπευσε." Προστίθησι δὲ καὶ τό· " ὡς ὑμεῖς φατε, ἀνίστη νεκρούς." Ὅτι μὲν οὖν χωλοὺς καὶ τυφλοὺς ἐθεράπευσε, διόπερ Χριστὸν αὐτὸν καὶ υἱὸν θεοῦ νομίζομεν, δῆλον ἡμῖν ἐστιν ἐκ τοῦ καὶ ἐν προφητείαις γε-

(1) Boherellus, cui Ruæus adstipulatur: "Legendum: ἐπεὶ ἴσμεν, uti paulo infra: ἐπεὶ ἐκολάσθη:" L.

γράφθαι· "τότε⁽¹⁾ ἀνοιχθήσονται ὀφθαλμοὶ τυφλῶν, καὶ ὦτα κωφῶν ἀκούσονται· τότε ἁλεῖται ὡς ἔλαφος ὁ χωλός." Ὅτι δὲ καὶ νεκροὺς ἀνίστη, καὶ οὐκ ἔστι πλάσμα τῶν τὰ εὐαγγέλια γραψάντων· παρίσταται ἐκ τοῦ, εἰ μὲν πλάσμα ἦν, πολλοὺς⁽²⁾ ἀναγεγράφθαι τοὺς ἀναστάντας, καὶ τοὺς ἤδη χρόνους ἔχοντας πλείονας ἐν τοῖς μνημείοις. Ἐπεὶ δ' οὐκ ἔστι πλάσμα, πάνυ εὐαριθμήτους λελέχθαι⁽³⁾, τήν τε τοῦ ἀρχισυναγώγου θυγατέρα, (περὶ ἧς οὐκ οἶδ' ὅπως εἶπεν· "οὐκ⁽⁴⁾ ἀπέθανεν, ἀλλὰ καθεύδει·" λέγων τι περὶ αὐτῆς ὃ οὐ πᾶσι τοῖς ἀποθανοῦσι προσῆν·) καὶ τὸν μονογενῆ⁽⁵⁾ τῆς χήρας υἱὸν, ἐφ' ᾧ σπλαγχνισθεὶς ἀνέστησεν αὐτὸν, στήσας τοὺς φέροντας τὸν νεκρόν· καὶ τρίτον Λάζαρον τετάρτην ἡμέραν ἐν τῷ μνημείῳ ἔχοντα. Καὶ φήσομεν⁽⁶⁾ περὶ τούτων τοῖς εὐγνωμονεστέροις, καὶ μάλιστα τῷ Ἰουδαίῳ, ὅτι ὥσπερ πολλοὶ λεπροὶ ἦσαν ἐν ἡμέραις Ἐλισσαίου τοῦ προφήτου, καὶ οὐδεὶς αὐτῶν ἐκαθαρίσθη, εἰ μὴ Νεεμὰν⁽⁷⁾ ὁ Σύρος· καὶ πολλαὶ χῆραι ἦσαν ἐν ταῖς ἡμέραις Ἠλίου τοῦ προφήτου, καὶ πρὸς οὐδεμίαν αὐτῶν ἐπέμφθη χήραν ὁ Ἡλίας, εἰ μὴ εἰς Σαρεπτὰ⁽⁸⁾ τῆς Σιδωνίας· ἀξία γὰρ ἐγεγόνει τοῦ ὑπὸ τοῦ προφήτου γεγενημένου τεραστίου ἐν τοῖς ἄρτοις κατά τινα θείαν κρίσιν· οὕτω πολλοὶ νεκροὶ ἦσαν ἐν ταῖς ἡμέραις Ἰησοῦ· ἀλλὰ μόνοι ἀνέστησαν, οὓς ἔγνω ὁ λόγος ἐπιτηδείους πρὸς τὴν ἀνάστασιν, ἵνα μὴ μόνον σύμβολά τινων ᾖ τὰ γενόμενα ὑπὸ τοῦ κυρίου, ἀλλὰ καὶ αὐτόθεν προσαγάγῃ πολλοὺς τῇ θαυμασίᾳ τοῦ εὐαγγελίου διδασκαλίᾳ. Ἐγὼ δ' εἴποιμ' ἂν, ὅτι κατὰ τὴν Ἰησοῦ ἐπαγγελίαν οἱ μαθηταὶ καὶ μείζονα⁽⁹⁾ πεποιήκασιν ὧν Ἰησοῦς αἰσθητῶν πεποίηκεν. ἀεὶ γὰρ ἀνοίγονται ὀφθαλμοὶ τυφλῶν τὴν ψυχήν· καὶ ὦτα τῶν ἐκκεκωφημένων πρὸς λόγους ἀρετῆς, ἀκούει προθύμως περὶ θεοῦ καὶ τῆς παρ' αὐτῷ μακαρίας ζωῆς·

(1) Jesai. xxxv. 5, 6.
(2) Boherell. recte, ut videtur: "Lege: πολλοὺς ἂν ἀναγεγράφθαι." L.
(3) Codd. Reg. et Basil. γενέσθαι. R. (4) Luc. viii. 52.
(5) Luc. vii. 11.
(6) Sic Codd. Reg. et Basileensis. Alias φήσομεν γ' ἔτι τούτων. R.
(7) 2 Regg. v. 14 (4 Regg.).
(8) 1 Regg. xvii. 9 (3 Regg.). (9) Ev. Joann. xiv. 12.

πολλοὶ δὲ καὶ χωλοὶ τὰς βάσεις τοῦ, ὡς ἡ γραφὴ ὠνόμασεν, ἔσω[1] ἀνθρώπου, νῦν τοῦ λόγου ἰασαμένου αὐτοὺς, οὐχ ἁπλῶς ἅλλονται, ἀλλ' ὡς ἔλαφος πολέμιον τῶν ὄφεων ζῶον, καὶ κρεῖττον παντὸς ἰοῦ τῶν ἐχιδνῶν. καὶ οὗτοί γε οἱ θεραπευθέντες χωλοὶ λαμβάνουσιν ἀπὸ Ἰησοῦ ἐξουσίαν[2] πατεῖν τοῖς ποσὶν, οἷς πρότερον ἦσαν χωλοὶ, ἐπάνω τῶν τῆς κακίας ὄφεων καὶ σκορπίων, καὶ ἀπαξαπλῶς ἐπὶ πᾶσαν τὴν δύναμιν τοῦ ἐχθροῦ, καὶ πατοῦντες οὐκ ἀδικοῦνται· κρείττους γὰρ καὶ αὐτοὶ γεγόνασι τοῦ πάσης κακίας καὶ τῶν δαιμόνων ἰοῦ.

49. Ὁ μὲν οὖν Ἰησοῦς ἐπιστρέφων τοὺς μαθητὰς οὐχὶ ἀπὸ τοῦ μὴ προσέχειν ἀπαξαπλῶς γόησι καὶ τοῖς ἐπαγγελλομένοις δι' οἵας δήποτε ὁδοῦ ποιεῖν τεράστια—οὐ γὰρ ἐδέοντο τούτου οἱ μαθηταὶ αὐτοῦ—ἀλλ' ἀπὸ τοῦ τοῖς ἀναγορεύουσιν ἑαυτοὺς εἶναι τὸν Χριστὸν τοῦ θεοῦ, καὶ πειρωμένοις διά τινων φαντασιῶν πρὸς ἑαυτοὺς ἐπιστρέφειν τοὺς Ἰησοῦ μαθητὰς, ὅπου μὲν εἶπε· "τότε[3] ἐάν τις ὑμῖν εἴπῃ· ἰδοὺ, ὧδε ὁ Χριστὸς, ἢ ὧδε· μὴ πιστεύσητε. ἐγερθήσονται γὰρ ψευδόχριστοι καὶ ψευδοπροφῆται, καὶ δώσουσι σημεῖα καὶ τέρατα μεγάλα ὥστε πλανᾶσθαι, εἰ δυνατὸν, καὶ τοὺς ἐκλεκτούς. Ἰδοὺ, προείρηκα ὑμῖν. ἐὰν οὖν εἴπωσιν ὑμῖν· ἰδοὺ, ἐν τῇ ἐρήμῳ ἐστὶ, μὴ ἐξέλθητε· ἰδοὺ, ἐν τοῖς ταμείοις, μὴ πιστεύσητε. Ὥσπερ γὰρ ἡ ἀστραπὴ ἐξέρχεται ἀπ' ἀνατολῶν, καὶ φαίνεται ἕως δυσμῶν· οὕτως ἔσται ἡ παρουσία τοῦ υἱοῦ τοῦ ἀνθρώπου·" ὅπου δέ· "πολλοὶ[4] ἐροῦσί μοι ἐν ἐκείνῃ τῇ ἡμέρᾳ· κύριε, κύριε, οὐ τῷ ὀνόματί σου ἐφάγομεν[5], καὶ τῷ ὀνόματί σου ἐπίομεν, καὶ τῷ ὀνόματί σου δαιμόνια ἐξεβάλομεν, καὶ δυνάμεις πολλὰς ἐποιήσαμεν; Καὶ ἐρῶ αὐτοῖς· ἀποχωρεῖτε ἀπ' ἐμοῦ, ὅτι ἐστὲ ἐργάται ἀδικίας." Ὁ δὲ Κέλσος, κοινοποιῆσαι βουλόμενος τὰ τεράστια τοῦ Ἰησοῦ πρὸς τὴν ἐν ἀνθρώποις γοητείαν, φησὶν αὐταῖς λέξεσιν· "ὦ

---

[1] Rom. vii. 22. coll. Ephes. iii. 16. et 2 Cor. iv. 16. L.
[2] Luc. x. 19.   [3] Matth. xxiv. 23—27.
[4] Matth. vii. 22, 23. Luc. xiii. 26, 27.
[5] Codd. Reg. et Basileensis: ἐφάγομεν, καὶ ἐπίομεν, καὶ τῷ ὀνόματί σου δαιμόνια ἐξεβάλομεν. R.

φῶς καὶ ἀλήθεια, τῇ αὐτοῦ[1] φωνῇ διαρρήδην ἐξαγορεύει, καθὰ καὶ ὑμεῖς συγγεγράφατε, διότι παρέσονται ὑμῖν καὶ ἕτεροι δυνάμεσιν ὁμοίαις χρώμενοι, κακοὶ καὶ γόητες· καὶ[2] σατανᾶν τινα τοιαῦτα παραμηχανώμενον ὀνομάζει. "Ὥστ' οὐδὲ αὐτὸς ἔξαρνός ἐστιν, ὡς ταῦτά γε οὐδὲν θεῖον[3], ἀλλὰ πονηρῶν ἐστιν ἔργα. Βιαζόμενος δὲ ὑπὸ τῆς ἀληθείας ὁμοῦ, καὶ τὰ τῶν ἄλλων ἀπεκάλυψε, καὶ τὰ καθ' αὐτὸν ἤλεγξε. Πῶς οὖν οὐ σχέτλιον ἀπὸ τῶν αὐτῶν ἔργων τὸν μὲν, θεόν· τοὺς δὲ, γόητας ἡγεῖσθαι; τί γὰρ μᾶλλον ἀπό γε τούτων τοὺς ἄλλους πονηροὺς, ἢ τοῦτον νομιστέον, αὐτῷ[4] χρωμένους μάρτυρι; ταῦτα μέν γε καὶ αὐτὸς ὡμολόγησεν οὐχὶ θείας φύσεως, ἀλλ' ἀπατεώνων τινῶν καὶ παμπονήρων εἶναι γνωρίσματα." Ὅρα δὴ εἰ μὴ ἐν τούτοις σαφῶς ὁ Κέλσος ἐλέγχεται κακουργῶν τὸν λόγον· ἄλλο μὲν τοῦ Ἰησοῦ λέγοντος περὶ τῶν ποιησόντων σημεῖα καὶ τέρατα, ἄλλο δὲ τοῦ παρὰ τῷ Κέλσῳ Ἰουδαίου φάσκοντος. καὶ γὰρ εἰ μὲν ἁπλῶς τοῖς μαθηταῖς ἔλεγεν Ἰησοῦς φυλάσσεσθαι τοὺς τὰ τεράστια ἐπαγγελλομένους, οὐ παρατιθέμενος τί φήσουσιν ἑαυτοὺς εἶναι· τάχα χώραν εἶχεν ἂν ἡ ὑπόνοια αὐτοῦ. ἐπεὶ δ' ἀφ' ὧν θέλει φυλάσσεσθαι ἡμᾶς ὁ Ἰησοῦς, ἐπαγγέλλονται εἶναι ὁ Χριστός· ὅπερ οὐ ποιοῦσιν οἱ γόητες· ἀλλὰ καὶ ἐν τῷ ὀνόματι Ἰησοῦ βιοῦντας κακῶς φησί τινας δυνάμεις ποιήσειν, καὶ δαίμονας ἀποβαλεῖν ἀνθρώπων· μᾶλλον δ'[5], εἰ δεῖ οὕτως εἰπεῖν, ἀποκηρύσσεται μὲν τῶν κατὰ τὸν τόπον ἢ γοητεία, καὶ πᾶσα ἡ κατ' αὐτῶν ὑπόνοια· εἰσάγεται δὲ ἡ θειότης τοῦ Χριστοῦ, καὶ θειότης[6] τῶν μαθητῶν αὐτοῦ, ὅτι

---

(1) Boherell. rectius: "Lege: αὐτοῦ."
(2) Ita recte Boherell. censet legendum, ut τινά referatur ad Satanam: quemadmodum legitur infra, num. 51, ὅτι σατανᾶς τις τοιαῦτα παραμηχανήσεται. Male ergo hic libri antea editi: καὶ σατανᾶν τοιαῦτά τινα παραμηχανώμενον. R.
(3) "An non post θεῖον addendum ἔχει, ut infra, num. 51?" R.
(4) Guieto scribendum videtur: αὐτοῖς χρώμενον. Ταῦτα μέν γε κ.τ.λ. Nempe voc. μάρτυρι addititium putat et recidendum. Quod autem attinet ad verba: αὐτοῖς χρώμενον, subaudit τοῖς ἔργοις e superioribus: Πῶς οὖν οὐ σχέτλιον ἀπὸ τῶν αὐτῶν ἔργων κ.τ.λ. Haec Guietus; sed ego nihil mutari velim. R.
(5) q. δή. W. S.
(6) In Codd. Regio et Basileensi non male deest: θειότης. R.

δυνατόν τινα τῷ ὀνόματι αὐτοῦ χρησάμενον, καὶ οὐκ οἶδ᾽ ὅπως ἐνεργηθέντα ὑπό τινος δυνάμεως, πρὸς τὸ προσποιήσασθαι ὅτι αὐτὸς εἴη ὁ Χριστὸς, δοκεῖν τὰ παραπλήσια [1] ἐπιτελεῖν τῷ Χριστῷ, καὶ ἄλλους τῷ ὀνόματι τοῦ Ἰησοῦ τὰ ὡσπερεὶ παραπλήσια τοῖς γνησίοις αὐτοῦ μαθηταῖς. 50. Καὶ ὁ Παῦλος δ᾽ ἐν τῇ πρὸς Θεσσαλονικεῖς ἐπιστολῇ δευτέρᾳ ἀποφαίνεται, τίνα τρόπον ἀποκαλυφθήσεται [2] ποτε "ὁ ἄνθρωπος τῆς ἀνομίας, ὁ υἱὸς τῆς ἀπωλείας, ὁ ἀντικείμενος καὶ ὑπεραιρόμενος ἐπὶ πάντα λεγόμενον θεὸν ἢ σέβασμα, ὥστ᾽ αὐτὸν εἰς τὸν ναὸν τοῦ θεοῦ καθίσαι, ἀποδεικνύοντα ἑαυτὸν ὅτι ἐστὶ θεός." Καὶ πάλιν φησὶ τοῖς [3] Θεσσαλονικεῦσι· "καὶ νῦν τὸ κατέχον οἴδατε, εἰς τὸ ἀποκαλυφθῆναι αὐτὸν ἐν τῷ αὐτοῦ καιρῷ. τὸ γὰρ μυστήριον ἤδη ἐνεργεῖται τῆς ἀνομίας· μόνον ὁ κατέχων ἄρτι ἕως ἐκ μέσου γένηται. καὶ τότε ἀποκαλυφθήσεται ὁ ἄνομος, ὃν κύριος ὁ θεὸς ἀνελεῖ τῷ πνεύματι τοῦ στόματος αὐτοῦ, καὶ καταργήσει τῇ ἐπιφανείᾳ τῆς παρουσίας αὐτοῦ· οὗ ἐστιν ἡ παρουσία, κατ᾽ ἐνέργειαν τοῦ σατανᾶ, ἐν πάσῃ δυνάμει, καὶ σημείοις, καὶ τέρασι ψεύδους, καὶ ἐν πάσῃ ἀπάτῃ ἀδικίας ἐν τοῖς ἀπολλυμένοις." Ἐκτιθέμενος δὲ καὶ τὴν αἰτίαν τοῦ ἐπιτρέπεσθαι τὸν ἄνομον ἐπιδημεῖν τῷ βίῳ, φησίν· "ἀνθ᾽[4] ὧν τὴν ἀγάπην τῆς ἀληθείας οὐκ ἐδέξαντο εἰς τὸ σωθῆναι αὐτούς. καὶ διὰ τοῦτο πέμπει[5] αὐτοῖς ὁ θεὸς ἐνέργειαν πλάνης, εἰς τὸ πιστεῦσαι αὐτοὺς τῷ ψεύδει· ἵνα κριθῶσιν ἅπαντες οἱ μὴ πιστεύσαντες τῇ ἀληθείᾳ, ἀλλ᾽ εὐδοκήσαντες ἐν τῇ ἀδικίᾳ." Λεγέτω τις οὖν ἡμῖν εἰ δύναταί τι τῶν ἐν τῷ εὐαγγελίῳ ἢ[6] τῶν παρὰ τῷ ἀποστόλῳ χώραν παρέχειν ὑπονοίας γοητείας προαγορευομένης κατὰ τὸν τόπον. Παρέσται δὲ τῷ βουλομένῳ καὶ ἀπὸ τοῦ Δανιὴλ[7]

(1) "Libri impressi post παραπλήσια addunt: τοῖς ἐπιτελεῖν. Sed istud τοῖς, natum e seqq. παραπλήσια τοῖς γνησίοις, recidendum putavimus." R.
(2) 2 Thess. ii. 3, 4.
(3) In Codd. Regio et Basileensi desunt verba: τοῖς Θεσσαλονικεῦσι. R.
(4) 2 Thess. ii. 10—12.
(5) Hœschel. et omnes Mss. πέμπει. R.
(6) Codd. Reg. et Basileensis: ἢ τῶν ἐν τῷ ἀποστόλῳ. R.
(7) Dan. vii. 26.

ἐκλαβεῖν τὴν περὶ τοῦ Ἀντιχρίστου προφητείαν. Καταψεύδεται δὲ τῶν λόγων Ἰησοῦ, ἐπεὶ μὴ εἰπόντος αὐτοῦ, διότι παρέσονται ἕτεροι δυνάμεσιν ὁμοίαις χρώμενοι, κακοὶ καὶ γόητες, αὐτός φησιν αὐτὸν εἰρηκέναι τὸ τοιοῦτον. Ὡς γὰρ οὐχ ὁμοία δύναμις ἡ τῶν ἐν Αἰγύπτῳ ἐπῳδῶν[1] τῇ ἐν τῷ Μωϋσῇ παραδόξῳ χάριτι· ἀλλὰ τὸ τέλος διήλεγχε, τὰ μὲν τῶν Αἰγυπτίων ὄντα μαγγανείας, τὰ δὲ τοῦ Μωϋσέως θεῖα· οὕτως τὰ μὲν τῶν ἀντιχρίστων, καὶ τῶν προσποιουμένων δυνάμεις ὡς μαθητῶν Ἰησοῦ, σημεῖα[2] καὶ τέρατα λέγεται εἶναι ψεύδους, ἐν πάσῃ ἀπάτῃ ἀδικίας τοῖς ἀπολλυμένοις ἰσχύοντα· τὰ δὲ τοῦ Χριστοῦ καὶ τῶν μαθητῶν αὐτοῦ καρπὸν ἔσχεν οὐκ ἀπάτην, ἀλλὰ σωτηρίαν ψυχῶν. Τίς γὰρ τὸν κρείττονα βίον, καὶ συστέλλοντα τὰ τῆς κακίας ὁσημέραι ἐπὶ τὸ ἔλαττον, εὐλόγως φησὶν ἀπὸ ἀπάτης γίνεσθαι;

51. Ὑπείδετο δὲ ὁ Κέλσος τὸ ἀπὸ τῆς γραφῆς, ποιήσας τὸν Ἰησοῦν εἰρηκέναι, ὅτι "σατανᾶς τις τοιαῦτα παραμηχανήσεται." Ἀλλὰ καὶ συναρπάζει τὸν λόγον, φάσκων " μὴ ἔξαρνον εἶναι τὸν Ἰησοῦν, ὡς ταῦτα οὐδὲν θεῖον ἔχει, ἀλλὰ πονηρῶν ἐστιν ἔργα·" ὁμογενῆ γὰρ αὐτὰ πεποίηκεν ἑτερογενῆ τυγχάνοντα. Καὶ ὥσπερ λύκος κυνὶ οὐχ ὁμογενής, κἂν δοκῇ ἔχειν τι παραπλήσιον ἐν τῷ τοῦ σώματος σχήματι καὶ τῇ φωνῇ, οὐδὲ φάσσα τῇ περιστερᾷ· οὕτως οὐδὲν ὅμοιον ἔχει τὸ δυνάμει θεοῦ ἐπιτελούμενον τῷ γινομένῳ ἀπὸ γοητείας. Ἔτι δὲ καὶ ταῦτα πρὸς τὰς Κέλσου κακουργίας ἐροῦμεν· ἆρα δυνάμεις γίνονται μὲν κατὰ γοητείαν ἀπὸ πονηρῶν δαιμόνων, οὐδεμία δὲ δύναμις ἐπιτελεῖται ἀπὸ τῆς θείας καὶ μακαρίας φύσεως, ἀλλ' ὁ βίος τῶν ἀνθρώπων ἤνεγκε μὲν τὰ χείρονα, οὐδαμῶς δ' ἐχώρησε τὰ κρείττονα; καὶ τοῦτο δὲ δοκεῖ μοι ὥσπερ[3] ἐπὶ πάντων δεῖν παρατιθέναι, ὅτι ὅπου τι χεῖρον προσποιούμενον εἶναι ὁμογενὲς τῷ κρείττονι, ἐκεῖ πάντως ἐκ τοῦ ἐναντίου ἐστί τι κρεῖττον· οὕτω καὶ ἐπὶ τῶν

---

(1) Codd. Reg. Basileensis et duo Anglicani: ἐπαοιδῶν. R.—Exod. vii. 11. seqq.
(2) 2 Thess. ii. 9, 10.
(3) Sic omnes Mss. rectius, opinor, quam editi, in quibus legitur: ἐπὶ πάντων ὥστε δεῖν. R.

κατὰ γοητείαν ἐπιτελούντων, ὅτι πάντως ἀνάγκη εἶναι καὶ ἀπὸ
θείας ἐνεργείας ἐν τῷ βίῳ γινόμενα. Καὶ τοῦ αὐτοῦ ἐστιν
ἐξ ἀκολουθίας, ἤτοι ἀμφότερα ἀναιρεῖν, καὶ λέγειν μηδέτερον
γίγνεσθαι, ἢ τιθέντα τὸ ἕτερον, καὶ μάλιστα τὸ χεῖρον,
ὁμολογεῖν καὶ περὶ τοῦ κρείττονος· εἰ δέ τις τιθείη μὲν τὰ
ἀπὸ γοητείας γίνεσθαι, μὴ τιθείη δὲ τὰ ἀπὸ θείας δυνάμεως·
δοκεῖ μοι παραπλήσιος εἶναι τῷ τιθέντι(1) μὲν, ὅτι εἰσὶ σοφίσ-
ματα καὶ λόγοι πιθανοὶ, ἀποτυγχάνοντες τῆς ἀληθείας,
προσποιούμενοι τἀληθῆ παριστάνειν· οὐδαμοῦ δὲ παρ' ἀν- 10
θρώποις ἀλήθεια, καὶ διαλεκτικὴ ἀλλοτρία σοφισμάτων πολι-
τεύεται. εἰ δ' ἅπαξ παραδεξόμεθα, ἀκόλουθον εἶναι τῷ
ὑποστάτιν(2) εἶναι μαγείαν καὶ γοητείαν, ἐνεργουμένην ὑπὸ
πονηρῶν δαιμόνων, κατακλήσεσι περιέργοις θελγομένων, καὶ
ἀνθρώποις γόησιν ὑπακουόντων, τὸ, καὶ ἀπὸ θείας δυνάμεως
δεῖν εὑρίσκεσθαι ἐν ἀνθρώποις· διὰ τί οὐχὶ καὶ βεβασανισμένως
τοὺς ἐπαγγελλομένους τὰς δυνάμεις ἐξετάσομεν ἀπὸ τοῦ βίου
καὶ τοῦ ἤθους καὶ τῶν ἐπακολουθούντων ταῖς δυνάμεσιν, ἤτοι
εἰς βλάβην τῶν ἀνθρώπων, ἢ εἰς ἠθῶν ἐπανόρθωσιν; τίς μὲν
δαίμοσι διακονούμενος, διά τινων ἐπῳδῶν καὶ μαγγανειῶν τὰ 20
τοιαῦτα ποιεῖ; τίς δ' ἐν χώρᾳ καθαρᾷ καὶ ἁγίᾳ γενόμενος
κατὰ τὴν ψυχὴν ἑαυτοῦ καὶ τὸ πνεῦμα, οἶμαι δὲ καὶ τὸ σῶμα,
τῷ(3) θεῷ παραδεξάμενος θεῖόν τι πνεῦμα, τὰ τοιαῦτα εἰς
ὠφέλειαν ἀνθρώπων καὶ προτροπὴν τὴν ἐπὶ τὸ πιστεύειν θεῷ
ἀληθινῷ πράττει; Εἰ δ' ἅπαξ ζητεῖν δεῖ μὴ συναρπαζόμενον
ὑπὸ τῶν δυνάμεων, τίς μὲν ἀπὸ κρείττονος, τίς δὲ ἀπὸ χείρο-
νος τὰ τοιαῦτα ἐπιτελεῖ, ἵνα ἢ μὴ πάντα κακολογῶμεν, ἢ μὴ
πάντα ὡς θεῖα θαυμάζωμεν καὶ ἀποδεχώμεθα· πῶς οὐχὶ προ-
φανὲς μὲν ἔσται ἐκ τῶν συμβάντων ἐπὶ Μωϋσέως καὶ ἐπὶ
Ἰησοῦ, ἐθνῶν ὅλων συστάντων μετὰ τὰ σημεῖα αὐτῶν, ὅτι 30
θείᾳ δυνάμει πεποιήκασιν οὗτοι, ἅπερ ἀναγέγραπται αὐτοὺς

(1) Sic corrige. Edd. priores: τιθέναι. W. S.
(2) Codd. Reg. et Basileensis. Alii vero ὑποστάτην. Sed haud scio, an non potius legendum sit, uti conjicit Guietus : ὑπόστατον εἶναι. R.
(3) Jam Boherellus recte: "Assentior Velsero, hoc (scil. τῷ θεῷ) delenti, apud Hœschelium."—Item fere Ruæus: "Abundare videtur τῷ θεῷ, nec agnoscit Gelenius." L.

πεποιηκέναι; ούκ αν γαρ πονηρία⁽¹⁾ και μαγγανεία όλον έθνος συνέστησαν, υπερβάν μεν ου μόνον αγάλματα και τα υπ' ανθρώπων ιδρυμένα, αλλά και πάσαν γενητήν φύσιν, αναβαίνον δε προς την αγένητον του θεού των όλων αρχήν.

52. Επεί δ' Ιουδαίος εστιν ο παρά τω Κέλσω ταύτα λέγων, είποιμεν αν προς αυτόν· σύ δε δη, ω ούτος, τί δήποτε τα μεν παρά σοι γεγραμμένα, ως υπό θεού δια Μωσέως επιτελεσθέντα, θεία είναι πεπίστευκας, και πειρας προς τους διαβάλλοντας αυτά ως κατά γοητείαν γεγενημένα ομοίως 10 τοις παρά Αιγυπτίων σοφοίς επιτελουμένοις διαλύεσθαι· τα δε από του Ιησού και παρά σοι ομολογούμενα γεγονέναι, τους κατά σου Αιγυπτίους μιμούμενος, κατηγορείς ως ου θεία; εί⁽²⁾ γαρ το τέλος, και όλον το έθνος συστάν δια των εν Μωϋσή τεραστίων, την⁽³⁾ ενάργειαν του θεόν είναι τον ταύτα ποιήσαντα γενέσθαι συνίστησιν επί Μωϋσέως· πως ουχί μάλλον το τοιούτον επί τω Ιησού δειχθήσεται, μείζον ποιήσαντι παρά το Μωϋσέως έργον; Εκείνος μεν γαρ τους από του έθνους εκ σπέρματος Αβραάμ κατά διαδοχήν την περιτομήν φυλάξαντας, και των εθνών του Αβραάμ γενομέ-20 νους ζηλωτάς ετοιμοτέρους παραλαβών, εξήγαγεν εκ της Αιγύπτου, τους θείους, ους πεπίστευκας, παρατιθέμενος⁽⁴⁾ αυτοίς νόμους· ούτός δε μείζόν τι τολμήσας, επεισήγαγε τη προκαταλαβούση πολιτεία, και έθεσι πατρώοις, και ανατροφαίς ταις κατά τους κειμένους νόμους, την κατά το ευαγγέλιον πολιτείαν. Και ώσπερ έχρηζεν, ίνα Μωϋσής πιστευθή ου μόνον υπό της γερουσίας, αλλά και του λαού, σημείων, ων πεποιηκέναι αναγέγραπται· δια τί ουχί και Ιησούς, ίνα δη πιστευθή υπό των από του λαού μεμαθηκότων σημεία και τέρατα αιτείν, δεήσεται τοιούτων δυνάμεων, αι δια το 30 μείζον και θειότερον συγκρίσει των δια Μωϋσέως, οίαί τε

---

(1) Boherellus legit: πονηρία και μαγγανεία όλον έθνος συνέστησεν. At Codex Julianus: πονηρία και μαγγανεία όλον έθνος συνέστησαν, et ita libri editi nisi quod pro: συνέστησαν, habent συνέστησεν. R.

(2) Guieto scribendum videtur: ει και γαρ τότε και όλον το έθνος κ.τ.λ. R.

(3) Ita Cod. Basileensis. Hœschel. autem: την ενάργειαν του θεού είναι. R.

(4) Guietus legit: προτιθέμενος. R.

ἦσαν ἀποστῆσαι μὲν τῆς Ἰουδαϊκῆς μυθολογίας, καὶ τῶν ἀνθρωπίνων παρ' αὐτοῖς παραδόσεων· ποιῆσαι δὲ παραδέξασθαι τὸν ταῦτα διδάσκοντα καὶ ἐπιτελοῦντα, ὅτι μείζων τῶν προφητῶν ἦν; Πῶς γὰρ οὐ μείζων τῶν προφητῶν ἦν, ὁ ὑπὸ τῶν προφητῶν ὡς Χριστὸς καὶ σωτὴρ τοῦ γένους τῶν ἀνθρώπων εἶναι κηρυσσόμενος;

53. Καὶ ὅλα δὲ, ἅπερ ὁ παρὰ τῷ Κέλσῳ Ἰουδαῖος λέγει πρὸς τοὺς πιστεύοντας εἰς τὸν Ἰησοῦν, δύναται κοινοποιεῖσθαι εἰς τὴν Μωϋσέως κατηγορίαν· ὥστε μηδὲν διαφέρειν παραπλήσιον εἶναι λέγειν γοητείαν τὴν Ἰησοῦ τῇ Μωϋσέως, ἀμφοτέρων, ὅσον ἐπὶ τῇ λέξει τοῦ παρὰ τῷ Κέλσῳ Ἰουδαίου, δυναμένων τοῖς αὐτοῖς ὑπάγεσθαι ἐγκλήμασιν· οἷον περὶ μὲν Χριστοῦ ὁ παρὰ Κέλσῳ Ἰουδαῖος λέγει· "ἀλλ' ὦ φῶς καὶ ἀλήθεια, τῇ αὐτοῦ φωνῇ διαρρήδην ἐξαγορεύει Ἰησοῦς ταῦτα, καθὰ καὶ ὑμεῖς συγγεγράφατε, διότι παρέσονται ὑμῖν καὶ ἕτεροι δυνάμεσιν ὁμοίαις χρώμενοι, κακοὶ καὶ γόητες·" περὶ δὲ Μωϋσέως εἴποι(1) ἂν ὁ ἀπιστῶν πρὸς(2) τὸν Ἰουδαῖόν τις εἴτε Ἕλλην, εἴτ' Αἰγύπτιος, εἴθ' ὁστισοῦν· "ἀλλ' ὦ φῶς καὶ ἀλήθεια, τῇ αὐτοῦ φωνῇ Μωϋσῆς διαρρήδην ἐξαγορεύει, καθὰ καὶ ὑμεῖς συγγεγράφατε, διότι παρέσονται ὑμῖν ἕτεροι δυνάμεσιν, ὁμοίαις χρώμενοι, κακοὶ καὶ γόητες. γέγραπται γὰρ ὑμῶν ἐν τῷ νόμῳ." "ἐὰν(3) δὲ ἀναστῇ ἐν σοὶ προφήτης, ἢ ἐνυπνιαζόμενος ἐνύπνιον, καὶ δῷ σοι(4) σημεῖον ἢ τέρας, καὶ ἔλθῃ τὸ σημεῖον ἢ τὸ τέρας, ὃ ἐλάλησε πρὸς σὲ, λέγων· πορευθῶμεν, καὶ ἀκολουθήσωμεν θεοῖς ἑτέροις, οὓς οὐκ οἴδατε, καὶ λατρεύσωμεν αὐτοῖς· οὐκ ἀκούσεσθε τοὺς λόγους τοῦ προφήτου ἐκείνου, ἢ τοῦ ἐνυπνιαζομένου τὸ ἐνύπνιον ἐκεῖνο," καὶ τὰ ἑξῆς. Καὶ ὁ μὲν τοὺς λόγους τοῦ Ἰησοῦ διαβάλλων, φησί· "καὶ σατανᾶν τινα τοιαῦτα παραμηχανώμενον ὀνομάζει"(5) ὁ δὲ κοινοποιῶν τοῦτο πρὸς Μωϋσέα ἐρεῖ· "καὶ προφήτην ἐνυπνιαζόμενον τοιαῦτα παραμηχανώμενον ὀνομάζει"(6). Ὥσπερ δ' ὁ

(1) Sic corrige. Eld. pr. εἴπῃ. vid. p. 128. l. 11. W. S.
(2) Mss. πρὸς τὸν Ἰουδαῖον τοῖς Μωσέως, εἴτε "Ελλην. R.
(3) Deut. xiii. 1—3. (4) Sic corrige, post LXX. W. S.
(5) Edd. Spenc. et Ruaei perperam: ὀνόμαζειν. Legi omnino voluerunt, cfr. seqq., ὀνομάζειν. Sed rectius haud dubie, cfr. num. 49, legitur: ὀνομάζει. L.
(6) Sic corrige. Edd. pr. ὀνομάζειν. W. S.

παρὰ τῷ Κέλσῳ Ἰουδαῖός φησι περὶ τοῦ Ἰησοῦ, ὅτι "ὥστε οὐδ᾽ αὐτὸς ἔξαρνός ἐστιν, ὡς ταῦτά γε οὐδὲν θεῖον, ἀλλὰ πονηρῶν ἐστιν ἔργα·" οὕτως ὁ τοῖς Μωϋσέως ἀπιστῶν φήσει πρὸς αὐτὸν, τὰ προειρημένα ἐκτιθέμενος, τὸ αὐτό· "ὥστε οὐδ᾽ αὐτὸς Μωϋσῆς ἔξαρνός ἐστιν, ὡς ταῦτά γε οὐδὲν θεῖον, ἀλλὰ πονηρῶν ἐστιν ἔργα." Τὸ αὐτὸ δὲ ποιήσει καὶ ἐπὶ τούτου, "βιαζόμενος ὑπὸ τῆς ἀληθείας ὁμοῦ, καὶ τὰ τῶν ἄλλων ἀπεκάλυψε, καὶ τὰ καθ᾽ ἑαυτὸν ἤλεγξεν ὁ Μωϋσῆς." Λέγοντι δὲ τῷ Ἰουδαίῳ καὶ τό· "πῶς οὖν οὐ σχέτλιον, ἀπὸ τῶν αὐτῶν ἔργων τὸν μὲν, θεόν· τοὺς δὲ, γόητας ἡγεῖσθαι;" εἴποι τις ἂν πρὸς αὐτὸν, διὰ τὰς Μωϋσέως ἐκτεθείσας λέξεις· "πῶς οὖν οὐ σχέτλιον ἀπὸ τῶν αὐτῶν ἔργων, τὸν μὲν προφήτην θεοῦ καὶ θεράποντα αὐτοῦ, τοὺς δὲ γόητας ἡγεῖσθαι;" Ἐπεὶ δὲ προσδιατρίβων τῷ τόπῳ ὁ Κέλσος προσέθηκεν οἷς ἐξεθέμην κοινοπυηθεῖσι καὶ τό· "τί γὰρ μᾶλλον ἀπό γε τούτων τοὺς ἄλλους πονηροὺς, ἢ τοῦτον νομιστέον, αὐτῷ χρωμένους μάρτυρι;" προσθήσομεν τοῖς λεγομένοις καὶ ἡμεῖς τοιαῦτα· τί γὰρ μᾶλλον ἀπό γε τούτων, οἷς ἀπαγορεύει πείθεσθαι Μωϋσῆς ἐπιδεικνυμένοις σημεῖα καὶ τέρατα, ἐκείνους πονηροὺς νομιστέον, ἢ Μωϋσέα, ἐξ ὧν ἑτέρους περὶ σημείων καὶ τεράτων διέβαλε; Πλείονα δ᾽ εἰς ταὐτὸ λέγων, ἵνα δόξῃ αὔξειν τὸ ἐπιχείρημα, φησί· "ταῦτα μέν γε καὶ αὐτὸς ὡμολόγησεν οὐχὶ θείας φύσεως, ἀλλ᾽ ἀπατεώνων τινῶν καὶ παμπονήρων εἶναι γνωρίσματα." Τίς οὖν "αὐτός;" Σὺ μὲν, ὦ Ἰουδαῖε, φῇς, ὅτι ὁ Ἰησοῦς· ὁ δὲ ἐγκαλῶν σοι ὡς τοῖς αὐτοῖς ἐγκλήμασιν ὑποκειμένῳ, τὸ "αὐτὸς" ἀνάξει ἐπὶ τὸν Μωϋσέα.

54. Μετὰ ταῦτά φησι πρὸς ἡμᾶς δῆθεν,—ἵνα τηρήσω τὸ ἀπ᾽ ἀρχῆς τῷ Ἰουδαίῳ προτεθὲν—, ὁ τοῦ Κέλσου Ἰουδαῖος ἐν τῷ πρὸς τοὺς πολίτας ἑαυτοῦ λόγῳ πιστεύσαντας· "τίνι οὖν προσήχθητε[1], ἢ διότι προεῖπεν, ὡς ἀποθανὼν ἀναστήσεται;" Καὶ τοῦτο δ᾽ εἰς τὸ περὶ Μωϋσέως ὁμοίως τοῖς προτέροις κυινοποιηθήσεται. φήσομεν γὰρ πρὸς αὐτόν· "τίνι οὖν προσήχθητε, ἢ διότι ἀνέγραψε περὶ τῆς ἑαυτοῦ τελευτῆς τοιαῦτα;" "καὶ[2] ἐτελεύτησεν ἐκεῖ Μωϋσῆς οἰκέτης κυρίου, ἐν

(1) Cfr. num. 47.   (2) Deut. xxxiv. 5, 6.

γῆ Μωὰβ, διὰ ῥήματος Κυρίου· καὶ ἔθαψαν αὐτὸν ἐν τῇ Μωὰβ, ἐγγὺς οἴκου Φογώρ. Καὶ οὐδεὶς οἶδε τὴν ταφὴν αὐτοῦ ἕως τῆς ἡμέρας ταύτης." Ὡς γὰρ διαβάλλει ὁ Ἰουδαῖος, ὅτι " προεῖπεν, ὡς ἀποθανὼν ἀναστήσεται," πρὸς τὸν λέγοντα ταῦτα ὁ περὶ Μωϋσέως τὸ ὅμοιον φάσκων ἐρεῖ, ὅτι καὶ Μωϋσῆς ἀνέγραψεν,—αὐτοῦ γάρ ἐστι καὶ τὸ Δευτερονόμιον—, ὅτι " οὐδεὶς οἶδε τὴν ταφὴν αὐτοῦ ἕως τῆς ἡμέρας ταύτης·" σεμνύνων καὶ[1] ἐπαίρων τὴν ταφὴν αὐτοῦ, ὡς οὐκ ἐγνωσμένην ἀνθρώπων γένει.

55. Μετὰ ταῦτά φησιν ὁ Ἰουδαῖος πρὸς τοὺς ἑαυτοῦ πολίτας τῷ Ἰησοῦ πιστεύοντας· " Φέρε δὴ καὶ πιστεύωμεν ὑμῖν τοῦτ' εἰρῆσθαι. πόσοι δ' ἄλλοι τοιαῦτα τερατεύονται, πειθοῦς ἕνεκα τῶν εὐήθως ἀκουόντων, ἐνεργολαβοῦντες τῇ πλάνῃ; ὅπερ οὖν καὶ Ζάμολξιν[2] ἐν Σκύθαις φασὶ τὸν Πυθαγόρου δοῦλον, καὶ[3] αὐτὸν Πυθαγόραν ἐν Ἰταλίᾳ· καὶ Ῥαμψίνιτον[4] ἐν Αἰγύπτῳ· τοῦτον μὲν καὶ συγκυβεύειν ἐν ᾅδου τῇ Δήμητρι, καὶ ἀνελθεῖν[5] δῶρον παρ' αὐτῆς χειρόμακτρον χρυσοῦν φέροντα· καὶ μὴν καὶ Ὀρφέα[6] ἐν Ὀδρύσαις, καὶ Πρωτεσίλαον ἐν Θεσσαλίᾳ, καὶ Ἡρακλέα[7] ἐπὶ Ταινάρῳ, καὶ Θησέα. Ἀλλ' ἐκεῖνο σκεπτέον, εἴ τις ὡς ἀληθῶς ἀποθανὼν, ἀνέστη ποτὲ αὐτῷ σώματι· ἢ οἴεσθε τὰ μὲν τῶν ἄλλων μύθους εἶναί τε καὶ δοκεῖν, ὑμῖν δὲ τὴν καταστροφὴν τοῦ δράματος εὐσχημόνως ἢ πιθανῶς ἐφευρῆσθαι, τὴν ἐπὶ τοῦ σκόλοπος αὐτοῦ φωνὴν ὅτ' ἀπέπνει, καὶ τὸν σεισμὸν, καὶ τὸν σκότον; ὅτι δὴ ζῶν μὲν οὐκ ἐπήρκεσεν ἑαυτῷ, νεκρὸς δ' ἀνέστη, καὶ τὰ σημεῖα τῆς κολάσεως ἔδειξε, καὶ τὰς χεῖρας ὡς ἦσαν πεπερονημέναι· τίς τοῦτο εἶδε[8]; γυνὴ πάροιστρος, ὥς φατε, καὶ εἴ τις ἄλλος τῶν ἐκ τῆς αὐτῆς γοητείας, ἤτοι

---

(1) Alias καὶ ἐπαίρων καὶ τὴν ταφήν. R.
(2) Vide Herodot. lib. IV., et annot. ad lib. III. n. 53. R.
(3) Cod. Basileensis : καὶ αὐτόν· Hœschel. et Spencerus : καὶ τόν. R.
(4) Herodot. lib. II. c. 122.
(5) Codd. Reg. et Basileensis: ἀνελθεῖν. Alias ἀνελεῖν. R.
(6) Diodor. lib. IV. bibl. hist. R.
(7) Diodor. lib. IV. bibl. hist. R.
(8) Ita Cod. Vaticanus. Hœschel. autem et Spencer. οἶδε. R.

κατά τινα διάθεσιν ονειρώξας, ή κατά την αυτού βούλησιν δόξη πεπλανημένη φαντασιωθείς, όπερ δη μυρίοις συμβέβηκεν· ή, όπερ μάλλον, εκπλήξαι τους λοιπούς τη τερατεία ταύτη, θελήσας, και διά του τοιούτου ψεύσματος αφορμήν άλλοις αγύρταις παρασχείν." Επεί ούν Ιουδαίος έστιν ο ταύτα λέγων, ως προς Ιουδαίον απολογούμεθα περί του ημετέρου Ιησού, κοινοποιούντες έτι τον λόγον περί Μωϋσέως, και λέγοντες αυτώ· " πόσοι δ' άλλοι τοιαύτα τερατεύονται, οποία Μωϋσής, πειθούς ένεκα των ευήθως ακουόντων ενεργολαβούντες 10 τη πλάνη; "και μάλλον, κατά τον απιστούντα Μωϋσή, εστί δυνατόν παραθέσθαι τον Ζάμολξιν και Πυθαγόραν τους τερατευσαμένους, ήπερ τον Ιουδαίον, ου πάνυ φιλομαθώς έχοντα προς τας Ελλήνων ιστορίας. Και ο Αιγύπτιος δε απιστών τοις περί Μωϋσέως παραδόξοις, πιθανώς παραθήσεται τον Ραμψίνιτον, λέγων πολλώ τούτον είναι πιθανώτερον εις άδου καταβεβηκέναι, και συγκεκυβευκέναι τη Δήμητρι, και χρυσούν χειρόμακτρον παρ' αυτής αρπάσαντα δεικνύναι σύμβολον του εν άδου γεγονέναι, κακείθεν αναβεβηκέναι· Μωϋσέως, εαυτόν αναγράψαντος[1] εισεληλυθέναι εις τον 20 γνόφον, όπου ην ο θεός· και ότι μόνος ήγγισε προς τον θεόν, παρά τους λοιπούς. ανέγραψε γάρ ούτως· "και[2] Μωϋσής μόνος εγγιεί προς τον θεόν, οι δε λοιποί ουκ εγγιούσι." Φήσομεν ούν ημείς οι του Ιησού μαθηταί, προς τον ταύτα λέγοντα Ιουδαίον· απολογού[3] δη ημίν περί της εις Ιησούν πίστεως εγκαλών, και λέγε τω Αιγυπτίω και τοις Έλλησι· τί φήσεις προς ά ήνεγκας κατά του Ιησού ημών εγκλήματα, φθάσαντα άν και επί Μωϋσέα[4]; κάν πάνυ δε αγωνίση περί Μωϋσέως απολογήσασθαι, ώσπερ ούν και έχει πληκτικόν λόγον και εναργή τα περί αυτού· λήσεις[5] σαυτόν, εν οίς 30 περί Μωϋσεως απολογήση, άκων συστήσας τον Ιησούν Μωϋσέως θειότερον.

(1) Exod. xx. 21.   (2) Exod. xxiv. 2.
(3) Ita duo Codd. Anglicani et duo Vaticani. Forte legendum: απολογού δη ημίν ο περί της εις Ιησούν πίστεως εγκαλών. R.
(4) Sic omnes Mss. R.   (5) Sic omnes Mss. R.

56. Ἐπεὶ δὲ τὰς ἡρωϊκὰς ἱστορίας περὶ τῶν εἰς ᾅδου καταβεβηκέναι λεγομένων, κἀκεῖθεν ἀνεληλυθέναι, τερατείας εἶναί φησιν ὁ παρὰ τῷ Κέλσῳ Ἰουδαῖος· ὡς τῶν ἡρώων ἀφανῶν γενομένων ἐπὶ τινα χρόνον, καὶ ὑπεκκλεψάντων ἑαυτοὺς τῆς ὄψεως πάντων ἀνθρώπων, καὶ μετὰ ταῦτα ἑαυτοὺς ἐπιδειξάντων, ὡς ἀπὸ ᾅδου ἀνεληλυθότων·—τοιαῦτα γὰρ ἔοικε περὶ τοῦ ἐν Ὀδρύσαις Ὀρφέως, καὶ τοῦ ἐν Θεσσαλίᾳ Πρωτεσιλάου, καὶ τοῦ ἐπὶ Ταινάρῳ Ἡρακλέος, ἔτι δὲ καὶ περὶ Θησέως, ἐμφαίνειν αὐτοῦ ἡ λέξις·—φέρε παραστήσωμεν, ὅτι οὐ δύναται τὸ κατὰ τὸν Ἰησοῦν ἱστορούμενον ἐκ νεκρῶν ἐγηγέρθαι τούτοις παραβάλλεσθαι. Ἕκαστος μὲν γὰρ τῶν λεγομένων κατὰ τοὺς τόπους ἡρώων βουληθεὶς ἂν ἐδυνήθη ἑαυτὸν ὑπεκκλέψαι τῆς ὄψεως τῶν ἀνθρώπων, καὶ πάλιν κρίνας ἐπανελθεῖν πρὸς οὓς καταλέλοιπεν· Ἰησοῦ δὲ σταυρωθέντος ἐπὶ πάντων Ἰουδαίων, καὶ καθαιρεθέντος αὐτοῦ τοῦ σώματος ἐν ὄψει τοῦ δήμου αὐτῶν, πῶς(1) οἷον τε τὸ παραπλήσιον πλάσασθαι λέγειν αὐτὸν τοῖς ἱστορουμένοις ἥρωσιν εἰς ᾅδου καταβεβηκέναι, κἀκεῖθεν ἀνεληλυθέναι; Φαμὲν δ', ὅτι μήποτε πρὸς ἀπολογίαν τοῦ ἐσταυρῶσθαι τὸν Ἰησοῦν καὶ τοιοῦτο λέγοιτ' ἄν, μάλιστα διὰ τὰ περὶ τῶν ἡρώων ἱστορηθέντα τῶν εἰς ᾅδου καταβεβηκέναι βίᾳ(2) νομιζομένων· ὅτι εἰ καθ' ὑπόθεσιν ὁ Ἰησοῦς ἐτεθνήκει ἀσήμῳ θανάτῳ, οὐχ ὥστε δῆλος εἶ αι ἀποθανὼν ὅλῳ τῷ δήμῳ τῶν Ἰουδαίων, εἶτα μετὰ τοῦτ' ἀληθῶς ἦν ἀναστὰς ἐκ νεκρῶν, χώραν εἶχεν ἂν τὸ ὑπονοηθὲν περὶ τῶν ἡρώων, καὶ περὶ τούτου λεχθῆναι. Μήποτ' οὖν πρὸς ἄλλοις αἰτίοις τοῦ σταυρωθῆναι τὸν Ἰησοῦν, καὶ τοῦτο δύναται συμβάλλεσθαι τῷ, αὐτὸν ἐπισήμως ἐπὶ τοῦ σταυροῦ ἀποτεθνηκέναι, ἵνα μηδεὶς ἔχῃ λέγειν, ὅτι ἑκὼν ὑπεξέστη τῆς ὄψεως τῶν ἀνθρώπων, καὶ ἔδοξεν ἀποτεθνηκέναι, οὐκ ἀποτέθνηκε δὲ(3), ἀλλ' ἐπιφανεὶς ἐτερατεύσατο τὴν ἐκ

(1) "Videtur scribendum: πῶς οἷόν τε. Ordo verborum est: πῶς οἷόν τε λέγειν αὐτὸν πλάσασθαι τὸ παραπλήσιον." R.—Edd. pri. οἴονται.
(2) Sic habent omnes Mss. Sed Boherellus censet delendam vocem βίᾳ. Libri excusi βιαζομένων. R.
(3) Sic omnes Mss. Libri vero excusi (v. c. edd. Spenc. in textu): δὲ, ὅτ'

νεκρῶν ἀνάστασιν. Σαφὲς δ᾽ οἶμαι καὶ ἐναργὲς εἶναι τὸ ἐκ τῶν μαθητῶν αὐτοῦ ἐπιχείρημα, ἐπικινδύνῳ ὡς πρὸς τὸν τῶν ἀνθρώπων βίον διδασκαλίᾳ ἑαυτοὺς ἐπιδεδωκότων· ἦν οὐκ ἂν, πλασσόμενοι τὸ ἐγηγέρθαι τὸν Ἰησοῦν ἐκ νεκρῶν, οὕτως εὐτόνως ἐδίδαξαν· μετὰ τοῦ καὶ αὐτοὶ οὐ μόνον ἑτέρους παρασκευάζειν πρὸς τὸ θανάτου καταφρονεῖν, ἀλλ᾽ αὐτοὶ πολὺ[1] πρότερον τοῦτο ποιεῖν.

57. Πρόσχες δὲ, εἰ μὴ πάνυ τυφλῶς ὁ παρὰ τῷ Κέλσῳ Ἰουδαῖος, ὡς ἀδυνάτου ὄντος τοῦ ἀνίστασθαί τινα ἐκ νεκρῶν
10 αὐτῷ σώματι, φησίν· "ἀλλ᾽ ἐκεῖνο σκεπτέον, εἴ τις ἀληθῶς ἀποθανὼν ἀνέστη ποτὲ αὐτῷ σώματι." Οὐκ ἂν γὰρ εἶπεν ὁ Ἰουδαῖος ταῦτα, πιστεύων τοῖς ἐν τῇ τρίτῃ[2] τῶν Βασιλειῶν ἀναγεγραμμένοις, καὶ τῇ τετάρτῃ[3] περὶ παιδαρίων· ὧν τὸ μὲν ἕτερον Ἠλίας ἀνέστησεν, τὸ δὲ λοιπὸν ὁ Ἐλισσαῖος. διὰ τοῦτο δ᾽ οἶμαι καὶ τὸν Ἰησοῦν οὐκ ἄλλῳ ἔθνει ἢ Ἰουδαίοις ἐπιδεδημηκέναι, τοῖς ἐθάσι γενομένοις πρὸς τὰ παράδοξα· τῇ παραθέσει τῶν πεπιστευμένων πρὸς τὰ ὑπ᾽ αὐτοῦ γενόμενα, καὶ περὶ αὐτοῦ ἱστορούμενα, ὅπως παραδέξωνται, ὅτι οὗτος, περὶ ὃν γέγονε μείζονα, καὶ ὑφ᾽ οὗ ἐπετελέσθη παραδοξότερα,
20 πάντων ἐκείνων μείζων ἦν.

58. Ἔτι δὲ μεθ᾽ ἃς παρέθετο ὁ Ἰουδαῖος ἱστορίας Ἑλληνικὰς, περὶ τῶν ὡσανεὶ τερατευσαμένων, καὶ περὶ τῶν ὡς ἀναστάντων ἐκ νεκρῶν, φησὶ πρὸς τοὺς ἀπὸ Ἰουδαίων τῷ Ἰησοῦ πιστεύοντας· "ἢ οἴεσθε, τὰ μὲν τῶν ἄλλων μύθους εἶναί τε καὶ δοκεῖν, ὑμῖν δὲ τὴν καταστροφὴν τοῦ δράματος εὐσχημόνως ἢ πιθανῶς ἐφευρῆσθαι, τὴν ἐπὶ τοῦ σκόλοπος αὐτοῦ φωνήν, ὅτ᾽ ἀπέπνει; "Φήσομεν πρὸς τὸν Ἰουδαῖον, ὅτι οὓς παρέθου μύθους εἶναι νενομίκαμεν· τὰ δὲ τῶν κοινῶν ὑμῶν πρὸς ἡμᾶς γραφῶν, ἐν αἷς οὐχ ὑμεῖς μόνοι, ἀλλὰ καὶ
30 ἡμεῖς σεμνυνόμεθα, οὐδαμῶς μύθους εἶναί φαμεν. Διόπερ

ἐβουλήθη, πάλιν ἐπιφανεὶς ἐτερατεύσατο. R.—Edd. Spenc. ad marg. δ᾽ ἄν ὅτ᾽ ἐβουλήθη κ.τ.λ. L. Boherellus sic legebat, οὐκ ἀποτέθνηκε δὲ, ἀλλ᾽ ὅτ᾽ ἐβουλήθη, πάλιν ἐπιφανεὶς ἐτερατεύσατο. R.

[1] Forte legendum : πολλῷ. R.
[2] 1 Regg. xvii. 21, 22. (3 Regg.)
[3] 2 Regg. iv. 34, 35. (4 Regg.)

καὶ τοῖς περὶ τῶν ἐκεῖ ἀναστάντων ἐκ νεκρῶν γράψασι πιστεύομεν, ὡς μὴ τερατευομένοις· καὶ τῷ ἐνταῦθα, ὡς καὶ προειπόντι καὶ προφητευθέντι καὶ ἀναστάντι. Τούτῳ[1] δὲ παραδοξότερον οὗτος ἐκ νεκρῶν ἀναστὰς παρ' ἐκείνους· ὅτι ἐκείνους μὲν προφῆται ἀνέστησαν Ἠλίας[2] καὶ Ἐλισσαῖος[3], τοῦτον δ' οὐδεὶς τῶν προφητῶν, ἀλλ' ὁ ἐν τοῖς οὐρανοῖς πατήρ.[4] διόπερ καὶ μείζονα εἰργάσατο ἡ τούτου ἀνάστασις τῆς ἐκείνων ἀναστάσεως. τί γὰρ τηλικοῦτον τῷ κόσμῳ ἀπὸ τῶν ἀναστάντων παιδαρίων δι' Ἠλίου καὶ Ἐλισσαίου γεγένηται, ὁποῖον διὰ τῆς κηρυσσομένης ἀναστάσεως Ἰησοῦ, δυνάμει θείᾳ πεπιστευμένης;

59. Οἴεται δὲ τερατείαν εἶναι καὶ τὸν σεισμὸν καὶ τὸν σκότον· περὶ ὧν, κατὰ τὸ δυνατόν, ἐν τοῖς ἀνωτέρω[5] ἀπελογησάμεθα, παραθέμενοι τὸν Φλέγοντα, ἱστορήσαντα κατὰ τὸν χρόνον τοῦ πάθους τοῦ σωτῆρος τοιαῦτα ἀπηντηκέναι. "καὶ ὅτι ζῶν μὲν οὐκ ἐπήρκεσεν ἑαυτῷ, νεκρὸς δ' ἀνέστη· καὶ τὰ σημεῖα τῆς κολάσεως ἔδειξεν ὁ Ἰησοῦς, καὶ τὰς χεῖρας, ὡς ἦσαν πεπερονημέναι·" καὶ πυνθανόμεθα αὐτοῦ, τί τό· "ἐπήρκεσεν ἑαυτῷ;" εἰ μὲν γὰρ πρὸς ἀρετήν· φήσομεν, ὅτι καὶ πάνυ γε ἐπήρκεσεν. οὐδὲν γὰρ ἄτοπον οὔτ' ἐφθέγξατο, οὔτ' ἐποίησεν· ἀλλ' ἀληθῶς "ὡς[6] πρόβατον ἐπὶ σφαγὴν ἤχθη, καὶ ὡς ἀμνὸς ἐναντίον τοῦ κείροντος ἄφωνος·" καὶ μαρτυρεῖ τὸ εὐαγγέλιον, ὅτι οὗτος οὐκ ἤνοιξε τὸ στόμα αὐτοῦ. Εἰ δὲ τό· "ἐπήρκεσεν" ἀπὸ τῶν μέσων καὶ σωματικῶν λαμβάνει, φαμὲν, ὅτι ἀπεδείξαμεν ἐκ τῶν εὐαγγελίων, ὅτι ἑκὼν ἐπὶ ταῦτ' ἐλήλυθεν. Εἶθ' ἑξῆς τούτοις εἰπὼν τὰ ἀπὸ τοῦ εὐαγγελίου, ὅτι τὰ σημεῖα τῆς κολάσεως ἔδειξεν ἀναστὰς ἐκ νεκρῶν, καὶ τὰς χεῖρας ὡς ἦσαν πεπερονημέναι, πυνθάνεται, καὶ λέγει· "τίς τοῦτο εἶδε;" καὶ τὰ περὶ Μαρίας τῆς Μαγδαληνῆς

(1) Ita Codd. Regius et Basileensis. Forte legendum : τοσούτῳ δὲ παραδοξότερον. Libri editi (v. c. edd. Spenc. in textu): τούτῳ δὲ παραδοξότερος. R.—Edd. Spenc. ad marg. οὕτω δὲ παραδοξότερος.
(2) 1 Regg. xvii. 21, 22. (3 Regg.)
(4) Act. ii. 24.
(6) Jesai. liii. 7.
(3) 2 Regg. iv. 34, 35. (4 Regg.)
(5) Lib. II. num. 14.

διαβάλλων, ἀναγραφομένης⁽¹⁾ ἑωρακέναι, εἶπε· "γυνὴ πάροιστρος, ὥς φατε.", καὶ ἐπεὶ μὴ μόνη αὕτη ἀναγέγραπται ἑωρακέναι ἀναστάντα τὸν Ἰησοῦν, ἀλλὰ καὶ ἄλλοι· καὶ ταῦτα κατηγορῶν ὁ Κέλσcυ Ἰουδαῖός φησι· "καὶ εἴ τις ἄλλος τῶν ἐκ τῆς αὐτῆς γοητείας."

60. Εἶτα, ὡς δυναμένου τούτου συμβῆναι, λέγω δὴ τοῦ φαντασίαν τινὶ γίνεσθαι περὶ τοῦ τεθνηκότος ὡς ζῶντος, ἐπιφέρει ὡς Ἐπικούρειος, καὶ λέγει, "κατά τινα διάθεσιν ὀνειρώξαντά τινα, ἢ κατὰ τὴν αὐτοῦ βούλησιν δόξῃ πεπλανημένῃ πεφαντασιῶσθαι⁽²⁾ τὸ τοιοῦτον ἀπηγγελκέναι· ὅπερ, φησὶ, μυρίοις ἤδη συμβέβηκε." Τοῦτο δὲ εἰ καὶ δεινότατα ἔδοξεν εἰρῆσθαι· οὐδὲν ἧττον κατασκευαστικόν ἐστιν ἀναγκαίου δόγματος, ὡς ἄρα ἡ ψυχὴ ὑφέστηκε τῶν ἀποθανόντων· καὶ οὐ μάτην πεπίστευκε περὶ τῆς ἀθανασίας αὐτῆς, ἢ κἂν τῆς διαμονῆς, ὁ τοῦτο τὸ δόγμα ἀνειληφώς· ὡς καὶ Πλάτων⁽³⁾ ἐν τῷ περὶ τῆς ψυχῆς λέγει, σκιοειδῆ φαντάσματα περὶ μνημεῖά τισι γεγονέναι τῶν ἤδη τεθνηκότων. Τὰ μὲν οὖν γινόμενα περὶ ψυχῆς τεθνηκότων φαντάσματα ἀπό τινος ὑποκειμένου γίνεται, τοῦ κατὰ τὴν ὑφεστηκυῖαν ἐν τῷ καλουμένῳ αὐγοειδεῖ σώματι ψυχήν. Ὁ δὲ Κέλσος οὐ⁽⁴⁾ βουλόμενος τὸ τοιοῦτον, θέλει καὶ ὕπαρ ὀνειρώττειν τινὰς, καὶ κατὰ τὴν ἑαυτῶν βούλησιν δόξῃ πεπλανημένῃ φαντασιοῦσθαι. Ὅπερ ὄναρ μὲν πιστεύειν γίγνεσθαι, οὐκ ἄλογον· ὕπαρ⁽⁵⁾ δὲ ἐπὶ τῶν μὴ πάντη ἐκφρόνων καὶ φρενετιζόντων, ἢ μελαγχολώντων, οὐ πιθανόν. Καὶ τοῦτο δὲ προειδόμενος ὁ Κέλσος παροιστρῶσαν εἶπε τὴν γυναῖκα. ὅπερ⁽⁶⁾ οὐκ ἐμφαίνει ἡ ἀναγραφεῖσα ἱστορία, ὅθεν λαβὼν κατηγορεῖ τῶν πραγμάτων.

61. Ἦν οὖν καὶ ὁ Ἰησοῦς μετὰ θάνατον, ὡς μὲν ὁ Κέλσος οἴεται, φαντασίαν ἐξαποστέλλων τῶν ἐπὶ τῷ σταυρῷ τραυμάτων, καὶ οὐκ ἀληθῶς τοιοῦτος ὢν τραυματίας. Ὡς δὲ τὸ εὐαγγέλιον διδάσκει,—οὗ τισι μὲν μέρεσιν, οἷς βούλεται,

---

(1) Ev. Joann. xx. 18. (2) Boherellus: lege φαντασιωθέντα. R. (3) In Phædone.
(4) Ita recte Codd. Reg. et Basil. R.
(5) Ita Codd. Regius, Basileensis, et duo Vaticani. R.
(6) Libri editi (v. c. edd. Spenc.): ὅθεν. R.—Boherellus: "Velserus, apud Hœschelium, legit: δ μέν. Malim: ὅπερ." R.

ἵνα κατηγορῇ, πιστεύει ὁ Κέλσος, τισὶ δ' ἀπιστεῖ—, ὁ Ἰησοῦς προσεκαλέσατό τινα τῶν μαθητῶν ἀπιστοῦντα, καὶ ἀδύνατον οἰόμενον τὸ παράδοξον. Συγκατετέθειτο μὲν γὰρ ἐκεῖνος τῇ φασκούσῃ αὐτὸν ἑωρακέναι, ὡς οὐκ ἀδυνάτου ὄντος τοῦ τὴν ψυχὴν τοῦ τεθνηκότος ὀφθῆναι· οὐκέτι δ' ἐνόμιζεν ἀληθὲς εἶναι τὸ, ἐν σώματι αὐτὸν ἀντιτύπῳ ἐγηγέρθαι. Ὅθεν οὐκ εἶπε μέν· "ἐὰν μὴ ἴδω, οὐ μὴ πιστεύσω" προσέθηκε δὲ καὶ τό· "ἐὰν(1) μὴ βάλω τὴν χεῖρά μου εἰς τὸν τύπον(2) τῶν ἥλων, καὶ ψηλαφήσω αὐτοῦ τὴν πλευρὰν, οὐ μὴ πιστεύσω." Ταῦτα δ' ἐλέγετο ὑπὸ τοῦ Θωμᾶ, κρίνοντος, ὅτι δύναται 1Q ὀφθαλμοῖς αἰσθητοῖς φανῆναι ψυχῆς σῶμα, πάντα τῷ προτέρῳ εἴδει
—μέγεθός(3) τε καὶ ὄμματα κάλ' εἰκυίης,
καὶ φωνήν·
πολλάκι δέ·
—καὶ τοῖα περὶ χροῒ εἵματ' ἐχούσης.
Καὶ προσκαλεσάμενός γε ὁ Ἰησοῦς τὸν Θωμᾶν, εἶπε· "φέρε(4) τὸν δάκτυλόν σου ὧδε, καὶ ἴδε τὰς χεῖράς μου, καὶ φέρε τὴν χεῖρά σου, καὶ βάλε εἰς τὴν πλευρὰν μου· καὶ μὴ γίνου ἄπιστος, ἀλλὰ πιστός." 2Q

62. Καὶ ἀκόλουθόν γε ἦν πᾶσι τοῖς τε προφητευθεῖσι περὶ αὐτοῦ,—ἐν οἷς καὶ τοῦτο ἦν—, καὶ τοῖς πραχθεῖσιν αὐτῷ, καὶ τοῖς συμβεβηκόσι, τοῦτο παρὰ πάντα παράδοξον γενέσθαι. προελέλεκτο γὰρ ἐκ προσώπου τοῦ Ἰησοῦ ἐν τῷ προφήτῃ· "ἡ(5) σάρξ μου κατασκηνώσει ἐπ' ἐλπίδι· καὶ οὐκ ἐγκαταλείψεις τὴν ψυχήν μου εἰς τὸν ᾅδην, καὶ οὐ δώσεις τὸν ὅσιόν σου ἰδεῖν διαφθοράν." καὶ ἦν γε μετὰ(6) τὴν ἀνάστασιν αὐτοῦ ὡσπερεὶ ἐν μεθορίῳ τινὶ τῆς παχύτητος τῆς(7) πρὸ τοῦ πάθους σώματος, καὶ τοῦ γυμνὴν τοιούτου σώματος φαίνεσθαι ψυχήν. ὅθεν, ὅτ' ἦσαν οἱ μαθηταὶ αὐτοῦ καὶ Θωμᾶς 30

(1) Ev. Joann. xx. 25. (2) Ed. Ruæi: τόπον. L.
(3) Homer. Iliad. lib. XXIII. vers. 66 et 67.
(4) Ev. Joann. xx. 27. (5) Psalm xvi. 9, 10. (xv.)
(6) Sic recte omnino Cod. Jolian. secunda manu habet. Alias: κατά. R.—
Boherellus: "Lege: μετά." L.
(7) Ruæus, Boherello duce: "Legendum videtur: τοῦ." L.

ἐπὶ τὸ αὐτὸ μετ' αὐτῶν, ἔρχεται(1) "ὁ Ἰησοῦς, τῶν θυρῶν κεκλεισμένων, καὶ ἔστη εἰς τὸ μέσον, καὶ εἶπεν· εἰρήνη ὑμῖν. Εἶτα λέγει τῷ Θωμᾷ· "φέρε τὸν δάκτυλόν σου ὧδε," καὶ τὰ ἑξῆς. Καὶ ἐν τῷ κατὰ Λουκᾶν δὲ εὐαγγελίῳ, ὁμιλούντων πρὸς ἀλλήλους Σίμωνος καὶ Κλεόπα περὶ πάντων τῶν συμβεβηκότων αὐτοῖς(2), ὁ Ἰησοῦς "ἐπιστὰς αὐτοῖς, συνεπορεύετο μετ' αὐτῶν. Καὶ οἱ μὲν ὀφθαλμοὶ αὐτῶν ἐκρατοῦντο, τοῦ μὴ ἐπιγνῶναι αὐτόν· ὁ δὲ εἶπε πρὸς αὐτούς· τίνες οἱ λόγοι, οὓς ἀντιβάλλετε πρὸς ἀλλήλους περιπατοῦντες;" καὶ ἡνίκα διηνοίχθησαν αὐτῶν οἱ ὀφθαλμοὶ, καὶ ἐπέγνωσαν αὐτόν· τότε αὐταῖς λέξεσί φησιν ἡ γραφή· "καὶ(3) αὐτὸς ἄφαντος ἐγένετο ἀπ' αὐτῶν." κἂν βούληται οὖν κοινοποιεῖν πρὸς ἕτερα φαντάσματα, καὶ ἄλλους φαντασθέντας, τὰ κατὰ τὸν Ἰησοῦν, καὶ τοὺς ἰδόντας αὐτὸν μετὰ τὴν ἀνάστασιν ὁ Κέλσος· ἀλλὰ τοῖς εὐγνωμόνως καὶ φρονίμως ἐξετάζουσι τὰ πράγματα φανεῖται τὸ παραδοξότερον.

63. Μετὰ ταῦτα ὁ Κέλσος, οὐκ εὐκαταφρονήτως τὰ γεγραμμένα κακολογῶν, φησίν· "ὅτι ἐχρῆν, εἴπερ ὄντως θείαν δύναμιν ἐκφῆναι ἤθελεν ὁ Ἰησοῦς, αὐτοῖς τοῖς ἐπηρεάσασι, καὶ τῷ καταδικάσαντι, καὶ ὅλως πᾶσιν ὀφθῆναι." ἀληθῶς γὰρ καὶ ἡμῖν φαίνεται, κατὰ τὸ εὐαγγέλιον, οὐχ οὕτω μετὰ τὴν ἀνάστασιν ὀφθεὶς, ὡς τὸ πρότερον δημοσίᾳ καὶ πᾶσιν ἐφαίνετο. ἀλλ' ἐν μὲν ταῖς Πράξεσιν γέγραπται, "δι'(4) ἡμερῶν τεσσαράκοντα ὀπτανόμενος" τοῖς μαθηταῖς κατήγγελλε "τὰ περὶ τῆς βασιλείας τοῦ θεοῦ·" ἐν δὲ τοῖς εὐαγγελίοις, οὐχ ὅτι ἀεὶ συνῆν αὐτοῖς· ἀλλ' ὅπου μὲν δι' ἡμερῶν ὀκτὼ ἐφάνη, τῶν θυρῶν κεκλεισμένων, ἐν μέσῳ αὐτῶν· ὅπου δὲ κατά τινας τοιούτους τρόπους. Καὶ ὁ Παῦλος δ' ἐν τοῖς τελευταίοις τῆς πρὸς Κορινθίους προτέρας, ὡς(5) μὴ δημωδῶς αὐτοῦ ὀφθέντος ὁμοίως τῷ πρὸ τοῦ πάθους χρόνῳ, τοιαῦτα γράφει· "Παρέδωκα γὰρ ὑμῖν ἐν πρώτοις, ὃ καὶ παρέλαβον, ὅτι Χριστὸς ἀπέθανεν ὑπὲρ τῶν ἁμαρτιῶν ἡμῶν, κατὰ τὰς γρα-

(1) Ev. Joann. xx. 26, 27. (2) Luc. xxiv. 15—17.
(3) Luc. xxiv. 31. (4) Act. i. 3.
(5) Sic omnes Mss. excepto Joliano, qui cum libris impressis habet: ὡς μηδαμοῦ. R.

φάς·(1) καὶ ὅτι ὤφθη Κηφᾷ, εἶτα τοῖς δώδεκα. Ἔπειτα ὤφθη ἐπάνω πεντακοσίοις ἀδελφοῖς ἐφάπαξ, ὧν οἱ πλείονες μένουσιν ἕως ἄρτι, τινὲς δὲ καὶ ἐκοιμήθησαν· ἔπειτα ὤφθη Ἰακώβῳ· ἔπειτα τοῖς ἀποστόλοις πᾶσιν· ἔσχατον δὲ πάντων, ὡσπερεὶ(2) τῷ ἐκτρώματι, ὤφθη κἀμοί." Μεγάλα μὲν οὖν τινα, καὶ θαυμαστὰ, καὶ μείζονα οὐ τῆς ἀξίας τῶν πολλῶν μόνον ἐν τοῖς πιστεύουσιν, ἀλλὰ καὶ τῶν πάνυ προκοπτόντων, ὑπολαμβάνω εἶναι τὰ κατὰ τὸν τόπον· ἐν οἷς ἡ αἰτία δηλωθείη ἂν τοῦ ἀναστάντα αὐτὸν ἐκ νεκρῶν, μὴ ὁμοίως πεφηνέναι τῷ πρότερον χρόνῳ. Ἀπὸ πλειόνων δὲ, ὡς ἐν τοιούτῳ(3) συγγράμματι γραφομένῳ πρὸς τὸν κατὰ Χριστιανῶν καὶ τῆς πίστεως αὐτῶν λόγον, ὅρα εἰ δυνησόμεθα, εὐλόγως ὀλίγα παραθέμενοι, καθικέσθαι τῶν ἀκουσομένων τῆς ἀπολογίας.

64. Ὁ Ἰησοῦς εἷς ὤν, πλείονα τῇ ἐπινοίᾳ ἦν, καὶ τοῖς βλέπουσιν οὐχ(4) ὁμοίως πᾶσιν ὁρώμενος. καὶ ὅτι μὲν τῇ ἐπινοίᾳ πλείονα ἦν, σαφὲς ἐκ τοῦ· "ἐγώ(5) εἰμι ἡ ὁδὸς, καὶ ἡ ἀλήθεια, καὶ ἡ ζωή." καὶ τοῦ· "ἐγώ(6) εἰμι ὁ ἄρτος·" καὶ τοῦ· "ἐγώ(7) εἰμι ἡ θύρα·" καὶ ἄλλων μυρίων. Ὅτι δὲ καὶ βλεπόμενος οὐχ ὡσαύτως τοῖς βλέπουσιν ἐφαίνετο, ἀλλ' ὡς ἐχώρουν οἱ βλέποντες, σαφὲς ἔσται τοῖς(8) ἐφιστᾶσι, διὰ τί μέλλων μεταμορφοῦσθαι(9) ἐν τῷ ὑψηλῷ ὄρει, οὐδὲ τοὺς ἀποστόλους πάντας παρείληφεν, ἀλλὰ μόνους τὸν Πέτρον, καὶ τὸν Ἰάκωβον, καὶ τὸν Ἰωάννην· ὡς μόνους χωροῦντας(10) τὴν

---

(1) Ruæus, Boherello duce: "Post vocem γραφάς, sequens versiculus: καὶ ὅτι ἐτάφη, καὶ ὅτι ἐγήγερται τῇ τρίτῃ ἡμέρᾳ κατὰ τὰς γραφάς, ab exscriptoribus videtur omissus, propter τὸ ὁμοιόπτωτον." L.

(2) Cod. Basileensis: ὡσπερεὶ τῷ ἐκτρώματι. Quae lectio neutiquam est spernenda. B.

(3) Sic omnes Mss. excepto Joliano, qui cum libris editis habet: τούτῳ. R.

(4) Vide infra, lib. iv. contra Cels. num. 15 et 16, coll. lib. vi. num. 77 et tractat. xxxv. in Matthaeum. R.

(5) Ev. Joann. xiv. 6. (6) Ev. Joann. vi. 35.

(7) Ev. Joann. x. 9.

(8) Codd. Reg. et Basil. τοῖς ἐφιστᾶσι διότι. R.

(9) Matth. xvii. 1, 2, seqq.

(10) Sic omnes Mss. excepto Joliano, qui cum antea editis habet: χωρήσοντας. R.

τότε δόξαν αυτού θεωρήσαι, δυναμένους δε και τους οφθέντας εν δόξη Μωϋσήν και Ήλίαν κατανοήσαι, και ακούσαι συλλαλούντων αυτών, και της από της νεφέλης ουρανόθεν φωνής. Έγω δ' οίμαι, ότι και προ του αναβήναι εις το όρος, ένθα προσήλθον(1) αυτώ μόνοι οι μαθηταί, και εδίδασκεν αυτούς τα περί των μακαρισμών, ηνίκα κάτω που ων του όρους, οψίας γενομένης, εθεράπευε τους προσαχθέντας αυτώ, απαλλάσσων πάσης νόσου και πάσης μαλακίας, ουχ ο αυτός εφαίνετο τοις κάμνουσι και δεομένοις αυτού θεραπεύοντος, και τοις δια το 10 υγιαίνειν συναναβήναι αυτώ εις το όρος δυνηθείσιν. Αλλά και είπερ κατ' ιδίαν τοις ιδίοις μαθηταίς επέλυε τας παραβολάς(2), μετ' επικρύψεως τοις έξω όχλοις ειρημένας, ώσπερ ταις ακοαίς ήσαν κρείττους οι ακούοντες της λύσεως των παραβολών παρά τους ακούοντας των χωρίς λύσεων παραβολών· ούτω και ταις όψεσι πάντας μεν της ψυχής, εγώ δ' ηγούμαι, ότι και του σώματος. Δηλοί δε μη τον αυτόν αεί φαίνεσθαι το, Ιούδαν, μέλλοντα αυτόν προδιδόναι, ειρηκέναι ως μη ειδόσιν αυτόν τοις συναπερχομένοις αυτώ όχλοις· "ὃν ἐὰν φιλήσω, αυτός εστι." τοιούτο δ' οίμαι και αυτόν 20 τον Σωτήρα εμφαίνειν δια του· "καθημέραν μεθ' υμών ήμην εν τω ιερώ διδάσκων, και ουκ εκρατήσατέ με." Ὡς περὶ(3) τηλικούτ' ούν φερόμενοι ημείς του Ιησού, ου μόνον κατά την ένδον και αποκεκρυμμένην τοις πολλοίς θειότητα, αλλά και κατά το μεταμορφούμενον σώμα, ότ' εβούλετο και οις εβούλετο· φαμέν, ότι τον μεν μη απεκδυσάμενον τας αρχάς και τας εξουσίας Ιησούν, και μηδέπω αποθανόντα τη αμαρτία, πάντες βλέπειν εχώρουν· τον δ' απεκδυσάμενον(4) τας αρχάς και τας εξουσίας, και μηκέτ' έχοντά τι χωρητόν οραθήναι τοις πολλοίς, ουχ οίοί τε ήσαν αυτόν βλέπειν οι πρότερον αυτόν 30 ιδόντες πάντες. όθεν φειδόμενος αυτών, ουκ εφαίνετο πάσιν αναστάς εκ νεκρών.

65. Και τι λέγω πάσιν; ουδέ γαρ αυτοίς τοις απο-

(1) Matth. v. 1, seqq.   (2) Matth. xiii. 10, 11, seqq.
(3) Ruæus, Boherello duce, non male: "Scribendum videtur: περὶ τηλικούτου ούν. L.   (4) Coloss. ii. 15.

στόλοις και τοις μαθηταις αυτού αει συνην, η αει εφαίνετο, μη δυναμένοις αυτού χωρησαι την θεωρίαν διηνεκώς. λαμπροτέρα γαρ την οικονομίαν τελέσαντος η θειότης ην αυτού· ηντινα Κηφας ο Πέτρος, ώσπερει απαρχη των αποστόλων, δεδύνηται ιδείν, και μετ' αυτόν οι δώδεκα, του Ματθίου[1] αντί του Ιούδα καταταχθέντος, και μετ' εκείνους πεντακοσίοις[2] αδελφοις εφάπαξ, έπειτα ώφθη Ιακώβω, έπειτα τοις ετέροις παρά τους δώδεκα αποστόλους[3] πασι, τάχα τοις εβδομήκοντα, έσχατον δε πάντων Παύλω τω ώσπερει εκτρώματι, και επισταμένω, πως έλεγεν· "εμοι[4] τω ελαχιστοτέρω πάντων αγίων εδόθη η χάρις αυτη." Και τάχα το· "ελαχιστοτέρω" ίσον εστι τω· "εκτρώματι."[5] Ώσπερ ουν ουκ αν τις ευλόγως εγκαλέσαι τω Ιησού μη παραλαμβάνοντι πάντας τους αποστόλους εις το υψηλον όρος, αλλα μόνους τους προειρημένους τρεις· ηνίκα έμελλε μεταμορφούσθαι, και την λαμπρότητα δεικνύναι των ιματίων εαυτού, και την δόξαν Μωϋσέως και Ηλίου συλλαλούντων αυτώ· ούτως ουκ αν τοις αποστολικοις λόγοις μέμφοιτ' άν τις ευλόγως, εισάγουσιν ώφθαι τον Ιησούν μετα την αιάστασιν, ου πασιν, αλλ' οις οίδεν ανειληφόσιν οφθαλμους χωρούντας ιδειν την ανάστασιν αυτού. Χρήσιμον δ' οιμαι προς απολογίαν των προκειμένων εστι και το ούτως ειρημένον περι αυτού· "εις[6] τούτο γαρ Χριστός απέθανε και ανέστη, ίνα και νεκρών και ζώντων κυριεύση." όρα γαρ εν τούτοις, ότι απέθανεν Ιησούς, ίνα νεκρών κυριεύση· και ανέστη, ίνα μη μόνον νεκρών, αλλα και ζώντων κυριεύση. και οιδέ γε ο απόστολος νεκρους μεν, ων κυριεύει ο Χριστός, τους ούτω κατειλεγμένους εν τη προς Κορινθίους προτέρα· "σαλπίσει[7] γαρ, και οι νεκροι εγερθήσονται άφθαρτοι." ζωντας δε αυτους, και τους αλλαγησομένους, ετέρους όντας των εγερθησομένων νεκρών. έχει δε και περι τούτων η λέξις ούτως· "και[7] ημεις αλλαγησό-

---

(1) At nondum eo tempore, quod designatur 1 Cor. xv. 5, Matthias in Judae locum suffectus erat. R. (2) 1 Cor. xv. 6—8.
(3) Legit Bolierellus : αποστόλοις πασι, ex 1 Cor. xv. 7. R.
(4) Ephes. iii. 8. (5) 1 Cor. xv. 8.
(6) Rom. xiv. 9. (7) 1 Cor. xv. 52.

μεθα." εξής ειρημένη τῷ· "οἱ[1] νεκροὶ ἐγερθήσονται πρῶτον." Ἀλλὰ καὶ ἐν τῇ πρὸς Θεσσαλονικεῖς προτέρᾳ ἐν ἑτέραις λέξεσι τὴν αὐτὴν διαφορὰν παριστὰς, φησὶν ἄλλους μὲν εἶναι τοὺς κοιμωμένους, ἄλλους δὲ τοὺς ζῶντας, λέγων· "οὐ[2] θέλομεν δὲ ὑμᾶς ἀγνοεῖν, ἀδελφοὶ, περὶ τῶν κοιμωμένων, ἵνα μὴ λυπῆσθε, ὡς καὶ οἱ λοιποὶ οἱ μὴ ἔχοντες ἐλπίδα. εἰ γὰρ πιστεύομεν, ὅτι Ἰησοῦς ἀπέθανε καὶ ἀνέστη· οὕτω καὶ ὁ Θεὸς τοὺς κοιμηθέντας διὰ τοῦ Ἰησοῦ ἄξει σὺν αὐτῷ. τοῦτο γὰρ ὑμῖν λέγομεν ἐν λόγῳ κυρίου, ὅτι ἡμεῖς οἱ 10 ζῶντες οἱ περιλειπόμενοι εἰς τὴν παρουσίαν τοῦ κυρίου, οὐ μὴ φθάσωμεν[3] τοὺς κοιμηθέντας." τὴν δὲ φανεῖσαν ἡμῖν εἰς τοὺς τόπους διήγησιν ἐξεθέμεθα ἐν οἷς ὑπηγορεύσαμεν ἐξηγητικοῖς τῆς πρὸς Θεσσαλονικεῖς προτέρας ἐπιστολῆς.

66. Καὶ μὴ θαύμαζε, εἰ μὴ πάντες βλέπουσιν οἱ πεπιστευκότες ὄχλοι τῷ Ἰησοῦ τὴν ἀνάστασιν αὐτοῦ· ὅτε ὡς μὴ χωροῦσι πλείονα Κορινθίοις ὁ Παῦλος γράφων φησίν· "ἐγὼ[4] δ' ἔκρινα μηδὲν εἰδέναι ἐν ὑμῖν, εἰ μὴ Ἰησοῦν Χριστὸν, καὶ τοῦτον ἐσταυρωμένον." τοιοῦτον δ' ἔστι καὶ τό· "οὔπω[5] γὰρ ἐδύνασθε· ἀλλ' οὔτε ἔτι νῦν δύνασθε· ἔτι γὰρ σαρκικοί 20 ἐστε." οὕτω τοίνυν πάντα κρίσει θείᾳ ποιῶν ὁ λόγος, ἀνέγραψε περὶ τοῦ Ἰησοῦ· πρὸ μὲν τοῦ πάθους ἁπαξαπλῶς φανέντος τοῖς πλείοσι, καὶ τοῦτο οὐκ ἀεί· μετὰ δὲ τὸ πάθος οὐκέτι ὁμοίως ἐπιφαινομένου, ἀλλὰ μετά τινος κρίσεως ἑκάστῳ μετρούσης τὰ δέοντα. ὥσπερ δ' ἀναγέγραπται τό· "ὤφθη[6] ὁ θεὸς τῷ Ἀβραάμ." ἤ τινι τῶν ἁγίων· καὶ τὸ "ὤφθη" τοῦτο οὐκ ἀεὶ ἐγίνετο, ἀλλ' ἐκ διαλειμμάτων, καὶ οὐ πᾶσιν ἐφαίνετο· οὕτω μοι νόει καὶ τὸν υἱὸν τοῦ θεοῦ ὦφθαι τῇ[7] παραπλησίᾳ εἰς τὸ περὶ ἐκείνων, εἰς τὸ ὦφθαι αὐτοῖς τὸν θεὸν, κρίσει.

30 67. Ἀπελογησάμεθα οὖν κατὰ τὸ δυνατὸν ἡμῖν, ὡς ἐν

(1) 1 Cor. xv. 52, coll. 1 Thess. iv. 16.
(2) 1 Thess. iv. 13—15.   (3) Cod. Basil.: φθάσωμεν. R.
(4) 1 Cor. ii. 2.   (5) 1 Cor. iii. 2, 3.
(6) Genes. xii. 7, coll. xlviii. 3.
(7) Boherellus: "Usitatius est: τῇ παραπλησίᾳ τῷ, sequens autem εἰς τό, versu proximo hinc natum, mutandum existimo in ῥηθέν." L.

τοιούτῳ συγγράμματι, πρὸς τό· "ἐχρῆν, εἴπερ ὄντως ἐκφῆναι θείαν δύναμιν ἤθελεν, αὐτοῖς τοῖς ἐπηρεάσασι καὶ τῷ καταδικάσαντι καὶ ὅλως πᾶσιν ὀφθῆναι." Οὐκ ἐχρῆν οὖν τῷ καταδικάσαντι αὐτὸν ὀφθῆναι, οὐδὲ τοῖς ἐπηρεάσασιν. ἐφείδετο γὰρ καὶ τοῦ καταδικάσαντος καὶ τῶν ἐπηρεασάντων ὁ Ἰησοῦς, ἵνα μὴ παταχθῶσιν ἀορασίᾳ, ὁποίᾳ οἱ ἐν Σοδόμοις ἐπατάχθησαν, ἡνίκα ἐπεβούλευον τῇ ὥρᾳ τῶν ξενισθέντων παρὰ τῷ Λὼτ ἀγγέλων. καὶ τοῦτο δὲ δηλοῦται διὰ τούτων· "ἐκτείναντες[1] δὲ οἱ ἄνδρες τὰς χεῖρας, ἐσπάσαντο τὸν Λὼτ πρὸς ἑαυτοὺς εἰς τὸν οἶκον, καὶ τὴν θύραν ἀπέκλεισαν· τοὺς δὲ ἄνδρας, τοὺς ἐπὶ τῇ θύρᾳ τοῦ οἴκου, ἐπάταξαν ἀορασίᾳ ἀπὸ μικροῦ ἕως μεγάλου· καὶ παρελύθησαν ζητοῦντες τὴν θύραν." ἐκφῆναι οὖν ἐβούλετο τὴν δύναμιν ἑαυτοῦ ὁ Ἰησοῦς, θείαν οὖσαν, ἑκάστῳ τῶν δυναμένων αὐτὴν ἰδεῖν, καὶ κατὰ τὸ μέτρον ἰδεῖν ἃ ἐχώρει. καὶ οὐ δήπου δι' ἄλλο ἐφυλάξατο ὀφθῆναι, ἢ διὰ τὰς δυνάμεις τῶν μὴ χωρούντων αὐτὸν ἰδεῖν. καὶ μάτην παρελήφθη τῷ Κέλσῳ τό· "οὐ γὰρ δὴ ἔτι ἐφοβεῖτό τινα ἀνθρώπων ἀποθανών, καὶ, ὥς φατε, θεὸς ὤν· οὐδ' ἐπὶ τοῦτ' ἐπέμφθη τὴν ἀρχήν, ἵνα λάθῃ." ἐπέμφθη γὰρ οὐ μόνον, ἵνα γνωσθῇ, ἀλλ' ἵνα καὶ λάθῃ. οὐ γὰρ πᾶν, ὃ ἦν, καὶ οἷς ἐγινώσκετο, ἐγινώσκετο, ἀλλά τι αὐτοῦ ἐλάνθανεν αὐτούς· τισὶ δ' οὐδ' ὅλως ἐγινώσκετο. καὶ ἀνέῳξε δὲ φωτὸς πύλας τοῖς γενομένοις μὲν σκότους καὶ νυκτὸς υἱοῖς, ἐπιδεδωκόσι δὲ ἑαυτοὺς εἰς τὸ γενέσθαι υἱοὺς ἡμέρας καὶ φωτός. καὶ ἦλθε σωτὴρ ὁ κύριος ἡμῖν μᾶλλον, ὡς ἰατρὸς ἀγαθὸς, τοῖς ἁμαρτιῶν μεστοῖς, ἢ τοῖς δικαίοις.

68. Ἴδωμεν δὲ τίνα τρόπον φησὶν ὁ παρὰ τῷ Κέλσῳ Ἰουδαῖος, ὅτι "εἰ δ' οὖν τόγε τοσοῦτον ὤφειλεν εἰς ἐπίδειξιν θεότητος, ἀπὸ τοῦ σκόλοπος γοῦν εὐθὺς ἀφανὴς γενέσθαι."[2] καὶ τοῦτο δὲ δοκεῖ μοι ὅμοιον εἶναι τῷ λόγῳ τῶν ἀντιδιατασσόντων τῇ προνοίᾳ, καὶ διαγραφόντων ἑαυτοῖς ἕτερα παρὰ τὰ ὄντα, καὶ λεγόντων, ὅτι "βέλτιον ἦν, εἰ οὕτως εἶχεν ὁ κόσμος, ὡς διεγράψαμεν." ὅπου μὲν γὰρ δυνατὰ διαγράφουσιν, ἐλέγχονται χείρονα ποιοῦντες, τὸ ὅσον ἐφ' ἑαυτοῖς,

(1) Genes. xix. 10, 11.   (2) Boherellus: "Subaudi: ὤφειλεν." L.

καὶ τῇ διαγραφῇ αὐτῶν, τὸν κόσμον· ὅπου δὲ δοκοῦσι μὴ χείρονα ἀναζωγραφεῖν τῶν ὄντων, ἀποδείκνυνται τὰ τῇ φύσει ἀδύνατα βουλόμενοι· ὡς ἑκατέρως αὐτοὺς καταγελάστους εἶναι. καὶ ἐνθάδε τοίνυν ὅτι μὲν οὐκ ἀδύνατον ἥξειν, ὡς ἐν τῇ θειοτέρᾳ φύσει, ἵν᾽ ὅτε βούληται ἀφανὴς γένηται, καὶ αὐτόθεν μὲν δῆλον· σαφὲς δὲ καὶ ἐκ τῶν γεγραμμένων περὶ αὐτοῦ, τοῖς μή τινα μὲν τῶν γεγραμμένων προσιεμένοις, ἵνα κατηγορήσωσι τοῦ λόγου, τινὰ δὲ πλάσματα οἰομένοις τυγχάνειν. γέγραπται δὲ ἐν τῷ κατὰ Λουκᾶν, ὅτι μετὰ τὴν ἀνάστασιν λαβὼν τὸν ἄρτον ὁ Ἰησοῦς εὐλόγησε, καὶ κλάσας ἐπεδίδου τῷ Σίμωνι, καὶ τῷ Κλεόπᾳ· λαβόντων δ᾽ αὐτῶν τὸν ἄρτον, " διηνοίχθησαν αὐτῶν οἱ ὀφθαλμοί, καὶ ἐπέγνωσαν αὐτόν, καὶ αὐτὸς ἄφαντος ἐγένετο ἀπ᾽ αὐτῶν."

69. Θέλομεν δὲ παραστῆσαι, πῶς οὐ χρησιμώτερον ἦν πρὸς τὴν οἰκονομίαν ὅλην τὸ, εὐθὺς ἀπὸ τοῦ σκόλοπος αὐτὸν ἀφανῆ γενέσθαι σωματικῶς. τὰ συμβεβηκέναι ἀναγεγραμμένα τῷ Ἰησοῦ οὐκ ἐν ψιλῇ τῇ λέξει καὶ τῇ ἱστορίᾳ τὴν πᾶσαν ἔχει θεωρίαν τῆς ἀληθείας. ἕκαστον γὰρ αὐτῶν καὶ σύμβολόν τινος[1] εἶναι παρὰ τοῖς συνετώτερον ἐντυγχάνουσι τῇ γραφῇ ἀποδείκνυται. ὥσπερ οὖν τὸ σταυρωθῆναι αὐτὸν ἔχει τὴν δηλουμένην ἀλήθειαν ἐν τῷ· "Χριστῷ[2] συνεσταύρωμαι·" καὶ[3] τοῦ σημαινομένου ἐκ τοῦ· "ἐμοὶ[4] δὲ μὴ γένοιτο καυχᾶσθαι εἰ μὴ ἐν τῷ σταυρῷ τοῦ κυρίου μου Ἰησοῦ Χριστοῦ· δι᾽ οὗ ἐμοὶ κόσμος ἐσταύρωται, κἀγὼ τῷ κόσμῳ." καὶ ὁ θάνατος αὐτοῦ ἀναγκαῖος, διὰ τό· "ὃ[5] γὰρ ἀπέθανε, τῇ ἁμαρτίᾳ ἀπέθανεν ἐφάπαξ·" καὶ[6] διὰ τὸ λέγειν· "συμμορφούμενος[7] τῷ θανάτῳ αὐτοῦ·" καὶ τό· "εἰ γὰρ συναπεθάνομεν, καὶ συζήσομεν[8]." Οὕτω καὶ ἡ ταφὴ αὐτοῦ φθάνει

(1) Libri impressi τινὸς αὐτῶν εἶναι. In Cod. Joliano expungitur istud αὐτῶν. Sed si cui inter τινός et εἶναι vox aliqua inserenda videtur, certe non αὐτῶν, sed ἄλλου scribendum erit. R. (2) Galat. ii. 19.
(3) Cod. Julianus : καὶ τὸ σημαινόμενον. Lego cum Boherello: καὶ τῷ σημαινομένῳ. R.—Probanda procul dubio est Boherelli lectio. L.
(4) Galat. vi. 14. (5) Rom. vi. 10.
(6) Ita Codd. Reg. et Basil. R.
(7) Philipp. iii. 10. (8) 2 Timoth. ii. 11.

επι τους συμμόρφους του θανάτου αυτού, και τους συσταυρωθέντας αυτώ και συναποθανόντας, καθό και τω Παύλω λέλεκται τό· "συνετάφημεν[1] γαρ αυτώ δια του βαπτίσματος, και συνανέστημεν αυτώ." ημείς δε και τα περί της ταφής, και του μνημείου, και του θάψαντος, αναγεγραμμένα ευκαιρότερον δια πλειόνων εν άλλοις, ένθα προηγουμένως εστί[2] περί τούτων λέγειν, διηγησόμεθα. νυνι δ' αυτάρκης η καθαρά σινδών, εν ή έδει το καθαρόν εντυλιχθήναι σώμα του Ιησού, και το καινόν μνημείον, ο ελατόμησε τη πέτρα ο Ιωσήφ, ου[3] "ουκ ην ούπω ουδείς κείμενος," ή, ως ο Ιωάννης φησίν· "εν[4] ώ ουδέπω ουδείς ετέθη." Και επίστησον, ει δύναται κινήσαί τινα η συμφωνία των τριών ευαγγελιστών, φροντισάντων αναγράψαι το λατομητόν, ή λαξευτόν μνημείον εν πέτρα· ιν' ο τους λόγους των γεγραμμένων εξετάζων, και περι τούτων θεάσηταί τι λόγου άξιον, και περι της καινότητος του μνημείου, ήντινα Ματθαίος[5] και Ιωάννης ιστόρησε, και περι του μηδένα εκεί νεκρόν γεγονέναι, κατά τον Λουκάν και τον Ιωάννην. Έδει γαρ τον μη τοις λοιποίς νεκροίς όμοιον, αλλά ζωτικά σημεία και εν τη νεκρότητι δείξαντα το ύδωρ και το αίμα, και καινόν, ιν' ούτως ονομάσω, όντα νεκρόν, εν καινώ και καθαρώ γενέσθαι μνημείω, ιν', ώσπερ η γένεσις αυτού καθαρωτέρα πάσης γενέσεως ην, τω μη από μίξεως, αλλ' από παρθένου γεννηθήναι· ούτω και η ταφή έχη[6] την καθαρότητα, δια του συμβολικού δηλουμένην εν τω αποτεθείσθαι αυτού το σώμα εν μνημείω καινώ υφεστώτι, ουκ εκ λογάδων λίθων οικοδομηθέντι, και την ένωσιν ου φυσικήν έχοντι, αλλ' εν μια και δι' όλων ηνωμένη πέτρα λατομητή και λαξευτή. Τα μεν ουν της διηγήσεως, και της από των γεγονέναι αναγεγραμμένων αναβάσεως επι τα πράγματα, ων τα

(1) Rom. vi. 4.
(2) Boherellus, cui Ruæus adstipulatur: "Lege: έσται, quomodo et Gelenius interpres vertit." L.
(3) Luc. xxiii. 53. (4) Ev. Joann. xix. 41.
(5) Matth. xxvii. 60, coll. ev. Joann. xix. 41.
(6) Sic habet Cod. Basileensis, rectius sane quam editi έχει. R.—Boherellus: "Lege: έχοι." L.

γενόμενα ἦν σημαντικὰ, καὶ μειζόνως ἄν τις καὶ θειοτέρως διηγήσαιτο, εὐκαιρότερον ἐκτιθέμενος τὰ τοιαῦτα ἐν προηγουμένῃ συντάξει. Τὰ δὲ τῆς λέξεως οὕτως ἄν τις ἀποδῴη, ὅτι κατὰ τὸν κρίναντα ὑπομεῖναι τὸ ἐπὶ σκόλοπος κρεμασθῆναι, ἦν καὶ τὰ ἑξῆς τῇ ὑποθέσει τηρῆσαι, ἵν' ὡς ἄνθρωπος καθαιρεθεὶς, τῷ ὡς ἄνθρωπος ἀποτεθνηκέναι, ὡς ἄνθρωπος καὶ ταφῇ. Ἀλλὰ καὶ εἰ καθ' ὑπόθεσιν ἐγέγραπτο ἐν τοῖς εὐαγγελίοις, ὅτι ἀπὸ τοῦ σκόλοπος ἀφανὴς εὐθὺς ἐγένετο· ἐκάκιζεν ἂν τὸ γεγραμμένον ὁ Κέλσος καὶ οἱ ἄπιστοι, καὶ κατηγόρησαν ἂν καὶ οὕτω λέγοντες· "τί δήποτε μετὰ τὸν σταυρὸν γέγονεν ἀφανὴς, οὐ πρὸ τοῦ παθεῖν δὲ τοῦτ' ἐπραγματεύσατο;" εἴπερ οὖν ἀπὸ τῶν εὐαγγελίων μεμαθηκότες, ὅτι οὐ γέγονεν εὐθὺς ἀφανὴς ἀπὸ τοῦ σκόλοπος, ἐγκαλεῖν οἴονται τῷ λόγῳ, μὴ πλασαμένῳ, ὡς ἐκεῖνοι ἠξίωσαν, τὸ, εὐθὺς αὐτὸν ἀφανῆ γενέσθαι ἀπὸ τοῦ σκόλοπος, ἀλλὰ τὸ ἀληθὲς ἱστορήσαντι· πῶς οὐκ εὔλογον πιστεῦσαι αὐτοὺς καὶ τῇ ἀναστάσει αὐτοῦ, καὶ ὡς βουληθεὶς ὁτὲ μὲν τῶν θυρῶν κεκλεισμένων ἔστη ἐν μέσῳ τῶν μαθητῶν, ὁτὲ δὲ δοὺς ἄρτον δυσὶ τῶν γνωρίμων, εὐθὺς ἄφαντος ἐγένετο ἀπ' αὐτῶν, μετά τινας, οὓς ἐλάλησεν αὐτοῖς, λόγους;

70. Πόθεν δὲ τῷ Κέλσου Ἰουδαίῳ λέλεκται, ὅτι ἐκρύπτετο ὁ Ἰησοῦς; λέγει γὰρ περὶ αὐτοῦ· "Τίς δὲ πώποτε πεμφθεὶς ἄγγελος, δέον ἀγγέλλειν τὰ κεκελευσμένα, κρύπτεται;" οὐ γὰρ ἐκρύπτετο ὁ εἰπὼν τοῖς ζητοῦσιν αὐτὸν συλλαβεῖν· "καθημέραν[1] ἤμην ἐν τῷ ἱερῷ παρρησίᾳ διδάσκων, καὶ οὐκ ἐκρατήσατέ με." πρὸς δὲ τὸ ἑξῆς παλιλλογούμενον ὑπὸ τοῦ Κέλσου ἡμεῖς ἅπαξ ἀπολογησάμενοι, ἀρκεσθησόμεθα τοῖς προειρημένοις. γέγραπται γὰρ ἐν τοῖς ἀνωτέρω καὶ πρὸς τό· "ἢ ὅτε μὲν ἠπιστεῖτο ἐν σώματι, πᾶσιν ἀνέδην ἐκήρυττεν· ὅτε δὲ πίστιν ἂν ἰσχυρὰν παρεῖχεν ἐκ νεκρῶν ἀναστὰς, ἑνὶ μόνῳ γυναίῳ καὶ τοῖς ἑαυτοῦ θιασώταις κρύβδην παρεφαίνετο;" Ἀλλ' οὐδ' ὅτι ἑνὶ μόνῳ γυναίῳ ἐφάνη, ἀληθές ἐστιν· γέγραπται γὰρ ἐν τῷ κατὰ Ματθαῖον εὐαγγελίῳ, ὅτι "ὀψὲ[2] σαββάτων, τῇ ἐπιφωσκούσῃ εἰς μίαν

(1) Matth. xxvi. 55.   (2) Matth. xxviii. 1, 2.

σαββάτων, ἦλθε Μαρία ἡ Μαγδαληνὴ, καὶ ἡ ἄλλη Μαρία, θεωρῆσαι τὸν τάφον· καὶ ἰδοὺ, σεισμὸς ἐγένετο μέγας· ἄγγελος γὰρ κυρίου καταβὰς ἐξ οὐρανοῦ, καὶ προσελθὼν ἀπεκύλισε τὸν λίθον." καὶ μετ' ὀλίγον φησὶν ὁ Ματθαῖος· "καὶ ἰδοὺ, ὁ Ἰησοῦς ὑπήντησεν αὐταῖς"·—δῆλον δὲ ὅτι ταῖς προειρημέναις Μαρίαις·—λέγων· "χαίρετε. αἱ δὲ προσελθοῦσαι ἐκράτησαν αὐτοῦ τοὺς πόδας, καὶ προσεκύνησαν αὐτῷ." Λέλεκται δὲ καὶ πρὸς τό· "κολαζόμενος μὲν ἄρα πᾶσιν ἑωρᾶτο, ἀναστὰς δὲ ἑνί·"(1) ὅτε ἀπελογούμεθα πρὸς τό· "οὐ πᾶσιν ἑωρᾶτο." καὶ νῦν δὲ φήσομεν, ὅτι τὰ μὲν ἀνθρώπινα αὐτοῦ πᾶσιν ἦν ὁρατά· τὰ δὲ θειότερα,—λέγω δὲ οὐ περὶ τῶν σχέσιν πρὸς ἕτερα ἐχόντων, ἀλλὰ περὶ τῶν κατὰ διαφορὰν—, οὐ πᾶσι χωρητά. Πρόσχες δὲ καὶ τῇ παρὰ πόδας τοῦ Κέλσου ἐναντιότητι πρὸς ἑαυτόν. προειπὼν οὖν ἑνὶ γυναίῳ καὶ τοῖς ἑαυτοῦ θιασώταις κρύβδην αὐτὸν παραπεφάνθαι, εὐθέως ἐπιφέρει· "κολαζόμενος μὲν ἄρα πᾶσιν ἑωρᾶτο, ἀναστὰς δὲ ἑνί· οὗπερ ἐχρῆν τοὐναντίον." τί δὲ καὶ νομίζει τό· "ἐχρῆν·" ἀκούσωμεν. ἐναντίον(2) τὸ μὲν κολαζόμενον πᾶσιν ἑωρᾶσθαι, ἀναστάντα δὲ ἑνί. ὅσον γὰρ ἐπὶ τῇ λέξει ἑαυτοῦ, ἤθελε καὶ ἀδύνατον καὶ ἄλογον· κολαζόμενον μὲν ἑνὶ ὁρᾶσθαι, ἀναστάντα δὲ πᾶσιν, ἢ πῶς διηγήσῃ τό· "οὗπερ ἐχρῆν τοὐναντίον ;"

71. Ἐδίδαξε δὲ ἡμᾶς ὁ Ἰησοῦς, καὶ ὅστις ἦν ὁ πέμψας, ἐν τῷ· "οὐδεὶς(3) ἔγνω τὸν πατέρα, εἰ μὴ ὁ υἱός." καὶ τῷ· "θεὸν(4) οὐδεὶς ἑώρακε πώποτε. ὁ(5) μονογενὴς υἱὸς, ὁ ὢν εἰς τὸν κόλπον τοῦ πατρὸς, ἐκεῖνος ἐξηγήσατο·" ἐκεῖνος θεολογῶν ἀπήγγειλε τὰ περὶ θεοῦ τοῖς γνησίοις αὐτοῦ μαθηταῖς· ὧν ἴχνη ἐν τοῖς γεγραμμένοις εὑρίσκοντες ἀφορμὰς ἔχομεν θεολογεῖν, ὅπου μὲν ἀκούοντες· "ὁ(6) θεὸς φῶς ἐστι, καὶ σκοτία οὐκ ἔστιν ἐν αὐτῷ οὐδεμία·" ὅπου δέ· "πνεῦμα(7) ὁ θεὸς, καὶ τοὺς προσκυνοῦντας αὐτὸν ἐν πνεύματι καὶ ἀληθείᾳ

(1) Edd. Spenc. et Ruæi: ἐνίοις. Jam Boherellus vero, cui Ruæus in notis adstipulatur: "Legendum videtur: ἐνί, ut paulo infra."
(2) Boherellus: "Lego: ἐναντίον τῷ κολαζόμενον μέν."
(3) Luc. x. 22. (4) Ev. Joann. i. 18.
(5) Sic. Codd. Regius et Basileensis. R.
(6) 1 Joann. i. 5. (7) Ev. Joann. iv. 24.

δεῖ προσκυνεῖν." Άλλα καὶ ἐφ' οἷς ἔπεμψεν αὐτὸν ὁ πατήρ, μυρία ἐστὶν, ἄτινα ὁ βουλόμενος μανθανέτω, πῆ μὲν ἀπὸ τῶν προκηρυξάντων περὶ αὐτοῦ προφητῶν, πῆ δ' ἀπὸ τῶν εὐαγγελιστῶν. οὐκ ὀλίγα δ' εἴσεται καὶ ἀπὸ τῶν ἀποστόλων, καὶ μάλιστα Παύλου. ἀλλὰ καὶ τοὺς μὲν εὐσεβοῦντας οὗτος φωταγωγεῖ, τοὺς δὲ ἁμαρτάνοντας κολάσει· ὅπερ οὐκ ἰδὼν ὁ Κέλσος πεποίηκε· "καὶ τοὺς μὲν εὐσεβοῦντας φωταγωγήσων, τοὺς δὲ ἁμαρτάνοντας ἢ[1] μεταγνόντας ἐλεήσων."

72. Μετὰ ταῦτά φησιν· "εἰ μὲν ἐβούλετο λανθάνειν, τί
10 ἠκούετο ἡ ἐξ οὐρανοῦ φωνή, κηρύττουσα αὐτὸν υἱὸν θεοῦ; Εἰ δ' οὐκ ἐβούλετο λανθάνειν, τί ἐκολάζετο; ἢ τί ἀπέθνησκε;" Καὶ οἴεται ἐν τούτοις διαφωνίαν ἐλέγχειν τῶν περὶ αὐτοῦ γεγραμμένων, οὐχ ὁρῶν, ὅτι οὔτε πάντα τὰ περὶ αὐτὸν ἐβούλετο πᾶσι καὶ οἷς ἔτυχε γιγνώσκεσθαι· οὔτε πάντα λανθάνειν τὰ καθ' ἑαυτόν. ἡ γοῦν ἐξ οὐρανοῦ φωνὴ, κηρύττουσα αὐτὸν εἶναι υἱὸν θεοῦ, καὶ λέγουσα· "οὗτός[2] ἐστιν ὁ υἱός μου ὁ ἀγαπητός, ἐν ᾧ ηὐδόκησα" οὐκ ἀναγέγραπται εἰς[3] ἐπήκοον τοῖς ὄχλοις γεγονέναι· ὅπερ ᾠήθη ὁ Κέλσου Ἰουδαῖος. ἀλλὰ καὶ ἡ ἐν τῷ ὑψηλοτάτῳ ὄρει[4] ἀπὸ τῆς νεφέλης φωνὴ
20 μόνοις ἠκούετο τοῖς συναναβᾶσιν αὐτῷ. καὶ γὰρ τοιαύτη ἐστὶν ἡ θεία φωνή. ἀκουομένη μόνοις ἐκείνοις, οὓς βούλεται ἀκούειν ὁ λέγων. οὐδέπω δὲ λέγω, ὅτι οὐ πάντως ἐστὶν ἀὴρ πεπληγμένος, ἢ πληγὴ ἀέρος, ἢ ὅ,τί ποτε λέγεται ἐν τοῖς περὶ φωνῆς ἡ ἀναγραφομένη φωνὴ τοῦ θεοῦ· διόπερ τῇ κρείττονι τῆς αἰσθητῆς ἀκοῆς καὶ θειοτέρᾳ ἀκούεται. καὶ ἐπὰν βούληται ὁ λέγων μὴ πᾶσιν ἐξάκουστον εἶναι τὴν ἑαυτοῦ φωνὴν, ὁ μὲν ἔχων τὰ κρείττονα ὦτα, ἀκούει θεοῦ· ὁ δὲ κεκωφωμένος τὴν τῆς ψυχῆς ἀκοὴν, ἀναισθητεῖ λέγοντος θεοῦ. ταῦτα μὲν διὰ τό· "τί ἠκούετο ἡ ἐξ οὐρανοῦ φωνὴ, ἡ κηρύτ-
30 τουσα αὐτὸν υἱὸν θεοῦ;" Εἰς δὲ τό· "εἰ οὐκ ἐβούλετο λανθά-

---

(1) "Legendum inquit Boherellus: μὴ μεταγνόντας, aut explicandum quasi scriptum sit: ἢ ἁμαρτάνοντας, ἢ μεταγνόντας." R.
(2) Matth. iii. 17, coll. xvii. 5.
(3) Boherellus: "Malim unica voce, et in recto: εἰσεπήκοος. R.
(4) Matth. xvii. 5.

νειν, τί εκολάζετο; ἢ τί απέθνησκεν;" αρκεί τα περί του πάθους ημίν δια πλειόνων εν τοις ανωτέρω λελεγμένα.

73. Εκτίθεται δε μετά ταύτα ὁ Κέλσου Ιουδαίος ως ακόλουθον το μη ακόλουθον· ου γαρ ακολουθεί τῷ· "ηθέλησεν ημάς δι' ὧν πέπονθε κολάσεων διδάξαι και θανάτου καταφρονείν·" τό· αναστάντα αυτόν εκ νεκρών φανερώς εις φως καλέσαι πάντας και διδάξαι, οὗ χάριν κατεληλύθει. εις φως γαρ πρότερον εκάλεσε πάντας, ειπών· "δεύτε (1) πάντες οἱ κοπιώντες και πεφορτισμένοι, καγώ αναπαύσω υμάς." και οὗ χάριν κατελήλυθεν, αναγέγραπται εν οἷς αποτάδην κεκίνηκε λόγοις εν μακαρισμοίς(2), και τοις εξής αυτοίς απαγγελλομένοις, και εν παραβολαίς, και εν ταις προς τους γραμματείς και Φαρισαίους ομιλίαις. το δε κατά Ιωάννην ευαγγέλιον όσα εδίδαξεν, έκκειται παριστάντα (3) την Ιησού ουκ εν λέξεσιν αλλ' εν πράγμασι μεγαλοφωνίαν· και δήλός εστιν εκ των ευαγγελίων (4), ότι και εν εξουσία ην ὁ λόγος αυτού, εφ' ᾧ και εθαύμαζον.

74. Και πάσί γε τούτοις επιλέγει ὁ Κέλσου Ιουδαίος· "ταύτα μεν ουν υμίν εκ των υμετέρων συγγραμμάτων, εφ' οἷς ουδενός άλλου μάρτυρος χρήζομεν· αυτοί γαρ εαυτοίς περιπίπτετε." Ηλέγξαμεν δ' ότι, παρά τα ημέτερα των ευαγγελίων συγγράμματα, πολλά πεφλυάρηται εν τοις του Ιουδαίου, είτε προς τον Ιησούν, είτε προς ημάς, λόγοις. και ουχ ηγούμαί γε, ότι παρέστησε, πώς ημείς εαυτοίς περιπίπτομεν· αλλά μόνον οίεται. επεί δε προστίθησι τούτοις ο Ιουδαίος αυτού ότι όλως, "ὦ ύψιστε και ουράνιε, τις θεός παρών εις ανθρώπους απιστείται;" λεκτέον προς αυτόν, ότι και κατα τον Μωϋσέως νόμον θεός εναργέστατα παραγεγονέναι τοις Εβραίοις αναγεγραμμένος, ου μόνον κατά τα εν Αιγύπτῳ σημεία και τέρατα, έτι δε την δίοδον της ερυθράς θαλάσσης, και τον στύλον του πυρός, και την νεφέλην του

(1) Matth. xi. 28. (2) Matth. v. 3, seqq.
(3) Sic optime omnes Mss. perperam vero Hœschel. suspicatur legendum: παριστάν. R.—Edd. Spenc. in textu: παριστάν.
(4) Matth. vii. 28, 29.

φωτὸς, ἀλλὰ καὶ ἡνίκα ἡ δεκάλογος ὅλῳ τῷ λαῷ ἀπηγγέλλετο, ἠπιστήθη ὑπὸ τῶν εἰδότων· οὐκ ἂν γὰρ πιστεύοντες τῷ ἑωραμένῳ καὶ ἀκουσθέντι, μόσχον κατεσκεύασαν· οὐδ' ἠλλάξαντο[1] ἂν τὴν δόξαν ἑαυτῶν ἐν ὁμοιώματι μόσχου ἐσθίοντος χόρτον· οὐδ' ἔλεγον ἂν πρὸς ἀλλήλους περὶ τοῦ μόσχου· " οὗτοί[2] εἰσιν οἱ θεοί σου, Ἰσραὴλ, οἵτινες ἀνήγαγόν σε ἐκ γῆς Αἰγύπτου." Καὶ ὅρα, εἰ μὴ κατὰ τοὺς αὐτούς ἐστι, τηλικούτοις τεραστίοις καὶ τοσαύταις ἐπιφανείαις θεοῦ καὶ πρότερον ἀπιστῆσαι δι' ὅλης τῆς ἐρήμου, ὡς ἐν τῷ νόμῳ
10 Ἰουδαίων γέγραπται· καὶ κατὰ τὴν Ἰησοῦ παράδοξον ἐπιδημίαν μὴ ἁλῶναι ὑπὸ τῶν μετ' ἐξουσίας αὐτῷ εἰρημένων λόγων, καὶ τῶν παραδόξως αὐτῷ ἐν ὄψει παντὸς τοῦ λαοῦ πεπραγμένων.

75. Καὶ ἱκανά γε νομίζω ταῦτα εἶναι τῷ βουλομένῳ παραστῆσαι τὴν Ἰουδαίων πρὸς τὸν Ἰησοῦν ἀπιστίαν· ὅτι ἀκόλουθος ἦν αὕτη τοῖς ἐξ ἀρχῆς περὶ τοῦ λαοῦ ἀναγεγραμμένοις. εἴποιμι γὰρ ἂν πρὸς τὸν λέγοντα παρὰ τῷ Κέλσῳ Ἰουδαῖον· " τίς θεὸς παρὼν εἰς ἀνθρώπους ἀπιστεῖται, καὶ ταῦτα οἷς ἐλπίζουσιν ἐπιφαίνεται; ἢ τί δήποτε τοῖς πάλαι
20 προσδεχομένοις οὐ γνωρίζεται;" τό· τί βούλεσθε, ὦ οὗτοι, πρὸς τὰς πεύσεις ἡμῶν[3] ἀποκρίνεσθαι· ποῖαι δυνάμεις μείζους, ὅσον ἐπὶ ὑμετέρᾳ ὑπολήψει, εἶναι ὑμῖν φαίνονται· αἱ ἐν Αἰγύπτῳ καὶ τῇ ἐρήμῳ, ἢ ἃ ἔφαμεν ἡμεῖς πεποιηκέναι τὸν Ἰησοῦν παρ' ὑμῖν; εἰ μὲν γὰρ ἐκεῖναι μείζους τούτων καθ' ὑμᾶς εἰσι· πῶς οὐκ αὐτόθεν δείκνυται[4], ὅτι κατὰ τὸ ἦθος τῶν τοῖς μείζοσιν ἀπιστησάντων ἐστὶ καὶ τὸ, τῶν ἡττόνων καταφρονεῖν; τοῦτο γὰρ ὑπολαμβάνεται[5] περὶ ὧν λέγομεν περὶ τοῦ Ἰησοῦ. εἰ δὲ ἴσαι λέγονται αἱ περὶ τοῦ Ἰησοῦ ταῖς ἀναγεγραμμέναις ὑπὸ Μωϋσέως, τί ξένον ἀπήντησε λαῷ

---

(1) Psalm cvi. 20 (cv.).   (2) Exod. xxxi. 4.
(3) Boherellus, cui Ruæus adstipulatur, recte in notis: "Lege: ὑμῶν, vel ἡμᾶς."—Equidem tamen prætulerim: ὑμῶν. L.
(4) Edd. Spenc. et Ruæi in textu: δείκνυνται. Jam Boherell. vero, cui Ruæus adstipulatur, recte in notis: "Lege: δείκνυται."
(5) "Lego: ὑπολαμβάνετε." R.

κατ' ἀμφοτέρας τὰς ἀρχὰς τῶν πραγμάτων ἀπιστοῦντι; ἀρχὴ μὲν γὰρ νομοθεσίας ἐπὶ Μωϋσέως ἦν, ἐν ᾗ τὰ ἁμαρτήματα τῶν ἀπίστων, καὶ τῶν ἁμαρτανόντων ὑμῶν ἀναγέγραπται· ἀρχὴ δὲ νομοθεσίας καὶ διαθήκης δευτέρας κατὰ τὸν Ἰησοῦν ἡμῖν γεγονέναι ὁμολογεῖται. καὶ μαρτυρεῖτε δι' ὧν τῷ Ἰησοῦ ἀπιστεῖτε, ὅτι υἱοί ἐστε τῶν ἐν τῇ ἐρήμῳ ἀπιστησάντων ταῖς θείαις ἐπιφανείαις· καὶ τὸ ὑπὸ τοῦ σωτῆρος ἡμῶν εἰρημένον καὶ πρὸς ὑμᾶς λελέξεται ἀπιστήσαντας αὐτῷ· " ὅτι(1) ἄρα μάρτυρές ἐστε, καὶ συνευδοκεῖτε τοῖς ἔργοις τῶν πατέρων ὑμῶν." καὶ πληροῦται ἐν ὑμῖν ἡ λέγουσα προφητεία· " ἔσται(2) ἡ ζωὴ ὑμῶν κρεμαμένη ἐνώπιον τῶν ὀφθαλμῶν ὑμῶν, καὶ οὐ μὴ πιστεύσητε τῇ ζωῇ ὑμῶν." οὐ γὰρ ἐπιστεύσατε τῇ ἐπιδεδημηκυίᾳ τῷ γένει τῶν ἀνθρώπων ζωῇ.

76. Οὐχ εὗρε δ' ὁ Κέλσος, προσωποποιῶν τὸν Ἰουδαῖον, τοιαῦτα αὐτῷ περιθεῖναι ἐν τῷ λόγῳ, ὁποῖα(3) οὐκ ἂν αὐτῷ ἀπὸ τῶν νομίμων καὶ προφητικῶν προφέροιτο γραφῶν. μέμφεται γὰρ τὸν Ἰησοῦν, τοιαῦτα λέγων περὶ αὐτοῦ· " ἀπειλεῖ, καὶ λοιδορεῖ κούφως ὁπόταν λέγῃ· οὐαὶ(4) ὑμῖν, καὶ προλέγω(5) ὑμῖν. ἐν γὰρ τούτοις ἄντικρυς ὁμολογεῖ, ὅτι πεῖσαι ἀδυνατεῖ· ὅπερ οὐκ ἂν θεὸς, ἀλλ' οὐδ' ἄνθρωπος φρόνιμος πάθοι." Ὅρα δὲ, εἰ μὴ ταῦτα ἄντικρυς ἀναστρέφει ἐπὶ τὸν Ἰουδαῖον. ἀπειλεῖ γὰρ ἐν ταῖς νομικαῖς καὶ προφητικαῖς γραφαῖς ὁ θεὸς, καὶ λοιδορεῖ, ὁπόταν λέγῃ οὐκ ἐλάττονα τῶν ἐν τῷ εὐαγγελίῳ· ὁποῖά ἐστι τὰ ἐν Ἡσαΐᾳ οὕτως ἔχοντα· " οὐαὶ(6) οἱ συνάπτοντες οἰκίαν πρὸς οἰκίαν, καὶ ἀγρὸν πρὸς ἀγρὸν ἐγγίζοντες·" καί· " οὐαὶ(7) οἱ ἐγειρόμενοι τὸ πρωῒ, καὶ τὸ σίκερα διώκοντες·" καί· " οὐαὶ(8) οἱ ἐπισπώμενοι τὰς ἁμαρτίας ὡς σχοινίῳ μακρῷ·" καί· " οὐαὶ(9) οἱ λέγοντες τὸ πονηρὸν καλὸν, καὶ τὸ καλὸν πονηρόν" καί· " οὐαὶ(10) οἱ ἰσχύοντες

---

(1) Luc. xi. 48. (2) Deut. xxviii. 66.
(3) Edd. Spenc. in textu: ὁποῖα αὐτῷ οὐκ ἂν ἀπό κ.τ.λ., ad marg. vero: ὁποῖα οὐκ ἂν αὐτῷ ἀπό κ.τ.λ.
(4) Matth. xi. 21, coll. xxiii. 13—29. (5) Matth. xi. 22, 24.
(6) Jesai. v. 8. (7) Jesai. v. 11.
(8) Jesai. v. 18. (9) Jesai. v. 20.
(10) Jesai. v. 22.

ὑμῶν, οἱ πίνοντες τὸν οἶνον." καὶ ἄλλα δ' ἂν εὕροις μυρία. Πῶς δ' οὐ παραπλήσια αἷς λέγει ἀπειλαῖς ἐστι τό· " οὐαί⁽¹⁾ ἔθνος ἁμαρτωλὸν, λαὸς πλήρης ἁμαρτιῶν, σπέρμα πονηρὸν, υἱοὶ ἄνομοι," καὶ τὰ ἑξῆς; οἷς ἐπιφέρει τηλικαύτας ἀπειλὰς, αἵ εἰσιν οὐκ ἐλάττους ὧν φησι τὸν Ἰησοῦν εἰρηκέναι. Ἡ οὐκ ἔστιν ἀπειλὴ καὶ μεγάλη γε ἡ φάσκουσα· "ἡ⁽²⁾ γῆ ὑμῶν ἔρημος, αἱ πόλεις ὑμῶν πυρίκαυστοι, τὴν χώραν ὑμῶν ἐνώπιον ὑμῶν ἀλλότριοι κατεσθίουσιν αὐτὴν, καὶ ἠρήμωται κατεστραμμένη ὑπὸ λαῶν ἀλλοτρίων;" πῶς δ' οὐ λοιδορίαι καὶ ἐν τῷ
10 Ἰεζεκιὴλ εἰσι πρὸς τὸν λαὸν, ἔνθα ὁ κύριός ἐστι λέγων πρὸς τὸν προφήτην· " ἐν⁽³⁾ μέσῳ σκορπίων σὺ κατοικεῖς;" Ἆρ' οὖν, ὦ Κέλσε, συνῃσθημένως⁽⁴⁾ πεποίηκας τὸν Ἰουδαῖον λέγοντα "περὶ τοῦ Ἰησοῦ, ὅτι ἀπειλεῖ καὶ λοιδορεῖ κούφως, ὁπόταν λέγῃ· οὐαὶ ὑμῖν, καί· προλέγω⁽⁵⁾ ὑμῖν;" Οὐχ ὁρᾷς, ὅτι ἅπερ κατηγορῶν λέγει ὁ παρὰ σοὶ Ἰουδαῖος τοῦ Ἰησοῦ, ταῦτα ἂν λέγοιτο πρὸς αὐτὸν περὶ τοῦ θεοῦ; ἄντικρυς γὰρ ἐν τοῖς ὁμοίοις εὑρίσκεται ὢν, ὡς οἴεται ὁ Ἰουδαῖος, ἐγκλήμασιν ὁ ἐν τοῖς προφήταις θεὸς, ὡς πεῖσαι ἀδυνατῶν. Ἔτι δὲ φήσαιμ'⁽⁶⁾ ἂν πρὸς τὸν παρὰ τῷ Κέλσῳ Ἰουδαῖον οἰόμενον εὖ ταῦτα
20 τῷ Ἰησοῦ ἐγκαλεῖν, ὅτι ἀραὶ πλεῖσται ὅσαι ἀναγεγραμμέναι εἰσὶν ἐν Λευϊτικῷ καὶ Δευτερονομίῳ, περὶ ὧν ὡς ἐὰν ἀπολογήσηται ὁ Ἰουδαῖος παριστάμενος τῇ γραφῇ, ἢ τοιούτως, ἢ καὶ ἔτι βέλτιον ἀπολογησόμεθα περὶ τῶν νομιζομένων ὑπὸ τοῦ Ἰησοῦ εἰρῆσθαι λοιδοριῶν καὶ ἀπειλῶν. καὶ περὶ αὐτοῦ δὲ τοῦ Μωϋσέως νόμου, ἡμεῖς μᾶλλον δυνησόμεθα ἀπολογήσασθαι, ἅτε συνετώτερον διδαχθέντες ὑπὸ τοῦ Ἰησοῦ ἀκούειν τῶν νομικῶν γραμμάτων, ἤπερ ὁ Ἰουδαῖος. ἀλλὰ καὶ ὁ Ἰουδαῖος ἐὰν ἴδῃ τὸ βούλημα τῶν προφητικῶν λόγων, παραστῆσαι δυνήσεται τὸ μὴ κούφως ἀπειλεῖν καὶ λοιδορεῖν τὸν
30 θεὸν λέγοντα τό· " οὐαί·" καί· " προλέγω ὑμῖν·" καὶ πῶς θεὸς

(1) Jesai. i. 4.
(2) Jesai. i. 7.   (3) Ezech. ii. 6.
(4) Codd. Regius et Basileensis: συνῃσθημένος. R.
(5) Matth. xi. 22, 24.
(6) Ita Codd. Regius et Basileensis, impressi vero: φήσαιμ' ἂν τοῖς οἰομένοις τὸν παρὰ τῷ Κέλσῳ Ἰουδαῖον εὖ ταῦτα κ.τ.λ. R.

ὑπὲρ ἐπιστροφῆς ἀνθρώπων τὰ τοιαῦτα ἂν λέγοι, ἅπερ οἴεται οὐδὲ φρόνιμον ἄνθρωπον ποιῆσαι ὁ Κέλσος. Καὶ Χριστιανοὶ δὲ ἕνα θεὸν γινώσκοντες, τὸν ἐν τοῖς προφήταις καὶ τῷ κυρίῳ, παραστήσουσι τὸ εὔλογον τῶν νομιζομένων ἀπειλῶν, καὶ λεγομένων παρὰ τῷ Κέλσῳ λοιδοριῶν. Καὶ ὀλίγα εἰς τὸν τόπον λελέξεται πρὸς τὸν Κέλσον, ἐπαγγελλόμενον καὶ φιλοσοφεῖν καὶ τὰ ἡμέτερα εἰδέναι· ὅτι ἄρα, ὦ οὗτος, ἐὰν μὲν ὁ παρὰ τῷ Ὁμήρῳ Ἑρμῆς λέγῃ τῷ Ὀδυσσεῖ·

Τίπτ' (1) αὖ, ὦ δύστηνε, δι' ἄκριας ἔρχεαι οἶος;

ἀνέχῃ ἀπολογίας λεγούσης, ὅτι ὑπὲρ ἐπιστροφῆς τοιαῦτα τῷ Ὀδυσσεῖ προσδιαλέγεται ὁ Ὁμηρικὸς Ἑρμῆς· ἐπεὶ τὸ κολακεύειν καὶ κεχαρισμένα λέγειν Σειρήνων ἐστίν· αἷς πάρεστιν

—ἀμφ' (2) ὀστεόφιν θίς,

λεγούσαις·

Δεῦρ' ἄγ' ἰών, πολύαιν' Ὀδυσεῦ, μέγα κῦδος Ἀχαιῶν. (3)

Ἐὰν δ' οἱ παρ' ἐμοὶ προφῆται καὶ αὐτὸς ὁ Ἰησοῦς ὑπὲρ ἐπιστροφῆς τῶν ἀκουόντων λέγοι τὸ "οὐαὶ," καὶ ἃς νομίζεις (4) λοιδορίας· οὐδὲν οἰκονομεῖται πρὸς τοὺς ἀκούοντας διὰ τῶν τοιούτων λόγων, οὐδὲ προσάγει αὐτοῖς ὡς Παιώνιον φάρμακον τὸν τοιοῦτον λόγον; (5) εἰ μὴ ἄρα βούλει, τὸν θεὸν, ἢ τὸν θείας μετέχοντα φύσεως ἀνθρώποις διαλεγόμενον, σκοπεῖν μὲν τὰ τῆς ἰδίας φύσεως, καὶ τὰ κατ' ἀξίαν ἑαυτοῦ· μηκέτι δ' ἐνορᾶν, τί πρέπει τοῖς οἰκονομουμένοις καὶ ἀγομένοις ἀνθρώποις ὑπὸ τοῦ λόγου αὐτοῦ ἐπαγγέλλεσθαι, καὶ ἑκάστῳ γε κατὰ τὸ ὑποκείμενον ἦθος διαλέγεσθαι· πῶς (6) δὲ καὶ οὐ γελοῖον τὸ, πεῖσαι (7) ἀδυνατεῖν λεγόμενον περὶ τοῦ Ἰησοῦ, καὶ κεινοποιούμενον οὐ μόνον πρὸς τὸν Ἰουδαῖον, πολλὰ τοιαῦτα ἔχοντα ἐν ταῖς προφητείαις, ἀλλὰ καὶ πρὸς Ἕλληνας· ἐν οἷς ἕκαστος τῶν μεγάλην δόξαν ἐπὶ σοφίᾳ ἀπενεγκαμένων, οὐ

---

(1) Homer. Odyss. lib. X. vers. 281.—Libri editi: Πῆ δ' αὖτ', ὦ δύστηνε κ.τ.λ.
(2) Homer. Odyss. lib. XII. vers. 45. (3) Ibid. vers. 184.
(4) Edd. Spenc. et Ruæi in textu: νομίζει. Boherell. vero, cui Ruæus adstipulatur, recte in notis: "Lege: νομίζεις."
(5) R. et L. λόγον. (6) Sic vetus Cod. Vaticanus.
(7) Sic vetus Cod. Vaticanus. Libri autem impressi (v. c. edd. Spenc. in textu): πεῖσαι ἀδύνατον. R.

δεδύνηται πείσαι τους επιβουλεύοντας, ή τους δικαστάς, ή τους κατηγορούντας, παύσασθαι μεν της κακίας, οδεύσαι δε δια φιλοσοφίας επ' αρετήν.

77. Μετά ταύτα ο Ιουδαίος αυτού λέγει, δήλον ότι κατά το Ιουδαίοις αρέσκον, ότι " ελπίζομεν δή που αναστήσεσθαι εν σώματι, και βιοτήν έξειν αιώνιον· και τούτου παράδειγμα και αρχηγέτην τον πεμπόμενον ημίν έσεσθαι, δεικνύντα, ότι ουκ[1] αδύνατόν τι τω θεώ." ουκ οίδαμεν ούν, ει τον προσδοκώμενον Χριστόν ο Ιουδαίος ερεί, παράδειγμα της αναστάσεως εν εαυτώ δεικνύναι· αλλ' έστω, δεδόσθω τούτ' αυτόν και φρονείν, και λέγειν. και αποκρινούμεθά γε προς τον ειπόντα εκ των ημετέρων συγγραμμάτων ημίν λελαληκέναι· ότι, ω ούτος, αρ' εκείνα μεν ανέγνως, εν οις κατηγορείν ημών υπολαμβάνεις· την δ' ανάστασιν του Ιησού, και ότι πρωτότοκος[2] εκ των νεκρών εστιν, ου διεξελήλυθας; ή επεί μη βούλει ταύτα λελέχθαι, ουδ' είρηται; επεί δ' ο Ιουδαίος έτι λέγει και προσίεται παρά τω Κέλσω την ανάστασιν των σωμάτων· ουχ ηγούμαι νυν εύκαιρον είναι περί τούτου διεξελθείν προς τον και πιστεύοντα, και λέγοντα, ανάστασιν είναι σωμάτων· και είτε διαρθρούντα το τοιούτον παρ' εαυτώ και δυνάμενον πρεσβεύσαι περί του λόγου καλώς· είτε μη, αλλά μυθικώτερον συγκατατιθέμενον τω λόγω. ταύτα μεν ούν ούτω προς τον Κέλσου Ιουδαίον λελέχθω. Επεί δε μετά ταύτά φησι· " που ούν εστιν; ίνα ίδωμεν και πιστεύσωμεν" ερούμεν προς αυτόν· που ούν εστι νυν ο εν[3] τοις προφήταις λέγων, και ο τεράστια πεποιηκώς; ίνα ίδωμεν και πιστεύσωμεν, ότι μερίς[4] εστι του θεού. ή υμίν μεν έξεστιν απολογείσθαι περί του μη αεί επιφαίνεσθαι τω γένει των Εβραίων τον θεόν· ημίν δε

---

(1) Ita Codd. Regius et Basileensis: reliqui vero cum libris impressis (v. c. edd. Spenc.) habent: *ουκ αδύνατόν τινα τω θεώ συν τω σώματι.* Quæ lectio non spernenda, modo post *σώματι* addatur *αναστήσαι*, quod deest in omnibus Mss., et ideo in libris impressis (v. c. edd. Spenc.) uncinulis includitur. R.

(2) Coloss. i. 18, coll. Apocal. i. 5.

(3) Codd. Regius et Basileensis: *εν ταις προφητείαις*. R.

(4) Scilicet ο Ιουδαίος, id est: οι Ιουδαίοι, οι τω Ιησού απιστούντες. R.— Boherellus: "tamen censet legendum, *μερίς εστε.*" R.

οὐ δίδοται ἡ αὐτὴ ἀπολογία περὶ τοῦ Ἰησοῦ, ἅπαξ καὶ ἀναστάντος, καὶ πείσαντος περὶ τῆς ἑαυτοῦ ἀναστάσεως τοὺς μαθητάς; καὶ ἐπὶ τοσοῦτον πείσαντος, ὥστε δι' ὧν πάσχουσι δεικνύναι πᾶσιν, ὅτι βλέποντες τὴν αἰώνιον ζωὴν, καὶ τὴν ὑποδεδειγμένην αὐτοῖς καὶ λόγῳ καὶ ἔργῳ ἀνάστασιν, παίζουσι πάντα τὰ ἐν τῷ βίῳ ἐπίπονα;

78. Μετὰ ταῦτα λέγει ὁ Ἰουδαῖος· " ἢ ἐπὶ τούτῳ κατῆλθεν, ἵν' ἀπιστήσωμεν;" Πρὸς ὃν λελέξεται, οὐκ ἐπὶ τούτῳ μὲν ἦλθεν, ἵν' ἐργάσηται τὴν ἀπιστίαν Ἰουδαίοις· προγιγνώσκων δ᾽ αὐτὴν ἐσομένην, προεῖπε· καὶ συνεχρήσατο τῇ ἀπιστίᾳ τῶν Ἰουδαίων πρὸς τὴν κλῆσιν τῶν ἐθνῶν. τῷ γὰρ ἐκείνων παραπτώματι ἡ σωτηρία τοῖς ἔθνεσι γεγένηται, περὶ ὧν ὁ ἐν τοῖς προφήταις Χριστός φησι· " λαὸς(1), ὃν οὐκ ἔγνων, ἐδούλευσέ μοι· εἰς ἀκοὴν ὠτίου ὑπήκουσέ μου·" καί· "εὑρέθην(2) τοῖς ἐμὲ μὴ ζητοῦσιν, ἐμφανὴς ἐγενόμην τοῖς ἐμὲ μὴ ἐπερωτῶσι." Καὶ σαφὲς, ὅτι καὶ τὴν ἐν βίῳ κόλασιν Ἰουδαῖοι, μετὰ τὸ διαθεῖναι τὸν Ἰησοῦν ἃ διέθηκαν, ἐκολάσθησαν. λεγέτωσαν δ᾽ Ἰουδαῖοι ἐὰν ἡμεῖς ἐγκαλοῦντες φάσκωμεν, θαυμαστή γε ὑμῖν ἡ τοῦ θεοῦ πρόνοια καὶ φιλανθρωπία, κολαζομένοις, καὶ στερηθεῖσι καὶ τῆς Ἱερουσαλὴμ, καὶ τοῦ λεγομένου ἁγιάσματος, καὶ τῆς σεμνοτάτης λατρείας; ὃ γὰρ ἐὰν εἴπωσιν ἀπολογούμενοι περὶ τῆς προνοίας τοῦ θεοῦ, ἡμεῖς μᾶλλον κατασκευάσομεν καὶ ἐπὶ τὸ βέλτιον, λέγοντες θαυμαστὴν γεγονέναι πρόνοιαν τοῦ θεοῦ, συγχρησαμένην(3) τῷ ἁμαρτήματι τοῦ λαοῦ ἐκείνου εἰς τὸ, τοὺς ἀπὸ τῶν ἐθνῶν διὰ Ἰησοῦ κληθῆναι, τοὺς ξένους τῶν διαθηκῶν, καὶ ἀλλοτρίους τῶν ἐπαγγελιῶν εἰς τὴν τοῦ θεοῦ βασιλείαν. Καὶ ταῦτα δὲ προεῖπον οἱ προφῆται, ὡς ἄρα διὰ τὰ ἁμαρτήματα τοῦ τῶν Ἑβραίων λαοῦ ἐκλέξεται ὁ θεὸς οὐχὶ ἔθνος, ἀλλὰ λογάδας πανταχόθεν· καὶ τὰ μωρὰ(4) τοῦ κόσμου ἐκλεξάμενος, ποιήσει τὸ(5) ἀσύνετον ἔθνος γενέσθαι ἐν τοῖς θείοις λόγοις· αἰρομένης

---

(1) 2 Sam. xxii. 44, 45 (2 Regg.).   (2) Jesai. lxv. 1.
(3) Edd. Spenc. ad marg. συγχωρησαμένην.
(4) 1 Cor. i. 27.
(5) Boherellus, cui Ruæus adstipulatur, in notis: "Excidit συνετόν, propter το

μὲν ἀπ' ἐκείνων τῆς τοῦ θεοῦ βασιλείας, τούτοις δὲ διδομένης· ἀρκεῖ δ' ἀπὸ πλειόνων, ἐπὶ τοῦ παρόντος, παραθέσθαι τὴν ἀπὸ τῆς ᾠδῆς τοῦ Δευτερονομίου προφητείαν περὶ τῆς τῶν ἐθνῶν κλήσεως οὕτως ἔχουσαν, λεγομένην ἐκ προσώπου κυρίου· " αὐτοὶ(1) γὰρ παρεζήλωσάν με ἐπ' οὐ θεοῖς, παρώργισάν με ἐν τοῖς εἰδώλοις αὐτῶν· κἀγὼ παραζηλώσω αὐτοὺς ἐπ' οὐκ ἔθνει, ἐπ' ἔθνει ἀσυνέτῳ παροργιῶ αὐτούς."

79. Εἶτ' ἐπίλογος τοῦ Ἰουδαίου ἐπὶ τούτοις πᾶσί φησι περὶ τοῦ Ἰησοῦ· " ἐκεῖνος μὲν οὖν ἄνθρωπος ἦν, καὶ τοιοῦτος, οἷον αὐτὸ τὸ ἀληθὲς ἐμφανίζει, καὶ ὁ λόγος δείκνυσιν." Οὐκ οἶδα δὲ, εἰ ἄνθρωπος, τολμήσας ἐπισπεῖραι πάσῃ τῇ οἰκουμένῃ τὴν κατ' αὐτὸν θεοσέβειαν καὶ διδασκαλίαν, δύναται(2) ἀθεεὶ ποιῆσαι ὃ βούλεται, καὶ κρείττων γενέσθαι πάντων τῶν ἀντιπραττόντων τῇ νομῇ τῆς διδασκαλίας αὐτοῦ, βασιλέων τε καὶ ἡγουμένων, καὶ συγκλήτου βουλῆς Ῥωμαίων, καὶ τῶν πανταχοῦ ἀρχόντων, καὶ δήμου. Πῶς δὲ καὶ ἀνθρώπου φύσις, μηδὲν ἔχουσα κρεῖττον ἐν αὐτῇ, δύναται τοσοῦτον ἐπιστρέψαι πλῆθος; καὶ οὐ θαυμαστὸν, εἰ τῶν φρονίμων, ἀλλὰ καὶ τῶν ἀλογωτάτων, καὶ τοῖς πάθεσιν ἐγκειμένων, καὶ, ὅσον ἐπὶ τῇ ἀλογίᾳ, χαλεπώτερον μετατιθεμένων εἰς τὸ σωφρονέστερον. Ἀλλ' ἐπεὶ δύναμις(3) τοῦ θεοῦ ὁ Χριστὸς ἦν, καὶ σοφία τοῦ πατρός· διὰ τοῦτο ταῦτα πεποίηκε, καὶ ἔτι ποιεῖ, κἂν μήτε Ἰουδαῖοι, μήτε Ἕλληνες βούλωνται, οἱ ἀπιστοῦντες αὐτοῦ τῷ λόγῳ. Ἡμεῖς οὖν οὐ παυσόμεθα πιστεύοντες τῷ θεῷ κατὰ τὰς Ἰησοῦ Χριστοῦ ὑποθήκας, καὶ τοὺς τυφλώττοντας περὶ θεοσέβειαν ἐθέλοντες ἐπιστρέφειν· κἂν οἱ ἀληθῶς τυφλώττοντες λοιδορῶνται ἡμῖν ὡς τυφλώττουσι· καὶ οἱ βουκολοῦντες, εἴτε Ἰουδαῖοι, εἴτε Ἕλληνες, τοὺς συγκατατιθεμένους αὐτοῖς, ἡμῖν ἐγκαλῶσιν ὡς βουκολοῦσι τοὺς ἀνθρώπους· καλήν γε βουκόλησιν· ἵν' ἀντὶ ἀκολάστων σώφρονες γένωνται, ἢ προκόπτοντές γε ἐπὶ σωφροσύνην· καὶ ἀντὶ ἀδίκων δίκαιοι, ἢ

ἀσύνετον praecedens. Restitue igitur, legendo: τὸ ἀσύνετον ἔθνος συνετὸν γενέσθαι." κ. τ. λ.

(1) Deut. xxxii. 21. (2) Cod. Regius: δυνήσεται. R.
(3) 1 Cor. i. 24.

προκόπτοντες επὶ δικαιοσύνην· καὶ ἀντὶ ἀφρόνων φρόνιμοι, ἢ οδεύοντες ἐπὶ τὴν φρόνησιν· καὶ ἀντὶ δειλῶν καὶ ἀγενῶν[1] καὶ ἀνάνδρων ἀνδρεῖοι καὶ καρτερικοὶ, καὶ μάλιστα τοῦτο ἐπιδεικνύμενοι ἐν τοῖς ὑπὲρ εὐσεβείας τῆς εἰς τὸν κτίσαντα ὅλα θεὸν ἀγῶσιν. Ἦλθεν οὖν οὐχ ὑπὸ ἑνὸς προφήτου, ἀλλ' ὑπὸ πάντων προκηρυχθεὶς Ἰησοῦς Χριστός. καὶ τοῦτο δὲ τῆς ἀμαθίας ἦν Κέλσου, περιθεῖναι τῷ Ἰουδαϊκῷ προσώπῳ, ἕνα προφήτην προειρηκέναι περὶ τοῦ Χριστοῦ. καὶ ἐπεὶ ταῦτα ὁ παρὰ τῷ Κέλσῳ Ἰουδαῖος εἰσῆκται λέγων, ὡς δῆθεν κατὰ τὸν ἑαυτοῦ νόμον· καὶ αὐτοῦ που κατέπαυσε τὸν λόγον, καὶ ἄλλα εἰπὼν οὐ μνήμης ἄξια· καὶ αὐτὸς ἐνθάδε καταπαύσω τὸ δεύτερον τῶν πρὸς τὸ σύγγραμμα αὐτοῦ ὑπαγορευθέντων μοι· Θεοῦ δὲ διδόντος, καὶ τῆς Χριστοῦ δυνάμεως τῇ ψυχῇ ἡμῶν ἐπιδημούσης, πειρασόμεθα ἐν τῷ τρίτῳ πρὸς τὰ ἑξῆς τῷ Κέλσῳ γραφέντα πραγματεύσασθαι.

(1) Codd. Regius et Basileensis: ἀγεννῶν. R.

ΩΡΙΓΕΝΟΥΣ
ΚΑΤΑ ΚΕΛΣΟΥ

Τόμος τρίτος.

1. Ἐν μὲν τῷ πρώτῳ τῷ πρὸς τὴν ἀλαζόνα ἐπιγραφὴν Κέλσου, ἐπιγράψαντος ἀληθῆ λόγον. τὸ καθ' ἡμῶν αὐτῷ συνταχθὲν βιβλίον, ὡς προσέταξας, κατὰ δύναμιν, πιστότατε Ἀμβρόσιε, διειλήφαμεν τὸ προοίμιον αὐτοῦ καὶ ἑξῆς, ἕκαστον τῶν εἰρημένων βασανίζοντες, ἕως κατελήξαμεν εἰς τὴν παρ' αὐτῷ δημηγορίαν τοῦ Ἰουδαίου, πεπλασμένην γεγονέναι πρὸς τὸν Ἰησοῦν. Ἐν δὲ τῷ δευτέρῳ πρὸς ὅλα, ὡς οἷοί τ' ἦμεν, ἀπαντήσαντες τὰ τῆς πρὸς ἡμᾶς, τοὺς διὰ Χριστοῦ τῷ Θεῷ πιστεύοντας, δημηγορίας τοῦ παρ' αὐτῷ Ἰουδαίου· τρίτον τοῦτον ἐνιστάμεθα λόγον, ἐν ᾧ πρόκειται ἀγωνίσασθαι πρὸς ἃ ἐκτίθεται ὡς ἀπὸ ἰδίου προσώπου. Φησὶ δὴ, ὅτι "εὐηθέστατα ἐρίζουσι πρὸς ἀλλήλους Χριστιανοὶ καὶ Ἰουδαῖοι," καὶ λέγει "μηδὲν διαφέρειν ἡμῶν τὸν πρὸς ἀλλήλους διάλογον περὶ Χριστοῦ τῆς κατὰ τὴν παροιμίαν καλουμένης (1) ὄνου σκιᾶς μάχης" καὶ οἴεται "μηδὲν σεμνὸν εἶναι ἐν τῇ Ἰουδαίων καὶ Χριστιανῶν πρὸς ἀλλήλους ζητήσει· πιστευόντων μὲν ἀμφοτέρων, ὅτι ἀπὸ θείου πνεύματος προεφητεύθη τις ἐπιδημήσων σωτὴρ τῷ γένει τῶν ἀνθρώπων, οὐκέτι δ' ὁμολογούντων περὶ τοῦ ἐληλυθέναι τὸν προφητευόμενον, ἢ μή." Χριστιανοὶ μὲν γὰρ τῷ Ἰησοῦ, ὡς κατὰ τὰ προφητευόμενα ἐληλυθότι, πεπιστεύκαμεν. Ἰουδαίων δὲ οἱ πλεῖστοι τοσοῦ-

(1) Vid. Zenobium Cent. VI. adag. 28, et Suidam. R.

τον δέουσι του πιστεύειν εις αυτόν, ως και τους μεν κατα
τον καιρον εκείνον επιβεβουλευκέναι, τω Ιησού· τους δε νυν,
ευδοκούντας τοις υπό των Ιουδαίων κατ' αυτού τετολμημένοις
τότε, κακηγορείν τον Ιησούν, ως διά τινος γοητείας πλασά-
μενοι, ότι άρα είη ο υπό των προφητών κηρυχθείς επιδημή-
σειν, καλούμενος κατα τα Ιουδαίων πάτρια Χριστός.

2. Λεγέτωσαν δη ημίν ο Κέλσος και οι αρεσκόμενοι
τοις καθ' ημών υπ' αυτού λεγομένοις, ει όνου σκιά έοικε το,
προειρηκέναι τους Ιουδαίων προφήτας τόπον γενέσεως του (1)
ηγησομένου των καλώς βεβιωκότων, και των χρηματιζόντων
μερίδος θεού· και παρθένον συλληψομένην τον Εμμανουήλ· (2)
και σημεία και τεράστια εσόμενα υπό του προφητευομένου
τοιάδε· και ότι έως τάχους δραμείται ο λόγος αυτού, ως εις
πάσαν την γην εξελθείν τον φθόγγον αυτού των αποστό- (3)
λων· τίνα τε πείσεται υπό Ιουδαίων καταδικαζόμενος· και (4)
πως αναστήσεται. Άρα γαρ ως έτυχε ταύτ' έλεγον οι (5)
προφήται συν ουδεμιά πιθανότητι, τη κινούση αυτούς επί
το μη μόνον ειπείν, αλλα και αναγραφής αξιώσαι τα λεγό-
μενα; Άρα δε το τοσούτο των Ιουδαίων έθνος, πάλαι χώραν
ιδίαν ειληφός οικείν, συν ουδεμιά πιθανότητι, τινας μεν ως
προφήτας ανηγόρευον, ετέρους δε ως ψευδοπροφήτας απε- (6)
δοκίμαζον; Και ουδέν ην παρ' αυτοίς το προκαλούμενον
συναριθμείν ταις ιεραίς είναι πεπιστευμέναις Μωϋσέως βίβλοις
τους λόγους των εξής νενομισμένων είναι προφητών; Και
δύνανται ημίν παραστήσαι οι ευήθειαν εγκαλούντες Ιουδαίοις
και Χριστιανοίς, ότι εδύνατο συνεστηκέναι το Ιουδαίων έθνος,
μηδεμιάς επαγγελίας προγνώσεως ούσης παρ' αυτοίς; και
ότι τα μεν περι αυτούς έθνη έκαστον κατα τα πάτρια επί-
στευε χρησμούς λαμβάνειν και μαντείας από των παρ' αυταίς
νομιζομένων θεών· ούτοι δε μόνοι, οι διδαχθέντες πάντων
των παρα τοις έθνεσι νομιζομένων θεών καταφρονείν, ως ου
θεών, αλλα δαιμονίων,—επει έλεγον αυτών οι προφήται το·

(1) Mich. v. 2. (2) Jesai. vii. 14.
(3) Psalm xix. 4. (xviii.) (4) Jesai. liii. 5.
(5) Ps. xvi. 10. (xv.) (6) Sic recte habent omnes Codd. MSS. R.

(1) "πάντες οι θεοί των εθνών δαιμόνια"—ουδένα τον επαγγελλόμενον είχον προφητεύειν, και δυνάμενον περισπάν τους (2) πόθω προγνώσεως των μελλόντων αυτομολείν προς τους παρά τοις άλλοις δαίμονας; επίστησον ούν, ει μη αναγκαίον εστιν, όλον έθνος διδασκόμενον καταφρονείν των παρά τοις λοιποίς θεών, ευπορηκέναι προφητών το μείζον αυτόθεν εμφαινόντων, και το υπερέχον τα πανταχού χρηστήρια. 3. Είτα πανταχού μεν, ή πολλαχού, δυνάμεις εγίγνοντο· ως και αυτός εν τοις εξής παρατίθεται Ασκληπιόν ευεργετούντα, και τα μέλλοντα προλέγοντα ύλαις πόλεσιν (3) ανακειμέναις αυτώ, οίον τη Τρίκκη και τη Επιδαύρω, και (4) τη Κω, και τη Περγάμω· και Αριστέαν (4) τον Προκοννήσιον· και Κλαζομένιόν τινα, και Αστυπαλαιέα Κλεομήδην. Παρά δε μόνοις Ιουδαίοις, φάσκουσιν ανακείσθαι τω των όλων θεώ, ουδέν ην σημείον, ή τεράστιον, το συνεργούν και βεβαιούν αυτών την εις τον κτίσαντα τα όλα πίστιν, μετά και ελπίδος (5) της περί άλλου ζην μείζονος; Αλλά πως οίόν τε (5) το τοιούτον; ευθέως γαρ αν μετέστησαν επί το σέβειν τους μαντευομένους και θεραπεύοντας δαίμονας, καταλιπόντες τον μέχρι λόγου πεπιστευμένον αυτοίς βοηθείν θεόν, ουδαμώς δε παριστάντα την εαυτού επιφάνειαν. Ει δε μη γέγονε τούτο, αλλά και μυρία όσα υπέμενον, ίνα μη εξομόσωνται τον Ιουδαϊσμόν και τον κατ' αυτόν νόμον, και οτέ μεν πεπόνθασιν εν τη Ασσυρία, οτέ δε εν τη Περσίδι, οτέ δε υπό Αντιόχου· πως ουχί εξ εικότων κατασκευάζεται τοις απιστούσι ταις παραδόξοις ιστορίαις και προφητείαις, ότι ου πλάσματα ην τα τοιαύτα, αλλά τι θείον πνεύμα, ως εν καθαραίς ψυχαίς τυγχάνον ταις των προφητών, πάντα (6) πόνον υπέρ αρετής ανειληφότων, εκίνει αυτούς προς το

(1) Psalm xcvi. 5. (xcv.)
(2) Boherellus, "Lege: αυτομολήσοντας, vel adde: ετοίμους, aut quid simile, quod potest excidisse." Probat R.
(3) Recte omnes MSS. De urbe Τρίκκη vide Strabonem lib. ix. R.
(4) Vid. c. 26.
(5) Impressi οίονται; vide Lib. 11, c. 56, p. 131, l. 16.
(6) Recte Codd. Regius et Basileensis. Impressi vero επ' αρετής, male. R.

προφητεύειν, τινὰ μὲν τοῖς καθ' ἑαυτοὺς, ἄλλα δὲ τοῖς ὕστερον, ἐξαιρέτως δὲ περί τινος ἐπιδημήσοντος τοῦ σωτῆρος (1) τῷ γένει τῶν ἀνθρώπων;

4. Εἰ δὲ ταῦθ' οὕτως ἔχει, πῶς περὶ ὄνου σκιᾶς πρὸς ἀλλήλους ζητοῦσιν Ἰουδαῖοι καὶ Χριστιανοί, ἐξετάζοντες ἀπὸ τῶν προφητειῶν, αἷς κοινῇ πεπιστεύκασι, πότερον ὁ προφητευόμενος ἐλήλυθεν, ἢ οὐδαμῶς μὲν ἐπιδεδήμηκεν, ἔτι δὲ προσδοκᾶται; Κἂν καθ' ὑπόθεσιν δὲ τῷ Κέλσῳ δοθῇ, μὴ τὸν Ἰησοῦν εἶναι ὃν κατήγγειλαν οἱ προφῆται· καὶ οὕτως οὐδὲν ἧττον οὐ περὶ ὄνου σκιᾶς ἐστιν ἡ τοῦ νοῦ τῶν προφητικῶν γραφῶν ζήτησις· ἵν' ἐναργῶς ἀποδειχθῇ ὁ προκηρυσσόμενος, ὁποῖός τε εἶναι προεφητεύετο, καὶ τί ποιήσων, εἰ δὲ οἷόν τε, καὶ πότε ἐπιδημήσων. ἐν δὲ τοῖς ἀνωτέρω προείπομεν, ὀλίγας ἀπὸ πλειόνων παραθέμενοι προφητείας, περὶ τοῦ τὸν Ἰησοῦν εἶναι τὸν προφητευόμενον Χριστόν· οὐ σφάλλονται τοίνυν κατὰ τὸ προσίεσθαι θεόθεν τοὺς προ- (2) φήτας λελαληκέναι, οὔτε Ἰουδαῖοι, οὔτε Χριστιανοί· ἀλλ' οἱ σφαλλόμενοι περὶ τοῦ προφητευομένου προσδοκωμένου ψευδοδοξοῦσιν, ὅστις καὶ ποταπὸς κατὰ τὸν ἀληθῆ λόγον τῶν προφητῶν κεκήρυκται.

5. Ἑξῆς δὲ τούτοις ὁ Κέλσος, οἰόμενος τοὺς Ἰουδαίους Αἰγυπτίους τῷ γένει τυγχάνοντας καταλελοιπέναι τὴν Αἴγυπτον, στασιάσαντας πρὸς τὸ κοινὸν τῶν Αἰγυπτίων, καὶ τὸ ἐν Αἰγύπτῳ σύνηθες περὶ τὰς θρησκείας ὑπερφρονήσαντας, φησίν· "αὐτοὺς, ἅπερ ἐποίησαν Αἰγυπτίοις, πεπονθέναι ὑπὸ τῶν προσθεμένων τῷ Ἰησοῦ, καὶ πιστευσάντων αὐτῷ ὡς Χριστῷ· καὶ ἀμφοτέροις αἴτιον γεγονέναι τῆς καινοτομίας τὸ στασιάζειν πρὸς τὸ κοινόν." Τί δὴ πεποίηκεν ἐν τῷ τόπῳ ὁ Κέλσος, κατανοητέον. πολλὰ διαθέντες οἱ πάλαι Αἰγύπτιοι τὸ Ἑβραίων γένος, διὰ λιμὸν τὴν Ἰουδαίαν καταλαβόντα ἐπιδημήσαντας τῇ Αἰγύπτῳ, πεπόνθασιν, ὡς ξένους

---

(1) Ita MSS. Regius, Basileensis, et duo Vaticani; optime; male vero impressi, περί τινος ἐπιδημήσαντος. R.
(2) Ita Codd. Reg. et Basil. rectius, ut videtur, quam libri excusi, in quibus legitur: προΐεσθαι. R.

καὶ ἱκέτας ἀδικήσαντες, ἄπερ ἐχρῆν ὅλον ἔθνος ὑπὸ τῆς θείας προνοίας παθεῖν, συμφρονῆσαν κατὰ ὅλου τοῦ τῶν ἐπιξενωθέντων αὐτοῖς γένους, μηδὲν αὐτοὺς ἀδικήσαντος· καὶ θεοῦ μάστιξι πληγέντες, μόλις καὶ μετ' οὐ πολὺ ἀπέλυσαν ὅποι (1) ἐβούλοντο τοὺς οὐ δικαίως δουλαγωγουμένους. ἄτε οὖν φίλαυτοι, καὶ τοὺς ὁποίως δήποτε ὁμογενεῖς προτιμῶντες καὶ τῶν δικαιοτέρων ξένων, οὐκ ἔστιν ἥντινα κατηγορίαν καταλελοίπασιν, ἣν μὴ περὶ Μωϋσέως καὶ τῶν Ἑβραίων εἰρήκασι· τὰς μὲν διὰ Μωϋσέως τεραστίους δυνάμεις οὐ παντελῶς ἀρνούμενοι, φάσκοντες δ' αὐτὰς γοητείᾳ καὶ μὴ θείᾳ δυνάμει γεγονέναι. Μωϋσῆς δὲ ὡς οὐ γόης, ἀλλ' εὐσεβὴς ἀνὴρ, καὶ τῷ τῶν ὅλων ἀνακείμενος θεῷ, καὶ μετέχων θειοτέρου πνεύματος, καὶ νόμους ἔθετο τοῖς Ἑβραίοις, ὡς τὸ θεῖον αὐτῷ ὑπήχησε· καὶ τὰ συμβεβηκότα, ὡς ἀληθείας εἶχεν, ἀνέγραψεν.

6. Ὁ τοίνυν Κέλσος, οὐ γενόμενος δίκαιος ἐξεταστὴς τῶν λεγομένων παρ' Αἰγυπτίοις ἑτέρως, καὶ παρ' Ἑβραίοις ἄλλως, ἀλλὰ προκαταληφθεὶς ὡς ὑπὸ φίλτρων τῶν Αἰγυπτίων· τοῖς μὲν ἀδικήσασι τοὺς ξένους συγκατέθετο ὡς ἀλη- (2) θέσι, τοὺς δ' ἀδικηθέντας Ἑβραίους στασιάζοντας εἶπε τὴν (3) Αἴγυπτον· καταλελοιπέναι· οὐχ ὁρῶν, τίνα τρόπον οὐ δύναται τηλικοῦτο στασιῶδες πλῆθος Αἰγυπτίων, ἀρχὴν ἔχον τὴν στάσιν, γενέσθαι ἔθνος ἅμα τῷ στασιάζειν καὶ τὴν διάλεκτον ἀμεῖβον· ἵν' οἱ τέως τῇ Αἰγυπτίων φωνῇ χρώμενοι, αἰφνίδιον τὴν Ἑβραίων διάλεκτον συμπληρῶσιν. Ἔστω δὲ καθ' ὑπόθεσιν, καταλιπόντας αὐτοὺς τὴν Αἴγυπτον, μεμισηκέναι καὶ τὴν σύντροφον φωνήν· πῶς οὖν τὸ μετὰ τοῦτο, οὐχὶ μᾶλλον τῇ Σύρων ἐχρῶντο διαλέκτῳ, ἢ τῇ Φοινίκων· ἀλλὰ τὴν Ἑβραΐδα, ἑτέραν παρ' ἀμφοτέρας συνεστήσαντο; τοῦτο δέ μοι βούλεται ὁ λόγος συνάγειν, ὅτι ψεῦδος τό, Αἰγυπτίους τὸ γένος ὄντας τινὰς ἐστασιακέναι πρὸς Αἰ-

---

(1) Cod. Reg.: τοὺς Ἰουδαίους δουλαγωγουμένους, non male. R.
(2) Cod. Jolianus: στασιάσαντάς. R.
(3) Guieto scribendum videtur: τίνα τρόπον δύναται, deleta particula negativa οὐ. R.

γυπτίους, καὶ τὴν Αἴγυπτον καταλελοιπέναι, καὶ ἐπὶ τὴν Παλαιστίνην ἐληλυθέναι, τήν τε νῦν καλουμένην Ἰουδαίαν ᾠκηκέναι. Ἑβραίων γὰρ καὶ διάλεκτος πάτριος πρὸ τῆς εἰς Αἴγυπτον αὐτῶν καθόδου ἦν, καὶ Ἑβραϊκὰ ἕτερα γράμματα παρὰ τὰ τῶν Αἰγυπτίων ἦν, οἷς Μωϋσῆς χρησάμενος, ἔγραψε τὰς παρὰ Ἰουδαίοις πεπιστευμένας εἶναι ἱερὰς πέντε βίβλους.

7. Ὁμοίως δὲ ψεῦδος τό· "Αἰγυπτίους ὄντας ἀπὸ στάσεως τὴν ἀρχὴν εἰληφέναι τοὺς Ἑβραίους·" καὶ τό· "Ἰουδαίους ὄντας ἄλλους κατὰ τοὺς Ἰησοῦ χρόνους, ἐστασιακέναι πρὸς τὸ κοινὸν τῶν Ἰουδαίων, καὶ τῷ Ἰησοῦ κατηκολουθηκέναι." οὐδὲν γὰρ στάσεως ἔργον ἐπιδεῖξαι Χριστιανῶν ὁ Κέλσος ἢ οἱ ὁμονοοῦντες αὐτῷ δυνήσονται. Καίτοιγε εἰ στάσις ἦν τῆς συστάσεως Χριστιανοῖς ἡ αἰτία, τὴν ἀρχὴν ἀπὸ Ἰουδαίων εἰληφόσιν, οἷς ἐξῆν καὶ ὅπλα ὑπὲρ τῶν οἰκείων ἀναλαβεῖν, καὶ πολεμίους ἀναιρεῖν· οὐκ ἂν ὁ νομοθέτης Χριστιανῶν πάντη ἀναίρεσιν ἀνθρώπου ἀπηγόρευε, μηδέποτε [1] δίκαιον εἶναι διδάσκων τὸ κατ' ἀνθρώπου τόλ- (1) μημα τῶν ἑαυτοῦ μαθητῶν, κἂν ἀδικώτατος ἐκεῖνος ᾖ. οὐ (2) γὰρ πρέπειν ἡγεῖτο τῇ ἐνθέῳ ἑαυτοῦ νομοθεσίᾳ τὸ συγχωρεῖν ὁποιανδήποτε ἀνθρώπου ἀναίρεσιν. Οὔτ' ἂν Χριστιανοί, οἱ ἀπὸ στάσεως ἀρξάμενοι, τοὺς ἐπὶ τοσοῦτον ἡμέρους προσήκαντο νόμους, δι' ὧν ὡς πρόβατα μὲν ἀναιρεῖσθαι αὐτοῖς (3) ἐγίγνετο, μηδέποτε δὲ ἀμύνασθαι οἷοί τ' ἦσαν τοὺς διώκοντας. Καίτοιγε βαθύτερον ἐξετάζοντα τὰ πράγματα, ἔστιν εἰπεῖν περὶ μὲν τῶν ἐξεληλυθότων ἐκ γῆς Αἰγύπτου, ὅτι παραδόξως ὁ πᾶς λεὼς οἱονεὶ θευδώρητον διάλεκτον ἀθρόως ἀνείληφε τὴν καλουμένην Ἑβραίαν· ὡς καὶ τῶν παρ' αὐτοῖς τις εἶπε προφητῶν, ὅτι "ἐν τῷ ἐξελθεῖν αὐτοὺς ἐκ γῆς (4) Αἰγύπτου γλῶσσαν, ἣν οὐκ ἔγνω, [5] ἤκουσαν." (5)

---

(1) Sic Boherellus; antea μή ποτε: vid. Matt. xxvi. 52.
(2) Cod. Basileensis: τοὺς ἑαυτοῦ μαθητάς. Quae lectio num sit alteri praeferenda judicent doctiores. R. (3) Rom. viii. 36.
(4) Psalm lxxxi. 5. (lxxx.)
(5) Lego: ἔγνωσαν. R. LXX. ἐν τῷ ἐξελθεῖν αὐτὸν—ἦν οὐκ ἔγνω ἤκουσεν.

8. Καὶ οὕτω δὲ κατασκευαστέον, ὅτι οὐκ Αἰγύπτιοι ἦσαν οἱ ἐξεληλυθότες μετὰ Μωϋσέως τὴν Αἴγυπτον. Εἰ μὲν γὰρ Αἰγύπτιοι ἦσαν, ἐχρῆν αὐτῶν τὰ ὀνόματα εἶναι Αἰγύπτια, ὡς ἑκάστῃ διαλέκτῳ συγγενεῖς εἰσιν αἱ προσηγορίαι. Εἰ δ' ἐκ τῶν ὀνομάτων Ἑβραϊκῶν ὄντων σαφὲς, ὅτι οὐκ Αἰγύπτιοι ἦσαν·—πλήρης γὰρ ἡ γραφὴ τῶν Ἑβραϊκῶν ὀνομάτων, καὶ τῶν ἐν Αἰγύπτῳ τοιαῦτα θεμένων τοῖς υἱοῖς·— δῆλον, ὅτι ψεῦδος τὸ λεγόμενον ὑπὸ τῶν Αἰγυπτίων, ὅτι Αἰγύπτιοι ὄντες ἀπηλάθησαν μετὰ Μωϋσέως ἀπὸ τῆς Αἰγύπτου. καὶ σαφῶς ἐναργές ἐστιν, ὅτι ἐκ προγόνων Ἑβραίων, κατὰ τὴν παρὰ Μωϋσεῖ ἀναγραφεῖσαν ἱστορίαν, τὸ γένος ἔχοντες διαλέκτῳ ἐχρῶντο, ἀφ' ἧς καὶ τὰ ὀνόματα τοῖς υἱοῖς ἐτίθεντο.
(1) περὶ δὲ Χριστιανῶν, ἐπεὶ διδαχθέντες μὴ ἀμύνασθαι τοὺς πολεμίους, ἐτήρησαν τὴν ἥμερον καὶ φιλάνθρωπον νομοθεσίαν· διὰ τοῦθ' ὅπερ οὐκ ἂν ἐξουσίαν λαβόντες τοῦ πολεμεῖν, εἰ καὶ πάνυ ἦσαν δυνατοὶ, ἤνυσαν· τοῦτ' ἀπὸ θεοῦ
(2) εἰλήφασι, τοῦ ὑπὲρ (2) αὐτῶν πολεμήσαντος ἀεὶ, καὶ κατὰ καιροὺς παύσαντος τοὺς κατὰ Χριστιανῶν ἱσταμένους, καὶ ἀναιρεῖν αὐτοὺς θέλοντας. ὑπομνήσεως γὰρ χάριν,—ἵνα ἐνορῶντες ὀλίγοις ἀγωνιζομένοις ὑπὲρ εὐσεβείας, δοκιμώτεροι γίνωνται καὶ θανάτου καταφρονῶσιν—, ὀλίγοι κατὰ καιροὺς καὶ σφόδρα εὐαρίθμητοι ὑπὲρ τῆς Χριστιανῶν θεοσεβείας τεθνήκασι· κωλύοντος θεοῦ τὸ πᾶν ἐκπολεμηθῆναι αὐτῶν ἔθνος. συστῆναι γὰρ αὐτὸ ἐβούλετο, καὶ πληρωθῆναι πᾶσαν τὴν γῆν τῆς σωτηρίου ταύτης καὶ εὐσεβεστάτης διδασκαλίας. Πάλιν τε αὖ, ἵν' οἱ ἀσθενέστεροι ἀναπνέωσιν ἀπὸ τῆς περὶ τοῦ θανάτου φροντίδος· ὁ Θεὸς προὐνοεῖτο τῶν πιστευόντων, μόνῳ τῷ βουλήματι διασκεδανὺς πᾶσαν τὴν κατ' αὐτῶν ἐπιβουλὴν, ἵνα μήτε βασιλεῖς, μήτε οἱ κατὰ τόπους ἡγούμενοι, μήτε οἱ δῆμοι ἐξαφθῆναι κατ' αὐτῶν ἐπὶ πλεῖον δυνηθῶσι. Ταῦτα μὲν πρὸς τὰ ὑπὸ Κέλσου εἰρημένα περὶ τοῦ· "στάσιν γεγονέναι τὴν ἀρχὴν, πάλαι μὲν τοῦ συστῆναι Ἰουδαίους,
(3) ὕστερον δὲ τούτους Χριστιανοὺς γενέσθαι."

(1) Matt. v. 39. (2) Sic MSS. Impressi περί. R.
(3) Scribendum videtur: ὕστερον δὲ τοῦ τούς κ.τ.λ. R.

9. Ἐπεὶ δ' ἐν τοῖς ἑξῆς προφανῶς ψεύδεται· φέρετε, τὴν λέξιν αὐτοῦ ἐκθώμεθα λέγοντος· " εἰ ἐθελήσουσι πάντες ἄνθρωποι εἶναι Χριστιανοί, οὐκ ἂν ἔτι οἵδε ἐθέλοιεν." ὅτι δὲ ψεῦδος τὸ τοιόνδε, δῆλον ἐκ τοῦ, τὸ ὅσον ἐφ' ἑαυτοῖς, Χριστιανοὺς μὴ ἀμελεῖν τοῦ πανταχοῦ τῆς οἰκουμένης ἐπισπείρειν τὸν λόγον. Τινὲς οὖν ἔργον πεποίηνται ἐκπεριέρχεσθαι οὐ μόνον πόλεις, ἀλλὰ καὶ κώμας, καὶ ἐπαύλεις· ἵνα καὶ ἄλλους εὐσεβεῖς τῷ Θεῷ κατασκευάσωσι. Καὶ οὐκ ἂν πλούτου τις ἕνεκα φήσαι αὐτοὺς τοῦτο πράττειν, ἔσθ' ὅτε 10 μὲν οὐδὲ τὰ πρὸς τροφὴν λαμβάνοντας· εἴ ποτε δὲ ἀναγκάζοιντο ὑπὸ τῆς ἀπορίας ταύτης, τῇ χρείᾳ μόνῃ ἀρκουμένους, κἂν πλείους αὐτοῖς κοινωνεῖν ἐθέλωσι, καὶ μεταδιδόναι τὰ ὑπὲρ τὴν χρείαν.(1) νῦν μὲν οὖν τάχα, ὅτε διὰ τὸ πλῆθος (1) τῶν προσερχομένων τῷ λόγῳ καὶ πλούσιοι, καί τινες τῶν ἐν ἀξιώμασι, καὶ γύναια τὰ ἁβρὰ καὶ εὐγενῆ, ἀποδέχονται τοὺς ἀπὸ τοῦ λόγου· τολμήσει τις λέγειν, διὰ τὸ δοξάριον προΐστασθαί τινας τῆς κατὰ Χριστιανοὺς διδασκαλίας· οὐ μὴν κατὰ τὴν ἀρχήν, ὅτε πολὺς ὁ κίνδυνος μάλιστα τοῖς διδάσκουσιν ἦν, οἷόν τε τὸ τοιοῦτον εὐλόγως ὑπονοεῖν. καὶ νῦν 20 δὲ πλείων ἐστὶν ἡ παρὰ τοῖς λοιποῖς ἀδοξία, τῆς παρὰ τοῖς ὁμοδόξοις νομιζομένης δόξης, καὶ ταύτης οὐ πᾶσι. ψεῦδος οὖν αὐτόθεν ὅτι " εἰ ἐθελήσουσι πάντες ἄνθρωποι εἶναι Χριστιανοί, οὐκ ἂν ἔτι οἵδε ἐθέλοιεν." (2)

10. Ὅρα δὲ καὶ τί φησιν εἶναι τούτου τεκμήριον· "ὅτι ἀρχόμενοι μὲν, φησὶν, ὀλίγοι τε ἦσαν, καὶ ἓν ἐφρόνουν· εἰς πλῆθος δὲ σπαρέντες, αὖθις αὖ τέμνονται καὶ σχίζονται, καὶ στάσεις ἰδίας ἔχειν ἕκαστοι θέλουσι· τούτου γὰρ ἀρχῆθεν ἔχρῃζον." ὅτι μὲν οὖν συγκρίσει τοῦ ἑξῆς πλήθους ὀλίγοι ἦσαν ἀρχόμενοι Χριστιανοί, δῆλον· καίτοι οὐ πάντῃ ἦσαν 30 ὀλίγοι. τὸ γὰρ κινῆσαν φθόνον τῷ Ἰησοῦ, καὶ διερεθίσαν Ἰουδαίους πρὸς τὴν κατὰ τούτου ἐπιβουλὴν, τὸ πλῆθος τῶν ἑπομένων αὐτῷ εἰς τὰς ἐρήμους ἦν, πεντακισχιλίων καὶ (3) τετρακισχιλίων ἀνδρῶν αὐτῷ ἀκολουθούντων· χωρὶς τοῦ (4)

(1) Ita Codd. Reg. et Basil. Excusi τῆς χρείας. R.
(2) Omnes MSS. ἐθέλοιεν. R.   (3) Matt. xiv. 21.   (4) Matt. xv. 38.

τῶν γυναικῶν καὶ τῶν παιδίων ἀριθμοῦ. Τοσαύτη γάρ τις ἴυγξ ἦν ἐν τοῖς Ἰησοῦ λόγοις, ὡς οὐ μόνον ἄνδρας ἕπεσθαι (1) θέλειν αὐτῷ εἰς τὰς ἐρημίας, ἀλλὰ καὶ γυναῖκας, οὐχ⁽¹⁾ ὑπομεμνημένας τὴν γυναικείαν ἀσθένειαν, καὶ τὸ δοκοῦν ἐν τῷ ἀκολουθεῖν εἰς τὰς ἐρημίας τῷ διδασκάλῳ· ἀπαθέστατα δὲ παιδία, ἤτοι τοῖς γεννήσασιν ἑπόμενα, ἢ τάχα καὶ ὑπὸ τῆς θειότητος αὐτοῦ ἀγόμενα, ἵνα αὐτοῖς ἐνσπαρῇ θεότης, ἠκολούθει μετὰ τῶν γεγεννηκότων. Ἀλλ᾽ ἔστω ὀλίγους γεγο-
(2) νέναι κατὰ τὴν ἀρχήν· τί τοῦτο συμβάλλεται πρὸς τὸ μὴ⁽²⁾ ἂν ἐθελῆσαι Χριστιανοὺς ἐμποιῆσαι πᾶσιν ἀνθρώποις περὶ τοῦ λόγου πειθώ;

11. Φησὶ δὲ καὶ, ὅτι "ἓν ἐφρόνουν πάντες·" οὐδ᾽ ἐν τούτῳ ὁρῶν, ὅτι ἀρχῆθεν περὶ τὴν ἐν τοῖς πεπιστευμένοις θείοις εἶναι βιβλίοις ἐκδοχὴν γεγόνασι διαφωνίαι τῶν πιστευόντων. ἔτι γοῦν τῶν ἀποστόλων κηρυσσόντων, καὶ τῶν αὐτοπτῶν τοῦ Ἰησοῦ διδασκόντων τὰ ἐκείνου μαθήματα, ζήτησις οὐκ ὀλίγη πρὸς ἀλλήλους γεγένηται παρὰ τοῖς ἀπὸ (3) Ἰουδαίων πιστεύουσι περὶ τῶν ἐξ ἐθνῶν ἐπερχομένων⁽³⁾ τῷ λόγῳ, πότερον δεῖ τὰ Ἰουδαϊκὰ αὐτοὺς τηρεῖν ἔθη, ἢ τὸ περὶ (4) καθαρῶν καὶ ἀκαθάρτων βρωμάτων βάρος⁽⁴⁾ ἀφαιρεῖν, ὡς οὐκ ἐπεῖγον, ἀπὸ τῶν τὰ πάτρια καταλιπόντων ἐν τοῖς ἔθνεσι, καὶ πιστευόντων τῷ Ἰησοῦ. Ἀλλὰ καὶ ἐν ταῖς Παύλου ἐπιστολαῖς, γενομένου ἐν τῷ χρόνῳ τῶν Ἰησοῦν ἑωρακότων, εὑρίσκεται λεγόμενά τινα, ὡς ζητηθέντων τινῶν περὶ ἀνα-
(5) στάσεως⁽⁵⁾, καὶ περὶ τοῦ ἤδη αὐτὴν γεγονέναι· καὶ περὶ
(6) ἡμέρας⁽⁶⁾ Κυρίου, πότερον ἐνέστηκεν, ἢ μή. Ἀλλὰ καὶ τό·
(7) "ἐκτρεπόμενος⁽⁷⁾ τὰς βεβήλους κενοφωνίας, καὶ ἀντιθέσεις τῆς
(8) ψευδωνύμου γνώσεως· ἥν τινες ἐπαγγελλόμενοι⁽⁸⁾, περὶ τὴν
(9) πίστιν ἐναυάγησαν⁽⁹⁾." δηλωτικόν ἐστιν, ὅτι ἀπ᾽ ἀρχῆς γεγό-

---

(1) Edd. Spenc. et Ruaei in textu: οὐχ ὑποτεμνομένας. Boherell. vero, cui Ruaeus in notis adstipulatur: "Legendum videtur: οὐχ ὑπομεμνημένας." L.
(2) In edd. Spenc. uncis inclusa leguntur verba: μὴ ἄν.
(3) In marg. Anglicani primi legitur: ἐρχομένων. R.
(4) Act. xv. 20.   (5) 1 Cor. xv. 12 seqq.
(6) 2 Thess. ii. 2.   (7) 1 Tim. vi. 20, 23.
(8) Sic recte Codd. Reg. et Basil. R.   (9) 1 Tim. vi. 21, coll. i. 19.

νασί τινες παρεκδοχαὶ, οὐδέπω, ὡς οἴεται Κέλσος, πολλῶν τῶν πιστευόντων γεγενημένων.

12. Εἶτ'(1) ἐπεὶ, ὡς κατηγορῶν τοῦ λόγου, τὰ περὶ τῶν (1) ἐν Χριστιανισμῷ αἱρέσεων ὀνειδίζει ἡμῖν, λέγων· "εἰς πλῆθος δὲ σπαρέντες, αὖθις αὖ (2) σχίζονται, καὶ τέμνονται, καὶ στάσεις (2) ἰδίας ἔχειν ἕκαστοι θέλουσι· φησὶ δ', ὅτι καὶ ὑπὸ πλήθους πάλιν διϊστάμενοι, σφᾶς αὐτοὺς ἐλέγχουσιν· ἑνὸς, ὡς εἰπεῖν, ἔτι κοινωνοῦντες, εἴγε κοινωνοῦσιν ἔτι, τοῦ ὀνόματος. καὶ τοῦτο μόνον ἐγκαταλιπεῖν ὅμως αἰσχύνονται· τὰ (3) λοιπὰ δ' ἄλλοις (3) ἀλλαχῇ τετάχαται." Καὶ πρὸς τοῦτο φήσομεν, ὅτι οὐδενὸς πράγματος, οὗ μὴ σπουδαία ἐστὶν ἡ ἀρχὴ, καὶ τῷ βίῳ χρήσιμος, γεγόνασιν αἱρέσεις διάφοροι. ἐπεὶ γὰρ ἰατρικὴ χρήσιμος καὶ ἀναγκαία τῷ γένει τῶν ἀνθρώπων, πολλά τε τὰ ἐν αὐτῇ ζητούμενα περὶ τοῦ τρόπου τῆς τῶν σωμάτων θεραπείας· διὰ τοῦτο αἱρέσεις ἐν ἰατρικῇ παρὰ μὲν Ἕλλησιν εὑρίσκονται ὁμολογουμένως πλείονες· ἐγὼ δὲ οἶμαι, ὅτι καὶ παρὰ βαρβάροις, ὅσοι γε (4) ἐπαγγέλλονται χρῆσθαι ἰατρικῇ. Πάλιν (4) τε αὖ, ἐπεὶ φιλοσοφία ἀλήθειαν ἐπαγγελλομένη, καὶ γνῶσιν τῶν ὄντων, πῶς δεῖ βιοῦν, ὑποτίθεται· καὶ πειρᾶται διδάσκειν τὰ ὠφέλιμα ἡμῶν τῷ γένει· πολλὴν δὲ ἔχει τὰ ζητούμενα πράγματα διολκήν· διὰ τοῦτο αἱρέσεις ἐν φιλοσοφίᾳ συνέστησαν πλεῖσται ὅσαι, ὧν αἱ μέν εἰσι διασημότεραι, αἱ δὲ οὐ τοιαῦται. Ἀλλὰ καὶ Ἰουδαϊσμὸς πρόφασιν ἔσχε γενέσεως αἱρέσεων, τὴν διάφορον ἐκδοχὴν τῶν Μωϋσέως γραμμάτων, καὶ τῶν προφητικῶν λόγων. Οὕτω τοίνυν, ἐπεὶ σεμνόν τι ἐφάνη τοῖς ἀνθρώποις Χριστιανισμὸς, οὐ μόνοις, ὡς ὁ Κέλσος οἴεται, τοῖς ἀνδραποδωδεστέροις, ἀλλὰ καὶ πολλοῖς τῶν παρ' Ἕλλησι φιλολόγων (5), ἀναγκαίως ὑπέστησαν, οὐ πάντως (5) διὰ (6) στάσεις καὶ τὸ φιλόνεικον, αἱρέσεις· ἀλλὰ διὰ τὸ σπου- (6) δάζειν συνιέναι τὰ Χριστιανισμοῦ καὶ τῶν φιλολόγων πλεί-

---

(1) Philocal. cap. XVI. ex ed. Tarini, p. 146 seqq. L.
(2) Deest αὖ, uncis in edd. Spenc. inclusum, in Philoc. L.
(3) Ita recte omnino Philoc. Cod. Mscr. (itemq. Boherell. in notis). Alias τὰ λοιπὰ δὲ ἄλλη ἀλλαχῇ κ.τ.λ. R.   (4) Philoc.
(5) Philoc. φιλοσόφων.
(6) Philoc. διὰ τὰς στάσεις.

ονας. Τούτω δ' ηκολούθησε, διαφόρως εκδεξαμένων τους άμα πάσι πιστευθέντας είναι θείους λόγους, το γενέσθαι αιρέσεις επωνύμους των θαυμασάντων μεν την του λόγου αρχήν, κινηθέντων δ' όπως ποτ' ούν υπό τινων πιθανοτήτων εις τας προς αλλήλους διαφωνίας. Αλλ' ούτε ιατρικήν ευλόγως άν τις φεύγοι, δια τας εν αυτή αιρέσεις· ούτε φιλοσοφίαν του πρέποντος στοχαζόμενός τις αν μισοί, πρόφασιν του μισείν αυτήν ποριζόμενος τας πολλάς αιρέσεις. ούτως ουδέ δια τας εν Ιουδαίοις αιρέσεις καταγνωστέον των Μωϋσέως και των προφητών ιερών βιβλίων.

13. Ει δε ταύτα έχει ακολουθίαν· πως ουχί ομοίως απολογησόμεθα και περί των εν Χριστιανοίς αιρέσεων; περί
(1) ων πάνυ θαυμασίως ο Παύλος ειρηκέναι μοι δοκεί τό· "δεί[1] γαρ και αιρέσεις εν υμίν είναι, ίνα οι δόκιμοι φανεροί γένων-
(2) ται εν[2] υμίν." Ως γαρ δόκιμος εν ιατρική, ο δια το γυμνάσασθαι εν ποικίλαις αιρέσεσι, και ευγνωμόνως εξητακέναι τας πλείονας, ελόμενος την διαφέρουσαν· και ως πάνυ προκόπτων εν φιλοσοφία ο από του τα πλείονα εγνωκέναι εγγυμνασάμενος αυτοίς, και τω κρατήσαντι προσθέμενος λόγω· ούτως είποιμ' αν και τον επιμελώς ενιδόντα ταίς Ιουδαϊσμού και Χριστιανισμού αιρέσεσι, σοφώτατον Χριστιανόν γενέσθαι. Ο δ' εγκαλών τω λόγω δια τας αιρέσεις, εγκαλέσαι αν και τη Σωκράτους διδασκαλία, αφ' ου της διατριβής πολλαί γεγόνασιν ου τα αυτά φρονούντων σχολαί· αλλά και τοις Πλάτωνος εγκαλέσαι άν τις δόγμασι δι' Αριστοτέλην, αποφοιτήσαντα της διατριβής αυτού εν και-
(3) νοτομίαις· περί ου και εν τοις ανωτέρω[3] ειρήκαμεν. Δοκεί δε μοι ο Κέλσος εγνωκέναι τινας αιρέσεις μηδέ του ονόματος
(4) του Ιησού κοινωνούσας[4] ημίν. Τάχα γαρ περιήχητο [5]
(5)
(6) περί των καλουμένων Οφιανών, και των Καϊανών[6] και εί

(1) 1 Cor. xi. 19.   (2) εν υμίν e Philoc. supplevimus. R.   (3) Lib. 1.
(4) Ita Philocal. et omnes MSS. excepto Joliano, qui cum libris excusis in textu habet: κοινωνούς. R.
(5) Sic recte Philocalia. Libri excusi περιήχετο, quod Guietus ex conjectura mutabat in παρήκουε. R.
(6) Interpres Gelenius videtur legisse: Καϊανών. Vide lib. VI. num. 24 et 28, et lib. VII. num. 40.

τις ἄλλη τοιαύτη ἐξ⁽¹⁾ ὅλων ἀποφοιτήσασα τοῦ⁽²⁾ Ἰησοῦ (1)
συνέστη γνώμη. πλὴν οὐδὲν τοῦτο πρὸς τὸ ἐγκλητέον⁽³⁾ (2)
εἶναι τὸν⁽⁴⁾ Χριστιανῶν λόγον. (4)

14. Μετὰ ταῦτά φησι· "θαυμασιώτερον μὲν τὸ σύνθημα αὐτῶν τοσῷδε, ὅσῳ γε μᾶλλον ἐξ οὐδεμιᾶς ὑποθέσεως ἀξιοχρέω συνεστὼς ἐλέγχοιτο. ἀλλ' ἔστιν ἀξιόχρεως ὑπόθεσις ἡ στάσις, καὶ ἡ δι' αὐτὴν ὠφέλεια, καὶ τὸ τῶν ἔξωθεν δέος· ταῦτα βεβαιοῖ τὴν πίστιν αὐτοῖς." Καὶ πρὸς τοῦτο δὲ φήσομεν, ὅτι οὕτως ἐξ ὑποθέσεως, μᾶλλον δὲ οὐδ' ὑπο-
10 θέσεως, ἀλλὰ θείας ἐνεργείας τὸ σύνθημα ἡμῖν⁽⁵⁾ ἐστιν, ὥστε (5)
τὴν ἀρχὴν αὐτοῦ εἶναι θεὸν ἐν προφήταις διδάσκοντα τοὺς ἀνθρώπους ἐλπίσαι ἐπιδημίαν Χριστοῦ, σώσοντος τοὺς ἀνθρώπους. ὅσον γὰρ τοῦτο οὐκ ἀληθῶς ἐλέγχεται, κἂν⁽⁶⁾ δοκῇ (6)
ὑπὸ τῶν ἀπίστων ἐλέγχεσθαι· ἐπὶ τοσοῦτον ὁ λόγος ὡς θεοῦ λόγος συνίσταται· καὶ ὁ Ἰησοῦς υἱὸς ὢν Θεοῦ, καὶ πρὶν ἐνανθρωπῆσαι καὶ ἐνανθρωπήσας, ἀποδείκνυται. Ἐγὼ δέ φημι, ὅτι καὶ μετὰ τὴν ἐνανθρώπησιν ἀεὶ εὑρίσκεται τοῖς ἔχουσιν ὀφθαλμοὺς ψυχῆς ὀξυδερκεστάτους θεοπρεπέστατος, καὶ ἀληθῶς θεόθεν πρὸς ἡμᾶς κατελθών, καὶ οὐκ ἀπὸ συνέσεως (7)
20 ἀνθρωπίνης τὴν ἀρχὴν, ἢ τὰ ἑξῆς τῇ ἀρχῇ ἔχων, ἀλλ' ἀπὸ τῆς τοῦ θεοῦ ἐπιφανείας, ποικίλῃ σοφίᾳ καὶ ποικίλαις δυνάμεσι συστήσαντος πρότερον μὲν τὸν Ἰουδαϊσμὸν, μετὰ δ' αὐτὸν τὸν Χριστιανισμόν· ἠλέγχθη δὲ καὶ τὸ, στάσιν νομίζεσθαι, καὶ τὴν διὰ τὴν στάσιν ὠφέλειαν, ἀρχὴν εἶναι τῷ τοσούτους ἐπιστρέψαντι καὶ βελτιώσαντι λόγῳ.

15. Ὅτι δὲ οὐδὲ τὸ τῶν ἔξωθεν δέος τὸ σύνθημα ἡμῶν διακρατεῖ, δῆλον ἐκ τοῦ καὶ τοῦτο, βουληθέντος θεοῦ, πεπαῦσθαι ἤδη χρόνῳ πλείονι. καὶ εἰκὸς παύσεσθαι⁽⁸⁾ τὸ, ὡς (8)

(1) Philoc. ἐξ ἄλλων. (2) Philoc. τῇ Ἰησοῦ συνέστη γνώμῃ. L.
(3) Ita Philocalia. Alias ἔγκλητον. R.
(4) Philoc. τῶν Χριστιανῶν λόγον.—Hactenus Philocalia.
(5) Codd. Regius, Basileensis et duo Anglicani ἡμῶν, libri excusi ad marginem ὑμῶν. R. (6) Sic omnes MSS. R.
(7) Forte legendum συνθέσεως vel ὑποθέσεως. R.
(8) Ita Codd. Regius, Basileensis et duo Anglicani, rectius quam libri excusi παύσασθαι. R.

προς τον βίον τούτον τοις πιστεύουσι εγγενόμενον αδεές· επαν πάλιν οι παντι τρόπω διαβάλλοντες τον λόγον, την (1) αιτίαν⁽¹⁾ της επι τοσούτο νυν στάσεως εν πλήθει των πιστευόντων νομίσωσιν είναι, εν τω μη προσπολεμεισθαι αυτούς υπο των ηγουμένων ομοίως τοις πάλαι χρόνοις. Μεμαθήκαμεν γαρ απο του λόγου, μητ' εν ειρήνη εκλύεσθαι και τη ανέσει εαυτούς επιδιδόναι, μητ' εν τω πολεμεισθαι υπο του κόσμου, εκκακειν, και αφίστασθαι της προς τον θεον των όλων εν Ιησού τω Χριστώ αγάπης. Σαφώς δη το σεμνόν της ημετέρας αρχής παριστώμεν, και ουχ, ως οίεται Κέλσος, (2) αποκρύπτομεν, επαν και τοις⁽²⁾ πρώτοις εισαγομένοις καταφρόνησιν μεν των ειδώλων, και πάντων των αγαλμάτων εμποιήσωμεν· και προς τούτοις επαίροντες τα φρονήματα αυτών απο του δουλεύειν τοις κτισθεισιν αντι Θεού επι τον κτίσαντα τα όλα αυτούς αναβιβάζωμεν· εμφανώς παριστάντες τον προφητευθέντα έκ τε των περι αυτού προφητειών,— πολλαι δε εισιν αυται—, και εκ των εξητασμένως παραδιδομένων τοις δυναμένοις ακούειν συνετώτερον των ευαγγελίων (3) και των αποστολικών φωνών⁽³⁾.

16. "Ποία δε παντοδαπά επισπώμεθα, η τίνα συμπλάσσομεν δείματα·" ως αναποδείκτως γράφει ο Κέλσος· παραστησάτω ο βουλόμενος. ει μη άρα την περι δικαστού Θεού, και δικαζομένων ανθρώπων εφ' οις έπραξαν πάσι, διδασκαλίαν μετα κατασκευής ποικίλης, πη μεν της απο των γραφών, πη δε και απο του εικότος λόγου, δείματα βούλεται λέγειν ο Κέλσος συμπεπλασμένα. Καίτοιγε,—φίλη γαρ η αλήθεια—, φησι προς τοις τελευταίοις ο Κέλσος, ότι "μήτε τούτοις είη, μητ' εμοι, μητ' άλλω τινι ανθρώπων αποθέσθαι το περι του κολασθήσεσθαι τους αδίκους, και γερών αξιωθήσεσθαι τους δικαίους, δόγμα." Ποία ουν δείματα, εαν ανέλης τον περι κολάσεως λόγον, συμπλάττοντες επισπώμεθα

---

(1) Sic omnes MSS. Impressi αιτίαν ως επι τοσούτο. R.
(2) Boherellus, cui Ruaeus adstipulatur, non male: "Lego: τοις πρώτον." L.
(3) Codd. Regius, Basileensis, et duo Anglicani: φωνών. Alii cum libris excusis γραφών. R.

τοὺς ἀνθρώπους; 'Αλλὰ καὶ ἐπὰν λέγῃ, ὅτι " τὰ τοῦ παλαιοῦ λόγου παρακούσματα συμπλάττοντες, τούτοις προκαταυλοῦμεν καὶ προκατηχοῦμεν τοὺς ἀνθρώπους· ὡς οἱ τοὺς κορυβαντιζομένους περιβομβοῦντες·" φήσομεν πρὸς αὐτόν ποίου παλαιοῦ λόγου παρακούσματα; εἴτε γὰρ τοῦ Ἑλληνικοῦ, καὶ διδάξαντος περὶ τῶν ὑπὸ γῆν δικαστηρίων· εἴτε τοῦ Ἰουδαϊκοῦ, μετὰ τῶν ἄλλων, καὶ περὶ τῆς ἑξῆς τῷ βίῳ τούτῳ ζωῆς προφητεύσαντος· οὐκ ἂν ἔχοι⁽¹⁾ παραστῆσαι, ὅτι ἡμεῖς (1) μὲν ἐν παρακούσμασι γενόμενοι τῆς ἀληθείας, ὅσοι γε πειρώ-
10 μεθα μετὰ λόγου πιστεύειν, πρὸς τὰ τοιαῦτα ζῶμεν δόγματα.

17. Παραβάλλειν δὲ τὰ τῆς πίστεως ἡμῶν τοῖς Αἰγυπτίων θέλει πράγμασι· παρ' οἷς προσιόντι μέν ἐστι λαμπρὰ τεμένη, καὶ ἄλση, καὶ προπυλαίων μεγέθη τε καὶ κάλλη, καὶ νεῷ θαυμάσιοι, καὶ σκηναὶ πέριξ ὑπερήφανοι, καὶ θρησκεῖαι μάλα δεισιδαίμονες⁽²⁾ καὶ μυστηριώτιδες⁽³⁾—ἤδη δὲ (2)(3)
εἰσιόντι, καὶ ἐνδοτέρω γενομένῳ, θεωρεῖται προσκυνούμενος αἴλουρος ἢ πίθηκος, ἢ κροκόδειλος, ἢ τράγος, ἢ κύων."
Τί γὰρ τὸ ἀνάλογον τοῖς πρὸς τοὺς προσιόντας σεμνο-
20 φανέσιν Αἰγυπτίων ἐστὶ παρ' ἡμῖν; Τί δὲ τὸ ἀνάλογον τοῖς ἔνδον μετὰ τὰ σεμνὰ προπύλαια ἀλόγοις ζώοις προσκυνουμένοις; Ἢ τὰς μὲν προφητείας, καὶ τὸν ἐπὶ πᾶσι Θεὸν, καὶ τὰ κατὰ τῶν ἀγαλμάτων, ἐστὶ τὰ καὶ κατ' αὐτὸν σεμνά· Ἰησοῦς δὲ Χριστὸς ἐσταυρωμένος τὸ ἀνάλογον τῷ προσκυνουμένῳ ἀλόγῳ ζώῳ; 'Αλλ' ἐὰν τοῦτο λέγῃ,—οὐ γὰρ ἄλλο τι οἶμαι φήσειν αὐτὸν—, ἀπαντήσομεν⁽⁴⁾, ὅτι πλείονα ἐν (4)
τοῖς ἀνωτέρω ἡμῖν εἰς κατασκευὴν τῶν κατὰ τὸν Ἰησοῦν εἴρηται· ὅτι καὶ τὰ δοκοῦντα κατ' ἄνθρωπον αὐτῷ συμβεβηκέναι, χρησίμως γέγονεν ἐν⁽⁵⁾ τῷ παντὶ, καὶ σωτηρίως τῷ (5)
30 ὅλῳ κόσμῳ.

(1) Sic omnes MSS. R.
(2) δυσδαίμονες. Sic omnes MSS., sed malim: δεισιδαίμονες. R.
(3) Sic omnes MSS., sed malim: μυστηριώδεις. R.
(4) Recte Cod. Jolianus, male vero libri antea excusi ἀπαντησόμενον. R.
(5) Boherell., cui Ruaeus adstipulatur: "Dele voculam ἐν, natam ex praeced. voc. γέγονεν." L.

18. Εἶτα τὰ μὲν τῶν Αἰγυπτίων, σεμνολογούντων καὶ τὰ περὶ τῶν ἀλόγων ζώων, καὶ φασκόντων εἶναί τινα αὐτὰ θεοῦ σύμβολα, ἢ ὅπως φίλον ὀνομάζειν τοῖς χρηματίζουσιν αὐτῶν προφήταις, φησὶ "φαντασίαν ἐξαποστέλλειν τοῖς ταῦτα μεμαθηκόσιν, ὅτι μὴ μάτην μεμύηνται·" τὰ δ' ἐν τοῖς
(1) ἡμετέροις λόγοις ἀπὸ τοῦ καλουμένου παρὰ τῷ Παύλῳ[1] χαρίσματος, ἐν τῷ διὰ τοῦ πνεύματος λόγῳ σοφίας, καὶ ἐν τῷ κατὰ τὸ πνεῦμα λόγῳ γνώσεως παριστάμενα τοῖς ἐν Χριστιανισμῷ πολυμαθέσιν, οὐδὲ πεφαντάσθαι μοι ὁ Κέλσος δοκεῖ· οὐ μόνον ἀπὸ τούτων, ἀλλὰ καὶ ἐξ ὧν ἐν τοῖς ἑξῆς κατηγορῶν τοῦ συστήματος Χριστιανῶν λέγει· ὡς "πάντα
(2) μὲν σοφὸν ἀπελαυνόντων τοῦ[2] λόγου τῆς πίστεως αὐτῶν,
(3) μόνους[3] δὲ ἀνοήτους καὶ τοὺς ἀνδραποδώδεις καλούντων·" περὶ ὧν κατὰ καιρὸν εἰσόμεθα, γενόμενοι κατὰ τὸν τόπον.

19. Καί φησί γε "ἡμᾶς τῶν μὲν Αἰγυπτίων καταγελᾷν, καί τοι πολλὰ καὶ οὐ φαῦλα παρεχόντων αἰνίγματα, ἐπὰν ἰδεῶν ἀϊδίων, καὶ οὐχ, ὡς δοκοῦσιν οἱ πολλοὶ, ζώων ἐφημερίων τιμὰς εἶναι τὰ τοιαῦτα διδάσκωσιν· εὐήθεις δ' εἶναι, μηδὲν σεμνότερον τράγων, καὶ κυνῶν, τῶν παρ' Αἰγυπτίοις, εἰσάγοντας ἐν ταῖς περὶ τοῦ Ἰησοῦ διηγήσεσι." Καὶ πρὸς
(4) τοῦτο δὲ φήσομεν· ἆρ'[4], ὦ γενναῖε, τὸ μὲν Αἰγυπτίους πολλὰ καὶ οὐ φαῦλα παρέχεσθαι αἰνίγματα, καὶ ἀσαφεῖς διηγήσεις περὶ τῶν παρ' αὐτοῖς ζώων, εὐλόγως ἐπαίρεις τῷ λόγῳ; οὐ δεόντως δὲ ποιεῖς ἡμῶν κατηγορῶν, ὡς πειθόμενος μηδὲν ἡμᾶς λέγειν, ἀλλὰ πάντα οὐδενὸς λόγου καὶ φαῦλα; ἐπὰν τὰ περὶ τοῦ Ἰησοῦ κατὰ τὴν τοῦ λόγου σοφίαν διεξοδεύωμεν τοῖς ὡς ἐν Χριστιανισμῷ τελείοις. Περὶ ὧν, ὡς ἱκανῶν ἀκοῦσαι τῆς ἐν Χριστιανισμῷ σοφίας, διδάσκων ὁ
(5) Παῦλός φησι· "σοφίαν[5] δὲ λαλοῦμεν ἐν τοῖς τελείοις·

---

(1) 1 Cor. xii. 8.
(2) Omnes MSS. habent: τοὺς λόγους, excepto veteri Vaticano, qui quidem habet prima manu: τοὺς λόγους, sed secunda manu τοῦ λόγου recte. R.
(3) Sic Cod. Vaticanus, in antea editis deest particula δέ. R.
(4) Sic lego; antea, ἄρ', sine interrogatione. W. S.
(5) 1 Cor. ii. 6—8.

σοφίαν δὲ οὐ τοῦ αἰῶνος τούτου, οὐδὲ τῶν ἀρχόντων τοῦ αἰῶνος τούτου τῶν καταργουμένων· ἀλλὰ λαλοῦμεν θεοῦ σοφίαν εν μυστηρίῳ τὴν ἀποκεκρυμμένην, ἣν προώρισεν ὁ θεὸς πρὸ τῶν αἰώνων εἰς δόξαν ἡμῶν, ἣν οὐδεὶς τῶν ἀρχόντων τοῦ αἰῶνος τούτου ἔγνωκε."

20. Καί φαμεν τοῖς ὁμονοοῦσι τῷ Κέλσῳ, ὅτι οὐδεμίαν ἄρα φανταζόμενος σοφίαν ὁ Παῦλος ὑπερέχουσαν, ἐπηγγέλλετο σοφίαν λαλεῖν ἐν τοῖς τελείοις[1]. Ἐπειδὰν δὲ κατὰ (1) τὸ ἑαυτοῦ θρασὺ φήσῃ, ὅτι οὐδὲν ἔχων σοφὸν ταῦτα ἐπηγγέλλετο· ἀνταποκρινούμεθα αὐτῷ, λέγοντες· πρῶτον σαφήνισον τοῦ ταῦτα λέγοντος τὰς ἐπιστολάς· καὶ ἐνατενίσας τῷ βουλήματι ἑκάστης ἐν αὐταῖς λέξεως,—φέρ' εἰπεῖν τῇ πρὸς Ἐφεσίους, καὶ πρὸς Κολασσαεῖς, καὶ τῇ πρὸς Θεσσαλονικεῖς, καὶ Φιλιππησίους, καὶ πρὸς Ῥωμαίους—ἀμφότερα δεῖξον, καὶ ὅτι νενόηκας τοὺς Παύλου λόγους, καὶ ὅτι παραστῆσαι (2) εὐήθεις τινὰς ἢ ἠλιθίους. Ἐὰν γὰρ ἐπιδῷ ἑαυτὸν τῇ μετὰ τοῦ προσέχειν ἀναγνώσει· εὖ οἶδ', ὅτι ἢ θαυμάσεται τὸν νοῦν τοῦ ἀνδρός, ἐν ἰδιωτικῇ λέξει μεγάλα περινοοῦντος· ἢ μὴ θαυμάσας, αὐτὸς καταγέλαστος φανεῖται· εἴτε διηγούμενος ὡς νενοηκὼς τὸ βούλημα τοῦ ἀνδρὸς, ἢ καὶ ἀντιλέγειν καὶ ἀνατρέπειν πειρώμενος[3] ἃ ἐφαντάσθη αὐτὸν[4] νενοηκέναι. (3)(4)

21. Καὶ οὔπω λέγω περὶ τῆς ἐν τοῖς εὐαγγελίοις τηρήσεως πάντων τῶν γεγραμμένων· ὧν ἕκαστον πολὺν καὶ δυσθεώρητον οὐ μόνον τοῖς πολλοῖς, ἀλλὰ καί τισι τῶν συνετῶν περιέχει λόγον, ἔχοντα διήγησιν βαθυτάτην παραβολῶν (5) ὧν τοῖς ἔξω ἐλάλησεν ὁ Ἰησοῦς, τηρῶν αὐτῶν τὴν σαφήνειαν τοῖς ὑπερβεβηκόσι τὰς ἐξωτερικὰς ἀκοὰς, καὶ κατ' ἰδίαν αὐτῷ ἐν τῇ οἰκίᾳ προσερχομένοις. Θαυμάσεται δὲ νοήσας,

(1) Boherellus: "Lege: τελείοις; Ἐπειδάν," κ.τ.λ.
(2) Boherellus: "Hanc vocem delet Gelenius, apud Hoeschelium, et sequentia legit in recto: ego addere malim: δύνασαι, quod facile, propter τὸ ὁμοιόπτωτον, exciderit." Probat R. Q. παραστήσεις. W.S.
(3) Sic omnes MSS. excepto Joliano, qui in textu habet: βουλόμενος. R.
(4) Boherellus, cui Ruaeus adstipulatur, in notis: "Loco αὐτόν, legendum forte ἄν, aut omnino αὐτόν delendum, nisi malis legere: αὐτός, quod minus placet." L.
(5) Matth. xiii. 11 seqq.

τίνα λόγον έχει, τὸ, έξω τινὰς ὀνομάζεσθαι, καὶ άλλους εν τη οικία. και πάλιν τίς ουκ αν καταπλαγείη των δυναμένων βλέπειν τὰς Ἰησοῦ μεταβάσεις, ἀναβαίνοντος μὲν εἰς ὄρος ἐπὶ τοιοῖσδε λόγοις, ἢ πράξεσιν, ἢ τῇ ἑαυτοῦ μεταμορφώσει, κάτω δὲ θεραπεύοντος τοὺς ἀσθενοῦντας, καὶ μὴ δυναμένους ἀναβαίνειν ὅπου έπονται αὐτῷ οἱ μαθηταὶ αὐτοῦ; Διηγεῖσθαι
(1) δὲ νῦν τὰ ἀληθῶς σεμνὰ καὶ θεῖα τῶν εὐαγγελίων, ἢ(1) τὸν ἐν τῷ Παύλῳ Χριστοῦ, τουτέστι τῆς σοφίας καὶ τοῦ λόγου, νοῦν, οὐκ εὔκαιρον. ἀλλ' αὐτάρκη καὶ ταῦτα πρὸς τὴν ἀφιλόσοφον χλεύην τοῦ Κέλσου, ὁμοιοῦντος τὰ ἔνδον καὶ μυστικὰ τῆς ἐκκλησίας τοῦ θεοῦ τοῖς Αἰγυπτίων αἰλούροις, ἢ πιθήκοις, ἢ κροκοδείλοις, ἢ τράγοις, ἢ κυσίν.

22. Οὐδὲν δὲ εἶδος τοῦ περὶ ἡμῶν διασυρμοῦ καὶ καταγέλωτος καταλιπὼν ὁ βωμολόχος Κέλσος, ἐν τῷ καθ' ἡμῶν λόγῳ Διοσκούρους, καὶ Ἡρακλέα, καὶ Ἀσκληπιὸν, καὶ Διόνυσον ὀνομάζει, τοὺς ἐξ ἀνθρώπων πεπιστευμένους παρ' Ἕλλησιν γεγονέναι θεοὺς, καί φησιν "οὐκ ἀνέχεσθαι μὲν
(2) ἡμᾶς τούτους νομίζειν θεοὺς, ὅτι ἄνθρωποι ἦσαν καὶ(2) πρῶτοι, καίτοι πολλὰ ἐπιδειξαμένους καὶ γενναῖα ὑπὲρ ἀνθρώπων· τὸν δὲ Ἰησοῦν ἀποθανόντα, ὑπὸ τῶν ἰδίων θιασωτῶν ὦφθαί φαμεν·" προσκατηγορεῖ δ' ἡμῶν καὶ ὡς λεγόντων "αὐτὸν ὦφθαι, καὶ ταῦτα σκιάν." Καὶ πρὸς ταῦτα δὲ φήσομεν, ὅτι δεινῶς ὁ Κέλσος οὔτε σαφῶς παρέστησε μὴ σέβειν τούτους ὡς θεούς· εὐλαβεῖτο γὰρ τὴν δόξαν τῶν ἐντευξομένων αὐτοῦ
(3) τῇ γραφῇ, ὑποληψομένων αὐτὸν ἄθεον· εἰ(3) τε τῆς φαινομέ-
(4) νης αὐτῷ ἀληθείας ἐπρέσβευσεν(4), οὐκ ἂν προσεποιήσατο καὶ αὐτὸς αὐτοὺς θεοὺς νομίζειν· πρὸς ἑκάτερον γὰρ ἂν αὐτῶν ἀπεκρινάμεθα. Φέρε οὖν πρὸς μὲν τοὺς μὴ νομίζοντας αὐτοὺς εἶναι θεοὺς, ταῦτ' εἴπωμεν. Ἆρ' οὐδὲ τὴν ἀρχήν εἰσιν

---

(1) MSS. Regius, Basileensis, et duo Anglicani ut in nostro textu. R.
(2) Boherello scribendum videtur: καὶ πρῶτον, vel potius: τὸ πρῶτον. R.
(3) Guieto scribendum videtur: εἰ δὲ τὴν φαινομένην αὐτῷ ἀλήθειαν ἐπρέσβευσεν, οὐκ ἂν κ.τ.λ. Ego malim: εἰ τὰ τῆς φαινομένης αὐτῷ ἀληθείας ἐπρέσβευεν· οὔτε προσεποιήσατο. R.—Boherellus non male: "Legendum puto, mutata distinctione: εἰ τῆς φαινομένης αὐτῷ ἀληθείας ἐπρέσβευσεν, οὔτ' αὖ προσεποιήσατο." L.
(4) In Cod. Basileensi et duobus Codd. Vaticanis legitur: ἐπρέσβευεν. R.

οὗτοι; ἀλλ᾽, ὥσπερ οἴονταί τινες περὶ τῆς τῶν ἀνθρώπων
ψυχῆς, ὡς παραχρῆμα διαφθειρομένης, διεφθάρη καὶ τούτων
ἡ ψυχή; ἢ κατὰ τὴν δόξαν τῶν λεγόντων ἐπιδιαμένειν ἢ
ἀθάνατον αὐτὴν εἶναι, ἐπιδιαμένουσιν οὗτοι, ἢ ἀθάνατοί εἰσι,
καὶ θεοὶ μὲν οὔκ εἰσιν, ἥρωες δέ[1]; ἢ οὐδὲ ἥρωες, ἀλλ᾽ ἁπαξα- (1)
πλῶς ψυχαί; Εἰ μὲν οὖν οὐκ εἶναι ὑπολαμβάνετε αὐτοὺς,
τὸν προηγούμενον ἡμῖν περὶ ψυχῆς κατασκευαστέον λόγον·
εἰ δέ εἰσι, καὶ οὕτω τὸν περὶ ἀθανασίας ἀποδεικτέον[2]· οὐ (2)
μόνον ἐκ τῶν καλῶς περὶ αὐτῆς εἰπόντων Ἑλλήνων, ἀλλὰ
10 καὶ κατὰ τὸ ἀρέσκον τοῖς θείοις μαθήμασι. Καὶ δείξομεν,
ὅτι οὐχ οἷόν τε τούτους πολυθέους γενομένους, ἐν χώρᾳ καὶ
μερίδι κρείττονι γεγονέναι, μετὰ τὴν ἐντεῦθεν ἀπαλλαγὴν,
φέροντες τὰς περὶ αὐτῶν ἱστορίας, ἐν αἷς ἀναγέγραπται
πολλὴ Ἡρακλέους ἀκολασία, καὶ ἡ πρὸς τὴν Ὀμφάλην
γυναικείως[3] δουλεία· καὶ τὰ περὶ Ἀσκληπιοῦ, ὡς κεραυνῷ (3)
βληθέντος ὑπὸ τοῦ Διὸς αὐτῶν. Λελέξεται δὲ καὶ τὰ περὶ
τῶν Διοσκούρων, ὡς

"Ἄλλοτε[4] μὲν ζώουσ᾽ ἑτερήμεροι, ἄλλοτε δ᾽ αὖτε (4)
Τεθνᾶσιν, τιμὴν δὲ λελόγχασ᾽ ἶσα Θεοῖσιν,
20 οἱ πολλάκις ἀποθνήσκοντες. Πῶς οὖν οἷόν τε[5] κατὰ τὸ (5)
εὔλογον τούτων νομισθῆναί τινα θεὸν, ἢ ἥρωα;

23. Ἡμεῖς δὲ τὰ περὶ τοῦ ἡμετέρου Ἰησοῦ ἀπὸ τῶν
προφητικῶν[6] δεικνύντες, καὶ μετὰ τοῦτο παραβάλλομεν τὴν (6)
περὶ αὐτοῦ ἱστορίαν ταῖς περὶ ἐκείνων ἱστορίαις, ὅτι οὐδεμία
τούτου φέρεται ἀκολασία. οὐδὲ γὰρ αὐτοὶ οἱ ἐπιβουλεύοντες
αὐτῷ, καὶ ζητήσαντες κατ᾽ αὐτοῦ ψευδομαρτυρίαν, κἂν πιθα-
νότητα εὗρον εἰς τὴν κατ᾽ αὐτοῦ ψευδομαρτυρίαν, ἵν᾽ ἀκολα-
σίας ἕνεκεν αὐτοῦ κατηγορήσωσιν· ἀλλὰ καὶ ὁ θάνατος αὐτοῦ
ἐξ ἐπιβουλῆς ἀνθρώπων γέγονε, καὶ οὐδὲν ὅμοιον ἔσχε τῷ
30 πρὸς τὸν Ἀσκληπιὸν κεραυνῷ. Τί δὲ σεμνὸν ἔχει ὁ μαινό-

---

(1) Punctuationem interrogativam inserui. W.S.
(2) Sic Boherellus, pro ἀποδεκτέον. R.
(3) Forte scribendum: γυναικεῖος. R.
(4) Homer. Odyss. lib. XI. vers. 303 et 304.
(5) Antea οἴονται. W.S. (6) Codd. Regius et Basileensis: προφητῶν. R.

λας Διόνυσος και γυναικεία περιβεβλημένος, ίν' ώς θεός προσκυνηθῆ; Ἐὰν δὲ καὶ οἱ περὶ τούτων ἀπολογούμενοι ἐπὶ ἀλληγορίας καταφεύγωσιν, ἰδίᾳ μὲν ἐξεταστέον τὰς ἀλληγορίας, εἰ τὸ ὑγιὲς ἔχουσιν· ἰδίᾳ δὲ, εἰ δύνανται ὑπόστασιν ἔχειν, καὶ ἄξιοι εἶναι σεβασμῶν καὶ προσκυνήσεως σπαραττό-
(1) μενοι ὑπὸ Τιτάνων, καὶ καταβαλλόμενοι ἀπὸ τοῦ οὐρανίου θρόνου. Ὁ δὲ ἡμέτερος Ἰησοῦς ὀφθεὶς τοῖς ἰδίοις θιασώταις,—χρήσομαι γὰρ τῷ παρὰ τῷ Κέλσῳ ὀνόματι—, ὤφθη μὲν κατ' ἀλήθειαν· συκοφαντεῖ δὲ τὸν λόγον ὁ Κέλσος,
(2) λέγων αὐτὸν ὦφθαι σκιάν. Καὶ συνεξεταζέσθω γε τὰ (2) τῶν 10 περὶ ἐκείνων ἱστοριῶν τῆ περὶ τοῦ Ἰησοῦ. Ἢ ἐκεῖνα μὲν βούλεται ὁ Κέλσος εἶναι ἀληθῆ, ταῦτα δὲ, ἀναγραφέντα ὑπὸ τῶν τεθεαμένων, καὶ τῷ ἔργῳ δειξάντων τὴν ἐνάργειαν τῆς καταλήψεως περὶ τοῦ τεθεωρημένου, καὶ παραστησάντων τὴν διάθεσιν ἐν οἷς προθύμως ὑπὲρ τοῦ λόγου αὐτοῦ πεπόνθασιν, εἶναι πλάσματα; Καὶ τίς ἂν κατὰ τὸ εὔλογον πάντα πράτ-
(3)(4) τειν θέλων, ἀποκληρωτικῶς συγκατάθειτο (3) μὲν (4) περὶ ἐκείνων· εἰς δὲ τὰ περὶ τούτου ἀνεξετάστως ὁρμῶν ἀπιστῆσαι τοῖς περὶ αὐτοῦ;

24. Καὶ πάλιν ἐπὰν μὲν περὶ τοῦ Ἀσκληπιοῦ λέγηται, 20 ὅτι πολὺ ἀνθρώπων πλῆθος Ἑλλήνων τε καὶ βαρβάρων ὁμολογεῖ πολλάκις ἰδεῖν, καὶ ἔτι ὁρᾶν, οὐ φάσμα αὐτὸ τοῦτο, ἀλλὰ θεραπεύοντα καὶ εὐεργετοῦντα, καὶ τὰ μέλλοντα προ-
(5) λέγοντα, πιστεύειν ἡμᾶς ὁ Κέλσος ἀξιοῖ· καὶ (5) οὐκ ἐγκαλεῖ τοῖς εἰς τὸν Ἰησοῦν πιστοῖς, ἐπὰν τούτοις πιστεύωμεν· ἐπὰν δὲ τοῖς μαθηταῖς καὶ τεθεαμένοις τὰ τεράστια τοῦ Ἰησοῦ, καὶ παριστᾶσιν ἐναργῶς τὸ εὔγνωμον τῆς ἑαυτῶν συνειδήσεως συγκαταθώμεθα, ὁρῶντες τὸ ἀπάνουργον αὐτῶν, ὅσον ἐστὶν
(6) ἰδεῖν συνείδησιν ἀπὸ γραμμάτων· εὐήθεις τινὲς (6) εἶναι παρὰ τῷ

(1) Duo Codd. Vaticani, et duo Anglicani: παραταττόμενοι, male. R.
(2) MSS. τὰ τῶν περὶ ἐκείνου. Lege, ἐκείνων. Boherellus.
(3) Edd. Spenc. et Ruaei: συγκατάθοιτο. L.
(4) Haud scio, an legendum sit συγκατάθειτο μὲν τοῖς περὶ ἐκείνων. Certe paulo post in altero membro MSS. habent: ἀπιστῆσαι τοῖς περὶ αὐτοῦ. R.
(5) Verba: καὶ οὐκ ἐγκαλεῖ τοῖς εἰς τὸν Ἰησοῦν πιστοῖς, ἐπὰν τούτοις πιστεύωμεν, a Gelenio non agnoscuntur, et Guieto addititia videntur. R.
(6) Abundare videtur εἶναι, et abesse posse existimat Guietus. R.

Κέλσῳ ὀνομαζόμεθα[1], οὐκ ἔχοντι παραστῆσαι ἀμύθητον, ὥς (1) φησι, πλῆθος ἀνθρώπων Ἑλλήνων καὶ βαρβάρων ὁμολογούντων Ἀσκληπιῷ. Ἡμεῖς γὰρ, εἰ τοῦτο σεμνὸν εἶναι νομίζει, ἐναργῶς δείκνυμεν ἀμύθητόν τι πλῆθος Ἑλλήνων τε καὶ βαρβάρων ὁμολογούντων τῷ Ἰησοῦ. Τινὲς δὲ σημεῖα τοῦ εἰληφέναι τι διὰ τὴν πίστιν ταύτην παραδοξότερον ἐπιδείκνυνται ἐν οἷς θεραπεύουσιν· οὐδὲν ἄλλο καλοῦντες ἐπὶ τοὺς δεομένους θεραπείας, ἢ τὸν ἐπὶ πᾶσι Θεὸν, καὶ τὸ τοῦ Ἰησοῦ ὄνομα μετὰ τῆς περὶ αὐτοῦ ἱστορίας. τούτοις γὰρ καὶ ἡμεῖς ἑωράκαμεν πολλοὺς ἀπαλλαγέντας χαλεπῶν συμπτωμάτων, καὶ ἐκστάσεων καὶ μανιῶν, καὶ ἄλλων μυρίων, ἅπερ οὔτ' ἄνθρωποι, οὔτε δαίμονες ἐθεράπευσαν.

25. Ἵνα δὲ καὶ δῶ, ἰατρόν τινα δαίμονα θεραπεύειν σώματα τὸν καλούμενον Ἀσκληπιόν· εἴποιμ' ἂν πρὸς τοὺς θαυμάζοντας τὸ τοιοῦτο, ἢ τὴν Ἀπόλλωνος μαντείαν, ὅτι εἴπερ μέσον ἐστὶν ἡ τῶν σωμάτων ἰατρικὴ, καὶ πρᾶγμα πίπτον οὐκ εἰς ἀστείους μόνον, ἀλλὰ καὶ φαύλους, μέσον δὲ καὶ ἡ περὶ τῶν μελλόντων πρόγνωσις—οὐ γὰρ πάντως ἐμφαίνει τὸ ἀστεῖον ὁ προγινώσκων—παραστήσατε, πῶς οὐδαμῶς μέν εἰσι φαῦλοι οἱ θεραπεύοντες, ἢ οἱ προγιγνώσκοντες· παντὶ δὲ τρόπῳ ἀποδείκνυνται ἀστεῖοί τινες, καὶ οὐ μακρὰν τοῦ ὑποληφθῆναι εἶναι θεοί. Ἀλλ' οὐ δυνήσονται ἀστείους ἀποδεῖξαι τοὺς θεραπεύοντας, ἢ τοὺς προγιγνώσκοντας, πολλῶν καὶ ἀναξίων τοῦ ζῆν θεραπεύεσθαι λεγομένων· οὓς οὐκ ἂν οὐδ' ὁ σοφὸς ἰατρὸς ὢν θεραπεῦσαι ἠθέλησεν ἀκαθηκόντως ζῶντας. Καὶ ἐν τοῖς χρησμοῖς δὲ τοῦ Πυθίου εὕροις ἂν προστασσόμενά τινα οὐκ εὔλογα. Ὧν δύω ἐπὶ τοῦ παρόντος παραθήσομαι, ὅτι Κλεομήδην μὲν, οἶμαι τὸν πύκτην, ἰσοθέοις τιμαῖς ἐκέλευε τιμᾶσθαι, οὐκ οἶδ' ὅ, τί ποτε σεμνὸν ἰδὼν ἐν τῇ πυκτικῇ αὐτοῦ, οὔτε δὲ Πυθαγόραν, οὔτε Σωκράτην ἐτίμησε ταῖς τιμαῖς τοῦ πύκτου. Ἀλλὰ καὶ Μουσῶν θεράποντα εἰπὼν τὸν Ἀρχίλοχον, ἄνδρα ἐν κακίστῃ καὶ ἀσελγεστάτῃ ὑποθέσει ἐπιδειξάμενον τὴν ἑαυτοῦ ποιητικὴν, καὶ ἦθος ἀσελγὲς

(1) Forte legendum: νομιζόμεθα. R.

καὶ ἀκάθαρτον παραστήσαντα, ὅσον ἐπὶ τῷ θεράποντα εἶναι Μουσῶν, νομιζομένων εἶναι θεῶν, εὐσεβῆ τινα ἀνηγόρευσεν. Οὐκ οἶδα δὲ, εἰ καὶ ὁ τυχὼν τὸν εὐσεβῆ φήσει μὴ πάσῃ κεκοσμῆσθαι μετριότητι καὶ ἀρετῇ· καὶ κόσμιος τοιαῦτα λέγοι ἂν, ὁποῖα περιέχουσιν οἱ μὴ σεμνοὶ τοῦ Ἀρχιλόχου ἴαμβοι. Εἰ δὲ μηδὲν θεῖον αὐτόθεν ἐμφαίνεται ἀπὸ τῆς Ἀσκληπιοῦ ἰατρικῆς καὶ Ἀπόλλωνος μαντικῆς· πῶς εὐλόγως ἄν τις, ἵνα καὶ δῶ ταῦθ' οὕτως ἔχειν, ὡς θεοὺς αὐτοὺς σέβοι ἂν καθαρούς τινας; Καὶ μάλισθ', ὅτε διὰ τοῦ Πυθίου στομίου περικαθε-ζομένῃ τῇ καλουμένῃ προφήτιδι πνεῦμα διὰ τῶν γυναικείων 10 (1) ὑπεισέρχεται τὸ μαντικὸν, ὁ Ἀπόλλων, τὸ καθαρὸν ἀπὸ γηΐνου σώματος. Οὐδὲν δὲ τοιοῦτον ἡμεῖς περὶ τοῦ Ἰησοῦ καὶ τῆς δυνάμεως αὐτοῦ δοξάζομεν. Τὸ γὰρ γεγεννημένον ἀπὸ τῆς παρθένου σῶμα ἦν ἀπὸ τῆς ἀνθρωπίνης ὕλης συνε-στηκὸς, δεκτικὸν τῶν ἀνθρωπίνων τραυμάτων καὶ θανάτου.

26. Ἴδωμεν δὲ καὶ ἃ μετὰ ταῦτα λέγει ὁ Κέλσος, παρατιθέμενος ἀπὸ ἱστοριῶν παράδοξα, καὶ καθ' αὑτὰ μὲν ἀπίστοις ἐοικότα, ὑπ' αὐτοῦ δὲ οὐκ ἀπιστούμενα, ὅσον γε ἐπὶ τῇ λέξει αὐτοῦ. καὶ πρῶτόν γε τὰ περὶ τὸν Προκοννήσιον Ἀριστέαν, περὶ οὗ ταῦτά φησιν· " Εἶτ' Ἀριστέαν μὲν τὸν 20 Προκοννήσιον ἀφανισθέντα τε οὕτω δαιμονίως ἐξ ἀνθρώπων, καὶ αὖθις ἐναργῶς φανέντα, καὶ πολλοῖς ὕστερον χρόνοις πολ-λαχοῦ τῆς οἰκουμένης ἐπιδημήσαντα, καὶ θαυμαστὰ ἀναγγεί-λαντα, καὶ τοῦ Ἀπόλλωνος ἐπισκήψαντος Μεταποντίνοις ἐν (2) θεῶν μοίρᾳ νέμειν τὸν Ἀριστέαν, τοῦτον οὐδεὶς ἔτι νομίζει θεόν." Ἔοικε δ' εἰληφέναι τὴν ἱστορίαν ἀπὸ Πινδάρου καὶ Ἡροδότου. Ἀρκεῖ δὲ νῦν τὴν Ἡροδότου παραθέσθαι λέξιν ἀπὸ τῆς τετάρτης τῶν ἱστοριῶν οὕτω περὶ αὐτοῦ ἔχουσαν· (3) " Καὶ ὅθεν μὲν ἦν Ἀριστέης ὁ ταῦτα εἴπας, εἴρηκα· ὃν δὲ

---

(1) Boherellus, cui Ruaeus adstipulatur: "Legendum videtur: τὸ μαντικὸν τοῦ Ἀπόλλωνος τὸ καθαρόν, nisi velis illud : ὁ Ἀπόλλων, esse per appositionem ad τὸ πνεῦμα."—Ruaeus praeterea in notis: "Guieto verba : ὁ Ἀπόλλων τὸ καθαρόν, addititia videntur."

(2) Ita recte Cod. Jolianus secunda manu (vid. num. 27, 28). Male vero hoc loco libri excusi μένειν. R.

(3) Herodot. lib. IV. cap. 14 et 15.

περὶ αὐτοῦ λόγον ἤκουον ἐν Προκοννήσῳ καὶ Κυζίκῳ, λέξω. Ἀριστέην γὰρ λέγουσιν ἐόντα τῶν ἀστῶν οὐδενὸς γένεος ὑποδεέστερον, εἰσελθόντα ἐς κναφήϊον ἐν Προκοννήσῳ, ἀποθανεῖν· καὶ τὸν κναφέα κατακληΐσαντα τὸ ἐργαστήριον, οἴχεσθαι ἀγγελέοντα τοῖς προσήκουσι τῷ νεκρῷ. Ἐσκεδασμένου δὲ ἤδη τοῦ λόγου ἀνὰ τὴν πόλιν, ὡς τεθνεὼς εἴη ὁ Ἀριστέης· ἐς ἀμφισβασίας τοῖς λέγουσιν ἀφικέσθαι ἄνδρα Κυζικηνὸν, ἥκοντα ἐξ Ἀρτάκης πόλεως, φάντα συντυχεῖν τε οἱ ἰόντι ἐπὶ Κυζίκου, καὶ ἐς λόγους ἀφικέσθαι. Καὶ τοῦτον μὲν ἐντετα-
10 μένως ἀμφισβατέειν· τοὺς δὲ προσήκοντας τῷ νέκυϊ, ἐπὶ τὸ κναφήϊον παρεῖναι, ἔχοντας τὰ πρόσφορα ὡς ἀναιρησομένους· ἀνοιχθέντος δὲ τοῦ οἰκήματος, οὔτε ζῶντα, οὔτε τεθνεῶτα φαίνεσθαι Ἀριστέην. Μετὰ δὲ ἑβδόμῳ ἔτεϊ φανέντα αὐτὸν εἰς Προκόννησον ποιῆσαι τὰ ἔπεα ταῦτα, ἃ δὴ νῦν ὑπὸ Ἑλλήνων Ἀριμάσπεια καλέεται, ποιήσαντα δὲ ἀφανισθῆναι τὸ δεύτερον. Ταῦτα μὲν οὖν αἱ πόλιες αὖται λέγουσι. Τάδε δὲ οἶδα Μεταποντίνοις τοῖς ἐν Ἰταλίᾳ συγκυρήσαντα μετὰ τὴν ἀφάνισιν τὴν δευτέραν Ἀριστέως ἔτεσι τεσσαράκοντα καὶ τριηκοσίοις, ὡς ἐγὼ συμβαλλόμενος ἐν Προκοννήσῳ καὶ Μετα-
20 ποντίνοις εὕρισκον. Μεταποντῖνοι γάρ φασιν, αὐτὸν Ἀριστέην φανέντα σφιν ἐς τὴν χώρην, κελεῦσαι βωμὸν Ἀπόλλωνι ἱδρύσασθαι καὶ Ἀριστέω τοῦ Προκοννησίου ἐπωνυμίην ἔχοντα ἀνδριάντα παρ' αὐτὸν ἱστάναι. Φάναι γάρ σφιν τὸν Ἀπόλλωνα, Ἰταλιωτέων μούνοισι δὴ ἀπικέσθαι ἐς τὴν χώρην, καὶ αὐτὸς οἱ ἔπεσθαι ὁ νῦν ἐὼν Ἀριστέης· τότε δὲ, ὅτε εἴπετο τῷ θεῷ, εἶναι κόραξ. καὶ τὸν μὲν εἰπόντα ταῦτα, ἀφανισθῆναι· σφέας δὲ Μεταποντῖνοι λέγουσιν ἐς Δελφοὺς πέμψαντας, τὸν θεὸν ἐπερωτᾶν, ὅ, τι τὸ φάσμα τοῦ ἀνθρώπου εἴη· τήν τε Πυθίην σφέας κελεῦσαι πείθεσθαι τῷ φάσματι,
30 πειθομένοισί τε ἄμεινον συνοίσεσθαι. Καὶ σφέας δεξαμένους ταῦτα ποιῆσαι ἐπιτελέα. Καὶ νῦν ἕστηκεν ἀνδριὰς ἐπωνυμίην ἔχων Ἀριστέω παρ' αὐτῷ τῷ ἀγάλματι τοῦ Ἀπόλλωνος· περὶ δὲ αὐτὸν δάφναι ἑστᾶσι. Τὸ δὲ ἄγαλμα ἐν τῇ ἀγορῇ ἵδρυται. Ἀριστέω μὲν νῦν πέρι τοσαῦτα εἰρήσθω."

27. Λεκτέον δὴ πρὸς τὴν περὶ τοῦ Ἀριστέου ἱστορίαν,

ὅτι εἰ μὲν ὁ Κέλσος ὡς ἱστορίαν αὐτὴν ἐξετίθετο, μὴ καὶ τὴν ἑαυτοῦ συγκατάθεσιν ἐμφαίνων, παραδεξαμένου αὐτὴν ὡς ἀληθῆ, ἄλλως ἂν πρὸς τὸν λόγον αὐτοῦ ἀπηντήσαμεν· ἐπεὶ δὲ δαιμονίως αὐτὸν ἠφανίσθαι, ἐναργῶς δ' αὖθις φανῆναι, καὶ πολλαχοῦ τῆς οἰκουμένης ἐπιδεδημηκέναι φησὶ, καὶ θαυμαστὰ ἠγγελκέναι· ἔτι δὲ καὶ χρησμὸν τοῦ Ἀπόλλωνος, ἐπισκήψαντος Μεταποντίνοις ἐν θεῶν μοίρᾳ νέμειν τὸν Ἀριστέαν, ὡς (1)(2) ἀφ' ἑαυτοῦ, καὶ(2) συγκατατιθέμενος ἐκτίθεται λόγον τὸν πρὸς (3) αὐτόν· καὶ πῶς ὅλως τε(3) πλάσματα ὑπολαμβάνων τὰ ὑπὸ τῶν Ἰησοῦ μαθητῶν παράδοξα περὶ αὐτοῦ ἀναγεγραμμένα, καὶ μεμφόμενος τοῖς πιστεύουσιν αὐτοῖς, ταῦτα οὐ τερατείαν, οὔτε πλάσματα εἶναι νομίζεις; Πῶς δὲ καὶ ὁ ἄλλοις ἐγκαλῶν, ὡς ἀλόγως πιστεύουσιν τοῖς περὶ τοῦ Ἰησοῦ παραδόξοις, σὺ τοσούτοις ἐμφαίνῃ πεπιστευκέναι, οὐδεμίαν ἀπόδειξιν περὶ αὐτῶν ἢ κατασκευὴν περὶ τοῦ αὐτὰ γεγονέναι φέρων; Ἡ Ἡρόδοτος μὲν καὶ Πίνδαρος ἀψευδεῖν παρὰ σοὶ νομίζονται· οἱ δ' ἀποθνήσκειν μελετήσαντες ὑπὲρ τῶν Ἰησοῦ μαθημάτων, καὶ τοιαῦτα περὶ ὧν ἐπείσθησαν τοῖς ἑξῆς καταλιπόντες γράμματα, περὶ πλασμάτων, ὡς οἴει, καὶ μύθων, καὶ τερατειῶν τοσοῦτον ἀγωνίζονται, ὡς καὶ ζῆν περιστατικῶς δι' αὐτὰ, καὶ ἀποθνήσκειν βιαίως; Μέσον τοίνυν σαυτὸν στήσας τῶν τε (4) περὶ τοῦ Ἀριστέου γεγραμμένων(4), καὶ τῶν περὶ τοῦ Ἰησοῦ ἱστορουμένων, ἴδε εἰ μὴ ἐκ τοῦ ἀποβάντος, καὶ τῶν ὠφελουμένων εἰς ἠθῶν ἐπανόρθωσιν, καὶ εὐλάβειαν τὴν πρὸς τὸν ἐπὶ πᾶσι Θεὸν, ἔστιν εἰπεῖν, ὅτι πιστευτέον μὲν ὡς οὐκ ἀθεεὶ γενομένοις τοῖς περὶ Ἰησοῦ ἱστορουμένοις, οὐχὶ δὲ τοῖς περὶ τοῦ Προκοννησίου Ἀριστέου.

28. Τί μὲν γὰρ βουλομένη ἡ πρόνοια τὰ περὶ τὸν Ἀριστέαν παράδοξα ἐπραγματεύετο; καὶ τί ὠφελῆσαι τὸ τῶν ἀνθρώπων γένος βουλομένη, τὰ τηλικαῦτα, ὡς οἴει, ἐπε-

(1) Boherellus, cui Ruaeus adstipulatur: "Videtur deesse: φέρει." L.
(2) Guieto suspecta sunt et addititia videntur sequentia: καὶ συγκατιθέμενος ἐκτίθεται λόγον τὸν πρὸς αὐτόν. R.
(3) Guieto scribendum videtur: καὶ πῶς, ὦ λῷστε, πλάσματα. R. Boherellus: "Malim : ὅλως γε." L.
(4) Omnes MSS. γεγραμμένων. R.

δείκνυτο; Ούκ έχεις λέγειν. Ἡμεῖς δὲ, ἐπὰν τὰ περὶ τοῦ Ἰησοῦ διηγώμεθα, οὐ τὴν τυχοῦσαν φέρομεν ἀπολογίαν περὶ τοῦ ταῦτα γεγονέναι, τὸ τὸν θεὸν βεβουλῆσθαι συστῆσαι τὸν διὰ Ἰησοῦ ὡς σωτήριον τοῖς ἀνθρώποις λόγον· βεβαιούμενον μὲν τοῖς ἀποστόλοις ὡσπερεὶ θεμελίοις τῆς καταβαλλομένης (1) οἰκοδομῆς τοῦ Χριστιανισμοῦ, ἐπιδιδόντα δὲ καὶ κατὰ τοὺς ἑξῆς χρόνους· ἐν οἷς οὐκ ὀλίγαι θεραπεῖαι τῷ Ἰησοῦ ὀνόματι, καὶ ἄλλαι τινὲς ἐπιφάνειαι οὐκ εὐκαταφρόνητοι ἐπιτελοῦνται. (2) Ποταπὸς δὲ καὶ Ἀπόλλων, ἐπισκήπτων Μεταποντίνοις ἐν 10 θεῶν μοίρᾳ νέμειν τὸν Ἀριστέαν; Καὶ τί βουλόμενος τοῦτο ποιεῖ; Ποίαν τε ὠφέλειαν ἐκ τῆς ὡς πρὸς θεὸν τιμῆς οἰκονομῶν τοῖς Μεταποντίνοις γενέσθαι, εἰ τὸν πρὸ ὀλίγου ἄνθρωπον νῦν θεὸν λογίζοιντο; Ἀλλ᾽ Ἀπόλλωνος μὲν,—τοῦ καθ᾽ ἡμᾶς δαίμονος, λαχόντος γέρας λοιβῆς τε κνίσσης τε—, αἱ περὶ τοῦ Ἀριστέου συστάσεις ἀξιόλογοί σοι φαίνονται εἶναι· αἱ δὲ τοῦ ἐπὶ πᾶσι θεοῦ, καὶ τῶν ἁγίων ἀγγέλων αὐτοῦ, διὰ προφητῶν, οὐ μετὰ τὸ γεγονέναι τὸν Ἰησοῦν, ἀλλὰ πρὶν ἐπιδημῆσαι τῷ βίῳ(3) τῶν ἀνθρώπων, προαγορευόμεναι οὐ κι- (3) νοῦσί σε πρὸς τὸ θαυμάσαι καὶ τοὺς χωρήσαντας θεῖον πνεῦμα 20 προφήτας, καὶ τὸν ὑπ᾽ αὐτῶν προφητευόμενον; Οὗ τὴν εἰς τὸν βίον ἐπιδημίαν πολλοῖς πρότερον ἔτεσιν οὕτω διὰ πλειόνων κεκηρύχθαι συμβέβηκεν, ὥστε τὸ Ἰουδαίων ὅλον ἔθνος, ἠρτημένον τῆς περὶ τοῦ ἐλπιζομένου ἐπιδημήσειν προσδοκίας, εἰς τὴν πρὸς ἀλλήλους ζήτησιν ἐληλυθέναι, τοῦ Ἰησοῦ ἐπιδημήσαντος· καὶ πολὺ μὲν πλῆθος αὐτῶν ὡμολογηκέναι Χριστὸν, καὶ πεπιστευκέναι αὐτὸν εἶναι τὸν προφητευόμενον· τοὺς δὲ μὴ πιστεύοντας(4), καταφρονήσαντας τῆς πραότητος τῶν(5) διὰ τὰ (4)(5) Ἰησοῦ μαθήματα οὐδὲ μέχρι τοῦ τυχόντος στασιάζειν βουληθέντων, τολμῆσαι κατὰ τοῦ Ἰησοῦ τοιαῦτα, ἅτινα φιλα-30 λήθως καὶ εὐγνωμόνως ἀνέγραψαν οἱ μαθηταὶ αὐτοῦ, οὐχ ὑπεκκλέψαντες τῆς περὶ αὐτοῦ παραδόξου ἱστορίας τὸ δοκοῦν

---

(1) Ephes. ii. 20. (2) Codd. Reg. et Basil. τελοῦνται. R.
(3) Alias τῷ γένει. R. (4) Alias πιστεύσαντας. R.
(5) Guieto scribendum videtur: τῶν τοῦ Ἰησοῦ μαθητῶν, et ita Gelenius legebat. R.

τοῖς πολλοῖς αἰσχύνην τῷ λόγῳ Χριστιανῶν φέρειν. Καὶ αὐτὸς γὰρ ὁ Ἰησοῦς ἐβούλετο καὶ οἱ μαθηταὶ αὐτοῦ, μὴ μόνον τῇ θειότητι καὶ τοῖς παραδόξοις αὐτοῦ πιστεύειν τοὺς προσιόντας, ὡς οὐ κοινωνήσαντος τῇ ἀνθρωπίνῃ φύσει, οὐδ᾽ (1) ἀναλαβόντος τὴν ἐν ἀνθρώποις σάρκα ἐπιθυμοῦσαν κατὰ τοῦ πνεύματος. Ἀλλὰ γὰρ καὶ τὴν καταβᾶσαν εἰς ἀνθρωπίνην φύσιν καὶ εἰς ἀνθρωπίνας περιστάσεις δύναμιν, καὶ ἀναλαβοῦσαν ψυχὴν καὶ σῶμα ἀνθρώπινον, ἑώρων ἐκ τοῦ πιστεύεσθαι μετὰ τῶν θειοτέρων συμβαλλομένην εἰς σωτηρίαν τοῖς πιστεύουσιν· ὁρῶσιν, ὅτι ἀπ᾽ ἐκείνου ἤρξατο θεία καὶ ἀν- (2) θρωπίνη συνυφαίνεσθαι φύσις· ἵν᾽ ἡ ἀνθρωπίνη τῇ πρὸς τὸ θειότερον κοινωνίᾳ γένηται θεία οὐκ ἐν μόνῳ τῷ Ἰησοῦ, ἀλλὰ (3) καὶ πᾶσι τοῖς μετὰ τοῦ (3) πιστεύειν ἀναλαμβάνουσι βίον, ὃν (4) Ἰησοῦς ἐδίδαξεν· ἀνάγοντα ἐπὶ τὴν πρὸς τὸν θεὸν φιλίαν, καὶ τὴν πρὸς ἐκεῖνον κοινωνίαν, πάντα τὸν κατὰ τὰς Ἰησοῦ ὑποθήκας ζῶντα.

29. Ὁ μὲν οὖν κατὰ τὸν Κέλσον Ἀπόλλων βούλεται Μεταποντίνους ἐν θεῶν μοίρᾳ νέμειν τὸν Ἀριστέαν. Ἐπεὶ δὲ οἱ Μεταποντῖνοι τὴν περὶ τοῦ Ἀριστέω ἀνθρώπου, καὶ τάχα οὐ σπουδαίου, ἐνάργειαν κρείττονα ἐνόμιζον εἶναι τοῦ περὶ αὐτοῦ χρησμοῦ ὡς θεοῦ ἢ θείων τιμῶν ἀξίου· διὰ τοῦτο οὐκ ἐβούλοντο πείθεσθαι τῷ Ἀπόλλωνι, καὶ οὕτω τὸν Ἀρι- (5) στέαν οὐδεὶς ἐνόμιζε θεόν. Περὶ δὲ τοῦ Ἰησοῦ εἴποιμεν ἂν, ἐπεὶ συμφέρον ἦν τῷ τῶν ἀνθρώπων γένει, παραδέξασθαι αὐτὸν ὡς υἱὸν θεοῦ, θεὸν ἐληλυθότα ἐν ἀνθρωπίνῃ ψυχῇ καὶ σώματι· καὶ οὐκ ἐδόκει τοῦτο τῇ λιχνείᾳ τῶν φιλοσωμάτων δαιμόνων, καὶ τῶν νομιζόντων αὐτοὺς θεοὺς εἶναι, λυσιτελές· διὰ τοῦθ᾽ οἱ μὲν ἐπὶ γῆς δαίμονες, παρὰ τοῖς μὴ παιδευθεῖσι περὶ δαιμόνων νομιζόμενοι εἶναι θεοὶ, ἀλλὰ καὶ οἱ θεραπεύοντες αὐτοὺς, ἐβουλήθησαν κωλῦσαι τὴν νομὴν τῆς Ἰησοῦ διδασκαλίας. Ἑώρων γὰρ τὰς λοιβὰς καὶ τὰς κνίσσας, ἐφ᾽

(1) Galat. v. 17.
(2) Sic omnes MSS. Libri vero excusi in textu: συμβαίνεσθαι. R.
(3) Sic MSS. rectius quam impressi in quibus legitur: μετὰ τὸ πιστεύειν. R.
(4) MSS. φιλίαν. Libri excusi φιλανθρωπίαν. R.
(5) Ita Codd. Regius et Basileensis. Alii vero νομίζει. R.

αἷς λίχνως ἤδοντο, καθαιρουμένας ἐκ τοῦ κρατεῖν τὰ Ἰησοῦ μαθήματα. Ὁ δὲ πέμψας τὸν Ἰησοῦν Θεὸς, ἐκλύσας πᾶσαν τὴν τῶν δαιμόνων ἐπιβουλὴν, ἐποίησε πανταχοῦ τῆς οἰκουμένης ὑπὲρ τῆς τῶν ἀνθρώπων ἐπιστροφῆς καὶ διορθώσεως κρατῆσαι (1) τὸ εὐαγγέλιον Ἰησοῦ, καὶ γενέσθαι πανταχοῦ ἐκκλησίας ἀντιπολιτευομένας ἐκκλησίαις δεισιδαιμόνων καὶ ἀκολάστων καὶ ἀδίκων. τοιαῦτα γὰρ τὰ πανταχοῦ πολιτευόμενα ἐν ταῖς ἐκκλησίαις τῶν πόλεων πλήθη. Αἱ δὲ τοῦ Θεοῦ Χριστῷ μαθητευθεῖσαι ἐκκλησίαι, συνεξεταζόμεναι ταῖς ὧν παροικοῦσι δήμων ἐκκλησίαις, ὡς φωστῆρές εἰσιν ἐν κόσμῳ. Τίς γὰρ οὐκ ἂν ὁμολογήσαι, καὶ τοὺς χείρους τῶν ἀπὸ τῆς ἐκκλησίας, καὶ συγκρίσει βελτιόνων ἐλάττους, πολλῷ κρείττους τυγχά- (2) νειν τῶν ἐν τοῖς δήμοις ἐκκλησιῶν;

30. Ἐκκλησία μὲν γὰρ τοῦ Θεοῦ, φέρ᾽ εἰπεῖν, ἡ Ἀθήνησι πραεῖά τις καὶ εὐσταθὴς, ἅτε Θεῷ ἀρέσκειν τῷ ἐπὶ πᾶσι βουλομένη· ἡ δ᾽ Ἀθηναίων ἐκκλησία, στασιώδης, καὶ οὐδαμῶς παραβαλλομένη τῇ ἐκεῖ ἐκκλησίᾳ τοῦ Θεοῦ. τὸ δ᾽ αὐτὸ ἐρεῖς περὶ ἐκκλησίας τοῦ Θεοῦ τῆς ἐν Κορίνθῳ, καὶ τῆς ἐκκλησίας τοῦ δήμου Κορινθίων. καὶ, φέρ᾽ εἰπεῖν, περὶ ἐκκλησίας τοῦ Θεοῦ τῆς ἐν Ἀλεξανδρείᾳ, καὶ ἐκκλησίας τοῦ Ἀλεξανδρέων δήμου. Καὶ ἐὰν εὐγνώμων ᾖ ὁ τούτου ἀκούων, καὶ φιλαληθῶς ἐξετάζῃ τὰ πράγματα· θαυμάσεται τὸν καὶ βουλευσάμενον, καὶ ἀνύσαι δυνηθέντα πανταχοῦ συστήσασθαι ἐκκλησίας τοῦ Θεοῦ, παροικούσας ἐκκλησίαις τῶν καθ᾽ ἑκάστην πόλιν δήμων. Οὕτω δὲ καὶ βουλὴν ἐκκλησίας Θεοῦ βουλῇ τῇ καθ᾽ ἑκάστην πόλιν συνεξετάζων, εὕροις ἂν τίνες μὲν τῆς ἐκκλησίας (3) βουλευταὶ ἄξιοί εἰσιν, εἴ τίς ἐστιν ἐν τῷ παντὶ πόλις τοῦ Θεοῦ, ἐν ἐκείνῃ πολιτεύεσθαι. Οἱ δὲ πανταχοῦ βουλευταὶ οὐδὲν ἄξιον τῆς ἐκ κατατάξεως ὑπεροχῆς, ἣν ὑπερέχειν δοκοῦσι τῶν πολιτῶν, φέρουσιν ἐν τοῖς ἑαυτῶν ἤθεσιν. Οὕτω δὲ καὶ

. (1) Sic recte Codd. Regius et Basileensis; male vero libri excusi ἐπιστρεφίας. R.

(2) Boherellus: "Forte: πολλῷ. Nil affirmo tamen." Recepi. W. S.

(3) Ruaeus, Boherello duce, in notis: "Scribendum videtur: εὕροις ἂν ὅτι τινὲς μὲν κ.τ.λ. Particula enim ὅτι facile excidere potuit, inquit Boherellus, quum ultima ejus syllaba eadem sit ac prima vocis sequentis." L.

ἄρχοντα ἐκκλησίας ἑκάστης πόλεως ἄρχοντι τῶν ἐν τῇ πόλει συγκριτέον· ἵνα κατανοήσῃς, ὅτι καὶ ἐπὶ τῶν σφόδρα ἀποτυγχανομένων βουλευτῶν καὶ ἀρχόντων ἐκκλησίας θεοῦ, καὶ
(1) ῥᾳθυμότερον παρὰ τοὺς εὐτονωτέρως βιοῦντας, οὐδὲν ἧττόν ἐστιν εὑρεῖν ὡς ἐπίπαν ὑπεροχὴν, τὴν ἐν τῇ ἐπὶ τὰς ἀρετὰς
(2) προκοπῇ, παρὰ τὰ ἤθη τῶν ἐν ταῖς πόλεσι βουλευτῶν καὶ ἀρχόντων.

31. Εἰ δὲ ταῦθ' οὕτως ἔχει, πῶς οὐκ εὔλογον μὲν νομίζειν περὶ τοῦ Ἰησοῦ, τοσαῦτα συστῆσαι δεδυνημένου, ὅτι οὐχ ἡ τυχοῦσα θειότης ἦν ἐν αὐτῷ· οὐκέτι δὲ οὔτε ἐν τῷ Προκοννησίῳ Ἀριστέᾳ, κἂν ὁ Ἀπόλλων αὐτὸν βούληται ἐν θεῶν μοίρᾳ νέμειν· οὔτ' ἐν οἷς ἐξαριθμεῖται ὁ Κέλσος, λέγων· "ὅτι οὐδεὶς νομίζει θεὸν Ἄβαριν τὸν Ὑπερβόρειον, ὃς δύνα-
(3) μιν εἶχε τοσήνδε, ὥστε ὀϊστῷ βέλει συμφέρεσθαι;" τί γὰρ βουλομένη ἡ χαρισαμένη θειότης τῷ Ὑπερβορείῳ Ἀβάριδι ὀϊστῷ συμφέρεσθαι, τὸ τηλικοῦτον αὐτῷ ἐδωρεῖτο; ἵνα τι ὠφεληθῇ τὸ τῶν ἀνθρώπων γένος; ἢ αὐτὸς ἐκεῖνος τί ὤνατο ὀϊστῷ συμφέρεσθαι; ἵνα καὶ συγχωρηθῇ ταῦτα μηδαμῶς εἶναι πλάσματα, ἀλλὰ κατά τινα δαιμονίου συνεργίαν
(4) γεγονέναι. Ἐὰν δὲ ὁ ἐμὸς Ἰησοῦς ἀναλαμβάνεσθαι ἐν δόξῃ λέγηται, ὁρῶ τὴν οἰκονομίαν, ὅτι τοῖς θεωρήσασι συνίστη τὸν
(5) διδάσκαλον ὁ τοῦτ' ἐνεργήσας γενέσθαι Θεός· ἵν' ὡς οὐχ ὑπὲρ ἀνθρωπίνων μαθημάτων, ἀλλὰ θείας διδασκαλίας, ἀγωνιζόμενοι, ὅση δύναμις, ἑαυτοὺς ἀναθῶσι τῷ ἐπὶ πᾶσι θεῷ, καὶ
(6) πάντα πράττωσιν ὑπὲρ τῆς πρὸς ἐκεῖνον ἀρεσκείας· ὡς ἀποληψόμενοι κατ' ἀξίαν ἐν θείῳ δικαστηρίῳ ἅπερ ἐν τῷ βίῳ τούτῳ εὖ ἢ κακῶς πεποιήκασιν.

32. Ἐπεὶ δὲ μετὰ ταῦτα καὶ περὶ τοῦ Κλαζομενίου

---

(1) Boherellus: "Malim ῥᾳθυμοτέρων."
(2) Ita Codd. Regius et Basileensis. Libri antea excusi βουλευόντων. R.
(3) Boherellus: "Delendum puto βέλει tanquam glossema, uti patet ex mox seqq., ubi βέλει non jungitur ὀϊστῷ." Probat R.
(4) 1 Tim. iii. 16.
(5) Libri excusi: διδάσκαλον ὅτι ὁ κ.τ.λ., sed a MSS. abest ὅτι, recte. R.
(6) Coloss. i. 10.

ὁ Κέλσος εἶπε, προσθεὶς ἐπὶ τῆς κατ' αὐτὸν ἱστορίας· "μῶν οὐ τοῦτό φασιν, ὡς ἄρα ἡ ψυχὴ αὐτοῦ πολλάκις ἀπολιποῦσα τὸ σῶμα περιεπόλει ἀσώματος; καὶ οὐδὲ τοῦτον ἐνόμισαν θεὸν οἱ ἄνθρωποι." Καὶ πρὸς τοῦτο φήσόμεν, ὅτι τάχα πονηροί τινες δαίμονες τοιαῦτα ᾠκονόμησαν ἀναγραφῆναι· (οὐ γὰρ πιστεύω, ὅτι καὶ γενέσθαι ᾠκονόμησαν·) ἵνα τὰ προφητευθέντα περὶ τοῦ Ἰησοῦ, καὶ τὰ λεχθέντα ὑπ' αὐτοῦ, ἤτοι ὡς πλάσματα ὅμοια ἐκείνοις διαβάλληται, ἢ ὡς οὐδὲν πλεῖον ἑτέρων ἔχοντα μὴ πάνυ θαυμάζηται. Ἔλεγε δὲ ὁ ἐμὸς Ἰησοῦς περὶ τῆς ἑαυτοῦ ψυχῆς (οὐ κατὰ τὸ ἀνθρώπινον χρεὼν χωριζομένης τοῦ σώματος, ἀλλὰ κατὰ τὴν δοθεῖσαν αὐτῷ καὶ περὶ τούτου παράδοξον ἐξουσίαν) τό "οὐδεὶς αἴρει (1) τὴν ψυχήν μου ἀπ' ἐμοῦ, ἀλλὰ ἐγὼ τίθημι αὐτὴν ἀπ' ἐμαυτοῦ. ἐξουσίαν ἔχω θεῖναι αὐτὴν, καὶ πάλιν ἐξουσίαν ἔχω λαβεῖν αὐτήν." Ἐπεὶ γὰρ ἐξουσίαν εἶχε θεῖναι αὐτὴν, ἔθηκε μὲν, ἡνίκα εἶπε· "πάτερ, ἱνατί με ἐγκατέλιπες; καὶ κράξας φωνῇ (2) μεγάλῃ, ἀφῆκε τὸ πνεῦμα·" προλαβὼν τοὺς ἐπὶ τῶν ἀνεσκολοπισμένων[3] δημίους, ὑποτέμνοντας τὰ σκέλη τῶν σταυρουμένων, (3) καὶ διὰ τοῦθ' ὑποτέμνοντας, ἵνα μὴ ἐπιπλέον τιμωρίαν τίσωσιν. Ἔλαβε δὲ τὴν ψυχὴν, ὅτε ἑαυτὸν ἐνεφάνισε τοῖς μαθηταῖς, προειπὼν ἐπ' αὐτῶν τοῖς ἀπιστοῦσιν αὐτῷ Ἰουδαίοις· "λύσατε τὸν ναὸν τοῦτον, κἀγὼ ἐν τρισὶν ἡμέραις ἐγερῶ (4) αὐτόν." καὶ "ἔλεγε τοῦτο περὶ τοῦ ναοῦ τοῦ σώματος αὐτοῦ," καὶ τῶν προφητῶν προκηρυξάντων τὸ τοιοῦτο διὰ πλειόνων· καὶ διὰ τοῦ· "ἔτι δὲ καὶ ἡ σάρξ μου κατασκηνώσει (5) ἐπ' ἐλπίδι· ὅτι οὐκ ἐγκαταλείψεις τὴν ψυχήν μου εἰς τὸν ᾅδην, οὐδὲ δώσεις τὸν ὅσιόν σου ἰδεῖν διαφθοράν."

33. Ἔδειξε δ' ὁ Κέλσος, ὅτι πλείονας ἀνέγνω ἱστορίας Ἑλληνικὰς, παραθέμενος καὶ τὰ περὶ τοῦ Ἀστυπαλαίεως Κλεομήδους· "ὃν ἱστόρησεν εἰς κιβωτὸν καταδύντα, καὶ ἔνδοθεν αὐτῆς εἰλημμένον μὴ εὑρῆσθαι ἔνδον· ἀλλ' ἔκτοθι δαιμονίᾳ τινὶ μοίρᾳ διαπτῆναι, ἡνίκα ὑπὲρ τοῦ αὐτὸν συλλαβεῖν διέ-

(1) Ev. Joann. x. 18.   (2) Matth. xxvii. 46—50.
(3) Sic Codd. Reg. et Basil., alias vero ἀνασκολοπιζομένων. R.
(4) Ev. Joann. ii. 19.   (5) Psalm. xvi. 9, 10 (xv.).

(1) κοψάν τίνες την κιβωτόν." Και τούτο δε, ει μεν (1) πλάσμα εστίν, ώσπερ έοικεν είναι πλάσμα, ου παραβάλλεται τοις περί του Ιησού. Επείπερ εκείνων μεν ουδέν της ιστορουμένης θειότητος εν τω βίω των ανθρώπων σύμβολον ευρίσκεται· του δε Ιησού αι των ωφελουμένων εκκλησίαι, και αι περί αυτού λελεγμέναι προφητείαι, και αι εν ονόματι αυτού γινόμεναι θεραπείαι, και η κατ' αυτόν μετά σοφίας γνώσις, και ο λόγος ευρισκόμενος παρά τοις φροντίσασιν αναβήναι μεν από της ψιλής πίστεως, ερευνήσαι δε τον εν ταις θείαις γραφαίς νουν, κατά τας του Ιησού υποθήκας, ειπόντος 10
(2) "ερευνάτε τας γραφάς" και κατά το βούλημα του διδάξαν-
(3) τος Παύλου, δειν ειδέναι ημάς εκάστω κατά το δέον απο-
(4) κρίνασθαι· αλλά και του ειπόντος· "έτοιμοι αει προς απολογίαν παντί τω αιτούντι υμάς λόγον περί της εν υμίν πίστεως." Ει δε βούλεται αυτός συγχωρείσθαι μη είναι πλάσμα· λεγέτω, τί βουλομένη η υπέρ άνθρωπον δύναμις πεποίηκεν έκτοθι της κιβωτού δαιμονία τινί μοίρα διαπτήναι; ει μεν γαρ αξιόλογον τι παραστήσει, και βούλημα θεού άξιον το δωρησάμενον το τοιούτον τω Κλεομήδει, κρινούμεν τί χρη λέγειν προς αυτόν· ει δ' απορήσει καν πιθανόν τι εις 20 τον τόπον λέγειν, δηλονότι το όσον επί τω μη ευρίσκεσθαι λόγον, ήτοι διαβαλούμεν τοις αυτήν μη παραδεξαμένοις, και εγκαλέσομεν τη ιστορία ως ουκ αληθεί· η δαιμόνιόν τι φήσομεν παραπλήσιον τοις επιδεικνυμένοις γόησιν απάτη οφθαλμών πεποιηκέναι και περί τον Αστυπαλαιέα· περί ου οίεται ο Κέλσος ότι θεοπρόπιόν τι εθέσπισεν, ως άρα μοίρα τινί δαιμονία διέπτη από της κιβωτού.

34. Εγώ μεν ουν ηγούμαι, ότι τούτους μόνους ηπίστατο ο Κέλσος. και ίνα δοκή εκών παραλιπείν τα παραπλήσια, είπε τό· "και άλλους έχοι τις αν ειπείν τοιούσδε 30 πλείονας." Έστω δ' ουν και δεδόσθω, τοιούσδε γεγονέναι πλείονας, μηδέν ωφεληκότας το των ανθρώπων γένος· τί τού-

---

(1) Hoeschel. in textu et omnes MSS. ει μέν. Lego: ει μη πλάσμα. R.
(2) Ev. Joann. v. 39.   (3) Coloss. iv. 6.
(4) 1 Pet. iii. 15.

των έκαστον εύρεθείη άν προς το του Ίησου έργον, και τα περί αύτου παράδοξα, περί ών επί πλείον ειρήκαμεν; Μετά ταυτα " παραπλήσιον ημάς οίεται πεποιηκέναι, τον, (ώς φησιν ό Κέλσος,) άλόντα και αποθανόντα θρησκεύοντας, τοις Γέταις σέβουσι Ζάμολξιν, και Κίλιξι τον Μόψον, και Άκαρνάσι τον Άμφίλοχον, και Θηβαίοις τον Άμφιάρεων, και Λεβαδίοις τον Τροφώνιον." Και εν τούτοις δε ελέγξομεν αυτόν ουκ ευλόγως ημάς ομοιώσαντα τοις προειρημένοις. οι μεν γαρ νεώς και αγάλματα κατεσκεύασαν τοις κατειλεγμένοις· ημείς 10 δε την διά των τοιούτων τιμήν ανελόντες από του θείου, (ώς αρμοζόντων μάλλον δαιμονίοις, ουκ οίδ' όπως ιδρυμένοις έν τινι τόπω, ον ήτοι προκαταλαμβάνουσιν, η διά τινών τελετών αχθέντες και μαγγανειών ώσπερ οικούσι,) τεθήπαμεν τον Ίησουν, τον νουν ημών μεταθέντα από παντός αισθητου, ως ου μόνον φθαρτου, άλλα και φθαρησομένου, και ανάγοντα επί την μετά όρθου βίου προς τον επί πάσι θεόν τιμήν μετ'. ευχών, άς προσάγομεν αυτώ, ως διά μεταξύ όντος της του (1) (2) αγενήτου και της των γενητών πάντων φύσεως, και φέροντος μεν ημίν τας από του πατρός ευεργεσίας, διακομίζοντος (3) 20 δε ημών τρόπον αρχιερέως τας ευχάς προς τον επί πάσι θεόν.

35. Έβουλόμην δε προς τον, ουκ οίδ' όπως, τοιαυτα λέγοντα, τοιαυτά τινα πρεπόντως αυτώ αδολεσχήσαι. Άρ' ούν ουδέν εισιν ούτοι, ους κατέλεξας, και ουδεμία δύναμίς εστιν εν Λεβαδία κατά τον Τροφώνιον, ουδ' εν Θήβαις περί τον του Άμφιάρεω νεών, ουκ' εν Άκαρνανία περί τον Άμφίλοχον, ουδ' εν Κιλικία περί τον Μόψον; Ή εστί τις εν τοις τοιούτοις είτε δαίμων, είτε ήρως, είτε και θεός, ενεργών τινα μείζονα ή κατά άνθρωπον; Εί μεν γαρ φησι μηδέν έτερον 30 είναι, μήτε δαιμόνιον, μήτε θείον περί τούτους· κάν νυν όμολο-

(1) Boherellus: "Lego: ἃς προσάγομεν δι' αὐτοῦ, ὡς."
(2) Hoeschel. suspicabatur legendum: ὡς δὴ μεταξὺ ὄντος, male. Nihil mutari necesse est. Agitur quippe de precibus, quas offerimus Deo " per eum, qui veluti medius est inter increatam naturam et creatam:" ὡς διὰ μεταξὺ ὄντος τῆς τοῦ ἀγενήτου καὶ τῆς τῶν γενητῶν πάντων φύσεως. R.
(3) Sic omnes MSS. Ab excusis libris abest ἀπό. R.

γησάτω την εαυτού γνώμην, Επικούρειος ών, και μη τα αυτά τοις Έλλησι φρονών, και μήτε δαίμονας γιγνώσκων, μήτε κάν ως Έλληνες θεούς σέβων· και ελεγχέσθω, ότι μάτην και τα προειρημένα, ως παραδεξάμενος αυτά είναι αληθή, εκόμισε, και τα εν τοις εξής επιφερόμενα. Ει δε φήσει είτε δαίμονας, είτε ήρωας, είτε και θεούς είναι τους κατειλεγμένους· οράτω ότι, όπερ ου βούλεται, κατασκευάσει δι' ων είρηκεν ως και ο Ιησούς τοιούτόν τι ην· διό και δεδύνηται εαυτόν
(1) παραστήσαι ουκ ολίγοις των ανθρώπων[1] θεόθεν επιδεδημηκέναι τω γένει των ανθρώπων. Άπαξ δε τούτ' εάν παραδέξηται ορα, ει μη αναγκασθήσεται ισχυρότερον αυτόν φήσαι τούτων, οις αυτόν συγκατηρίθμησεν· επεί εκείνων μέν γε ουδείς κωλύει τας προς τους ετέρους τιμάς· ούτος δε εαυτώ θαρρών, ως πάντων εκείνων δυνατώτερος, απαγορεύει τας τούτων αποδοχάς, ως μοχθηρών δαιμόνων, και τόπους επί γης προκατειληφότων, επεί της καθαρωτέρας ου δύνανται εφάψασθαι χώρας και θειοτέρας, ένθα μη φθάνουσίν αι από της γης και των εν αυτή μυρίων κακών παχύτητες.

36. Επεί δε μετά ταύτα και τα περί των παιδικών Αδριανού, (λέγω δε τα περί Αντινόου του μειρακίου, και τας εις αυτόν των εν Αντινόου πόλει της Αιγύπτου τιμάς,)
(2) ουδέν οίεται αποδείν της ημετέρας προς τον Ιησούν τιμής· φέρε και τούτο ως φιλέχθρως λεγόμενον διελέγξωμεν. Τι γαρ κοινόν έχει ο γενόμενος εν τοις Αδριανού παιδικοίς βίος, ουδέ τον άρρενα απαθή γυναικείας νόσου φυλάξαντος, προς
(3) τον σεμνόν ημών Ιησούν, ου μηδέ οι μυρία κατηγορήσαντες, και ψευδή όσα περί αυτού λέγοντες, δεδύνηνται κατειπείν, ως κάν το τυχόν ακολασίας κάν επ' ολίγον γευσαμένου; Αλλά και, είπερ φιλαλήθως και αδεκάστως τα περί τον Αντίνουν εξετάζοι τις, μαγγανείας αν Αιγυπτίων και τελετάς εύροι τας αιτίας του δοκείν τι αυτόν ποιείν εν Αντινόου πόλει, και

---

(1) Boherellus; " delendum videtur των ανθρώπων, propter eadem verba, versu sequenti repetita."
(2) Ita recte omnino Cod. Regius. Alias mendose αυτόν των εν Αντινόου του της Αιγύπτου κ.τ.λ. R.
(3) Boherellus, cui Ruaeus adstipulatur: "Lego: φυλάξας." L.

μετὰ τὴν τελευτὴν αὐτοῦ· ὅπερ καὶ ἐπ' ἄλλων νεῶν ἱστορεῖται ὑπὸ Αἰγυπτίων καὶ τῶν τὰ τοιαῦτα δεινῶν γεγονέναι, ἔν τισι τόποις ἱδρυόντων δαίμονας μαντικοὺς, ἢ ἰατρικοὺς, πολλάκις δὲ καὶ βασανίζοντας τοὺς δοκοῦντάς τι παραβεβηκέναι περὶ τῶν τυχόντων βρωμάτων, ἢ περὶ τοῦ θίγειν νεκροῦ σώματος ἀνθρωπίνου, ἵνα δοκοῖεν δεδίττεσθαι τὸν πολὺν λαὸν (1) καὶ ἀπαίδευτον. Τοιοῦτος δέ ἐστι καὶ ἐν Ἀντινόου πόλει τῆς Αἰγύπτου νομισθεὶς εἶναι θεὸς, οὗ ἀρετὰς οἱ μέν τινες κυβευτικώτερον ζῶντες καταψεύδονται· ἕτεροι δὲ ὑπὸ τοῦ 10 ἐκεῖ ἱδρυμένου δαίμονος ἀπατώμενοι, καὶ ἄλλοι ἀπὸ ἀσθενοῦς τοῦ συνειδότος ἐλεγχόμενοι, οἴονται τίνειν θεήλατον ἀπὸ τοῦ (2) Ἀντινόου ποινήν. Τοιαῦτα δέ ἐστι καὶ τὰ δρώμενα αὐτῶν μυστήρια, καὶ αἱ δοκοῦσαι μαντεῖαι, ὧν πάνυ μακράν ἐστι τὰ τοῦ Ἰησοῦ. οὐ γὰρ συνελθόντες γόητες, χάριν τίνοντες βασιλεῖ τινι κελεύοντι, ἢ ἡγεμόνι προστάσσοντι, πεποιηκέναι ἔδοξαν αὐτὸν εἶναι θεόν· ἀλλ' αὐτὸς ὁ τῶν ὅλων δημιουργὸς, ἀκολούθως τῇ ἐν τῷ λέγειν τεραστίως πιστικῇ δυνάμει, συνέστησεν αὐτὸν, ὡς τιμῆς ἄξιον, οὐ τοῖς εὐφρονεῖν ἐθέλουσι μόνον ἀνθρώποις, ἀλλὰ καὶ δαίμοσι, καὶ ἄλλαις ἀοράτοις 20 δυνάμεσιν· αἵτινες μέχρι τοῦ δεῦρο ἐμφαίνουσιν, ἤτοι φοβούμεναι τὸ ὄνομα τοῦ Ἰησοῦ ὡς κρείττονος, ἢ σεβασμίως ἀποδεχόμεναι ὡς κατὰ νόμους αὐτῶν ἄρχοντος. εἰ γὰρ μὴ θεόθεν ἦν αὐτῷ δοθεῖσα σύστασις, οὐκ ἂν καὶ δαίμονες τῷ ὀνόματι αὐτοῦ ἀπαγγελλομένῳ μόνον εἴκοντες ἀνεχώρουν ἀπὸ τῶν ὑπ' αὐτῶν πολεμουμένων.

37. Αἰγύπτιοι μὲν οὖν διδαχθέντες τὸν Ἀντίνοον σέ- (3) βειν, ἐὰν αὐτῷ παραβάλῃς Ἀπόλλωνα ἢ Δία, ἀνέξονται,

(1) Vocem λαόν, quae exciderat, restituunt MSS. R.
(2) Boherellus: "Scaliger in Animadvers. ad Euseb. ad ann. MMCXLV. legit: πνεῖν ποινήν, et Salmas. in notis ad Ael. Spartianum: πνεῖν πνοήν, quomodo et apud Scaligerum legendum videtur. Consule annotationes Spenceri (probantis lectionem: πνεῖν πνοήν) ad hunc locum. Sed placet vulgata lectio, propter illud: ἀσθενοῦς τοῦ συνειδότος, et θεήλατον." L.
(3) Libri excusi in margine: Αἰγυπτίῳ μὲν οὖν διδαχθέντι τὸν Ἀντίνοον σέβειν, ἐὰν παραβάλλῃς κ.τ.λ. Sicque omnes MSS. excepto Joliano, cujus lectionem in textu sequimur ob sequentia: ἀνέξονται σεμνύνοντες. R.

σεμνύνοντες τὸν Ἀντίνουν διὰ τοῦ ἐκείνοις αὐτὸν συναριθμεῖν. Καὶ ἐν τούτοις γὰρ ὁ Κέλσος σαφῶς ψεύδεται, λέγων· "κἂν παραβάλῃς αὐτῷ τὸν Ἀπόλλωνα, ἢ τὸν Δία, οὐκ ἀνέξονται." Χριστιανοῖς δὲ μεμαθηκόσι τὴν αἰώνιον αὐτοῖς εἶναι ζωὴν ἐν
(1) τῷ γιγνώσκειν τὸν μόνον ἐπὶ πᾶσιν ἀληθινὸν θεόν, καὶ ὃν ἐκεῖνος ἀπέστειλεν Ἰησοῦν Χριστόν· μαθοῦσι δὲ καὶ, ὅτι
(2) πάντες μὲν οἱ θεοὶ τῶν ἐθνῶν εἰσι δαιμόνια λιχνὰ, καὶ περὶ
(3) τὰς θυσίας, καὶ τὰ αἵματα, καὶ τὰς ἀπὸ τῶν θυσιῶν ἀποφορὰς καλινδούμενα ἐπὶ ἀπάτῃ τῶν μὴ προσπεφευγότων τῷ ἐπὶ πᾶσι θεῷ· οἱ δὲ τοῦ θεοῦ θεῖοι καὶ ἅγιοι ἄγγελοι ἄλλης
(4) εἰσὶ φύσεως καὶ προαιρέσεως παρὰ τοὺς ἐπὶ γῆς πάντας δαίμονας· καὶ ὅτι οὗτοι σφόδρα ὀλίγοις γιγνώσκονται τοῖς περὶ τούτων συνετῶς καὶ ἐπιμελῶς ζητήσασιν, ἐὰν παραβάλῃς Ἀπόλλωνα καὶ Δία, ἤ τινα τῶν μετὰ κνίσσης, καὶ αἵματος, καὶ θυσιῶν, προσκυνουμένων, οὐκ ἀνέξονται· τινὲς μὲν, διὰ τὴν πολλὴν ἁπλότητα, μὴ εἰδότες μὲν δοῦναι λόγον περὶ ὧν ποιοῦσιν, εὐγνωμόνως δὲ τηροῦντες ἃ παρειλήφασιν· ἕτεροι δὲ μετ' οὐκ εὐκαταφρονήτων λόγων, ἀλλὰ καὶ βαθυτέρων, καὶ, ὡς ἂν εἴποι τις Ἕλλην, ἐσωτερικῶν καὶ ἐποπτικῶν, ἐν οἷς πολύς ἐστι λόγος περὶ θεοῦ, καὶ τῶν τετιμημένων ἀπὸ θεοῦ διὰ τοῦ μονογενοῦς θεοῦ λόγου μετοχῇ θεότητος, διὰ τοῦτο
(5) δὲ καὶ ὀνόματι. Πολὺς δὲ ὁ λόγος καὶ ὁ περὶ τῶν θείων ἀγγέλων, καὶ ὁ περὶ τῶν ἐναντίων μὲν τῇ ἀληθείᾳ, ἠπατημένων δὲ, καὶ ἐξ ἀπάτης αὐτοὺς ἀναγορευόντων θεοὺς, ἢ ἀγγέλους θεοῦ, ἢ δαίμονας ἀγαθοὺς, ἢ ἥρωας, ἐκ μεταβολῆς συστάντας ἀγαθῆς ἀνθρωπίνης ψυχῆς. Οἱ δὲ τοιοῦτοι Χριστιανοὶ καὶ κατασκευάσουσιν, ὅτι ὥσπερ πολλοὶ ἐν φιλοσοφίᾳ δοκοῦσιν εἶναι ἐν ἀληθείᾳ, ἤτοι ἑαυτοὺς κατασοφισάμενοι λόγοις πιθανοῖς, ἢ τοῖς ὑφ' ἑτέρων προσαγομένοις καὶ εὑρε-

---

(1) Ev. Joann. xvii. 3. (2) Psalm xcvi. 5 (xcv.).
(3) Vide quae ab Huetio disputata sunt Origenianor. Lib. II. quaest. v. Num. xxxviii. R.
(4) Consule quae observavit Huetius Origenianorum Lib. II. quaest. v. Num. vii. et viii. R.
(5) Forte scribendum fuerit: ὀνόματος. R.

θεῖσι συγκαταθέμενοι προπετῶς· οὕτως εἰσὶ καὶ ἐν ταῖς ἔξω (1) σωμάτων ψυχαῖς, καὶ ἀγγέλοις καὶ δαίμοσί τινες, ὑπὸ τῶν πιθανοτήτων ἑλκυσθέντες πρὸς τὸ ἑαυτοὺς ἀναγορεῦσαι θεούς. Καὶ διὰ τοὺς τοιούτους γε λόγους κατὰ τὸ ἀκριβὲς τελείως ἐν ἀνθρώποις μὴ δυναμένους εὑρεθῆναι, ἀσφαλὲς ἐνομίσθη τὸ μηδενὶ ἑαυτὸν ἐμπιστεῦσαι ἄνθρωπον ὄντα ὡς θεῷ, πλὴν (2) μόνου τοῦ ἐπὶ πᾶσιν ὡς διαιτητοῦ, τὰ βαθύτατα ταῦτα καὶ θεωρήσαντος καὶ ὀλίγοις παραδόντος Ἰησοῦ Χριστοῦ.

38. Περὶ μὲν οὖν τοῦ Ἀντινόου, ἤ τινος ἄλλου τοι- (3)
10 ούτου, εἴτε παρ' Αἰγυπτίοις, εἴτε παρ' Ἕλλησι, πίστις ἐστὶν, ἵν' οὕτως ὀνομάσω, ἀτυχής· περὶ δὲ τοῦ Ἰησοῦ ἤτοι δόξασα ἂν εἶναι εὐτυχὴς, ἢ καὶ βεβασανισμένως ἐξητασμένη, δοκοῦσα μὲν εὐτυχὴς παρὰ τοῖς πολλοῖς, βεβασανισμένως δὲ ἐξητασμένη παρὰ πάνυ ὀλιγωτάτοις. Κἂν λέγω δέ τινα πίστιν εἶναι, ὡς ἂν οἱ πολλοὶ ὀνομάσαιεν, εὐτυχῆ· καὶ περὶ ταύτης ἀναφέρω τὸν λόγον ἐπὶ τὸν εἰδότα θεὸν τὰς αἰτίας τῶν ἑκάστῳ μεμερισμένων ἐπιδημοῦντι τῷ βίῳ τῶν ἀνθρώπων. Καὶ Ἕλληνες δὲ φήσουσι καὶ ἐν τοῖς νομιζομένοις εἶναι σοφωτάτοις ὡς τὰ πολλὰ τὴν εὐτυχίαν εἶναι αἰτίαν, οἷον
20 περὶ διδασκάλων τοιῶνδε, καὶ τοῦ περιπεσεῖν τοῖς κρείττοσιν, ὄντων καὶ τῶν ἐναντίας αἱρέσεις διδασκόντων, καὶ περὶ ἀνατροφῆς τῆς ἐν βελτίοσι. πολλοῖς γὰρ καὶ τὰ τῆς ἀνατροφῆς ἐν τοιούτοις γεγένηται, ὡς μηδὲ φαντασίαν ἐπιτρα- (4) πῆναι τῶν κρειττόνων λαβεῖν· ἀλλ' ἀεὶ καὶ ἐκ πρώτης ἡλικίας ἤτοι ἐν παιδικοῖς εἶναι ἀκολάστων ἀνδρῶν, ἢ δεσποτῶν, ἢ ἐν

---

(1) Sic recte Cod. Jolianus, male vero alii, et libri impressi οὕτως εἰσὶ καὶ αἱ ἐν ταῖς ἔξω σωμάτων. R.

(2) Libri excusi ad marginem habent: πλὴν μόνον τοῦ ἐπὶ πᾶσιν ὡς διαιτητοῦ τὰ βαθύτατα, in textu vero : πλὴν μόνου τοῦ ἐν πᾶσιν ὡς διαιτητοῦ, τοῦ βαθύτατα. R.

(3) Cfr. Philoc. ed. Tarin. Cap. XVIII. p. 209 seqq., ubi, tituli instar, haec leguntur verba : Ὅτι ἡ εἰς τὸν κύριον ἡμῶν πίστις μηδὲν κοινὸν ἔχουσα πρὸς τὴν ἄλογον τῶν ἐθνῶν δεισιδαίμονα πίστιν, ἐπαινετή τέ ἐστι καὶ ταῖς ἀρχῆθεν κοιναῖς ἐννοίαις συναγορεύει. Καὶ πρὸς τοὺς λέγοντας, πῶς ἐκ θνητοῦ σώματος ὄντα τὸν Ἰησοῦν θεὸν νομίζομεν. L.

(4) Philoc. Mscr., Hoesch. teste: καὶ περὶ ἀνατροφῆς τῆς βελτίονος. Πολλοῖς γὰρ κατὰ τὴν ἀνατροφὴν ἐν τοιούτοις. L.

ἄλλη τινὶ κωλυούσῃ ἀναβλέπειν τὴν ψυχὴν κακοδαιμονίᾳ. Τὰς δὲ περὶ τούτων αἰτίας πάντως μὲν εἰκὸς εἶναι ἐν τοῖς τῆς προνοίας λόγοις· πίπτειν δὲ αὐτὰς εἰς ἀνθρώπους, οὐκ εὐχερές· ἔδοξε δέ μοι ταῦτα διὰ μέσου ἐν παρεκβάσει εἰρηκέναι, διὰ
(1) τό· "τοσοῦτον ποιεῖ πίστις, ὁποία δὴ προκατασχοῦσα." ἐχρῆν γὰρ διὰ τὰς διαφόρους ἀνατροφὰς εἰπεῖν διαφορὰς τῶν ἐν ἀνθρώποις πίστεων, εὐτυχέστερον ἢ ἀτυχέστερον πιστεύουσι καὶ ἐκ τούτου ἀναβῆναι, ὅτι δόξαι ἂν καὶ ἐν τοῖς ἐντρεχεστέροις εἰς αὐτὸ τὸ δοκεῖν εἶναι λογικωτέροις, καὶ λογικώτερον προστίθεσθαι τὰ πολλὰ δόγμασιν, ἡ ὀνομαζομένη 10
(2) εὐτυχία καὶ ἡ λεγομένη ἀτυχία συνεργεῖν. ἀλλὰ γὰρ περὶ τούτων ἅλις.

39. Τὰ δ' ἑξῆς τοῦ Κέλσου κατανοητέον, ἐν οἷς καὶ
(3) "ἡμῖν φησι πίστιν ποιεῖν προκαταλαβοῦσαν ἡμῶν τὴν ψυχὴν, τὴν περὶ τοῦ Ἰησοῦ τοιάνδε συγκατάθεσιν." ἀληθῶς γὰρ πίστις ἡμῖν ποιεῖ τὴν τοιαύτην συγκατάθεσιν. Ὅρα δὲ, εἰ
(4) μὴ αὐτόθεν ἡ πίστις αὐτὴ τὸ ἐπαινετὸν παρίστησιν, ὅτι
(5) πιστεύομεν ἑαυτοὺς τῷ ἐπὶ πᾶσι θεῷ, χάριν ὁμολογοῦντες τῷ εἰς τοιαύτην πίστιν ὁδηγῷ, καὶ λέγοντες αὐτὸν οὐκ ἀθεεὶ τὸ τοιοῦτον τετολμηκέναι καὶ ἠνυκέναι· πιστεύομεν δὲ καὶ ταῖς 20 προαιρέσεσι τῶν γραψάντων τὰ εὐαγγέλια, καταστοχαζόμενοι τῆς εὐλαβείας αὐτῶν καὶ τοῦ συνειδότος, ἐμφαινομένων τοῖς γράμμασιν, οὐδὲν νόθον καὶ κυβευτικὸν καὶ πεπλασμένον καὶ πανοῦργον ἐχόντων. Καὶ γὰρ παρίσταται ἡμῖν, ὅτι οὐκ ἂν
(6) ψυχαὶ, μὴ μαθοῦσαι τὰ τοιαῦτα, ὁποῖα διδάσκει ἡ παρ' Ἕλλησι πανοῦργος σοφιστεία, πολλὴν ἔχουσα τὴν πιθανότητα, καὶ τὴν ὀξύτητα, καὶ ἡ ἐν τοῖς δικαστηρίοις καλινδουμένη ῥητορικὴ, οὕτω πλάσαι οἷοί τ' ἦσαν πράγματα, δυνάμενα ἀφ' ἑαυτῶν ἔχειν τὸ πρὸς πίστιν, καὶ τὸν ἀνάλογον τῇ

(1) Sic Cod. Regius. R. Philoc. Mscr., Hoeschel. teste: τοσοῦτόν τι ποιεῖ. L.
(2) Deest γάρ in Philoc.
(3) Philoc. Mscr., Hoesch. teste: ἡμῶν τὴν πίστιν. L.
(4) Philoc. αὕτη. L.   (5) Deest ἑαυτούς in Philoc. L.
(6) Edd. Philoc. μαθοῦσαι τοιαῦτα, ὁποῖα, Philoc. vero Mscr., Hoesch. teste: μαθοῦσαι ὁποῖα. L.

πίστει βίον ἀγωγόν. Οἶμαι δὲ καὶ τὸν Ἰησοῦν διὰ τοῦτο (1)
βεβουλῆσθαι διδασκάλοις τοῦ δόγματος χρῆσθαι τοιούτοις,
ἵνα μηδεμίαν μὲν ἔχῃ χώραν ὑπόνοια πιθανῶν σοφισμάτων· (2)
λαμπρῶς δὲ τοῖς συνιέναι δυναμένοις ἐμφαίνηται, ὅτι τὸ
ἄδολον τῆς προαιρέσεως τῶν γραψάντων, ἐχούσης πολὺ τό, (3)
ἵν' οὕτως ὀνομάσω, ἀφελὲς, ἠξιώθη θειοτέρας δυνάμεως, πολλῷ
μᾶλλον ἀνυούσης, ἤπερ ἀνύειν δύνασθαι δοκεῖ περιβολὴ λόγων,
καὶ λέξεων σύνθεσις, καὶ μετὰ διαιρέσεων καὶ τεχνολογίας
Ἑλληνικῆς ἀκολουθία.

40. Ὅρα δὲ, εἰ μὴ τὰ τῆς πίστεως ἡμῶν, ταῖς κοιναῖς
ἐννοίαις ἀρχῆθεν συναγορεύοντα, μετατίθησι τοὺς εὐγνωμόνως
ἀκούοντας τῶν λεγομένων. εἰ γὰρ καὶ ἡ διαστροφὴ δεδύ-
νηται, πολλῆς αὐτῇ κατηχήσεως συναγορευούσης, τοῖς πολλοῖς
ἐμφυτεῦσαι τὸν περὶ ἀγαλμάτων λόγον ὡς (4) θεῶν, καὶ τὸν περὶ (4)(5)
τῶν γενομένων ἐκ χρυσοῦ, καὶ ἀργύρου, καὶ ἐλέφαντος, καὶ
λίθου ὡς προσκυνήσεως ἀξίων· ἀλλ' ἡ κοινὴ ἔννοια ἀπαιτεῖ
ἐννοεῖν, ὅτι ὁ θεὸς οὐδαμῶς ἐστιν ὕλη φθαρτὴ, οὐδὲ τιμᾶται
ἐν ἀψύχοις ὕλαις ὑπὸ ἀνθρώπων μορφούμενος, ὡς κατ' εἰκόνα (6)
ἤ τινα σύμβολα ἐκείνου γιγνομέναις. διόπερ εὐθέως λέγεται
τὰ περὶ ἀγαλμάτων, ὅτι οὐκ εἰσὶ θεοί· καὶ τὰ περὶ τῶν (7)
τοιούτων δημιουργημάτων, ὅτι οὐκ ἔστι συγκριτὰ πρὸς τὸν
δημιουργόν· ὀλίγα τε περὶ τοῦ ἐπὶ πᾶσι θεοῦ, δημιουργή- (8)
σαντος καὶ συνέχοντος καὶ κυβερνῶντος τὰ ὅλα. Καὶ εὐθέως
ὡσπερεὶ τὸ συγγενὲς ἐπιγνοῦσα ἡ λογικὴ ψυχὴ, ἀπορρίπτει (9)
μὲν ἃ τέως ἐδόξαζεν εἶναι θεοὺς, φίλτρον δ' ἀναλαμβάνει
φυσικὸν τὸ πρὸς τὸν κτίσαντα, καὶ διὰ τὸ πρὸς ἐκεῖνον
φίλτρον, ὑπεραποδέχεται καὶ τὸν ταῦτα πρῶτον πᾶσι τοῖς

(1) Deest βίον in Philoc. L.
(2) Deest μέν in Philoc. L.
(3) Philoc. ἐχούσης τό, ἵν' οὕτως εἴπω, ἀφελές. R.
(4) Philoc. ὡς περὶ θεῶν. L.
(5) Scribendum videtur: καὶ τὸν περὶ τῶν γενομένων, &c. Philoc. habet καὶ τῶν περιγενομένων, &c. R. antea τό. W.S.
(6) Philoc. ὑπὸ ἀνθρώπου μορφούμενος, ὡς οὐ κατ' εἰκόνα. R.
(7) Desunt in Philoc. verba: ὅτι οὐκ εἰσὶ θεοί. R. L.
(8) Desunt in Philoc. verba: ὀλίγα τε περί. L.
(9) Recte omnino Philocalia, male autem libri excusi περὶ τὸ συγγενές. R.

ἔθνεσι παραστήσαντα δι' ὧν κατεσκεύασε μαθητῶν· οὓς ἐξέπεμψε μετὰ θείας δυνάμεως καὶ ἐξουσίας κηρύξαι τὸν περὶ τοῦ Θεοῦ καὶ τῆς βασιλείας αὐτοῦ λόγον.

41. Ἐπεὶ δ' ἐγκαλεῖ ἡμῖν, οὐκ οἶδ' ἤδη ὁποσάκις, περὶ "τοῦ Ἰησοῦ, ὅτι ἐκ θνητοῦ σώματος ὄντα, θεὸν νομίζομεν, καὶ ἐν τούτῳ ὅσια δρᾶν δοκοῦμεν" περισσὸν μὲν τὸ ἔτι πρὸς τοῦτο λέγειν· πλείονα γὰρ ἐν τοῖς ἀνωτέρω λέλεκται. ὅμως (1) δὲ ἴστωσαν οἱ ἐγκαλοῦντες, ὅτι ὃν μὲν νομίζομεν καὶ πεπείσμεθα ἀρχῆθεν εἶναι θεὸν, καὶ υἱὸν θεοῦ, οὗτος ὁ αὐτολόγος ἐστὶ, καὶ ἡ αὐτοσοφία, καὶ ἡ αὐτοαλήθεια· τὸ δὲ θνητὸν 10 αὐτοῦ σῶμα, καὶ τὴν ἀνθρωπίνην ἐν αὐτῷ ψυχὴν, τῇ πρὸς ἐκεῖνον οὐ μόνον κοινωνίᾳ, ἀλλὰ καὶ ἑνώσει καὶ ἀνακράσει, τὰ (2) μέγιστά φαμεν προσειληφέναι, καὶ τῆς ἐκείνου θειότητος (3)(4) κεκοινωνηκότα εἰς θεὸν μεταβεβηκέναι(4). Ἐὰν δέ τις προσκόπτῃ καὶ περὶ τοῦ σώματος αὐτοῦ ταῦθ' ἡμῶν λεγόντων· ἐπιστησάτω τοῖς ὑπὸ τῶν Ἑλλήνων λεγομένοις περὶ τῆς τῷ (5) ἰδίῳ λόγῳ ἀποίου ὕλης, ποιότητας ἀμπισχομένης, (5) ὁποίας ὁ δημιουργὸς βούλεται αὐτῇ περιτιθέναι, καὶ πολλάκις τὰς μὲν προτέρας ἀποτιθεμένης, κρείττονας δὲ καὶ διαφόρους ἀναλαμβανούσης. εἰ γὰρ ὑγιῆ τὰ τοιαῦτα, τί θαυμαστὸν, τὴν 20 ποιότητα τοῦ θνητοῦ κατὰ τὸν Ἰησοῦν σώματος προνοίᾳ Θεοῦ βουληθέντος, μεταβαλεῖν εἰς αἰθέριον καὶ θείαν ποιότητα;

42. Οὐχ ὡς διαλεκτικὸς μὲν οὖν εἶπεν ὁ Κέλσος, παρα- (6) βάλλων τὰς ἀνθρωπίνας τοῦ Ἰησοῦ σάρκας χρυσῷ, καὶ ἀργύρῳ, (7) καὶ λίθῳ, ὅτι αὗται ἐκείνων φθαρτότεραι. πρὸς γὰρ τὸν ἀκριβῆ λόγον, οὔτε ἄφθαρτον ἀφθάρτου ἀφθαρτότερον· οὔτε φθαρτὸν φθαρτοῦ φθαρτότερον. ἀλλ' εἰ ἄρα φθαρτότερον,

(1) Hoesch. in textu ἰδέτωσαν. R.
(2) Philoc. et Cod. Palat. θεότητος. L.
(3) Boherellus: Lege: κεκοινωνηκός.
(4) Philoc. μεταβεβληκέναι. Quae lectio non spernenda, cum praesertim infra legatur: μεταβαλεῖν εἰς αἰθέριον καὶ θείαν ποιότητα. R. Equidem non solum non spernendam esse dixerim lectionem hancce, sed et eam receptae omnino praeferendam esse. L.
(5) Ita Philoc. libri excusi ἀμφισκομένης.
(6) Philoc. τοῦ θεοῦ σάρκας. R.
(7) Philoc. κατὰ γὰρ τὸν κ.τ.λ. R.

ὅμως δὲ καὶ πρὸς τοῦτο φήσομεν, ὅτι εἴπερ δυνατὸν ἀμείβειν ποιότητας τὴν ὑποκειμένην πάσαις ποιότησιν ὕλην· πῶς οὐ δυνατὸν καὶ τὴν σάρκα τοῦ Ἰησοῦ ἀμείψασαν ποιότητας γεγονέναι τοιαύτην, ὁποίαν ἐχρῆν εἶναι τὴν ἐν αἰθέρι καὶ τοῖς ἀνωτέρω αὐτοῦ τόποις πολιτευομένην, οὐκέτι ἔχουσαν τὰ τῆς σαρκικῆς ἀσθενείας ἴδια, καὶ ἅτινα μιαρώτερα ὠνόμασεν ὁ Κέλσος ; οὐδὲ τοῦτο φιλοσόφως ποιῶν· τὸ γὰρ κυρίως μιαρὸν, ἀπὸ κακίας τοιοῦτόν ἐστι. φύσις δὲ σώματος οὐ μιαρά· οὐ γὰρ ᾗ φύσις σώματός ἐστι, τὸ γεννητικὸν τῆς (1) 10 μιαρότητος ἔχει τὴν κακίαν. Εἶτ' ἐπεὶ ὑπειδόμενος τὴν παρ' ἡμῶν ἀπολογίαν, λέγει περὶ τῆς μεταβολῆς τοῦ σώματος αὐτοῦ, ὅτι "ἀλλ' ἀποθέμενος ταύτας, ἆρα ἔσται θεός. τί οὖν οὐχὶ μᾶλλον ὁ Ἀσκληπιὸς, καὶ Διόνυσος, καὶ Ἡρακλῆς ;" φήσομεν· τί τηλικοῦτον Ἀσκληπιὸς, ἢ Διόνυσος, ἢ Ἡρακλῆς εἰργάσαντο ; καὶ τίνας ἕξουσιν ἀποδεῖξαι βελτιωθέντας τὰ ἤθη καὶ κρείττους γενομένους ἀπὸ τῶν λόγων καὶ τοῦ βίου αὐτῶν, ἵνα γένωνται θεοί ; πολλὰς γὰρ τὰς περὶ αὐτῶν ἱστορίας ἀναγνόντες, ἴδωμεν εἰ ἐκαθάρευσαν ἀπὸ ἀκολασίας, ἢ ἀδικίας, ἢ ἀφροσύνης, ἢ δειλίας. καὶ εἰ μὲν μηδὲν εὑρεθείη 20 τοσοῦτον ἐν αὐτοῖς· ἰσχυρὸς ἂν εἴη ὁ τοῦ Κέλσου λόγος, 2) ἐξισῶν τῷ Ἰησοῦ τοὺς προειρημένους. εἰ δὲ δῆλόν ἐστι, κἄν τινα φέρηται περὶ αὐτῶν ὡς χρηστότερα, ὅτι μυρία ὅσα παρὰ τὸν ὀρθὸν λόγον πεποιηκέναι ἀναγεγραμμένοι εἰσί· πῶς ἔτι εὐλόγως μᾶλλον τοῦ Ἰησοῦ φήσεις αὐτοὺς ἀποθεμένους τὸ θνητὸν σῶμα γεγονέναι θεούς ;

43. Μετὰ ταῦτα λέγει περὶ ἡμῶν, ὅτι "καταγελῶμεν τῶν προσκυνούντων τὸν Δία, ἐπεὶ τάφος αὐτοῦ ἐν Κρήτῃ δείκνυται· καὶ οὐδὲν ἧττον σέβομεν τὸν ἀπὸ τοῦ τάφου, οὐκ εἰδότες, πῶς καὶ καθὸ Κρῆτες τὸ τοιοῦτο ποιοῦσιν." Ὅρα 30 οὖν, ὅτι ἐν τούτοις ἀπολογεῖται μὲν περὶ Κρητῶν, καὶ τοῦ Διὸς, καὶ τοῦ τάφου αὐτοῦ· αἰνιττόμενος τροπικὰς ὑπονοίας,

---

(1) Recte Philoc. ᾗ φ. σ. ἐ.; male autem alias post vocem σώματος additur μιαρότητος. R.

(2) Hoeschelius et Spencerus in margine, τοιοῦτον. R.

καθ' ας πεπλάσθαι λέγεται ο περί του Διός μύθος· ημών δε κατηγορεί, ομολογούντων μεν τετάφθαι τον ημέτερον Ίησουν, φασκόντων δε και εγηγέρθαι αυτόν από του τάφου, όπερ Κρήτες ουκέτι περί του Διός ιστορούσιν. επεί δε δοκεί συναγορεύειν τω εν Κρήτη τάφω του Διός, λέγων· " όπως μεν και καθότι Κρήτες τούτο ποιούσιν ουκ ειδότες·" φήσομεν, ότι και ο Κυρηναίος Καλλίμαχος, πλείστα όσα αναγνούς ποιήματα, και ιστορίαν σχεδόν πάσαν αναλεξάμενος Ελληνικήν, ουδεμίαν οίδε τροπολογίαν εν τοις περί Διός και του τάφου αυτού διό και εγκαλεί τοις Κρησίν εν τω εις τον Δία γραφέντι αυτού ύμνω, λέγων·

(1) Κρήτες αεί ψεύσται· και γαρ τάφον, ω άνα, σείο
Κρήτες ετεκτήναντο. συ δ' ου θάνες· εσσί γαρ αιεί.

Και ο ειπών· "συ δ' ου θάνες, εσσί γαρ αιεί" αρνησάμενος την εν Κρήτη ταφήν του Διός, την αρχήν του θανάτου ιστορεί γεγονέναι περί τον Δία. αρχή δε θανάτου η επί γης γένεσις· λέγει δ' ούτως·

(2) Εν δε σε Παρρασίοις Ρείη τέκεν ευνηθείσα.

εχρήν δ' αυτόν, ως ηρνήσατο την εν Κρήτη γένεσιν του Διός δια τον τάφον αυτού, οράν, ότι ηκολούθει τη εν Αρκαδία γενέσει αυτού το και αποθανείν τον γεγεννημένον. τοιαύτα δε και περί τούτων λέγει ο Καλλίμαχος

Ζεύ, σε μεν Ιδαίησιν εν ούρεσι φασι γενέσθαι,
Ζεύ, σε δ' Αρκαδίη· πότεροι, πάτερ, εψεύσαντο;
Κρήτες αεί ψεύσται· και τα εξής.

εις ταύτα δ' ημάς ήγαγεν ο Κέλσος, αγνωμονών περί του Ιησού· και συγκατατιθέμενος μεν τοις γεγραμμένοις, ότι απέθανε και ετάφη· πλάσμα δε ηγούμενος είναι, ότι και ανέστη από των νεκρών· και ταύτα μυρίων προφητών και τούτο προειρηκότων, και πολλών όντων σημείων της μετά θάνατον επιφανείας αυτού.

44. Είθ' εξής τούτοις ο Κέλσος τα υπό ολίγων πάνυ παρά την διδασκαλίαν Ιησού λεγόμενα νομιζομένων Χριστια-

---
(1) Callimach. hymn. in Jovem, vers. 8 et 9.
(2) Libb. editi Callimachi παρρασίη. R.

νῶν, οὖ φρονιμωτέρων, ὥς οἴεται, ἀλλ' ἀμαθεστέρων[1], φέρων, (1)
φησὶ "τοιαῦτα ὑπ' αὐτῶν προστάσσεσθαι· μηδεὶς προσίτω
πεπαιδευμένος, μηδεὶς σοφός, μηδεὶς φρόνιμος· (κακὰ γὰρ
ταῦτα νομίζεται παρ' ἡμῖν·) ἀλλ' εἴ τις ἀμαθής, εἴ τις ἀνόητος, (2)
εἴ τις ἀπαίδευτος, εἴ τις νήπιος, θαρρῶν ἡκέτω. τούτους γὰρ
ἀξίους τοῦ σφετέρου θεοῦ αὐτόθεν ὁμολογοῦντες, δῆλοί εἰσιν, (3)
ὅτι μόνους τοὺς ἠλιθίους καὶ ἀγεννεῖς καὶ ἀναισθήτους, καὶ (4)
ἀνδράποδα, καὶ γύναια, καὶ παιδάρια, πείθειν ἐθέλουσί τε καὶ
δύνανται." καὶ πρὸς ταῦτα δέ φαμεν, ὅτι, ὥσπερ εἴ τις,
10 τοῦ Ἰησοῦ διδάσκοντος τὰ περὶ σωφροσύνης, καὶ λέγοντος·
"ὃς ἐὰν ἐμβλέψῃ γυναικὶ πρὸς τὸ ἐπιθυμῆσαι, ἤδη ἐμοίχευσεν
αὐτὴν ἐν τῇ καρδίᾳ αὐτοῦ." ἑώρα ὀλίγους ἀπὸ τῶν τοσούτων
Χριστιανοὺς εἶναι νομιζομένους ἀκολάστως ζῶντας, εὐλογώ-
τατα μὲν ἂν αὐτοῖς ἐνεκάλει παρὰ τὴν Ἰησοῦ βιοῦσι διδα-
σκαλίαν· ἀλογώτατα δ' ἂν ἐποίησεν, εἰ τὸ κατ' ἐκείνων
ἔγκλημα τῷ λόγῳ προσῆπτεν· οὕτως ἐὰν εὑρίσκηται οὐδενὸς
ἧττον ὁ Χριστιανῶν λόγος ἐπὶ σοφίαν προκαλούμενος, ἐγκλη-
τέον μὲν ἔσται τοῖς συναγορεύουσι τῇ σφῶν ἀμαθίᾳ, καὶ
λέγουσιν οὐ ταῦτα μὲν, ἅπερ ὁ Κέλσος ἀνέγραψεν· οὐδὲ γὰρ
20 οὕτως ἀναισχύντως, κἂν ἰδιῶταί τινες ὦσι καὶ ἀμαθεῖς, λέ-
γουσιν· ἕτερα δὲ πολλῷ ἐλάττονα καὶ ἀποτρεπτικὰ τοῦ
ἀσκεῖν σοφίαν.

45. Ὅτι δὲ βούλεται ἡμᾶς εἶναι σοφοὺς ὁ λόγος,
δεικτέον καὶ ἀπὸ τῶν παλαιῶν καὶ Ἰουδαϊκῶν γραμμάτων, οἷς
καὶ ἡμεῖς χρώμεθα· οὐχ ἧττον δὲ καὶ ἀπὸ τῶν μετὰ τὸν
Ἰησοῦν γραφέντων, καὶ ἐν ταῖς ἐκκλησίαις θείων εἶναι πεπι-
στευμένων. ἀναγέγραπται δὴ ἐν πεντηκοστῷ ψαλμῷ Δαυὶδ
ἐν τῇ πρὸς θεὸν εὐχῇ λέγων· "τὰ ἄδηλα καὶ τὰ κρύφια τῆς (5)(6)
σοφίας σου ἐδήλωσάς μοι." Καὶ εἴ τίς γε ἐντύχοι τοῖς

(1) Ita Codd. Reg. et Basileensis. alias ἀμαθεστάτων. R.
(2) Verba: εἴ τις ἀπαίδευτος, in antea editis omissa sunt, sed supplentur e Philocalia. R. L.
(3) Philoc. ἀξίους εἶναι τοῦ. L.
(4) Philoc. Mscr. ἀσθενεῖς. R.
(5) Psalm li. 8 (l.).
(6) Philoc. τῆς καρδίας μου ἐδήλωσάς μοι. L.

ψαλμοῖς, εὕροι ἂν πολλῶν σοφῶν δογμάτων πλήρη τὴν βί-
(1) βλον. Καὶ Σολομὼν δὲ, ἐπεὶ σοφίαν ᾔτησεν, ἀπεδέχθη· καὶ
τῆς σοφίας αὐτοῦ τὰ ἴχνη ἐστὶν ἐν τοῖς συγγράμμασι θεωρῆ-
σαι, μεγάλην ἔχοντα ἐν βραχυλογίᾳ περίνοιαν. ἐν οἷς ἂν
εὕροις πολλὰ ἐγκώμια τῆς σοφίας, καὶ προτρεπτικὰ περὶ τοῦ
σοφίαν δεῖν ἀναλαβεῖν. καὶ οὕτω γε σοφὸς ἦν Σολομὼν,
(2) ὥστε καὶ (2) τὴν βασιλίδα Σαβὰ, ἀκούσασαν αὐτοῦ τὸ ὄνομα καὶ
(3) τὸ ὄνομα κυρίου, ἐλθεῖν πειράσαι αὐτὸν ἐν αἰνίγμασιν· ἥτις
καὶ " ἐλάλησεν αὐτῷ πάντα, ὅσα ἦν ἐν τῇ καρδίᾳ αὐτῆς. καὶ
ἀπήγγειλεν αὐτῇ Σολομὼν πάντας τοὺς λόγους αὐτῆς. οὐκ 10
ἦν λόγος παρεωραμένος ὑπὸ τοῦ βασιλέως, ὃν οὐκ ἀπήγγειλεν
αὐτῇ. καὶ εἶδε βασίλισσα Σαβὰ πᾶσαν τὴν φρόνησιν
(4) Σολομὼν, καὶ τὰ κατ᾿ αὐτόν· καὶ ἐξ αὐτῆς ἐγένετο. καὶ
εἶπε πρὸς τὸν βασιλέα· ἀληθὴς ὁ λόγος, ὃν ἤκουσα ἐν τῇ γῇ
(5) μου περὶ σοῦ (5), καὶ περὶ τῆς φρονήσεώς σου· καὶ οὐκ ἐπίστευσα
(6) τοῖς λαλοῦσί μοι, ἕως ὅτε παρεγενόμην, καὶ ἑωράκασιν οἱ
ὀφθαλμοί μου. καὶ ἰδοὺ οὐκ ἔστι καθὼς ἀπήγγειλάν μοι
τὸ ἥμισυ. προστέθεικας σοφίαν, καὶ ἀγαθὰ πρὸς αὐτὰ, ἐπὶ
πᾶσαν τὴν ἀκοὴν ἣν ἤκουσα." Γέγραπται δὴ περὶ αὐτοῦ, ὅτι
(7) " καὶ ἔδωκε κύριος φρόνησιν τῷ Σολομὼν καὶ σοφίαν πολλὴν 20
σφόδρα, καὶ χύμα καρδίας ὡς ἡ ἄμμος ἡ παρὰ τὴν θάλασσαν.
Καὶ ἐπληθύνθη σοφία ἐν Σολομὼν σφόδρα ὑπὲρ τὴν φρόνησιν
(8) πάντων ἀνθρώπων ἀρχαίων, (8) καὶ ὑπὲρ πάντας φρονίμους Αἰ-
γύπτου, καὶ ἐσοφίσατο ὑπὲρ πάντας ἀνθρώπους, καὶ ἐσοφί-
σατο ὑπὲρ Γεθὰν τὸν Ἐζαρίτην, καὶ τὸν Ἐμὰδ, καὶ τὸν
(9) Χαλκαδὶ καὶ Ἀραδὰβ υἱοὺς Μαδί. Καὶ ἦν ὀνομαστὸς ἐν
πᾶσι τοῖς ἔθνεσι κύκλῳ. Καὶ ἐλάλησε Σολομὼν τρισχιλίας

(1) Philoc. ἐξήτησεν. Cf. I Regg. iii. 9 (III Regg.), coll. Sap. Sal. VII.
6, 7 seqq.
(2) Ita. Philoc.
(3) 1 Regg. x. 1—7 (III Regg.).
(4) Philoc. Σολομῶντος.   (5) LXX. περὶ τοῦ λόγου σοῦ.
(6) LXX. ἕως ὅτου.   (7) 1 Regg. iv. 29—34 (III Regg.).
(8) Philocal. recte omittit verba: καὶ ἐσοφίσατο ὑπὲρ πάντας φρονίμους
Αἰγύπτου. R. Cf. tamen I Regg. iii. 1, et iv. 29, 30 (III Regg.). L.
(9) Hoesch. in textu: Ἀραδὰβ Ἰουμάδι, nos vero lectionem sequimur Cod.
Regii, qui recte pro: Ἰουμάδι, habet: υἱοὺς Μαδί. R.

παραβολάς· καὶ ἦσαν ᾠδαὶ αὐτοῦ πεντακισχίλιαι. καὶ ἐλάλησε περὶ τῶν ξύλων ἀπὸ τῆς κέδρου τῆς ἐν τῷ Λιβάνῳ, καὶ (1)
ἕως τῆς ὑσσώπου τῆς ἐκπορευομένης διὰ τοῦ τοίχου· καὶ
ἐλάλησε περὶ τῶν ἰχθύων καὶ τῶν κτηνῶν. καὶ παρεγίνοντο
πάντες οἱ λαοὶ ἀκοῦσαι τῆς σοφίας Σολομῶντος· καὶ παρὰ (2)
πάντων τῶν βασιλέων τῆς γῆς, οἳ ἤκουον τῆς σοφίας αὐτοῦ."
Οὕτω δὲ βούλεται σοφοὺς εἶναι ἐν τοῖς πιστεύουσιν ὁ λόγος,
ὥστε ὑπὲρ τοῦ γυμνάσαι τὴν σύνεσιν τῶν ἀκουόντων τὰ μὲν
ἐν αἰνίγμασι, τὰ δὲ ἐν τοῖς καλουμένοις σκοτεινοῖς λόγοις
10 λελαληκέναι, τὰ δὲ διὰ παραβολῶν, καὶ ἄλλα διὰ προβλημάτων. καὶ φησί γέ τις τῶν προφητῶν, ὁ Ὡσηὲ, ἐπὶ τέλει
τῶν λόγων ἑαυτοῦ· (3) "τίς σοφὸς, καὶ συνήσει ταῦτα; συνετὸς, (3)
καὶ ἐπιγνώσεται αὐτά;" Δανιὴλ δὲ καὶ οἱ μετ' αὐτοῦ αἰχμα- (4)
λωτισθέντες, τοσοῦτον προέκοψαν καὶ ἐν τοῖς μαθήμασιν,
ἅτινα ἤσκουν ἐν Βαβυλῶνι οἱ περὶ τὸν βασιλέα σοφοὶ, ὡς
πάντων αὐτῶν διαφέροντας ἀποδειχθῆναι τούτους δεκαπλασίως. (5)
λέγεται δὲ ἐν τῷ Ἰεζεκιὴλ πρὸς τὸν Τύρου ἄρχοντα, μέγα
φρονοῦντα ἐπὶ σοφίᾳ· "μὴ σὺ σοφώτερος εἶ τοῦ Δανιὴλ;
πᾶν κρύφιον οὐκ ἐπεδείχθη σοι." (6)

20 46. Ἐὰν δὲ καὶ ἐπὶ τὰ μετὰ τὸν Ἰησοῦν γεγραμμένα
ἔλθῃς βιβλία· εὕροις ἂν τοὺς μὲν ὄχλους τῶν πιστευόντων
τῶν παραβολῶν ἀκούοντας, ὡς ἔξω τυγχάνοντας, καὶ ἀξίους
μόνον τῶν ἐξωτερικῶν λόγων· τοὺς δὲ μαθητὰς κατ' ἰδίαν τῶν
παραβολῶν μανθάνοντας (7) τὰς διηγήσεις. κατ' ἰδίαν γὰρ τοῖς (7)
ἰδίοις μαθηταῖς ἐπέλυεν ἅπαντα ὁ Ἰησοῦς, προτιμῶν παρὰ
τοὺς ὄχλους τοὺς τῆς σοφίας αὐτοῦ ἐπιθυμοῦντας.(8) ἐπαγ- (8)
γέλλεται δὲ τοῖς εἰς αὐτὸν πιστεύουσι πέμψαι σοφοὺς καὶ (9)
γραμματεῖς, λέγων· "ἰδοὺ, ἐγὼ ἀποστελῶ εἰς ὑμᾶς σοφοὺς (10)
καὶ γραμματεῖς, καὶ ἐξ αὐτῶν ἀποκτενοῦσι καὶ σταυρώσουσι."

(1) LXX. ὑπέρ. Cf. 1 Regg. iv. 33 (III. Regg.).
(2) LXX. παρά—Cf. 1 Regg. iv. 34 (III. Regg.).
(3) αὐτοῦ Philoc. Hos. xiv. 10. (4) Dan. i. 20.
(5) Cf. Ezech. xxviii. 3. (6) Sic Philocalia. Alias οὐχ ὑπεδείχθη. R.
(7) Philoc. παραλαμβάνοντας.
(8) Ita Codd. Reg. et Basileensis. Alias ἐπιδικαζομένους, non male. R.
(9) Philoc. πέμψειν. (10) Matth. xxiii. 34.

Καὶ ὁ Παῦλος δὲ ἐν τῷ καταλόγῳ τῶν ὑπὸ τοῦ θεοῦ διδομένων χαρισμάτων, πρῶτον ἔταξε "τὸν λόγον τῆς σοφίας," (1) καὶ δεύτερον, ὡς ὑποβεβηκότα παρ' ἐκεῖνον, τὸν "λόγον τῆς γνώσεως," τρίτον δέ που καὶ κατωτέρω "τὴν πίστιν." καὶ ἐπεὶ "τὸν λόγον" προετίμα τῶν τεραστίων ἐνεργειῶν, διὰ τοῦτο "ἐνεργήματα δυνάμεων" καὶ "χαρίσματα ἰαμάτων" ἐν τῇ κατωτέρω τίθησι χώρᾳ παρὰ τὰ λογικὰ χαρίσματα. Μαρτυρεῖ δὲ τῇ Μωϋσέως πολυμαθείᾳ ὁ ἐν ταῖς Πράξεσι τῶν ἀποστόλων Στέφανος, πάντως ἀπὸ τῶν παλαιῶν καὶ μὴ εἰς πολλοὺς ἐφθακότων γραμμάτων λαβών. φησὶ γάρ· "καὶ ἐπαιδεύθη Μωϋσῆς ἐν πάσῃ σοφίᾳ Αἰγυπτίων." διὰ τοῦτο δὲ καὶ ἐν τοῖς τεραστίοις ὑπενοεῖτο, μή ποτε οὐ κατὰ τὴν ἐπαγγελίαν τοῦ θεόθεν ἥκειν, ἐποίει αὐτά, ἀλλὰ κατὰ τὰ Αἰγυπτίων μαθήματα, σοφὸς ὢν ἐν αὐτοῖς. τοιαῦτα γὰρ ὑπονοῶν περὶ αὐτοῦ ὁ βασιλεὺς, ἐκάλεσε τοὺς ἐπαοιδοὺς τῶν Αἰγυπτίων, καὶ τοὺς σοφιστὰς, καὶ τοὺς φαρμακεῖς· οἵτινες ἠλέγχθησαν τὸ οὐδὲν ὄντες, ὡς πρὸς τὴν ἐν Μωϋσῇ σοφίαν ὑπὲρ πᾶσαν Αἰγυπτίων σοφίαν.

47. Ἀλλ' εἰκὸς τὰ γεγραμμένα ἐν τῇ πρὸς Κορινθίους προτέρᾳ τῷ Παύλῳ, ὡς πρὸς Ἕλληνας καὶ μέγα φυσῶντας (2) ἐπὶ τῇ Ἑλληνικῇ σοφίᾳ, κεκινηκέναι τινὰς, ὡς τοῦ λόγου μὴ βουλομένου σοφούς· ἀλλ' ἀκουέτω ὁ τὰ τοιαῦτα νομίζων, ὅτι ὥσπερ διαβάλλων ἀνθρώπους φαύλους ὁ λόγος φησὶν αὐτοὺς εἶναι οὐ περὶ τῶν νοητῶν, καὶ ἀοράτων, καὶ αἰωνίων σοφοὺς, ἀλλὰ περὶ μόνων τῶν αἰσθητῶν πραγματευσαμένους, καὶ ἐν τούτοις τὰ πάντα τιθεμένους, εἶναι σοφοὺς τοῦ κόσμου· οὕτω καὶ πολλῶν ὄντων δογμάτων, τὰ μὲν συναγορεύοντα ὕλῃ καὶ (3) σώμασι, καὶ πάντα φάσκοντα εἶναι σώματα τὰ προηγουμένως ὑφεστηκότα, καὶ μηδὲν παρὰ ταῦτα εἶναι ἄλλο, εἴτε λεγόμενον ἀόρατον, εἴτ' ὀνομαζόμενον ἀσώματον, φησὶν εἶναι σοφίαν (4) τοῦ κόσμου καταργουμένην, καὶ μωραινομένην, καὶ σοφίαν τοῦ

(1) 1 Cor. xii. 8. (2) 1 Cor. i.
(3) Philoc. πάντα φάσκοντα. Probat R. Antea φασκόντων.
(4) MSS. et Philoc. μωραινομένην. Hoesch. et Spenc. μαραινομένην. R.
1 Cor. i. 20, ἐμώρανεν ὁ Θεὸς τὴν σοφίαν τ. κ. τ.

αἰῶνος τούτου· τὰ δὲ μετατιθέντα τὴν ψυχὴν ἀπὸ τῶν τῇδε πραγμάτων ἐπὶ τὴν παρὰ θεῷ μακαριότητα, καὶ τὴν καλουμένην αὐτοῦ βασιλείαν, καὶ διδάσκοντα καταφρονεῖν μὲν ὡς προσκαίρων πάντων τῶν αἰσθητῶν καὶ βλεπομένων, σπεύδειν δὲ ἐπὶ τὰ ἀόρατα, καὶ σκοπεῖν τὰ μὴ βλεπόμενα, ταῦτά φησι σοφίαν εἶναι θεοῦ. φιλαλήθης δ᾽ ὢν ὁ Παῦλός φησι περί τινων ἐν Ἕλλησι σοφῶν, ἐν οἷς ἀληθεύουσιν· "ὅτι (1) γνόντες τὸν θεὸν, οὐχ ὡς θεὸν ἐδόξασαν, ἢ ηὐχαρίστησαν." καὶ μαρτυρεῖ αὐτοὺς (2) ἐγνωκέναι θεόν· λέγει δὲ καὶ τοῦτ᾽ (2) οὐκ ἀθεεὶ αὐτοῖς γεγονέναι, ἐν οἷς γράφει τό· "ὁ θεὸς γὰρ (3) αὐτοῖς ἐφανέρωσεν" αἰνισσόμενος, οἶμαι, τοὺς ἀναβαίνοντας ἀπὸ τῶν ὁρατῶν ἐπὶ τὰ νοητὰ, ὅτε γράφει· "ὅτι τὰ (4) ἀόρατα τοῦ θεοῦ ἀπὸ κτίσεως κόσμου τοῖς ποιήμασι νοούμενα καθορᾶται, ἥ τε ἀΐδιος αὐτοῦ δύναμις καὶ θειότης· εἰς τὸ εἶναι αὐτοὺς ἀναπολογήτους. διότι γνόντες τὸν θεὸν, οὐχ ὡς θεὸν ἐδόξασαν, ἢ ηὐχαρίστησαν."

48. Τάχα δὲ καὶ ἐκ τοῦ· "βλέπετε δὲ τὴν κλῆσιν (5) ὑμῶν, ἀδελφοὶ, ὅτι οὐ πολλοὶ σοφοὶ κατὰ σάρκα, οὐ πολλοὶ δυνατοὶ, οὐ πολλοὶ εὐγενεῖς· ἀλλὰ τὰ μωρὰ τοῦ κόσμου ἐξελέξατο ὁ θεὸς, ἵνα καταισχύνῃ τοὺς σοφούς· καὶ τὰ ἀγενῆ καὶ τὰ ἐξουθενημένα ἐξελέξατο ὁ θεὸς, καὶ τὰ μὴ ὄντα, ἵνα τὰ ὄντα καταργήσῃ· ἵνα μὴ καυχήσηται πᾶσα σὰρξ ἐνώπιον αὐτοῦ·" ἐκινήθησάν τινες πρὸς τὸ οἴεσθαι, ὅτι οὐδεὶς πεπαιδευμένος ἢ σοφὸς, ἢ φρόνιμος προσέρχεται τῷ λόγῳ. Καὶ πρὸς τὸν τοιοῦτον δὲ φήσομεν, ὅτι οὐκ εἴρηται· "οὐδεὶς σοφὸς κατὰ σάρκα·" ἀλλ᾽· "οὐ πολλοὶ σοφοὶ κατὰ σάρκα." καὶ δῆλον, ὅτι ἐν τῷ χαρακτηριστικῷ τῶν καλουμένων ἐπισκόπων, διαγράφων ὁ Παῦλος ὁποῖον εἶναι χρὴ τὸν ἐπίσκοπον, ἔταξε καὶ τὸν διδάσκαλον· λέγων, δεῖν αὐτὸν εἶναι δυνατὸν καὶ τοὺς (6) ἀντιλέγοντας ἐλέγχειν, ἵνα τοὺς ματαιολόγους καὶ φρεναπάτας ἐπιστομίζῃ διὰ τῆς ἐν αὐτῷ σοφίας. καὶ ὥσπερ μονόγαμον (7)

(1) Rom. i. 21. (2) Philoc. αὐτούς. Alias αὐτοῖς. R.
(3) Rom. i. 19. (4) Rom. i. 20, 21.
(5) 1 Cor. i. 26—29. (6) Tit. i. 9, 10.
(7) 1 Tim. iii. 2.

μᾶλλον διγάμου αἱρεῖται εἰς ἐπισκοπὴν, καὶ ἀνεπίληπτον ἐπιλήπτου, καὶ νηφάλιον τοῦ μὴ τοιούτου, καὶ σώφρονα τοῦ μὴ σώφρονος, καὶ κόσμιον παρὰ τὸν κἂν ἐπ᾽ ὀλίγον ἄκοσμον· οὕτως ἐθέλει τὸν προηγουμένως εἰς ἐπισκοπὴν κατασταθησόμενον, εἶναι διδακτικὸν, καὶ δυνατὸν πρὸς τὸ τοὺς ἀντιλέγοντας ἐλέγχειν. Πῶς οὖν εὐλόγως ἐγκαλεῖ ὁ Κέλσος ἡμῖν, ὡς φάσκουσι· "μηδεὶς προσίτω πεπαιδευμένος, μηδεὶς σοφὸς, (1) μηδεὶς φρόνιμος[1];" ἀλλὰ προσίτω μὲν πεπαιδευμένος, καὶ σοφὸς, καὶ φρόνιμος, ὁ βουλόμενος· οὐδὲν δ᾽ ἧττον προσίτω καὶ εἴ τις ἀμαθὴς, καὶ ἀνόητος, καὶ ἀπαίδευτος, καὶ νήπιος. καὶ γὰρ τοὺς τοιούτους προσελθόντας ἐπαγγέλλεται θεραπεύειν ὁ λόγος, πάντας ἀξίους κατασκευάζων τοῦ θεοῦ.

49. Ψεῦδος δὲ καὶ τό· "μόνους ἠλιθίους, καὶ ἀγεννεῖς, καὶ ἀναισθήτους, καὶ ἀνδράποδα, καὶ γύναια, καὶ παιδάρια πείθειν ἐθέλειν τοὺς διδάσκοντας τὸν θεῖον λόγον." καὶ τούτους μὲν γὰρ καλεῖ ὁ λόγος, ἵνα αὐτοὺς βελτιώσῃ· καλεῖ (2) δὲ καὶ τοὺς πολλῷ τούτων διαφέροντας· ἐπεὶ σωτήρ ἐστι πάντων ἀνθρώπων ὁ Χριστὸς, καὶ μάλιστα πιστῶν, εἴτε (3) συνετῶν, εἴτε ἁπλουστέρων· καὶ "ἱλασμός ἐστι πρὸς τὸν πατέρα περὶ τῶν ἁμαρτιῶν ἡμῶν· οὐ μόνον δὲ περὶ τῶν ἡμετέρων, ἀλλὰ καὶ περὶ ὅλου τοῦ κόσμου." Περισσὸν οὖν τὸ θέλειν μετὰ ταῦτα ἀπολογήσασθαι ἡμᾶς πρὸς τὰς Κέλσου λέξεις οὕτως ἐχούσας· "τί γάρ ἐστιν ἄλλως κακὸν, τὸ πε- (4) παιδεῦσθαι, καὶ λόγων τῶν ἀρίστων ἐπιμεμελῆσθαι, καὶ φρόνιμον εἶναί τε καὶ δοκεῖν; τί δὲ κωλύει τοῦτο πρὸς τὸ γνῶναι θεόν; τί δ᾽ οὐχὶ προὔργου μᾶλλον, καὶ δι᾽ οὗ μᾶλλόν τις ἂν ἐφικέσθαι δύναιτο ἀληθείας;" Τὸ μὲν οὖν ἀληθῶς πεπαιδεῦσθαι οὐ κακόν· ὁδὸς γὰρ ἐπ᾽ ἀρετήν ἐστιν ἡ παίδευσις· τὸ μέντοι γε ἐν πεπαιδευμένοις ἀριθμεῖν τοὺς (5) ἐσφαλμένα δόγματα ἔχοντας, οὐδ᾽ οἱ Ἑλλήνων σοφοὶ φή-

(1) Codd. Reg. et Basileensis; εὐμαθής. R.
(2) 1 Tim. iv. 10. (3) 1 Joann. ii. 2.
(4) Philoc. ἐπιμελεῖσθαι et infra.
(5) Philocalia: Ἑλλήνων φιλόσοφοι φήσουσι. Καὶ κατὰ τὸν ἡμέτερον δὲ λόγον οὐκ ἔστι σοφία πονηρίας ἐπιστήμη· πονηρίας δὲ, ἵν᾽ οὕτως ὀνομάσω, ἐπιστήμη ἐστὶν ἐν

σουσι. πάλιν γ' αὖ τίς οὐκ ἂν ὁμολογήσαι, ὅτι λόγων τῶν ἀρίστων ἐπιμεμελῆσθαι, ἀγαθόν ἐστιν; Ἀλλὰ τίνας ἐροῦμεν τοὺς ἀρίστους λόγους, ἢ τοὺς ἀληθεῖς καὶ ἐπ' ἀρετὴν παρακαλοῦντας; ἀλλὰ καὶ τὸ φρόνιμον εἶναι καλόν ἐστιν· οὐκέτι δὲ τὸ δοκεῖν, ὅπερ εἶπεν ὁ Κέλσος. καὶ οὐ κωλύει γε πρὸς τὸ γνῶναι θεὸν, ἀλλὰ καὶ συνεργεῖ τὸ πεπαιδεῦσθαι, καὶ λόγων ἀρίστων ἐπιμεμελῆσθαι, καὶ φρόνιμον εἶναι. καὶ ἡμῖν μᾶλλον πρέπει τοῦτο λέγειν, ἢ Κέλσῳ· καὶ μάλιστα, ἐὰν Ἐπικούρειος ὢν ἐλέγχηται.

50. Ἴδωμεν δὲ αὐτοῦ καὶ τὰ ἑξῆς οὕτως ἔχοντα· "ἀλλ' ὁρῶμεν δή που καὶ τοὺς ἐν ταῖς ἀγοραῖς ἐπιῤῥητότατα ἐπιδεικνυμένους καὶ ἀγείροντας, εἰς μὲν φρονίμων ἀνδρῶν σύλλογον οὐκ ἄν ποτε παρελθόντας, οὐδ' ἐν τούτοις τὰ ἑαυτῶν κατατολμήσαντας ἐπιδεικνύειν· ἔνθα δ' ἂν ὁρῶσι μειράκια, καὶ οἰκοτρίβων ὄχλον, καὶ ἀνοήτων ἀνθρώπων ὅμιλον, ἐνταῦθα ὠθουμένους τε καὶ καλλωπιζομένους." Ὅρα δὴ καὶ ἐν τούτοις τίνα τρόπον ἡμᾶς συκοφαντεῖ, ἐξομοιῶν τοῖς ἐν ταῖς ἀγοραῖς τὰ ἐπιῤῥητότατα ἐπιδεικνυμένοις καὶ ἀγείρουσι. ποῖα δὴ ἐπιῤῥητότατα ἐπιδεικνύμεθα; ἢ τί τούτοις παραπλήσιον πράττομεν, οἱ καὶ δι' ἀναγνωσμάτων, καὶ διὰ τῶν εἰς αὐτὰ διηγήσεων προτρέποντες μὲν ἐπὶ τὴν εἰς τὸν θεὸν τῶν ὅλων εὐσέβειαν, καὶ τὰς συνθρόνους ταύτῃ ἀρετάς· ἀποτρέποντες δὲ ἀπὸ τοῦ καταφρονεῖν τοῦ θείου, καὶ πάντων τῶν παρὰ τὸν ὀρθὸν λόγον πραττομένων; καὶ οἱ φιλόσοφοί γ' ἂν εὔξαιντο ἀγείρειν τοσούτους ἀκροατὰς λόγων ἐπὶ τὸ καλὸν παρακαλούντων. ὅπερ πεποιήκασι μάλιστα τῶν Κυνικῶν τινες, δημοσίᾳ πρὸς τοὺς παρατυγχάνοντας διαλεγόμενοι. Ἆρ' οὖν καὶ τούτους, μὴ συναθροίζοντας μὲν τοὺς νομιζομένους πεπαιδεῦ- (1) σθαι, καλοῦντας δὲ ἀπὸ τῆς τριόδου καὶ συνάγοντας ἀκροατὰς, φήσουσι παραπλησίους εἶναι τοῖς ἐν ταῖς ἀγοραῖς τὰ ἐπιῤῥητότατα ἐπιδεικνυμένοις καὶ ἀγείρουσιν; Ἀλλ' οὔτε Κέλσος, οὔτε τις τῶν τὰ αὐτὰ φρονούντων ἐγκαλοῦσι τοῖς, κατὰ τὸ

τοῖς ψευδοδοξοῦσι, καὶ ὑπὸ σοφισμάτων ἠπατημένοις. Διὰ τοῦτο ἀμαθίαν εἴποιμι μᾶλλον, ἢ σοφίαν, ἐν τοῖς τοιούτοις. Πάλιν γε αὖ τίς οὐκ ἂν κ.τ.λ. L.

(1) Philoc. τοὺς μὴ νομιζομένους πεπαιδεῦσθαι. R.

φαινόμενον αυτοίς φιλάνθρωπον, κινούσι λόγους και προς τους ιδιωτικούς δήμους.

51. Ει δ' εκείνοι ουκ έγκλητοι τούτο πράττοντες· ίδωμεν, ει μη Χριστιανοί μάλλον και τούτων βέλτιον πλήθη επί καλοκαγαθίαν προκαλούνται. οι μεν γαρ δημοσία διαλεγόμενοι φιλόσοφοι, ου φιλοκρινούσι τους ακούοντας· αλλ' ο βουλόμενος έστηκε και ακούει. Χριστιανοί δε, κατά το δυνατόν αυτοίς, προβασανίσαντες των ακούειν σφών βουλομένων τας ψυχας, και κατ' ιδίαν αυτοίς προεπάσαντες, επάν δοκώσιν αυτάρκως οι ακροαταί, πριν εις το κοινον εισελθείν, επιδεδωκέναι προς το θέλειν καλώς βιούν· τοτηνικάδε αυτούς εισάγουσιν, ιδία μεν ποιήσαντες τάγμα των άρτι αρχομένων, και εισαγομένων, και ουδέπω το σύμβολον του αποκεκαθάρθαι ανειληφότων· έτερον δε το των κατά το δυνατόν παραστησάντων εαυτών την προαίρεσιν, ουκ άλλο τι βούλεσθαι, η τα Χριστιανοίς δοκούντα· παρ' οίς εισί τινες τεταγμένοι προς το φιλοπευστείν τους βίους, και τας αγωγας των προσιόντων, ίνα τους μεν τα επίρρητα πράττοντας αποκωλύσωσιν ήκειν επί τον κοινόν αυτών σύλλογον· τους δε μη τοιούτους όλη ψυχή αποδεχόμενοι, βελτίους οσημέραι κατασκευάζωσιν. Οία δε έστιν αυτοίς αγωγή και περί αμαρτανόντων, και μάλιστα
(1) των ακολασταινόντων, ους απελαύνουσι του κοινού οι κατά τον Κέλσον παραπλήσιοι τοις εν ταις αγοραίς τα επιρρητότατα επιδεικνυμένοις. Και το μεν των Πυθαγορείων σεμνόν διδασκαλείον κενοτάφια των αποστάντων της σφών φιλοσοφίας κατεσκεύαζε, λογιζόμενον νεκρούς αυτούς γεγονέναι. ούτοι δε ως απολωλότας και τεθνηκότας τω θεώ τους υπ' ασελγείας ή τινος ατόπου νενικημένους, ως νεκρούς, πενθούσι· και ως εκ
(2) νεκρών αναστάντας, εάν αξιόλογον ενδείξωνται μεταβολήν, χρόνω πλείονι των κατ' αρχας εισαγομένων ύστερόν ποτε προσίενται· εις ουδεμίαν αρχην και προστασίαν της λεγομένης εκκλησίας του θεού καταλέγοντες τους φθάσαντας, μετά το προσεληλυθέναι τω λόγω, επταικέναι.

(1) Philoc. οι κατά τα Κέλσου παραπλήσιοι. R.
(2) Codd. Reg. et Basil. επιδείξωνται. R.

52. Ὅρα δὴ μετὰ ταῦτα τὸ ὑπὸ τοῦ Κέλσου λεγόμενον· "ὁρῶμέν που καὶ τοὺς ἐν ταῖς ἀγοραῖς ἐπιρρητότατα ἐπιδεικνυμένους καὶ ἀγείροντας·" εἰ μὴ ἄντικρυς ψευδῶς εἴρηται, καὶ ἀνομοίως παραβέβληται. τούτους δὴ, οἷς ἡμᾶς ὁ Κέλσος ὁμοιοῖ, τοῖς "ἐν ταῖς ἀγοραῖς τὰ ἐπιρρητότατα ἐπιδεικνυμένοις, καὶ ἀγείρουσι," φησὶν, "εἰς μὲν φρονίμων ἀνδρῶν σύλλογον οὐκ ἄν ποτε παρελθεῖν, οὐδὲ ἐν τούτοις τὰ ἑαυτῶν (1) κατατολμᾶν ἐπιδεικνύειν· ἔνθα δ᾿ ἂν ὁρῶσι μειράκια, καὶ οἰκοτρίβων ὄχλον, καὶ ἀνθρώπων ἀνοήτων ὅμιλον· ἐνταῦθα ὠθουμένους τε καὶ καλλωπιζομένους." Καὶ ἐν τούτῳ οὐδὲν ἄλλο ποιῶν, ἢ λοιδορούμενος ἡμῖν παραπλησίως ταῖς ἐν ταῖς τριόδοις γυναιξὶ, σκοπὸν ἐχούσαις τὸ κακῶς ἀλλήλας λέγειν. ἡμεῖς γὰρ, ὅση δύναμις, πάντα πράττομεν ὑπὲρ τοῦ φρονίμων ἀνδρῶν γενέσθαι τὸν σύλλογον ἡμῶν· καὶ τὰ ἐν ἡμῖν μάλιστα καλὰ καὶ θεῖα τότε τολμῶμεν ἐν τοῖς πρὸς τὸ κοινὸν διαλόγοις φέρειν εἰς μέσον, ὅτε εὐποροῦμεν συνετῶν ἀκροατῶν· ἀποκρύπτομεν δὲ καὶ παρασιωπῶμεν τὰ βαθύτερα, ἐπὰν (2) (3) ἁπλουστέρους θεωρῶμεν τοὺς συνερχομένους καὶ δεομένους λόγων τροπικῶς ὀνομαζομένων γάλα.

53. Γέγραπται γὰρ παρὰ τῷ Παύλῳ ἡμῶν Κορινθίοις ἐπιστέλλοντι, Ἕλλησι μὲν, οὐ κεκαθαρμένοις δέ πω τὰ ἤθη· "γάλα ὑμᾶς ἐπότισα, οὐ βρῶμα. Οὔπω γὰρ ἐδύνασθε· ἀλλ᾿ (4) οὐδὲ ἔτι νῦν δύνασθε. Ἔτι γὰρ σαρκικοί ἐστε. Ὅπου γὰρ ἐν ὑμῖν ζῆλος καὶ ἔρις, οὐχὶ σαρκικοί ἐστε, καὶ κατὰ ἄνθρωπον περιπατεῖτε;" Ὁ δ᾿ αὐτὸς ἐπιστάμενος μέν τινα τροφὴν εἶναι τελειοτέραν ψυχῆς, τὰ δὲ τῶν εἰσαγομένων παραβάλλεσθαι γάλακτι νηπίων, φησί· "καὶ γεγόνατε χρείαν ἔχοντες (5) γάλακτος, οὐ στερεᾶς τροφῆς. Πᾶς γὰρ ὁ μετέχων γάλακτος, ἄπειρος λόγου δικαιοσύνης· νήπιος γάρ ἐστι. Τελείων δέ ἐστιν ἡ στερεὰ τροφὴ, τῶν διὰ τὴν ἕξιν τὰ αἰσθητήρια

---

(1) Philoc. τὰ ἑαυτῶν καλὰ τολμᾶν. R.
(2) Philoc. καὶ συσπῶμεν τὰ βαθύτερα.
(3) Verba: ἐπὰν ἁπλουστέρους θεωρῶμεν, licet necessaria, in Hoeschel. et Spenc. edd. desiderantur, sed supplentur e Philocalia. R. L.
(4) 1 Cor. iii. 2, 3.   (5) Hebr. v. 12—14,

γεγυμνασμένα εχόντων προς διάκρισιν καλού τε και κακού." αρ' ούν οι τούτοις ως καλώς ειρημένοις πιστεύοντες, υπολάβοιεν αν τα καλά του λόγου, εις μεν φρονίμων ανδρών σύλλογον ουκ άν ποτε λεχθήσεσθαι; ένθα δ' αν ορώσι μειράκια, και οικοτρίβων όχλον, και ανθρώπων ανοήτων όμιλον, ενταύθα τα θεία και σεμνά φέρειν εις μέσον, και παρά τοις τοιούτοις περι αυτών εγκαλλωπίζεσθαι; αλλά σαφές τώ εξετάζοντι όλον το βούλημα των ημετέρων γραμμάτων, ότι
(1) απεχθόμενος ομοίως τοις ιδιωτικοίς δήμοις ο Κέλσος προς το Χριστιανών γένος τα τοιαύτα ανεξετάστως καταψευδόμενος 10 λέγει.

(2) 54. Ομολογούμεν δε πάντας εθέλειν παιδεύσαι τω του Θεού, κάν μη βούληται Κέλσος, λόγω, ώστε και μειρακίοις μεταδιδόναι της αρμοζούσης αυτοίς προτροπής, και οικότριψιν υποδεικνύναι, πώς ελεύθερον αναλαβόντες φρόνημα, εξευγενισθείεν υπό του λόγου. οι δε παρ' ημίν πρεσβεύοντες τον
(3) Χριστιανισμόν ικανώς φασιν οφειλέται είναι Έλλησι και βαρβάροις, σοφοίς και ανοήτοις· ου γαρ αρνούνται το και ανοήτων δείν τας ψυχάς θεραπεύειν· ίν', όση δύναμις, αποτιθέμενοι την άγνοιαν επί το συνετώτερον σπεύδωσιν, ακούοντες 20
(4) και Σολομώντος λέγοντος· "οι δε άφρονες ένθεσθε καρδίαν·"
(5) και· "ός εστιν υμών αφρονέστατος, εκκλινάτω προς μέ·"
(6) ενδεέσι δε φρενών παρακελεύεται λέγουσα η σοφία· "έλθετε, φάγετε τον εμόν άρτον, και πίετε οίνον, ον εκέρασα υμίν. απολείπετε αφροσύνην, ίνα ζήσητε, και κατορθώσατε σύνεσιν εν γνώσει." είποιμεν δ' αν και ταύτα, δια τα εγκείμενα, προς τον Κέλσου λόγον· άρα οι φιλοσοφούντες ου προκαλούνται μειράκια επί την ακρόασιν; και τους από κακίστου βίου νέους ου παρακαλούσιν επί τα βελτίονα; τί δε τους οικότριβας ου βούλονται φιλοσοφείν; ή και ημείς μέλλομεν 30 εγκαλείν φιλοσόφοις οικότριβας επ' αρετήν προτρεψαμένοις,

(1) Philoc. ἀπεχθανόμενος.
(2) Alias πάντες. Cod. Basil. πάντας. Nos in textu lectionem Philocal. sequimur. R. (3) Rom. i. 14. (4) Prov. viii. 5.
(5) Prov. ix. 16. (6) Prov. ix. 5.

Πυθαγόρα μὲν τὸν Ζάμολξιν, Ζήνωνι δὲ τὸν Περσαῖον, καὶ χθὲς καὶ πρώην τοῖς προτρεψαμένοις Ἐπίκτητον ἐπὶ τὸ φιλοσοφεῖν; ἢ ὑμῖν μέν, ὦ Ἕλληνες, ἔξεστι μειράκια καὶ οἰκότριβας, καὶ ἀνοήτους ἀνθρώπους ἐπὶ φιλοσοφίαν καλεῖν· ἡμεῖς δὲ τοῦτο ποιοῦντες, οὐ φιλανθρώπως αὐτὸ πράττομεν, τῇ ἀπὸ τοῦ λόγου ἰατρικῇ πᾶσαν λογικὴν φύσιν θεραπεῦσαι βουλόμενοι, καὶ οἰκειῶσαι τῷ δημιουργήσαντι πάντα θεῷ; ἤρκει μὲν οὖν καὶ ταῦτα πρὸς τὰς Κέλσου λοιδορίας μᾶλλον ἢ κατηγορίας.

55. Ἐπεὶ δ' ἐνηδόμενος τῷ τῶν καθ' ἡμῶν λοιδοριῶν λόγῳ προσέθηκε καὶ ἕτερα· φέρε, καὶ ταῦτα ἐκθέμενοι, ἴδωμεν πότερον Χριστιανοὶ ἀσχημονοῦσιν, ἢ Κέλσος ἐπὶ τοῖς λεγομένοις, ὅς φησιν· "ὁρῶμεν δὴ καὶ κατὰ τὰς ἰδίας οἰκίας ἐριουργούς, καὶ σκυτοτόμους, καὶ κναφεῖς, καὶ τοὺς ἀπαιδευτοτάτους τε καὶ ἀγροικοτάτους, ἐναντίον μὲν τῶν πρεσβυτέρων καὶ φρονιμωτέρων δεσποτῶν οὐδὲν φθέγγεσθαι τολμῶντας· ἐπειδὰν δὲ τῶν παίδων ἰδίᾳ λάβωνται, καὶ γυναίων τινῶν σὺν αὐτοῖς ἀνοήτων, θαυμάσι' ἄττα διεξιόντας, ὡς οὐ χρὴ προσέχειν τῷ πατρί, καὶ τοῖς διδασκάλοις, σφίσι δὲ πείθεσθαι· καὶ τοὺς μέν γε ληρεῖν καὶ ἀποπλήκτους εἶναι, καὶ μηδὲν τῷ ὄντι καλὸν μήτε εἰδέναι, μήτε δύνασθαι ποιεῖν, ὕθλοις κενοῖς προ- (1) κατειλημμένους· σφᾶς δὲ μόνους ὅπως δεῖ ζῆν ἐπίστασθαι· καὶ ἂν αὐτοῖς οἱ παῖδες πείθωνται, μακαρίους αὐτοὺς ἔσεσθαι, καὶ τὸν οἶκον ἀποφαίνειν εὐδαίμονα· καὶ ἅμα λέγοντες, ἐὰν (2) ἴδωσί τινα παριόντα τῶν παιδείας διδασκάλων καὶ φρονιμωτέρων, ἢ καὶ αὐτὸν τὸν πατέρα, οἱ μὲν εὐλαβέστεροι αὐτῶν διέτρεσαν· οἱ δ' ἰταμώτεροι τοὺς παῖδας ἀφηνιάζειν ἐπαίρουσι, (3) τοιαῦτα ψιθυρίζοντες, ὡς παρόντος μὲν τοῦ πατρὸς καὶ τῶν διδασκάλων οὐδὲν αὐτοὶ ἐθελήσουσιν, οὐδὲ δυνήσονται, τοῖς (4) παισὶν ἑρμηνεύειν ἀγαθόν, ἐκτρέπεσθαι γὰρ τὴν ἐκείνων ἀβελτηρίαν καὶ σκαιότητα, πάντῃ διεφθαρμένων, καὶ πόρρω κακίας

---

(1) Cod. Basil. κενοῖς· alias καινοῖς. R.
(2) Boherellus: Malim: ἀποφανεῖν.
(3) Ita Codd. Vaticani, Regius, et Anglicanus primus. R.
(4) Vid. infra, c. 58, lin. 4. W.S.

ηκόντων, και σφας κολαζόντων. ει δε θέλοιεν, χρήναι αυτούς αφεμένους του πατρός τε και των διδασκάλων, ιέναι συν τοις γυναίοις, και τοις συμπαίζουσι παιδαρίοις, εις την γυναικωνίτιν, η το σκυτείον, η το κναφείον, ίνα το τέλειον λάβωσι· και (1) ταύτα λέγοντες πείθουσιν."

56. ''Ορα δη και εν τούτοις τίνα τρόπον διασύρων τους παρ' ημίν διδάσκοντας τον λόγον, και επί τον των όλων δημιουργόν παντί τρόπω την ψυχήν αναβιβάζειν πειρωμένους, παριστάντας δε και ως χρη μεν των αισθητών και προσκαίρων και βλεπομένων πάντων καταφρονείν, πάντα δε πράττειν υπέρ 10 του τυχείν της του θεού κοινωνίας, και της των νοητών και αοράτων θεωρίας, και μακαρίας μετά θεού και των οικείων του (2)
(3) θεού διεξαγωγής, παραβάλλει αυτούς τοις (3) κατά τας οικίας εριουργοίς, και τοις σκυτοτόμοις, και τοις κναφεύσι, και τοις αγροικοτάτοις των ανθρώπων, επί τα φαύλα προκαλουμένοις παίδας κομιδή νηπίους, και γύναια, ιν' αποστώσι μεν πατρός και διδασκάλων, αυτοίς δε έπωνται. τίνος γαρ πατρός σωφρονούντος, η τίνων διδασκάλων σεμνότερα διδασκόντων, αφιστώμεν τους παίδας, και τα γύναια, παραστησάτω ο Κέλσος, και αντιπαραβαλέτω επί των προσιόντων τω λόγω 20 (4) ημών παίδων, και γυναίων, πότερά τινα ων ήκουον βελτίονα των ημετέρων, και τίνα τρόπον καλών τινών και σεμνών μαθημάτων αφιστάντες παίδας και γύναια επί τα χείρονα προκαλούμεθα. αλλ' ουχ έξει παραστήσαι το τοιούτο καθ' ημών· τουναντίον γαρ τα μεν γύναια ακολασίας και διαστροφής, της από των συνόντων, αφίσταμεν, και πάσης θεατρομανίας, και ορχηστρομανίας, και δεισιδαιμονίας· τους δε παίδας άρτι ηβώντας, και σφριγώντας ταις περί τα αφροδίσια ορέξεσι, σωφρονίζομεν· παρατιθέντες ου μόνον το εν τοις αμαρτανομένοις αισχρόν, αλλά και εν οις έσται δια τα 30

---

(1) MSS. πείθωσιν. Hoeschel. et Spencerus: πείθουσιν. R.
(2) Boherellus: Melius forte: διαγωγής. [Sed vid. IV. 10. ad fin.]
(3) Supplevi τοίς. Vid. c. 58 init. W.S.
(4) Lego cum Boherello: πότερα τίνα κ.τ.λ. R. Cf. Platon. Legg. IV. 715 A. σκόπει δη ποτέροις τισίν η πόλις ημίν εστι παραδοτέα.

τοιαῦτα ἡ τῶν φαύλων ψυχὴ, καὶ οἵας τίσει δίκας, καὶ ὡς κολασθήσεται.

57. Τίνας δὲ διδασκάλους λέγομεν ληρεῖν καὶ ἀποπλήκτους εἶναι, ὑπὲρ ὧν ὁ Κέλσος ἵσταται, ὡς διδασκόντων τὰ κρείττονα; εἰ μὴ ἄρα καλοὺς οἴεται διδασκάλους γυναίων καὶ μὴ ληροῦντας, τοὺς ἐπὶ δεισιδαιμονίαν καὶ τὰς ἀκολάστους θέας προκαλουμένους· ἔτι δὲ καὶ μὴ ἀποπλήκτους εἶναι τοὺς ἄγοντας καὶ φέροντας τοὺς νέους ἐπὶ πάντα, ὅσα ἴσμεν ἀτάκτως ὑπ' αὐτῶν πολλαχοῦ γιγνόμενα. ἡμεῖς μὲν οὖν καὶ τοὺς ἀπὸ φιλοσόφων δογμάτων, ὅση δύναμις, προκαλούμεθα ἐπὶ τὴν καθ' ἡμᾶς θεοσέβειαν, τὸ ἐξαίρετον καὶ τὸ εἰλικρινὲς αὐτῆς παριστάντες. ἐπεὶ δὲ δι' ὧν ἔλεγεν ὁ Κέλσος παρέστησε, τοῦτο "μὲν ἡμᾶς μὴ ποιεῖν, μόνους δὲ τοὺς ἀνοήτους καλεῖν·" εἴποιμεν ἂν πρὸς αὐτόν· εἰ μὲν ἐνεκάλεις ἡμῖν ὡς ἀφιστῶσι φιλοσοφίας τοὺς ἤδη προκατειλημμένους ἐν αὐτῇ, (1) ἀλήθειαν μὲν οὐκ ἂν ἔφασκες, πιθανότητα δ' ἂν εἶχέ σου ὁ λόγος· νυνὶ δὲ λέγων, ἡμᾶς "ἀφιστᾶν διδασκάλων τοὺς προσιόντας ἀγαθῶν" παράστησον τοὺς διδασκάλους ἄλλους παρὰ τοὺς φιλοσοφίας διδασκάλους· ἢ τοὺς κατά τι τῶν χρησίμων πεποιημένους. ἀλλ' οὐδὲν ἕξει τοιοῦτον δεικνύναι. μακαρίους δὲ ἔσεσθαι ἐπαγγελλόμεθα μετὰ παρρησίας, καὶ οὐ κρύβδην, τοὺς ζῶντας κατὰ τὸν τοῦ θεοῦ λόγον, καὶ πάντα εἰς ἐκεῖνον ἀφορῶντας (2), καὶ ὡς ἐπὶ θεοῦ θεατοῦ πᾶν ὅ, τί (2) ποτ' οὖν ἐπετελοῦντας. ἆρ' οὖν ταῦτα ἐριουργῶν, καὶ σκυτοτόμων, καὶ κναφέων, καὶ ἀπαιδευτοτάτων ἀγροίκων ἐστὶ μαθή- (3) ματα; ἀλλὰ τοῦτο δεικνύναι οὐ δυνήσεται.

58. "Οἱ δὲ παρὰ τῷ Κέλσῳ παραπλήσιοι τοῖς ἐν ταῖς οἰκίαις ἐριουργοῖς, ὅμοιοι δὲ καὶ τοῖς σκυτοτόμοις καὶ κναφεῦσι, καὶ ἀπαιδευτοτάτοις ἀγροίκοις, παρόντος μὲν πατρὸς (4) καὶ διδασκάλων, οὐδέ, φησὶ, λέγειν ἐθελήσουσιν, οὐδὲ δυνή- (5)

(1) Codd. Reg. et Basil. ἀφιστῶσι. Libri antea editi ἀφιστᾶσι. R.
(2) Scribendum videtur Guieto: ἀναφέροντας. R.
(3) Forte legendum: καὶ ἀγροίκων. R.
(4) Forte legendum: ἀπαιδευτοτάτοις καὶ ἀγροίκοις. R.
(5) Vocem: λέγειν, delendam censet Boherellus, et certe abest supra num. 55. R. Q. οὐδέν. W.S.

σονται τοῖς παισὶν ἑρμηνεύειν ἀγαθόν." καὶ πρὸς τοῦτο δ᾽ ἐροῦμεν, ποίου φῂς, ὦ οὗτος, πατρὸς, καὶ ποίου διδασκάλου; εἰ μὲν τοῦ ἀρετὴν ἀποδεχομένου, καὶ κακίαν ἀποστρεφομένου, καὶ ἀσπαζομένου τὰ κρείττονα· ἄκουε, ὅτι καὶ μάλα θαρροῦντες, ὡς εὐδοκιμοῦντες παρὰ τῷ τοιούτῳ κριτῇ, ἐροῦμεν τοῖς παισὶ τὰ ἡμέτερα. εἰ δ᾽ ἐνώπιον πατρὸς διαβεβλημένου πρὸς ἀρετὴν καὶ καλοκἀγαθίαν, σιωπῶμεν, καὶ τῶν τὰ ἐναντία τῷ ὑγιεῖ λόγῳ διδασκόντων, τοῦτο μηδ᾽ ἡμῖν ἐγκάλει· οὐ γὰρ εὐλόγως ἐγκαλεῖς. καὶ σὺ γοῦν τὰ φιλοσοφίας ὄργια τοῖς νέοις καὶ υἱοῖς, πατέρων ἀργὸν πρᾶγμα καὶ ἀνωφελὲς νομι- 10 ζόντων, φιλοσοφίαν παραδιδοὺς τοῖς παισὶν, οὐκ ἐπὶ τῶν φαύλων πατέρων ἐρεῖς· ἀλλὰ βουλόμενος χωρίζεσθαι τοὺς προτραπέντας ἐπὶ φιλοσοφίαν υἱοὺς τῶν μοχθηρῶν πατέρων, ἐπιτηρήσεις καιροὺς, ἵνα καθίκωνται οἱ φιλοσοφίας λόγοι τῶν νέων. καὶ περὶ τῶν διδασκάλων δὲ τὰ αὐτὰ φήσομεν. εἰ μὲν γὰρ ἀποτρέπομεν διδασκάλων διδασκόντων τὰ ἄσεμνα τῆς κωμῳδίας, καὶ τοὺς ἀκολάστους τῶν ἰάμβων, καὶ ὅσα ἄλλα, ἃ μήτε τὸν λέγοντα ἐπιστρέφει, μήτε τοὺς ἀκούοντας ὠφελεῖ, καὶ μὴ εἰδότας φιλοσόφως ἀκούειν ποιημάτων, καὶ ἐπιλέγειν ἑκάστοις τὰ συντείνοντα εἰς ὠφέλειαν τῶν νέων· 20 τοῦτο ποιοῦντες, οὐκ αἰσχυνόμεθα ὁμολογεῖν τὸ πραττόμενον. εἰ δὲ παραστήσεις μοι διδασκάλους πρὸς φιλοσοφίαν προπαιδεύοντας καὶ ἐν φιλοσοφίᾳ γυμνάζοντας· οὐκ ἀποτρέψω μὲν ἀπὸ τούτων τοὺς νέους, πειράσομαι δὲ προγυμνασαμένους αὐτοὺς ὡς ἐν ἐγκυκλίοις μαθήμασι καὶ τοῖς φιλοσοφουμένοις ἀναβιβάσαι ἐπὶ τὸ σεμνὸν καὶ ὑψηλὸν τῆς λεληθυίας τοὺς πολλοὺς Χριστιανῶν μεγαλοφωνίας, περὶ τῶν μεγίστων καὶ ἀναγκαιοτάτων διαλαμβανόντων, καὶ ἀποδεικνύντων καὶ παριστάντων αὐτὰ πεφιλοσοφῆσθαι παρὰ τοῖς τοῦ θεοῦ προφήταις, καὶ τοῖς τοῦ Ἰησοῦ ἀποστόλοις. 30

59. Εἶτα μετὰ ταῦτα αἰσθόμενος ἑαυτοῦ ὁ Κέλσος πικρότερον ἡμῖν λοιδορησαμένου, ὡσπερεὶ ἀπολογούμενος, τοιαῦτά φησιν· "ὅτι δὲ οὐδὲν πικρότερον ἐπαιτιῶμαι, ἢ ἐφ᾽ (1) ὅσον ἡ ἀλήθεια βιάζεται· τεκμαιρέσθω καὶ τοῖσδέ τις· οἱ

---

(1) Boherello scribendum videtur: καὶ ὥς γέ τις, Guieto autem: καὶ τοῖς δέ τις. R.

μὲν γὰρ εἰς τὰς ἄλλας τελετὰς καλοῦντες, προκηρύττουσι τάδε· ὅστις χεῖρας καθαρὸς, καὶ φωνὴν συνετός· καὶ αὖθις ἕτεροι· ὅστις ἁγνὸς ἀπὸ παντὸς μύσους, καὶ ὅτῳ ἡ ψυχὴ οὐδὲν σύνοιδε κακὸν, καὶ ὅτῳ εὖ καὶ δικαίως βεβίωται. καὶ ταῦτα προκηρύττουσιν οἱ καθάρσια ἁμαρτημάτων ὑπισχνούμενοι. ὑπακούσωμεν δὲ τίνας ποτὲ οὗτοι καλοῦσιν· ὅστις, φασὶν, ἁμαρτωλὸς, ὅστις ἀσύνετος, ὅστις νήπιος, καὶ ὡς ἁπλῶς εἰπεῖν, ὅστις κακοδαίμων· τοῦτον ἡ βασιλεία τοῦ θεοῦ δέξεται. τὸν ἁμαρτωλὸν ἄρα, οὐ τοῦτον λέγετε τὸν ἄδικον, καὶ κλέπ-
10 την, καὶ τοιχωρύχον, καὶ φαρμακέα, καὶ ἱερόσυλον, καὶ τυμβωρύχον; τίνας ἂν ἄλλους προκηρύττων λῃστὴς [1] ἐκάλεσε;" (1) καὶ πρὸς ταῦτα δέ φαμεν, ὅτι οὐ ταὐτόν ἐστι νοσοῦντας τὴν ψυχὴν ἐπὶ θεραπείαν καλεῖν, καὶ ὑγιαίνοντας ἐπὶ τὴν τῶν θειοτέρων γνῶσιν καὶ ἐπιστήμην. καὶ ἡμεῖς δὲ ἀμφότερα (2) ταῦτα γιγνώσκοντες, κατ' ἀρχὰς μὲν προκαλούμενοι ἐπὶ τὸ θεραπευθῆναι τοὺς ἀνθρώπους, προτρέπομεν τοὺς ἁμαρτωλοὺς ἥκειν ἐπὶ τοὺς διδάσκοντας λόγους μὴ ἁμαρτάνειν, καὶ τοὺς ἀσυνέτους ἐπὶ τοὺς ἐμποιοῦντας σύνεσιν, καὶ τοὺς νηπίους εἰς τὸ ἀναβαίνειν φρονήματι ἐπὶ τὸν ἄνδρα, καὶ τοὺς ἁπλῶς
20 κακοδαίμονας ἐπὶ εὐδαιμονίαν, ἢ, ὅπερ κυριώτερόν ἐστιν εἰπεῖν, ἐπὶ μακαριότητα. ἐπὰν δ' οἱ προκόπτοντες τῶν προτραπέντων παραστήσωσι τὸ κεκαθάρθαι ὑπὸ τοῦ λόγου, καὶ, ὅση δύναμις, βέλτιον βεβιωκέναι· τοτηνικάδε καλοῦμεν αὐτοὺς ἐπὶ τὰς παρ' ἡμῖν τελετάς. "σοφίαν γὰρ λαλοῦμεν ἐν τοῖς (3) τελείοις."

60. Καὶ διδάσκοντες· "ὅτι εἰς κακότεχνον ψυχὴν οὐκ (4) εἰσελεύσεται σοφία, οὐδὲ κατοικήσει ἐν σώματι κατάχρεῳ ἁμαρτίας." φαμέν· ὅστις χεῖρας καθαρὸς, καὶ διὰ τοῦτ' ἐπαί- (5) ρων χεῖρας ὁσίας τῷ θεῷ, καὶ παρὰ τὸ διηρμένα καὶ οὐράνια
30 ἐπιτελεῖν, δύναται [6] λέγειν, "ἔπαρσις τῶν χειρῶν μου θυσία (6)(7)

---

(1) Antea ληστάς. Legendum videtur: λῃστής. R. Vid. c. 61. l. 17, 20.
(2) Edd. Spenc. ad marginem: δι' ἀμφότερα ταῦτα.
(3) 1 Cor. ii. 6.
(4) Sap. Salom. i. 4.   (5) 1 Tim. ii. 8.
(6) Boherellus: Malim: δυνατός.
(7) Psalm. cxli. 2 (cxl.).

εσπερινή," ηκέτω προς ημάς· και όστις φωνήν συνετός, τω
(1) μελετάν τον νόμον κυρίου ημέρας και νυκτός· και τω (2) δια την
(2) έξιν τα αισθητήρια γεγυμνασμένα εσχηκέναι προς διάκρισιν
καλού τε και κακού· μη οκνείτω προσιέναι στερεαίς λογικαίς
τροφαίς και αρμοζούσαις αθληταίς ευσεβείας και πάσης αρετής. επεί δε και η χάρις του Θεού εστι μετά πάντων των
εν αφθαρσία αγαπώντων τον διδάσκαλον της αθανασίας
μαθημάτων· όστις αγνός ου μόνον από παντός μύσους, αλλά
και των ελαττόνων είναι νομιζομένων αμαρτημάτων, θαρρών
μυείσθω τα μόνοις αγίοις και καθαροίς ευλόγως παραδιδόμενα 10
μυστήρια της κατά Ιησούν θεοσεβείας. ο μεν ουν Κέλσου
μύστης φησίν· "ότω ουδέν η ψυχή σύνοιδε κακόν, ηκέτω."
ο δε κατά τον Ιησούν μυσταγωγών τω Θεώ τοις κεκαθαρμένοις την ψυχήν ερεί· 'ότω πολλώ χρόνω η ψυχή ουδέν σύνοιδε κακόν, και μάλιστα αφ' ου προσελήλυθε τη του λόγου
θεραπεία, ούτος και των κατ' ιδίαν λελαλημένων υπό του
Ιησού τοις γνησίοις μαθηταίς ακουέτω.' ουκούν και εν οις
αντιπαρατίθησι τα των μυούντων εν Έλλησι τοις διδάσκουσι
τα του Ιησού, ουκ οίδε διαφοράν καλουμένων επί μεν θεραπείαν φαύλων, επί δε τα μυστικώτερα των ήδη καθαρωτάτων. 20
(3) 61. Ουκ επί μυστήρια ουν και κοινωνίαν σοφίας εν
μυστηρίω αποκεκρυμμένης, ην προώρισεν ο θεός προ των
αιώνων εις δόξαν των δικαίων εαυτού, καλούμεν τον άδικον,
και κλέπτην, και τοιχωρύχον, και φαρμακέα, και ιερόσυλον,
και τυμβωρύχον, και όσους αν άλλους δεινοποιών ο Κέλσος
ονομάσαι· αλλ' επί θεραπείαν. έστι γαρ εν τη του λόγου
θειότητι άλλα μεν τα θεραπευτικά των κακώς εχόντων βοηθή-
(4) ματα, περί ων είπεν ο λόγος τό· "ου χρείαν έχουσιν οι
ισχύοντες ιατρού, αλλ' οι κακώς έχοντες·" άλλα δε τα τοις
(5) καθαροίς ψυχήν και σώμα παραδεικνύντα "αποκάλυψιν μυσ- 30
τηρίου, χρόνοις αιωνίοις σεσιγημένου, φανερωθέντος δε νυν διά
(6) τε γραφών προφητικών," και "της επιφανείας του κυρίου

(1) Psalm. i. 2.   (2) Heb. v. 14.
(3) 1 Cor. ii. 7.   (4) Matth. ix. 12.
(5) Rom. xvi. 25.   (6) 2 Tim. i. 10.

ἡμῶν Ἰησοῦ Χριστοῦ," ἑκάστῳ τῶν τελείων ἐπιφαινομένης καὶ φωτιζούσης εἰς ἀψευδῆ γνῶσιν τῶν πραγμάτων τὸ ἡγεμονικόν. ἐπεὶ δὲ δεινοποιῶν τὰ καθ᾽ ἡμῶν ἐγκλήματα, ἐπιφέρει οἷς ὠνόμασεν ἀνθρώποις μιαρωτάτοις τό· "τίνας ἄλλους προκηρύττων ληστὴς [1] ἐκάλεσε;" καὶ πρὸς τοῦτο φήσομεν, (1) ὅτι ληστὴς [1] μὲν τοὺς τοιούτους καλεῖ, χρώμενος αὐτῶν τῇ πονηρίᾳ κατ᾽ ἀνθρώπων οὓς φονεύειν καὶ συλᾶν βούλονται. (2) Χριστιανὸς δὲ, κἂν καλῇ οὓς ὁ ληστὴς καλεῖ, διάφορον κλῆσιν αὐτοὺς καλεῖ· ἵν᾽ αὐτῶν καταδήσῃ τὰ τραύματα τῷ λόγῳ, καὶ ἐπιχέῃ τῇ φλεγμαινούσῃ ἐν κακοῖς ψυχῇ τὰ ἀπὸ τοῦ λόγου φάρμακα, ἀνάλογον οἴνῳ, καὶ ἐλαίῳ, καὶ μαλάγματι, καὶ τοῖς λοιποῖς ἀπὸ ἰατρικῆς ψυχῆς [3] βοηθήμασιν. (3)

62. Εἶτα συκοφαντῶν τὰ προτροπῆς ἕνεκα εἰρημένα καὶ γεγραμμένα τῆς πρὸς τοὺς κακῶς βεβιωκότας, καὶ καλοῦντα αὐτοὺς ἐπὶ μετάνοιαν καὶ διόρθωσιν τῆς ψυχῆς αὐτῶν· φησὶν ἡμᾶς λέγειν, τοῖς "ἁμαρτωλοῖς πεπέμφθαι τὸν θεόν." ὅμοιον δὲ καὶ τοῦτο ποιεῖ, ὡς εἰ ἐνεκάλει τισὶ, λέγουσι διὰ τοὺς κακῶς διάγοντας ἐν τῇ πόλει πεπέμφθαι ὑπὸ φιλανθρωτάτου βασιλέως τὸν ἰατρόν. ἐπέμφθη οὖν θεὸς λόγος, καθὸ μὲν ἰατρὸς, τοῖς ἁμαρτωλοῖς· καθὸ δὲ διδάσκαλος θείων μυστηρίων, τοῖς ἤδη καθαροῖς, καὶ μηκέτι ἁμαρτάνουσιν. ὁ δὲ Κέλσος ταῦτα μὴ δυνηθεὶς διακρῖναι· οὐ γὰρ ἠβουλήθη φιλομαθῆσαι· φησί· "τί δὲ, τοῖς ἀναμαρτήτοις οὐκ ἐπέμφθη; τί κακόν ἐστι τὸ μὴ ἡμαρτηκέναι;" καὶ πρὸς τοῦτο δέ φαμεν, ὅτι, εἰ μὲν ἀναμαρτήτους λέγει τοὺς μηκέτι ἁμαρτάνοντας, ἐπέμφθη καὶ τούτοις ὁ σωτὴρ ἡμῶν Ἰησοῦς, ἀλλ᾽ οὐκ ἰατρός· εἰ δὲ ἀναμαρτήτοις τοῖς μηδὲ πώποτε ἡμαρτηκόσιν· οὐ γὰρ διεστείλατο ἐν τῇ ἑαυτοῦ λέξει· ἐροῦμεν, ὅτι ἀδύνατον εἶναι οὕτως ἄνθρωπον ἀναμάρτητον. τοῦτο δέ φαμεν, ὑπεξαιρουμένου τοῦ κατὰ τὸν Ἰησοῦν νοουμένου ἀνθρώπου, ὃς "ἁμαρ- (4) τίαν οὐκ ἐποίησε." κακούργως δή φησιν ὁ Κέλσος περὶ

---

(1) Cod. Basil. ut in nostro textu. R.
(2) Malim cum Boherello: βούλεται. R.
(3) Omnino scribendum: τέχνης, vel: ὕλης, vel quid simile. R.
(4) 1 Pet. ii. 22.

ημών, ως δη φασκόντων, ότι "τον μεν άδικον, εάν αυτόν υπό
μοχθηρίας ταπεινώση, δέξεται ο θεός· τον δε δίκαιον, εάν
μετ' αρετής απ' αρχής άνω προς αυτόν βλέπη, τούτον ου
δέξεται." αδύνατον γαρ φαμεν είναι άνθρωπον μετ' αρετής
(1) απ' αρχής προς τον θεόν άνω βλέπειν. κακίαν γαρ υφίστασθαι
αναγκαίον πρώτον εν ανθρώποις. καθό και ο Παύλος
(2) λέγει· "ελθούσης δε της εντολής, η αμαρτία ανέζησεν⁽²⁾, εγώ δε
απέθανον." αλλά και ου διδάσκομεν περί του αδίκου, ότι
αύταρκες αυτώ το δια την μοχθηρίαν εαυτόν ταπεινούν προς
το δεχθήναι υπό του Θεού· αλλ', εάν μεν επί τοις προτέροις
εαυτού καταγνούς, πορεύηται ταπεινός επ' εκείνοις, και κεκοσ-
μημένος επί τοις δευτέροις, τούτον παραδέξεται ο θεός.
(3) 63. Είτα μη νοών, πως είρηται το· "πας ο υψών
εαυτόν ταπεινωθήσεται" μηδέ καν από του Πλάτωνος δι-
δαχθείς, ότι "ο καλός και αγαθός πορεύεται ταπεινός και
(4) κεκοσμημένος·" μη ειδώς δε και, ως φαμεν· "ταπεινώθητε ουν
υπό την κραταιάν χείρα του θεού, ίνα υμάς υψώση εν καιρώ"·
φησίν, ότι "άνθρωποι μεν ορθώς δίκης προϊστάμενοι τους επί
τοις αδικήμασιν ολοφυρομένους αποπαύουσι των οικτρογοών,
ίνα μη προς έλεον μάλλον, η προς αλήθειαν δικασθώσιν. ο
θεός δ' άρα ου προς αλήθειαν, αλλά προς κολακείαν δικάζει."
ποία γαρ κολακεία, και ποίος λόγος οικτρογοών κατά τας
θείας γιγνόμενος γραφάς, επάν ο αμαρτάνων λέγη εν ταις
(5) προς θεόν ευχαίς· "την αμαρτίαν μου εγνώρισα, και την
ανομίαν μου ουκ εκάλυψα. είπα· εξαγορεύσω κατ' εμού
την ανομίαν μου τω κυρίω," και τα εξής; αλλά δύναται
παραστήσαι, ότι ουκ έστιν επιστρεπτικόν το τοιούτον των
αμαρτανόντων, υπό τον θεόν εαυτούς ταπεινούντων εν ταις
ευχαίς; και συγκεχυμένος δ' από της επί το κατηγορείν
ορμής, εαυτώ εναντία λέγει· όπου μεν εμφαίνων ειδέναι ανα-

(1) De peccato originali quid senserit Origenes, vide Origenianorum Lib. II.
quaest. 7, n. 24, item Spenceri annotationem ad Lib. IV. c. Celsum, num. 40. R.
Et infra, n. 63.
(2) Sic omnes MSS. R. Rom. vii. 9.
(3) Matth. xxiii. 12. (4) 1 Pet. v. 6.
(5) Psalm. xxxii. 5 (xxxi.).

μάρτητον ἄνθρωπον, καὶ δίκαιον, μετ' ἀρετῆς ἀπ' ἀρχῆς πρὸς αὐτὸν ἄνω βλέποντα· ὅπου δ' ἀποδεχόμενος τὸ λεγόμενον ὑφ' ἡμῶν, ὅτι "τίς ἄνθρωπος τελέως δίκαιος; ἢ τίς ἀναμάρ- (1) τητος;" ὡς ἀποδεχόμενος γὰρ αὐτὸ, φησί· "τοῦτο μὲν ἐπιεικῶς ἀληθές, ὅτι πέφυκέ πως τὸ ἀνθρώπινον φῦλον ἁμαρτάνειν." εἶτα ὡς μὴ πάντων καλουμένων ὑπὸ τοῦ λόγου, φησίν· "ἐχρῆν οὖν ἁπλῶς πάντας καλεῖν, εἴ γε πάντες ἁμαρτάνουσι." καὶ ἐν τοῖς ἀνωτέρω δὲ παρεδείκνυμεν τὸν Ἰησοῦν εἰρηκέναι· "δεῦτε πάντες οἱ κοπιῶντες καὶ πεφορτισμένοι· (2) κἀγὼ ἀναπαύσω ὑμᾶς." πάντες οὖν ἄνθρωποι, διὰ τὴν τῆς (3) ἁμαρτίας φύσιν κοπιῶντες καὶ πεφορτισμένοι, καλοῦνται ἐπὶ τὴν παρὰ τῷ λόγῳ τοῦ θεοῦ ἀνάπαυσιν· "ἐξαπέστειλε γὰρ ὁ (4) θεὸς τὸν λόγον αὐτοῦ, καὶ ἰάσατο αὐτοὺς, καὶ ἐρρύσατο αὐτοὺς ἐκ τῶν διαφθορῶν αὐτῶν."

64. Ἐπεὶ δέ φησι καὶ τό· "τίς οὖν αὕτη ποτὲ ἡ τῶν ἁμαρτωλῶν προτίμησις;" καὶ ὅμοια τούτοις ἐπιφέρει· ἀποκρινούμεθα, ὅτι καθάπαξ μὲν ἁμαρτωλὸς οὐ προτιμᾶται τοῦ μὴ ἁμαρτωλοῦ· ἔστι δ' ὅτε ἁμαρτωλὸς συναισθόμενος τῆς ἰδίας ἁμαρτίας, καὶ διὰ τοῦτο πρὸς τὸ μετανοεῖν πορευόμενος, ἐπὶ τοῖς ἡμαρτημένοις ταπεινὸς, προτιμᾶται τοῦ ἔλαττον μὲν νομιζομένου εἶναι ἁμαρτωλοῦ, οὐκ οἰομένου δ' αὐτὸν ἁμαρτωλὸν, ἀλλ' ἐπαιρομένου ἐπί τισιν, οἷς δοκεῖ συνειδέναι ἑαυτῷ κρείττοσι, καὶ πεφυσιωμένου ἐπ' αὐτοῖς. καὶ τοῦτο δηλοῖ τοῖς βουλομένοις εὐγνωμόνως ἐντυγχάνειν τοῖς εὐαγγελίοις ἡ περὶ τοῦ εἰπόντος τελώνου παραβολή· "ἱλάσθητί μοι τῷ (5) ἁμαρτωλῷ." καὶ περὶ τοῦ καυχησαμένου μετά τινος μοχθηροῦ οἰήματος Φαρισαίου, καὶ φήσαντος· "εὐχαριστῶ σοι, ὅτι οὐκ εἰμὶ ὡς οἱ λοιποὶ τῶν ἀνθρώπων, ἅρπαγες, ἄδικοι, μοιχοὶ, ἢ καὶ ὡς οὗτος ὁ τελώνης." ἐπιφέρει γὰρ ὁ Ἰησοῦς τῷ περὶ ἀμφοτέρων λόγῳ τό· "κατέβη οὗτος εἰς τὸν οἶκον αὐτοῦ δεδικαιωμένος, παρ' ἐκεῖνον· ὅτι πᾶς ὁ ὑψῶν ἑαυτὸν ταπεινω-

(1) Job. xv. 14.   (2) Matth. xi. 28.
(3) Vid. Lib. IV. num. 40.
(4) Psalm. cvii. 20 (cvi.).
(5) Luc. xviii. 13.

(1) θήσεται· καὶ πᾶς ὁ ταπεινῶν ἑαυτὸν ὑψωθήσεται." οὐ βλασφημοῦμεν οὖν τὸν Θεὸν, οὐδὲ καταψευδόμεθα, διδάσκοντες πάνθ' ὁντινοῦν συναισθέσθαι τῆς ἀνθρωπίνης βραχύτητος, ὡς πρὸς τὴν τοῦ θεοῦ μεγαλειότητα· καὶ ἀεὶ αἰτεῖν ἀπ' ἐκείνου τὸ (2) ἐνδέον τῇ φύσει ἡμῶν, τοῦ μόνου ἀναπληροῦν τὰ ἐλλιπῆ ἡμῖν δυναμένου.

65. Οἴεται δ' ὅτι τοιαῦτα εἰς προτροπὴν τῶν ἁμαρτανόντων φαμὲν, ὡς μηδένα ἄνδρα τῷ ὄντι χρηστὸν καὶ δίκαιον προσάγεσθαι δυνάμενοι· καὶ ὅτι διὰ τοῦτο τοῖς ἀνοσιωτάτοις καὶ ἐξωλεστάτοις τὰς πύλας ἀνοίγομεν. ἡμεῖς δὲ, εἴ τις κατανοῆσαι ἡμῶν εὐγνωμόνως τὸ ἄθροισμα, πλείονας ἔχομεν παραστῆσαι τοὺς οὐκ ἀπὸ. χαλεποῦ πάνυ βίου ἤπερ τοὺς ἀπὸ ἐξωλεστάτων ἁμαρτημάτων ἐπιστρέψαντας. καὶ γὰρ πεφύκασιν οἱ τὰ κρείττονα ἑαυτοῖς συνεγνωκότες, εὐχόμενοι ἀληθῆ εἶναι τὰ κηρυσσόμενα περὶ τῆς ὑπὸ θεοῦ τοῖς κρείττοσιν ἀμοιβῆς, ἑτοιμότερον συγκατατίθεσθαι τοῖς λεγομένοις, παρὰ τοὺς πάνυ μοχθηρῶς βεβιωκότας, ἀπ' αὐτοῦ τοῦ συνειδότος κωλυομένους παραδέξασθαι, ὅτι κολασθήσονται ὑπὸ τοῦ ἐπὶ πᾶσι δικαστοῦ κολάσει, ἥτις πρέποι ἂν τῷ τὰ τοσαῦτα ἡμαρτηκότι· καὶ οὐ παρὰ τὸν ὀρθὸν λόγον προσάγοιτο ὑπὸ τοῦ ἐπὶ πᾶσι δικαστοῦ. ἔσθ' ὅτε δὲ κἂν πάνυ ἐξώλεις παραδέξασθαι βούλωνται τὸν λόγον τὸν (3) περὶ κολάσεως, διὰ τὴν ἐπὶ τῇ μετανοίᾳ ἐλπίδα, [ἐπιμόνως βεβαμμένοι] κωλύονται ἀπὸ τῆς πρὸς τὸ ἁμαρτάνειν συνηθείας, ὡσπερεὶ δευσοποιηθέντες ἀπὸ τῆς κακίας, καὶ μηκέτι δυνάμενοι ἀπ' αὐτῆς ἀποστῆναι εὐχερῶς ἐπὶ τὸν καθεστηκότα καὶ τὸν κατὰ τὸν ὀρθὸν λόγον βίον. τοῦτο δὲ καὶ ὁ Κέλσος ἐννοήσας, οὐκ οἶδ' ὅπως λέγει ἐν τοῖς ἑξῆς τοιαῦτα· "καὶ μὴν παντί που δῆλον, ὅτι τοὺς ἁμαρτάνειν πεφυκότας τε

(1) Omnes MSS. καὶ πᾶς ὁ ταπεινῶν. R.
(2) Hoeschel. et Spenc. in textu: τῆς φύσεως, sed Codd. Regius, Basileensis et duo Anglicani τῇ φύσει. R.
(3) A Codd. Regio et Basil. abest: ἐπιμόνως βεβαμμένοι, quod et abesse potest sine sensus dispendio. Guieto pro: βεβαμμένοι scribendum videtur: κεκαμμένοι. R. Q. an hæ voces margini olim adscriptae (in v. δευσοποιηθέντες) in textum irrepserint. W.S.

καὶ εἰθισμένους, οὐδεὶς ἂν οὐδὲ κολάζων πάντη μεταβάλοι, μήτι γε ἐλεῶν· φύσιν γὰρ ἀμεῖψαι τελέως, παγχάλεπον. οἱ δ᾽ ἀναμάρτητοι, βελτίους κοινωνοὶ βίου."

66. Καὶ ἐν τούτοις δ᾽ ὁ Κέλσος, πάνυ μοι ἐσφάλθαι δοκεῖ, μὴ διδοὺς τοῖς ἁμαρτάνειν πεφυκόσι, καὶ τοῦτο πράττειν εἰθισμένοις, τὴν παντελῆ μεταβολήν· ὅστις οὐδ᾽, ἀπὸ κολάσεων αὐτοὺς οἴεται θεραπεύεσθαι. σαφῶς γὰρ φαίνεται, ὅτι πάντες μὲν ἄνθρωποι πρὸς τὸ ἁμαρτάνειν πεφύκαμεν, ἔνιοι δὲ οὐ μόνον πεφύκασιν, ἀλλὰ καὶ εἰθισμένοι εἰσὶν ἁμαρτάνειν· ἀλλ᾽ οὐ πάντες ἄνθρωποι ἀπαράδεκτοί εἰσι τῆς παντελοῦς μεταβολῆς. εἰσὶ γὰρ καὶ κατὰ πᾶσαν φιλοσοφίας αἵρεσιν, καὶ κατὰ τὸν θεῖον λόγον, οἱ τοσοῦτον μεταβεβληκέναι ἱστορούμενοι, ὥστε αὐτοὺς ἐγκεῖσθαι παράδειγμα τοῦ ἀρίστου βίου. καὶ φέρουσί τινες ἡρώων μὲν, τὸν Ἡρακλέα καὶ τὸν Ὀδυσσέα· τῶν δ᾽ ὕστερον, τὸν Σωκράτην· τῶν δὲ χθὲς καὶ πρώην γεγονότων, τὸν Μουσώνιον. οὐ μόνον οὖν καθ᾽ ἡμᾶς ἐψεύσατο ὁ Κέλσος, εἰπών· "παντί που δῆλον εἶναι, τοὺς ἁμαρτάνειν πεφυκότας καὶ εἰθισμένους ὑπ᾽ οὐδενὸς ἂν οὐδὲ κολαζομένους πάντη ἀχθῆναι πρὸς τὴν εἰς τὸ βέλτιον μεταβολήν·" ἀλλὰ καὶ κατὰ τοὺς γενναίως φιλοσοφήσαντας, καὶ μὴ ἀπογνόντας τὴν τῆς ἀρετῆς ἀνάληψιν εἶναι δυνατὸν τοῖς ἀνθρώποις. ἀλλ᾽, εἰ καὶ μὴ μετὰ ἀκριβείας ὅπερ ἐβούλετο παρέστησεν, οὐδὲν ἧττον εὐγνωμόνως αὐτοῦ ἀκούοντες, καὶ οὕτως αὐτὸν ἐλέγξομεν οὐχ ὑγιῶς λέγοντα. εἶπε μὲν γάρ· "τοὺς πεφυκότας ἁμαρτάνειν καὶ εἰθισμένους οὐδεὶς ἂν οὐδὲ κολάζων πάντη μεταβάλοι·" καὶ τὸ ἐξακουόμενον ἀπὸ τῆς λέξεως, ὡς δυνατὸν ἡμῖν, ἀνετρέψαμεν.

67. Εἰκὸς δ᾽ αὐτὸν τοιοῦτον βούλεσθαι δηλοῦν, ὅτι τοὺς πρὸς τὰ τοιάδε ἁμαρτήματα, καὶ γινόμενα ὑπὸ τῶν ἐξωλεστάτων, οὐ μόνον πεφυκότας, ἀλλὰ καὶ εἰθισμένους, οὐδεὶς ἂν οὐδὲ κολάζων πάντη μεταβάλοι. καὶ τοῦτο δὲ ψεῦδος ἀπὸ τῆς περί τινων φιλοσοφησάντων ἱστορίας ἀποδείκνυται. τίς γὰρ ἀνθρώπων οὐκ ἂν ἐν τοῖς ἐξωλεστάτοις τάσσοι τὸν ὅπως ποτὲ ὑπομείναντα εἶξαι δεσπότῃ, ἐπὶ

τέγους αυτόν ιστάντι, ίνα πάντα τον θέλοντα αυτόν καται-
(1) σχύνειν παραδέξηται; τοιαύτα δε περί του Φαίδωνος ιστορείται. τις δε τον μετά αυλητρίδος και κωμαστών των συνασωτευσαμένων εισβαλόντα εις την του σεμνοτάτου Ξενοκράτους διατριβήν, ίν' ενυβρίση άνδρα, ὃν και οι εταίροι εθαύμαζον, ου φήσει πάντων μιαρώτατον είναι ανθρώπων; αλλ' όμως ίσχυσε λόγος και τούτους επιστρέψας ποιήσαι επί τοσούτον διαβεβηκέναι εν φιλοσοφία, ώστε τον μεν υπό Πλάτωνος κριθήναι άξιον του τον περί της αθανασίας διεξοδεύσαι Σωκράτους λόγον, και την εν τω δεσμωτηρίω ευτονίαν 10 αυτού παραστήσαι, ου φροντίσαντος του κωνείου, αλλ' αδεώς και μετά πάσης γαλήνης της εν τη ψυχή διεξοδεύσαντος τοσαύτα και τηλικαύτα, οις μόγις παρακολουθείν και οι πάνυ καθεστηκότες, και υπό μηδεμιάς ενοχλούμενοι περιστάσεως,
(2) δύνανται· τον δε Πολέμωνα, εξ ασώτου γενόμενον σωφρονέστατον, διαδέξασθαι την του διαβοήτου επί σεμνότητι Ξενοκράτους διατριβήν. ουκ άρα αληθεύει Κέλσος λέγων, τους "πεφυκότας αμαρτάνειν και ειθισμένους ουδείς αν ουδέ κολάζων πάντη μεταβάλοι."

68. Αλλά την μεν τάξιν και σύνθεσιν και φράσιν των 20 από φιλοσοφίας λόγων τοιαύτα εις τους προειρημένους
(3) πεποιηκέναι, και άλλως κακώς βεβιωκότας, ου πάνυ τι θαυμαστόν. επάν δε ους φησιν είναι ιδιωτικούς λόγους ο Κέλσος κατανοήσωμεν, ώσπερεί και επωδάς, δυνάμεως πεπληρωμένους, και τους λόγους θεωρώμεν, αθρόως προτρέποντας πλήθη επί τον εξ ακολάστων εις τον ευσταθέστατον βίον, και τον εξ αδίκων εις τον χρηστότερον, και τον εκ δειλών ή ανάνδρων εις τον επί τοσούτον εύτονον, ως και θανάτου διά την φανείσαν εν αυτοίς ευσέβειαν καταφρονείν· πώς ουχί δικαίως θαυμάσομεν την εν αυτώ δύναμιν; ο γάρ λόγος των ταύτα την αρχήν 30

(1) Vide Laertium in Phaedonis vita, et Origenem Lib. I. contra Cels. num. 64. R.
(2) Vide Laertium in vita Polemonis, et Valer. Maximum Lib. VI. cap. 11, item Origen. Lib. I. contra Celsum, num. 64. R.
(3) Ruaeus, Boherello praeunte: "Legendum videtur: άλλους." L.

πρεσβευσάντων, καὶ καμόντων, ἵνα συστήσωσιν ἐκκλησίας
Θεοῦ, ἀλλὰ καὶ τὸ κήρυγμα αὐτῶν, ἐν πειθοῖ μὲν γέγονεν, οὐ
τοιαύτῃ δὲ, ὁποία ἐστὶ πειθὼ ἐν τοῖς σοφίαν Πλάτωνος ἐπαγ-
γελλομένοις, ἢ τίνος τῶν φιλοσοφησάντων, ὄντων ἀνθρώπων
καὶ οὐδὲν ἄλλο πλὴν τῆς ἀνθρωπίνης φύσεως ἐχόντων. ἡ δ' (1)
ἀπόδειξις ἐν τοῖς Ἰησοῦ ἀποστόλοις θεόθεν δοθεῖσα, πιστικὴ (2)
ἀπὸ πνεύματος καὶ δυνάμεως. διόπερ τάχιστα καὶ ὀξύτατα
ἔδραμεν ὁ λόγος αὐτῶν, μᾶλλον δὲ ὁ τοῦ Θεοῦ δι' αὐτῶν,
μεταβάλλων πολλοὺς τῶν ἁμαρτάνειν πεφυκότων καὶ εἰθισμέ-
10 νων· οὓς οὐδὲ κολάζων μὲν ἄν τις ἄνθρωπος μετέβαλεν, ὁ δὲ
λόγος μετεποίησε, μορφώσας καὶ τυπώσας αὐτοὺς κατὰ τὸ
αὐτοῦ βούλημα.

69. Καὶ ὁ μὲν Κέλσος φησὶ, τὰ ἀκόλουθα ἑαυτῷ ἐπι-
φέρων, ὅτι "φύσιν ἀμεῖψαι τελέως, παγχάλεπον." ἡμεῖς
δὲ, μίαν φύσιν ἐπιστάμενοι πάσης λογικῆς ψυχῆς, καὶ μηδε-
μίαν φάσκοντες πονηρὰν ὑπὸ τοῦ κτίσαντος τὰ ὅλα δεδη-
μιουργῆσθαι, γεγονέναι δὲ πολλοὺς κακοὺς παρὰ τὰς ἀνα- (3)
τροφὰς, καὶ τὰς διαστροφὰς, καὶ τὰς περιηχήσεις, ὥστε καὶ
φυσιωθῆναι ἔν τισι τὴν κακίαν· πειθόμεθα, ὅτι τῷ θείῳ λόγῳ
20 ἀμεῖψαι κακίαν φυσιώσασάν ἐστιν οὐ μόνον οὐκ ἀδύνατον,
ἀλλὰ καὶ οὐ πάνυ χαλεπόν· ἐπὰν μόνον παραδέξηταί τις, ὅτι
πιστεύειν δεῖ ἑαυτὸν τῷ ἐπὶ πᾶσι Θεῷ, καὶ πάντα πράττειν
κατ' ἀναφορὰν τοῦ ἀρέσκειν ἐκείνῳ· παρ' ᾧ οὐκ ἔστιν,

Ἐν δὲ ἰῇ τιμῇ ἠμὲν κακὸς, ἠδὲ καὶ ἐσθλός· (4)
οὐδὲ, Κάτθαν' ὁμῶς ὅ, τ' ἀεργὸς ἀνὴρ, ὅ, τε πολλὰ ἐοργώς.
εἰ δὲ καί τισι πάνυ χαλεπόν ἐστι τὸ μεταβάλλειν· τὴν
αἰτίαν λεκτέον εἶναι περὶ τὴν συγκατάθεσιν αὐτῶν, ὀκνοῦσαν
παραδέξασθαι, τὸν ἐπὶ πᾶσι Θεὸν εἶναι ἑκάστῳ δίκαιον κριτὴν
περὶ πάντων τῶν ἐν τῷ βίῳ πεπραγμένων. μέγα γὰρ
30 δύναται καὶ πρὸς τὰ δοκοῦντα εἶναι χαλεπώτατα, καὶ, ἵνα καθ'

---

(1) Optime MSS. πλὴν τῆς ἀνθρωπίνης κ.τ.λ. Alias ἢ πλέον ἀνθρωπίνης. R. Boherell.: 'Dele: ἤ.'

(2) Q. πειστική. W. S.

(3) Deest. δέ in edd. Spenc., jam Boherell. vero in notis: "Addendum puto δέ." L.

(4) Iliad, Lib. IX. 319, 320.

ὑπερβολὴν ὀνομάσω, ἐγγύς που ἀδύνατα, προαίρεσις καὶ
(1) ἄσκησις. ἡ βουληθεῖσα ἀνθρωπίνη φύσις ἐπὶ κάλου βαίνειν,
τεταμένου διὰ μέσου τοῦ θεάτρου ἐν μετεώρῳ, καὶ μετὰ τοῦ
φέρειν τοσαῦτα καὶ τηλικαῦτα βάρη, δεδύνηται τῇ ἀσκήσει καὶ
τῇ προσοχῇ τὸ τοιοῦτο ποιῆσαι· βουληθεῖσα δὲ κατ᾽ ἀρετὴν
βιῶσαι, ἀδυνάτως ἔχει, κἂν ᾖ πρότερον φαυλοτάτη γεγενη-
μένη; ἀλλ᾽ ὅρα μήποτε ὁ τὰ τοιαῦτα λέγων τῇ δημιουργῷ
τοῦ λογικοῦ ζώου φύσει ἐγκαλεῖ μᾶλλον, ἢ τῷ γεγενημένῳ· εἰ
πρὸς μὲν τὰ οὕτω χαλεπὰ, οὐδαμῶς ὄντα χρήσιμα, πεποίηκε
δυνατὴν τὴν τοῦ ἀνθρώπου φύσιν, ἀδύνατον δὲ πρὸς τὴν ἰδίαν 10
μακαριότητα. ἄλλα γὰρ ἀρκεῖ καὶ ταῦτα πρὸς τό· "φύσιν
γὰρ ἀμεῖψαι τελέως, παγχάλεπον." ἑξῆς δέ φησιν· "ὅτι
οἱ ἀναμάρτητοι βελτίους κοινωνοὶ βίου·" μὴ σαφηνίσας, τίνας
φησὶ τοὺς ἀναμαρτήτους, πότερον τοὺς ἀρχῆθεν, ἢ τοὺς ἐκ
μεταβολῆς. οἱ μὲν οὖν ἀρχῆθεν, ἀδύνατοι· οἱ δ᾽ ἐκ μετα-
βολῆς, σπανίως εἰσὶν εὑρισκόμενοι, οἵτινες ἐκ τοῦ προσελη-
λυθέναι λόγῳ σώζοντι τοιοῦτοι γίγνονται. οὐχὶ δὲ τοιοῦτοι
ὄντες τῷ λόγῳ προσέρχονται. χωρὶς γὰρ λόγου, καὶ ταῦτα
τελείου, ἀμήχανον ἀναμάρτητον γενέσθαι ἄνθρωπον.

70. Εἶτ᾽ ἀνθυποφέρει ὡσπερεὶ λεγόμενον ὑφ᾽ ἡμῶν τό· 20
"δυνήσεται πάντα ὁ θεός·" οὐδὲ τοῦθ᾽ ὁρᾶν πῶς λέλεκται,
καὶ τίνα "πάντα" ἐν τούτῳ παραλαμβάνεται, καὶ πῶς δύναται.
περὶ ὧν οὐκ ἀναγκαῖον νῦν λέγειν· οὐδὲ γὰρ αὐτός, καίτοιγε
δυνάμενος πρὸς αὐτὸ στῆναι πιθανῶς, ἔστη. τάχα μηδὲ
παρακολουθῶν τῇ λεχθησομένῃ ἂν κατὰ τούτου πιθανότητι·
ἢ παρακολουθῶν μὲν, θεωρῶν δὲ καὶ τὴν πρὸς τὸ λεγόμενον
ἀπάντησιν. δύναται δὲ καθ᾽ ἡμᾶς πάντα ὁ Θεός· ἅπερ δυνά-
μενος, τοῦ θεὸς εἶναι, καὶ τοῦ ἀγαθὸς εἶναι, καὶ σοφὸς εἶναι
οὐκ ἐξίσταται. ὁ δὲ Κέλσος φησὶν, ὡς μὴ νοήσας, πῶς
λέγεται ὁ θεὸς πάντα δύνασθαι, ὅτι "οὐκ ἐθελήσει οὐδὲν 30
ἄδικον·" διδοὺς ὅτι δύναται μὲν καὶ τὸ ἄδικον, οὐ θέλει δέ.
ἡμεῖς δέ φαμεν, ὅτι ὥσπερ οὐ δύναται τὸ πεφυκὸς γλυκαίνειν
τῷ γλυκὺ τυγχάνειν πικράζειν, παρὰ τὴν αὐτοῦ μόνην αἰτίαν·

(1) Edd. Spenc. ad marginem: ἡ βουληθεῖσα ἀνθρωπίνη φύσις ἐπὶ καλοῦ
βαίνειν.

ουδέ το πεφυκός φωτίζειν τῷ είναι φῶς σκοτίζειν· ούτως ουδέ ὁ Θεὸς δύναται ἀδικεῖν· ἐναντίον γάρ ἐστιν αὐτοῦ τῇ θειότητι καὶ τῇ κατ' αὐτὴν πάσῃ δυνάμει ἡ τοῦ ἀδικεῖν δύναμις. εἰ δέ τι τῶν ὄντων δύναται ἀδικεῖν τῷ καὶ πρὸς τὸ ἀδικεῖν πεφυκέναι, δύναται ἀδικεῖν οὐκ ἔχον ἐν τῇ φύσει τὸ μηδαμῶς δύνασθαι ἀδικεῖν.

71. Μετὰ ταῦτα δ' ἑαυτῷ λαμβάνει τὸ μὴ διδόμενον ὑπὸ τῶν λογικώτερον πιστευόντων, τάχα ὑπό τινων ἀνοήτων νομιζόμενον ὡς "ἄρα ὁμοίως τοῖς οἴκτῳ δουλεύουσι δουλεύσας, οἴκτῳ τῶν οἰκτιζομένων ὁ θεὸς τοὺς κακοὺς κουφίζει· καὶ μηδὲν τοιοῦτο δρῶντας τοὺς ἀγαθοὺς ἀπορρίπτει· ὅπερ ἐστὶν ἀδικώτατον." καθ' ἡμᾶς γὰρ ἔτι οὐδένα μὴ προτετραμμένον ἐπ' ἀρετὴν κακὸν κουφίζει ὁ θεός, καὶ οὐδένα ἤδη ἀγαθὸν ἀπορρίπτει· ἀλλὰ καὶ οὐδένα οἰκτιζόμενον παρὰ τὸ οἰκτίζεσθαι κουφίζει, ἢ ἐλεεῖ, ἵνα κοινότερον τῷ ἐλέει χρήσωμαι· ἀλλὰ τοὺς σφόδρα ἑαυτῶν ἐπὶ τοῖς ἡμαρτημένοις κατεγνωκότας, ὡς ἐπὶ τούτῳ οἱονεὶ πενθεῖν, καὶ θρηνεῖν ἑαυτοὺς ὡς ἀπολωλότας, ὅσον ἐπὶ τοῖς προπεπραγμένοις, καὶ ἀξιόλογον ἐπιδεικνυμένους μεταβολὴν, προσίεται τῆς μετανοίας χάριν ὁ Θεὸς, καὶ τοὺς ἐκ μεταβολῆς κακίστου βίου. ἀμνηστίαν γὰρ τοῖς τοιούτοις δίδωσιν ἀρετὴ, ἐπιδημοῦσα αὐτῶν ταῖς ψυχαῖς, καὶ ἐκβεβληκυῖα τὴν προκαταλαβοῦσαν κακίαν. εἰ δὲ καὶ μὴ ἀρετὴ, ἀξιόλογος δὲ προκοπὴ ἐγγένοιτο τῇ ψυχῇ· ἱκανὴ καὶ αὕτη, κατὰ τὴν ἀναλογίαν τοῦ πῶς εἶναι προκοπῆς, ἐκβαλεῖν καὶ ἐξαφανίσαι τὴν τῆς κακίας χύσιν, ὥστ' αὐτὴν ἐγγὺς τοῦ μηκέτι τυγχάνειν ἐν τῇ ψυχῇ.

72. Εἶτα, ὡς ἐκ προσώπου τοῦ διδάσκοντος τὸν ἡμέτερον λόγον, τοιαῦτά φησιν· "οἱ σοφοὶ γὰρ ἀποτρέπονται τὰ ὑφ' ἡμῶν λεγόμενα, ὑπὸ τῆς σοφίας πλανώμενοι καὶ παραποδιζόμενοι." φήσομεν οὖν καὶ πρὸς τοῦτο, ὅτι εἴπερ ἡ σοφία ἐπιστήμη θείων ἐστὶ καὶ ἀνθρωπίνων πραγμάτων, καὶ τῶν τούτων αἰτίων· ἢ, ὡς ὁ θεῖος λόγος ὁρίζεται, "ἀτμὶς τῆς τοῦ θεοῦ δυνάμεως, καὶ ἀπόρροια τῆς τοῦ παντοκράτορος (1)

(1) Sap. Salom. vii. 25, 26.

δόξης ειλικρινής, και απαύγασμα φωτός αϊδίου, και έσοπτρον ακηλίδωτον της του Θεού ενεργείας, και εικών της αγαθότητος αυτού·" ουκ άν τις ων σοφός αποτρέποιτο τα υπό Χριστιανού (1) επιστήμονος υπέρ του Χριστιανισμού λεγόμενα, ουδέ πλανηθείη άν, η παραποδίζοιτο υπ' αυτής. ή γαρ αληθής σοφία ου πλανα, αλλ' η αμαθία· και μόνον των όντων βέβαιον επιστήμη και η αλήθεια, άπερ εκ σοφίας παραγίνεται. εάν δε, παρά τον της σοφίας όρον, τον ο, τι ποτ' ουν δογματίζοντα μετά τινων σοφισμάτων λέγης σοφόν· φήσομεν, ότι αληθώς ο κατά την υπό σου λεγομένην σοφίαν ποιός αποτρέπεται τους λόγους του θεού, πλανώμενος υπό των πιθανοτήτων και σοφισμάτων, και παραποδιζόμενος υπ' αυτών. και επεί κατά τον ημέτερον λόγον ουκ έστι σοφία πονηρίας επιστήμη, πονηρίας δε, ιν' ούτως ονομάσω, επιστήμη εστίν εν τοις ψευδοδοξούσι και υπό σοφισμάτων ηπατημένοις· δια τούτο αμαθίαν είποιμι μάλλον, ή σοφίαν εν τοις τοιούτοις.

73. Μετά ταύτα πάλιν λοιδορείται τω πρεσβεύοντι Χριστιανισμόν· και αποφαίνεται μεν περί αυτού ως "καταγέλαστα διεξιόντος," ουκ αποδείκνυσι δε, ουδέ εναργώς παρίστησιν, ά φησιν είναι "καταγέλαστα." και λοιδορούμενος, (2) "ουδένα φρόνιμόν φησι πείθεσθαι τω λόγω, περισπώμενον (3) υπό του πλήθους των προσερχομένων αυτώ." όμοιον δε και εν τούτω ποιεί φάσκοντι δια το πλήθος των κατά τους νόμους αγομένων ιδιωτών, ότι φρόνιμος ουδείς, φέρ' ειπείν, Σόλωνι, η Λυκούργω πείθεται, η Ζαλεύκω, ή τινι των λοιπών· και μάλιστα εάν φρόνιμον λαμβάνη τον κατ' αρετήν ποιόν. ως γαρ επί τούτων, κατά το φανέν αυτοίς χρήσιμον, οι νομο- (4) θέται πεποιήκασι το τοιαύτη αγωγή αυτούς περιβαλείν και νόμοις· ούτω νομοθετών εν τω Ιησού ο Θεός τοις πανταχού ανθρώποις, και τους μη φρονίμους άγει, ως οίόν τέ εστιν

(1) Abest ὑπέρ a libris excusis, sed in MSS. Regio et Basileensi reperitur. R.
(2) Boherellus, Lege: περισπώμενον. [Antea—μενος.]
(3) Cfr. Philoc. Cap. XVIII. ed Tarini, p. 206 seqq., coll. Lib. III. contra Cels. num. 54, in fine. L.
(4) Philoc. διαγωγῇ.

ἄγεσθαι τοὺς τοιούτους ἐπὶ τὸ βέλτιον. ὅπερ, ὡς καὶ ἐν τοῖς ἀνωτέρω εἰρήκαμεν, ἐπιστάμενος ὁ ἐν Μωσεῖ Θεὸς, λέγει τό· " αὐτοὶ παρεζήλωσάν με ἐπ' οὐ θεῷ, παρώργισάν με ἐν (1) τοῖς εἰδώλοις αὐτῶν· κἀγὼ παραζηλώσω αὐτοὺς ἐπ' οὐκ ἔθνει, ἐπ' ἔθνει ἀσυνέτῳ παροργιῶ αὐτούς." εἰδὼς δὲ καὶ ὁ Παῦλος εἶπε· " τὰ μωρὰ τοῦ κόσμου ἐξελέξατο ὁ Θεὸς, ἵνα καταισχύνῃ (2) τοὺς σοφούς·" σοφοὺς κοινότερον λέγων πάντας τοὺς δοκοῦντας προβεβηκέναι μὲν ἐν μαθήμασιν, ἀποπεπτωκότας δὲ εἰς τὴν ἄθεον πολυθεότητα· ἐπεὶ " φάσκοντες εἶναι σοφοὶ, ἐμω- (3)
10 ράνθησαν· καὶ ἤλλαξαν τὴν δόξαν τοῦ ἀφθάρτου θεοῦ ἐν ὁμοιώματι εἰκόνος φθαρτοῦ ἀνθρώπου, καὶ πετεινῶν, καὶ τετραπόδων, καὶ ἑρπετῶν."

74. Ἐγκαλεῖ δὲ τῷ διδάσκοντι, καὶ " ὡς ἀνοήτους ζητοῦντι." πρὸς ὃν εἴποιμεν ἄν· τίνας λέγεις τοὺς ἀνοήτους; κατὰ γὰρ τὸ ἀκριβὲς, πᾶς φαῦλος ἀνόητός ἐστιν. εἰ τοίνυν λέγεις ἀνοήτους τοὺς φαύλους· ἆρα σὺ προσάγων ἀνθρώπους φιλοσοφίᾳ, φαύλους ζητεῖς προσάγειν, ἢ ἀστείους; ἀλλ' οὐχ οἷόν τε ἀστείους· ἤδη γὰρ πεφιλοσοφήκασι. φαύλους ἄρα· εἰ δὲ φαύλους, ἀνοήτους. καὶ ζητεῖς πολλοὺς
20 προσάγειν τοιούτους φιλοσοφίᾳ· καὶ σὺ ἄρα τοὺς ἀνοήτους ζητεῖς. ἐγὼ δὲ κἂν τοὺς οὕτω λεγομένους ἀνοήτους ζητῶ, ὅμοιον (4) ποιῶ, ὡς εἰ καὶ φιλάνθρωπος ἰατρὸς ἐζήτει τοὺς (4) κάμνοντας, ἵν' αὐτοῖς προσαγάγοι τὰ βοηθήματα, καὶ ῥώσῃ αὐτούς. εἰ δ' ἀνοήτους λέγεις τοὺς μὴ ἐντρεχεῖς, ἀλλὰ (5) τερατωδεστέρους τῶν ἀνθρώπων· ἀποκρινοῦμαί σοι, ὅτι καὶ τούτους μὲν κατὰ τὸ δυνατὸν βελτιοῦν πειρῶμαι, οὐ μὴν ἐκ τούτων βούλομαι συστῆσαι τὸ Χριστιανῶν ἄθροισμα. ζητῶ γὰρ μᾶλλον τοὺς ἐντρεχεστέρους καὶ ὀξυτέρους, ὡς δυναμένους παρακολουθῆσαι τῇ σαφηνείᾳ τῶν αἰνιγμάτων, καὶ τῶν μετ' (6)

---

(1) Deut. xxxii. 21.   (2) 1 Cor. i. 27.
(3) Rom. i. 22, 23.
(4) Philoc. ὅμοιόν τι ποιῶ.
(5) Guieto scribendum videtur: ἀλλὰ καταδεεστέρους. Et sane τό· τερατωδεστέρους, hic nullum habet locum. R.
(6) Philocal. τῇ ἀσφαλείᾳ τῶν αἰνιγμάτων.

ἐπικρύψεως εἰρημένων ἐν νόμῳ, καὶ προφήταις, καὶ εὐαγγελίοις, ὧν ὡς οὐδὲν ἀξιόλογον περιεχόντων καταπεφρόνηκας, οὐ βασανίσας τὸν ἐν αὐτοῖς νοῦν, μηδ' εἰσελθεῖν πειραθεὶς εἰς τὸ βούλημα τῶν γραψάντων.

75. Ἐπεὶ δὲ καὶ μετὰ ταῦτα "παραπλήσιόν φησι ποιεῖν τὸν τὰ Χριστιανισμοῦ διδάσκοντα τῷ ὑπισχνουμένῳ μὲν ὑγιῆ ποιεῖν τὰ σώματα, ἀποτρέποντι δὲ τοῦ προσέχειν τοῖς ἐπιστήμοσιν ἰατροῖς, τῷ ἐλέγχεσθαι ὑπ' αὐτῶν τὴν ἰδιωτείαν αὐτοῦ·" καὶ πρὸς ταῦτα ἐροῦμεν· τίνας φῂς ἰατροὺς, ἀφ' ὧν ἀποτρέπομεν τοὺς ἰδιώτας; οὐ γὰρ δὴ ὑπολαμβάνεις τοῖς φιλοσοφοῦσι προσάγειν ἡμᾶς τὴν εἰς τὸν λόγον προτροπὴν, ἵν' ἐκείνους νομίσῃς εἶναι ἰατροὺς, ἀφ' ὧν ἀποτρέπομεν οὓς ἐπὶ τὸν θεῖον καλοῦμεν λόγον. ἤτοι οὖν οὐκ ἀποκρίνεται μὴ ἔχων λέγειν τοὺς ἰατρούς· ἢ ἀνάγκη αὐτὸν καταφεύγειν ἐπὶ τοὺς ἰδιώτας, οἳ καὶ αὐτοὶ περιηχοῦσιν ἀνδραποδωδῶς τὰ περὶ πολλῶν θεῶν, καὶ ὅσα ἄλλα λέγοιεν ἂν ἰδιῶται. ἑκατέρως οὖν ἐλεγχθήσεται μάτην παραλαβὼν ἐν τῷ λόγῳ τὸν ἀποτρέποντα τῶν ἐπιστημόνων ἰατρῶν. ἵνα (1) δὲ καὶ ἀπὸ τῆς Ἐπικούρου φιλοσοφίας, καὶ τῶν κατ' Ἐπί- (2) κουρον νομιζομένων ἰατρῶν, ἀποτρέπωμεν τοὺς ἐν ἐκείνοις ἀπατωμένους, πῶς οὐκ εὐλογώτατα ποιήσομεν, ἀφιστάντες νόσου χαλεπῆς, ἣν ἐνεποίησαν οἱ Κέλσου ἰατροὶ, τῆς κατὰ τὴν ἀναίρεσιν τῆς προνοίας καὶ εἰσαγωγὴν τῆς ἡδονῆς ὡς ἀγαθοῦ; ἀλλ' ἔστω, ἰατρῶν ἡμᾶς ἄλλων φιλοσόφων ἀφιστάνειν τούτους, οὓς προτρέπομεν ἐπὶ τὸν ἡμέτερον λόγον, (3) τῶν ἀπὸ τοῦ Περιπάτου, ἀναιρούντων τὴν πρὸς ἡμᾶς πρόνοιαν, καὶ τὴν σχέσιν πρὸς ἀνθρώπους τοῦ θείου· πῶς οὐχὶ εὐσεβεῖς μὲν ἡμεῖς κατασκευάσομεν, καὶ θεραπεύσομεν τοὺς προτετραμμένους, πείθοντες αὐτοὺς ἀνακεῖσθαι τῷ ἐπὶ πᾶσι Θεῷ, μεγάλων δὲ τραυμάτων, τῶν ἀπὸ λόγων νομιζομένων (4) φιλοσόφων, ἀπαλλάσσομεν (4) τοὺς πειθομένους ἡμῖν; ἀλλὰ καὶ

(1) Vide Lib. I. contra Cels. num. 21.
(2) Sic recte omnino Cod. Jolianus secunda manu. R.
(3) Vide Lib. I. contra Cels. num. 21.
(4) Q. ἀπαλλάξομεν.

ἄλλους δεδόσθω ἡμᾶς ἀποτρέπειν ἀπὸ ἰατρῶν Στωϊκῶν, θεὸν (1)
φθαρτὸν εἰσαγόντων, καὶ τὴν οὐσίαν αὐτοῦ λεγόντων σῶμα
τρεπτὸν διόλου (2) καὶ ἀλλοιωτὸν, καὶ μεταβλητὸν, καί ποτε (2)
πάντα φθειρόντων, καὶ μόνον τὸν θεὸν καταλιπόντων· πῶς
οὐχὶ καὶ οὕτω κακῶν μὲν ἀπαλλάξομεν τοὺς πειθομένους,
προσάξομεν δ᾽ εὐσεβεῖ λόγῳ τῷ περὶ τοῦ ἀνακεῖσθαι τῷ
δημιουργῷ, καὶ θαυμάζειν τὸν πατέρα τῆς Χριστιανῶν διδασ-
καλίας, φιλανθρωπότατα ἐπιστρεπτικὸν, καὶ ψυχῶν μαθή- (3)
ματα οἰκονομήσαντα ἐπισπαρῆναι ὅλῳ τῷ τῶν ἀνθρώπων
10 γένει; ἀλλὰ κἂν τοὺς πεπονθότας τὴν περὶ τῆς μετενσωμα-
τώσεως ἄνοιαν ἀπὸ ἰατρῶν, τῶν καταβιβαζόντων τὴν λογικὴν
φύσιν ὁτὲ μὲν ἐπὶ τὴν ἄλογον πᾶσαν, ὁτὲ δὲ καὶ ἐπὶ τὴν
ἀφάνταστον, θεραπεύωμεν· πῶς οὐ βελτίονας ταῖς ψυχαῖς (4)
κατασκευάσομεν τοὺς πειθομένους λόγῳ, οὐ διδάσκοντι μὲν ἐν
κολάσεως μοίρᾳ τῷ φαύλῳ ἀποδίδοσθαι ἀναισθησίαν, ἢ ἀλο-
γίαν, παριστάντι δὲ εἶναί τινα φάρμακα ἐπιστρεπτικὰ τοὺς
ἀπὸ Θεοῦ τοῖς φαύλοις προσαγομένους πόνους καὶ τὰς κολά-
σεις; τοῦτο γὰρ οἱ φρονίμως Χριστιανοὶ ζῶντες φρονοῦντες (5)
οἰκονομοῦσι τοὺς ἁπλουστέρους, ὡς καὶ οἱ πατέρες τοὺς κομιδῇ
20 νηπίους. οὐ καταφεύγομεν οὖν ἐπὶ νηπίους καὶ ἠλιθίους
ἀγροίκους, λέγοντες αὐτοῖς· "φεύγετε τοὺς ἰατρούς." οὐδὲ
λέγομεν· ὁρᾶτε, μή ποτέ τις ὑμῶν ἐπιστήμης ἐπιλάβηται.
οὐδὲ φάσκομεν, ὅτι κακόν ἐστιν ἐπιστήμη· οὐδὲ μεμήναμεν,
ἵν᾽ εἴπωμεν, ὅτι γνῶσις σφάλλει τοὺς ἀνθρώπους ἀπὸ τῆς
κατὰ ψυχὴν ὑγείας. ἀλλ᾽ οὐδ᾽ ἀπόλλυσθαι ἀπὸ σοφίας
εἴποιμεν ἄν τινα πώποτε· οἵτινες οὐδὲ τό· "ἐμοὶ προσέχετε·"
κἂν διδάσκωμεν, φαμέν· ἀλλά, τῷ Θεῷ τῶν ὅλων προσέχετε,
καὶ διδασκάλῳ τῶν περὶ αὐτοῦ μαθημάτων τῷ Ἰησοῦ. οὐδεὶς
δ᾽ ἡμῶν οὕτως ἐστὶν ἀλαζὼν, ἵν᾽, ὅπερ Κέλσος περιέθηκε τῷ

---

(1) Vide Lib. I. contra Cels. num. 21., Lib. IV. num. 14, et num. 68, nec non Plutarch. in libro: *de Stoicorum repugnantiis.* Spencer. R.
(2) Ita Codd. Reg. et Basileensis. Alias τρεπτὸν δι᾽ ὅλων. R.
(3) Boherell. "Lego: καὶ ψυχῶν ἐπιστρεπτικά."
(4) Cod. Basil. θεραπεύωμεν. Alias θεραπεύομεν. R.
(5) Boherellus, Lego : οἱ φρονίμως χριστιανίζοντες. Vide c. 80 init. L.

τοῦ διδάσκοντος προσώπῳ, εἴποι πρὸς τοὺς γνωρίμους τό· "ἐγὼ ὑμᾶς σώσω μόνος." ὅρα οὖν, πόσα ἡμῶν καταψεύδεται. ἀλλ' οὐδέ φαμεν, ὅτι "οἱ ἀληθῶς ἰατροὶ φθείρουσιν οὓς ἐπαγγέλλονται θεραπεύειν."

76. Καὶ δεύτερον δὲ φέρει καθ' ἡμῶν παράδειγμα, φάσκων "ὅμοιον ποιεῖν τὸν ἐν ἡμῖν διδάσκαλον, ὡς εἴ τις (1) μεθύων εἰς μεθύοντας παριὼν, κακηγοροῖ (1) τοὺς νήφοντας ὡς μεθύοντας." παραστησάτω γὰρ ἐκ τῶν γραμμάτων, φέρ' εἰπεῖν, Παύλου, ὅτι ἐμέθυεν ὁ τοῦ Ἰησοῦ ἀπόστολος, καὶ οὐκ (2) ἦσαν οἱ λόγοι αὐτοῦ νήφοντος· ἢ ἐξ ὧν ἔγραψεν Ἰωάννης, ὅτι οὐχὶ σωφρονοῦντος, καὶ ἀπηλλαγμένου τῆς ἀπὸ κακίας μέθης, πνεῖ αὐτοῦ τὰ νοήματα. οὐδεὶς οὖν σωφρονῶν, καὶ διδάσκων τὸν Χριστιανῶν λόγον, μεθύει· ἀλλ' ἀφιλοσόφως ἡμῖν λοιδορούμενος ταῦτά φησιν ὁ Κέλσος. τίνας δὲ καὶ νήφοντας κακηγοροῦμεν οἱ πρεσβεύοντες τὰ Χριστιανῶν δόγματα, λεγέτω ὁ Κέλσος. πάντες γὰρ καθ' ἡμᾶς μεθύουσιν, οἱ τοῖς ἀψύχοις ὡς θεῷ προσλαλοῦντες. καὶ τί λέγω μεθύουσιν; μᾶλλον γὰρ μεμήνασιν, εἰς τοὺς νεὼς σπεύδοντες, καὶ ὡς θεοῖς τοῖς ἀγάλμασιν ἢ τοῖς ζώοις προσκυνοῦντες. οὐχ ἧττον δὲ τούτων μαίνονται καὶ οἱ νομίζοντες εἰς τιμὴν θεῶν ἀληθινῶν κατεσκευάσθαι τὰ ὑπὸ βαναύσων καὶ φαυλοτάτων ἔσθ' ὅτε ἀνδρῶν κατασκευαζόμενα.

77. Μετὰ ταῦτα ἐξομοιοῖ τὸν μὲν διδάσκοντα ὀφθαλμιῶντι, τοὺς δὲ μανθάνοντας ὀφθαλμιῶσι· καί φησι, "τοῦτον ἐπὶ τῶν ὀφθαλμιώντων αἰτιᾶσθαι τοὺς ὀξὺ βλέποντας ὡς (3) πεπηρωμένους." τίνες οὖν, εἴποιμεν, Ἕλληνες, οἱ καθ' ἡμᾶς οὐ βλέποντες, ἢ οἱ ἐκ τοῦ τηλικούτου μεγέθους τῶν ἐν τῷ κόσμῳ, καὶ τοῦ κάλλους τῶν δημιουργημάτων, μὴ δυνάμενοι ἀναβλέψαι καὶ θεωρῆσαι, ὅτι προσκυνεῖν καὶ θαυμάζειν καὶ σέβειν χρὴ μόνον τὸν ταῦτα πεποιηκότα, καὶ οὐδὲν τῶν παρ' ἀνθρώποις κατασκευαζομένων, καὶ εἰς θεῶν τιμὴν παραλαμβα-

(1) Anteà κακηγορεῖ.
(2) Codd. Regius, Basileensis, et duo Codd. Vaticani: νήφοντες. Alias νήφοντος. R.
(3) Forte legendum: τίνες οὖν ἄλλοι μὲν, Ἕλληνες, οἱ, &c. R.

νομένων, καθηκόντως ἄν τις σέβοι, εἴτε χωρὶς τοῦ δημιουργοῦ
θεοῦ, εἴτε καὶ μετ' ἐκείνου; τὰ γὰρ οὐδαμῶς συγκριτὰ συγ-
κρίνειν τῷ ἀπείρῳ ὑπεροχῇ ὑπερέχοντι πάσης γενητῆς φύσεως,
τυφλῶν τὴν διάνοιάν ἐστιν ἔργον. οὐκ ὀφθαλμιῶντας οὖν
τοὺς ὀξὺ βλέποντας λέγομεν εἶναι, ἢ πεπηρωμένους· ἀλλὰ
τοὺς καλινδουμένους ἀγνοίᾳ θεοῦ ἐπὶ τοὺς νεὼς, καὶ τὰ ἀγάλ-
ματα, καὶ τὰς λεγομένας ἱερομηνίας, φάσκομεν τετυφλῶσθαι
τὸν νοῦν· καὶ μάλιστα, ὅτε πρὸς τῇ ἀσεβείᾳ καὶ ἐν ἀσελγείᾳ
ζῶσιν, ὅ, τί ποτ' ἔστιν αἰδέσιμον ἔργον μηδὲ ζητοῦντες, ἀλλὰ
10 πάντ' αἰσχύνης ἄξια πράττοντες.

78. Μετὰ ταῦτα τοσαῦθ' ἡμᾶς αἰτιασάμενος θέλει ἐμ-
φῆναι, ὅτι καὶ ἕτερα ἔχων λέγειν, παρασιωπᾷ αὐτά. ἔχει
δ' οὕτως αὐτοῦ ἡ λέξις· "ταῦτα μὲν αἰτιῶμαι καὶ τὰ τοιαῦτα,
ἵνα μὴ πάντ' ἀπαριθμῶ, καί φημι πλημμελεῖν αὐτοὺς ἐπηρεά-
ζοντας εἰς τὸν θεὸν, ἵνα πονηροὺς ἀνθρώπους ὑπάγωνται
κούφαις ἐλπίσι, καὶ παραπείσωσι καταφρονῆσαι τῶν κρειττό-
νων, ὡς, ἐὰν ἀπέχωνται αὐτῶν, ἄμεινον αὐτοῖς ἔσται." καὶ
πρὸς ταῦτα δὲ λέγοιτ' ἂν ἀπὸ τῆς περὶ τῶν προσερχομένων
Χριστιανισμῷ ἐνεργείας, ὅτι οὐ πάνυ τι πονηροὶ ὑπάγονται
20 τῷ λόγῳ, ὅσον οἱ ἁπλούστεροι, καὶ, ὡς ἂν οἱ πολλοὶ ὀνομά-
σαιεν, ἄκομψοι. οὗτοι γὰρ φόβῳ τῷ περὶ τῶν κολάσεων (1)
τῶν ἀπαγγελλομένων, κινοῦντι αὐτοὺς καὶ προτρέποντι ἐπὶ
τὸ ἀπέχεσθαι τούτων, δι' ἃ αἱ κολάσεις, πειρῶνται ἐπιδιδόναι
ἑαυτοὺς τῇ κατὰ Χριστιανισμὸν θεοσεβείᾳ· ἐπὶ τοσοῦτον ὑπὸ
τοῦ λόγου κρατούμενοι, ὡς φόβῳ τῶν κατὰ τὸν λόγον ὀνομα- (2)
ζομένων αἰωνίων κολάσεων, πάσης τῆς παρ' ἀνθρώποις κατ'
αὐτῶν ἐπινοουμένης βασάνου, καὶ μετὰ μυρίων πόνων θανάτου
καταφρονεῖν· ὅπερ οὐδεὶς ἂν τῶν εὖ φρονούντων φήσαι
πονηρῶν προαιρέσεων ἔργον εἶναι. πῶς δ' ἀπὸ προαιρέσεως
30 πονηρᾶς ἐγκράτεια καὶ σωφροσύνη ἀσκεῖται, ἢ τὸ μεταδοτικὸν

---

(1) Edd. Spenc. et Ruaei in textu: κομψοί, ed. vero Ruaei in notis: "Guieto
scribendum videtur: ἄκομψοι."—Boherellus lectionem κομψοί erratis typographicis
adnumerat. L.

(2) Omnes MSS. ὑπὸ τοῦ λόγου κρατούμενοι. Libri excusi in textu habent:
ὑπὸ τοῦ λόγου κινούμενοι. R.

καὶ κοινωνικόν; ἀλλ' οὐδ' ὁ πρὸς τὸ θεῖον φόβος, ἐφ' ὃν ὡς χρήσιμον τοῖς πολλοῖς παρακαλεῖ ὁ λόγος τοὺς μηδέπω δυναμένους τὸ δι' αὐτὸ αἱρετὸν βλέπειν, καὶ αἱρεῖσθαι αὐτὸ, ὡς μέγιστον ἀγαθὸν, καὶ ὑπὲρ πᾶσαν ἐπαγγελίαν· ἐξ ὧν οὐ τοῦτο τῷ κατὰ πονηρίαν αἱρουμένῳ ζῆν ἐγγενέσθαι πέφυκεν.

79. Ἐὰν δέ τις ἐν τούτοις δεισιδαιμονίαν μᾶλλον ἢ πονηρίαν περὶ τοὺς πολλοὺς τῶν πιστευόντων τῷ λόγῳ εἶναι φαντάζηται, καὶ ἐγκαλῇ ὡς δεισιδαίμονας ποιοῦντι τῷ λόγῳ (1) ἡμῶν· φήσομεν πρὸς αὐτὸν, ὅτι ὥσπερ ἔλεγέ τις τῶν νομοθετῶν πρὸς ἐρωτῶντα, εἰ τοὺς καλλίστους ἔθετο τοῖς πολίταις (2) νόμους, ὅτι οὐ τοὺς καθάπαξ καλλίστους, ἀλλ' ὧν ἐδύναντο τοὺς καλλίστους· οὕτω λέγοιτο ἂν καὶ ἀπὸ τοῦ πατρὸς τοῦ Χριστιανῶν λόγου, ὅτι ὧν ἐδύναντο οἱ πολλοὶ εἰς βελτίωσιν ἠθῶν, τοὺς καλλίστους ἐθέμην νόμους, καὶ διδασκαλίαν, πόνους, οὐ ψευδεῖς ἀπειλῶν, καὶ κολάσεις τοῖς ἁμαρτάνουσιν· ἀλλ' (3) ἀληθεῖς μὲν καὶ ἀναγκαίους εἰς ἐπανόρθωσιν τῶν ἀντιτεινόντων (4) προσαγομένους, οὐ μὴν καὶ πάντως νοούντων τὸ τοῦ κολάζοντος βούλημα, καὶ τὸ τῶν πόνων ἔργον. καὶ τοῦτο γὰρ πρὸς τὸ χρήσιμον, καὶ κατὰ τὸ ἀληθές, καὶ μετ' ἐπικρύψεως συμφερόντως λέγεται. πλὴν ὡς ἐπίπαν οὐ πονηροὺς ὑπά- (5) γονται οἱ τὰ Χριστιανισμοῦ πρεσβεύοντες, ἀλλ' οὐδὲ ἐπηρεάζομεν εἰς τὸ θεῖον. λέγομεν γὰρ περὶ αὐτοῦ καὶ ἀληθῆ, καὶ τοῖς πολλοῖς σαφῆ μὲν εἶναι δοκοῦντα, οὐ σαφῆ δ' ὄντα ἐκείνοις, ὡς τοῖς ὀλίγοις, φιλοσοφεῖν ἀσκοῦσι τὰ κατὰ τὸν λόγον.

80. Ἐπεὶ δὲ καὶ "κούφαις ἐλπίσι φησὶν ὑπάγεσθαι

(1) Ita recte omnino habet Cod. Jolianus secunda manu. Alias τὸν νομοθέτην. R.
(2) Plutarch. in vita Solonis: ἐρωτηθεὶς, εἰ τοὺς ἀρίστους Ἀθηναίοις νόμους ἔγραψεν, ὧν ἂν, ἔφη, προσεδέξαντο τοὺς ἀρίστους. Hinc colligat quis, in textu Origenis forte legendum: ἀλλ' ὧν ἂν προσεδέξαντο, vel: ὧν ἂν ἐδέξαντο. Guietus tamen dubitat, an potius legendum: ἀλλ' ὧν ἐδέοντο τοὺς καλλίστους. R.
(3) Malim cum Boherello: ἀναγκαίως. R.
(4) Spenc. in annotationibus: "Omittitur: νοούντων."—Boherell. in notis: "Interpres et Spenc. in notis bene addunt: νοούντων." L.
(5) Omnes MSS. ὑπάγονται. Alias ἐπάγονται. R.

τοὺς Χριστιανίζοντας" ὁ Κέλσος· φήσομεν πρὸς αὐτὸν ἐγκα- (1)
λοῦντα τῷ περὶ τῆς μακαρίας ζωῆς λόγῳ, καὶ τῷ περὶ τῆς
πρὸς τὸ θεῖον κοινωνίας, ὅτι ὅσον ἐπὶ σοὶ, ὦ οὗτος, κούφαις
ὑπάγονται ἐλπίσι καὶ οἱ τὸν Πυθαγόρου καὶ Πλάτωνος παρα-
δεξάμενοι περὶ ψυχῆς λόγον, πεφυκυίας ἀναβαίνειν ἐπὶ τὴν
ἀψῖδα τοῦ οὐρανοῦ, καὶ ἐν τῷ ὑπερουρανίῳ τόπῳ θεωρεῖν τὰ
τῶν εὐδαιμόνων θεατῶν θεάματα. κατὰ σὲ δὲ, ὦ Κέλσε, καὶ
οἱ παραδεξάμενοι τὴν τῆς ψυχῆς ἐπιδιαμονὴν, καὶ βιοῦντες (2)
ὥσθ' ἥρωες γενέσθαι, καὶ μετὰ θεῶν ἕξειν τὰς διατριβὰς,
10 κούφαις ἐλπίσιν ὑπάγονται. τάχα δὲ καὶ οἱ πεισθέντες
περὶ τοῦ θύραθεν νοῦ, ὡς θανάτου καινοῦ διεξαγωγὴν ἕξοντος, (3)
κούφαις ἂν ὑπάγεσθαι λέγοιντο ὑπὸ Κέλσου ἐλπίσιν. ἀγω-
νισάσθω οὖν, μηκέτι κρύπτων τὴν ἑαυτοῦ αἵρεσιν, ἀλλ' ὁμο-
λογῶν Ἐπικούρειος εἶναι, πρὸς τὰ παρ' Ἕλλησι καὶ βαρβά-
ροις οὐκ εὐκαταφρονήτως λεγόμενα περὶ τῆς ἀθανασίας τῆς
ψυχῆς, ἢ τῆς ἐπιδιαμονῆς αὐτῆς, ἢ τῆς τοῦ νοῦ ἀθανασίας· καὶ
παραδεικνύτω ταῦτα μὲν εἶναι λόγους κούφαις ἐλπίσιν ἀπα-
τῶντας τοὺς συγκατατιθεμένους αὐτοῖς, τοὺς δὲ τῆς ἑαυτοῦ
φιλοσοφίας καθαροὺς εἶναι κούφων ἐλπίδων· καὶ ἤτοι προσά-
20 γοντας ἐλπίσιν ἀγαθαῖς, ἤ, ὅπερ μᾶλλον ἀκόλουθόν ἐστιν
αὐτῷ, οὐδεμίαν ἐμποιοῦντας ἐλπίδα, διὰ τὴν τῆς ψυχῆς εὐθέως
παντελῆ φθοράν. εἰ μὴ ἄρα Κέλσος καὶ οἱ Ἐπικούρειοι οὐ
φήσουσι κούφην εἶναι ἐλπίδα, τὴν περὶ τοῦ τέλους αὐτῶν τῆς
ἡδονῆς, ἥτις κατ' αὐτούς ἐστι τὸ ἀγαθὸν, τὸ τῆς σαρκὸς
εὐσταθὲς κατάστημα, καὶ τὸ περὶ ταύτης πιστὸν Ἐπικούρῳ (4)
ἔλπισμα.

(1) Cf. Lib. III. contra Cels. num. 75.

(2) Libri excusi τὴν τῆς ψυχῆς διαμονήν, sed MSS. τὴν τῆς ψυχῆς ἐπιδια-
μονήν. R.

(3) Boherell.: "Locus obscurus, cui lucem afferre conatus sum, legendo
divisim: καὶ νοῦ, [hoc modo: περὶ τοῦ θύραθεν νοῦ, ὡς θανάτου καὶ νοῦ] et se-
quendo lectionem, quae est ad oram: διεξαγωγήν, ut sensus sit: *morti etiam
mentem subductum iri*. Nam si θύραθεν ἥκει νοῦς, consequens est, ut θανάτου
καὶ νοῦς διεξαγωγὴν ἔχῃ."—Vid. Aristot. de Generatione Animalium. Lib. 2.
c. 3. Spencer.

(4) καὶ τὸ περὶ ταύτης πιστὸν Ἐπικούρῳ ἔλπισμα. Gelenius hae non ag-
noscit. R.

ORIGENIS CONTRA CELSUM LIB. III. 229

81. Μὴ ὑπολάβῃς δέ με οὐχ ἁρμοζόντως τῷ Χριστιανῶν λόγῳ παρειληφέναι πρὸς τὸν Κέλσον τοὺς περὶ τῆς ἀθανασίας, ἢ τῆς ἐπιδιαμονῆς τῆς ψυχῆς φιλοσοφήσαντας, πρὸς οὓς κοινά τινα ἔχοντες, εὐκαιρότερον παραστήσομεν, ὅτι ἡ μέλλουσα μακαρία ζωὴ μόνοις ἔσται τοῖς τὴν κατὰ τὸν Ἰησοῦν θεοσέβειαν, καὶ τὴν εἰς τὸν τῶν ὅλων δημιουργὸν εὐσέβειαν εἰλικρινῆ καὶ καθαρὰν καὶ ἄμικτον πρὸς ὅ, τί ποτ᾽ οὖν γενητὸν παραδεξαμένοις. ποίων δὲ κρειττόνων καταφρονεῖν παραπείθομεν τοὺς ἀνθρώπους παραδεικνύτω ὁ βουλόμενος· καὶ ἀντιπαραθέτω τὸ καθ᾽ ἡμᾶς παρὰ Θεῷ ἐν Χριστῷ, τού- 10 τέστι τῷ λόγῳ, καὶ τῇ σοφίᾳ, καὶ πάσῃ ἀρετῇ, τέλος μακάριον τοῖς ἀμέμπτως καὶ καθαρῶς βιώσασι, καὶ τὴν πρὸς τὸν τῶν ὅλων θεὸν ἀγάπην ἀδιαίρετον καὶ ἄσχιστον ἀνειληφόσι, συμβησόμενον, καὶ δωρεᾷ Θεοῦ ἀπαντησόμενον, τῷ καθ᾽ ἑκάσ-
(1) την φιλοσόφων αἵρεσιν ἐν Ἕλλησιν ἢ βαρβάροις, ἢ μυστηριώδη ἐπαγγελίαν, τέλει· καὶ δεικνύτω τὸ κατά τινα τῶν ἄλλων τέλος κρεῖττον τοῦ καθ᾽ ἡμᾶς, καὶ ἀκόλουθον μὲν ὡς ἀληθὲς ἐκεῖνο, τὸ δ᾽ ἡμέτερον οὐχ ἁρμόζον δωρεᾷ Θεοῦ, οὐδὲ τοῖς εὖ βιώσασιν· ἢ οὐχ ὑπὸ θείου πνεύματος, πληρώσαντος τὰς τῶν καθαρῶν προφητῶν ψυχὰς, ταῦτα λελέχθαι. δεικ- 20
νύτω δ᾽ ὁ βουλόμενος κρείττονας τοὺς ὁμολογουμένους (2) παρὰ (2) πᾶσιν ἀνθρωπίνους λόγους τῶν ἀποδεικνυμένων θείων καὶ ἐκ θεοφορίας ἀπηγγελμένων· τίνων δὲ καὶ κρειττόνων τοὺς ἀπε-
(3) χομένους διδάσκομεν ἄμεινον ἀπαλλάξειν; εἰ γὰρ μὴ φορτικὸν εἰπεῖν, αὐτόθεν φαίνεται, ὅτι οὐδὲν οὐκ ἐπινοηθῆναι ὡς κρεῖττον εἶναι δύναται τοῦ ἐμπιστεῦσαι ἑαυτὸν τῷ ἐπὶ πᾶσι Θεῷ, καὶ ἀναθεῖναι διδασκαλίᾳ παντὸς μὲν ἀφιστάσῃ γενητοῦ,

(1) Ed. Ruaei in textu: φιλοσόφων: in notis: "Cod. Jolianus secunda manu: φιλοσόφων. Codd. Regius et Basileensis: φιλοσοφίαν. Libri exeusi φιλόσοφον."— Boherellus, lectionem secutus: φιλόσοφον, in notis: "Vide Lib. I. contra Cels. num. 64 (edd. Spenc. p. 50, v. 10). Quamquam si hic legere malis: φιλοσόφων, nihil obsto. Vide tamen et Lib. VIII. contra Cels." (edd. Spenc. p. 407, v. 29). L.
(2) Q. ὁμολογουμένως, vid. 1 Tim. iii. 16.
(3) Lege cum Boherello: ἀπεχομένους, e num. 78, supra; antea ἀποδεχομένους. R. Vid. c. 56, 57.

προσαγούση δὲ δι' ἐμψύχου καὶ ζῶντος λόγου, ὅς ἐστι καὶ σοφία ζῶσα, καὶ υἱὸς Θεοῦ, τῷ ἐπὶ πᾶσι Θεῷ. ἀλλὰ γὰρ αὐτάρκη περιγραφὴν ἐν τούτοις καὶ τοῦ τρίτου τόμου τῶν πρὸς τὸ Κέλσου σύγγραμμα ἡμῖν ὑπαγορευθέντων εἰληφότος, αὐτοῦ που καταπαύσομεν τὸν λόγον· ἐν τοῖς ἑξῆς πρὸς τὰ [1] μετὰ τοῦτο γεγραμμένα τῷ Κέλσῳ ἀγωνιούμενοι.

[1] Ita Codd. Reg. et Basileensis. Alias vero καταπαύσωμεν. R.—Boherellus: Melius: καταπαύσομεν, ut in fine libr. I. II. IV.

ΩΡΙΓΕΝΟΥΣ

ΚΑΤΑ ΚΕΛΣΟΥ

Τόμος τέταρτος.

1. Ἐν τρισὶ τοῖς πρὸ τούτων διεξελθόντες βιβλίοις τὰ πρὸς τὸ Κέλσου σύγγραμμα νοηθέντα ἡμῖν, ἱερὲ Ἀμβρόσιε, τέταρτον πρὸς τὰ ἑξῆς, εὐξάμενοι διὰ Χριστοῦ τῷ Θεῷ, ὑπαγορεύομεν. δοθεῖεν δὲ ἡμῖν λόγοι, περὶ ὧν ἐν τῷ Ἱερεμίᾳ γέγραπται, ὡς τοῦ Κυρίου πρὸς τὸν προφήτην εἰπόντος·
(1) "ἰδοὺ, δέδωκα τοὺς λόγους μου εἰς τὸ στόμα σου πῦρ· ἰδοὺ, καθέστακά σε σήμερον ἐπὶ ἔθνη καὶ βασιλείας, ἐκριζοῦν, καὶ κατασκάπτειν, καὶ ἀπολλύειν, καὶ κατασπᾶν, καὶ ἀνοικοδομεῖν, καὶ καταφυτεύειν." καὶ γὰρ ἡμεῖς χρῄζομεν νῦν λόγων ἐκριζούντων τὰ κατὰ τῆς ἀληθείας ἀπὸ πάσης ψυχῆς βεβλαμμένης ὑπὸ τοῦ συγγράμματος Κέλσου, ἢ τῶν παραπλησίων αὐτῷ νοημάτων. δεόμεθα δὲ καὶ νοη-
(2) μάτων κατασκαπτόντων πάσης ψευδοδοξίας οἰκοδομὰς, καὶ τῆς Κέλσου ἐν τῷ συγγράμματι αὐτοῦ οἰκοδομῆς παραπλή-
(3) σια τῇ οἰκοδομῇ τῶν εἰπόντων· "δεῦτε, οἰκοδομήσωμεν ἑαυτοῖς πόλιν καὶ πύργον, οὗ ἡ κεφαλὴ ἔσται ἕως τοῦ οὐρανοῦ."
(4) ἀλλὰ καὶ χρῄζομεν σοφίας κατασπώσης πάντα τὰ ἐπαιρόμενα κατὰ τῆς γνώσεως τοῦ Θεοῦ ὑψώματα, καὶ τὸ Κέλσου ἐπαιρόμενον καθ' ἡμῶν τῆς ἀλαζονείας ὕψωμα. εἶτ' ἐπεὶ μὴ χρὴ

(1) Jerem. i. 9, 10.
(2) Boherell. "Lego: καὶ τὰ τῆς Κέλσου."
(3) Genes. xi. 4.   (4) 2 Cor. x. 5.

καταλήγειν ἡμᾶς ἐπὶ τὸ ἐκριζοῦν καὶ κατασκάπτειν τὰ προειρημένα, ἀλλ' εἰς μὲν τὴν χώραν τῶν ἐκριζωθέντων καταφυτεύειν φυτείαν τοῦ κατὰ Θεὸν γεωργίου, εἰς δὲ τὸν τόπον (1) τῶν κατασκαφέντων οἰκοδομεῖν Θεοῦ οἰκοδομὴν, καὶ ναὸν δόξης Θεοῦ· διὰ τοῦτο καὶ ἡμῖν εὐκτέον ἐστὶ τῷ δεδωκότι Κυρίῳ τὰ ἐν τῷ Ἱερεμίᾳ γεγραμμένα, ἵνα καὶ ἡμῖν δῷ λόγους καὶ πρὸς τὸ οἰκοδομεῖν τὰ τοῦ Χριστοῦ, καὶ καταφυτεύειν τὸν πνευματικὸν νόμον, καὶ τοὺς ἀνάλογον αὐτῷ προφητικοὺς λόγους. καὶ μάλιστα χρεία ἡμῖν πρὸς τὰ νῦν ἑξῆς τοῖς
10 προειρημένοις τῷ Κέλσῳ λεγόμενα κατασκευάσαι, ὅτι καλῶς τὰ περὶ τοῦ Χριστοῦ πεπροφήτευται. ἅμα γὰρ πρὸς ἀμφοτέρους ἱστάμενος ὁ Κέλσος, Ἰουδαίους μὲν ἀρνουμένους γεγονέναι τὴν Χριστοῦ ἐπιδημίαν, ἐλπίζοντας δ' αὐτὴν ἔσεσθαι, Χριστιανοὺς δὲ ὁμολογοῦντας τὸν Ἰησοῦν εἶναι τὸν προφητευθέντα Χριστὸν, φησίν·

2. "Ὅτι δὲ καὶ Χριστιανῶν τινες καὶ Ἰουδαῖοι, οἱ μὲν καταβεβηκέναι φασὶν, οἱ δὲ καταβήσεσθαι εἰς τὴν γῆν τινα (2) θεὸν, ἢ θεοῦ υἱὸν τῶν τῇδε δικαιωτὴν, τοῦτ' αἴσχιστον, καὶ οὐδὲ δεῖται μακροῦ λόγου ὁ ἔλεγχος." καὶ δοκεῖ γε ἀκρι-
20 βῶς περὶ μὲν Ἰουδαίων οὐ τινῶν, ἀλλὰ πάντων, λέγειν, ὅτι οἴονταί τινα καταβήσεσθαι ἐπὶ τὴν γῆν· περὶ δὲ Χριστιανῶν, ὅτι τινὲς αὐτῶν καταβεβηκέναι λέγουσιν. ἐμφαίνει γὰρ τοὺς ἀπὸ Ἰουδαϊκῶν γραφῶν κατασκευάζοντας τὴν Χριστοῦ (3) ἐπιδημίαν ὡς ἤδη γεγενημένην· καὶ ἔοικεν εἰδέναι, ὅτι εἰσί τινες αἱρέσεις ἀρνούμεναι Χριστὸν Ἰησοῦν εἶναι τὸν πεπροφητευμένον. ἤδη μὲν οὖν καὶ ἐν τοῖς προτέροις περὶ τοῦ πεπροφητεῦσθαι τὸν Χριστὸν, κατὰ δύναμιν διειλήφαμεν· διὸ τὰ πολλὰ τῶν δυναμένων λέγεσθαι εἰς τὸν τόπον, οὐκ ἐπαναλαμβάνομεν, ἵνα μὴ παλιλλογῶμεν. ὅρα δὴ ὅτι, εἴπερ
30 μετά τινος κἂν δοκούσης ἀκολουθίας ἐβούλετο ἀνατρέπειν τὴν περὶ τῶν προφητειῶν, ἢ περὶ τοῦ ἐπιδημήσειν ἢ ἐπιδεδημηκέναι τὸν Χριστὸν πίστιν, ἐχρῆν αὐτὸν αὐτὰς ἐκθέσθαι τὰς

(1) 1 Cor. iii. 9.
(2) φασίν. Omittitur in libris antea editis, sed reperitur in Cod. Joliano. R.
(3) Χριστοῦ. Ita Codd. Reg., Basil. et duo Anglicani. Alias Ἰησοῦ. R.

προφητείας, αἷς ἐν τῷ διαλέγεσθαι πρὸς ἀλλήλους χρώμεθα Χριστιανοὶ καὶ Ἰουδαῖοι. οὕτω γὰρ ἂν κἂν ἔδοξε τοὺς περι-
(1) σπωμένους ὑπὸ τῆς, ὡς οἴεται, πιθανότητος ἀνατρέπειν ἀπὸ τῆς πρὸς τὰ προφητικὰ συγκαταθέσεως, καὶ τῆς διὰ τὰ προφητικὰ εἰς τὸν Ἰησοῦν ὡς ὄντα Χριστὸν πίστεως. νυνὶ δὲ, ἤτοι μὴ δυνάμενος ἀπαντῆσαι πρὸς τὰς περὶ Χριστοῦ
(2) προφητείας, ἢ μηδὲ τὴν ἀρχὴν εἰδὼς τίνα ἐστὶ τὰ περὶ αὐτοῦ προφητευόμενα· οὐδεμίαν μὲν λέξιν τίθησι προφητικὴν, καίτοι γε μυρίαι ὅσαι εἰσὶ περὶ Χριστοῦ· κατηγορεῖν δὲ οἴεται τῶν προφητικῶν, μηδ᾽ ἣν εἴποι ἂν ἐκεῖνος πιθανότητα αὐτῶν ἐκθέ- 10 μενος. οὐκ οἶδε μέντοι γε, ὅτι οὐ πάνυ τι Ἰουδαῖοι λέγουσι θεὸν ὄντα τὸν Χριστὸν καταβήσεσθαι ἢ θεοῦ υἱὸν, ὡς καὶ ἐν τοῖς ἀνωτέρω εἰρήκαμεν. καὶ εἰπὼν "αὐτὸν, ὑφ᾽ ἡμῶν μὲν λέγεσθαι καταβεβηκέναι, ὑπὸ Ἰουδαίων δὲ, καταβήσεσθαι δικαιωτήν" κατηγορεῖν αὐτόθεν οἴεται τοῦ λεγομένου, ὡς αἰσχίστου καὶ οὐδὲ μακροῦ ἐλέγχου δεομένου.

3. Καί φησι· "τίς ὁ νοῦς τῆς τοιᾶσδε καθόδου τῷ θεῷ;" οὐχ ὁρῶν, ὅτι καὶ καθ᾽ ἡμᾶς ἐστι τῆς καθόδου ὁ νοῦς,
(3) προηγουμένως μὲν, τὰ λεγόμενα ἐν τῷ εὐαγγελίῳ ἀπολωλότα πρόβατα οἴκου Ἰσραὴλ ἐπιστρέψαι· δευτέρως δὲ τὸ, διὰ 20 τὴν ἐκείνων ἀπείθειαν ἆραι ἀπ᾽ αὐτῶν τὴν ὀνομασθεῖσαν βασιλείαν τοῦ θεοῦ, καὶ δοῦναι ἄλλοις γεωργοῖς παρὰ τοὺς
(4) πάλαι Ἰουδαίους Χριστιανοῖς, τοὺς καρποὺς τῆς τοῦ Θεοῦ βασιλείας ἀποδώσουσι τῷ Θεῷ, ἐν τοῖς ἑκάστης πράξεως οὔσης καρποῦ τῆς βασιλείας καιροῖς. ἡμεῖς μὲν οὖν ἀπὸ πλειόνων ὀλίγα εἴπομεν πρὸς τὴν Κέλσου πεῦσιν εἰπόντος· "τίς γὰρ ὁ νοῦς τῆς τοιᾶσδε καθόδου τῷ θεῷ;" Κέλσος δὲ τὰ μήτε ὑπὸ Ἰουδαίων, μήτε ὑφ᾽ ἡμῶν λεχθέντα ἂν, ἑαυτῷ ἀποφαίνεται, λέγων· "ἢ ἵνα μάθῃ τὰ ἐν ἀνθρώποις." οὐδεὶς γὰρ ἡμῶν φησιν, ὅτι, ἵνα μάθῃ τὰ ἐν ἀνθρώποις, Χριστὸς 30

(1) Edd. Spenc. et Ruaei in textu: πιθανότητος δοκεῖν ἀνατρέπειν, jam Boherell. vero, quem Ruaeus sequitur: "Delendum videtur: δοκεῖν. Quid sit enim: ἔδοξε δοκεῖν;" L.
(2) ἢ μηδέ. Recte Cod. Jolianus: ab antea editis excidit vocula: ἢ. R. Boh. Lego: ἢ μηδέ.
(3) Matt. xv. 24. (4) Matt. xxi. 41.

ἐπιδημεῖ τῷ βίῳ. εἶτα, ὡς εἰπόντων ἄν τινων τό· "ἵνα μάθῃ τὰ ἐν ἀνθρώποις·" ἑαυτῷ ἀνθυποφέρει πρὸς τοῦτο τό· "οὐ γὰρ οἶδε πάντα;" εἶτα, ὡς ἀποκρινουμένων, ὅτι οἶδε, πάλιν ἐπαπορεῖ, λέγων· "ὅτι ἄρα οἶδε μὲν, οὐκ ἐπανορθοῖ[1] δὲ, οὐδ᾿ (1) οἷόν τε αὐτῷ θείᾳ δυνάμει ἐπανορθοῦν·" καὶ ταῦτα δὲ πάντα εὐήθως λέγει. ἀεὶ γὰρ ὁ Θεὸς τῷ ἑαυτοῦ λόγῳ κατὰ γενεὰς εἰς ψυχὰς ὁσίας μεταβαίνοντι, καὶ φίλους θεοῦ καὶ προφήτας κατασκευάζοντι, ἐπανορθοῖ τοὺς ἀκούοντας τῶν λεγομένων· καὶ ἐν τῇ Χριστοῦ δὲ ἐπιδημίᾳ ἐπανορθοῖ τῷ κατὰ Χριστια-
10 νισμὸν λόγῳ, οὐχὶ τοὺς μὴ βουλομένους, ἀλλὰ τοὺς τὸν κρείττονα βίον καὶ ἀρέσκοντα τῷ Θεῷ ἑλομένους. οὐκ οἶδα δὲ καὶ, ποταπὴν ἐπανόρθωσιν βουλόμενος ὁ Κέλσος γενέσθαι, ἐπηπόρησε λέγων· "ἆρ᾿ οὐχ οἷόν τε αὐτῷ δυνάμει θείᾳ ἐπανορθοῦν, ἐὰν μὴ φύσει τινὰ ἐπὶ τοῦτο πέμψῃ;" ἆρα γὰρ ἤθελε (2) φαντασιουμένοις τοῖς ἀνθρώποις ὑπὸ Θεοῦ, ἀπειληφότος μὲν (3) ἀθρόως τὴν κακίαν, ἐμφύοντος δὲ τὴν ἀρετὴν, τὴν ἐπανόρθωσιν γενέσθαι; ἄλλος μὲν οὖν ζητήσει, εἰ ἀκόλουθον, ἢ εἰ δυνατόν ἐστι τῇ φύσει τὸ τοιοῦτον. ἡμεῖς δὲ εἴποιμεν ἂν, ὅτι ἔστω καὶ δυνατὸν αὐτὸ εἶναι· ποῦ οὖν τὸ ἐφ᾿ ἡμῖν; καὶ ποῦ
20 ἐπαινετὴ συγκατάθεσις πρὸς τὸ ἀληθές; ἢ ἀποδεκτὴ ἀνάνευσις ἀπὸ τοῦ ψεύδους; ἀλλὰ καὶ εἰ ἅπαξ δοθείη, καὶ δυνατὸν τοῦτο, καὶ πρεπόντως γινόμενον· διὰ τί οὐχὶ μᾶλλον ζητήσει τις τὴν ἀρχὴν, ἀνάλογόν τι φάσκων τῷ Κέλσῳ, ὅτι "οὐχ οἷόν τε ἦν τῷ Θεῷ θείᾳ δυνάμει μηδ᾿ ἐπανορθώσεως δεομένους ποιῆσαι τοὺς ἀνθρώπους, ἀλλ᾿ αὐτόθεν σπουδαίους καὶ τελείους, οὐδὲ τὴν ἀρχὴν ὑποστάσης τῆς κακίας;" ταῦτα δ᾿ ἰδιώτας μὲν καὶ ἀδυνάτους δύναται συναρπάσαι, οὐ μὴν καὶ (4) τὸν ἐνορῶντα τῇ φύσει τῶν πραγμάτων· ὅτι ἀρετῆς μὲν ἐὰν

---

(1) Sic MSS. Alias vero in textu: ἐπηνώρθου. R.
(2) φύσει. Hæc vox commode abesset; quae quum hac ipsa pag. bis repetatur, facile potest huc irrepsisse. Boh.
(3) Cod. Jolianus secunda manu: φαντασιουμένοις τοῖς ἀνθρώποις ὑπὸ θεοῦ ἀπειληφότος, melius sane quam habent libb. impressi: φαντασιουμένους τοὺς ἀνθρώπους ὑπὸ θεοῦ, ἀνειληφότος pro quibus Boherellus egebat: φαντασιουμένων τῶν ἀνθρώπων, &c. Ut ut est, verbum ἀνειληφότος, aut ἀπειληφότος, Guietus nullum hic locum habere putat, et legi vult: ἀνῃρηκότος. R.
(4) ἀδυνάτους. Boherell. Lego: ἀσυνέτους. Erroris fons fuit vox sequens.

ἀνέλης τὸ ἑκούσιον, ἀνεῖλες αὐτῆς καὶ τὴν οὐσίαν. ὅλης δ᾽ εἰς ταῦτα πραγματείας χρεία· περὶ ἧς οὐκ ὀλίγα ἐν τοῖς περὶ προνοίας καὶ Ἕλληνες εἰρήκασιν· οἱ μὴ εἰπόντες ἂν, ὅπερ ὁ Κέλσος ἐξέθετο λέγων· " οἶδε μὲν οὖν, οὐκ ἐπανορθοῖ δὲ, οὐδ᾽ οἷόν τε αὐτῷ δυνάμει θεία ἐπανορθοῦν." καὶ ἡμεῖς δὲ πολλαχοῦ κατὰ τὸ δυνατὸν ἡμῖν εἰρήκαμεν περὶ τούτων· καὶ οἱ θεῖοι λόγοι τοῖς ἀκούειν δυναμένοις αὐτῶν παρέστησαν.

4. Λελέξεται οὖν, ὅπερ ἡμῖν καὶ Ἰουδαίοις προσάγει ὁ Κέλσος, καὶ πρὸς αὐτόν· ὅτι ἄρα, ὦ οὗτος, οἶδεν ὁ ἐπὶ πᾶσι θεὸς τὰ ἐν ἀνθρώποις, ἢ οὐκ οἶδεν; ἀλλ᾽ εἴπερ τίθης εἶναι θεὸν καὶ πρόνοιαν, ὡς ἐμφαίνει σου τὸ σύγγραμμα· ἀναγκαῖον αὐτὸν εἰδέναι. εἰ δ᾽ οἶδε, διὰ τί οὐκ ἐπανορθοῖ; ἢ ἡμῖν μὲν ἀναγκαῖον ἀπολογεῖσθαι, διὰ τί εἰδὼς οὐκ ἐπανορθοῖ· σοὶ δὲ, μὴ πάνυ ἐμφαίνοντι διὰ τοῦ συγγράμματος τὸν Ἐπικούρειον, ἀλλὰ προσποιουμένῳ πρόνοιαν εἰδέναι, οὐκ ἐπίσης λελέξεται, διὰ τί εἰδὼς τὰ ἐν ἀνθρώποις πάντα ὁ θεὸς οὐκ ἐπανορθοῖ, οὐδὲ θεία δυνάμει ἀπαλλάσσει πάντας τῆς κακίας; ἀλλ᾽ οὐκ αἰσχυνόμεθα λέγειν, ὅτι ἀεὶ μὲν πέμπει τοὺς ἐπανορθωσομένους. οἱ γὰρ ἐπὶ τὰ βέλτιστα προκαλούμενοι λόγοι, θεοῦ αὐτοὺς δεδωκότος, εἰσὶν ἐν ἀνθρώποις. ἤδη δὲ τῶν διακονουμένων τῷ θεῷ πολλαί εἰσι διαφοραί, καὶ (1) ὀλίγοι εἰσὶν οἱ πάντη καθαρῶς πρεσβεύοντες τὰ τῆς ἀληθείας, καὶ τὴν παντελῆ ἐπανόρθωσιν ἐργαζόμενοι· ὁποῖοι ἦσαν Μωϋσῆς καὶ οἱ προφῆται. παρὰ δὲ τούτους πάντας, μεγάλη ἡ διὰ τοῦ Ἰησοῦ ἐπανόρθωσις, οὐ τοὺς ἐν μιᾷ γωνίᾳ τῆς οἰκουμένης βουληθέντος μόνους θεραπεύεσθαι, ἀλλὰ, τὸ ὅσον ἐπ᾽ αὐτῷ, καὶ τοὺς πανταχοῦ· σωτὴρ γὰρ ἦλθε πάντων ἀνθρώπων.

5. Μετὰ ταῦθ᾽ ὁ γενναιότατος Κέλσος, οὐκ οἶδ᾽ ὁπόθεν λαβὼν, ἐπαπορεῖ πρὸς ἡμᾶς ὡς λέγοντας· "ὅτι αὐτὸς κάτεισι πρὸς ἀνθρώπους ὁ θεός." καὶ οἴεται ἀκολουθεῖν τούτῳ, τὸ

(1) Codd. Reg. et Basileensis: πάντῃ καθαρῶς πρεσβεύοντες. Alias: πάντῃ καὶ καθαρῶς πρεσβεύοντες. R.

"τὴν ἑαυτοῦ ἕδραν αὐτὸν καταλιπεῖν." οὐ γὰρ οἶδε δύναμιν Θεοῦ, καὶ "ὅτι πνεῦμα Κυρίου πεπλήρωκε τὴν οἰκουμένην· (1) καὶ τὸ συνέχον τὰ πάντα γνῶσιν ἔχει φωνῆς." οὐδὲ συνιέναι δύναται τό· "οὐχὶ τὸν οὐρανὸν καὶ τὴν γῆν ἐγὼ πληρῶ, (2) λέγει Κύριος;" οὐδὲ βλέπει, ὅτι, κατὰ τὸν Χριστιανῶν λόγον, οἱ πάντες "ἐν αὐτῷ ζῶμεν, καὶ κινούμεθα, καί ἐσμεν·" ὡς καὶ (3) Παῦλος ἐν τῇ πρὸς Ἀθηναίους δημηγορίᾳ ἐδίδαξε. κἂν ὁ Θεὸς τοίνυν τῶν ὅλων τῇ ἑαυτοῦ δυνάμει συγκαταβαίνῃ τῷ (4) Ἰησοῦ εἰς τὸν τῶν ἀνθρώπων βίον, κἂν ὁ ἐν ἀρχῇ πρὸς τὸν Θεὸν λόγος, Θεὸς καὶ αὐτὸς ὤν, ἔρχηται πρὸς ἡμᾶς· οὐκ ἔξεδρος (5) γίνεται, οὐδὲ καταλείπει τὴν ἑαυτοῦ ἕδραν· ὥς τινα μὲν τόπον κενὸν αὐτοῦ εἶναι, ἕτερον δὲ πλήρη, οὐ πρότερον αὐτὸν ἔχοντα. ἐπιδημεῖ δὲ δύναμις καὶ θεότης Θεοῦ δι' οὗ βούλεται, καὶ ἐν ᾧ εὑρίσκει χώραν, οὐκ ἀμείβοντος τόπον, οὐδ' ἐκλείποντος χώραν αὐτοῦ κενήν, καὶ ἄλλην πληροῦντος. ἵνα γὰρ καὶ (6) ἐκλείπειν αὐτὸν φῶμεν, καὶ ἄλλον τινὰ πληροῦν· οὐ περὶ τόπου τὸ τοιοῦτον ἀποφανούμεθα· ἀλλὰ τὴν μὲν τοῦ φαύ- (7) λου, καὶ κεχυμένου ἐν τῇ κακίᾳ, ψυχὴν φήσομεν καταλείπεσθαι ὑπὸ τοῦ θεοῦ, τὴν δὲ τοῦ βουλομένου ζῆν κατ' ἀρετὴν, ἢ καὶ προκόπτοντος, ἢ καὶ ἤδη ζῶντος κατ' αὐτὴν, ἀποφανούμεθα πληροῦσθαι, ἢ μετέχειν θείου πνεύματος. οὐ χρεία οὖν εἰς τὴν τοῦ Χριστοῦ κάθοδον, ἢ εἰς τὴν πρὸς ἀνθρώπους ἐπιστροφὴν τοῦ Θεοῦ, καταλείπεσθαι ἕδραν μείζονα, καὶ μεταβάλλεσθαι τὰ τῇδε, ὡς ὁ Κέλσος οἴεται, λέγων· "εἰ γὰρ ἕν τι τῶν τῇδε τοὐλάχιστον μεταβάλοις, ἀνατραπέντα οἰχή- (8) σεταί σοι τὰ πάντα." εἰ δὲ χρὴ λέγειν μεταβάλλειν παρουσίᾳ δυνάμεως Θεοῦ, καὶ ἐπιδημίᾳ τοῦ λόγου εἰς ἀνθρώπους τινά· οὐκ ὀκνήσομεν λέγειν, μεταβάλλειν ἐκ φαύλου εἰς

(1) Sap. Salom. I. 7. (2) Jerem. xxiii. 24.
(3) Act. xvii. 28.
(4) Omnes MSS. συγκαταβαίνῃ, recte, cum mox sequatur: ἔρχηται: alias συγκαταβαίνει. R.
(5) Ev. Joann. I. 1.
(6) Boherellus: "Ἕνα γὰρ εἰ. Non assentior. W. S.
(7) Cod. Regius ἀποφανούμεθα, recte. Alias ἀποφαινόμεθα. R.
(8) Cod. Jolianus secunda manu τῶν τῇδε, recte. Alias τοῦ τῇδε. R.

ἀστεῖον, καὶ ἐξ ἀκολάστου εἰς σώφρονα, καὶ ἐκ δεισιδαίμονος εἰς εὐσεβῆ, τὸν παραδεξάμενον τὴν τοῦ λόγου τοῦ Θεοῦ ἐπιδημίαν εἰς τὴν ἑαυτοῦ ψυχήν.

6. Εἰ δὲ καὶ πρὸς τὰ καταγελαστότατα τοῦ Κέλσου θέλεις ἡμᾶς ἀπαντᾷν, ἄκουε αὐτοῦ λέγοντος· "ἀλλὰ γὰρ ἀγνοούμενος ὁ θεὸς ἐν ἀνθρώποις, καὶ παρὰ τοῦτ' ἔλαττον ἔχειν δοκῶν, ἐθέλοι ἂν γνωσθῆναι, καὶ τοὺς πιστεύοντάς τε καὶ ἀπιστοῦντας διαπειράσαι· καθάπερ οἱ νεόπλουτοι τῶν ἀνθρώπων ἐπιδεικτιῶντες, πολλήν τινα καὶ πάνυ θνητὴν φιλοτιμίαν τοῦ θεοῦ καταμαρτυροῦσι." φαμὲν οὖν, ὅτι ἀγνοούμενος Θεὸς ὑπὸ φαύλων ἀνθρώπων, οὐ παρὰ τὸ αὐτὸς ἔλαττον ἔχειν δοκεῖν, θέλοι ἂν γνωσθῆναι· ἀλλὰ τὸ τὴν γνῶσιν αὐτοῦ κακοδαιμονίας ἀπαλλάσσειν τὸν γιγνώσκοντα. ἀλλ' οὐδὲ διαπειράσαι θέλων τοὺς πιστεύοντας, ἢ τοὺς ἀπιστοῦντας, ἤτοι αὐτὸς ἀῤῥήτῳ καὶ θείᾳ δυνάμει ἔν τισιν ἐπιδημεῖ, ἢ πέμπει τὸν Χριστὸν αὐτοῦ· ἀλλ' ὑπὲρ τοῦ πιστεύοντας μὲν καὶ καταλαμβάνοντας αὐτοῦ τὴν θεότητα, ἀπαλλάσσεσθαι πάσης κακοδαιμονίας· ἀπιστοῦντας δὲ μηδ' ἀπολογίας ἔτι χώραν ἔχειν, ὡς παρὰ τὸ μὴ (1) ἀκηκοέναι καὶ δεδιδάχθαι οὐ πιστεύσαντας. τίς οὖν λόγος παρίστησιν ἀκολουθεῖν ἡμῖν τὸ τὸν θεὸν καθ' ἡμᾶς εἶναι, ὡς "τοὺς νεοπλούτους τῶν ἀνθρώπων ἐπιδεικτιῶντας;" οὐ γὰρ ἐπιδεικτιᾷ ὁ Θεὸς πρὸς ἡμᾶς, βουλόμενος ἡμᾶς συνιέναι καὶ νοεῖν αὐτοῦ τὴν ὑπεροχήν· ἀλλὰ τὴν ἀπὸ τοῦ γιγνώσκεσθαι ἡμῖν αὐτὸν ἐγγινομένην ταῖς ψυχαῖς ἡμῶν μακαριότητα ἐμφύεσθαι ἡμῖν θέλων, πραγματεύεται διὰ τοῦ Χριστοῦ, καὶ τῆς ἀεὶ ἐπιδημίας τοῦ λόγου, ἀναλαμβάνειν ἡμᾶς τὴν πρὸς αὐτὸν οἰκείωσιν. οὐδεμίαν οὖν θνητὴν φιλοτιμίαν ὁ Χριστιανῶν λόγος καταμαρτυρεῖ τοῦ θεοῦ.

7. Οὐκ οἶδα δ' ὅπως φλυαρήσας μάτην ἐφ' οἷς ἐξεθέμεθα, ὕστερόν ποτε ἐκτίθεται, ὅτι "οὐ δι' αὐτὸν δεόμενος γνωσθῆναι, ἀλλὰ διὰ τὴν ἡμετέραν σωτηρίαν γνῶσιν ἡμῖν παρασχεῖν ἑαυτοῦ βούλεται· ἵν' οἱ μὲν παραδεξάμενοι αὐτὴν χρηστοὶ γενόμενοι σωθῶσιν· οἱ δὲ μὴ παραδεξάμενοι, ἀπο-

(1) Codd. Reg. et Basileensis: οὐ πιστεύοντας. R.

δειχθέντες πονηροὶ κολασθῶσιν." καὶ ἐκθέμενός γε τὸ τοιοῦτον, ἐπαπορεῖ λέγων· "νῦν ἄρα μετὰ τοσοῦτον αἰῶνα ὁ (1) θεὸς ἀνεμνήσθη δικαιῶσαι τὸν ἀνθρώπων βίον, πρότερον δὲ ἠμέλει;" καὶ πρὸς τοῦτο δὲ φήσομεν, ὅτι οὐκ ἔστιν ὅτ' οὐκ ἐβουλήθη δικαιῶσαι τὸν ἀνθρώπων βίον ὁ Θεός· ἀλλὰ καὶ ἀεὶ ἐπεμελήθη, διδοὺς ἀρετῆς ἀφορμὰς, τοῦ ἐπανορθοῦσθαι τὸ λογικὸν ζῶον. κατὰ γὰρ ἑκάστην γενεὰν ἡ σοφία τοῦ Θεοῦ εἰς ψυχὰς, ἃς εὑρίσκει ὁσίας, μεταβαίνουσα, φίλους Θεοῦ καὶ προφήτας κατασκευάζει. καὶ εὑρεθεῖέν γ' ἂν ἐν ταῖς ἱεραῖς
10 βίβλοις οἱ καθ' ἑκάστην γενεὰν ὅσιοι καὶ δεκτικοὶ τοῦ θείου πνεύματος· καὶ ὡς ἐπέστρεφον τοὺς κατ' αὐτοὺς, ὅση δύναμις.

8. Οὐδὲν δὲ θαυμαστὸν τὸ γενεαῖς τισι προφήτας γεγονέναι, ὑπερέχοντας ἐν τῇ παραδοχῇ τῆς θειότητος, διὰ τὸν ἐπὶ πλεῖον εὔτονον καὶ ἐρρωμένον βίον, ἑτέρων προφητῶν τινων μὲν κατ' αὐτοὺς, ἄλλων δὲ προγενεστέρων, ἢ μεταγενεστέρων. οὕτω δὲ οὐ θαυμαστὸν, καί τινα καιρὸν γεγονέναι, ὅτ' ἐξαίρετόν τι χρῆμα ἐπιδεδήμηκε τῷ γένει τῶν ἀνθρώπων, καὶ διαφέρον παρὰ τοὺς προγενεστέρους αὐτοῦ, ἢ καὶ μετα-
20 γενεστέρους. ἔχει δέ τι ὁ περὶ τούτων λόγος μυστικώτερον, καὶ βαθύτερον, καὶ μὴ πάνυ τι φθάνειν δυνάμενον ἐπὶ τὴν δημωδεστέραν ἀκοήν. καὶ δεῖ, ὑπὲρ τοῦ ταῦτα σαφηνισθῆναι, (2) καὶ ἀπαντηθῆναι πρὸς τὰ λεγόμενα περὶ τῆς Χριστοῦ ἐπιδημίας· "ὅτι νῦν ἄρα μετὰ τοσοῦτον αἰῶνα ὁ θεὸς ἀνεμνήσθη δικαιῶσαι τὸ ἀνθρώπων γένος, πρότερον δὲ ἠμέλει;" ἅψασθαι τοῦ περὶ μερίδων λόγου, καὶ σαφηνίσαι, διὰ τί "ὅτε (3) διεμέριζεν ὁ ὕψιστος ἔθνη, ὡς διέσπειρεν υἱοὺς Ἀδὰμ, ἔστησεν ὅρια ἐθνῶν, κατ' ἀριθμὸν ἀγγέλων θεοῦ· καὶ ἐγενήθη μερὶς κυρίου λαὸς αὐτοῦ Ἰακὼβ, σχοίνισμα κληρονομίας αὐτοῦ
30 Ἰσραήλ·" καὶ δεήσει τὴν αἰτίαν εἰπεῖν τῆς εἰς ἕκαστον ὅριον γενέσεως, ὑπὸ τὸν κεκληρωμένον τὸ ὅριον, καὶ πῶς εὐλόγως

(1) Codd. Reg. et Basil. recte omnino: αἰῶνα. Alias ἀγῶνα, male. R.
(2) Sp. in textu ταῦτα ἀφ. in marg. ταύτας. "Hoeschel. in textu ταύτας ἀφανισθῆναι sicque omnes MSS. male. R. Bene MSS. sed lege ταῦτα σαφηνισθῆναι vid. lin. 26 et c. 31 ad fin. et c. 44. W. S.
(3) Deut. xxxii. 8, 9.

(1) ἐγενήθη "μερὶς Κυρίου λαὸς αὐτοῦ Ἰακὼβ, σχοίνισμα κληρομίας αὐτοῦ Ἰσραήλ." καὶ διὰ τί πρότερον μὲν ἦν μερὶς Κυρίου λαὸς αὐτοῦ Ἰακὼβ, σχοίνισμα κληρονομίας αὐτοῦ Ἰσραήλ· περὶ δὲ τῶν ὕστερον λέγεται πρὸς τὸν σωτῆρα (2) ὑπὸ τοῦ πατρός· "αἴτησαι παρ' ἐμοῦ, καὶ δώσω σοι ἔθνη τὴν κληρονομίαν σου, καὶ τὴν κατάσχεσίν σου τὰ πέρατα τῆς γῆς." εἰσὶ γάρ τινες εἱρμοὶ καὶ ἀκολουθίαι ἄφατοι καὶ ἀνεκδιήγητοι περὶ τῆς κατὰ τὰς ἀνθρωπίνας ψυχὰς διαφόρου οἰκονομίας.

9. Ἦλθεν οὖν, κἂν μὴ βούληται Κέλσος, μετὰ πολλοὺς προφήτας ἐπανορθουμένους τὰ τοῦ Ἰσραὴλ ἐκείνου, ἐπανορθωτὴς ὅλου τοῦ κόσμου ὁ Χριστός· οὐ δεόμενος κατὰ τὴν προτέραν οἰκονομίαν τῆς κατ' ἀνθρώπων χρήσεως μαστίγων, καὶ δεσμῶν, καὶ βασανιστηρίων· ἥρκει γὰρ ἡ διδασκαλία, ὅτε "ἐξῆλθεν ὁ σπείρων τοῦ σπείρειν," ἵνα σπείρῃ τὸν λόγον πανταχοῦ. εἰ δ' ἐπιστήσεταί τις χρόνος, περιγράφων τὸν κόσμον ἀναγκαίαν περιγραφὴν, τῷ αὐτὸν ἀρχὴν ἐσχηκέναι· καὶ ἐπιστήσεταί τι τέλος τῷ κόσμῳ, καὶ μετὰ τὸ τέλος δικαία περὶ πάντων κρίσις· δεήσει μὲν τὸν φιλοσοφοῦντα τὰ τοῦ λόγου κατασκευάζειν μετὰ παντοδαπῶν ἀποδείξεων, τῶν τε ἀπὸ τῶν θείων γραμμάτων, καὶ τῶν ἀπὸ τῆς ἐν τοῖς λόγοις ἀκολουθίας· δεήσει δὲ τὸν πολὺν καὶ ἁπλούστερον, καὶ μὴ δυνάμενον παρακολουθεῖν τοῖς ποικιλωτάτοις τῆς σοφίας τοῦ θεοῦ θεωρήμασιν, ἐμπιστεύσαντα ἑαυτὸν Θεῷ, καὶ τῷ σωτῆρι τοῦ γένους ἡμῶν, τούτου μᾶλλον ἀρκεσθῆναι τῷ "αὐτὸς ἔφα," ἢ ἄλλου οὑτινοσοῦν.

10. Μετὰ ταῦτα πάλιν, ὡς σύνηθές ἐστιν αὐτῷ, μηδὲν κατασκευάσας, μηδ' ἀποδείξας ὁ Κέλσος, ὡσπερεὶ οὐχ ὁσίως ἡμῶν, οὐδ' εὐαγῶς περὶ τοῦ θεοῦ θρυλλούντων, φησίν· "ὅτι μὲν οὖν οὐχ ὁσίως, οὐδ' εὐαγῶς ταῦτα περὶ τοῦ θεοῦ θρυλ- (3) λοῦσιν, εὔδηλον·" καὶ οἴεταί γε ἐπὶ θάμβει τῶν ἰδιωτῶν ταῦθ' ἡμᾶς ποιεῖν, οὐχὶ δὲ τἀληθῆ περὶ κολάσεων λέγοντας

(1) Deut. xxxii. 9.
(2) Psalm. ii. 8.
(3) Boherellus, "Forte: ἔκδηλον."

ἀναγκαίων τοῖς ἡμαρτηκόσι. διόπερ ἐξομοιοῖ ἡμᾶς "τοῖς ἐν ταῖς Βακχικαῖς τελεταῖς τὰ φάσματα καὶ δείματα προεισάγουσι." περὶ μὲν οὖν τῶν Βακχικῶν τελετῶν εἴτε τίς ἐστι πιθανὸς λόγος, εἴτε μηδεὶς τοιοῦτος, λεγέτωσαν "Ελληνες, καὶ ἀκουέτω Κέλσος καὶ οἱ συνθιασῶται αὐτοῦ· ἡμεῖς δὲ περὶ τῶν ἡμετέρων ἀπολογούμεθα, λέγοντες, ὅτι τὸ προκείμενον ἡμῖν ἐστιν, ἐπανορθοῦν τὸ γένος τῶν ἀνθρώπων, εἴτε διὰ τῶν περὶ κολάσεων ἀπειλῶν, ἃς πεπείσμεθα ἀναγκαίας εἶναι τῷ παντὶ, τάχα δὲ καὶ τοῖς πεισομένοις αὐτὰς οὐκ (1) ἀχρήστους· εἴτε διὰ τῶν ἐπὶ τοὺς καλῶς βεβιωκότας ἐπαγγελιῶν, περιεχουσῶν τὰ περὶ τῆς μακαρίας ἐν τῇ βασιλείᾳ τοῦ Θεοῦ τοῖς ἀξίοις ὑπ' αὐτοῦ βασιλεύεσθαι διεξαγωγῆς. (2)

11. Μετὰ ταῦτα βουλόμενος ἡμᾶς παραδεῖξαι μηδὲν παράδοξον, μηδὲ καινὸν, λέγειν περὶ κατακλυσμοῦ, ἢ ἐκπυρώσεως, ἀλλὰ καὶ παρακούσαντας τῶν παρ' Έλλησιν ἢ βαρβάροις περὶ τούτων λεγομένων ταῖς ἡμετέραις πεπιστευκέναι περὶ αὐτῶν γραφαῖς, φησὶ ταῦτα· "ἐπῆλθε δ' αὐτοῖς καὶ ταῦτα ἐκείνων παρακούσασιν, ὅτι δὴ κατὰ χρόνων μακρῶν κύκλους, καὶ ἄστρων ἐπανόδους τε καὶ συνόδους, ἐκπυρώσεις καὶ ἐπικλύσεις συμβαίνουσιν· καὶ ὅτι μετὰ τὸν τελευταῖον ἐπὶ Δευκαλίωνος κατακλυσμὸν ἡ περίοδος κατὰ τὴν τῶν ὅλων ἀμοιβὴν ἐκπύρωσιν ἀπαιτεῖ· ταῦτ' αὐτοὺς ἐποίησεν ἐσφαλ- (3) μένῃ δόξῃ λέγειν, ὅτι ὁ θεὸς καταβήσεται δίκην βασανιστοῦ πῦρ φέρων." καὶ πρὸς ταῦτα δὲ φήσομεν, ὅτι οὐκ οἶδ' ὅπως ὁ πολλὰ ἀναγνοὺς, καὶ ἱστορίας πολλὰς ἐπιδειξάμενος ἀνεγνωκέναι Κέλσος, οὐκ ἐπέστη τῇ Μωϋσέως ἀρχαιότητι, ἱστο- (4) ρουμένου ὑπό τινων Ἑλληνικῶν συγγραφέων κατὰ τοὺς χρόνους γεγονέναι Ἰνάχου τοῦ Φορωνέως· καὶ ὑπὸ Αἰγυπτίων δ' ἀρχαιότατος εἶναι ὁμολογεῖται, ἀλλὰ καὶ ὑπὸ τῶν τὰ Φοινικικὰ πραγματευσαμένων. καὶ ὁ βουλόμενός γε ἀναγνώτω

---

(1) Vide infra num. 13, 14, et 69; Lib. v. num. 14, 15, 16 et 17; Lib. vi. num. 70; Lib. viii. num. 48, 72. De poenis et praemiis quid opinatus sit Origenes, vide apud Huetium, Origenianorum Lib. ii. quaestione xi. R.
(2) Cf. Lib. iii. num. 56. L.
(3) Hoeschel. in textu τοῦτ' αὐτούς. R.
(4) Hoeschel. ad marginem: ἐγνωκέναι Κέλσος, οὐκ ἐπέστησε. R.

τὰ τοῦ Φλαβίου Ἰωσήπου περὶ τῆς Ἰουδαίων ἀρχαιότητος δύο βιβλία· ἵνα γνῷ, τίνα τρόπον ἀρχαιότερος ἦν Μωϋσῆς τῶν κατὰ χρόνων μακρὰς περιόδους κατακλυσμοὺς καὶ ἐκπυρώσεις φησάντων γίγνεσθαι ἐν τῷ κόσμῳ· ὧν παρακηκοέναι λέγει ὁ Κέλσος Ἰουδαίους καὶ Χριστιανούς· καὶ μὴ νοήσαντας τὰ περὶ ἐκπυρώσεως εἰρηκέναι, ὅτι "ὁ θεὸς καταβήσεται δίκην βασανιστοῦ πῦρ φέρων."

12. Πότερον μὲν οὖν εἰσι περίοδοι, καὶ κατὰ περιόδους κατακλυσμοὶ, ἢ ἐκπυρώσεις, ἢ μή εἰσι, καὶ εἰ ἐπίσταται καὶ ταῦθ' ὁ λόγος, ἐν πολλοῖς μὲν, καὶ ἐν οἷς δὲ Σολομών φησι· (1) "τί τὸ γεγονός; αὐτὸ τὸ γενησόμενον. καὶ τί τὸ πεποιημένον; αὐτὸ τὸ ποιηθησόμενον," καὶ τὰ ἑξῆς· οὐ τοῦ παρόντος ἐστὶ καιροῦ λέγειν. ἀρκεῖ γὰρ μόνον ἐπισημειώσασθαι, ὅτι ἀρχαιότατοι ἄνδρες γενόμενοι Μωϋσῆς καί τινες τῶν προφητῶν, οὐ παρ' ἑτέρων εἰλήφασι τὰ περὶ τῆς τοῦ κόσμου ἐκπυρώσεως· ἀλλ', (εἰ χρὴ ἐπιστήσαντα τοῖς χρόνοις εἰπεῖν,) μᾶλλον τούτων ἕτεροι παρακούσαντες, καὶ μὴ ἀκριβώσαντες τὰ ὑπὸ τούτων λεγόμενα, ἀνέπλασαν κατὰ περιόδους ταυτό- (2) τητας, καὶ ἀπαραλλάκτους τοῖς ἰδίοις ποιοῖς καὶ τοῖς συμβεβηκόσιν αὐτοῖς. ἡμεῖς δὲ οὔτε τὸν κατακλυσμὸν, οὔτε τὴν ἐκπύρωσιν κύκλοις καὶ ἀστέρων περιόδοις ἀνατίθεμεν· ἀλλὰ (3) τὴν τούτων αἰτίαν φαμὲν εἶναι κακίαν ἐπὶ πλεῖον χεομένην, καὶ καθαιρομένην κατακλυσμῷ, ἢ ἐκπυρώσει. Θεὸν δὲ καταβαίνοντα ἐὰν λέγωσιν αἱ προφητικαὶ φωναὶ τὸν φήσαντα· (4) "οὐχὶ τὸν οὐρανὸν καὶ τὴν γῆν ἐγὼ πληρῶ, λέγει Κύριος;" τροπολογοῦμεν. καταβαίνει γὰρ ὁ Θεὸς ἀπὸ τοῦ ἰδίου μεγέθους καὶ ὕψους, ὅτε τὰ τῶν ἀνθρώπων καὶ μάλιστα τῶν

(1) Ecclesiastes. i. 9.
(2) Legendum videtur: ταυτότητας ἀπαραλλάκτους τοῖς ἰδίοις ποιοῖς καὶ τοῖς αὐτοῖς συμβεβηκόσιν." R.
(3) Vide Orig. homil. xxiv. in Luc., homil. vi. in Exodum, homil. iii. in Psalm. xxxvi. Vide eundem in homil. viii. in Exod., homil. viii. in Levitic., homil. xxv. et xxvii. in Num., homil. xii. in Jeremiam, et Lib. viii. Explanat. in Epist. ad Romanos. Vide et Lib. iv., num. 64, contra Celsum; Lib. v., num. 14, 15, 16, 17, et Lib. vi., num. 25, 70, 71. Vide sis etiam Clem. Alex. Strom. iv. p. 536, v., p. 549. R.
(4) Jerem. xxiii. 24.

φαύλων οἰκονομεῖ. καὶ ὥσπερ ἡ συνήθεια συγκαταβαίνειν φησὶ τοῖς νηπίοις τοὺς διδασκάλους, καὶ τοῖς ἄρτι προτραπεῖσιν ἐπὶ φιλοσοφίαν νέοις τοὺς σοφοὺς, ἢ τοὺς προκόπτοντας, οὐ τῷ σωματικῶς αὐτοὺς καταβαίνειν· οὕτως εἴ που (1) λέγεται ἐν ταῖς θείαις γραφαῖς καταβαίνειν· ὁ Θεὸς, ἀνάλογον νοεῖται τῇ οὑτωσὶ χρωμένῃ τῷ ὀνόματι συνηθείᾳ, οὕτω δὲ καὶ ἀναβαίνειν. (2)

13. Ἐπεὶ δὲ χλευάζων ὁ Κέλσος φησὶν ἡμᾶς λέγειν "τὸν θεὸν δίκην βασανιστοῦ πῦρ φέροντα καταβαίνειν," καὶ ἀναγκάζει ἡμᾶς οὐ κατὰ καιρὸν βαθυτέρους ἐξετάζειν λόγους· ὀλίγα εἰπόντες, ὅσον γεῦσαι τοὺς ἀκροατὰς ἀπολογίας καθαιρούσης τὴν καθ' ἡμῶν τοῦ Κέλσου χλεύην, ἐπὶ τὰ ἑξῆς τραπησόμεθα. φησὶ δὴ ὁ θεῖος λόγος τὸν Θεὸν ἡμῶν εἶναι πῦρ καταναλίσκον· καὶ ποταμοὺς πυρὸς ἕλκειν (3)(4) ἔμπροσθεν αὐτοῦ· ἀλλὰ καὶ αὐτὸν εἰσπορεύεσθαι ὡς πῦρ (5) χωνευτηρίου, καὶ ὡς πόαν πλυνόντων, ἵνα χωνεύσῃ τὸν ἑαυτοῦ λαόν. ἐπὰν οὖν λέγηται πῦρ εἶναι καταναλίσκον, ζητοῦμεν, τίνα πρέπει ὑπὸ θεοῦ καταναλίσκεσθαι; καὶ φαμεν, ὅτι τὴν κακίαν, καὶ τὰ ἀπ' αὐτῆς πραττόμενα, καὶ τροπικῶς λεγόμενα ξύλα εἶναι, καὶ χόρτον, καὶ καλάμην, καταναλίσκει ὁ Θεὸς ὡς πῦρ. ἐποικοδομεῖν γοῦν ὁ φαῦλος λέγεται τῷ προϋποβεβλημένῳ λογικῷ θεμελίῳ ξύλα, καὶ χόρτον καὶ καλάμην. εἰ μὲν οὖν ἔχει δεῖξαι ἄλλως νενοῆσθαι ταῦτα τῷ ἀναγράψαντι, καὶ σωματικῶς δύναταί τις παραστῆσαι ἐποικοδομοῦντα τὸν φαῦλον ξύλα, ἢ χόρτον, ἢ καλάμην· δῆλον, ὅτι καὶ τὸ πῦρ ὑλικὸν καὶ αἰσθητὸν νοηθήσεται. εἰ δ' ἄντικρυς τροπολογεῖται τὰ τοῦ φαύλου ἔργα, λεγόμενα εἶναι ξύλα, ἢ χόρτος, ἢ καλάμη· (6) πῶς οὐκ αὐτόθεν προσπίπτει ποδαπὸν πῦρ παραλαμβάνεται, ἵνα τὰ τοιαῦτα ξύλα ἀναλωθῇ; ἑκάστου γάρ φησι "τὸ (7) ἔργον ὁποῖόν ἐστι, τὸ πῦρ δοκιμάσει· εἴ τινος τὸ ἔργον

(1) Genes. xi. 5, 7, xviii. 21, coll. Exod. iii. 8, xix. 20. L.
(2) Genes. xvii. 22, coll. Psalm. xlvii. 5 (xlvi.). L.
(3) Deut. iv. 24, coll. ix. 3.
(4) Dan. vii. 10.
(5) Malach. iii. 2. (6) 1 Cor. iii. 12.
(7) 1 Cor. iii. 13, 14, 15.

μενεῖ, ὃ ἐπῳκοδόμησε, μισθὸν λήψεται· εἴ τινος τὸ ἔργον κατακαήσεται, ζημιωθήσεται." ἔργον δὲ κατακαιόμενον ποῖον ἂν ἐν τούτοις λέγοιτο, ἢ πᾶν τὸ ἀπὸ κακίας πραττόμενον; οὐκοῦν ὁ θεὸς ἡμῶν πῦρ καταναλίσκον ἐστὶ, ὡς ἀποδεδώκαμεν· καὶ οὕτως εἰσπορεύεται, ὡς πῦρ χωνευτηρίου, χωνεύσων τὴν λογικὴν φύσιν, πεπληρωμένην τοῦ ἀπὸ τῆς κακίας μολύβδου, καὶ τῶν ἄλλων ἀκαθάρτων ὑλῶν, τὴν τοῦ χρυσοῦ, (ἵν᾽ οὕτως ὀνομάσω,) φύσιν τῆς ψυχῆς, ἢ τὴν ἀργύρου, δολωσάντων. οὕτω δὲ καὶ ποταμοὶ πυρὸς λέγονται ἔμπροσθεν εἶναι τοῦ Θεοῦ, τοῦ ἐξαφανιοῦντος τὴν δι᾽ ὅλης τῆς ψυχῆς ἀνακεκρα- μένην κακίαν. ἀλλὰ γὰρ ἀρκεῖ ταῦτα πρὸς τό· "ταῦτ᾽ αὐτοὺς ἐποίησεν ἐσφαλμένῃ δόξῃ λέγειν, ὅτι ὁ θεὸς καταβήσεται δίκην βασανιστοῦ πῦρ φέρων."

14. Ἴδωμεν δὲ καὶ ἅπερ ἑξῆς φησιν ὁ Κέλσος μετὰ μεγάλης ἀπαγγελίας, τοῦτον τὸν τρόπον· "ἔτι δὲ," φησὶν, "ἄνωθεν πλείοσιν ἀποδείξεσιν ἀναλάβωμεν τὸν λόγον. λέγω δὲ οὐδὲν καινὸν, ἀλλὰ πάλαι δεδογμένα. ὁ θεὸς ἀγαθός ἐστι, καὶ καλὸς, καὶ εὐδαίμων, καὶ ἐν τῷ καλλίστῳ καὶ ἀρίστῳ· εἰ δὴ ἐς ἀνθρώπους κάτεισι, μεταβολῆς αὐτῷ δεῖ· μεταβολῆς δὲ ἐξ ἀγαθοῦ εἰς κακὸν, καὶ ἐκ καλοῦ εἰς αἰσχρὸν, καὶ ἐξ εὐδαιμονίας εἰς κακοδαιμονίαν, καὶ ἐκ τοῦ ἀρίστου εἰς τὸ πονηρότατον. τίς ἂν οὖν ἕλοιτο τοιαύτην μεταβολήν; καὶ μὲν δὴ τῷ θνητῷ μὲν ἀλλάττεσθαι καὶ μεταπλάττεσθαι, φύσις· τῷ δ᾽ ἀθανάτῳ, κατὰ τὰ αὐτὰ καὶ ὡσαύτως ἔχειν. οὐκ ἂν οὖν οὐδὲ ταύτην τὴν μεταβολὴν θεὸς δέχοιτο." δοκεῖ δή μοι πρὸς ταῦτα λέγεσθαι τὰ δέοντα, διηγησαμένῳ τὴν ἐν ταῖς γραφαῖς λεγομένην κατάβασιν Θεοῦ πρὸς τὰ ἀνθρώπινα· εἰς ἣν οὐ μεταβολῆς αὐτῷ δεῖ, ὡς Κέλσος ἡμᾶς οἴεται λέγειν, οὔτε τροπῆς τῆς ἐξ ἀγαθοῦ εἰς κακὸν, ἢ ἐκ καλοῦ εἰς αἰσχρὸν, ἢ ἐξ εὐδαιμονίας εἰς κακοδαιμονίαν, ἢ ἐκ τοῦ ἀρίστου εἰς τὸ πονηρότατον· μένων γὰρ τῇ οὐσίᾳ ἄτρεπτος, συγκαταβαίνει τῇ προνοίᾳ καὶ τῇ οἰκονομίᾳ τοῖς ἀνθρωπίνοις πράγμασιν. ἡμεῖς μὲν οὖν καὶ τὰ θεῖα γράμματα παρίσταμεν ἄτρεπτον
(1) λέγοντα τὸν Θεὸν, ἔν τε τῷ· "σὺ δὲ ὁ αὐτὸς εἶ·" καὶ ἐν τῷ·

(1) Psalm. cii. 27 (ci.).

"οὐκ ἠλλοίωμαι." οἱ δὲ τοῦ Ἐπικούρου θεοὶ, σύνθετοι ἐξ (1)(2) ἀτόμων τυγχάνοντες, καὶ τὸ ὅσον ἐπὶ τῇ συστάσει ἀνάλυτοι, πραγματεύονται τὰς φθοροποιοὺς ἀτόμους ἀποσείεσθαι. ἀλλὰ (3) καὶ ὁ τῶν Στωϊκῶν θεὸς, ἅτε σῶμα τυγχάνων, ὁτὲ μὲν ἡγεμονικὸν ἔχει τὴν ὅλην οὐσίαν, ὅταν ἡ ἐκπύρωσις ᾖ· ὁτὲ δὲ ἐπὶ μέρους γίνεται αὐτῆς (4), ὅταν ᾖ διακόσμησις. οὐδὲ γὰρ δεδύνην- (4) ται οὗτοι τρανῶσαι τὴν φυσικὴν τοῦ Θεοῦ ἔννοιαν, ὡς πάντη ἀφθάρτου, καὶ ἁπλοῦ, καὶ ἀσυνθέτου, καὶ ἀδιαιρέτου.

15. Τὸ δὲ καταβεβηκὸς εἰς ἀνθρώπους, ἐν μορφῇ Θεοῦ (5) ὑπῆρχε· καὶ διὰ φιλανθρωπίαν ἑαυτὸν ἐκένωσεν, ἵνα χωρηθῆναι ὑπ' ἀνθρώπων δυνηθῇ. οὐ δήπου δ' ἐξ ἀγαθοῦ εἰς κακὸν γέγονεν αὐτῷ μεταβολή· "ἁμαρτίαν γὰρ οὐκ ἐποίη-(6) σεν·" οὐδ' ἐκ καλοῦ εἰς αἰσχρόν· "οὐ γὰρ ἔγνω ἁμαρτίαν·" (7) οὐδὲ ἐξ εὐδαιμονίας ἦλθεν εἰς κακοδαιμονίαν· ἀλλ' ἑαυτὸν μὲν ἐταπείνωσεν, οὐδὲν δ' ἧττον μακάριος ἦν, καὶ ὅτε συμφερόντως τῷ γένει ἡμῶν ἑαυτὸν ἐταπείνου. ἀλλ' οὐδὲ μεταβολή τις αὐτῷ γέγονεν ἐκ τοῦ ἀρίστου εἰς τὸ πονηρότατον· ποῦ γὰρ

---

(1) Malach. iii. 6.
(2) Velleius apud Ciceron. Lib. I. de Nat. Deorum. Sp.
(3) Plutarch. Lib. I. Cap. VI. de Placitis philosophorum, vid. ad Lib. I. num. 21, Lib. III. num. 74, et Lib. IV. num. 68. Spenc. Totus hic locus sic corrigendus videtur Guieto: Ἀλλὰ καὶ ὁ τῶν Στωϊκῶν θεὸς, ἅτε σῶμα τυγχάνων, ὁτὲ μὲν ἡγεμονικὴν ἔχει τὴν ὅλην οὐσίαν, ὅταν ἡ ἐκπύρωσις ᾖ· ὁτὲ δὲ ἐπιμερὴς γίνεται αὐτὸς, ὅταν ᾖ διακόσμησις. ἐπιμερής, id est: superparticularis. Hesychius: ἐπιμερὴς ἀριθμὸς οὕτω λέγεται, ὅταν ὁ μείζων τοῦ ἐλάττονος ὑπερέχῃ μέρει τινί. Deus Stoicorum est corpus, idque animal materia et forma constans, id est, mundus. Forma, seu anima mundi est ignis; materia praeter ignem omnia corpora. Ἐκπύρωσις, id est, exustio, fit cum ignis, qui per totum mundi corpus tanquam anima diffusus est, in se ipsum contrahitur, et sic valentior effectus reliqua corpora exurit et purgat. Διακόσμησις fit cum rursus ignis in corpora illa exustione repurgata diffunditur, et mundus renovatur. Deus autem, id est, ignis totam substantiam ἡγεμονικήν, id est, principalem habere dicitur, cum in se coactus est; ἐπιμερὴς vero, cum toto mundi corpore confusus est, et praeter propriam substantiam igneam, reliquorum corporum substantiam assumsit, cujus ratione ipse sibi τῷ ἡγεμονικῷ comparatus hoc nomen adeptus est, ducta a numeris metaphora. R.
(4) Boherellus, "Lego: αὖθις."
(5) Philipp. ii. 6, 7.
(6) 1 Pet. ii. 22.
(7) 2 Cor. v. 21.

(1) πονηρότατον το χρηστον και φιλάνθρωπον ; ἢ ώρα λέγειν, και τον ιατρον ορώντα δεινα, και θιγγάνοντα αηδών, ίνα τους κάμνοντας ιάσηται, εξ αγαθοῦ εις κακον, ἢ εκ καλοῦ εις αισχρον, ἢ εξ ευδαιμονίας εις κακοδαιμονίαν έρχεσθαι ; καίτοι γε ο ιατρος ορων τα δεινα, και θιγγάνων των αηδων, ου πάντως εκφεύγει το τοις αυτοις δύνασθαι περιπεσειν. ο δε τραύματα των ψυχων ημων θεραπεύων δια του εν αυτω λόγου Θεοῦ, αυτος πάσης κακίας απαράδεκτος ην. ει δε και σωμα θνητον και ψυχην ανθρωπίνην αναλαβων ο αθάνατος Θεος λόγος, δοκει τω Κέλσω αλλάττεσθαι και μεταπλάττεσθαι· 10 μανθανέτω, ότι ο λόγος τη ουσία μένων. λόγος, ουδεν μεν πάσχει ών πάσχει το σωμα, ἢ η ψυχή· συγκαταβαίνων δ' έσθ' ότε τω μη δυναμένω αυτου τας μαρμαρυγας και την λαμπρότητα της θειότητος βλέπειν, οιονει σαρξ γίνεται, σωματικως λαλούμενος, έως ο τοιουτον αυτον παραδεξάμενος, κατα βραχυ υπο του λόγου μετεωριζόμενος, δυνηθη αυτου και την, (ιν' ούτως ονομάσω,) προηγουμένην μορφην θεάσασθαι.

(2) 16. Εισι γαρ διάφοροι οιονει του λόγου μορφαι, καθως εκάστω των εις επιστήμην αγομένων φαίνεται ο λόγος, 20 ανάλογον τη έξει του εισαγομένου, ἢ επ' ολίγον προκόπτοντος, ἢ επι πλειον, ἢ και εγγυς ήδη γινομένου της αρετης, ἢ και εν αρετη γεγενημένου. όθεν ουχ, ως ο Κέλσος και οι (3) παραπλήσιοι αυτω βούλονται, μετεμορφώθη ο Θεος ημων, και εις το υψηλον όρος αναβας άλλην έδειξε την εαυτου μορφην, και πολλω κρείττονα ης οι κάτω μένοντες, και μη δυνάμενοι αυτω εις ύψος ακολουθειν, εθεώρουν. ου γαρ είχον οι κάτω οφθαλμους δυναμένους βλέπειν την του λόγου επι το ένδοξον και θειότερον μεταμόρφωσιν· αλλα μόγις αυτον εδύναντο χωρησαι τοιουτον, ώστε λέγεσθαι αν περι αυτου υπο των μη 30 (4) δυναμένων το κρειττον αυτου βλέπειν το· "είδομεν αυτον,

---

(1) Spencer. in textu: ὅρα, ad marg. vero: ώρα.—Boherell. in notis: "Bene ad oram: ώρα." Vide Lib. I. num. 64. L.
(2) Vid. Lib. II. num. 64.
(3) Matth. xvii. 2.   (4) Jesai. liii. 2, 3.

καὶ οὐκ εἶχεν εἶδος, οὐδὲ κάλλος· ἀλλὰ τὸ εἶδος αὐτοῦ ἄτιμον, ἐκλεῖπον παρὰ τοὺς υἱοὺς τῶν ἀνθρώπων." καὶ ταῦτα δὲ πρὸς τὴν Κέλσου ὑπόληψιν, μὴ νοήσαντος τὰς ὡς ἐν ἱστορίαις λεγομένας μεταβολὰς ἢ μεταμορφώσεις τοῦ Ἰησοῦ, καὶ τὸ θνητὸν ἢ ἀθάνατον αὐτοῦ, λελέχθω.

17. Ἆρα δὲ οὐ πολλῷ ταῦτα, καὶ μάλιστα ὅτε ὃν δεῖ τρόπον νοεῖται, σεμνότερα φανεῖται Διονύσου ὑπὸ τῶν Τιτάνων ἀπατωμένου, καὶ ἐκπίπτοντος ἀπὸ τοῦ Διὸς θρόνου, καὶ σπαρασσομένου ὑπ' αὐτῶν, καὶ μετὰ ταῦτα πάλιν συντιθεμένου, καὶ οἱονεὶ ἀναβιώσκοντος, καὶ ἀναβαίνοντος εἰς οὐρανόν; ἢ Ἕλλησι μὲν ἔξεστι τὰ τοιαῦτα εἰς τὸν περὶ ψυχῆς ἀνάγειν λόγον, καὶ τροπολογεῖν· ἡμῖν δ' ἀποκέκλεισται θύρα ἀκολούθου διηγήσεως, καὶ πανταχοῦ συνᾳδούσης καὶ συμφωνούσης ταῖς ἀπὸ τοῦ θείου πνεύματος γραφαῖς, γενομένου ἐν καθαραῖς ψυχαῖς; οὐδαμῶς οὖν ὁ Κέλσος οἶδε τὸ βούλημα τῶν ἡμετέρων γραμμάτων, διόπερ τὴν ἑαυτοῦ ἐκδοχὴν, καὶ οὐχὶ τὴν τῶν γραφῶν διαβάλλει. εἰ δὲ ἦν ἐννοήσας, τί ἀκολουθεῖ ψυχῇ ἐν αἰωνίῳ ἐσομένῃ ζωῇ, καὶ τί χρὴ φρονεῖν περὶ τῆς οὐσίας αὐτῆς, καὶ περὶ τῶν ἀρχῶν αὐτῆς· οὐκ ἂν οὕτω διέσυρε τὸν ἀθάνατον εἰς θνητὸν ἐρχόμενον σῶμα· οὐ κατὰ τὴν Πλάτωνος μετενσωματώσιν, ἀλλὰ κατ' ἄλλην τινὰ (1) ὑψηλοτέραν θεωρίαν. εἶδε δ' ἂν καὶ μίαν ἐξαίρετον ἀπὸ πολλῆς φιλανθρωπίας κατάβασιν, ὑπὲρ τοῦ ἐπιστρέψαι τὰ, (2) (ὡς ἡ θεία ὠνόμασε μυστικῶς γραφὴ,) ἀπολωλότα "πρόβατα (3) οἴκου Ἰσραὴλ," καὶ καταβάντα ἀπὸ τῶν ὀρῶν, πρὸς ἃ ὁ ποιμὴν ἔν τισι παραβολαῖς καταβεβηκέναι λέγεται, καταλι- (4) πὼν ἐν τοῖς ὄρεσι τὰ μὴ ἐσφαλμένα.

18. Προσδιατρίβων δὲ ὁ Κέλσος οἷς οὐ νενόηκεν, αἴτιος ἡμῖν γίνεται ταυτολογίας, οὐ βουλομένοις κἂν τῷ δοκεῖν ἀβασάνιστον τῶν ὑπ' αὐτοῦ λελεγμένων τι καταλελοιπέναι. φησὶν οὖν ἐξῆς, ὅτι "ἤτοι ὡς ἀληθῶς μεταβάλλει ὁ θεὸς,

---

(1) Vid. ad Lib. I. num. 32, et Lib. V. num. 20. R.
(2) Sic libri impressi. At Codd. Regius, Basileensis, duo Vaticani, et Anglicanus primus: καταβαίνουσαν. R.
(3) Matth. xv. 24. (4) Luc. xv. 4.

ὥσπερ οὗτοί φασιν, εἰς σῶμα θνητὸν, καὶ προείρηται τὸ ἀδύνατον· ἢ αὐτὸς μὲν οὐ μεταβάλλει, ποιεῖ δὲ τοὺς ὁρῶντας δοκεῖν, καὶ πλανᾷ, καὶ ψεύδεται. ἀπάτη δὲ καὶ ψεῦδος ἄλλως μὲν κακὰ, μόνως δ᾽ ἂν ὡς ἐν φαρμάκου μοίρᾳ χρῷτό τις, ἤτοι πρὸς φίλους νοσοῦντας καὶ μεμηνότας, ἰώμενος· ἢ πρὸς ἐχθροὺς, κίνδυνον ἐκφυγεῖν προμηθούμενος. οὔτε δὲ νοσῶν ἢ μεμηνὼς οὐδεὶς θεῷ φίλος· οὔτε φοβεῖταί τινα ὁ θεὸς, ἵνα πλανήσας κίνδυνον διαφύγῃ." καὶ πρὸς τοῦτο λέγοιτ᾽ ἂν, πῇ μὲν περὶ τῆς τοῦ θείου λόγου φύσεως, ὄντος θεοῦ, πῇ δὲ περὶ τῆς Ἰησοῦ ψυχῆς. περὶ μὲν οὖν τῆς τοῦ λόγου φύσεως, ὅτι ὥσπερ ἡ τῶν τροφῶν ποιότης πρὸς τὴν τοῦ νηπίου φύσιν εἰς γάλα μεταβάλλει ἐν τῇ τρεφούσῃ, ἢ ὑπὸ τοῦ ἰατροῦ κατασκευάζεται πρὸς τὸ τῆς ὑγείας χρειῶδες τῷ (1) κάμνοντι, ἢ τῷ ἰσχυροτέρῳ ὡς δυνατωτέρῳ οὑτωσὶ εὐτρεπί- (2) ζεται· οὕτω τὴν τοῦ πεφυκότος τρέφειν ἀνθρωπίνην ψυχὴν λόγου δύναμιν ὁ Θεὸς τοῖς ἀνθρώποις ἑκάστῳ κατ᾽ ἀξίαν με- (3) ταβάλλει. καί τινι μὲν, ὡς ὠνόμασεν ἡ γραφὴ, "λογικὸν ἄδολον γάλα" γίνεται, τινὶ δὲ ὡς ἀσθενεστέρῳ οἱονεὶ "λάχα- (4) νον," τινὶ δὲ τελείῳ "στερεὰ τροφὴ" παραδίδοται. καὶ οὐ δήπου (5) ψεύδεται τὴν ἑαυτοῦ φύσιν ὁ λόγος, ἑκάστῳ τρόφιμος γινό- μενος, ὡς χωρεῖ αὐτὸν παραδέξασθαι· καὶ οὐ πλανᾷ, οὐδὲ ψεύδεται. εἰ δ᾽ ἐπὶ τῆς Ἰησοῦ ψυχῆς λαμβάνει τις τὴν μεταβολὴν, αὐτῆς εἰς σῶμα ἐλθούσης· πευσόμεθα, πῶς λέγει μεταβολήν; εἰ μὲν γὰρ τῆς οὐσίας, οὐ δίδοται, οὐ μόνον ἐπ᾽ ἐκείνης, ἀλλ᾽ οὐδὲ περὶ ἄλλου λογικῆς ψυχῆς. εἰ δ᾽ ὅτι πάσχει τι ὑπὸ τοῦ σώματος ἀνακεκραμένη αὐτῷ, καὶ ἀπὸ τοῦ τόπου εἰς ὃν ἐλήλυθε· καὶ τί ἄτοπον ἀπαντᾷ τῷ λόγῳ, ἀπὸ πολλῆς φιλανθρωπίας καταβιβάζοντι σωτῆρα τῷ γένει τῶν

---

(1) Edd. Spenc. in textu: οὕτως εὐτρεπίζεται, ad marg. vero: οὑτωσί. Ed. Ruaei in textu: οὑτωσὶ εὐτρεπίζεται, in notis vero, Boherello praeeunte: "Mallem abesset: οὑτωσὶ vel οὕτως, ut etiam abesse potest, propter τὸ οὕτω modo sequens." L. Nihil mutandum. W. S.
(2) Verbum: τρέφειν, in libris antea excusis omissum restituit Cod. Jolianus. R.
(3) 1 Petr. ii. 2.
(4) Rom. xiv. 2.
(5) Hebr. v. 14.

ἀνθρώπων· ἐπεὶ μηδεὶς τῶν πρότερον θεραπεύειν ἐπαγγειλαμένων τοσοῦτον ἐδύνατο, ὅσον αὐτὴ ἐπεδείξατο δι' ὧν πεποίηκε, καὶ ἑκουσίως εἰς τὰς ἀνθρωπίνας κῆρας ὑπὲρ τοῦ γένους ἡμῶν καταβᾶσα. ταῦτα δ' ἐπιστάμενος ὁ θεῖος λόγος, πολλὰ πολλαχοῦ λέγει τῶν γραφῶν· ἀρκεῖ δ' ἐπὶ τοῦ παρόντος μίαν παραθέσθαι Παύλου λέξιν οὕτως ἔχουσαν· "τοῦτο φρονείσθω ἐν ὑμῖν, ὃ καὶ ἐν Χριστῷ Ἰησοῦ, ὃς ἐν (1) μορφῇ Θεοῦ ὑπάρχων, οὐχ ἁρπαγμὸν ἡγήσατο τὸ εἶναι ἶσα Θεῷ, ἀλλ' ἑαυτὸν ἐκένωσε μορφὴν δούλου λαβών, ἐν ὁμοιώματι ἀνθρώπου γενόμενος· καὶ σχήματι εὑρεθεὶς ὡς ἄνθρωπος ἐταπείνωσεν ἑαυτὸν γενόμενος ὑπήκοος μέχρι θανάτου, θανάτου δὲ σταυροῦ. διὸ καὶ ὁ Θεὸς αὐτὸν ὑπερύψωσε, καὶ ἐχαρίσατο αὐτῷ ὄνομα, τὸ ὑπὲρ πᾶν ὄνομα."

19. Ἄλλοι μὲν οὖν διδότωσαν τῷ Κέλσῳ, ὅτι οὐ μεταβάλλει μέν, ποιεῖ δὲ τοὺς ὁρῶντας δοκεῖν μεταβεβληκέναι· ἡμεῖς δὲ πειθόμενοι οὐ δόκησιν, ἀλλ' ἀλήθειαν εἶναι καὶ ἐνάργειαν, κατὰ τὴν Ἰησοῦ ἐν ἀνθρώποις ἐπιδημίαν, οὐχ ὑποκείμεθα τῇ Κέλσου κατηγορίᾳ. ὅμως δ' ἀπολογησόμεθα, ὅτι οὐ(2) φῄς, ὦ Κέλσε, ὡς ἐν φαρμάκου μοίρᾳ ποτὲ δίδοται (2) χρῆσθαι τῷ πλανᾶν καὶ τῷ ψεύδεσθαι; τί οὖν ἄτοπον, εἰ τοιοῦτόν τι ἔμελλε σώζειν, τοιοῦτόν τι γεγονέναι; καὶ γὰρ τινες τῶν λόγων τὰ τοιάδε ἤθη κατὰ τὸ ψεῦδος μᾶλλον λεγόμενοι ἐπιστρέφουσιν, ὥσπερ καὶ τῶν ἰατρῶν ποτὲ λόγοι τοιοίδε πρὸς τοὺς κάμνοντας, ἤπερ κατὰ τὸ ἀληθές. ἀλλὰ ταῦτα μὲν περὶ ἑτέρων ἀπολελογήσθω ἡμῖν. καὶ γὰρ οὐκ ἄτοπόν ἐστι, τὸν ἰώμενον φίλους νοσοῦντας ἰάσασθαι τὸ φίλον τῶν ἀνθρώπων γένος τοῖς τοιοῖσδε, οἷς οὐκ ἄν τις χρήσαιτο προηγουμένως, ἀλλ' ἐκ περιστάσεως. καὶ μεμηνὸς δὲ τὸ γένος τῶν ἀνθρώπων ἔδει θεραπευθῆναι διὰ μεθόδων, ὧν ἑώρα ὁ λόγος χρησίμων τοῖς μεμηνόσιν, ἵνα σωφρονήσωσι. φησὶ δ', ὅτι "καὶ τὰ τοιάδε τις ποιεῖ πρὸς ἐχθρούς, κίνδυνον ἐκφυγεῖν προμηθούμενος. οὐ φοβεῖται δέ τινας ὁ θεός, ἵνα πλανήσας τοὺς ἐπιβουλεύοντας κίνδυνον διαφύγῃ." πάντη δὲ

(1) Philipp. ii. 5—9.
(2) σύ Ashton.

περισσὸν καὶ ἄλογον ἀπολογήσασθαι πρὸς τὸ ὑπ' οὐδενὸς περὶ τοῦ σωτῆρος ἡμῶν λεγόμενον. προείρηται δ' εἰς τὴν περὶ ἑτέρων ἡμῖν ἀπολογίαν πρὸς τό· " οὔτε δὲ νοσῶν ἢ μεμηνὼς οὐδεὶς φίλος τῷ θεῷ." ὁ γὰρ ἀπολογησάμενός φησιν οὐχ ὑπὲρ τῶν ἤδη φίλων νοσούντων ἢ μεμηνότων τὴν τοιάνδε οἰκονομίαν γίνεσθαι, ἀλλ' ὑπὲρ τῶν διὰ νόσον τῆς ψυχῆς καὶ ἔκστασιν τοῦ κατὰ φύσιν λογισμοῦ ἔτι ἐχθρῶν· ἵνα γένωνται φίλοι τῷ Θεῷ. καὶ γὰρ σαφῶς ὑπὲρ ἁμαρτωλῶν λέγεται πάντα ἀναδεδέχθαι ὁ Ἰησοῦς, ἵν' αὐτοὺς ἀπαλλάξῃ τῆς ἁμαρτίας, καὶ ποιήσῃ δικαίους.

20. Εἶτ' ἐπεὶ προσωποποιεῖ ἰδίᾳ μὲν Ἰουδαίους αἰτιολογοῦντας τὴν κατ' αὐτοὺς μέλλουσαν Χριστοῦ ἐπιδημίαν· ἰδίᾳ δὲ Χριστιανοὺς λέγοντας περὶ τῆς ἤδη γεγενημένης ἐπιδημίας εἰς τὸν βίον τῶν ἀνθρώπων τοῦ υἱοῦ τοῦ Θεοῦ· φέρε, καὶ ταῦτα, ὡς οἷόν τέ ἐστι, διὰ βραχέων κατανοήσωμεν. Ἰουδαῖοι δὴ παρ' αὐτῷ λέγουσι, πληρωθέντα "τὸν βίον πάσης κακίας δεῖσθαί του καταπεμπομένου ἀπὸ θεοῦ· ἵν' οἱ μὲν ἄδικοι (1) κολασθῶσι, τὰ δὲ πάντα καθαρθῇ, ἀνάλογον τῷ πρώτῳ συμβάντι κατακλυσμῷ." ἐπεὶ δὲ λέγονται καὶ Χριστιανοὶ τούτοις προστιθέναι ἕτερα, δῆλον, ὅτι καὶ τούτοις φησὶ ταῦτα λέγεσθαι. καὶ τί ἄτοπον, ἐπὶ τῇ χύσει τῆς κακίας ἐπιδημήσειν τὸν ἀποκαθαροῦντα τὸν κόσμον, καὶ ἑκάστῳ κατ' ἀξίαν χρησόμενον; οὐ γὰρ κατὰ τὸν Θεόν ἐστι, μὴ στῆψαι τὴν τῆς κακίας νομὴν, καὶ ἀνακαινῶσαι τὰ πράγματα. ἴσασι δὲ καὶ Ἕλληνες κατακλυσμῷ ἢ πυρὶ τὴν γῆν κατὰ περιόδους καθαιρομένην, ὡς καὶ (2) Πλάτων που οὕτω λέγει· "ὅταν δ' οἱ θεοὶ τὴν γῆν ὕδασι καθαίροντες κατακλύζωσιν· οἱ μὲν ἐν τοῖς ὄρεσι," καὶ τὰ ἑξῆς. λεκτέον οὖν, ὅτι ἆρ' ἐὰν μὲν ἐκεῖνοι ταῦτα φάσκωσι,
(3) σεμνά ἐστι καὶ λόγου ἄξια τὰ ἐπαγγελλόμενα; ἐὰν δὲ ἡμεῖς τάδε τινὰ ὑπὸ Ἑλλήνων ἐπαινούμενα καὶ αὐτοὶ κατασκευάζωμεν, οὐκέτι καλά ἐστι ταῦτα δόγματα; καίτοι γε οἷς μέλει τῆς πάντων τῶν γεγραμμένων διαρθρώσεως καὶ ἀκρι-

(1) Duo Codd. Vaticani: τῷ πρῶτον συμβάντι. R.
(2) Vide Platonem in Timaeo, p. 22, et Lib. III. de legibus, p. 676. R.
(3) Boherell. Malim: ἀπαγγελλόμενα.

βείας, πειράσονται δεικνύναι ού μόνον την αρχαιότητα των ταύτα γραψάντων, αλλά και την σεμνότητα των λελεγμένων, και το ακόλουθον αυτοίς.

21. Ούκ οίδα δ' όπως παραπλησίως τω κατακλυσμω καθήραντι την γην, ως ο Ιουδαίων και Χριστιανών βούλεται λόγος, οίεται και την του πύργου κατάρριψιν γεγονέναι. ίνα γαρ μηδέν αινίσσηται ή κατά τον πύργον ιστορία κειμένη εν τη Γενέσει, αλλ', ως οίεται Κέλσος, σαφής τυγχάνη· ουδ' (1) ούτω φαίνεται επί καθαρσίω της γης τούτο συμβεβηκέναι· 10 εί μη άρα καθάρσιον της γης οίεται την καλουμένην των γλωσσών σύγχυσιν· περί ης ο δυνάμενος ευκαιρότερον διηγή- (2) σεται, επάν το προκείμενον ή παραστήσαι και τα της κατά τον τόπον ιστορίας τίνα έχοι λόγον, και τα της περι αυτού αναγωγής. επεί δ' οίεται Μωϋσέα, τον αναγράψαντα τα περί του πύργου και της των διαλέκτων συγχύσεως, παραφθείραντα τα περί των Αλωαδών ιστορούμενα, τοιαύτα περί (3) του πύργου αναγεγραφέναι· λεκτέον, ότι τα μεν περί των Αλωαδών ουκ οίμαι προ Ομήρου τινά ειρηκέναι· τα δε περί (4) του πύργου πολλώ πρεσβύτερα ου μόνον Ομήρου, αλλά και (5) 20 της των Ελληνικών γραμμάτων ευρέσεως όντα, τον Μωϋσέα αναγεγραφέναι πείθομαι. τίνες ούν μάλλον τά τινων παραφθείρουσιν; άρα τα περί του πύργου οι περί Αλωαδών ιστορούντες; ή τα των Αλωαδών ο τα περί του πύργου και της συγχύσεως των διαλέκτων γράψας; αλλά φαίνεται τοις αδεκάστοις ακροαταίς αρχαιότερος Μωϋσής ων Ομήρου, και τα περί Σοδόμων δε και Γομόρρων υπο Μωϋσέως ιστορούμενα εν τη Γενέσει, ως διά την αμαρτίαν πυρί εξαφανισθέν- (6)

(1) Genes. xi. 1, seqq.
(2) Genes. xi. 4.
(3) Codd. Regius et Basileensis (itemq. edd. Spene. in textu): 'Αλωαδών. Hoeschel. (itemq. edd. Spenc.) in margine: 'Αλωέως υιών. Duo Codd. Vaticani modo: 'Αλωνιών, modo: 'Αλωέων, modo: 'Αλωειδών. Vide Homer. Odyss. Lib. XI. vers. 305. R.
(4) Codd. Regius et Basileensis: περί των 'Αλωαδών. Hoeschel. in margine: περί των 'Αλωέως υιών. R.
(5) Boherell.: Lego: πρεσβύτερον, ut ad Mosen referatur.
(6) Genes. xix. 24.

των, παραβάλλει ὁ Κέλσος τῇ κατὰ τὸν Φαέθοντα ἱστορίᾳ· ἐνὶ σφάλματι, τῷ περὶ τοῦ μὴ τετηρηκέναι τὰ τῆς Μωϋσέως ἀρχαιότητος, ἀκολούθως πάντα ποιήσας. οἱ γὰρ τὰ περὶ Φαέθοντος ἱστοροῦντες ἐοίκασι καὶ Ὁμήρου νεώτεροι, τοῦ πολλῷ Μωϋσέως νεωτέρου. οὐκ ἀρνούμεθα οὖν τὸ καθάρσιον πῦρ, καὶ τὴν τοῦ κόσμου φθοράν, ἐπὶ καθαιρέσει τῆς κακίας, καὶ ἀνακαινώσει τοῦ παντός· λέγοντες παρὰ τῶν προφητῶν ἐκ τῶν ἱερῶν βιβλίων μεμαθηκέναι. ἐπὰν μέντοι, ὡς ἐν τοῖς ἀνωτέρω εἰρήκαμεν, πολλὰ περὶ μελλόντων οἱ προφῆται λέγοντες, ἀποδεικνύωνται περὶ πολλῶν παρεληλυθότων ἠληθευκέναι, καὶ δεῖγμα διδόναι τοῦ θείου πνεῦμα ἐν αὐτοῖς γεγονέναι· δῆλον, ὅτι καὶ περὶ τῶν μελλόντων πιστευτέον αὐτοῖς, μᾶλλον δὲ τῷ ἐν αὐτοῖς θείῳ πνεύματι.

22. Καὶ Χριστιανοὶ δὲ, κατὰ τὸν Κέλσον, προστιθέντες τινὰς λόγους τοῖς ὑπὸ Ἰουδαίων λεγομένοις, φασὶ, "διὰ τὰς τῶν Ἰουδαίων ἁμαρτίας ἤδη πεπέμφθαι τὸν υἱὸν τοῦ θεοῦ· καὶ ὅτι Ἰουδαῖοι κολάσαντες τὸν Ἰησοῦν, καὶ χολὴν ποτίσαντες, ἐπὶ σφᾶς αὐτοὺς ἐκ θεοῦ χόλον ἐπεσπάσαντο." ἐλεγχέτω δὴ τὸ λεγόμενον ὡς ψεῦδος ὁ βουλόμενος, εἰ μὴ ἀνάστατον τὸ πάντων Ἰουδαίων ἔθνος γεγένηται, οὐδὲ μετὰ γενεὰν ὅλην μίαν τοῦ ταῦτα πεπονθέναι ὑπ᾽ αὐτῶν τὸν (1) Ἰησοῦν. τεσσαράκοντα γὰρ ἔτη καὶ δύο, οἶμαι, ἀφ᾽ οὗ ἐσταύρωσαν τὸν Ἰησοῦν, γεγονέναι ἐπὶ τὴν Ἱεροσολύμων καθαίρεσιν. καὶ οὐδέ ποτέ γε ἱστόρηται, ἐξ οὗ Ἰουδαῖοί εἰσι, τοσοῦτον αὐτοὺς χρόνον ἐκβεβλῆσθαι τῆς σεμνῆς ἁγιστείας καὶ λατρείας, κρατηθέντας ὑπὸ δυνατωτέρων· ἀλλ᾽ εἰ καί ποτε ἔδοξαν δι᾽ ἁμαρτίας καταλείπεσθαι, οὐδὲν ἧττον ἐπεσκοπήθησαν, καὶ ἐπανελθόντες τὰ ἴδια ἀπειλήφασιν, ἀκωλύτως ποιοῦντες τὰ νενομισμένα. ἐν οὖν τῶν παριστάντων θεῖόν τι καὶ ἱερὸν χρῆμα γεγονέναι τὸν Ἰησοῦν ἐστι καὶ τό·

(1) Clemens Alexandr. Stromat. I. Οὕτω πληροῦνται τὰ τριάκοντα ἔτη, ἕως οὗ ἔπαθεν· ἀφ᾽ οὗ δὲ ἔπαθεν, ἕως τῆς καταστροφῆς Ἱερουσαλὴμ, γίνονται ἔτη τεσσαράκοντα δύο, μῆνες τρεῖς. Vid. Spenc. notam.

Ἰουδαίοις ἐπ' αὐτῷ τοσαῦτα καὶ τοιαῦτα πολλῷ ἤδη συμ-
βεβηκέναι χρόνῳ. θαρροῦντες δ' ἐροῦμεν, ὅτι οὐδ' ἀποκατα-
σταθήσονται⁽¹⁾. ἄγος γὰρ ἔπραξαν τὸ πάντων ἀνοσιώτατον, (1)
τῷ σωτῆρι τοῦ γένους τῶν ἀνθρώπων ἐπιβουλεύσαντες ἐν τῇ
πόλει, ἔνθα τὰ νενομισμένα σύμβολα μεγάλων μυστηρίων
ἐποίουν τῷ Θεῷ. ἐχρῆν οὖν ἐκείνην τὴν πόλιν, ὅπου ταῦτα
πέπονθεν Ἰησοῦς, ἄρδην ἀπωλωλέναι, καὶ τὸ Ἰουδαῖον ἔθνος
ἀνάστατον γεγονέναι, καὶ ἐπ' ἄλλους τὴν τοῦ Θεοῦ εἰς μακα-
ριότητα κλῆσιν μεταβεβηκέναι· τοὺς Χριστιανοὺς λέγω, ἐφ'
10 οὓς ἐλήλυθεν ἡ περὶ τῆς εἰλικρινοῦς καὶ καθαρᾶς θεοσεβείας
διδασκαλία, παραλαβόντας νόμους καινοὺς, καὶ ἁρμόζοντας
τῇ πανταχοῦ καθεστώσῃ πολιτείᾳ· ἐπεὶ μὴ οἱ πρότερον δο-
θέντες, ὡς ἑνὶ ἔθνει ὑπὸ οἰκείων καὶ ὁμοήθων βασιλευομένῳ,
οἷοί τε ἦσαν πάντες νῦν ἐπιτελεῖσθαι.

23. Μετὰ ταῦτα, συνήθως ἑαυτῷ γελῶν τὸ Ἰουδαίων
καὶ Χριστιανῶν γένος, πάντας "παραβέβληκε νυκτερίδων
ὁρμαθῷ, ἢ μύρμηξιν ἐκ καλιᾶς προελθοῦσιν, ἢ βατράχοις
περὶ τέλμα συνεδρεύουσιν, ἢ σκώληξιν ἐν βορβόρου γωνίᾳ
ἐκκλησιάζουσι, καὶ πρὸς ἀλλήλους διαφερομένοις, τίνες αὐτῶν
20 εἶεν ἁμαρτωλότεροι, καὶ φάσκουσιν, ὅτι πάντα ἡμῖν ὁ θεὸς
προδηλοῖ καὶ προκαταγγέλλει· καὶ τὸν πάντα κόσμον καὶ
τὴν οὐράνιον φορὰν ἀπολιπὼν, καὶ τὴν τοσαύτην γῆν παρι-
δὼν, ἡμῖν μόνοις ἐμπολιτεύεται, καὶ πρὸς ἡμᾶς μόνους ἐπικη- (2)
ρυκεύεται, καὶ πέμπων οὐ διαλείπει, καὶ ζητῶν, ὅπως ἀεὶ
συνῶμεν αὐτῷ." καὶ ἐν τῷ ἀναπλάσματί γε ἑαυτοῦ "παρα-
πλησίους ἡμᾶς ποιεῖ σκώληξι φάσκουσιν, ὅτι θεός ἐστιν· εἶτα
μετ' ἐκεῖνον ἡμεῖς ὑπ' αὐτοῦ γεγονότες πάντῃ ὅμοιοι τῷ θεῷ·
καὶ ἡμῖν πάντα ὑποβέβληται, γῆ, καὶ ὕδωρ, καὶ ἀὴρ, καὶ
ἄστρα, καὶ ἡμῶν ἕνεκα πάντα, καὶ ἡμῖν δουλεύειν τέτακται."
30 λέγουσι δὲ παρ' αὐτῷ οἱ σκώληκες, ἡμεῖς δηλαδὴ, ὅτι " νῦν,
ἐπειδή τινες ἐν ἡμῖν πλημμελοῦσιν, ἀφίξεται θεὸς, ἢ πέμψει (3)
τὸν υἱὸν, ἵνα καταφλέξῃ τοὺς ἀδίκους, καὶ οἱ λοιποὶ σὺν αὐτῷ

---

(1) Vid. Spenceri notam.
(2) Codd. Regius, Basileensis, et duo Vaticani: πολιτεύεται. R.
(3) ἡμῖν. Boherell. Lege: ἐν ἡμῖν.

ζωὴν αἰώνιον ἔχωμεν." καὶ ἐπιφέρει γε πᾶσιν, ὅτι "ταῦτα (1) μᾶλλον ἀνεκτὰ, σκωλήκων καὶ βατράχων, ἢ Ἰουδαίων καὶ Χριστιανῶν, πρὸς ἀλλήλους διαφερομένων."

24. Πρὸς ταῦτα δὴ πυνθανόμεθα τῶν ἀποδεχομένων τὰ οὕτω καθ' ἡμῶν εἰρημένα, καί φαμεν· ἆρα πάντας ἀνθρώπους ὁρμαθὸν εἶναι νυκτερίδων, ἢ μύρμηκας, ἢ βατράχους ἢ σκώληκας, ὑπολαμβάνετε, διὰ τὴν τοῦ θεοῦ ὑπεροχήν; ἢ τοὺς μὲν ἄλλους ἀνθρώπους εἰς τὴν προκειμένην εἰκόνα μὴ παραλαμβάνετε, ἀλλὰ διὰ τὸ λογικὸν καὶ τοὺς καθεστῶτας νόμους τηρεῖτε αὐτοὺς ἀνθρώπους· Χριστιανοὺς δὲ καὶ Ἰουδαίους, διὰ 10 τὰ μὴ ἀρέσκοντα ὑμῖν αὐτῶν δόγματα ἐξευτελίζοντες, τούτοις τοῖς ζώοις παραβεβλήκατε; καὶ ὁπότερόν γε ἂν εἴποιτε πρὸς τὴν πεῦσιν ἡμῶν, ἀποκρινούμεθα, ἀποδεικνύναι πειρώμενοι, οὐ δεόντως λελέχθαι περὶ τῶν πάντων ἀνθρώπων, ἢ περὶ ἡμῶν τοιαῦτα. ἔστω γὰρ ὑμᾶς πρῶτον λέγειν, ὅτι πάντες ἄνθρωποι ὡς πρὸς θεὸν τοῖς εὐτελέσι τούτοις παραβάλλονται ζώοις, ἐπεὶ μηδαμῶς ἐστιν αὐτῶν ἡ μικρότης συγκριτὴ τῇ ὑπεροχῇ τοῦ θεοῦ. ποία δὲ μικρότης; ἀποκρίνασθέ μοι, ὦ οὗτοι. εἰ μὲν γὰρ ἡ τῶν σωμάτων· ἀκούσατε, ὅτι τὸ ὑπερέχον καὶ τὸ ἐνδέον, ὡς πρὸς ἀλήθειαν δικάζουσαν, 20 οὐκ ἐν σώματι κρίνεται. οὕτω γὰρ γῦπες καὶ ἐλέφαντες ἡμῶν τῶν ἀνθρώπων ἔσονται κρείττους· καὶ γὰρ μείζους καὶ ἰσχυρότεροι καὶ πολυχρονιώτεροι οὗτοι· ἀλλ' οὐδεὶς ἂν τῶν εὖ φρονούντων λέγοι κρείττονα εἶναι, διὰ τὰ σώματα, τάδε τὰ ἄλογα τῶν λογικῶν. πολὺ γὰρ εἰς ὑπεροχὴν ἀνάγει (2) ὁ λόγος τὸ λογικὸν παρὰ πάντα τὰ ἄλογα. ἀλλ' οὐδὲ τὰ σπουδαῖα καὶ μακάρια, εἴτε, ὡς ὑμεῖς φατε, οἱ ἀγαθοὶ δαίμονες, εἴτε, ὡς ἡμῖν ἔθος ὀνομάζειν, οἱ τοῦ θεοῦ ἄγγελοι, ἢ αἱ ὁποιαιδήποτ' οὖν ὑπερέχουσαι τῶν ἀνθρώπων φύσεις· (3) ἐπειδὴ τὸ ἐν αὐτοῖς λογικὸν τετελείωται, καὶ κατὰ πᾶσαν 30 ἀρετὴν πεποίωται.

(1) Boherellus: "Deest μᾶλλον, supplendum e pag. (edd. Spenc.) 180," num. 30. L.
(2) Boherell. Subaudi e praecedentibus: λέγοι ἄν, aut quid simile. L.
(3) Codd. Regius et Basileensis: ἀλλ' ἐπεὶ τό. R.

25. Εἰ δὲ τὴν τοῦ ἀνθρώπου μικρότητα οὐ διὰ τὸ (1) σῶμα ἐξευτελίζετε, ἀλλὰ διὰ τὴν ψυχὴν, ὡς, οὖσαν ὑποδεεστέραν τῶν λοιπῶν λογικῶν, καὶ μάλιστα σπουδαίων, καὶ διὰ τοῦθ᾽ ὑποδεεστέραν, ἐπεί περ ἡ κακία ἐστὶν ἐν αὐτῇ· τί μᾶλλον οἱ ἐν Χριστιανοῖς φαῦλοι, καὶ οἱ ἐν Ἰουδαίοις κακῶς βιοῦντες, ὁρμαθός εἰσι νυκτερίδων, ἢ μύρμηκες, ἢ σκώληκες, ἢ βάτραχοι· ἢ οἱ ἐν τοῖς λοιποῖς ἔθνεσι μοχθηροί; ὡς κατὰ τοῦτο πάνθ᾽ ὁντιναοῦν, μάλιστα κεχυμένῃ τῇ κακίᾳ χρώμενον, νυκτερίδα, καὶ σκώληκα, καὶ βάτραχον, καὶ μύρ-
10 μηκα εἶναι, ὡς πρὸς τοὺς λοιποὺς ἀνθρώπους. κἂν Δημο- (2) σθένης τις οὖν ὁ ῥήτωρ ᾖ, μετὰ τῆς παραπλησίας ἐκείνῳ κακίας, καὶ τῶν ἀπὸ κακίας αὐτῷ πεπραγμένων· κἂν Ἀντιφῶν, (3) ἄλλος ῥήτωρ νομιζόμενος εἶναι, καὶ τὴν πρόνοιαν ἀναιρῶν ἐν τοῖς ἐπιγεγραμμένοις περὶ ἀληθείας παραπλησίως τῇ Κέλσου ἐπιγραφῇ· οὐδὲν ἧττόν εἰσιν οὗτοι σκώληκες ἐν βορβόρου γωνίᾳ τοῦ τῆς ἀμαθίας καὶ ἀγνοίας καλινδούμενοι. καίτοι γε ὁποῖον δὴ τὸ λογικὸν οὐκ ἂν εὐλόγως σκώληκι παραβάλλοιτο, ἀφορμὰς ἔχον πρὸς ἀρετήν. αὗται γὰρ αἱ πρὸς αὐτὴν (4) ὑποτυπώσεις οὐκ ἐῶσι σκώληκι παραβάλλεσθαι τοὺς δυνάμει
20 ἔχοντας τὴν ἀρετὴν, καὶ τὰ σπέρματα αὐτῆς πάντῃ ἀπολέσαι οὐ δυναμένους. οὐκοῦν ἀναφαίνεται, ὅτι οὐδ᾽ οἱ ἄνθρωποι καθόλου σκώληκες ἂν εἶεν ὡς πρὸς Θεόν. ὁ γὰρ λόγος, τὴν ἀρχὴν ἔχων ἀπὸ τοῦ παρὰ Θεῷ λόγου, οὐκ ἐᾷ τὸ λογικὸν ζῶον πάντῃ ἀλλότριον νομισθῆναι Θεοῦ· οὔτε μᾶλλον οἱ ἐν Χριστιανοῖς καὶ Ἰουδαίοις φαῦλοι, καὶ ὡς πρὸς τὸ ἀληθὲς οὐ Χριστιανοὶ, οὐδὲ Ἰουδαῖοι, τῶν λοιπῶν φαύλων παραβάλλοιντο ἐν γωνίᾳ βορβόρου καλινδουμένοις σκώληξιν. εἰ δ᾽ ἡ

---

(1) Cod. Regius optime: διὰ τὸ σῶμα ἐξευτελίζετε. Alias: διὰ τὸ σῶμα ἐξευτελίζεται. R.
(2) Cfr. Plutarch. in vitis decem rhetorum, et in Demosthene, coll. A. Gell. Lib. I. Cap. 5 et 9. L.
(3) Vixit temporibus Socratis, ut constat ex Plutarcho in vitis decem rhetorum; Xenophonte Memorabilium Lib. I.; Platone in Menex.; Philostrato, Lib. I. de sophistis; Athenaeo, Lib. XII. Cap. 3. Spencer.
(4) πρὸς αὐτήν: Sic omnes Mss. excepto Joliano, qui cum libris impressis habet: πρὸς ἀρετήν. Sed quis ferat vocem ἀρετὴν intra unius lineae spatium ter repetitam? R.

(1) τοῦ λόγου φύσις οὐδὲ τοῦτο παραδέξασθαι ἐπιτρέπει· δηλονότι οὐχ ὑβρίσομεν τὴν πρὸς ἀρετὴν κατεσκευασμένην ἀνθρωπίνην φύσιν, κἂν δι' ἄγνοιαν ἐξαμαρτάνοι, οὐδ' ἐξομοιώσομεν αὐτὴν τοῖς τοιοῖσδε ζώοις.

26. Εἰ δὲ διὰ τὰ μὴ ἀρέσκοντα Κέλσῳ Χριστιανῶν καὶ Ἰουδαίων δόγματα, ἃ μηδὲ τὴν ἀρχὴν ἐπίστασθαι φαίνεται, οὗτοι μὲν σκώληκες καὶ μύρμηκες, οἱ δὲ λοιποὶ οὐ τοιοῦτοι· φέρε, ἐξετάσωμεν καὶ τὰ αὐτόθεν πᾶσι προφαινόμενα δόγματα Χριστιανῶν καὶ Ἰουδαίων τοῖς τῶν λοιπῶν ἀνθρώπων, εἰ μὴ ἀναφανεῖται τοῖς ἅπαξ παραδεχομένοις εἶναί τινας ἀνθρώπους σκώληκας καὶ μύρμηκας, ὅτι σκώληκες μὲν καὶ μύρμηκες καὶ βάτραχοι οἱ καταπεπτωκότες ἀπὸ τῆς περὶ θεοῦ ὑγιοῦς ὑπολήψεως, φαντασίᾳ δ' εὐσεβείας ἤτοι ἄλογα ζῷα, ἢ ἀγάλματα σέβοντες, ἢ καὶ τὰ δημιουργήματα· δέον ἐκ τοῦ κάλλους αὐτῶν θαυμάζειν τὸν πεποιηκότα, κἀκεῖνον σέβειν· ἄνθρωποι δὲ, καὶ εἴ τι ἀνθρώπων τιμιώτερον, οἱ δυνηθέντες ἀναβῆναι ἀκολουθοῦντες τῷ λόγῳ ἀπὸ λίθων καὶ ξύλων, ἀλλὰ καὶ τῆς νομιζομένης ὕλης εἶναι τιμιωτάτης, ἀργύρου καὶ χρυσοῦ· ἀναβάντες δὲ καὶ ἀπὸ τῶν ἐν κόσμῳ καλῶν ἐπὶ τὸν τὰ ὅλα ποιήσαντα, καὶ ἐκείνῳ ἑαυτοὺς πιστεύσαντες, καὶ ὡς μόνῳ διαρκεῖν δυναμένῳ ἐπὶ πάντα τὰ ὄντα, καὶ ἐφορᾷν τοὺς πάντων λογισμοὺς, καὶ ἀκούειν τῆς πάντων εὐχῆς· τὰς εὐχὰς ἐκείνῳ ἀναπέμποντες, καὶ ὡς ἐπὶ θεατοῦ αὐτοῦ τῶν γινομένων πάντα πράττοντες, καὶ ὡς ἐπὶ ἀκροατοῦ τῶν λεγομένων φυλαττόμενοι λέγειν τὸ μὴ ἀρεσκόντως ἀπαγ-
(2) γελλόμενον τῷ θεῷ. εἰ μὴ ἄρα ἡ τηλικαύτη εὐσέβεια οὔθ' ὑπὸ πόνων, οὔθ' ὑπὸ κινδύνων θανάτου, οὔθ' ὑπὸ λογικῶν πιθανοτήτων νικωμένη, οὐδὲν βοηθεῖ τοῖς ἀνειληφόσιν αὐτὴν πρὸς τὸ μηκέτι αὐτοὺς παραβάλλεσθαι σκώληξιν, εἰ καὶ παρεβάλλοντο πρὸ τῆς τηλικαύτης εὐσεβείας· ἆρα δὲ οἱ νικῶντες τὴν δριμυτάτην πρὸς ἀφροδίσια ὄρεξιν, πολλῶν ποιήσασαν τοὺς θυμοὺς μαλθακοὺς καὶ κηρίνους· καὶ διὰ τοῦτο νικῶντες, ἐπεί περ ἐπείσθησαν μὴ ἄλλως οἰκειωθῆναι

---

(1) Recte MSS.: δηλονότι οὐχ ὑβρίσομεν. Alias δῆλον ὅτι οὐχ ὑβρίσωμεν. R.
(2) ἆρα ed. De la Rue, et L.

δύνασθαι τῷ θεῷ, ἐὰν μὴ καὶ διὰ σωφροσύνης ἀναβῶσι πρὸς αὐτόν· σκωλήκων ὑμῖν δοκοῦσιν εἶναι ἀδελφοὶ, καὶ μυρμήκων συγγενεῖς, καὶ βατράχοις παραπλήσιοι; τί δὲ, τὸ λαμπρὸν τῆς δικαιοσύνης, τηρούσης τὸ πρὸς τὸν πλησίον καὶ ὁμογενὲς κοινωνικὸν, καὶ δίκαιον, καὶ φιλάνθρωπον, καὶ χρηστὸν, οὐδὲν ἀνύει πρὸς τὸ μὴ εἶναι νυκτερίδα τὸν τοιονδί; οἱ δὲ περὶ τὰς ἀκολασίας καλινδούμενοι, ὁποῖοί εἰσιν οἱ πολλοὶ τῶν ἀνθρώπων, καὶ οἱ ταῖς χαμαιτύπαις ἀδιαφόρως προσιόντες, (1) διδάσκοντες δὲ καὶ μὴ πάντως παρὰ τὸ καθῆκον τοῦτο γίνεσ- (2) θαι, οὐκ εἰσὶν ἐν βορβόρῳ σκώληκες; καὶ μάλιστα συγκρινόμενοι τοῖς διδαχθεῖσι μὴ αἴρειν τὰ μέλη τοῦ Χριστοῦ, καὶ (3) τὸ ὑπὸ τοῦ λόγου οἰκούμενον σῶμα, καὶ ποιεῖν αὐτὰ πόρνης (4) μέλη· μαθοῦσι δὲ ἤδη καὶ ὅτι τὸ τοῦ λογικοῦ καὶ τῷ Θεῷ (5) τῶν ὅλων ἀνακείμενον σῶμα, ναός ἐστι τοῦ προσκυνουμένου (6) ὑπ' αὐτῶν Θεοῦ, τοιοῦτον ἀπὸ τῆς καθαρᾶς περὶ τοῦ δημιουργοῦ ἐννοίας γινόμενον· οἳ καὶ φυλαττόμενοι διὰ τῆς παρα- (7) νόμου συνουσίας φθείρειν τὸν ναὸν τοῦ Θεοῦ, ὡς εἰς Θεὸν εὐσέβειαν ἀσκοῦσι τὴν σωφροσύνην.

27. Καὶ οὔπω λέγω τὰ λοιπὰ ἐν ἀνθρώποις κακά· ὧν οὐ ταχέως οὐδ' οἱ φιλοσοφεῖν δοκοῦντες καθαρεύουσι· πολλοὶ γὰρ καὶ οἱ ἐν φιλοσοφίᾳ νόθοι. οὐδέ φημί πω, ὅτι πολλὰ μέν ἐστι τὰ τοιαῦτα παρὰ τοῖς μήτε Ἰουδαίοις, μήτε Χριστιανοῖς. ἤτοι δὲ οὐδ' ὅλως ὑπάρχει ἐν Χριστιανοῖς· εἰ κυρίως ἐξετάζοις, τίς ὁ Χριστιανός; ἢ εἰ καὶ εὑρεθείη, ἀλλ' οὔτι γε ἐν τοῖς συνεδρεύουσι καὶ ἐπὶ τὰς κοινὰς εὐχὰς ἐρχομένοις, καὶ μὴ ἀποκλειομένοις ἀπ' αὐτῶν· εἰ μὴ ἄρα τις σπανίως λανθάνων ἐν τοῖς πολλοῖς εὑρίσκοιτο τοιοῦτος· οὐ σκώληκες οὖν ἐκκλησιάζοντές ἐσμεν, οἱ πρὸς Ἰουδαίους ἱστά-

---

(1) Ita recte omnino habet Codex Basileensis, et vetus Vaticanus. Alias male: διαφόρως. R.
(2) Vid. Tulliam Orat. pro M. Caelio.
(3) 1 Cor. vi. 15.
(4) Codd. Regius et Basileensis: ὑπὸ τοῦ λόγου οἰκονούμενον σῶμα. R.
(5) Vox ὅτι, quae in antea editis desideratur, restituitur e Codice Joliano. R.
(6) 1 Cor. iii. 16.
(7) Cod. Jolianus recte: οἳ καὶ φυλαττόμενοι. R.

μενοι ἀπὸ τῶν πεπιστευμένων αὐτοῖς εἶναι γραμμάτων ἱερῶν. καὶ δεικνύντες τόν τε προφητευόμενον ἐπιδεδημηκέναι, καὶ διὰ τὰ μέγιστα ἁμαρτήματα ἐκείνους ἐγκαταλελεῖφθαι, καὶ ἡμᾶς, τοὺς παραδεξαμένους τὸν λόγον, ἐλπίδας ἔχειν παρὰ Θεῷ τὰς ἀρίστας, ἔκ τε τῆς εἰς αὐτὸν πίστεως, καὶ τοῦ δυναμένου ἡμᾶς οἰκειῶσαι αὐτῷ καθαροὺς ἀπὸ πάσης πονηρίας καὶ κακίας βίου. οὐχ ἁπλῶς οὖν, εἴ τις Ἰουδαῖον ἑαυτὸν, ἢ Χριστιανὸν ἀναγορεύει, οὗτος λέγοι ἂν, ὅτι τὸν πάντα κόσμον καὶ τὴν οὐράνιον φορὰν ἡμῖν μάλιστα πεποίηκεν ὁ Θεός. ἀλλ' εἴ τις, (1) ὡς ὁ Ἰησοῦς ἐδίδαξε, καθαρός ἐστι τῇ καρδίᾳ, καὶ πρᾷος, καὶ 10 (2) εἰρηνοποιὸς, καὶ προθύμως ὑπομένων τοὺς διὰ τὴν εὐσέβειαν κινδύνους· εὐλόγως ἂν ὁ τοιοῦτος θαρροίη τῷ Θεῷ, συνιεὶς δὲ καὶ τὸν ἐν ταῖς προφητείαις λόγον φῆσαι ἂν καὶ τό· " πάντα ταῦτα ἡμῖν τοῖς πιστεύουσιν ὁ θεὸς προδεδήλωκε καὶ κατήγγειλεν."

28. Ἐπεὶ δὲ καὶ πεποίηκεν, οὓς ἡγεῖται σκώληκας, Χριστιανοὺς λέγοντας, ὅτι " τὴν οὐράνιον φορὰν ἀπολιπὼν ὁ θεὸς, καὶ τὴν τοσαύτην γῆν παριδὼν, ἡμῖν μόνοις ἐμπολιτεύεται, καὶ πρὸς ἡμᾶς ἐπικηρυκεύεται, καὶ πέμπων οὐ διαλείπει, καὶ ζητῶν, ὅπως ἀεὶ συνῶμεν αὐτῷ·" λεκτέον, ὅτι τὰ 20 μὴ λεγόμενα πρὸς ἡμῶν περιτίθησιν ἡμῖν, τοῖς καὶ ἀναγινώ- (3) σκουσι καὶ γιγνώσκουσιν, ὅτι ἀγαπᾷ πάντα τὰ ὄντα ὁ θεὸς, καὶ οὐδὲν βδελύσσεται ὧν ἐποίησεν· οὐδὲ γὰρ ἂν μισῶν τι (4) κατεσκεύασεν. ἀνέγνωμεν δὲ καὶ τό· " φείδῃ δὲ πάντων, ὅτι σά ἐστι πάντα, φιλόψυχε. τὸ γὰρ ἄφθαρτόν σου πνεῦμά ἐστιν ἐν πᾶσι. διὸ καὶ τοὺς παραπίπτοντας κατ' ὀλίγον ἐλέγχεις, καὶ ἐν οἷς ἁμαρτάνουσιν ὑπομιμνήσκων νουθετεῖς." πῶς δὲ δυνάμεθα λέγειν " τὴν οὐράνιον φορὰν, καὶ τὸν πάντα κόσμον, ἀπολιπόντα τὸν θεὸν, καὶ τὴν τοσαύτην γῆν παριδόντα, ἡμῖν μόνοις ἐμπολιτεύεσθαι;" οἵτινες ἐν ταῖς εὐχαῖς 30

(1) Alias ὡς ὁ θεὸς ἐδίδαξε, sed Mss. ut in nostro textu. R.—Vid. Matth. v. 8.
(2) MSS. διὰ τὴν εὐσέβειαν κινδύνους. Libri impressi διὰ τῆς εὐσεβείας κινδύνους. R.
(3) Sap. Salom. xi. 24.
(4) Sap. Salom. xi. 26, xii. 1, 2.

εύρομεν δεῖν τι λέγειν φρονοῦντας, ὅτι "τοῦ ἐλέους κυρίου (1) πλήρης ἡ γῆ·" καὶ· "ἔλεος κυρίου ἐπὶ πᾶσαν σάρκα·" (2) καὶ, ὅτι ἀγαθὸς ὢν ὁ Θεὸς, "ἀνατέλλει τὸν ἥλιον αὐτοῦ ἐπὶ (3)(4) πονηροὺς καὶ ἀγαθοὺς, καὶ βρέχει ἐπὶ δικαίους καὶ ἀδίκους," καὶ ἡμᾶς, ἵνα γενώμεθα αὐτοῦ υἱοὶ, ἐπὶ τὰ παραπλήσια προτρέπων, καὶ διδάσκων εἰς πάντας ἡμᾶς ἀνθρώπους, κατὰ τὸ δυνατὸν, ἐκτείνειν τὰς εὐποιΐας. καὶ γὰρ αὐτὸς εἴρηται σωτὴρ πάντων ἀνθρώπων, μάλιστα πιστῶν· καὶ ὁ Χριστὸς (5) αὐτοῦ ἱλασμὸς εἶναι "περὶ τῶν ἁμαρτιῶν ἡμῶν· οὐ περὶ τῶν (6) ἡμετέρων δὲ μόνων, ἀλλὰ καὶ περὶ ὅλου τοῦ κόσμου." καὶ ταῦτα μὲν οὖν πρὸς ταῦτα, ὅσα ἀνέγραψεν ὁ Κέλσος. ἄλλα δέ τινα ἰδιωτικὰ εἴποιεν ἂν Ἰουδαίων τινὲς, ἀλλ' οὔτι γε καὶ Χριστιανοί· οἱ διδαχθέντες, ὅτι "συνίστησι τὴν ἑαυτοῦ (7) ἀγάπην εἰς ἡμᾶς ὁ Θεὸς, ὅτι, ἔτι ἁμαρτωλῶν ὄντων ἡμῶν, Χριστὸς ὑπὲρ ἡμῶν ἀπέθανε." καίτοι γε "μόγις τις ὑπὲρ τοῦ δικαίου ἀποθανεῖται· ὑπὲρ γὰρ τοῦ ἀγαθοῦ τάχα τις καὶ τολμᾷ ἀποθανεῖν." νυνὶ δὲ ὑπὲρ τῶν πανταχοῦ ἁμαρτωλῶν, ἵνα καταλίπωσι τὴν ἁμαρτίαν, καὶ πιστεύσωσι τῷ Θεῷ ἑαυτοὺς, ἐπιδεδημηκέναι κεκήρυκται ὁ Ἰησοῦς, πατρίῳ τινὶ τοῖς λόγοις τούτοις συνηθείᾳ καὶ Χριστὸς εἶναι λεγόμενος τοῦ θεοῦ.

29. Τάχα δέ τινων παρήκουσεν ὁ Κέλσος, ὅτι "ὁ θεός ἐστιν, εἶτα μετ' ἐκεῖνον ἡμεῖς·" οὓς ὠνόμασε σκώληκας. καὶ ὅμοιον ποιεῖ τοῖς ὅλῃ αἱρέσει φιλοσοφίας ἐγκαλοῦσι, διά τινα λεγόμενα ὑπὸ προπετοῦς μειρακίου τριῶν ἡμερῶν φοιτήσαντος εἰς φιλοσόφου, καὶ ἐπαιρομένου κατὰ τῶν λοιπῶν, ὡς ἐλαττόνων καὶ ἀφιλοσόφων. ἴσμεν γὰρ, ὅτι πολλά ἐστιν ἀνθρώπου τιμιώτερα· καὶ ἀνέγνωμεν, ὅτι "ὁ θεὸς ἔστη (8) ἐν συναγωγῇ θεῶν·" θεῶν δὲ οὐ τῶν προσκυνουμένων ὑπὸ τῶν λοιπῶν· "πάντες γὰρ οἱ θεοὶ τῶν ἐθνῶν δαιμόνια." καὶ (9)

(1) Psalm. xxxiii. 5. (2) Sap. Sirac. xviii. 13.
(3) Matt. v. 45.
(4) Vox αὐτοῦ desideratur in antea editis, sed habetur in MSS. R.
(5) 1 Timoth. iv. 10. (6) 1 Joann. ii. 2.
(7) Rom. v. 8. (8) Psalm. lxxxii. 1 (lxxxi.).
(9) Psalm. xcvi. 5 (xcv.).

ἀνέγνωμεν, ὅτι ὁ θεὸς στὰς ἐν συναγωγῇ θεῶν, ἐν μέσῳ θεοὺς
(1) διακρίνει. οἴδαμεν δὲ καὶ, ὅτι "εἴπερ εἰσὶ θεοὶ λεγόμενοι, εἴτ᾽
ἐν οὐρανῷ, εἴτε ἐπὶ γῆς· ὥσπερ εἰσὶ θεοὶ πολλοὶ, καὶ κύριοι
πολλοί· ἀλλ᾽ ἡμῖν εἷς Θεὸς ὁ πατὴρ, ἐξ οὗ τὰ πάντα, καὶ
ἡμεῖς εἰς αὐτόν· καὶ εἷς Κύριος, Ἰησοῦς Χριστὸς, δι᾽ οὗ τὰ
πάντα, καὶ ἡμεῖς δι᾽ αὐτοῦ." οἴδαμεν δὲ καὶ τοὺς ἀγγέλους
οὕτως εἶναι ἀνθρώπων κρείττονας, ὥστε τοὺς ἀνθρώπους τε-
(2) λειωθέντας, ἰσαγγέλους γίνεσθαι. " ἐν γὰρ τῇ ἀναστάσει
τῶν νεκρῶν οὔτε γαμοῦσιν, οὔτ᾽ ἐκγαμίζονται· ἀλλά εἰσιν ὡς
(3) οἱ ἄγγελοι τῶν οὐρανῶν" οἱ δίκαιοι, καὶ γίνονται " ἰσάγ- 10
γελοι." οἴδαμεν δ᾽ ἐν τῇ διατάξει τῶν ὅλων, εἶναί τινας τοὺς
(4) καλουμένους θρόνους, καὶ ἄλλους κυριότητας, καὶ ἄλλους ἐξου-
σίας, καὶ ἄλλους ἀρχάς· καὶ ὁρῶμεν, ὅτι πολὺ τούτων ἡμεῖς
οἱ ἄνθρωποι ἀπολειπόμενοι ἐλπίδας ἔχομεν ἐκ τοῦ καλῶς
βιοῦν, καὶ πάντα πράττειν κατὰ τὸν λόγον, ἀναβαίνειν ἐπὶ
(5) τὴν τούτων πάντων ἐξομοίωσιν. καὶ τελευταῖον, ἐπεὶ " μήπω
ἐφανερώθη τί ἐσόμεθα, οἴδαμεν ὅτι ἐὰν φανερωθῇ, ἐσόμεθα
ὅμοιοι τῷ θεῷ, καὶ ὀψόμεθα αὐτὸν, καθώς ἐστιν." Εἰ δέ τις
τὸ λεγόμενον ὑπό τινων, εἴτε τῶν νοούντων, εἴτε τῶν μὴ
συνιέντων, ἀλλὰ παρακουσάντων λόγου ὑγιοῦς, φάσκοι, ὅτι 20
" ὁ θεός ἐστιν, εἶτα μετ᾽ ἐκεῖνον ἡμεῖς·" καὶ τοῦτό γ᾽ ἂν
ἑρμηνεύοιμι, τό· "ἡμεῖς·" λέγων ἀντὶ τοῦ· οἱ λογικοὶ, καὶ
ἔτι μᾶλλον, οἱ σπουδαῖοι λογικοί. καθ᾽ ἡμᾶς γὰρ ἡ αὐτὴ
(6)
(7) ἀρετή ἐστι τῶν μακαρίων πάντων, ὥστε καὶ ἡ(7) αὐτὴ ἀρετὴ
(8) ἀνθρώπου καὶ Θεοῦ. διόπερ γίνεσθαι τέλειοι, ὡς ὁ πατὴρ
ἡμῶν ὁ οὐράνιος τέλειός ἐστι, διδασκόμεθα. οὐδεὶς οὖν καλὸς

(1) 1 Cor. viii. 5, 6. (2) Matt. xxii. 30.
(3) Luc. xx. 36. (4) Coloss. i. 16.
(5) 1 Joann. iii. 2.
(6) Spencer. in notis: Tull. Lib. 1. de legibus: Jam vero virtus eadem in homine ac Deo est, neque ullo alio in genio praeterea. Est autem virtus nihil aliud, quam in se perfecta, et ad summum perducta natura. Est igitur homini cum Deo similitudo. Clem. Stromat. VII. Οὐ γὰρ, καθάπερ οἱ Στωϊκοὶ, ἀθέως πάνυ τὴν αὐτὴν ἀρετὴν ἀνθρώπου λέγομεν καὶ θεοῦ. Theodoret. Serm. XI. de fine et judicio: Ἐκεῖνο δέ γε αὐτῶν κομιδῇ τολμηρόν· ἀνθρώπου γάρ τοι καὶ θεοῦ τὴν αὐτὴν ἔλεγον ἀρετήν. R. L.
(7) Deest ἡ in ed. Ruaei. (8) Matt. v. 48.

καὶ ἀγαθός, σκώληξ ἐστὶν ἐννηχόμενος βορβόρῳ· καὶ οὐδεὶς εὐσεβής, μύρμηξ· καὶ οὐδεὶς δίκαιος, βάτραχος· καὶ οὐδεὶς τῷ λαμπρῷ φωτὶ τῆς ἀληθείας καταυγαζόμενος τὴν ψυχήν, νυκτερίδι ἂν εὐλόγως παραβάλλοιτο.

30. Δοκεῖ δέ μοι παρακηκοέναι ὁ Κέλσος καὶ τοῦ· "ποιήσωμεν ἄνθρωπον κατ' εἰκόνα καὶ ὁμοίωσιν ἡμετέραν:" καὶ παρὰ τοῦτο πεποιηκέναι τοὺς σκώληκας λέγοντας, ὅτι ὑπὸ τοῦ Θεοῦ γεγονότες, πάντη ἐσμὲν αὐτῷ ὅμοιοι. εἰ μέντοι ἐγνώκει διαφορὰν τοῦ "κατ' εἰκόνα Θεοῦ" γεγονέναι τὸν ἄνθρωπον, πρὸς τὸν "καθ' ὁμοίωσιν" καὶ ὅτι ἀναγέ- (1) γραπται εἰρηκέναι ὁ Θεός· " ποιήσωμεν ἄνθρωπον κατ' εἰκόνα καὶ ὁμοίωσιν ἡμετέραν." ἐποίησε δ' ὁ Θεὸς τὸν ἄνθρωπον κατ' εἰκόνα Θεοῦ, ἀλλ' οὐχὶ καὶ καθ' ὁμοίωσιν ἤδη· οὐκ ἂν ἐποίει ἡμᾶς λέγοντας, ὅτι "πάντη ὅμοιοί ἐσμεν τῷ θεῷ." οὐ λέγομεν δ' ὅτι ὑποβέβληται ἡμῖν καὶ τὰ ἄστρα· ἐπεὶ ἡ τῶν δικαίων λεγομένη ἀνάστασις, καὶ ὑπὸ τῶν σοφῶν νοουμένη, παραβάλλεται ἡλίῳ, καὶ σελήνῃ, καὶ ἄστροις ὑπὸ τοῦ φάσκοντος· "ἄλλη δόξα ἡλίου, καὶ ἄλλη (2) δόξα σελήνης, καὶ ἄλλη δόξα ἀστέρων· ἀστὴρ γὰρ ἀστέρος διαφέρει ἐν δόξῃ. οὕτω καὶ ἡ ἀνάστασις τῶν νεκρῶν." καὶ τοῦ Δανιὴλ περὶ τούτων πάλαι προφητεύσαντος. φησὶ δ' (3) ἡμᾶς λέγειν, ὅτι "πάντα ἡμῖν δουλεύειν τέτακται·" τάχα μὲν οὐκ ἀκούσας τῶν ἐν ἡμῖν συνετῶν τοιαῦτα λεγόντων· τάχα δὲ καὶ μὴ ἐπιστάμενος, πῶς λέλεκται πάντων εἶναι (4) δοῦλον, τὸν ἐν ἡμῖν μείζονα. καὶ ἐὰν μὲν Ἕλληνες λέγωσιν·

εἶθ' ἥλιος μὲν νύξ τε δουλεύει βροτοῖς· (5)

ἐπαινέσαντες τὸ λεγόμενον, καὶ διηγοῦνται αὐτό. ἐπὰν δὲ τὸ τοιοῦτον ἢ μὴ λέγηται, ἢ ἄλλως λέγηται· συκοφαντεῖ ἡμᾶς ὁ Κέλσος καὶ ἐπὶ τούτοις. ἐλέγομεν δὲ παρὰ τῷ Κέλσῳ ἡμεῖς, οἱ κατ' αὐτὸν σκώληκες, ὅτι "ἐπεί τινες ἐν

---

(1) Boherell. Lege: πρὸς τό.   (2) 1 Cor. xv. 41, 42.
(3) Dan. xii. 3.   (4) Matt. xx. 27, 28.
(5) Eurip. Phoeniss. vers. 512.

ἡμῖν πλημμελοῦσιν, ἀφίξεται πρὸς ἡμᾶς ὁ θεός, ἢ πέμψει τὸν υἱὸν ἑαυτοῦ, ἵνα καταφλέξῃ τοὺς ἀδίκους, οἱ δὲ λοιποὶ βάτραχοι σὺν αὐτῷ βίον αἰώνιον ἔχωμεν." καὶ ὅρα, πῶς ὡς βωμολόχος τὴν περὶ κρίσεως θείας ἀπαγγελίαν, καὶ περὶ κολάσεως μὲν τῆς κατὰ τῶν ἀδίκων, γέρως δὲ τοῦ εἰς τοὺς δικαίους, εἰς χλεύην καὶ γέλωτα καὶ διασυρμὸν ἤνεγκεν ὁ σεμνὸς φιλόσοφος· καὶ ἐπιλέγει πᾶσι τούτοις, ἀνεκτὰ "εἶναι μᾶλλον ταῦτα ὑπὸ σκωλήκων καὶ βατράχων λεγόμενα, ἢ ὑπὸ Ἰουδαίων καὶ Χριστιανῶν πρὸς ἀλλήλους διαφερομένων ἀπαγγελλόμενα." ἀλλ' οὐ μιμησόμεθά γε αὐτὸν ἡμεῖς, οὐδὲ ἐροῦμεν τὰ παραπλήσια περὶ τῶν τὴν τῶν ὅλων φύσιν ἐπαγγελλομένων εἰδέναι φιλοσόφων, καὶ πρὸς ἀλλήλους διαλεγομένων περὶ τοῦ, τίνα τρόπον συνέστη τὰ ὅλα, καὶ γέγονεν ὁ οὐρανὸς καὶ γῆ, καὶ τὰ ἐν αὐτοῖς πάντα· καὶ ὡς αἱ ψυχαὶ (1) ἤτοι ἀγέννητοί οὖσαι, καὶ μὴ ὑπὸ Θεοῦ κτισθεῖσαι, διακοσμοῦνται ὑπ' αὐτοῦ καὶ ἀμείβουσι σώματα· ἢ συσπαρεῖσαι τοῖς σώμασιν ἐπιδιαμένουσιν, ἢ οὐκ ἐπιδιαμένουσιν. ἐδύνατο γάρ τις καὶ ταῦτα ἀντὶ τοῦ σεμνολογεῖν καὶ ἀποδέχεσθαι τὴν προαίρεσιν τῶν τῷ ἐξετάζειν τὴν ἀλήθειαν ἑαυτοὺς ἀνατεθεικότων, χλευάζων καὶ κακολογῶν φάσκειν, ὅτι σκώληκές εἰσιν οὗτοι ἐν γωνίᾳ τοῦ ἐν τῷ βίῳ τῶν ἀνθρώπων βορβόρου ἑαυτοὺς μὴ μετροῦντες, καὶ διὰ τοῦτο ἀποφαινόμενοι περὶ τῶν τηλικούτων, ὡς κατειληφότες· καὶ ὅτι λέγουσι διατεινόμενοι ὡς τεθεωρηκότες περὶ πραγμάτων, τῶν μὴ δυναμένων χωρὶς ἐπιπνοίας κρείττονος καὶ θειοτέρας δυνάμεως θεωρηθῆναι. (2) "οὐδεὶς γὰρ οἶδεν ἀνθρώπων τὰ τοῦ ἀνθρώπου, εἰ μὴ τὸ πνεῦμα τοῦ ἀνθρώπου τὸ ἐν αὐτῷ· οὕτω καὶ τὰ τοῦ θεοῦ οὐδεὶς ἔγνωκεν, εἰ μὴ τὸ πνεῦμα τοῦ Θεοῦ." ἀλλ' οὐ μεμήναμεν, οὐδὲ τὴν τηλικαύτην ἀνθρώπων σύνεσιν, (κοινότερον δὲ λέγω σύνεσιν,) ἀσχοληθεῖσαν οὐ περὶ τὰ τῶν πολλῶν, ἀλλὰ περὶ τὴν ἐξέτασιν τῆς ἀληθείας κινήμασι σκωλήκων, ἢ ἄλλων τινῶν τοιούτων παραβάλλομεν· φιλαλήθως δὲ περί τινων

(1) Libri editi ad oram: ἀγένητοι. R.
(2) Sic omnes MSS. excepto Joliano, qui cum libris editis in textu habet: "Ὥσπερ γὰρ οὐδεὶς οἶδεν. R.—1 Cor. ii. 11.

μαρτυροῦμεν Ἑλλήνων φιλοσόφων, ὅτι ἐπέγνωσαν τὸν Θεὸν, ἐπεὶ "ὁ Θεὸς αὐτοῖς ἐφανέρωσεν". εἰ καὶ μὴ "ὡς Θεὸν ἐδό- (1) ξασαν ἢ ηὐχαρίστησαν· ἀλλ' ἐματαιώθησαν ἐν τοῖς διαλογισμοῖς αὐτῶν· καὶ φάσκοντες εἶναι σοφοὶ, ἐμωράνθησαν, καὶ ἤλλαξαν τὴν δόξαν τοῦ ἀφθάρτου Θεοῦ ἐν ὁμοιώματι (2) εἰκόνος φθαρτοῦ ἀνθρώπου, καὶ πετεινῶν, καὶ τετραπόδων, καὶ ἑρπετῶν."

31. Μετὰ ταῦτα βουλόμενος κατασκευάζειν, ὅτι μηδὲν τῶν προειρημένων παρ' αὐτῷ ζῴων διαφέρουσιν Ἰουδαῖοι καὶ Χριστιανοὶ, φησὶν, Ἰουδαίους "ἀπ' Αἰγύπτου δραπέτας γεγονέναι, μηδὲν πώποτε ἀξιόλογον πράξαντας, οὔτ' ἐν λόγῳ οὔτ' ἐν ἀριθμῷ αὐτοὺς ποτε γεγενημένους." περὶ μὲν οὖν τοῦ μὴ δραπέτας αὐτοὺς γεγονέναι, μηδ' Αἰγυπτίους, ἀλλ' Ἑβραίους ὄντας παρῳκηκέναι ἐν τῇ Αἰγύπτῳ, ἐν τοῖς ἀνωτέρω ἡμῖν λέλεκται. εἰ δὲ τό· "μήτ' ἐν λόγῳ μήτ' ἐν ἀριθμῷ αὐτοὺς γεγονέναι" κατασκευάζεσθαι νομίζει ἐκ τοῦ μὴ πάνυ τι τὴν περὶ αὐτῶν ἱστορίαν εὑρίσκεσθαι παρὰ τοῖς Ἕλλησι· φήσομεν, ὅτι εἴ τις ἐνατενίσαι τῇ ἀρχῆθεν αὐτῶν πολιτείᾳ, καὶ τῇ τῶν νόμων διατάξει· εὕροι ἂν, ὅτι γεγόνασιν ἄνθρωποι σκιὰν οὐρανίου βίου παραδεικνύντες ἐπὶ γῆς· παρ' οἷς οὐδὲν ἄλλο θεὸς νενόμισται, ἢ ὁ ἐπὶ πᾶσι, καὶ οὐδεὶς (3) τῶν εἰκόνας ποιούντων ἐπολιτεύετο. οὔτε γὰρ ζωγράφος, οὔτ' ἀγαλματοποιὸς ἐν τῇ πολιτείᾳ αὐτῶν ἦν, ἐκβάλλοντος πάντας τοὺς τοιούτους ἀπ' αὐτῆς τοῦ νόμου· ἵνα μηδεμία πρόφασις ᾖ τῆς τῶν ἀγαλμάτων κατασκευῆς τοὺς ἀνοήτους τῶν ἀνθρώπων ἐπισπωμένης, καὶ καθελκούσης ἀπὸ τοῦ Θεοῦ εἰς γῆν τοὺς ὀφθαλμοὺς τῆς ψυχῆς. ἦν οὖν παρ' αὐτοῖς νόμος καὶ τοιοῦτος· "μὴ ἀνομήσητε, καὶ ποιήσητε ὑμῖν ἑαυ- (4)

(1) Rom. i. 19, 21.
(2) Codd. Regius et Basileensis: καὶ ἠλλάξαντο. R...
(3) Philo, libro de Gigantibus: Παρ' ὃ καὶ τὰς δοκίμους καὶ γλαφυρὰς τέχνας, ζωγραφίαν καὶ ἀνδριαντοποιΐαν ἐκ τῆς καθ' αὐτὸν πολιτείας ἐξήλασεν, ὅτι τὴν τοῦ ἀληθοῦς ψευδόμεναι φύσιν, ἀπάτας καὶ σοφίσματα δι' ὀφθαλμῶν ψυχαῖς εὐπαραγώγοις τεχνιτεύουσιν. Vide Hecataeum apud Josephum Lib. I. in Apionem, Josephum Libro II. contra Apionem, et Tacitum Libr. v. Histor. R.
(4) Deut. iv. 16—18.

τοῖς γλυπτὸν ὁμοίωμα, πᾶσαν εἰκόνα, ὁμοίωμα ἀρσενικοῦ ἢ θηλυκοῦ· ὁμοίωμα παντὸς κτήνους τῶν ὄντων ἐπὶ τῆς γῆς· ὁμοίωμα παντὸς ὀρνέου πτερωτοῦ, ὃ πέταται ὑπὸ τὸν οὐρανόν· ὁμοίωμα παντὸς ἑρπετοῦ, ὃ ἕρπει ἐπὶ τῆς γῆς· ὁμοίωμα παντὸς ἰχθύος, ὅσα ἐστὶν ἐν τοῖς ὕδασιν ὑποκάτω τῆς γῆς." καὶ ἐβούλετό γε ὁ νόμος τῇ περὶ ἑκάστου ἀληθείᾳ ὁμιλοῦντας αὐτοὺς, μὴ ἀναπλάσσειν ἕτερα παρὰ τὴν ἀλήθειαν, ψευδόμενα τὸ ἀληθῶς ἀρσενικὸν, ἢ τὸ ὄντως θηλυκὸν, ἢ τὴν κτηνῶν φύσιν, ἢ τὸ ὀρνέων, ἢ τὸ ἑρπετῶν γένος, ἢ τὸ ἰχθύων. σεμνὸν δὲ καὶ μεγαλοφυὲς παρ' αὐτοῖς καὶ τό· "μὴ ἀναβλέψας εἰς τὸν οὐρανὸν, καὶ ἰδὼν τὸν ἥλιον καὶ τὴν σελήνην, καὶ τοὺς ἀστέρας, πάντα τὸν κόσμον τοῦ οὐρανοῦ, πλανηθεὶς προσκυνήσῃς αὐτοῖς, καὶ λατρεύσῃς αὐτοῖς." οἵα δὲ πολίτεια ἦν (1) ὅλου ἔθνους, παρ' ᾧ οὐδὲ φαίνεσθαι θηλυδρίαν οἷόν τ' ἦν; θαυμαστὸν δὲ καὶ τὸ τὰ τῶν νέων ὑπεκκαύματα, τὰς ἑταίρας, ἀναιρεῖσθαι ἀπὸ τῆς πολιτείας αὐτῶν. ἦν δὲ καὶ δικαστήρια (2) τῶν δικαιοτάτων, καὶ ἀπόδειξιν ὑγιοῦς βίου πολλῷ δεδωκότων χρόνῳ, πιστευομένων τὰς κρίσεις· οἵτινες διὰ τὸ καθαρὸν (3) ἦθος, καὶ τὸ ὑπὲρ ἄνθρωπον, ἐλέγοντο εἶναι θεοὶ πατρίῳ τινὶ Ἰουδαίων ἔθει. καὶ ἦν ἰδεῖν ἔθνος ὅλον φιλοσοφοῦν, καὶ διὰ τὴν πρὸς τὸ ἀκούειν τῶν θείων νόμων σχολὴν τὰ καλούμενα σάββατα, καὶ αἱ λοιπαὶ παρ' αὐτοῖς ἑορταὶ ἐγίνοντο. τί δὲ δεῖ λέγειν περὶ τῆς τάξεως τῶν παρ' αὐτοῖς ἱερέων καὶ (4) θυσιῶν, μυρία σύμβολα περιεχουσῶν τοῖς φιλομαθέσι σαφηνιζόμενα;

32. Ἀλλ' ἐπεὶ οὐδὲν βέβαιον ἐν ἀνθρωπίνῃ φύσει, ἐχρῆν (5) κἀκείνην τὴν πολιτείαν κατὰ βραχὺ καταφθειρομένην ἐκδιαιτηθῆναι· ἡ πρόνοια δὲ τὸ σεμνὸν τοῦ λόγου αὐτῶν ἁρμοζόντως τοῖς πανταχοῦ κατὰ τὰ δεόμενα μεταποιήσεως μεταποιήσασα, ἀντ' ἐκείνων τοῖς ἀπὸ τῶν πανταχοῦ ἀνθρώπων

(1) Deut. xxiii. 1, coll. 17.
(2) Exod. xviii. 21, seqq., coll. Deut. i. 15.
(3) Exod. xxii. 28, Psalm. lxxxii. 1. 6 (lxxxi.).
(4) Codd. Regius et Basileensis: τοῖς φιλομαθέσι. Libri editi τοῖς φιλομαθοῦσι. R.
(5) Guieto videtur scribendum: ἐκδιατριβῆναι. R.

πιστεύουσι παραδέδωκε τὴν σεμνὴν κατὰ τὸν Ἰησοῦν θεοσέ-
βειαν. ὅστις οὐ μόνον συνέσει, ἀλλὰ καὶ θείᾳ μοίρᾳ κοσμη-
θεὶς, καὶ καταβαλὼν τὸν περὶ τῶν ἐπὶ γῆς δαιμόνων λόγον, (1)
λιβανωτῷ καὶ αἵματι, καὶ ταῖς ἀπὸ τῆς κνίσσης ἀναθυμιάσεσι (2)
χαιρόντων, καὶ τοὺς ἀνθρώπους κατασπώντων δίκην τῶν μυθευ-
ομένων Τιτάνων, ἢ Γιγάντων, ἀπὸ τῆς περὶ Θεοῦ ἐννοίας·
αὐτὸς οὐ φροντίσας τῆς ἐπιβουλῆς αὐτῶν ἐπιβουλευόντων
μάλιστα τοῖς βελτίοσιν, ἔθετο νόμους, καθ᾽ οὓς οἱ βιοῦντες
μακάριοι ἔσονται· μηδαμῶς τοὺς δαίμονας διὰ τῶν θυσιῶν
10 κολακεύοντες, καὶ πάντη καταφρονοῦντες αὐτῶν, διὰ τὸν βοη-
θοῦντα τοῦ Θεοῦ λόγον τοῖς ἄνω καὶ πρὸς Θεὸν βλέπουσι. καὶ
ἐπεὶ ὁ Θεὸς ἐβούλετο κρατῆσαι ἐν τοῖς ἀνθρώποις τὸν τοῦ
Ἰησοῦ λόγον, οὐδὲν δεδύνηνται δαίμονες, καίτοι γε πάντα (3)
κάλον κινήσαντες ἵνα μὴ Χριστιανοὶ μηκέτ᾽ ὦσι· τούς τε γὰρ
βασιλεύοντας, καὶ τὴν σύγκλητον βουλὴν, καὶ τοὺς ἄρχοντας
πανταχοῦ, ἀλλὰ καὶ τοὺς δήμους αὐτοὺς, οὐκ αἰσθανομένους
τῆς ἀλόγου καὶ πονηρᾶς τῶν δαιμόνων ἐνεργείας, ἐξετάραξαν
κατὰ τοῦ λόγου καὶ τῶν πιστευόντων εἰς αὐτόν· ἀλλ᾽ ὁ
πάντων δυνατώτερος τοῦ Θεοῦ λόγος καὶ κωλυόμενος, ὡσπερεὶ
20 τροφὴν πρὸς τὸ αὔξειν τὸ κωλύεσθαι λαμβάνων, προβαίνων
πλείονας ἐνέμετο ψυχάς· Θεὸς γὰρ τοῦτ᾽ ἐβούλετο. ταῦτα
δ᾽ ἡμῖν εἰ καὶ ἐν παρεκβάσει λέλεκται, ἀλλὰ ἀναγκαίως οἶμαι.
ἐβουλόμεθα γὰρ ἀπαντῆσαι πρὸς τὸ περὶ Ἰουδαίων ὑπὸ τοῦ
Κέλσου λεγόμενον, ὅτι δὴ "ἀπ᾽ Αἰγύπτου δραπέται γεγό-
νασι, καὶ ὅτι μηδὲν πώποτ᾽ ἀξιόλογον οἱ θεοφιλεῖς ἔπραξαν."
ἀλλὰ καὶ πρὸς τό· "οὔτ᾽ ἐν ἀριθμῷ γεγόνασι·" φαμὲν, ὅτι
ὡς γένος ἐκλεκτὸν καὶ βασίλειον ἱεράτευμα ἀναχωροῦντες, καὶ (4)
ἐκκλίνοντες τὴν πρὸς τοὺς πολλοὺς ἐπιμιξίαν, ἵνα μὴ διαφθα-
ρεῖεν τὰ ἤθη, ἐφρουροῦντο ὑπὸ τῆς θείας δυνάμεως· οὔτ᾽
30 ἐπιθυμοῦντες, ὡς οἱ πολλοὶ τῶν ἀνθρώπων, προσλαβεῖν ἑαυ-

---

(1) Sic recte Cod. Jolianus secunda manu. Libri editi καταλαβών. R. Boh.
Lege καταβαλών· Q. ...λῶν. W. S.
(2) Cfr. Lib. III. num. 36.
(3) Sic MSS. Regius et Basileensis. Libri autem editi οὐδὲν δὲ δύνανται δαί-
μονες. R.—Boherell. Lego: οὐδὲν ἐδύναντο.
(4) Exod. xix. 6, coll. 1 Petr. ii. 9, et Deut. iv. 20.

τοῖς ἄλλας βασιλείας, οὔτε καταλειπόμενοι, ὡς διὰ τὴν ὀλιγότητα εὐεπιβουλεύτους αὐτοὺς γενέσθαι, καὶ ὡς ἐπὶ τῇ ὀλιγότητι ἄρδην ἀπολέσθαι· καὶ τοῦτ' ἐγίνετο, ὅσον ἔτι ἦσαν ἄξιοι τῆς ἀπὸ θεοῦ φρουρᾶς. ὅτε δ' ἐχρῆν αὐτούς, ὡς ὅλον ἔθνος ἁμαρτάνον, διὰ πόνων ἐπιστρέφεσθαι πρὸς τὸν Θεὸν αὐτῶν· ὁτὲ μὲν ἐπὶ πλεῖον, ὁτὲ δ' ἐπ' ἔλαττον ἐγκατελείποντο· ἕως ἐπὶ Ῥωμαίων τὴν μεγίστην ποιήσαντες ἁμαρτίαν ἐν τῷ ἀποκτεῖναι τὸν Ἰησοῦν, τέλειον ἐγκατελείφθησαν.

33. Ἑξῆς δὲ τούτοις ὁ Κέλσος ἐπιτρέχων τὰ ἀπὸ τῆς πρώτης βίβλου Μωϋσέως, ἥτις ἐπιγέγραπται Γένεσις, φησὶν, ὡς "ἄρα ἐπεχείρησαν γενεαλογεῖν αὐτοὺς ἀπὸ πρώτης σπορᾶς γοήτων καὶ πλάνων ἀνθρώπων, ἀμυδρὰς καὶ ἀμφιβόλους φωνὰς, ἐν σκότῳ που κρυφίους, ἐπιμαρτυρόμενοι, καὶ τοῖς ἀμαθέσι καὶ ἀνοήτοις παρεξηγούμενοι, καὶ ταῦτα μηδὲ πώποτ' ἐν πολλῷ τῷ πρόσθεν χρόνῳ τοῦ τοιοῦδε μηδ' ἀμφισβητηθέντος." πάνυ δ' ἀσαφῶς ἐν τούτοις δοκεῖ μοι εἰρηκέναι, ὅπερ ἐβούλετο. εἰκὸς δὲ καὶ τὴν κατὰ τὸν τόπον ἀσάφειαν ἐπιτετηδευκέναι αὐτὸν, ἐπεί περ ἑώρα ἰσχυρὸν τὸν λόγον τὸν κατα- (1) σκευάζοντα ἀπὸ τοιωνδὶ προγόνων εἶναι τὸ Ἰουδαίων ἔθνος. πάλιν τ' αὖ ἐβουλήθη μὴ δοκεῖν ἀγνοεῖν πρᾶγμα περὶ Ἰου- (2)(3) δαίων καὶ τοῦ γένους αὐτῶν οὐκ εὐκαταφρόνητον. σαφὲς (3) δὴ, ὅτι καὶ γενεαλογοῦνται Ἰουδαῖοι ἀπὸ τῶν τριῶν πατέρων τοῦ Ἀβραὰμ, καὶ τοῦ Ἰσαὰκ, καὶ τοῦ Ἰακώβ, ὧν τοσοῦτον (4) δύναται τὰ ὀνόματα συναπτόμενα τῇ τοῦ Θεοῦ προσηγορίᾳ· ὡς οὐ μόνον τοὺς ἀπὸ τοῦ ἔθνους χρῆσθαι ἐν ταῖς πρὸς Θεὸν εὐχαῖς, καὶ ἐν τῷ κατεπᾴδειν δαίμονας, τῷ· "ὁ θεὸς Ἀβραὰμ, καὶ ὁ θεὸς Ἰσαὰκ, καὶ ὁ θεὸς Ἰακώβ·" ἀλλὰ γὰρ σχεδὸν καὶ πάντας τοὺς τὰ τῶν ἐπῳδῶν καὶ μαγειῶν πραγματευομένους. εὑρίσκεται γὰρ ἐν τοῖς μαγικοῖς συγγράμμασι πολλαχοῦ ἡ τοιαύτη τοῦ θεοῦ ἐπίκλησις, καὶ παράληψις τοῦ Θεοῦ ὀνόματος, ὡς οἰκείου τοῖς ἀνδράσιν τούτοις εἰς τὰ κατὰ τῶν

(1) Cod. Regius: Ἰουδαίων. Libri editi Ἰουδαῖον. R.
(2) Sic omnes MSS., alias καὶ τὸ γένος αὐτῶν. R.
(3) Sic omnes MSS., alias σαφῶς. R.
(4) Cfr. Lib. I. num. 22.

δαιμόνων. ταῦτ' οὖν δοκεῖ μοι, (ὑπὸ Ἰουδαίων καὶ Χριστιανῶν προσαγόμενα εἰς ἀπόδειξιν τοῦ ἱερούς τινας ἄνδρας γεγονέναι τὸν Ἀβραὰμ, καὶ τὸν Ἰσαὰκ, καὶ τὸν Ἰακὼβ, τοὺς πατέρας τοῦ Ἰουδαίων ἔθνους,) μὴ πάντη μὲν ἠγνοηκέναι ὁ Κέλσος, οὐ μὴν σαφῶς ἐκτεθεῖσθαι, ἐπεὶ μὴ ἐδύνατο ἀπαντῆσαι πρὸς τὸν λόγον.

34. Πυνθανόμεθα γὰρ ἁπάντων τῶν χρωμένων ταῖς τοιαύταις τοῦ Θεοῦ κατακλήσεσιν· εἴπατε ἡμῖν, ὦ οὗτοι, τίς ὁ (1) Ἀβραὰμ, καὶ πηλίκος ὁ Ἰσαὰκ, καὶ ποίας δυνάμεως γέγονεν ὁ Ἰακὼβ, ὡς τὴν ΘΕΟΣ προσηγορίαν ἁρμοζομένην αὐτῶν τῷ ὀνόματι τηλικάσδε ποιεῖν δυνάμεις; καὶ παρὰ τίνων μεμαθήκατε, ἢ δύνασθε μαθεῖν τὰ περὶ τῶν ἀνδρῶν τούτων; τίς δὲ καὶ ἐπραγματεύσατο ἀναγράψαι τὴν περὶ αὐτοὺς ἱστορίαν, εἴτε καὶ αὐτόθεν σεμνύνουσαν ἐν ἀπορρήτοις τοὺς ἄνδρας, εἴτε καὶ δι' ὑπονοιῶν αἰνισσομένην τινὰ μεγάλα καὶ θαυμάσια τοῖς θεωρῆσαι αὐτὰ δυναμένοις; εἶτ' ἐπὰν πυθομένων ἡμῶν μηδεὶς (2) ἔχοι παραστῆσαι ἀφ' οἵας δήποτε ἱστορίας εἴτε ἑλληνικῆς, (3) εἴτε καὶ βαρβαρικῆς, ἢ οὐχὶ ἱστορίας, ἀλλά τινος μυστικῆς ἀναγραφῆς τὰ περὶ τῶν ἀνδρῶν τούτων· ἡμεῖς προσοίσομεν τὴν ἐπιγεγραμμένην Γένεσιν, περιέχουσαν τὰς πράξεις τῶν ἀνδρῶν τούτων, καὶ τοὺς τοῦ Θεοῦ χρησμοὺς πρὸς αὐτοὺς, ἐροῦμέν τε· ὅτι μή ποτε τὸ καὶ ὑφ' ὑμῶν παραλαμβάνεσθαι τὰ (4) ὀνόματα τῶν τριῶν τούτων γενάρχων τοῦ ἔθνους, τῇ ἐναργείᾳ καταλαμβανόντων, οὐκ εὐκαταφρόνητα ἀνύεσθαι ἐκ τῆς κατεπικλήσεως αὐτῶν, παρίστησι τὸ θεῖον τῶν ἀνδρῶν; οὓς οὐδαμόθεν ἢ ἀπὸ τῶν ἱερῶν παρὰ Ἰουδαίοις βιβλίων παραλαμβάνομεν· ἀλλὰ γὰρ καὶ ὁ Θεὸς τοῦ Ἰσραὴλ, καὶ ὁ Θεὸς τῶν Ἑβραίων, καὶ (5)(6) ὁ Θεὸς ὁ καταποντώσας ἐν τῇ ἐρυθρᾷ θαλάσσῃ τὸν Αἰγυπ- (7)

(1) Hoeschel. in textu ἐπικλήσεσιν. Spencer.: κατακηλήσεσι, sed MSS. κατακλήσεσιν. R. Q. πυνθανώμεθα. W. S.
(2) Libri ante editi: ἡμῶν. At MSS. ὑμῶν. R.
(3) MSS. restituunt haec, quae in editis omissa sunt: εἴτε ἑλληνικῆς, εἴτε καὶ βαρβαρικῆς, ἢ οὐχὶ ἱστορίας. R.
(4) Edd. Spenc. ὑφ' ἡμῶν. Jam Boherell. vero in notis: "Lego: ὑφ' ὑμῶν." L.
(5) Exod. v. 1. (6) Exod. iii. 18.
(7) Exod. xv. 4.

τίων βασιλέα, καὶ τοὺς Αἰγυπτίους, πολλάκις ὀνομάζεται παραλαμβανόμενος κατὰ δαιμόνων, ἤ τινων πονηρῶν δυνάμεων. μανθάνομεν δὲ τὴν περὶ τὰ ὀνομαζόμενα ἱστορίαν, καὶ τὴν τῶν ὀνομάτων ἑρμηνείαν, ἀπὸ Ἑβραίων τῶν τοῖς πατρίοις γράμμασι, καὶ τῇ πατρίῳ διαλέκτῳ ταῦτα σεμνυνόντων καὶ (1) διηγουμένων· πῶς οὖν Ἰουδαῖοι ταῦτ᾽ ἐπιχειρήσαντες ἑαυτοὺς γενεαλογεῖν ἀπὸ πρώτης σπορᾶς τούτων, οὓς γόητας καὶ πλανήτας ἀνθρώπους ὑπείληφεν εἶναι ὁ Κέλσος, ἀναισχύντως (2) ἐπιχειροῦσιν ἑαυτοὺς καὶ τὴν αὐτῶν ἀρχὴν ἐπὶ τούτους ἀνάγειν; ὧν τὰ ὀνόματα Ἑβραϊκὰ τυγχάνοντα μαρτυρεῖ Ἑβραίοις, τὰ ἱερὰ αὐτῶν βιβλία ἐν Ἑβραίων ἔχουσι δια- (3) λέκτῳ καὶ γράμμασι, ὅτι οἰκεῖόν ἐστι τὸ ἔθνος αὐτῶν τοῖς ἀνδράσι τούτοις. καὶ γὰρ μέχρι τοῦ δεῦρο τὰ Ἰουδαϊκὰ ὀνόματα, τῆς Ἑβραίων ἐχόμενα διαλέκτου, ἤτοι ἀπὸ τῶν γραμμάτων αὐτῶν ἐλήφθη, ἢ καὶ ἀπαξαπλῶς ἀπὸ τῶν σημαινομένων ὑπὸ τῆς Ἑβραίων φωνῆς.

35. Καὶ ὅρα, ὁ ἐντυγχάνων τῇ Κέλσου γραφῇ, εἰ μὴ ταῦτ᾽ αἰνίττεται τό· "καὶ ἐπεχείρησαν γενεαλογῆσαι αὐτοὺς ἀπὸ πρώτης σπορᾶς γοήτων καὶ πλάνων ἀνθρώπων, ἀμυδρὰς καὶ ἀμφιβόλους φωνὰς, ἐν σκότῳ που κρυφίους, ἐπιμαρτυρόμενοι." κρύφια γὰρ, καὶ οὐκ ἐν φωτὶ καὶ γνώσει πολλῶν ἐστι τὰ ὀνόματα ταῦτα, καθ᾽ ἡμᾶς μὲν οὐκ ἀμφίβολα, κἂν ὑπὸ τῶν ἀλλοτρίων τῆς ἡμετέρας θεοσεβείας παραλαμβάνηται· κατὰ δὲ Κέλσον, οὐ παριστάντα τὸ τῶν φωνῶν ἀμφίβολον, οὐκ οἶδ᾽ ὅπως παρέρριπται. καίτοι γε ἐχρῆν αὐτὸν, εἴπερ εὐγνωμόνως ἀνατρέπειν ἐβούλετο ἣν ᾠήθη ἀναισχυντότατα παρειλῆφθαι γενεαλογίαν, Ἰουδαίοις αὐχοῦσι τὸν Ἀβραὰμ, καὶ τοὺς ἀπ᾽ αὐτοῦ, ὅλα ἐκθέσθαι τὰ κατὰ τὸν τόπον· καὶ πρότερον συναγορεῦσαι ᾗ ἐνόμιζε πιθανότητι, καὶ μετὰ τοῦτο γενναίως ἀνατρέψαι τῇ φαινομένῃ αὐτῷ ἀληθείᾳ, καὶ τοῖς ὑπὲρ αὐτῆς λογίοις, τὰ κατὰ τὸν τόπον. ἀλλ᾽ οὔτε Κέλσος, οὔτ᾽ ἄλλος τις, δυνήσεται τὰ περὶ φύσεως

(1) In edd. Spenc. uncis inclusum legitur : ταῦτ᾽.
(2) Edd. Spenc. in textu: τὴν αὐτῶν ἀρχήν, ad marg. vero: τὴν ἀρχὴν αὐτῶν.
(3) Boherellus : "Malim γράμμασι." Probat R. Antea γράμματι.

ονομάτων εις δυνάμεις παραλαμβανομένων διαλαμβάνων, τον ακριβή περί τούτων παραστήσαι λόγον· και ελέγξαι, ως ευκαταφρόνητοι γεγόνασιν άνθρωποι, ων και αι ονομασίαι μόνον, ου παρά τοις οικείοις μόνοις, αλλά και παρά τοις αλλοτρίοις δύνανται. έδει δ' αυτόν παραθέσθαι, πως ημείς μεν τοις αμαθέσι και ανοήτοις παρεξηγούμενοι τα περί των ονομάτων τούτων, απατώμεν, ως οίεται, τους ακούοντας· αυτός δε, ο αυχών είναι μη αμαθής, μηδέ ανόητος, την αληθή λέγει περί τούτων ερμηνείαν. παρέρριψε δ' εν τοις κατά τα 10 ονόματα ταύτα, αφ' ων γενεαλογούνται Ιουδαίοι, ότι " ουδέ πώποτ' εν πολλώ τω πρόσθεν χρόνω αμφισβήτησις γεγένηται περί των τοιώνδε ονομάτων· αλλά νυν Ιουδαίοι προς ετέρους τινάς, ους ουκ ωνόμασε, περί τούτων αμφισβητούσι." δεικνύτω γαρ ο βουλόμενος, τίνες οι επιδικαζόμενοι, και καν πιθανότητι χρώμενοι, κατά Ιουδαίων, προς το μη υγιώς μεν Ιουδαίους και Χριστιανούς τα περί τούτων απαγγέλλειν, καθ' ων κείται τα ονόματα· ετέρους δ' είναι τους σοφώτατα και αληθέστατα περί τούτων διειληφότας. αλλά πεπείσμεθα, ότι ου δυνήσονται το τοιούτόν τινες ποιήσαι, εναργούς όντος 20 του τα ονόματα από της Εβραίων ειλήφθαι διαλέκτου, παρά (1) μόνοις Ιουδαίοις ευρισκομένης.

36. Μετά ταύτα ο Κέλσος εκτιθέμενος τα από της έξω του θείου λόγου ιστορίας, τα περί των επιδικασαμένων ανθρώπων της αρχαιότητος, οίον Αθηναίων, και Αιγυπτίων, και Αρκάδων, και Φρυγών, και γηγενείς τινας παρά σφίσι γεγονέναι λεγόντων, και τεκμήρια τούτων παρεχομένων. εκάστων, φησίν, ως "άρα Ιουδαίοι εν γωνία που της Παλαιστίνης συγκύψαντες, παντελώς απαίδευτοι, και ου προακηκοότες πάλαι ταύτα Ησιόδω και άλλοις μυρίοις ανδράσιν 30 ενθέοις υμνημένα, συνέθεσαν απιθανώτατα και αμουσότατα, άνθρωπόν τινα, υπό χειρών Θεού πλασσόμενόν τε και εμφυσώμενον, και γύναιον εκ της πλευράς· και παραγγέλματα

---

(1) Falsum. Hebraeorum enim lingua Syrorum est dialectus, et proinde Syriaca dici potest. Quare nomina ista Abraam, Isaac, Jacob, sunt pura puta Syriaca. Quod Origenem ignorasse mirum videtur. R.

(1) τοῦ Θεοῦ, καὶ ὄφιν τούτοις ἀντιπράσσοντα· καὶ περιγενόμενον τῶν Θεοῦ προσταγμάτων τὸν ὄφιν· μῦθόν τινα ὡς γραυσὶ διηγούμενοι· καὶ ποιοῦντες ἀνοσιώτατα τὸν Θεὸν εὐθὺς ἀπ' ἀρχῆς ἀσθενοῦντα, καὶ μηδ' ἕνα ἄνθρωπον, ὃν αὐτὸς ἔπλασε, πεῖσαι δυνάμενον." διὰ τούτων δὴ ὁ πολυΐστωρ καὶ πολυμαθὴς, καὶ Ἰουδαίοις καὶ Χριστιανοῖς ἀμαθίαν ἐγκαλῶν καὶ ἀπαιδευσίαν, Κέλσος, σαφῶς παρίστησι, τίνα τρόπον ἀκριβῶς ᾔδει τοὺς ἑκάστου συγγραφέως χρόνους, "Ἕλληνος καὶ βαρβάρου· ὅς γε οἴεται Ἡσίοδον, καὶ ἄλλους μυρίους, οὓς ὀνομάζει ἄνδρας ἐνθέους; πρεσβυτέρους εἶναι Μωϋσέως 10 καὶ τῶν τούτου γραμμάτων· Μωϋσέως, τοῦ ἀποδεικνυμένου πολλῷ τῶν Ἰλιακῶν πρεσβυτέρου. οὐκ Ἰουδαῖοι οὖν συνέθεσαν ἀπιθανώτατα καὶ ἀμουσότατα τὰ περὶ τὸν γηγενῆ ἄνθρωπον, ἀλλ' οἱ κατὰ Κέλσον ἄνδρες ἔνθεοι, Ἡσίοδος καὶ οἱ ἄλλοι αὐτοῦ μυρίοι, τοὺς πολλῷ πρεσβυτέρους καὶ σεμνοτάτους ἐν τῇ Παλαιστίνῃ λόγους μήτε μαθόντες, μήτ' ἀκηκοότες, τοιαύτας ἔγραψαν ἱστορίας περὶ τῶν ἀρχαίων, (2) ὁποίας καὶ θεογονίας· γένεσιν, τὸ ὅσον ἐφ' ἑαυτοῖς, περιτι- (3) θέντες θεοῖς, καὶ ἄλλα μυρία. οὓς εὐλόγως ἐκβάλλει τῆς ἑαυτοῦ πολιτείας Πλάτων, ὡς ἐπιτρίβοντας τοὺς νέους, τὸν 20 Ὅμηρον, καὶ τοὺς τοιαῦτα γράφοντας ποιήματα. ἀλλὰ (4) Πλάτων μὲν δῆλός ἐστι μὴ φρονήσας ἐνθέους γεγονέναι ἄνδρας, τοὺς τοιαῦτα ποιήματα καταλελοιπότας. ὁ δὲ κρίνειν μᾶλλον Πλάτωνος δυνάμενος, ὁ Ἐπικούρειος Κέλσος, (εἴ γε οὗτός ἐστι καὶ ὁ κατὰ Χριστιανῶν ἄλλα δύο βιβλία συντάξας,) τάχα ἡμῖν φιλονεικῶν, οὓς μὴ ἐφρόνει ἐνθέους, ἐνθέους ὠνόμασεν.

(1) Hoeschel. in textu: τούτοις ἀντιπροστάσσοντα. Sed MSS. ut in nostro textu. R.
(2) ὁποίας καὶ θεογονίας. Guieto haec suspecta sunt et aliena videntur. Scribendum forte: Ἡοίας καὶ Θεογονίας. Sed ista fortasse sunt glossemata τοῦ τοιαύτας ἔγραψαν ἱστορίας περὶ τῶν ἀρχαίων. R.
(3) Libr. II. de republica pag. 379: Vide Lib. III. p. 389, Lib. x. pag. 605, Theodoret. Serm. II. de Principio. Spenc. R.
(4) Verumtamen Plat. Io. pag. 533. Πάντες γάρ οἵ τε τῶν ἐπῶν ποιηταὶ οἱ ἀγαθοὶ, οὐκ ἐκ τέχνης, ἀλλ' ἔνθεοι ὄντες, καὶ κατεχόμενοι, πάντα ταῦτα τὰ καλὰ λέγουσι ποιήματα. Vide pag. 534, et Lib. III. de legibus pag. 682. Spencer. R.

37. Ἐγκαλεῖ δ' ἡμῖν ὡς "ὑπὸ χειρῶν Θεοῦ πλασθέντα εἰσάγουσιν ἄνθρωπον" τοῦ μὲν τῆς Γενέσεως βιβλίου οὔτ' ἐπὶ τῆς ποιήσεως τοῦ ἀνθρώπου, οὔτ' ἐπὶ τῆς πλάσεως, χεῖρας παραλαβόντος Θεοῦ· τοῦ δὲ Ἰὼβ καὶ τοῦ Δαυὶδ εἰπόντων (1) τό· "αἱ χεῖρές σου ἐποίησάν με, καὶ ἔπλασάν με·" περὶ (2) ὧν πολὺς ὁ λόγος εἰς τὸ παραστῆσαι τὰ νενοημένα τοῖς ταῦτα εἰρηκόσιν, οὐ μόνον περὶ διαφορᾶς ποιήσεως καὶ πλάσεως, ἀλλὰ καὶ περὶ χειρῶν Θεοῦ· ἃς οἱ μὴ νοήσαντες καὶ τὰς τοιαύτας ἀπὸ τῶν θείων γραφῶν φωνὰς, οἴονται ἡμᾶς
10 τοιοῦτον σχῆμα περιτιθέναι τῷ ἐπὶ πᾶσι Θεῷ, ὁποῖόν ἐστι τὸ ἀνθρώπινον· καθ' οὓς καὶ πτέρυγας ἀκόλουθον νομίζειν ἡμᾶς εἶναι ἐν τῷ σώματι τοῦ Θεοῦ, ἐπεὶ καὶ ταῦτα λέγουσιν αἱ κατὰ τὸ ῥητὸν περὶ τοῦ Θεοῦ ἡμῶν γραφαί. ταῦτα δὲ (3) νῦν ἑρμηνεύειν οὐκ ἀπαιτεῖ ἡ προκειμένη πραγματεία· προηγουμένως γὰρ ἐν τοῖς εἰς τὴν Γένεσιν ἐξηγητικοῖς ταῦθ' ἡμῖν, κατὰ τὸ δυνατὸν, ἐξήτασται. Εἶθ' ὅρα κακοήθειαν τοῦ Κέλσου ἐν τοῖς ἑξῆς. τῆς γὰρ γραφῆς ἡμῶν λεγούσης ἐπὶ τῆς τοῦ ἀνθρώπου πλάσεως· "καὶ ἐνεφύσησεν εἰς τὸ πρόσ- (4) ωπον αὐτοῦ πνοὴν ζωῆς, καὶ ἐγένετο ὁ ἄνθρωπος εἰς ψυχὴν
20 ζῶσαν." ὁ δὲ κακοήθως διασύρειν βουλόμενος τό· "ἐνεφύσησεν εἰς τὸ πρόσωπον αὐτοῦ πνοὴν ζωῆς·" (ὅπερ οὐδὲ (5) νενόηκε, τίνα τρόπον λέλεκται·) ἀνέγραψεν, ὅτι "συνέθεσαν ἄνθρωπον ὑπὸ χειρῶν Θεοῦ πλασσόμενον καὶ ἐμφυσώμενον." (6) ἵνα τὸ ἐμφυσώμενον παραπλησίως τις νομίσας λελέχθαι τοῖς ἐμφυσωμένοις ἀσκοῖς, γελάσῃ τό· " ἐνεφύσησεν εἰς τὸ πρόσωπον αὐτοῦ πνοὴν ζωῆς·" τροπικῶς εἰρημένον, καὶ δεόμενον διηγήσεως, παριστάσης μεταδεδωκέναι τὸν θεὸν τοῦ ἀφθάρτου

---

(1) Libri antea editi παραλαβούσης, sed Codd. Reg. et Basileensis: παραλαβόντος. R.
(2) Job x. 8, coll. Psalm. cxix. 73 (cxviii.).
(3) Psalm. xvii. 8 (xvi.), coll. xxxvi. 7 (xxxv.), lvii. 1 (lvi.), lxi. 4 (lx.), et lxiii. 7 (lxii.). L.
(4) Genes. ii. 7.
(5) Vocem: ζωῆς, quae desideratur in antea editis, restituit Cod. Regius. R.
(6) Edd. Spenc. et Ruaei in textu: πλασσόμενον· ἵνα τὸ ἐμφυσώμενον κ.τ.λ. Boherell. vero rectius, ut videtur, in notis: "Ex iis, quae praecedunt, et sequuntur, adde voc. πλασσόμενον, verba: καὶ ἐμφυσώμενον." L.

(1) πνεύματος τῷ ἀνθρώπῳ· καθὸ λέλεκται τό· "τὸ δὲ ἄφθαρτόν σου πνεῦμά ἐστιν ἐν πᾶσιν."

38. Εἶτ' ἐπεὶ προκείμενον ἦν αὐτῷ κακηγορεῖν τὰ (2) γεγραμμένα, διεχλεύασε καὶ τό· "ἐπέβαλεν ὁ Θεὸς ἔκστασιν ἐπὶ τὸν Ἀδάμ, καὶ ὕπνωσε. καὶ ἔλαβε μίαν τῶν πλευρῶν αὐτοῦ, καὶ ἀνεπλήρωσε σάρκα ἀντ' αὐτῆς· καὶ ᾠκοδόμησε τὴν πλευράν, ἣν ἔλαβεν ἀπὸ τοῦ Ἀδάμ, εἰς γυναῖκα," καὶ τὰ ἑξῆς· οὐδὲ τὴν λέξιν ἐκθέμενος, δυναμένην ἐπιστῆσαι τὸν ἀκούοντα, ὅτι μετὰ τροπολογίας εἴρηται. καὶ οὐκ ἠθέλησέ γε προσποιήσασθαι, ἀλληγορεῖσθαι τὰ τοιαῦτα· καίτοιγε 10 ἐν τοῖς ἑξῆς λέγων, ὅτι "οἱ ἐπιεικέστεροι Ἰουδαίων τε καὶ Χριστιανῶν ἐπὶ τούτοις αἰσχυνόμενοι, πειρῶνταί πως ἀλληγορεῖν αὐτά." ἔστι δ' εἰπεῖν πρὸς αὐτόν· ἆρα τὰ μὲν τῷ (3) ἐνθέῳ σου Ἡσιόδῳ εἰρημένα ἐν μύθου σχήματι περὶ τῆς γυναικὸς ἀλληγορεῖται; ὡς ἄρα δέδοται αὕτη τοῖς ἀνθρώποις ὑπὸ Διὸς κακὸν, καὶ ἀντὶ τοῦ πυρός· ἡ δ' ἀπὸ τῆς πλευρᾶς τοῦ μετ' ἔκστασιν κοιμηθέντος ληφθεῖσα γυνὴ, καὶ οἰκοδομηθεῖσα ὑπὸ τοῦ Θεοῦ, χωρὶς παντὸς λόγου καί τινος ἐπικρύψεως λελέχθαι σοι φαίνεται; ἀλλ' οὐκ εὔγνωμον, ἐκεῖνα μὲν μὴ γελᾶν, ὡς μῦθον· ἀλλὰ θαυμάζειν ὡς ἐν μύθῳ φιλοσο- 20 φούμενα· ταῦτα δὲ μόνῃ τῇ λέξει τὴν διάνοιαν ἐναπερείσαντα μυχθίζειν, καὶ μηδενὸς λόγου νομίζειν ἔσεσθαι. εἰ γὰρ ψιλῆς (4) ἕνεκεν λέξεως χρὴ κατηγορεῖν τῶν ἐν ὑπονοίαις λελεγμένων· ὅρα, εἰ μὴ τὰ Ἡσιόδου μᾶλλον γέλωτα μέλλει ὄφλειν, ἀν- (5) δρὸς, ὡς φῇς, ἐνθέου τοιαῦτα γράψαντος·

τὸν δὲ χολωσάμενος προσέφη νεφεληγερέτα Ζεύς·
Ἰαπετιονίδη, πάντων πέρι μήδεα εἰδὼς,

(1) Sap. Salomon. xii. 1.
(2) Genes. ii. 21, 22.
(3) Cfr. Hesiod. Theogon. vers. 364, coll. 264, et lib. operum ac dierum vers. 57. L.
(4) Edd. Spenc. ἐν ὑπονοίας. Boherell. "Lege vel: ἐν ὑπονοίᾳ, ut pag. (edd. Spenc.) 189, lin. 7, pag. 193, lin. 13, pag. 221, lin. 28, et pag. 335, lin. 4 ante finem, vel: ἐν ὑπονοίαις, ut pag. 422, lin. 4. At pag. 196, lin. 10, habes: δι' ὑπονοίας, et pag. 197, lin. 45, δι' ὑπονοιῶν." L.
(5) Vide Hesiod. lib. operum ac dierum vers. 53—82.

36

χαίρεις πῦρ κλέψας, καὶ ἐμὰς φρένας ἠπεροπεύσας· (1)
σοί τ' αὐτῷ μέγα πῆμα καὶ ἀνδράσιν ἐσσομένοισι·
τοῖς δ' ἐγὼ ἀντὶ πυρὸς δώσω κακόν, ᾧ κεν ἅπαντες
τέρπωνται κατὰ θυμόν, ἑὸν κακὸν ἀμφαγαπῶντες.
ὣς ἔφατ'· ἐκ δ' ἐγέλασσε πατὴρ ἀνδρῶν τε θεῶν τε. (2)
Ἥφαιστον δ' ἐκέλευσε περικλυτόν, ὅττι τάχιστα
γαῖαν ὕδει φύρειν, ἐν δ' ἀνθρώπου θέμεν αὐδὴν
καὶ σθένος, ἀθανάταις δὲ θεαῖς εἰς ὦπα ἐΐσκειν (3)
παρθενικαῖς καλὸν εἶδος, ἐπήρατον· αὐτὰρ Ἀθήνην (4)
10 ἔργα διδασκῆσαι, πολυδαίδαλον ἱστὸν ὑφαίνειν· (5)
καὶ χάριν ἀμφιχέαι κεφαλῇ χρυσῆν Ἀφροδίτην,
καὶ πόθον ἀργαλέον, καὶ γυιοκόρους μελεδῶνας·
ἐν δὲ θέμεν κύνεόν τε νόον καὶ ἐπίκλοπον ἦθος
Ἑρμείην ἤνωγε, διάκτοραν Ἀργειφόντην.
ὣς ἔφαθ'· οἱ δ' ἐπίθοντο Διῒ Κρονίωνι ἄνακτι,
[αὐτίκα δ' ἐκ γαίης πλάσσε κλυτὸς Ἀμφιγυήεις (6)
παρθένῳ αἰδοίῃ ἴκελον, Κρονίδεω διὰ βουλάς· -(7)
ζῶσε δὲ καὶ κόσμησε θεὰ γλαυκῶπις Ἀθήνη.]
ἀμφὶ δέ οἱ Χάριτές τε θεαὶ καὶ πότνια Πειθὼ
20 ὅρμους χρυσείους ἔθεσαν χροΐ· ἀμφὶ δὲ τήν γε (8)
Ὧραι καλλίκομοι στέφον ἄνθεσιν εἰαρινοῖσιν· (9)
πάντα δέ οἱ χροΐ· κόσμον ἐφήρμοσε Παλλὰς Ἀθήνη·
ἐν δ' ἄρα οἱ στήθεσσι διάκτορος Ἀργειφόντης
ψεύδεά θ' αἱμυλίους τε λόγους καὶ ἐπίκλοπον ἦθος

(1) Hoeschel. et Spenc. in margine: χαίρεις, sicque Codd. Regius, Basileensis et Anglicanus primus. Alii Codd. Χαίροις. R.
(2) Sic libri editi Hesiodi. Origenes: ἐτέλεσσε. R.—Edd. Spenc. in textu: ἐτέλεσσε. L.
(3) Sic libri editi Hesiodi. Origenes: ἀθανάτοις δὲ θεοῖς. R.—Ed. Aldina: ἀθανάτης δὲ θεῆς. L.
(4) Sic libri editi Hesiodi. Origenes: Παρθενικῆς. R.
(5) Sic libri editi Hesiodi. Origenes: διδασκέμεναι. R.
(6) Tres hi versus uncis inclusi non reperiuntur in Codd. nostris Origenis manu exaratis. R.
(7) Cfr. de hoc versu et sequenti Theogon. versus 572 et 573. L.
(8) Sic libri editi Hesiodi. Origenes: τήνδε. R.
(9) Sic libri editi Hesiodi. Origenes: καλλιπλόκαμοι. R.

τεῦξε, Διὸς βουλῇσι βαρυκτύπου· ἐν δ' ἄρα φωνὴν
θῆκε θεῶν κῆρυξ· ὀνόμηνε δὲ τήνδε γυναῖκα
Πανδώρην· ὅτι πάντες Ὀλύμπια δώματ' ἔχοντες
(1) δῶρον ἐδώρησαν, πῆμ' ἀνδράσιν ἀλφηστῇσι.

γελοῖον δ' αὐτόθεν καὶ τὸ περὶ τοῦ πίθου λεγόμενον,
ὅτι
(2) πρὶν μὲν γὰρ ζώεσκον ἐπὶ χθονὶ φῦλ' ἀνθρώπων
νόσφιν ἄτερ τε κακῶν, καὶ ἄτερ χαλεποῖο πόνοιο,
(3)
(4) νούσων τ' ἀργαλέων, αἵ τ' ἀνδράσι γῆρας ἔδωκαν.
ἀλλὰ γυνὴ χείρεσσι πίθου μέγα πῶμ' ἀφελοῦσα 10
ἐσκέδασ'· ἀνθρώποισι δ' ἐμήσατο κήδεα λυγρά.
μούνη δ' αὐτόθι Ἐλπὶς ἐν ἀρρήκτοισι δόμοισιν
ἔνδον ἔμιμνε, πίθου ὑπὸ χείλεσιν, οὐδὲ θύραζε
ἐξέπτη· πρόσθεν γὰρ ἐπέμβαλε πῶμα πίθοιο.

πρὸς δὲ τὸν ταῦτα σεμνῶς ἀλληγοροῦντα, εἴτ' ἐπιτυγχάνοντα
ἐν τῇ ἀλληγορίᾳ, εἴτε καὶ μὴ, ἐροῦμεν· ἆρα μόνοις Ἕλλησιν
ἐν ὑπονοίᾳ ἔξεστι φιλοσοφεῖν; ἀλλὰ καὶ Αἰγυπτίοις, καὶ
ὅσοι τῶν βαρβάρων σεμνύνονται ἐπὶ μυστηρίοις καὶ ἀληθείᾳ;
μόνοι δὲ Ἰουδαῖοι ἔδοξάν σοι, καὶ ὁ τούτων νομοθέτης, καὶ οἱ
συγγραφεῖς, πάντων ἀνθρώπων εἶναι ἀνοητότατοι ; καὶ μόνον 20
(5) τοῦτο τὸ ἔθνος οὐδεμιᾶς δυνάμεως θεοῦ μετειληφέναι, τὸ οὕτω
μεγαλοφυέστατα δεδιδαγμένον ἀναβαίνειν ἐπὶ τὴν ἀγένητον
τοῦ Θεοῦ φύσιν, κἀκείνῳ μόνῳ ἐνορᾶν, καὶ τὰς ἀπ' αὐτοῦ
μόνου ἐλπίδας προσδοκᾶν;

39. Ἐπεὶ δὲ καὶ τὰ περὶ τὸν ὄφιν, ὡς ἀντιπράσσοντα
τοῖς τοῦ Θεοῦ πρὸς τὸν ἄνθρωπον παραγγέλμασιν, ὁ Κέλσος
κωμῳδεῖ, μῦθόν τινα παραπλήσιον τοῖς παραδιδομένοις ταῖς
γραυσὶν ὑπολαβὼν εἶναι τὸν λόγον· καὶ ἑκὼν οὔτε τὸν Θεοῦ

---

(1) Sic libri editi Hesiodi. Origenes: ἐδωρήσαντο. R.
(2) Hesiod. operum ac dierum versus 90—98. L.
(3) Sic libri editi Hesiodi. Origenes: κῆρας. R.
(4) In ed. Goettling. versus sequitur hicce, uncis inclusus: Αἶψα γὰρ ἐν κακότητι βροτοὶ καταγηράσκουσι. L.
(5) Desideratur τοῦτο in antea editis sed suppletur e MSS. R.

παράδεισον ὠνόμασεν, οὐδ' ὡς πεφυτευκέναι λέγεται ὁ Θεὸς (1)
ἐν Ἐδὲμ κατ' ἀνατολάς· καὶ μετὰ τοῦτο ἐξανατεταλκέναι ἐκ
τῆς γῆς πᾶν ξύλον ὡραῖον εἰς ὅρασιν, καὶ καλὸν εἰς βρῶσιν,
καὶ τὸ ξύλον τῆς ζωῆς ἐν μέσῳ τῷ παραδείσῳ, καὶ τὸ γνω- (2)
στὸν καλοῦ καὶ πονηροῦ ξύλον, καὶ τὰ ἐπὶ τούτοις εἰρημένα,
δυνάμενα αὐτόθεν κινῆσαι τὸν εὐμενῶς ἐντυγχάνοντα, ὅτι
πάντα ταῦτα οὐκ ἀσέμνως τροπολογεῖται· φέρε, ἀντιπαρα-
θῶμεν ἐκ τοῦ Συμποσίου Πλάτωνος τὰ εἰρημένα περὶ τοῦ
Ἔρωτος τῷ Σωκράτει, καὶ ὡς σεμνότερα πάντων τῶν ἐν τῷ
10 Συμποσίῳ εἰπόντων περὶ αὐτοῦ τῷ Σωκράτει περιτεθέντα. (3)
οὕτω δ' ἔχει ἡ Πλάτωνος λέξις· "ὅτ' ἐγένετο ἡ Ἀφροδίτη, (4)
εἱστιῶντο οἱ θεοί, οἵ τε ἄλλοι, καὶ ὁ τῆς Μήτιδος υἱὸς
Πόρος. ἐπειδὴ δὲ ἐδείπνησαν, προσαιτήσουσα, οἷον δὴ εὐ- (5)(6)
ωχίας οὔσης, ἀφίκετο ἡ Πενία, καὶ ἦν περὶ τὰς θύρας. ὁ οὖν
Πόρος μεθυσθεὶς τοῦ νέκταρος, (οἶνος γὰρ οὔπω ἦν), εἰς τὸν
τοῦ Διὸς κῆπον εἰσελθὼν βεβαρημένος εὗδεν. ἡ οὖν Πενία
ἐπιβουλεύουσα, διὰ τὴν αὐτῆς ἀπορίαν, παιδίον ποιήσασθαι
ἐκ τοῦ Πόρου, κατακλίνεται τε παρ' αὐτῷ, καὶ ἐκύησε τὸν
Ἔρωτα. διὸ δὴ καὶ τῆς Ἀφροδίτης ἀκόλουθος θεράπων
20 γέγονεν ὁ Ἔρως, γεννηθεὶς ἐν τοῖς ἐκείνης γενεθλίοις· καὶ
ἅμα φύσει ἐραστὴς ὢν περὶ τὸ καλόν, καὶ τῆς Ἀφροδίτης
καλῆς οὔσης. ἅτε οὖν Πόρου καὶ Πενίας υἱὸς ὢν ὁ Ἔρως ἐν
τοιαύτῃ τύχῃ καθέστηκε. πρῶτον μὲν πένης ἀεί ἐστι, καὶ
πολλοῦ δεῖ ἁπαλός τε καὶ καλός, οἷον οἱ πολλοὶ οἴονται,
ἀλλὰ σκληρὸς καὶ αὐχμηρὸς καὶ ἀνυπόδητος καὶ ἄοικος, χα-
μαιπετὴς ἀεὶ ὤν, καὶ ἄστρωτος, ἐπὶ θύραις καὶ ἐν ὁδοῖς ὑπαί-
θριος κοιμώμενος· τὴν τῆς μητρὸς φύσιν ἔχων, ἀεὶ ἐνδείᾳ
ξύνοικος. κατὰ δ' αὖ τὸν πατέρα ἐπίβουλός ἐστι τοῖς καλοῖς,

- (1) Genes. ii. 8.
- (2) Sic MSS. Alias vero ἐν μέσῳ τοῦ παραδείσου. R.
- (3) Ita Codd. Reg. et Basil. melius quam libri editi περιτιθέντα. R.
- (4) Platon. Sympos. pag. 203.
- (5) Quidam MSS. prima manu habent: Πῶρος, secunda vero: Πόρος. R.
- (6) Recte secundus Codex Anglicanus: προσαιτήσουσα, sicque apud Platonem in Joann. Serrani editione legitur, pro quo libri editi Origenis hoc loco habent: προσαῖτις οὖσα. R.

καὶ τοῖς ἀγαθοῖς, ἀνδρεῖος ὢν, καὶ ἴτης, καὶ σύντονος· θηρευτὴς
(1) δεινὸς, ἀεὶ προσπλέκων μηχανάς· καὶ φρονήσεως ἐπιθυμητὴς
καὶ πόριμος· φιλοσοφῶν διὰ παντὸς τοῦ βίου· δεινὸς γόης,
καὶ φαρμακεὺς, καὶ σοφιστής· καὶ οὔτε ὡς ἀθάνατος πέφυ-
(2) κεν, οὔτε ὡς θνητός· ἀλλὰ τοτὲ μὲν τῆς αὐτῆς ἡμέρας θάλλει
(3) τε καὶ ζῆ, ὅταν εὐπορήσῃ· τοτὲ δ᾽ ἀποθνήσκει πάλιν, πάλιν
δ᾽ ἀναβιώσκεται διὰ τὴν τοῦ πατρὸς φύσιν. τὸ δὲ ποριζό-
μενον ἀεὶ ὑπεκρεῖ· ὥστε οὔτ᾽ ἀπορεῖ Ἔρως ποτὲ, οὔτε
(4) πλουτεῖ. σοφίας δ᾽ αὖ καὶ ἀμαθίας ἐν μέσῳ ἐστίν." (4) ἆρα
γὰρ οἱ ἐντυγχάνοντες τούτοις, ἐὰν μὲν τὴν κακοήθειαν τοῦ
Κέλσου μιμῶνται, ὅπερ Χριστιανῶν ἀπείη, καταγελάσονται
(5) τοῦ μύθου, καὶ ἐν χλεύῃ θήσονται τὸν τηλικοῦτον Πλάτωνα·
ἐὰν δὲ τὰ ἐν μύθου σχήματι λεγόμενα φιλοσόφως ἐξετά-
(6) ζοντες, δυνηθῶσιν εὑρεῖν τὸ βούλημα τοῦ Πλάτωνος, (6) τίνα
τρόπον δεδύνηται τὰ μεγάλα ἑαυτῷ φαινόμενα δόγματα
κρύψαι μὲν διὰ τοὺς πολλοὺς ἐν τῷ τοῦ μύθου σχήματι,
εἰπεῖν δ᾽ ὡς ἐχρῆν τοῖς εἰδόσιν ἀπὸ μύθων εὑρίσκειν τὸ περὶ
ἀληθείας τοῦ ταῦτα συντάξαντος βούλημα. τοῦτον δὲ τὸν
(7) παρὰ Πλάτωνι μῦθον ἐξεθέμην, διὰ τὸν παρ᾽ αὐτῷ τοῦ Διὸς
κῆπον, παραπλήσιόν τι ἔχειν δοκοῦντα τῷ παραδείσῳ τοῦ
Θεοῦ, καὶ τὴν Πενίαν τῷ ἐκεῖ ὄφει παραβαλλομένην, καὶ τὸν
ὑπὸ τῆς Πενίας ἐπιβουλευόμενον Πόρον, τῷ ἀνθρώπῳ ἐπιβου-
λευομένῳ ὑπὸ τοῦ ὄφεως. οὐ πάνυ δὲ δῆλον, πότερον κατὰ
συντυχίαν ἐπιπέπτωκε τούτοις ὁ Πλάτων· ἢ, ὡς οἴονταί
τινες, ἐν τῇ εἰς Αἴγυπτον ἀποδημίᾳ συντυχὼν καὶ τοῖς τὰ
Ἰουδαίων φιλοσοφοῦσι, καὶ μαθών τινα παρ᾽ αὐτῶν· τὰ μέν
τινα τετήρηκε, τὰ δὲ παρεποίησε, φυλαξάμενος προσκόψαι

---

(1) Ed. Bekkeri: ἀεί τινας πλέκων μηχανάς.
(2) Ed. Bekkeri: θάλλει καὶ ζῇ.
(3) Ed. Bekkeri: τοτὲ δὲ ἀποθνήσκει, πάλιν δὲ ἀναβιώσκεται διὰ τήν κ.τ.λ.
(4) Q. ὅρα γὰρ, W. S.
(5) Ita MSS. Libri editi: καταγελάσονται τὸν μῦθον. R.
(6) Boherellus, "Ante has voces videtur deesse: θαυμάσονται, aut quid simile." Recte. R. L.
(7) Vide Eusebium, Pr. Ev. Lib. XII. Cap. 11, et Plotin. Lib. VI. Ennead. III. Cap. 6. R.

τοῖς Ἕλλησιν ἐκ τοῦ πάντη τὰ τῆς Ἰουδαίων τηρῆσαι σοφίας, (1) διαβεβλημένων παρὰ τοῖς πολλοῖς, διὰ τὸ ξενίζον τῶν νόμων, καὶ τὴν ἰδιότροπον κατ' αὐτοὺς πολιτείαν. οὔτε δὲ τὸν Πλάτωνος μῦθον, οὔτε τὰ περὶ τὸν ὄφιν, καὶ τὸν παράδεισον τοῦ Θεοῦ, καὶ ὅσα ἐν αὐτῷ ἀναγέγραπται γεγονέναι, νῦν καιρὸς ἦν διηγήσασθαι. προηγουμένως γὰρ ἐν τοῖς Ἐξηγητικοῖς τῆς Γενέσεως, ὡς οἷόν τ' ἦν, εἰς ταῦτα ἐπραγματευσάμεθα.

40. Ἐπὰν δὲ φάσκῃ, ὡς ἄρα "ἀνοσιώτατα τὸν Θεὸν εὐθὺς καὶ ἀπ' ἀρχῆς ἀσθενοῦντα, καὶ μηδ' ἕνα ἄνθρωπον, ὃν (2)(3) αὐτὸς ἔπλασε, πεῖσαι δυνάμενον, εἰσήγαγεν ὁ Μωϋσέως λόγος." καὶ πρὸς τοῦτο φήσομεν, ὅτι ὅμοιόν ἐστι τὸ λεγόμενον, ὡς εἴ τις ἐνεκάλει ἐπὶ τῇ τῆς κακίας συστάσει, ἣν οὐδὲ (4) ἀπὸ ἑνὸς ἀνθρώπου δεδύνηται κωλῦσαι ὁ Θεὸς, ὥστε κἂν ἕνα τινὰ ἄνθρωπον εὑρεθῆναι ἀρχῆθεν ἄγευστον κακίας γεγενη- (5) μένον. ὡς γὰρ περὶ τούτου, οἷς μέλει ἀπολογεῖσθαι περὶ προνοίας, ἀπολογοῦνται οὐ δι' ὀλίγων, οὐδὲ δι' εὐκαταφρονήτων· οὕτω δὲ καὶ περὶ τοῦ Ἀδὰμ, καὶ περὶ τῆς ἁμαρτίας (6) αὐτοῦ φιλοσοφήσουσιν, οἱ ἐγνωκότες, ὅτι καθ' Ἑβραΐδα (7) φωνὴν ὁ Ἀδὰμ ἄνθρωπός ἐστι· καὶ ἐν τοῖς δοκοῦσι περὶ τοῦ Ἀδὰμ εἶναι, φυσιολογεῖ Μωϋσῆς τὰ περὶ τῆς τοῦ ἀνθρώπου φύσεως. καὶ γὰρ ἐν τῷ Ἀδὰμ, ὥς φησιν ὁ λόγος, (8) πάντες ἀποθνήσκουσι, καὶ κατεδικάσθησαν ἐν τῷ ὁμοιώματι τῆς παραβάσεως Ἀδάμ· οὐχ οὕτως περὶ ἑνός τινος, ὡς περὶ (9)

---

(1) Sic omnes fere MSS. Libri autem editi in textu habent: φιλοσοφίας. R.
(2) Boherell. "Dele: καί."
(3) Recte codd. Regius et Basil. καὶ μηδ' ἕνα ἄνθρωπον. Libri impressi καὶ μηδένα ἄνθρωπον. R.—Cfr. libr. huj. num. 36. L.
(4) Sic MSS. Alias ὡς οὐδὲ ἀπὸ ἑνός, &c. R.
(5) MSS. ἀρχῆθεν. Alias κἀκεῖθεν. R.
(6) Boherell. "Delendum videtur: δέ."
(7) Edd. Spenc. et Ruaei in textu: καθ' Ἑλλάδα. Jam Boherell. vero, quem Ruaeus sequitur, in notis: "Legendum: καθ' Ἑβραΐδα." L.
(8) 1 Cor. xv. 22, coll. Rom. v. 14. L.
(9) Vide Lib. III. num. 61—63, Lib. VII. num. 28, 29, et 50, etc. Spenc. Consule item clarissimum Huetium Origenianorum Lib. II. quaest. vii. num. 24, ubi investigat Origenis dogma de peccato originali. R.

ὅλου τοῦ γένους ταῦτα φάσκοντος τοῦ θείου λόγου. καὶ γὰρ
(1) ἐν τῇ τῶν λεγομένων ὡς περὶ ἑνὸς ἀκολουθίᾳ ἡ ἀρὰ τοῦ
(2) Ἀδὰμ, κοινὴ πάντων ἐστί· καὶ τὰ κατὰ τῆς γυναικὸς, οὐκ
ἔστι καθ' ἧς οὐ λέγεται, καὶ ὁ ἐκβαλλόμενος δὲ ἐκ τοῦ
παραδείσου ἄνθρωπος μετὰ τῆς γυναικὸς, τοὺς δερματίνους
ἠμφιεσμένος χιτῶνας, οὓς διὰ τὴν παράβασιν τῶν ἀνθρώπων
ἐποίησε τοῖς ἁμαρτήσασιν ὁ Θεὸς, ἀπόρρητόν τινα καὶ μυστι-
(3)
(4) κὸν ἔχει λόγον, ὑπὲρ τὸν κατὰ Πλάτωνα, τῆς ψυχῆς πτε-
ρορρυούσης, καὶ δεῦρο φερομένης, ἕως ἂν στερεοῦ τινος
λάβηται. 10

41. Ἑξῆς δὲ τοιαῦτά φησιν· "Εἶτα κατακλυσμόν
τινα, καὶ κιβωτὸν ἀλλόκοτον, ἅπαντα ἔνδον ἔχουσαν, καὶ
περιστεράν τινα καὶ κορώνην ἀγγέλους, παραχαράττοντες καὶ
ῥᾳδιουργοῦντες τὸν Δευκαλίωνα· οὐ γὰρ, οἶμαι, προσεδό-
κησαν, ὅτι ταῦτ' εἰς φῶς πρόεισιν, ἀλλ' ἀτέχνως παισὶ νηπίοις
(5) ἐμυθολόγησαν." καὶ ἐν τούτοις δὲ (5) ὅρα τὴν ἀφιλόσοφον
ἀπέχθειαν τοῦ ἀνδρὸς πρὸς τὴν ἀρχαιοτάτην Ἰουδαίων γρα-
φήν. οὐ γὰρ ἔχων τὴν περὶ κατακλυσμοῦ ἱστορίαν κακολο-
γεῖν· οὐδ' ἐπιστήσας οἷς ἐδύνατο λέγειν κατὰ τῆς κιβωτοῦ,
(6) καὶ τῶν μέτρων αὐτῆς· καὶ ὡς οὐχ οἷόν τ' ἦν, κατὰ τὸν τῶν 20
πολλῶν νοῦν, ἐκλαμβάνοντα τὰ περὶ τῶν τριακοσίων τοῦ
μήκους τῆς κιβωτοῦ πηχέων, καὶ πεντήκοντα τοῦ πλάτους,
καὶ τριάκοντα τοῦ ὕψους φάσκειν αὐτὴν κεχωρηκέναι τὰ ἐπὶ
γῆς ζῶα, καθαρὰ μὲν ἀνὰ τέσσαρα καὶ δέκα, ἀκάθαρτα δὲ ἀνὰ

(1) Gen. iii. 17.
(2) Boherello legendum videtur: οὐκ ἔστι καθ' ἧς μόνον λέγεται. Ego vero nihil mutari velim. Nam verba: οὐκ ἔστι καθ' ἧς οὐ λέγεται, idem significant, ac si dictum esset: περὶ πάσης λέγεται. R.
(3) Post voc. Πλάτωνα, libri editi habent: καθ' ὃν τῆς ψυχῆς κ.τ.λ. Boherell. recte delet verba: καθ' ὃν, quae interturbant orationis seriem. R.
(4) Edd. Spenc. et Ruaei in textu: πτεροφυούσης. Sed jam Spenc. in notis: "Lege: πτερορρυούσης. Plat. p. 246. ἡ δὲ πτερορρυήσασα φέρεται, ἕως ἂν στερεοῦ τινος ἀντιλάβηται."—Boherell., "Bene-Spencerus in annotationibus e Platone legit: πτερορρυούσης." Quod confirmare potuit ex ipso Origene, Libr. VI. contra Cels. num. 43 et 44. L.
(5) Anteà δή. W. S.
(6) Edd. Spenc. et Ruaei in textu: καὶ οὐχ ὡς οἷόν τ' ἦν. Jam Boherellus vero, quem Ruaeus sequitur, in notis: "Lege: καὶ ὡς οὐχ οἷόν τ' ἦν." L.

τέσσαρα· ἁπλῶς εἶπεν "ἀλλόκοτον, πάντ' ἔχουσαν ἔνδον." (1)
τί γὰρ τὸ ἀλλόκοτον αὐτῆς· ἑκατὸν ἔτεσιν ἱστορουμένης
γεγενῆσθαι, καὶ συναγομένης ἀπὸ τῶν τριακοσίων τοῦ μήκους
πηχέων, καὶ τῶν πεντήκοντα τοῦ πλάτους, ἕως οἱ τοῦ ὕψους
πήχεις τριάκοντα καταλήξουσιν εἰς ἕνα πῆχυν μήκους καὶ
πλάτους; πῶς δ' οὐχὶ μᾶλλον θαυμαστὸν ἦν τὸ κατασκεύ-
ασμα καὶ μεγίστῃ πόλει ἐοικός· τῷ δυνάμει λέγεσθαι τὰ
μέτρα· ὡς ἐννέα μὲν εἶναι μυριάδων τὸ μῆκος κατὰ τὴν
βάσιν, κατὰ δὲ τὸ πλάτος δισχιλίων πεντακοσίων; πῶς δ'
10 οὐκ ἦν θαυμάσαι τὴν ἐπίνοιαν τοῦ ἐρηρεισμένην γενέσθαι, καὶ
δυναμένην ὑπομεῖναι χειμῶνα κατακλυσμοῦ ποιητικόν; καὶ
γὰρ οὐ πίσσῃ τινὶ, οὐδ' ἄλλῃ τινὶ τοιαύτῃ ὕλῃ, ἀσφάλτῳ (2)
δὲ στερρῶς ἐκέχριστο. πῶς δ' οὐ θαυμαστὸν, τὸ ζώπυρα
παντὸς γένους εἰσάγεσθαι ἔνδον προνοίᾳ Θεοῦ· ἵν' ἔχῃ πάντων
σπέρματα ζώων πάλιν ἡ γῆ, τοῦ Θεοῦ δικαιοτάτῳ ἀνδρὶ χρη-
σαμένου, πατρὶ ἐσομένῳ τῶν μετὰ τὸν κατακλυσμόν;
42. Ἔρριψε δ' ὁ Κέλσος τὰ περὶ τῆς περιστερᾶς, ἵνα
δόξῃ ἀνεγνωκέναι τὸ βιβλίον τὴν Γένεσιν, οὐδὲν δυνηθεὶς εἰπεῖν
πρὸς τὸ ἐλέγξαι πλασματῶδες τὸ κατὰ τὴν περιστεράν. εἶθ',
20 ὡς ἔθος αὐτῷ ἐστιν, ἐπὶ τὸ γελοιότερον μεταφράζειν τὰ
γεγραμμένα, τὸν κόρακα εἰς κορώνην μετείληφε· καὶ οἴεται
ταῦτα Μωϋσέα ἀναγεγραφέναι, ῥαδιουργοῦντα τὰ κατὰ τὸν
παρ' Ἕλλησι Δευκαλίωνα· εἰ μὴ ἄρα οὐδὲ Μωϋσέως οἴεται
εἶναι τὴν γραφὴν, ἀλλά τινων πλειόνων· τοιοῦτον γὰρ δηλοῖ
τό· "παραχαράττοντες καὶ ῥαδιουργοῦντες τὸν Δευκαλίωνα."
καὶ τοῦτο· "οὐ γὰρ, οἶμαι, προσεδόκησαν, ὅτι ταῦτ' εἰς
φῶς πρόεισι." πῶς δ' οἱ ὅλῳ ἔθνει διδόντες τὰ γράμματα,
οὐ προσεδόκησαν αὐτὰ εἰς φῶς προελθεῖν; οἱ καὶ προεφή-
τευσαν πᾶσι τοῖς ἔθνεσι τὴν θεοσέβειαν ταύτην κηρυχθή-

(1) Vide Origenem Homil. II. in Genesin.
(2) Ita recte omnino Cod. Basileensis. Respicit Origenes locum Geneseos cap.
vi. vers. 14. Καὶ ἀσφαλτώσεις αὐτὴν ἔσωθεν καὶ ἔξωθεν τῇ ἀσφάλτῳ. In antea
editis libris legitur: ἀσφαλτωδεστέρως ἐκέχριστο. R.—Boherell.: "Lectio: ἀσφαλ-
τωδεστέρως, videtur esse contra Genes. vi. 14, et 22. Legendum forte: ἀσφαλε-
στέρως, vel: ἀσφαλέστερον. Sed nihil affirmo." L.

(1) σεσθαι. ὁ δὲ Ἰησοῦς τό· "ἀρθήσεται ἀφ' ὑμῶν ἡ βασιλεία τοῦ θεοῦ, καὶ δοθήσεται ἔθνει ποιοῦντι τοὺς καρποὺς αὐτῆς·" (2) Ἰουδαίοις λέγων, τί ἄλλο ᾠκονόμει, ἢ εἰς φῶς αὐτὸς θεία (3) δυνάμει προαγαγεῖν πᾶσαν τὴν Ἰουδαϊκὴν γραφὴν περιέχουσαν μυστήρια τῆς τοῦ Θεοῦ βασιλείας; εἶτα ἐὰν μὲν τὰς Ἑλλήνων θεογονίας, καὶ τὰς περὶ θεῶν δώδεκα ἱστορίας ἀναγιγνώσκωσι, σεμνοποιοῦσιν αὐτὰς ταῖς ἀλληγορίαις· ἐὰν δὲ τὰ ἡμέτερα διασύρειν βούλωνται, ἀτέχνως φασὶ παισὶ νηπίοις αὐτὰ μεμυθολογῆσθαι.

43. "Ἀτοπωτάτην" δὲ λέγει "καὶ ἔξωρον παιδοποιΐαν" (4) εἰ καὶ μὴ ὠνόμασε, δῆλον ὅτι λέγων τὴν τοῦ Ἀβραὰμ καὶ τῆς Σάῤῥας. ῥίπτων δὲ καὶ τὰς τῶν ἀδελφῶν ἐπιβουλὰς, ἤτοι τὸν Κάϊν ἐπιβουλεύσαντα τῷ Ἄβελ λέγει, ἢ πρὸς τούτῳ (5) καὶ τὸν Ἠσαῦ τῷ Ἰακώβ· πατρὸς δὲ λύπην· τάχα μὲν καὶ (6) τὴν Ἰσαὰκ, ἐπὶ τῇ τοῦ Ἰακὼβ ἀποδημίᾳ· τάχα δὲ καὶ τὴν τοῦ Ἰακὼβ διὰ τὸν Ἰωσὴφ πραθέντα εἰς Αἴγυπτον. μητέρων (7) δ' οἶμαι ἐνέδρας ἀναγράφοντα αὐτὸν, δηλοῦν τὴν Ῥεβέκκαν, οἰκονομήσασαν τὰς τοῦ Ἰσαὰκ εὐχὰς μὴ ἐπὶ τὸν Ἡσαῦ, ἀλλ' ἐπὶ τὸν Ἰακὼβ φθᾶσαι. ἄγχιστα δὲ τούτοις πᾶσι συμπολιτευόμενον εἴ φαμεν τὸν Θεὸν, τί ἄτοπον πράσσομεν, πειθόμενοι μηδέ ποτε ἀφιστάνειν τὴν ἑαυτοῦ θειότητα τῶν μετὰ τοῦ καλῶς καὶ ἐῤῥωμένως βιοῦν αὐτῷ ἀνακειμένων; ἐχλεύασε (8) δὲ "τὴν παρὰ τῷ Λάβαν κτῆσιν τοῦ Ἰακὼβ," μὴ νοήσας ἐπὶ τί ἀναφέρεται τό· "καὶ ἦν τὰ ἄσημα τοῦ Λάβαν, τὰ δὲ ἐπίσημα τοῦ Ἰακώβ·" καί φησι "τὸν θεὸν τοῖς υἱοῖς ὀνάρια καὶ πρόβατα καὶ καμήλους δεδωρῆσθαι·" καὶ οὐχ ἑώρα, ὅτι (9) "πάντα ταῦτα τυπικῶς συνέβαινεν ἐκείνοις, ἐγράφη δὲ δι' ἡμᾶς, εἰς οὓς τὰ τέλη τῶν αἰώνων κατήντησε·" παρ' οἷς τὰ ποικίλα ἤθη ἐπίσημα γινόμενα, τῷ λόγῳ τοῦ Θεοῦ πολιτεύε-

(1) Matth. xxi. 43.
(2) Edd. Spenc. et Ruaei in textu: αὐτός. Boherell. vero in Corrigendis: αὐτόν. L.
(3) Libri editi προσαγαγεῖν, sed Cod. Basil. rectius: προαγαγεῖν. R.
(4) Gen. xxi. 2. (5) Gen. xxvii. 41.
(6) Gen. xxviii. 2, seqq. (7) Gen. xxvii. 5, seqq.
(8) Gen. xxx. (9) 1 Cor. x. 11.

ται, δοθέντα κτῆσις τῷ τροπικῶς καλουμένῳ Ἰακώβ. ἀπὸ γὰρ τῶν ἐθνῶν οἱ εἰς αὐτὸν πιστεύοντες ἐδηλοῦντο διὰ τῶν ἀναγεγραμμένων περὶ Λάβαν καὶ Ἰακώβ.

44. Πόρρω δὲ τυγχάνων τοῦ βουλήματος τῶν γεγραμμένων φησὶ "τὸν θεὸν καὶ φρέατα τοῖς δικαίοις δεδωκέναι." οὐ γὰρ ἐτήρησεν, ὅτι οἱ δίκαιοι λάκκους μὲν οὐ κατασκευάζουσι, φρέατα[1] δὲ ὀρύσσουσι, τὴν ἐνυπάρχουσαν[2] γῆν καὶ ἀρχὴν (1)(2) τῶν ποτίμων ἀγαθῶν ἐξευρεῖν ζητοῦντες, ἅτε καὶ τροπικὴν λαμβάνοντες ἐντολήν, τὴν φάσκουσαν· "πῖνε ὕδατα ἀπὸ σῶν (3) ἀγγείων, καὶ ἀπὸ σῶν φρεάτων πηγῆς. μὴ ὑπερεκχείσθω σοι ὕδατα ἔξω τῆς σῆς πηγῆς, εἰς δὲ σὰς πλατείας διαπορευέσθω τὰ σὰ ὕδατα. ἔστω σοι μόνῳ ὑπάρχοντα, καὶ μηδεὶς ἀλλότριος μετασχέτω σοι." πολλαχοῦ δὲ ἱστορίαις γενομέναις συγχρησάμενος ὁ λόγος ἀνέγραψεν αὐτὰς εἰς παράστασιν μειζόνων καὶ ἐν ὑπονοίᾳ δηλουμένων· ὁποῖά ἐστι καὶ τὰ περὶ (4) τὰ φρέατα, καὶ τὰ περὶ τοὺς γάμους, καὶ τὰς διαφόρους μίξεις τῶν δικαίων· περὶ ὧν εὐκαιρότερον ἐν τοῖς εἰς αὐτὰ ἐκεῖνα ἐξηγητικοῖς τις σαφηνίζειν πειράσεται. ὅτι δὲ καὶ φρέατα ἐν γῇ Φιλιστιαίων κατεσκεύασται ὑπὸ τῶν δικαίων, ὡς ἐν τῇ Γενέσει ἀναγέγραπται, δῆλον ἐκ τῶν δεικνυμένων (5) ἐν τῇ Ἀσκάλωνι θαυμαστῶν φρεάτων, καὶ ἱστορίας ἀξίων, (6) διὰ τὸ ξένον καὶ παρηλλαγμένον τῆς κατασκευῆς ὡς πρὸς τὰ λοιπὰ φρέατα. νυμφάς τε καὶ θεραπαινίδας ἀνάγεσθαι ἐπὶ τροπολογίαν, οὐχ ἡμεῖς διδάσκομεν, ἀλλ' ἄνωθεν ἀπὸ σοφῶν παρειλήφαμεν· ὧν εἷς τις ἔφασκε, διεγείρων τὸν ἀκροατὴν ἐπὶ τροπολογίας· "λέγετέ μοι οἱ τὸν νόμον ἀναγινώσκοντες, (7) τὸν νόμον οὐκ ἀκούετε; γέγραπται γὰρ, ὅτι ὁ Ἀβραὰμ δύο υἱοὺς ἔσχεν· ἕνα ἐκ τῆς παιδίσκης, καὶ ἕνα ἐκ τῆς ἐλευθέρας.

(1) Genes. xxvi. 15.
(2) Boherell. Lego: τὴν ἐνυπάρχουσαν πηγὴν καὶ ἀρχὴν τῶν ποτίμων ὑδάτων.
(3) Prov. v. 15—17.
(4) Cf. libr. huj. num. 38. L.
(5) Gen. xxvi. 15, 18.
(6) Forsan Origenes, istos puteos vidit, cum in Palaestinam peregrinatus est. R.
(7) Galat. iv. 21—24. λέγετέ μοι, οἱ ὑπὸ νόμον θέλοντες εἶναι, τὸν νόμον κ.τ.λ.

ἀλλ' ὁ μὲν ἐκ τῆς παιδίσκης, κατὰ σάρκα γεγέννηται· ὁ δὲ ἐκ τῆς ἐλευθέρας, διὰ τῆς ἐπαγγελίας. ἅτινά ἐστιν ἀλληγορούμενα. αὗται γάρ εἰσιν αἱ δύο διαθῆκαι· μία μὲν ἀπὸ ὄρους Σινᾶ, εἰς δουλείαν γεννῶσα, ἥτις ἐστὶν "Αγαρ·" καὶ μετ' ὀλίγα· "ἡ δὲ ἄνω, φησὶν, Ἱερουσαλὴμ, ἐλευθέρα ἐστὶν, ἥτις ἐστὶ μήτηρ ἡμῶν." ὁ δὲ βουλόμενος λαβεῖν τὴν πρὸς Γαλάτας ἐπιστολὴν, εἴσεται τίνα τρόπον ἠλληγόρηται τὰ κατὰ τοὺς γάμους καὶ τὰς μίξεις τῶν θεραπαινίδων· βουλομένου τοῦ λόγου καὶ ἡμᾶς οὐ τὰς σωματικὰς νομιζομένας πράξεις ζηλοῦν τῶν ταῦτα πεποιηκότων, ἀλλ', ὡς καλεῖν εἰώθασιν οἱ τοῦ Ἰησοῦ ἀπόστολοι, τὰς πνευματικάς.

45. Δέον δ' αὐτὸν τὸ φιλάληθες τῶν ἀναγραψάντων τὰς θείας γραφὰς ἀποδεξάμενον, μὴ κρυψάντων καὶ τὰ ἀπεμφαίνοντα, προσαχθῆναι καὶ περὶ τῶν λοιπῶν καὶ παραδοξοτέρων ὡς οὐ πεπλασμένων· ὁ δὲ τοὐναντίον πεποίηκε, καὶ τὰ περὶ τὸν Λὼτ, καὶ τὰς θυγατέρας, οὔτε κατὰ τὸ ῥητὸν ἐξετάσας, οὔτε κατὰ τὴν ἀναγωγὴν ἐρευνήσας, τῶν "Θυεστείων εἶπε κακῶν ἀνομώτερα." τὰ μὲν οὖν τῆς κατὰ τὸν τόπον τροπολογίας οὐκ ἀναγκαῖον νῦν λέγειν· τίνα τε τὰ Σόδομα· καὶ τίς ὁ πρὸς τὸν ἐκεῖθεν διασωζόμενον τῶν ἀγγέλων λόγος, φασκόντων· "μὴ περιβλέψῃ εἰς τὰ ὀπίσω, μηδὲ στῇς ἐν πάσῃ τῇ περιχώρῳ· εἰς τὸ ὄρος σώζου, μήποτε συμπαραληφθῇς·" καὶ τίς ὁ Λὼτ· τίς τε ἡ γυνὴ αὐτοῦ, γενομένη στήλη ἁλὸς, διὰ τὸ ἐστράφθαι εἰς τοὐπίσω· καὶ τίνες αἱ θυγατέρες αὐτοῦ, καταμεθύσκουσαι τὸν πατέρα, ἵνα γένωνται ἐξ αὐτοῦ μητέρες. φέρε δὲ τὰ τῆς κατὰ τὴν ἱστορίαν ἀπεμφάσεως δι' ὀλίγων παραμυθησόμεθα. τὴν τῶν ἀγαθῶν καὶ κακῶν καὶ ἀδιαφόρων ἐζήτησαν καὶ Ἕλληνες φύσιν· καὶ οἱ ἐπιτυγχάνοντές γε αὐτῶν, τὰ μὲν ἀγαθὰ καὶ κακὰ κατατίθενται ἐν προαιρέσει μόνῃ, πάντα δὲ ἀδιάφορα τῷ ἰδίῳ λόγῳ φασὶν εἶναι τὰ χωρὶς προαιρέσεως ἐξεταζόμενα· τὴν δὲ προαίρεσιν τούτοις χρωμένην δεόντως μὲν, ἐπαινετὴν εἶναι· οὐ δεόντως δὲ, ψεκτήν. εἶπον οὖν ἐν τῷ περὶ ἀδιαφόρων τόπῳ, ὅτι τῷ ἰδίῳ λόγῳ θυγατράσι μίγνυσθαι ἀδιάφορόν ἐστιν, εἰ καὶ μὴ χρὴ ἐν ταῖς καθεστώσαις πολιτείαις τὸ τοιοῦτον ποιεῖν. καὶ

ὑποθέσεως χάριν, πρὸς παράστασιν τοῦ ἀδιάφορον εἶναι τὸ τοιοῦτον, παρειλήφασι τὸν σοφὸν μετὰ τῆς θυγατρὸς μόνης καταλελειμμένον, παντὸς τοῦ τῶν ἀνθρώπων γένους διεφθαρμένου· καὶ ζητοῦσιν, εἰ καθηκόντως ὁ πατὴρ συνελεύσεται τῇ θυγατρί· ὑπὲρ τοῦ μὴ ἀπολέσθαι, κατ' αὐτὴν τὴν ὑπόθεσιν, τὸ πᾶν τῶν ἀνθρώπων γένος. ἆρ' οὖν παρὰ μὲν Ἕλλησιν ὑγιῶς ταῦτα λέγεται, καὶ οὐκ εὐκαταφρόνητος αὐτοῖς αἵρεσις ἡ τῶν Στωϊκῶν συναγορεύει· ἐπὰν δὲ κόρια περὶ ἐκπυρώσεως τοῦ κόσμου μεμαθηκότα, οὐ τετρανωκότα δὲ, ἰδόντα πῦρ
10 διειληφὸς τὴν πόλιν αὐτῶν καὶ τὴν χώραν, ὑπολαμβάνοντα ζώπυρον τοῦ γένους τῶν ἀνθρώπων καταλελεῖφθαι ἐν τῷ πατρὶ καὶ αὐταῖς, βουληθῇ διὰ τὴν τοιανδὶ ὑπόληψιν συστήσασθαι τὸν κόσμον, ἐλάττονα ἔσται τοῦ κατὰ τὴν τῶν Στωϊκῶν ὑπόθεσιν σοφοῦ καθηκόντως ἐν τῇ φθορᾷ τῶν πάν- (1) των ἀνθρώπων μιγνυμένου ταῖς θυγατράσιν; οὐκ ἀγνοῶ δ' ὅτι προσκόψαντές τινες τῷ βουλήματι τῶν τοῦ Λὼτ θυγατέρων, καὶ ἀνόσιον τὸ ἔργον εἶναι ὑπειλήφασι· καὶ ὡς ἐξ ἀνοσίων μίξεων εἰρήκασι γεγονέναι ἔθνη ἐπάρατα, τὸ Μωαβιτῶν καὶ τὸ Ἀμμανιτῶν. καὶ ἀληθῶς γε οὐχ εὑρίσκεται ἡ
20 θεία γραφὴ σαφῶς παραδεξαμένη ὡς καλῶς γεγενημένον τὸ τοιοῦτον, ἢ αἰτιασαμένη καὶ μεμψαμένη. πλὴν, ὅπως ποτὲ ἔχει τὸ γενόμενον, ἀνάγεται μὲν ἐπὶ τροπολογίαν, ἔχει δέ τινα καὶ καθ' αὑτὸ ἀπολογίαν.

46. Παραρρίπτει δ' ὁ Κέλσος "τὴν ἀπέχθειαν," οἶμαι τοῦ Ἡσαῦ πρὸς τὸν Ἰακὼβ, ἀνδρὸς κατὰ τὴν γραφὴν ὁμολογουμένου φαύλου· καὶ μὴ σαφῶς ἐκτιθέμενος "τὰ περὶ τὸν Συμεὼν καὶ τὸν Λευΐ, ἐπεξελθόντας τῇ ὕβρει τῆς ἀδελφῆς, βιασθείσης ὑπὸ τοῦ υἱοῦ τοῦ βασιλέως Σικίμων," σφᾶς αἰτιᾶται· "ἀδελφοὺς δὲ πωλοῦντας," τοὺς υἱοὺς λέγει τοῦ Ἰακώβ·
30 καὶ ἀδελφὸν πιπρασκόμενον, τὸν Ἰωσήφ· καὶ πατέρα ἐξαπατώμενον, τὸν Ἰακὼβ, ἐπεὶ "μηδὲν ὑπονοήσας περὶ τῶν υἱῶν

(1) "Clem. Alex. Strom. II. Ἔτι κατὰ μὲν τοὺς ἀπὸ τῆς Στοᾶς ἀδιάφορον ὅ τε γάμος, ἥ τε παιδοτροφία. Theodoret. Serm. XII. de virtute activa: Οἱ δὲ τῆς Ποικίλης, μέσην τινὰ ὁδὸν ὥδευσαν· τοῖς γὰρ ἀδιαφόροις τὸν γάμον καὶ τὴν παιδογονίαν ξυνέζευξαν." Spencer.

ἐπιδεικνύντων τὸν ποικίλον χιτῶνα τοῦ Ἰωσὴφ, ἀλλὰ πιστεύσας αὐτοῖς, ἐπένθει ὡς ἀπωλολότα τὸν Ἰωσὴφ, ἐν Αἰγύπτῳ δουλεύοντα." ὅρα δὲ, τίνα τρόπον ἀπεχθῶς καὶ οὐ φιλαλήθως συνήγαγε τὰ ἀπὸ τῆς ἱστορίας ὁ Κέλσος· ὥστε ὅπου μὲν ἐδόκει αὐτῷ κατηγορίαν περιέχειν ἡ ἱστορία, ἐκτίθεται αὐτήν· ὅπου δὲ σωφροσύνης ἀξιολόγου ἐπίδειξις γεγένηται, τοῦ Ἰωσὴφ οὐκ ἐνδόντος πρὸς τὸν ἔρωτα τῆς νομιζομένης δεσποίνης, πῆ μὲν παρακαλούσης, πῆ δ' ἀπειλούσης, οὐδ' ὑπεμνήσθη τῆς ἱστορίας. πολλῷ γὰρ κρείττονα τῶν κατὰ
(1) τὸν Βελλεροφόντην ἱστορουμένων ἴδοιμεν ἂν τὸν Ἰωσήφ,
(2) ἑλόμενον κατακλεισθῆναι ἐν φυλακῇ, ἤπερ ἀποθέσθαι(2) τὸν σώφρονα· δυνάμενος οὖν ἀπολογήσασθαι καὶ δικαιολογήσασθαι πρὸς τὴν κατηγορήσασαν, μεγαλοψύχως ἀπεσιώπησε, τῷ Θεῷ ἐπιτρέψας τὰ καθ' ἑαυτόν.

47. Μετὰ ταῦτα ὁ Κέλσος ὁσίας ἕνεκεν, μετὰ πάσης
(3) ἀσαφείας, ὑπομιμνήσκεται " τῶν ὀνειράτων τοῦ ἀρχιοινοχόου καὶ τοῦ ἀρχισιτοποιοῦ, καὶ τοῦ Φαραὼ, καὶ τῆς λύσεως αὐτῶν·
(4)
(5) ἐξ ἧς προήχθη ἀπὸ τῆς φυλακῆς ἐπὶ τὸ ἐμπιστευθῆναι ὑπὸ τοῦ Φαραὼ τὸν δεύτερον κατ' Αἰγυπτίων θρόνον ὁ Ἰωσήφ." τί οὖν ἄτοπον εἶχεν ὁ λόγος τῆς ἱστορίας καὶ καθ' ἑαυτὸν, ὅτι αὐτὰ ἔθηκεν ἐν μέρει κατηγορίας, ὁ ἀληθῆ λόγον ἐπιγράψας τὸν οὐ δόγματα ἐκτιθέμενον, ἀλλὰ Χριστιανῶν καὶ Ἰουδαίων κατηγορήσαντα; καὶ " τοῖς πωλήσασί γε ἀδελφοῖς λιμώττουσι, καὶ σταλεῖσι κατ' ἐμπορίαν μετὰ τῶν ὄνων, φησὶ χαριζόμενον τὸν πραθέντα πεποιηκέναι," ἃ οὐδὲ παρέστησεν ὁ Κέλσος. καὶ τὸν ἀναγνωρισμὸν δὲ τίθησιν· οὐκ οἶδα τί βουλόμενος, καὶ τί ἐμφαίνων ἄτοπον ἐκ τοῦ ἀναγνωρισμοῦ· οὐδὲ γὰρ, ὡς
(6) ἔστιν εἰπεῖν, καὶ αὐτῷ τῷ Μώμῳ δυνατὸν ἦν τούτων εὐλόγως

(1) Anteà ἴδωμεν. W. S. Vide Homeri Iliad., Lib. VI. 160, et Juvenal. Satir. X. 325.
(2) Sic mutandum censui. Anteà ἀπολέσθαι. Vide Eph. iv. 22. W. S. Edd. Spenc. et Ruaei in textu quidem: τὸν σώφρονα, ed. vero Ruaei in notis: "Legendum videtur: νοῦν σώφρονα, vel τὸ σῶφρον." L.
(3) Gen. xl. 5—15.
(4) Sic recte MSS. Hoeschel. vero et Spencerus: ἑξῆς προήχθη. R.
(5) Sic recte MSS. Hoeschel. vero et Spencer.: ὑπὲρ τοῦ ἐμπιστευθῆναι. R.
(6) Libri editi in margine male: κόσμῳ. R.

κατηγορεῖν, καὶ χωρὶς τῆς τροπολογίας ἐχόντων πολὺ τὸ ἀγωγόν. τίθησι δὲ καὶ "τὸν εἰς δοῦλον πραθέντα Ἰωσὴφ ἐλευθερούμενον, καὶ μετὰ πομπῆς ἐπανιόντα πρὸς τὸν τοῦ (1) πατρὸς τάφον·" καὶ νομίζει κατηγορίαν περιέχειν τὸν λόγον, εἰπὼν τό· "ὑφ' οὗ, δῆλον δ' ὅτι τοῦ Ἰωσὴφ, τὸ λαμπρὸν καὶ θεσπέσιον Ἰουδαίων γένος, ἐπὶ πλῆθος ἐν Αἰγύπτῳ σπαρέν, ἔξω που παροικεῖν, καὶ ποιμαίνειν ἐν τοῖς ἀτίμοις ἐκελεύσθη." καὶ προσέθηκεν ἀπὸ τῆς μισητικῆς ἑαυτοῦ προαι- (2) ρέσεως τὸ "ἐν ἀτίμοις αὐτοὺς κεκελεῦσθαι ποιμαίνειν·" οὐ παραστήσας, πῶς Γεσὲμ ὁ Αἰγυπτίων νομὸς ἄτιμός ἐστι. (3)(4) τὴν δ' ἀπ' Αἰγύπτου ἔξοδον τοῦ λαοῦ φυγὴν ὠνόμασεν· οὐδὲ τὴν ἀρχὴν ὑπομνησθεὶς τῶν ἐν τῇ Ἐξόδῳ γεγραμμένων περὶ τῆς ἐξόδου τῶν Ἑβραίων ἐκ γῆς Αἰγύπτου. ἐξεθέμεθα δὲ καὶ ταῦτα, παραδεικνύντες ὅτι καὶ τὰ μηδὲ κατὰ τὸ ῥητὸν τοῦ κατηγορεῖσθαι φανέντα ἄξια ἔθηκεν ἐν μοίρᾳ κατηγορίας καὶ φλυαρίας. ὁ Κέλσος, μὴ παραστήσας λόγῳ ὃ οἴεται μοχθηρὸν τῆς γραφῆς ἡμῶν.

48. Εἶτα, ὡς εἰς τὸ μισεῖν μόνον καὶ ἀπεχθάνεσθαι τῷ κατ' Ἰουδαίους καὶ Χριστιανοὺς λόγῳ ἑαυτὸν ἐπιδεδωκὼς, φησὶν, ὅτι "καὶ Ἰουδαίων καὶ Χριστιανῶν οἱ ἐπιεικέστεροι ταῦτ' ἀλληγοροῦσι." λέγει δὲ "αἰσχυνομένους ἐπὶ τούτοις, (5) καταφεύγειν ἐπὶ τὴν ἀλληγορίαν." εἴποι δ' ἄν τις πρὸς αὐτὸν, ὅτι εἴπερ αἰσχύνης ἄξια τὰ κατὰ τὴν πρώτην ἐκδοχὴν χρὴ λέγειν μύθων καὶ ἀναπλασμάτων, εἴτε δι' ὑπονοίας γεγραμμένων, εἴτε ἄλλως ὁπωσοῦν· ἐπὶ τίνων τοῦτο, ἢ ἐπὶ τῶν Ἑλληνικῶν χρὴ λέγειν ἱστοριῶν; ἐν αἷς υἱοὶ θεοὶ πατέρας (6) θεοὺς ἐκτέμνουσι, καὶ πατέρες θεοὶ υἱοὺς θεοὺς καταπίνουσι· καὶ θεὰ μήτηρ ἀντιδίδωσιν υἱοῦ, τῷ πατρὶ ἀνδρῶν τε θεῶν τε,

(1) Cfr. Gen. 1.
(2) Libri editi κελευσθέν, sed Codd. Reg. et Basil. rectius: ἐκελεύσθη. R.
(3) Gen. xlvii. 6.
(4) Libri editi male pro: νομός, habent: νόμος. Iidem post: νομός, recte videntur omittere: ἡ βοσκὴ καὶ ὁ τόπος, quae tamen in Cod. Basil. reperiuntur. R.
(5) Libri editi in textu: Λέγοι κ.τ.λ., sed MSS. ut in nostro textu. R.
(6) Libri editi male: πατέρας υἱοὺς ἐκτέμνουσι. R.—Boherell. Lege: πατέρας θεοὺς ἐκτέμνουσι.

ORIGENIS CONTRA CELSVM LIB. IV. 285

(1) λίθον· καὶ πατὴρ θυγατρὶ μίγνυται· καὶ γυνὴ καταδεῖ τὸν ἄνδρα, συνεργοὺς εἰς τοὺς δεσμοὺς παραλαμβάνουσα τὸν ἀδελφὸν τοῦ καταδουμένου, καὶ τὴν θυγατέρα αὐτοῦ. καὶ τί με δεῖ καταλέγειν τὰς περὶ θεῶν ἀτόπους Ἑλλήνων ἱστορίας, αἰσχύνης αὐτόθεν ἀξίας, καὶ ἀλληγορουμένας; ὅπου γε ὁ Σολεὺς Χρύσιππος, ὁ τὴν Στοὰν τῶν φιλοσόφων πολλοῖς συγγράμμασι συνετοῖς κεκοσμηκέναι νομιζόμενος, παρερμη- (2) νεύει γραφὴν τὴν ἐν Σάμῳ, ἐν ᾗ ἀρρητοποιοῦσα ἡ Ἥρα τὸν (3) Δία ἐγέγραπτο. λέγει γὰρ ἐν τοῖς ἑαυτοῦ συγγράμμασιν ὁ σεμνὸς φιλόσοφος, ὅτι τοὺς σπερματικοὺς λόγους τοῦ 10 θεοῦ ἡ ὕλη παραδεξαμένη ἔχει ἐν ἑαυτῇ εἰς κατακόσμησιν τῶν ὅλων· ὕλη γὰρ ἡ ἐν τῇ κατὰ τὴν Σάμον γραφῇ, ἡ Ἥρα, καὶ ὁ θεὸς ὁ Ζεύς. καὶ διὰ ταῦτα δὴ ἡμεῖς, καὶ διὰ τοὺς τοιούτους μύθους καὶ ἄλλους μυρίους, οὐδὲ μέχρις ὀνόματος θέλομεν Δία καλεῖν τὸν ἐπὶ πᾶσι Θεόν, οὐδ' Ἀπόλλωνα τὸν ἥλιον, οὐδ' Ἄρτεμιν τὴν σελήνην· ἀλλὰ καθαρὰν εὐσέβειαν εἰς τὸν δημιουργὸν ἀσκοῦντες, καὶ τὰ καλὰ αὐτοῦ δημιουργήματα εὐφημοῦντες, οὐδὲ μέχρι ὀνόματος χραίνομεν τὰ θεῖα· ἀποδεχόμενοι τοῦ Πλάτωνος τὸν ἐν Φιλήβῳ λόγον, (4) μὴ βουληθέντος τὴν ἡδονὴν παραδέξασθαι θεόν· "τὸ γὰρ 20 ἐμὸν, φησὶ, δέος, ὦ Πρώταρχε, περὶ τὰ τῶν θεῶν ὀνόματα τοιόνδε ἐστίν." ἡμεῖς οὖν ἀληθῶς ἔχομεν δέος περὶ τὸ ὄνομα τοῦ Θεοῦ, καὶ τῶν καλῶν αὐτοῦ δημιουργημάτων, ὡς μηδὲ προφάσει τροπολογίας μῦθόν τινα παραδέξασθαι ἐπὶ βλάβῃ τῶν νέων.

49. Εἰ δ' ἀδεκάστως ἀνεγνώκει τὴν γραφὴν ὁ Κέλσος, οὐκ ἂν εἶπεν "οὐχ οἷα ἀλληγορίαν ἐπιδέχεσθαι εἶναι τὰ γράμματα ἡμῶν." ἀπὸ γὰρ τῶν προφητειῶν, ἐν αἷς τὰ ἀπὸ

(1) Apollodorus Lib. I. de origine deorum: 'Ρέα δὲ, λίθον σπαργανώσασα, δέδωκε Κρόνῳ καταπιεῖν, ὡς τὸν γεγενημένον παῖδα. Spencer. R.
(2) Theophil. Antioch. III. ad Autolyc. pag. 118, coll. Laert. in Chrysippo. Spenc. R.
(3) Sic MSS. Libri editi in textu: ἐν οἷς ἀρρητοποιοῦσα. R.
(4) Cfr. Plato in Philebo pag. 12, ubi haec leguntur. Τὸ δὲ ἐμὸν δέος, ὦ Πρώταρχε, ἀεὶ πρὸς τὰ τῶν θεῶν ὀνόματα οὐκ ἔστι κατ' ἄνθρωπον, ἀλλὰ πέρα τοῦ μεγίστου φόβου. Cfr. Lib. I. contra Cels. num. 25. L.

τῆς ἱστορίας γέγραπται, οὐκ ἀπὸ τῆς ἱστορίας ἐστὶ προσαχθῆ- (1)
ναι καὶ ταῖς ἱστορίαις ὡς σκοπῷ τροπολογίας γεγραμμέναις,
καὶ σοφώτατα οἰκονομηθείσαις· ἐστοχασμένως τοῦ τε πλήθους (2)
τῶν ἁπλούστερον πιστευόντων, καὶ τῶν ὀλίγων μετὰ συνέ-
σεως ἐξετάζειν τὰ πράγματα βουλομένων, ἢ καὶ δυναμένων.
καὶ εἰ μὲν οἱ σήμερον νομιζόμενοι κατὰ Κέλσον ἐπιεικεῖς ἀπὸ
Ἰουδαίων καὶ Χριστιανῶν ἡλληγόρουν τὰ γεγραμμένα, τάχα
ἂν πιθανόν τι λέγειν ὑπενοεῖτο ὁ Κέλσος. ἐπεὶ δ' αὐτοὶ οἱ
πατέρες τῶν δογμάτων καὶ συγγραφεῖς τὰ τοιαῦτα τρο-
10 πολογοῦσι, τί ἐστιν ἄλλο ὑπονοῆσαι, ἢ ὅτι οὕτως ἐγράφη,
ὥστε τροπολογεῖσθαι αὐτὰ κατὰ τὸν προηγούμενον νοῦν;
ὀλίγα δ' ἀπὸ πάνυ πολλῶν παραθησόμεθα πρὸς τὸ δεῖξαι,
ὅτι μάτην συκοφαντεῖ τοὺς λόγους ὁ Κέλσος, ὡς "οὐχ οἵους
τε ἐπιδέξασθαι ἀλληγορίαν." φησὶ δὴ ὁ τοῦ Ἰησοῦ ἀπό-
στολος Παῦλος· "ἐν τῷ νόμῳ γέγραπται· οὐ φιμώσεις (3)
βοῦν ἀλοῶντα. μὴ τῶν βοῶν μέλει τῷ Θεῷ; ἢ δι' ἡμᾶς
πάντως λέγει; δι' ἡμᾶς γὰρ ἐγράφη, ὅτι ὀφείλει ἐπ' ἐλπίδι
ὁ ἀροτριῶν ἀροτριᾶν· καὶ ὁ ἀλοῶν ἐπ' ἐλπίδι τοῦ μετέ- (4)(5)
χειν." καὶ ἀλλαχοῦ φησιν ὁ αὐτός· "γέγραπται γὰρ, ὅτι (6)
20 ἕνεκεν τούτου καταλείψει ἄνθρωπος τὸν πατέρα, καὶ τὴν
μητέρα, καὶ προσκολληθήσεται πρὸς τὴν γυναῖκα αὐτοῦ, καὶ
ἔσονται οἱ δύο εἰς σάρκα μίαν. τὸ μυστήριον τοῦτο μέγα
ἐστίν· ἐγὼ δὲ λέγω εἰς Χριστὸν, καὶ εἰς τὴν ἐκκλησίαν." καὶ
πάλιν ἐν ἄλλῳ τόπῳ· "οἴδαμεν δὲ, ὅτι οἱ πατέρες ἡμῶν (7)
πάντες ὑπὸ τὴν νεφέλην ἦσαν, καὶ πάντες διὰ τῆς θαλάσσης
διῆλθον, καὶ πάντες εἰς τὸν Μωϋσῆν ἐβαπτίσαντο, ἐν τῇ
νεφέλῃ, καὶ ἐν τῇ θαλάσσῃ." εἶθ' ἑρμηνεύων τὴν περὶ τοῦ
μάννα ἱστορίαν, καὶ τὴν περὶ τοῦ ὕδατος ἐκ πέτρας ἐξελη-

---

(1) Libri editi in mar‿ine: οὐχ ὡς ἀπὸ τῆς ἱστορίας ἐστὶ πραχθῆναι. R.
(2) Hoeschel. in textu οἰκονομηθῆναι. R.
(3) 1 Cor. ix. 9, 10, coll. Deut. xxv. 4, et 1 Tim. v. 18.
(4) Vulgatus Apostoli textus: καὶ ὁ ἀλοῶν τῆς ἐλπίδος αὐτοῦ μετέχειν, ἐπ' ἐλπίδι. R.
(5) Ed. Ruaei: ὁ ἀλοῶν ἐλπίδι τοῦ μετέχειν.
(6) Ephes. v. 31, 32, coll. Genes. ii. 24.
(7) 1 Cor. x. 1, 2.

λυθέναι αναγεγραμμένου παραδόξως, τοιαύτα λέγει· "καὶ πάντες τὸ αυτὸ βρῶμα πνευματικὸν ἔφαγον, καὶ πάντες τὸ αυτὸ πνευματικὸν ἔπιον πόμα. ἔπινον γὰρ ἐκ πνευματικῆς ἀκολουθούσης πέτρας· ἡ πέτρα δὲ ἦν ὁ Χριστός." παριστὰς
(1) δὲ ὁ Ἀσὰφ, ὅτι προβλήματα καὶ παραβολαί εἰσιν αἱ κατὰ τὴν Ἔξοδον ἱστορίαι καὶ τοὺς Ἀριθμοὺς, ὡς ἐν τῇ βίβλῳ
(2) τῶν Ψαλμῶν γέγραπται, μέλλων τῶν αὐτῶν ὑπομιμνήσκεσθαι,
(3) τοῦτον προοιμιάζεται τὸν τρόπον· "προσέχετε λαός μου
(4) τῷ νόμῳ μου, κλίνατε τὸ οὖς ὑμῶν εἰς τὰ ῥήματα τοῦ στόματός μου. ἀνοίξω ἐν παραβολαῖς τὸ στόμα μου, φθέγξομαι προβλήματα ἀπ᾽ ἀρχῆς, ὅσα ἠκούσαμεν καὶ ἔγνωμεν αὐτὰ, καὶ οἱ πατέρες ἡμῶν διηγήσαντο ἡμῖν."

50. Ἀλλὰ καὶ, εἴπερ ὁ Μωσέως νόμος μηδὲν εἶχεν ἐγγεγραμμένον δι᾽ ὑπονοιῶν δηλούμενον, οὐκ ἂν ὁ προφήτης
(5) εὐχόμενος ἔλεγε τῷ θεῷ· "ἀποκάλυψον τοὺς ὀφθαλμούς μου, καὶ κατανοήσω τὰ θαυμάσιά σου ἐκ τοῦ νόμου σου." νυνὶ δὲ ᾔδει, ὅτι ἔστι τι κάλυμμα ἀγνοίας ἐν τῇ καρδίᾳ τῶν ἀναγιγνωσκόντων, καὶ μὴ συνιέντων τὰ τροπολογούμενα, ἐπικείμενον· ὅπερ κάλυμμα περιαιρεῖται, τοῦ Θεοῦ δωρου-
(6) μένου, ἐπὰν ἐπακούσῃ τοῦ παρ᾽ ἑαυτοῦ πάντα ποιήσαντος, καὶ διὰ τὴν ἕξιν τὰ αἰσθητήρια γυμνάσαντος πρὸς διάκρισιν καλοῦ καὶ κακοῦ, καὶ ἐν τῇ εὐχῇ συνεχέστατα φήσαντος· "ἀποκάλυψον τοὺς ὀφθαλμούς μου, καὶ κατανοήσω τὰ θαυμάσιά σου ἐκ τοῦ νόμου σου." τίς δ᾽ ἀναγιγνώσκων δρά-
(7) κοντα ἐν τῷ Αἰγυπτίῳ ποταμῷ ζῶντα, καὶ τοὺς ἰχθύας

(1) Recte MSS. Male autem libri editi: μετὰ τὴν ἔξοδον. R.
(2) Vitiose in antea editis legitur: μελλόντων αὐτῶν. R.—Boherell. Lego: μέλλων τῶν αὐτῶν.
(3) Psalm. lxxviii. 1, 2 (lxxvii.).
(4) LXX. Vat.: τὸν νόμον μου.
(5) Psalm. cxix. 18 (cxviii.).
(6) Ita Cod. Jolianus. Libri autem editi: ἐπὰν ἀκούσῃ τῷ παρ᾽ ἑαυτοῦ πάντα ποιήσαντι, καὶ διὰ τὴν ἕξιν τὰ αἰσθητήρια γυμνάσαντι πρὸς διάκρισιν καλοῦ καὶ κακοῦ, καὶ ἐν τῇ εὐχῇ συνεχέστατα φήσαντι. Boherell. legendum censet: τοῦ θεοῦ δωρουμένου ἐπὰν ἀκούσῃ, τῷ παρ᾽ ἑαυτῷ πάντα ποιήσαντι, κ.τ.λ., ita ut ποιήσαντι, γυμνάσαντι, et φήσαντι, quae sequuntur, pendeant a περιαιρεῖται. R. Recte Cod. Jol. W. S.
(7) Cfr. Ezech. xxix. 3, 4.

ἐμφωλεύοντας αὐτοῦ ταῖς φολίσιν, ἢ ἀπὸ τῶν προχωρημάτων (1)
τοῦ Φαραὼ πληρούμενα τὰ Αἰγύπτου ὄρη, οὐ προάγεται
αὐτόθεν πρὸς τὸ ζητῆσαι, τίς ὁ τοσούτων δυσωδῶν προχωρημάτων
αὐτοῦ πληρῶν τὰ Αἰγυπτίων ὄρη· καὶ τίνα τὰ τῶν
Αἰγυπτίων ὄρη· καὶ τίνες οἱ ἐν Αἰγύπτῳ ποταμοὶ, περὶ ὧν
αὐχῶν λέγει ὁ προειρημένος Φαραώ· "ἐμοί εἰσιν οἱ ποταμοὶ,
καὶ ἐγὼ ἐποίησα αὐτούς·" καὶ τίς ὁ ἀνάλογον τοῖς ἀποδειχθησομένοις
ἀπὸ τῆς ἑρμηνείας ποταμοῖς δράκων· καὶ τίνες οἱ
ἐν ταῖς φολίσιν αὐτοῦ ἰχθύες; καὶ τί με δεῖ ἐπὶ πλείονα
10 κατασκευάζειν τὰ μὴ δεόμενα κατασκευῆς; ἐφ᾽ οἷς λέγεται τό·
"τίς σοφὸς, καὶ συνήσει ταῦτα; ἢ συνετὸς, καὶ ἐπιγνώσεται (2)
αὐτά;" ἐπὶ πλεῖον δ᾽ ἐξέτεινα τὸν λόγον, βουλόμενος παραστῆσαι,
μὴ ὑγιῶς εἰρῆσθαι τῷ Κέλσῳ, ὅτι "οἱ ἐπιεικέστεροι
Ἰουδαίων καὶ Χριστιανῶν πειρῶνταί πως ἀλληγορεῖν αὐτὰ,
ἔστι δ᾽ οὐχ οἷα ἀλληγορίαν ἐπιδέχεσθαί τινα, ἀλλ᾽ ἄντικρυς
εὐηθέστατα μεμυθολόγηται." πολλῷ γὰρ μᾶλλον τὰ Ἑλ- (3)
λήνων οὐ μόνον εὐηθέστατα, ἀλλὰ καὶ ἀσεβέστατα μεμυθολόγηται·
τὰ γὰρ ἡμέτερα ἐστόχασται καὶ τοῦ πλήθους τῶν
ἁπλουστέρων· ὅπερ οἱ τὰ Ἑλληνικὰ πλάσματα ποιήσαντες
20 οὐκ ἐφυλάξαντο· διόπερ οὐκ ἀχαρίστως ὁ Πλάτων ἐκβάλλει
τῆς ἑαυτοῦ πολιτείας τοὺς τοιουσδὶ μύθους καὶ τὰ τοιαδὶ
ποιήματα.

51. Δοκεῖ δέ μοι καὶ ἀκηκοέναι, ὅτι ἐστὶ συγγράμματα
περιέχοντα τὰς τοῦ νόμου ἀλληγορίας· ἅπερ εἰ ἀνεγνώκει,
οὐκ ἂν ἔλεγεν· "αἱ γοῦν δοκοῦσαι περὶ αὐτῶν ἀλληγορίαι
γεγράφθαι, πολὺ τῶν μύθων αἰσχίους εἰσὶ καὶ ἀτοπώτεραι, τὰ
μηδαμῆ μηδαμῶς ἁρμοσθῆναι δυνάμενα θαυμαστῇ τινι καὶ
παντάπασιν ἀναισθήτῳ μωρίᾳ συνάπτουσαι." ἔοικε δὲ περὶ
τῶν Φίλωνος συγγραμμάτων ταῦτα λέγειν, ἢ καὶ τῶν ἔτι
30 ἀρχαιοτέρων, ὁποῖά ἐστι τὰ Ἀριστοβούλου[4]. στοχάζομαι (4)
δὲ τὸν Κέλσον μὴ ἀνεγνωκέναι τὰ βιβλία, ἐπεὶ πολλαχοῦ

(1) Ezech. xxxii. 5, 6.
(2) Hos. xiv. 10.
(3) Sic recte omnino Cod. Jolianus secunda manu. Male autem libri editi: ἀληθέστατα. R.
(4) Vid. Spenceri notam.

ούτως επιτετεύχθαί μοι φαίνεται, ώστε αιρεθήναι άν και τους εν Έλλησι φιλοσοφούντας από των λεγομένων· εν οις ου μόνον φράσις εξήσκηται, αλλά και νοήματα, και δόγματα, και η χρήσις των ως οίεται από των γραφών μύθων ο Κέλσος. εγώ (1) δ' οίδα και Νουμήνιον(1) τον Πυθαγόρειον, άνδρα πολλώ κρείττον διηγησάμενον Πλάτωνα, και των Πυθαγορείων δογμάτων (2) πρεσβεύσαντα, πολλαχού των συγγραμμάτων αυτού εκτιθέμενον τα Μωϋσέως και των προφητών, και ουκ απιθάνως αυτά τροπολογούντα, ώσπερ εν τω καλουμένω Έποπι, και εν τοις " περί αριθμών," και εν τοις "περί τόπου." εν δε τω τρίτω 10 " περί τάγαθού " εκτίθεται και περί του Ιησού ιστορίαν τινά, το όνομα αυτού ου λέγων, και τροπολογεί αυτήν· πότερον δ' επιτετευγμένως, ή αποτετευγμένως, άλλου καιρού εστιν ειπείν. εκτίθεται και την περί Μωϋσέως, και Ιαννού και Ιαμβρού (3) ιστορίαν. Αλλ' ουκ εν εκείνη(3) σεμνυνόμεθα· αποδεχόμεθα δ' αυτόν μάλλον Κέλσου και άλλων Ελλήνων, βουληθέντα φιλομαθώς και τα ημέτερα εξετάσαι, και κινηθέντα ως περί τροπολογουμένων και ου μωρών συγγραμμάτων.

52. Εξής δε τούτοις επιλεξάμενος από πάντων συγγραμμάτων, των περιεχόντων αλληγορίας και διηγήσεις μετά 20 (4) ουκ ευκαταφρονήτου λέξεως και φράσεως, το ευτελέστερον και δυνάμενον μεν τι προς τους πολλούς και απλουστέρους πίστεως χάριν συμβαλέσθαι, ου μην οιόν τε και συνετωτέρους κινήσαι, φησίν· " οίαν δη και Παπίσκου τινός και Ιάσονος αντιλογίαν έγνων, ου γέλωτος, αλλά μάλλον ελέους και μίσους αξίαν. έμοιγ' ουν ου ταύτ' ελέγχειν πρόκειται· έστι γαρ παντί που δήλα, και μάλιστα ει τις υπομείναι και ανάσχοιτο αυτών επακούσαι των συγγραμμάτων. αλλ' εκείνο μάλλον εθέλω διδάξαι την φύσιν, ότι ο Θεός ουδέν θνητόν εποίησεν· αλλά Θεού μεν έργα, όσα αθάνατα· θνητά δ' εκείνων. και 30

(1) Vid. 1. 15 et Sp. notam.
(2) MSS. πρεσβεύσαντα. Libri editi: πιστεύσαντα. Ego vero locum integrum sic lego: καὶ τὰ τῶν Πυθαγορείων δόγματα πρεσβεύσαντα. R.
(3) Boherell. Lege: ἐκείνῳ.
(4) Καὶ φράσεως] Haec in editis omissa, supplentur e Codd. MSS. R.

ψυχὴ μὲν, Θεοῦ ἔργον· σώματος δὲ ἄλλη φύσις. καὶ ταύτῃ γε οὐδὲν διοίσει νυκτερίδος, ἢ εὐλῆς, ἢ βατράχου, ἢ ἀνθρώπου, (1) σῶμα. ὕλη γὰρ ἡ αὐτή, καὶ τὸ φθαρτὸν αὐτῶν ὅμοιον." οὐδὲν δ' ἧττον ἐβουλόμην πάνθ' ὁντινοῦν ἀκούσαντα δεινολογοῦντος Κέλσου, καὶ φάσκοντος τὸ ἐπιγεγραμμένον σύγγραμμα, Ἰάσονος καὶ Παπίσκου ἀντιλογίαν περὶ Χριστοῦ, οὐ γέλωτος, ἀλλὰ μίσους ἄξιον εἶναι, λαβεῖν εἰς χεῖρας τὸ συγγραμμάτιον, καὶ ὑπομεῖναι καὶ ἀνασχέσθαι ἀκοῦσαι τῶν ἐν αὐτῷ· ἵν' αὐτόθεν καταγνῶ τοῦ Κέλσου, μηδὲν εὑρίσκων μίσους ἄξιον ἐν τῷ βιβλίῳ. ἐὰν δ' ἀδεκάστως τις ἐντυγχάνῃ, εὑρήσει ὅτι οὐδ' ἐπὶ γέλωτα κινεῖ τὸ βιβλίον, ἐν ᾧ ἀναγέγραπται Χριστιανὸς Ἰουδαίῳ διαλεγόμενος ἀπὸ τῶν Ἰουδαϊκῶν γραφῶν, καὶ δεικνὺς τὰς περὶ τοῦ Χριστοῦ προφητείας ἐφαρμόζειν τῷ Ἰησοῦ· καίτοι γε οὐκ ἀγεννῶς, οὐδ' ἀπρεπῶς τῷ Ἰουδαϊκῷ προσώπῳ τοῦ ἑτέρου ἱσταμένου πρὸς τὸν λόγον.

53. Οὐκ οἶδα δ' ὅπως τὰ ἄμικτα, καὶ οὐ πεφυκότα ἅμα συμβαίνειν ἀνθρωπίνῃ φύσει, συναγαγὼν, εἶπε "τὸ βιβλίον ἐκεῖνο ἐλέους καὶ μίσους ἄξιον εἶναι." πᾶς γὰρ ὁμολογήσει, τὸν ἐλεούμενον μὴ μισεῖσθαι ὅτ' ἐλεεῖται, καὶ τὸν μισούμενον μὴ ἐλεεῖσθαι ὅτε μισεῖται. διὰ τοῦτο δὲ μὴ προκεῖσθαι ἐλέγχειν φησὶ ταῦτα ὁ Κέλσος, ἐπεὶ οἴεται αὐτὰ παντί που δῆλα εἶναι, καὶ πρὸ τοῦ ἐπαγομένου λογικῶς ἐλέγχου, ὡς φαῦλα καὶ ἐλέους καὶ μίσους ἄξια. παρακαλοῦμεν δὲ τὸν ἐντυγχάνοντα τῇ ἀπολογίᾳ ταύτῃ πρὸς τὴν Κέλσου κατηγορίαν γεγραμμένῃ, ἀνασχέσθαι καὶ ἐπακοῦσαι τῶν συγγραμμάτων ἡμῶν, καὶ, ὅση δύναμις, ἐκ τῶν γεγραμμένων στοχάσασθαι τῆς προαιρέσεως τῶν γραψάντων, καὶ τῆς συνειδήσεως, καὶ τῆς διαθέσεως· εὑρήσει γὰρ ἄνδρας διαπύρως περὶ ὧν ὑπειλήφασι διατεινομένους· τινὰς δὲ ἐμφαίνοντας καὶ ἱστορίαν ἑωραμένην (2) καὶ καταληφθεῖσαν ἀναγράφειν, ὡς παράδοξον καὶ γραφῆς (3) ἀξίαν, ἐπ' ὠφελείᾳ τῶν ἀκουσομένων. ἢ τολμάτω τις λέγειν,

(1) Boherell. "Forte: τὸ ἀνθρώπου σῶμα. Quamquam nihil necesse. Vide tamen libr. huj. num. 54; sed vide quoque libri huj. num. 56." L.
(2) Edd. Spenc.: ·καὶ τὸ ἱστορίαν, κ.τ.λ. L.
(3) Edd. Spenc. et Ruaei in textu: καταλειφθεῖσαν. Jam Boherell. vero, quem Ruaeus sequitur, in notis: "Lego: καταληφθεῖσαν." L.

(1) μὴ πάσης ὠφελείας εἶναι πηγὴν καὶ ἀρχὴν τὸ πιστεῦσαι τῷ τῶν ὅλων Θεῷ, καὶ πάντα πράττειν κατ' ἀναφορὰν τοῦ ἐκείνῳ ἀρέσκειν περὶ οὑτινοσοῦν, καὶ μηδὲν ἀπάρεστον αὐτῷ μηδ' ἐνθυμεῖσθαι, ὡς οὐ μόνον λόγων καὶ ἔργων, ἀλλὰ καὶ διαλογισμῶν, κριθησομένων. καὶ τίς ἂν ἄλλος λόγος ἐπιστρεφέσ-
(2) τερον προσάγοι τὴν ἀνθρωπίνην φύσιν τῷ εὖ ζῆν, ὡς ἡ πίστις, ἢ ἡ διάληψις περὶ τοῦ πάντ' ἐφορᾶν τὸν ἐπὶ πᾶσι Θεὸν τὰ ὑφ' ἡμῶν λεγόμενα καὶ πραττόμενα, ἀλλὰ καὶ λογιζόμενα; παραβαλλέτω γὰρ ὁ βουλόμενος ἄλλην ὁδὸν ἐπιστρέφουσαν ἅμα καὶ βελτιοῦσαν οὐ μόνον ἕνα πού καὶ δεύτερον, ἀλλ', ὅση δύναμις, καὶ πλείστους ὅσους, ἵνα τις τῇ παραθέσει ἀμφοτέρων
(3) τῶν ὁδῶν ἀκριβῶς κατανοήσῃ τὸν διατιθέντα πρὸς τὸ καλὸν λόγον.

54. Ἐπεὶ δ' ἐν ᾗ ἐξεθέμην τοῦ Κέλσου λέξει παραφρα-
(4) ζούσῃ ἀπὸ τοῦ Τιμαίου τινὰ γέγραπται, ὡς "ἄρα ὁ μὲν Θεὸς οὐδὲν θνητὸν ἐποίησεν, ἀλλὰ μόνα τὰ ἀθάνατα, τὰ δὲ θνητὰ
(5) ἄλλων ἐστὶν ἔργα. καὶ ψυχὴ μὲν, Θεοῦ ἔργον· σώματος δὲ ἄλλη φύσις· καὶ οὐδὲν διοίσει σῶμα ἀνθρώπου σώματος νυκτερίδος, ἢ εὐλῆς, ἢ βατράχου. ὕλη γὰρ ἡ αὐτὴ, καὶ τὸ φθαρτὸν αὐτῶν ὅμοιον"· φέρε, καὶ περὶ τούτων ἐπ' ὀλίγον διαλά-
βωμεν, ἐλέγχοντες τὸν ἤτοι μὴ προσποιούμενον τὴν ἑαυτοῦ
(6) Ἐπικούρειον γνώμην, ἢ, ὡς ἂν εἴποι ἄν τις, ὕστερον μεταθέμενον ἐπὶ τὰ βελτίω, ἢ καὶ, ὡς ἂν ἕτερος λέγοι, τὸν ὁμώνυμον τῷ Ἐπικουρείῳ. τοιαῦτα γὰρ ἐχρῆν αὐτὸν ἀποφαινόμενον, καὶ ἐναντία λέγειν οὐ μόνον ἡμῖν προθέμενον, ἀλλὰ καὶ οὐκ
(7) ἀγεννεῖ φιλοσόφων αἱρέσει τῶν ἀπὸ τοῦ Κιττιέως Ζήνωνος,

(1) Sic MSS. Libri editi: μὴ φάσης σοφίας εἶναι πηγήν, κ.τ.λ. R.
(2) Libri editi: προσάγει, sed MSS. rectius: προσάγοι. R.
(3) In textu edd. Spenc. uncis inclusum legitur: τό, margine vero adscriptum est: τόν.
(4) Plato in Timaeo, pp. 41 et 69.
(5) Edd. Spenc. et Ruaei in textu: ἄλλων ἐστὶν ἔργα. Boherell. "Forte: αὐτῶν ut supra num. 52, θεοῦ μὲν ἔργα, ὅσα ἀθάνατα· θνητὰ δ' ἐκείνων." Probant R. L.
(6) Geminat τὸ ἂν Atticorum more. Boherell. Not. ad Lib. I. n. 1.
(7) Tull. Lib. I. de officiis: "Sed quoniam, ut praeclare scriptum est a Platone, non nobis solum nati sumus, ortusque nostri partem patria vindicat,

κατασκευάσαι, ὅτι τὰ τῶν ζώων σώματα οὐκ ἔστιν ἔργα τοῦ Θεοῦ· καὶ ὅτι ἡ τοσαύτη περὶ αὐτὰ τέχνη οὐκ ἀπὸ τοῦ πρώτου ἐλήλυθε νοῦ. ἔδει δ᾽ αὐτὸν καὶ περὶ τῶν τοσούτων, καὶ ὑπ᾽[1] ἐνυπαρχούσης ἀφαντάστου φύσεως διοικουμέ- (1) νων παντοδαπῶν φυτῶν, καὶ πρὸς χρείαν γεγονότων οὐκ εὐκαταφρόνητον ἐν τῷ παντὶ ἀνθρώπων, καὶ τῶν ἀνθρώποις διακονουμένων ζώων, ὅπως ποτὲ ἄλλως ὄντων, μὴ ἀποφήνασθαι μόνον, ἀλλὰ καὶ διδάξαι, ὅτι μὴ τέλειός τις νοῦς τὰς τοσαύτας ἐνεποίησε ποιότητας τῇ ὕλῃ τῶν φυτῶν. εἰ δ᾽ (2)
10 ἅπαξ θεοὺς ἐποίει δημιουργοὺς πάντων σωμάτων, ὡς μόνης ψυχῆς ἔργον οὔσης Θεοῦ· πῶς οὐχὶ ἑξῆς ἦν τῷ μερίζοντι τὰ τοσαῦτα δημιουργήματα, καὶ πολλοῖς διδόντι, μετά τινος κατασκευάσαι οὐκ εὐκαταφρονήτου λόγου θεῶν διαφορὰς, τῶνδε μὲν ἀνθρώπεια κατασκευαζόντων σώματα, ἑτέρων δὲ, φέρ᾽ εἰπεῖν, κτήνεια, καὶ ἄλλων θήρεια; ἐχρῆν δ᾽ αὐτὸν, ὁρῶντα (3) θεοὺς δρακόντων, καὶ ἀσπίδων, καὶ βασιλίσκων, δημιουργοὺς, καὶ ἄλλους κατ᾽ εἶδος ἑκάστου φυτοῦ, καὶ ἑκάστης βοτάνης, λέγειν τὰς αἰτίας τῶν μερισμῶν. ἴσως γὰρ ἂν ἐπιδοὺς ἑαυτὸν τῇ ἀκριβείᾳ τῆς τῶν κατὰ τὸν τόπον βασάνου, ἤτοι ἐτήρει
20 ἕνα Θεὸν πάντων δημιουργὸν, πρός τι καὶ ἕνεκέν τινος ἕκαστον

partem parentes, partem amici: atque ut placet Stoicis, quae in terris gignuntur, ad usum hominum omnia creari, homines autem hominum causa esse generatos, ut ipsi inter se aliis alii prodesse possint: in hoc naturam debemus ducem sequi." Vide eundem, Lib. II. de natura Deorum, Senecam, Lib. II. cap. 23, de beneficiis, et Lactantium cap. 13, de ira Dei. Spenc.

(1) Sic habet Cod. Jolianus secunda manu rectius quam libri editi: καὶ ὑπὸ ἐν ὑπαρχούσης. R.

(2) Verba: τῶν φυτῶν, videntur e textu ejicienda, neque hic locum habere posse. R. Nihil mutandum. W. S.

(3) Libri editi post vocem: κτήνεια, continua serie legunt: καὶ κατὰ ἄτομον, εἶδος αὐτῶν τινας εἶναι δημιουργοὺς, καὶ ἄλλων θήρεια. Sed Boherellus: "Pro ἄτομον, malim ἀτόμων. Sed hoc levius. Diligentius observandum totam hanc ῥῆσιν (καὶ κατὰ ἄτομον εἶδος αὐτῶν τινας εἶναι δημιουργούς) non suo loco legi, substitui debet his verbis καὶ ἄλλους κατ᾽ εἶδος quæ nihil aliud sunt quam varia lectio. Prior cum excidisset, propter repetitionem vocis δημιουργούς, altera ejus locum occupavit; et postea utraque in textum recepta est, sed turbato ordine. Alterutra igitur expungi debet." Itaque priorem expunximus. Si cui autem prior prae altera videtur esse retinenda, is pro verbis: κατὰ ἄτομον εἶδος, legat: κατὰ ἀτόμων εἶδος. R. Conferendi sunt Codices. W. S.

πεποιηκότα· ἢ μὴ τηρῶν, ἑώρα τί χρὴ αὐτὸν ἀπολογήσασθαι περὶ ἀδιαφόρου τῇ αὐτοῦ φύσει πράγματος τοῦ φθαρτοῦ· (1) καὶ ὅτι οὐδὲν ἄτοπον, τὸν ἐξ ἀνομοίων συνεστηκότα κόσμον ὑπὸ ἑνὸς γεγονέναι τεχνίτου, συμφερόντως τῷ ὅλῳ τὰς διαφορὰς τῶν εἰδῶν κατασκευάζοντος· ἢ τὸ ἔσχατόν γε ἔδει αὐτὸν περὶ τηλικούτου δόγματος μηδ᾽ ἀποφαίνεσθαι τὴν ἀρχήν· εἴπερ κατασκευάζειν οὐκ ἔμελλεν, ἅπερ διδάσκειν ἐπηγγέλλετο· εἰ μὴ ἄρα ὁ ἐγκαλῶν τοῖς ψιλὴν πίστιν ἐπαγγελλομένοις, αὐτὸς ἡμᾶς πιστεύειν ἐβούλετο οἷς ἀπεφήνατο· καί 10 τοί γε οὐ τὸ ἀποφήνασθαι, ἀλλὰ τὸ διδάξαι ἐπαγγειλάμενος.

55. Οὕτω δὲ λέγω, ὅτι εἴπερ ὑπέμεινε καὶ ἠνέσχετο (2) ἐπακοῦσαι τῶν, ὥς φησι, συγγραμμάτων Μωϋσέως καὶ τῶν προφητῶν, ἐπέστησεν ἂν, τί δήποτε τὸ μέν· "ἐποίησεν ὁ (3) Θεός·" ἐπ᾽ οὐρανοῦ καὶ γῆς τέτακται, καὶ τοῦ καλουμένου στερεώματος, ἔτι δὲ καὶ φωστήρων καὶ ἀστέρων· καὶ μετὰ ταῦτα ἐπὶ κητῶν μεγάλων, καὶ πάσης ψυχῆς ζώων ἑρπετῶν, ἃ ἐξήγαγε τὰ ὕδατα κατὰ γένη αὐτῶν· καὶ παντὸς πετεινοῦ πτερωτοῦ κατὰ γένος· καὶ ἑξῆς τούτοις ἐπὶ τῶν θηρίων τῆς γῆς κατὰ γένος, καὶ τῶν κτηνῶν κατὰ γένος, καὶ πάντων τῶν 20 ἑρπετῶν τῆς γῆς κατὰ γένος αὐτῶν· καὶ τελευταῖον ἐπὶ τοῦ ἀνθρώπου. μὴ εἰρημένου δὲ τοῦ· "ἐποίησε" περὶ ἑτέρων, ἀρκεῖται ὁ λόγος περὶ φωτὸς μὲν τῷ· "ἐγένετο φῶς·" ἐπὶ δὲ συναγωγῆς μιᾶς παντὸς ὕδατος τοῦ ὑποκάτω παντὸς τοῦ οὐρανοῦ, τῷ· "ἐγένετο οὕτως." ὁμοίως δὲ καὶ ἐπὶ τῶν βλαστησάντων ἀπὸ γῆς, ὅτ᾽ "ἐξήνεγκεν ἡ γῆ βοτάνην χόρτου σπεῖρον σπέρμα κατὰ γένος καὶ καθ᾽ ὁμοιότητα, καὶ ξύλον κάρπιμον ποιοῦν καρπὸν, οὗ τὸ σπέρμα αὐτοῦ ἐν αὐτῷ κατὰ γένος ἐπὶ τῆς γῆς." καὶ ἐζήτησεν ἂν, εἰ αἱ γεγραμμέναι προστάξεις τοῦ Θεοῦ, περὶ τοῦ γενέσθαι ἕκαστον τοῦ κόσμου μέρος, τίνι 30 ἢ τίσιν εἴρηται· καὶ οὐκ ἂν εὐχερῶς κατηγόρησεν ὡς ἀδιανοήτων, καὶ μηδεμίαν σύνεσιν ἀπόρρητον ἐχόντων τῶν ἢ ὑπὸ (4)

---

(1) Sic habent MSS. Libri vero editi in textu: τῇ αὐτῇ φύσει. R.
(2) Hoeschel. in textu : Οὔπω δὲ λέγω. R.
(3) Gen. i. 1, 7, 16, 21, 25, 27.
(4) Boherell. "Forte: ἀνοήτων."

Μωϋσέως εν τούτοις γεγραμμένων, ή, ως ημείς είποιμεν αν, υπό του εν Μωϋσή θείου πνεύματος, αφ' ού και επροφήτευσεν. Επεί μάλλον

ήδει τά τ' εόντα, τά τ' εσσόμενα, πρό τ' εόντα, (1)

των λεγομένων παρά τοις ποιηταίς μάντεων ταύτ' εγνωκέναι.

56. Έτι δε επεί φησιν ο Κέλσος, ότι "ψυχή μεν Θεού εστιν έργον, σώματος δε άλλη φύσις· και ταύτη γε ουδέν διοίσει νυκτερίδος, ή εύλης, ή βατράχου, ή ανθρώπου, σώμα· (2) ύλη γάρ ή αυτή, και το φθαρτόν αυτών όμοιον·" λεκτέον και προς τούτον αυτού τον λόγον, ότι είπερ, επεί ή ύλη ή (3) αυτή υπόκειται νυκτερίδος, ή εύλης, ή βατράχου, ή ανθρώπου, σώματι, ουδέν διοίσει αλλήλων ταύτα τα σώματα· δηλονότι ουδέν διοίσει τα τούτων σώματα ηλίου, ή σελήνης, ή αστέρων, ή ουρανού, ή ούτινοσούν άλλου λεγομένου παρ' Έλλησιν αισθητού Θεού. ύλη γαρ ή αυτή πάσι τοις σώμασιν υποκειμένη τω ιδίω λόγω άποιος και ασχημάτιστος, τας ποιότητας ούκ οίδα κατά Κέλσον, τον μη θέλοντα φθαρτόν τι έργον είναι του Θεού, υπό τινος λαμβάνουσα. το γαρ φθαρτόν ανάγκη παντός (4) ούτινοσούν εκ της αυτής υποκειμένης ύλης γεγενημένου όμοιον είναι, κατά τον Κέλσον, τω εαυτού λόγω. ει μη άρα ενταύθα ο Κέλσος θλιβόμενος αποπηδήσεται μεν από Πλάτωνος, του (5) έκ τινος κρατήρος την ψυχήν ποιούντος, προσφεύξεται δε Αριστοτέλει και τοις από του Περιπάτου, άυλόν φάσκουσιν είναι τον αιθέρα, και πέμπτης παρά τα τέσσαρα στοιχεία αυτόν είναι φύσεως· προς ον λόγον ούκ αγεννώς και οι από Πλάτωνος, και οι από της Στοάς έστησαν. και ημείς δε, οι υπό του Κέλσου καταφρονούμενοι, στησόμεθα, απαιτούμενοι διηγήσασθαι, και κατασκευάσαι το εν τω προφήτη λεγόμενον

(1) Iliad. I. 70.
(2) Cf. Lib. huj. num. 52. L.
(3) Libri editi in textu habent: ότι είπερ, επεί ή ύλη αυτή, sed in margine lectionem exhibent, quam sequimur. Guieto autem legendum videtur: ότι είπερ ή ύλη ή αυτή, deleto επεί. R.
(4) Videtur scribendum: έσται λαμβάνουσα. R.
(5) Vide Lib. IV. num. 61. Plato in Timaeo, p. 41 (ed. Bekker, pp. 43, 44). Spencer. Vid. notas Renati Vallini ad Lib. III. Boeth. Consol. Philos. p. 69. R.

(1) οὕτως· "οἱ οὐρανοὶ ἀπολοῦνται, σὺ δὲ διαμένεις· καὶ πάντες ὡς ἱμάτιον παλαιωθήσονται, καὶ ὡσεὶ περιβόλαιον ἑλίξεις αὐτοὺς, καὶ ἀλλαγήσονται· σὺ δὲ ὁ αὐτὸς εἶ." πλὴν ἀρκεῖ πρὸς τὸν Κέλσον καὶ ταῦτα, ἀποφηνάμενον "ὅτι ψυχὴ μὲν Θεοῦ ἔργον, σώματος δὲ ἄλλη φύσις·" οὗ τῷ λόγῳ ἠκολούθησε, (2) μηδὲν διαφέρειν νυκτερίδος, ἢ εὐλῆς, ἢ βατράχου σῶμα τοῦ αἰθερίου σώματος.

57. Ὅρα οὖν, εἰ δεῖ τῷ μετὰ τοιούτων δογμάτων κατηγοροῦντι Χριστιανῶν προσθέσθαι, καταλείποντα λόγον διαφορὰν διδόντα, διὰ τὰς ἐπικειμένας ποιότητας τοῖς σώμασι (3) καὶ περὶ τὰ σώματα. ἴσμεν γὰρ καὶ ἡμεῖς ὅτι ἐστὶ "καὶ σώματα ἐπουράνια, καὶ σώματα ἐπίγεια·" καὶ ἄλλη μὲν ἐπου- (4) ρανίων σωμάτων δόξα, ἄλλη δὲ ἐπιγείων, καὶ οὐδὲ τῶν(4) οὐρανίων ἡ αὐτή· "ἄλλη γὰρ δόξα ἡλίου, καὶ ἄλλη δόξα ἀστέρων," καὶ ἐν αὐτοῖς δὲ τοῖς ἄστροις, ἀστὴρ "ἀστέρος διαφέρει ἐν δόξῃ." διὸ καὶ τὴν ἀνάστασιν τῶν νεκρῶν ἀποδεχόμενοι, μεταβολὰς φαμὲν γίνεσθαι ποιοτήτων τῶν ἐν σώμασιν· ἐπεὶ σπειρόμενά τινα αὐτῶν ἐν φθορᾷ ἐγείρεται ἐν ἀφθαρσίᾳ· καὶ σπειρόμενα ἐν ἀτιμίᾳ ἐγείρεται ἐν δόξῃ· καὶ σπειρόμενα ἐν ἀσθενείᾳ ἐγείρεται ἐν δυνάμει· καὶ σπειρόμενα σώματα ψυχικὰ ἐγείρεται πνευματικά. περὶ δὲ τοῦ, τὴν ὑποκειμένην ὕλην δεκτικὴν εἶναι ποιοτήτων, ὧν ὁ δημιουργὸς βούλεται, πάντες οἱ πρόνοιαν παραδεξάμενοι κατασκευάζομεν· καὶ βουλομένου μὲν Θεοῦ, ποιότης τοιαδὶ νῦν ἐστι περὶ τήνδε τὴν ὕλην, ἑξῆς (5) δὲ τοιαδὶ, φέρ᾽ εἰπεῖν, βελτίων καὶ διαφέρουσα. ἐπεὶ δὲ καὶ (6) ὁδοί εἰσι τεταγμέναι τῶν ἐν σώμασι μεταβολῶν, ἐξ οὗ κόσμος (7) ἐστὶ, καὶ εἰς ὅσον ἐστίν· οὐκ οἶδα εἰ, καινῆς διαδεξαμένης(7) ὁδοῦ καὶ ἀλλοίας μετὰ τὴν τοῦ κόσμου φθορὰν, καὶ ἦν οἱ

---

(1) Psalm. cii. 26, 27 (ci.).
(2) Libri editi: ἢ βατράχου σῶμα τὸ αἰθέριον, sed MSS. ut in nostro textu. R.
(3) 1 Cor. xv. 40 et seq.
(4) Codd. Reg. et Basileensis: ἐπουρανίων. R.
(5) MSS. τοιαδί. Libri editi: τοιάδε. R.
(6) Codd. Reg. et Basileensis: τῶν ἐν σώματι μεταβολῶν. R.
(7) Boherell. "Lego: διαδεξομένης." Cf. Origen. de Principiis Lib. III. cap. 5, coll. Lib. II. cap. 3. Spenc.

ἡμέτεροι λόγοι ὀνομάζουσι συντέλειαν, οὐ θαυμαστὸν, εἰ ἐπὶ τοῦ παρόντος ἐξ ἀνθρώπου νεκροῦ μεταπλασσόμενος ὄφις, ὡς (1) οἱ πολλοί φασι, γίγνεται ἀπὸ τοῦ νωτιαίου μυελοῦ, καὶ ἐκ βοὸς μέλισσα, καὶ ἐξ ἵππου σφὴξ, καὶ ἐξ ὄνου κανθαρὶς, καὶ (2) ἁπαξαπλῶς ἐκ τῶν πλείστων σκώληκες. οἴεται δὲ τοῦτο ὁ Κέλσος κατασκευαστικὸν εἶναι τοῦ μηδὲν τούτων ἔργον εἶναι Θεοῦ· ἀλλὰ τὰς ποιότητας, οὐκ οἶδ' ὁπόθεν οὕτω τεταγμένας ἐκ τῶνδε τάσδε γίνεσθαι, οὐχὶ θείου τινὸς λόγου ἔργον εἶναι, τὰς ἐν τῇ ὕλῃ ποιότητας ἀμείβοντος.

58. Ἔτι δὲ καὶ τοῦτό φαμεν τῷ Κέλσῳ, εἰπόντι, ὅτι "ψυχὴ μὲν Θεοῦ ἔργον, σώματος δὲ ἄλλη φύσις·" καὶ οὐ μόνον ἀκατασκευάστως τὸ τηλικοῦτον δόγμα ῥίψαντι, ἀλλὰ καὶ ἀδιορίστως· οὐ γὰρ ἐσαφήνισε, πότερον πᾶσα ψυχὴ Θεοῦ ἔργον, ἢ μόνη ἡ λογική. φαμὲν τοίνυν πρὸς αὐτόν· εἰ μὲν πᾶσα ψυχὴ Θεοῦ ἔργον, δηλονότι καὶ τῶν ἀλόγων καὶ εὐτελεστάτων· ἵνα καὶ παντὸς σώματος ἄλλη φύσις ᾖ παρὰ τὴν τῆς ψυχῆς. ἔοικε μέν τοι ἐν τοῖς ἑξῆς, ἐν οἷς "καὶ θεοφιλέστερα τὰ ἄλογα ζῶά φησιν ἡμῶν," καὶ τοῦ θείου τὴν ἔννοιαν ἔχειν καθαρωτέραν, παριστάνειν, ὅτι οὐ μόνον ἡ τῶν ἀνθρώπων, ἀλλὰ πολὺ μᾶλλον καὶ ἡ τῶν ἀλόγων ζώων ψυχὴ, ἔργον ἐστὶ τοῦ Θεοῦ· τοῦτο γὰρ ἀκολουθεῖ τῷ θεοφιλέστερα λέγεσθαι ἐκεῖνα ἡμῶν. εἰ δὲ μόνη ἡ λογικὴ ψυχὴ Θεοῦ ἔργον ἐστί· πρῶτον μὲν οὐκ ἐσαφήνισε τὸ τοιοῦτον· δεύτερον δὲ ἀκολουθεῖ (3) τῷ ἀδιορίστως εἰρῆσθαι περὶ τῆς ψυχῆς, ὡς οὐ πάσης, ἀλλὰ μόνης τῆς λογικῆς οὔσης Θεοῦ ἔργον, τὸ μηδὲ παντὸς σώματος (4) ἄλλην εἶναι φύσιν. εἰ δὲ μὴ παντὸς σώματος ἄλλη φύσις, ἀλλ' ἑκάστου ἐστὶ τὸ σῶμα ζώου ἀνάλογον τῇ ψυχῇ· δῆλον, ὅτι οὗ ψυχὴ Θεοῦ ἔργον ἐστὶ, διαφέροι ἂν τὸ ταύτης σῶμα

---

(1) Plin. Lib. x. cap. 66: Anguem ex medulla hominis spinae gigni accepimus a multis. Ovid. Metamorphos. Lib. xv. fab. 4:
Sunt, qui, cum clauso putrefacta est spina sepulcro,
Mutari credant humanas angue medullas. Spenc.

(2) Plin. Lib. xi. cap. 20, coll. Suid. in Βούπαις, Ἵπποι et Κάνθαρος. Sp.

(3) Ita recte Cod. Basileensis. Libri autem editi: ἐσαφήνισας. R.

(4) Sic Cod. Jolian. In libris editis deest: ἄλλην. Cod. Basileensis: σώματος εἶναι φύσιν τὴν αὐτήν. R.

σώματος ἐν ᾧ οἰκεῖ ψυχὴ οὐκ οὖσα ἔργον Θεοῦ. καὶ οὕτω ψεῦδος ἔσται τὸ μηδὲν διοίσειν νυκτερίδος, ἢ εὐλῆς, ἢ βατράχου σῶμα παρὰ τὸ τοῦ ἀνθρώπου.

59. Καὶ γὰρ ἄτοπον, λίθους μὲν λίθων, καὶ οἰκοδομήματα οἰκοδομημάτων νομίζεσθαι εἶναι καθαρώτερα ἢ μιαρώτερα, παρὰ τὸ εἰς τιμὴν τοῦ θείου κατεσκευάσθαι, ἢ εἰς ἀτιμοτάτων σωμάτων καὶ ἐναγῶν ὑποδοχήν· σώματα δὲ σωμάτων μὴ διαφέρειν, παρὰ τὸ λογικὰ εἶναι τὰ ἐνοικήσαντα, ἢ ἄλογα, καὶ λογικῶν τὰ σπουδαιότερα, ἢ τοὺς φαυλοτάτους ἀνθρώπους. τὸ τοιοῦτόν γε πεποίηκε τολμῆσαί τινας ἀποθεῶσαι μὲν τὰ 10 τῶν διαφερόντων σώματα, ὡς δεξάμενα ψυχὴν σπουδαίαν· ἀποῤῥίψαι δὲ ἢ ἀτιμάσαι τὰ τῶν φαυλοτάτων· οὐχ ὅτι πάντως τὸ τοιοῦτον ὑγιῶς γεγένηται, ἀλλ' ὅτι ἀπό τινος ἐννοίας ὑγιοῦς ἔσχε τὴν ἀρχήν. ἢ ὁμοίως ὁ σοφὸς μετὰ τὴν τελευτὴν Ἀνύτου καὶ Σωκράτους φροντίσει τῆς ταφῆς τοῦ Σωκράτους σώματος καὶ τῆς Ἀνύτου; καὶ τὸ παραπλήσιον ἀμφοτέροις κατασκευάσει ἡρίον, ἢ τάφον; καὶ ταῦτα διὰ τό· "ὧν οὐδὲν ἔργον Θεοῦ." (τοῦ "ὧν" ἀναφερομένου ἐπὶ τὸ τοῦ ἀνθρώπου σῶμα, ἢ τῶν ἐκ τοῦ σώματος ὄφεων· καὶ ἐπὶ τὸ βοὸς, ἢ τῶν ἐκ τοῦ σώματος βοὸς μελισσῶν· καὶ ἐπὶ τὸ ἵππου, ἢ ὄνου, 20 καὶ τῶν ἐξ ἵππου μὲν σφηκῶν, ἐξ ὄνου δὲ κανθάρων·) δι' ἃ ἠναγκάσθημεν ἐπαναλαβεῖν καὶ τό· "ψυχὴ μὲν Θεοῦ ἐστιν ἔργον, σώματος δὲ ἄλλη φύσις."

60. Εἶθ' ἑξῆς φησιν, ὅτι "κοινὴ ἡ πάντων τῶν προειρημένων σωμάτων φύσις, καὶ μία εἰς ἀμοιβὴν παλίντροπον ἰοῦσα καὶ ἐπανιοῦσα." καὶ πρὸς τοῦτο δὲ δῆλον ἐκ τῶν προειρημένων, ὅτι οὐ μόνον τῶν προκατειλεγμένων σωμάτων κοινή ἐστιν ἡ φύσις, ἀλλὰ καὶ τῶν ἐπουρανίων. καὶ εἴπερ τοῦθ' οὕτως ἔχει· δῆλον, ὅτι κατ' αὐτὸν, (οὐκ οἶδα δὲ, εἰ κατὰ τὴν ἀλήθειαν,) μία εἰς ἀμοιβὴν παλίντροπον ἰοῦσά ἐστιν ἡ πάντων 30 σωμάτων φύσις καὶ ἐπανιοῦσα. καὶ δῆλον μὲν, ὅτι κατὰ τοὺς φθείροντας τὸν κόσμον τοῦθ' οὕτως ἔχει· πειράσονται δὲ
(1) δεικνύναι καὶ οἱ μὴ φθείροντες αὐτὸν, μετὰ τοῦ μὴ προσίεσθαι

---

(1) MSS. μετὰ τοῦ μὴ προσίεσθαι. Gelenius non agnovit particulam: μή. R.

πέμπτον σῶμα, ὅτι καὶ κατ' αὐτοὺς μία εἰς ἀμοιβὴν παλίντροπον ἰοῦσα καὶ ἐπανιοῦσά ἐστιν ἡ πάντων σωμάτων φύσις. (1) οὕτω δὲ καὶ τὸ ἀπολλύμενον εἰς μεταβολὴν διαμένει· τὸ γὰρ (2) ὑποκείμενον ἡ ὕλη, ἀπολλυμένης τῆς ποιότητος, διαμένει, κατὰ τοὺς ἀγένητον αὐτὴν εἰσάγοντας. ἐὰν μέντοι γε δυνηθῇ τις παραδεῖξαι λόγος οὐκ ἀγένητον αὐτήν, ἀλλὰ πρός τινα χρείαν γεγονέναι· δῆλον, ὅτι οὐχ ἕξει φύσιν περὶ διαμονῆς τὴν αὐτήν, (3) τῷ ἀγένητος ὑποτεθεῖσθαι. ἀλλ' οὐ ταῦτα νῦν πρόκειται, ἀπαντῶσιν ἡμῖν πρὸς τὰς Κέλσου κατηγορίας, φυσιολογεῖν.

10   61. Φησὶ δ' ὅτι καὶ "ὕλης ἔκγονον οὐδὲν ἀθάνατον." καὶ πρὸς τοῦτο λελέξεται, ὅτι εἴπερ ὕλης οὐδὲν ἔκγονον ἀθάνατον, ἤτοι ἀθάνατος ὅλος ὁ κόσμος, καὶ οὐχ ὡς ὕλης ἐστὶν ἔκγονον, καὶ οὐδ' αὐτὸς χρῆμά ἐστιν ἀθάνατον. εἰ μὲν (4) οὖν ἀθάνατος ὁ κόσμος, ὅπερ ἀρέσκει καὶ τοῖς Θεοῦ ἔργον εἰποῦσι μόνην τὴν ψυχήν, καὶ ἀπό τινος αὐτὴν κρατῆρος γεγονέναι λέγουσι· δεικνύτω ὁ Κέλσος οὐκ ἐξ ὕλης ἀποίου αὐτὸν γεγονέναι, τηρῶν τό· "ὕλης ἔκγονον οὐδὲν ἀθάνατον." εἰ δ', ἐπεὶ ὕλης ἔκγονόν ἐστιν ὁ κόσμος, οὐκ ἔστιν ἀθάνατον ὁ κόσμος. θνητὸν ὁ κόσμος, ἆρ' οὖν καὶ φθειρόμενον, ἢ μή; εἰ
20 μὲν γὰρ φθειρόμενον, ὡς Θεοῦ ἔργον ἔσται φθειρόμενον· εἶτ' (5) ἐν τῇ φθορᾷ τοῦ κόσμου τὸ ἔργον τοῦ Θεοῦ ἡ ψυχὴ τί ποιήσει; λεγέτω ὁ Κέλσος. εἰ δὲ, διαστρέφων τὴν ἔννοιαν τοῦ ἀθανάτου, φήσει τῷ φθαρτῷ μὲν, οὐ φθειρομένῳ δὲ, ἀθάνατον αὐτὸν εἶναι, ὡς δεκτικὸν μὲν θανάτου, οὐ μὴν δὲ καὶ ἀποθνήσκοντα· δῆλον, ὅτι ἔσται τι κατ' ἐκεῖνον θνητὸν ἅμα καὶ ἀθάνατον, τῷ ἀμφοτέρων εἶναι δεκτικόν· καὶ ἔσται θνητὸν

---

(1) MSS. ἡ πάντων σωμάτων φύσις. Libri editi: ἡ πάντων ἀνθρώπων σωμάτων φύσις. R.
(2) Recte omnino habet Cod. Basileensis: τὸ ἀπολλύμενον εἰς μεταβολὴν διαμένει. Nam quod destruitur in mundo, ἀπόλλυται εἰς μεταβολήν, cum in materiam alius modus destructo priore succedat, sicque materia manere quidem, sed alio modo affecta existimetur. Libri editi corrupte habent: τὸ ἀπολλύμενόν ἐστι, μεταβολὴν διαμένει. R. Boherell. "Legendum videtur: ἐπὶ μεταβολῇ."
(3) Guieto scribendum videtur: πρὸς διαμονὴν τὴν αὐτήν. R.
(4) "Lego cum Boherello et Guieto: ἢ οὐδ' αὐτός." R.
(5) Edd. Spenc. et Ruaei in textu: ὡς θεοῦ ἔργον, ed. vero Ruaei rectissime, ut jure videtur, in notis: "Lego cum Boherello et Guieto: ὡς οὐ θεοῦ ἔργον." L.

ούκ αποθνήσκον, και το ού τη φύσει αθάνατον, παρά το μη αποθνήσκειν, ιδίως λεγόμενον αθάνατον. κατά ποιον ούν σημαινόμενον διαστελλόμενος φήσει, ύλης έκγονον ουδέν αθάνατον; και οράς, ότι πιεζόμενα αυτά και βασανιζόμενα τα
(1) εν τοις γράμμασι νοήματα, διελέγχεται ουκ επιδεχόμενα το γενναίον και αναντίρρητον. ειπών δε ταύτα επιφέρει, ότι "τούδε μεν πέρι απόχρη τοσαύτα· και εί τις επί πλείον ακούειν δύναιτο και ζητείν, είσεται." ίδωμεν ούν ημείς οι κατ' αυτόν ανόητοι, τί ηκολούθησε τώ καν επ' ολίγον ημάς αυτού ακούειν δυνηθήναι, και ζητείν. 10

62. Εξής τούτοις τα διά πολλών και ουκ ευκαταφρονήτων λόγων ποικίλως ζητηθέντα περί φύσεως κακών, και διαφόρως ερμηνευθέντα, δι' ολίγων λεξειδίων οίεται δύνασθαι ημάς μαθείν, φάσκων· "κακά δ' εν τοις ούσιν ούτε πρόσθεν, ούτε νυν, ούτε αύθις ήττω και πλείω γένοιτ' άν. μία γαρ η των όλων φύσις, και η αυτή· και κακών γένεσις αεί η αυτή." έοικε δε και ταύτ' από των εν τώ Θεαιτήτω παραπεφράσθαι,
(2) εν οις έλεγεν ο παρά Πλάτωνι Σωκράτης· "αλλ' ούτε τα κακά εξ ανθρώπων απολέσθαι δυνατόν, ούτε παρά θεοίς αυτά ιδρύσθαι," και τα εξής. και δοκεί μοι μηδέ Πλάτωνος ακριβώς 20 ακηκοέναι ο την αλήθειαν εκπεριλαμβάνων εν τω ενί τούτω συγγράμματι, και επιγράφων 'αληθή λόγον'· το καθ' ημών
(3) εαυτού βιβλίον. η γαρ εν τω Τιμαίω λέξις φάσκουσα· "όταν
(4) δ' οι θεοί την γην ύδατι καθαίρωσι" δεδήλωκεν, ότι καθαιρομένη η γη τοις ύδασιν ήττονα έχει τα κακά, παρά τον προ του καθαίρεσθαι χρόνον, και τούτό φαμεν κατά Πλάτωνα, το ήττονα είναί ποτε τα κακά, διά, την εν τω Θεαιτήτω λέξιν, φάσκουσαν μη δύνασθαι απολέσθαι εξ ανθρώπων τα κακά.

63. Ούκ οίδα δε, τίνα τρόπον πρόνοιαν τιθείς, όσον επί

---

(1) Sic MSS. Libri vero editi: τὸ ἀναγκαῖον γενναῖον ἀναντίρρητον. Guieto mihique glossema videtur: ἀναγκαῖον, quod in editis includitur uncinulis. R.
(2) Plato in Theaeteto pag. 176: 'Αλλ' ούτ' ἀπολέσθαι τὰ κακὰ δυνατόν, ὦ Θεόδωρε· ὑπεναντίον.γάρ τι τῷ ἀγαθῷ ἀεὶ εἶναι ἀνάγκη· ούτ' ἐν θεοῖς αὐτὰ ἰδρύσθαι· τὴν δὲ θνητὴν φύσιν, καὶ τόνδε τὸν τόπον περιπολεῖ ἐξ ἀνάγκης. R.
(3) Plato in Timaeo, pag. 22. R.
(4) Sic Codd. Reg. et Basileensis. Libri editi: δεδήλωται ὅτι. R.

ταῖς λέξεσι τοῦ βιβλίου τούτου, οὔτε πλείονα, οὔτ' ἐλάττονα; ἀλλ' οἱονεὶ ὡρισμένα φησὶν εἶναι τὰ κακά· ἀναιρῶν δόγμα κάλλιστον περὶ τοῦ ἀόριστον εἶναι τὴν κακίαν, καὶ τὰ κακὰ, καὶ τῷ ἰδίῳ λόγῳ ἄπειρα. καὶ ἔοικε τῷ μήτε ἥττω, μήτε (1) πλείονα κακὰ γεγονέναι, ἢ εἶναι, ἢ ἔσεσθαι, ἀκολουθεῖν, ὅτι ὥσπερ κατὰ τοὺς ἄφθαρτον τὸν κόσμον τηροῦντας τὸ ἰσοστάσιον τῶν στοιχείων ἀπὸ τῆς προνοίας γίνεται, οὐκ ἐπιτρεπούσης πλεονεκτεῖν τὸ ἐν αὐτῶν, ἵνα μὴ ὁ κόσμος φθαρῇ· οὕτως οἱονεὶ πρόνοιά τις ἐφέστηκε τοῖς κακοῖς, τοσοῖσδε τυγ-
10 χάνουσιν, ἵνα μήτε πλείονα γένηται, μήτε ἥττονα. καὶ ἄλλως δ' ἐλέγχεται ὁ τοῦ Κέλσου περὶ τῶν κακῶν λόγος ἀπὸ τῶν ἐξετασάντων φιλοσόφων τὰ περὶ ἀγαθῶν καὶ κακῶν, καὶ (2) παραστησάντων καὶ ἀπὸ τῆς ἱστορίας, ὅτι πρῶτον μὲν ἔξω πόλεως καὶ προσωπεῖα περικείμεναι αἱ ἑταῖραι ἐξεμίσθουν ἑαυτὰς τοῖς βουλομένοις· εἶθ' ὕστερον καταφρονήσασαι ἀπέθεντο τὰ προσωπεῖα, καὶ ὑπὸ τῶν νόμων μὴ ἐπιτρεπόμεναι εἰσιέναι εἰς τὰς πόλεις, ἔξω ἦσαν αὐτῶν· πλείονος δὲ τῆς διαστροφῆς γινομένης ὁσήμεραι, ἐτόλμησαν καὶ εἰς τὰς πόλεις εἰσελθεῖν. ταῦτα δὲ Χρύσιππός φησιν ἐν τῇ περὶ ἀγαθῶν (3)
20 καὶ κακῶν εἰσαγωγῇ. ὅθεν, ὡς τῶν κακῶν πλειόνων καὶ ἡττόνων γινομένων, ἔστι λαβεῖν, ὅτι οἱ καλούμενοι ἀμφίβολοι ἦσάν ποτε προεστηκότες, πάσχοντες καὶ διατιθέντες, καὶ ταῖς ἐπιθυμίαις τῶν εἰσιόντων δουλεύοντες· ὕστερον δὲ οἱ ἀγορανόμοι τούτους ἐξῶσαν. καὶ περὶ μυρίων δ' ἂν τῶν ἀπὸ κεχυμένης τῆς κακίας ἐπεισελθόντων τῷ βίῳ τῶν ἀνθρώπων ἐστὶν εἰπεῖν, ὅτι πρότερον οὐκ ἦν. αἱ γοῦν ἀρχαιόταται ἱστορίαι, καί τοί γε μυρία ὅσα κατηγοροῦσαι τῶν ἁμαρτανόντων, ἀρρητοποιοὺς οὐκ ἴσασι.

64. Πῶς ἐκ τούτων καὶ τῶν παραπλησίων οὐ καταγέ-
30 λαστος φαίνεται Κέλσος, οἰόμενος τὰ κακὰ μήτε πλείω, μήτε

---

(1) Boherell. "Legendum forte: καί τοι ἔοικε."
(2) Sic MSS. Libri vero editi: φιλοσόφως. R.
(3) Athenaeus hujus libri meminit Lib. IV. cap. 15, ut observavit Spencerus: Χρύσιππος δὲ ἐν τῇ εἰσαγωγῇ τῇ εἰς τὴν περὶ ἀγαθῶν καὶ κακῶν πραγματείαν· et Lib. XI. cap. 3. R.

ἥττω γενέσθαι ποτ' ἄν; εἰ γὰρ καὶ μία τῶν ὅλων φύσις καὶ ἡ αὐτὴ, οὐ πάντως καὶ ἡ τῶν κακῶν γένεσις ἀεὶ ἡ αὐτή· ὡς γὰρ μιᾶς καὶ τῆς αὐτῆς οὔσης τῆς τοῦδέ τινος ἀνθρώπου φύσεως, οὐκ ἀεὶ τὰ αὐτά ἐστι περὶ τὸ ἡγεμονικὸν αὐτοῦ, καὶ τὸν λόγον αὐτοῦ, καὶ τὰς πράξεις· ὁτὲ μὲν οὔτε λόγον ἀνειληφότος, ὁτὲ δὲ μετὰ τοῦ λόγου κακίαν, καὶ ταύτην ἤτοι ἐπὶ πλεῖον, ἢ ἐπ' ἔλαττον χεομένην· καὶ ἔστιν ὅτε προτραπέντος ἐπ' ἀρετὴν, καὶ προκόπτοντος ἐπὶ πλεῖον, ἢ ἐπ' ἔλαττον· καὶ ἐνίοτε φθάνοντος καὶ ἐπ' αὐτὴν τὴν ἀρετὴν ἐν πλείοσι θεωρίαις γινομένην, ἢ ἐν ἐλάττοσιν. οὕτως ἔστιν εἰπεῖν μᾶλλον καὶ ἐπὶ τῆς τῶν ὅλων φύσεως, ὅτι εἰ καὶ μία ἐστὶ καὶ ἡ αὐτὴ τῷ γένει, ἀλλ' οὐ τὰ αὐτὰ ἀεὶ, οὐδ' ὁμογενῆ (1) συμβαίνει ἐν τοῖς ὅλοις· οὔτε γὰρ εὐφορίαι ἀεὶ, οὔτ' ἀφορίαι, ἀλλ' οὐδὲ ἐπομβρίαι, οὔτε αὐχμοί. οὕτω δὲ οὐδὲ ψυχῶν κρειττόνων εὐφορίαι τεταγμέναι, ἢ ἀφορίαι, καὶ χειρόνων ἐπὶ (2)(3) πλεῖον χύσις, ἢ ἐπ' ἔλαττον. καὶ ἀναγκαῖός γε τοῖς ἀκριβοῦν πάντα κατὰ τὸ δυνατὸν βουλομένοις ὁ περὶ τῶν κακῶν λόγος, οὐ μενόντων ἀεὶ ἐν ταὐτῷ, διὰ τὴν ἤτοι τηροῦσαν τὰ ἐπὶ γῆς πρόνοιαν, ἢ κατακλυσμοῖς καὶ ἐκπυρώσεσι καθαίρουσαν· καὶ τάχα οὐ τὰ ἐπὶ γῆς μόνον, ἀλλὰ καὶ τὰ ἐν ὅλῳ τῷ κόσμῳ, δεομένῳ καθαρσίου, ὅταν πολλὴ ἡ κακία γένηται ἐν αὐτῷ.

65. Μετὰ ταῦτά φησιν ὁ Κέλσος· "τίς ἡ τῶν κακῶν (4) φύσις οὐ ῥᾴδιον μὲν γνῶναι τῷ μὴ φιλοσοφήσαντι, ἐξαρκεῖ δ' εἰς πλῆθος εἰρῆσθαι, ὡς ἐκ Θεοῦ μὲν οὐκ ἔστι κακά, ὕλῃ (5) δὲ πρόσκειται, καὶ τοῖς θνητοῖς ἐμπολιτεύεται· ὁμοία δ' ἀπ' ἀρχῆς εἰς τέλος ἡ τῶν θνητῶν περίοδος· καὶ κατὰ τὰς τε-

---

(1) In antea editis desideratur: ἀεὶ, οὔτ' ἀφορίαι, quod suppletur ex omnibus MSS. R.

(2) Libri editi omittunt voculam: ἤ. R. Boherell. "Lego: ἢ ἐπ' ἔλαττον."

(3) Libri editi: ἀναγκαῖον γε, sed Cod. Jolian. habet, ἀναγκαῖός γε rectius. Nec aliter legit Gelenius interpres. R.

(4) Quamquam libri editi et MSS. hoc loco habent, φύσις: omnino tamen scribendum videtur: γένεσις: nam paulo infra, Origenes ait: ὁ μὲν Κέλσος φησὶ τὴν τῶν κακῶν γένεσιν οὐ ῥᾴδιον εἶναι γνῶναι. R. Boh. Legendum videtur: γένεσις.

(5) Ita recte Cod. Jolian. in margine, sicque legendum ex num. 66. Libri editi male: κακοῖς ἐμπολιτεύεται. R.

ταγμένας ἀνακυκλήσεις, ἀνάγκη τὰ αὐτὰ ἀεὶ καὶ γεγονέναι, καὶ (1) εἶναι, καὶ ἔσεσθαι." καὶ ὁ μὲν Κέλσος φησὶ τὴν τῶν κακῶν γένεσιν οὐ ῥᾴδιον εἶναι γνῶναι τῷ μὴ φιλοσοφήσαντι· ὡς τοῦ μὲν φιλοσοφοῦντος γνῶναι τὴν γένεσιν αὐτῶν δυναμένου ῥᾳδίως, τοῦ δὲ μὴ φιλοσοφοῦντος, οὐ ῥᾳδίως μὲν οἵου τε ὄντος θεωρεῖν τὴν γένεσιν τῶν κακῶν, πλὴν εἰ καὶ μετὰ καμάτου, ἀλλά γε δυνατοῦ ὄντος γνῶναι. ἡμεῖς δὲ καὶ πρὸς τοῦτό φαμεν, ὅτι τὴν τῶν κακῶν γένεσιν οὐδὲ τῷ φιλοσοφήσαντι γνῶναι ῥᾴδιον· τάχα δὲ οὐδὲ τούτοις καθαρῶς αὐτὴν γνῶναι 10 δυνατὸν, ἐὰν μὴ θεοῦ ἐπιπνοίᾳ καὶ τίνα τὰ κακὰ τρανωθῇ, καὶ πῶς ὑπέστη δηλωθῇ, καὶ τίνα τρόπον ἀφανισθήσεται νοηθῇ. ἐν κακοῖς γοῦν οὔσης καὶ τῆς περὶ Θεοῦ ἀγνοίας, ὄντος δὲ μεγίστου κακοῦ καὶ τοῦ μὴ εἰδέναι τὸν τρόπον τῆς τοῦ Θεοῦ θεραπείας, καὶ τῆς εἰς αὐτὸν εὐσεβείας· πάντως μὲν καὶ κατὰ Κέλσον τινὲς τῶν φιλοσοφησάντων οὐκ ἔγνωσαν, ὅπερ δῆλόν ἐστιν ἐκ τῶν διαφόρων ἐν φιλοσοφίᾳ αἱρέσεων· καθ᾽ ἡμᾶς δὲ οὐδεὶς, μὴ ἐγνωκὼς κακὸν εἶναι τὸ νομίζειν εὐσέβειαν σώζεσθαι ἐν τοῖς καθεστηκόσι κατὰ τὰς κοινότερον νοουμένας πολιτείας νόμοις, οἷός τε ἔσται τὴν γένεσιν γνῶναι 20 τῶν κακῶν. καὶ οὐδεὶς μὴ διαλαβὼν τὰ περὶ τοῦ καλουμένου διαβόλου καὶ τῶν ἀγγέλων αὐτοῦ, τίς τε πρὸ τοῦ διάβολος γεγενῆσθαι οὗτος ἦν· καὶ πῶς γεγένηται διάβολος· καὶ τίς ἡ αἰτία τοῦ συναποστῆναι αὐτῷ τοὺς καλουμένους αὐτοῦ ἀγγέλους· οἷός τε ἔσται γνῶναι τὴν γένεσιν τῶν κακῶν. δεῖ δὲ τὸν μέλλοντα ταύτην εἰδέναι, καὶ περὶ δαιμόνων ἀκριβέστερον διειληφέναι, ὅτι τε μή εἰσι, καθὸ δαίμονές εἰσι, δημιουργήματα τοῦ Θεοῦ, ἀλλὰ μόνον καθὸ λογικοί τινες· καὶ πόθεν ἐληλύθασιν ἐπὶ τὸ τοιοῦτοι γενέσθαι, ὡς ἐν καταστάσει δαιμόνων αὐτῶν ὑποστῆναι τὸ ἡγεμονικόν. εἴπερ οὖν ἄλλος τις τόπος 30 τῶν ἐν ἀνθρώποις, ἐξετάσεως δεόμενος, δυσθήρατός ἐστι τῇ φύσει ἡμῶν, ἐν τούτοις καὶ ἡ τῶν κακῶν ταχθείη ἂν γένεσις.

66. Εἶτα, ὡς ἔχων μέν τινα περὶ τῆς τῶν κακῶν γενέσεως εἰπεῖν ἀπορρητότερα, σιωπῶν δ᾽ ἐκεῖνα, καὶ τὰ πλή-

---

(1) Ita libri huj. num. 67. Alias: ἀνακυκλώσεις. Boherellus.

θεσιν ἁρμόζοντα λέγων, φησὶ τὸ "ἐξαρκεῖν εἰρῆσθαι εἰς πλῆθος περὶ τῆς τῶν κακῶν γενέσεως, ὡς ἐκ θεοῦ μὲν οὐκ ἔστι κακά, ὕλη δὲ πρόσκειται, καὶ τοῖς θνητοῖς ἐμπολιτεύεται." Ἀληθὲς μὲν οὖν, ὅτι οὐκ ἔστι κακὰ ἐκ θεοῦ.
(1) καὶ κατὰ τὸν Ἱερεμίαν γὰρ ἡμῶν σαφὲς, ὅτι "ἐκ στόματος Κυρίου οὐκ ἐξελεύσεται τὰ κακὰ, καὶ τὸ ἀγαθόν·" τὸ δὲ
(2) τὴν ὕλην τοῖς θνητοῖς ἐμπολιτευομένην αἰτίαν εἶναι τῶν κακῶν, καθ' ἡμᾶς οὐκ ἀληθές. τὸ γὰρ ἑκάστου ἡγεμονικὸν αἴτιον τῆς ὑποστάσης ἐν αὐτῷ κακίας ἐστὶν, ἥτις ἐστὶ τὸ κακόν· κακὰ δὲ καὶ αἱ ἀπ' αὐτῆς πράξεις· καὶ ἄλλο οὐδὲν, 10 ὡς πρὸς ἀκριβῆ λόγον, καθ' ἡμᾶς ἐστι κακόν. ἀλλ' οἶδα τὸν λόγον δεόμενον πολλῆς ἐξεργασίας καὶ κατασκευῆς, (χάριτι θεοῦ φωτίζοντος τὸ ἡγεμονικὸν,) δυναμένων γενέσθαι τῷ κριθέντι ὑπὸ θεοῦ ἀξίῳ καὶ τῆς περὶ τὸν τόπον τοῦτον γνώσεως.

67. Οὐκ οἶδα δὲ, πῶς χρήσιμον ἔδοξε τῷ Κέλσῳ καθ'
(3) ἡμῶν γράφοντι παραλεῖψαι δόγμα, πολλῆς δεόμενον κἂν
(4) δοκούσης ἀποδείξεως, κατὰ τὸ δυνατὸν παριστάσης, ὅτι "ὁμοία ἀπ' ἀρχῆς εἰς τέλος ἐστὶν ἡ τῶν θνητῶν περίοδος, καὶ κατὰ τὰς τεταγμένας ἀνακυκλήσεις ἀνάγκη τὰ αὐτὰ ἀεὶ 20 καὶ γεγονέναι, καὶ εἶναι, καὶ ἔσεσθαι." ὅπερ ἐὰν ᾖ ἀληθὲς, τὸ ἐφ' ἡμῖν ἀνῄρηται. εἰ γὰρ κατὰ τὰς τεταγμένας ἀνακυκλήσεις ἀνάγκη τὰ αὐτὰ ἀεὶ καὶ γεγονέναι, καὶ εἶναι, καὶ ἔσεσθαι, ἐν τῇ τῶν θνητῶν περιόδῳ· δῆλον, ὅτι ἀνάγκη ἀεὶ
(5) Σωκράτη μὲν φιλοσοφήσειν, καὶ κατηγορηθήσεσθαι ἐπὶ καινοῖς

(1) Thren. III. 38.
(2) Cf. num. 65, not. 5
(3) Edd. Spenc. et Ruaei in textu: παραλεῖψαι. Boherellus: Forte: παραλήψασθαι. Probat R.
(4) Libri editi in margine: παραστησάσης. Forte legendum: παραστησούσης. R.
(5) Edd. Spenc. et Ruaei in textu: καινοῖς. L. Ad oram scribitur: κενοῖς, quod propius a vero abest. Lege: ξένοις, quemadmodum e Xenophonte citat Scholiastes Aristophanis, ad Νεφελῶν Act. I. Sc. 3, ubi, ut hic, accusatur Socrates, tanquam τοὺς νέους διαφθείρων, καὶ ξένα δαιμόνια εἰσάγων. Ita Paulus, Actor. xvii. 18, ab iisdem Atheniensibus ξένων δαιμονίων καταγγελεύς dicitur. Boherell.

δαιμονίοις, καὶ τῇ τῶν νέων διαφθορᾷ. Ἄνυτον δὲ καὶ (1) Μέλιτον ἀεὶ κατηγορήσειν αὐτοῦ· καὶ τὴν ἐν Ἀρείῳ πάγῳ βουλὴν καταψηφίσεσθαι αὐτοῦ τὸν διὰ τοῦ κωνείου θάνατον. (2) οὕτω δὲ ἀνάγκη ἀεὶ κατὰ τὰς τεταγμένας περιόδους Φάλαριν (3) τυραννήσειν, καὶ τὸν Φεραῖον Ἀλέξανδρον τὰ αὐτὰ ὠμοποιήσειν· τούς τε εἰς τὸν Φαλάριδος ταῦρον καταδικασθέντας ἀεὶ ἐν αὐτῷ μυκήσεσθαι. ἅπερ ἐὰν δοθῇ, οὐκ οἶδ᾽ ὅπως τὸ ἐφ᾽ ἡμῖν σωθήσεται, καὶ ἔπαινοι καὶ ψόγοι εὐλόγως ἔσονται. λελέξεται δὲ πρὸς τὴν τοιαύτην ὑπόθεσιν τῷ Κέλσῳ, ὅτι
10 "εἴπερ ὁμοία ἐστὶν ἀπ᾽ ἀρχῆς εἰς τέλος ἡ τῶν θνητῶν ἀεὶ περίοδος, καὶ κατὰ τὰς τεταγμένας ἀνακυκλήσεις ἀνάγκη τὰ αὐτὰ ἀεὶ καὶ γεγονέναι, καὶ εἶναι, καὶ ἔσεσθαι·" ἀνάγκη ἀεὶ κατὰ τὰς τεταγμένας περιόδους Μωϋσῆν μὲν μετὰ τοῦ λαοῦ τῶν Ἰουδαίων ἐξελθεῖν ἐκ τῆς Αἰγύπτου, Ἰησοῦν δὲ πάλιν ἐπιδημῆσαι τῷ βίῳ τὰ αὐτὰ ποιήσοντα, ἅπερ οὐχ ἅπαξ, ἀλλ᾽ ἀπειράκις κατὰ περιόδους πεποίηκεν. ἀλλὰ καὶ Χριστιανοὶ οἱ αὐτοὶ ἔσονται ἐν ταῖς τεταγμέναις ἀνακυκλήσεσι· καὶ πάλιν Κέλσος γράψει τὸ βιβλίον τοῦτο, ἀπειράκις αὐτὸ πρότερον γράψας.
20 68. Ὁ μὲν οὖν Κέλσος, μόνην "τὴν θνητῶν περίοδον κατὰ τὰς τεταγμένας ἀνακυκλήσεις ἐξ ἀνάγκης φησὶν ἀεὶ γεγονέναι, καὶ εἶναι, καὶ ἔσεσθαι·" τῶν δὲ Στωϊκῶν οἱ πλείους (4) οὐ μόνον τὴν τῶν θνητῶν περίοδον τοιαύτην εἶναί φασιν, ἀλλὰ καὶ τὴν τῶν ἀθανάτων καὶ τῶν κατ᾽ αὐτοὺς θεῶν. μετὰ γὰρ τὴν τοῦ παντὸς ἐκπύρωσιν, ἀπειράκις γενομένην, καὶ ἀπειράκις ἐσομένην, ἡ αὐτὴ τάξις ἀπ᾽ ἀρχῆς μέχρι τέλους πάντων γέγονέ τε καὶ ἔσται. πειρώμενοι μέν τοι θεραπεύειν

---

(1) Tatian. Orat. contra Graecos pag. 143. Τὸν γὰρ Ζήνωνα διὰ τῆς ἐκπυρώσεως ἀποφαινόμενον ἀνίστασθαι πάλιν τοὺς αὐτοὺς ἐπὶ τοῖς αὐτοῖς· λέγω δὲ Ἄνυτον καὶ Μέλιτον ἐπὶ τῷ κατηγορεῖν, Βούσιριν δὲ ἐπὶ τῷ ξενοκτονεῖν, καὶ Ἡρακλέα πάλιν ἐπὶ τῷ ἀθλεῖν παραιτητέον. Spencer.

(2) Libri editi ad oram: καταψηφίσασθαι. R.

(3) Boherell.: Legendum videri possit: Βύσιριν, ne bis de Phalari, et interjecto quidem Alexandro Pheraeo. Non puto tamen. Vide Lib. v. contra Celsum num. 20, ubi eadem repetuntur exempla.

(4) Clemens Alexandrin. in Protrept. pag. 44. Idem Stromat. I. pag. 295. Plutarch. Lib. I. Cap. 6 de placitis philosophorum. Spenc.

ORIGENIS CONTRA CELSVM LIB. IV. 305

πως τὰς ἀπεμφάσεις οἱ ἀπὸ τῆς Στοᾶς, οὐκ οἶδ' ὅπως, ἀπαραλλάκτους φασὶν ἔσεσθαι κατὰ περίοδον τοῖς ἀπὸ τῶν προτέρων περιόδων πάντας· ἵνα μὴ Σωκράτης πάλιν γένηται, ἀλλ' ἀπαράλλακτός τις τῷ Σωκράτει, γαμήσων ἀπαράλλακ-
(1) τον τῇ Ξανθίππῃ, καὶ κατηγορηθησόμενος ὑπὸ ἀπαραλλάκτων Ἀνύτῳ καὶ Μελίτῳ. οὐκ οἶδα δὲ, πῶς ὁ μὲν κόσμος ἀεὶ ὁ αὐτός ἐστι, καὶ οὐκ ἀπαράλλακτος ἕτερος ἑτέρῳ· τὰ δ' ἐν αὐτῷ οὐ τὰ αὐτὰ, ἀλλ' ἀπαράλλακτα. ἀλλὰ γὰρ ὁ προη-
(2) γούμενος καὶ πρὸς τὰς Κέλσου λέξεις καὶ πρὸς τοὺς ἀπὸ τῆς
(3) Στοᾶς λόγος εὐκαιρότερον ἐν ἄλλοις ἐξετασθήσεται· ἐπεὶ 10. μὴ κατὰ τὸν παρόντα καιρὸν καὶ τὴν ἐνεστηκυῖαν πρόθεσιν ἁρμόζει ἐν τούτοις πλεονάσαι.
(4) 69. Μετὰ ταῦτα λέγει, ὅτι "οὔτε τὰ ὁρώμενα ἀνθρώπῳ δέδοται, ἀλλ' ἕκαστα τοῦ ὅλου σωτηρίας εἵνεκα γίνεταί τε καὶ ἀπόλλυται, καθ' ἣν προεῖπον ἀμοιβὴν, ἐξ ἀλλήλων εἰς ἄλληλα·" περισσὸν δὲ τὸ προσδιατρίβειν τῇ τούτων ἀνατροπῇ, κατὰ δύναμιν ἡμῖν προεκτεθείσῃ. εἴρηται δὲ καὶ εἰς τοῦτο· "οὔτε τὰ ἀγαθὰ, οὔτε τὰ κακὰ ἐν τοῖς θνητοῖς ἐλάττω ἢ πλείω γένοιτ' ἄν." λέλεκται καὶ εἰς τό· "οὔτε τῷ θεῷ καινοτέρας δεῖ διορθώσεως." ἀλλ' οὐδ' ὡς ἄνθρωπος τε- 20 κτηνάμενός τι ἐνδεῶς, καὶ ἀτεχνότερον δημιουργήσας ὁ θεὸς, προσάγει διόρθωσιν τῷ κόσμῳ, καθαίρων αὐτὸν κατακλυσμῷ, ἢ ἐκπυρώσει, ἀλλὰ τὴν χύσιν τῆς κακίας κωλύων ἐπὶ πλεῖον νέμεσθαι· ἐγὼ δ' οἶμαι, ὅτι καὶ πάντη τεταγμένως αὐτὴν
(5) ἀφανίζων συμφερόντως τῷ παντί. εἰ δὲ μετὰ τὸν ἀφανισμὸν τῆς κακίας λόγον ἔχει τὸ πάλιν αὐτὴν ὑφίστασθαι, ἢ μή·
(6) ἐν προηγουμένῳ λόγῳ τὰ τοιαῦτα ἐξετασθήσεται." Θέλει οὖν διὰ καινοτέρας διορθώσεως ἀεὶ ὁ Θεὸς τὰ σφάλματα ἀναλαμβάνειν. εἰ γὰρ καὶ τέτακται αὐτῷ πάντα κάλλιστα

(1) Edd. Spenc. et Ruaei in textu: τὴν Ξανθίππην: Boherell.: lego τῇ Ξαντίππῃ. L.
(2) Legendum puto : πρὸς τὰς ἀπὸ τῆς Στοᾶς. Boherell. Non probo: vid. lin. 1. W. S.
(3) Ita Cod. Basil., libri autem impressi: λόγους, male. R.
(4) Sic omnes MSS. Rectius sane quam libri editi a quibus abest vox: ὁρώμενα. R. Adde πάντα, vid. num. 74, ad init.
(5) Vide hujus libri num. 10, et Libr. VIII. num. 72. R.
(6) Ita Codd. Regius et Basileensis. Libri vero editi: ἐξηγηθήσεται. R.

καὶ ἀσφαλέστατα κατὰ τὴν τῶν ὅλων δημιουργίαν, ἀλλ᾽ οὐδὲν ἧττον ἰατρικῆς τινος αὐτῷ ἐδέησεν ἐπὶ τοῖς τὴν κακίαν (1) νοσοῦσι, καὶ παντὶ τῷ κόσμῳ ὑπ᾽ αὐτῆς ὡσπερεὶ μολυνομένῳ. καὶ οὐδέν γε ἠμέληται τῷ θεῷ ἢ ἀμεληθήσεται, ποιοῦντι καθ᾽ ἕκαστον καιρὸν, ὅπερ ἔπρεπεν αὐτὸν ποιεῖν ἐν στρεπτῷ καὶ μεταβλητῷ κόσμῳ. καὶ ὥσπερ γεωργὸς κατὰ τὰς διαφορὰς (2) τῶν τοῦ ἐνιαυτοῦ ὡρῶν διάφορα ἔργα γεωργικὰ ποιεῖ ἐπὶ τὴν γῆν, καὶ τὰ ἐπ᾽ αὐτῆς φυόμενα· οὕτως ὁ Θεὸς οἱονεὶ ἐνιαυτούς τινας, (ἵν᾽ οὕτως ὀνομάσω,) οἰκονομεῖ ὅλους τοὺς αἰῶνας· καθ᾽ ἕκαστον αὐτῶν ποιῶν ὅσα ἀπαιτεῖ αὐτὸ τὸ περὶ τὰ ὅλα εὔλογον, ὑπὸ μόνου Θεοῦ, ὡς ἀληθείας ἔχει, τρανότατα καταλαμβανόμενον καὶ ἐπιτελούμενον.

70 Ἔθηκε δέ τινα λόγον ὁ Κέλσος περὶ τῶν κακῶν τοιοῦτον, ὅτι "κἂν σοί τι δοκῇ κακὸν, οὔπω δῆλον, εἰ κακόν ἐστιν· οὐ γὰρ οἶσθα ὅ, τι ἢ σοὶ, ἢ ἄλλῳ, ἢ τῷ ὅλῳ συμ- (3) φέρει." καὶ ἔχει μέν τι ὁ λόγος εὐλαβές· ὑπονοεῖ δὲ καὶ τὴν τῶν κακῶν φύσιν οὐ πάντῃ εἶναι μοχθηρὰν, διὰ τὸ ἐνδέχεσθαι τῷ ὅλῳ συμφέρειν τὸ νομιζόμενον ἐν τοῖς καθ᾽ ἕκαστον εἶναι κακόν. πλὴν ἵνα μὴ παρακούσας τις τοῦ λεγομένου ἐπιτριβῆς εὕρῃ ἀφορμὴν, ὡς καὶ τῆς κακίας αὐτοῦ χρησίμου (4) τυγχανούσης τῷ παντὶ, ἢ δυναμένης γε εἶναι χρησίμου· λελέξεται ὅτι, σωζομένου τοῦ ἐφ᾽ ἡμῖν ἑκάστῳ, κἂν συγχρήσηται τῇ κακίᾳ τῶν φαύλων εἰς τὴν διάταξιν τοῦ παντὸς ὁ Θεὸς, κατατάσσων αὐτοὺς εἰς χρείαν τοῦ παντός· οὐδὲν ἧττον ψεκτός τέ ἐστιν ὁ τοιόσδε, καὶ ὡς ψεκτὸς κατατέτακται εἰς χρείαν ἀπευκταίαν μὲν ἑκάστῳ, χρήσιμον δὲ τῷ παντί. Ὡς εἰ καὶ ἐπὶ τῶν πόλεων τις ἔλεγε τὸν τάδε τινὰ ἡμαρτηκότα, καὶ διὰ τὰ ἁμαρτήματα εἴς τινα δημόσια ἔργα χρήσιμα τῷ παντὶ καταδικαζόμενον, ποιεῖν μέν τι χρήσιμον τῇ ὅλῃ πόλει, αὐτὸν δὲ γεγονέναι ἐν ἀπευκταίῳ πράγματι, καὶ ἐν ᾧ οὐδεὶς τῶν κἂν μέτριον νοῦν ἐχόντων ἐβούλετο γενέσθαι. καὶ ὁ

---

(1) Sid ad oram editorum legitur, melius quam in textu: ἐπὶ τὴν τοῖς κακίαν, κ.τ.λ. R. sic Boh.
(2) Recte MSS. Male autem impressi: τὰς διαφόρους. R.
(3) Cod. Jolian. secunda manu habet: ὁ Κέλσος. R.
(4) MSS. αὐτοῦ. Libri editi: αὐτῆς. R.

ἀπόστολος δὲ τοῦ Ἰησοῦ Παῦλος, διδάσκων ἡμᾶς, συνοίσειν μὲν τῇ χρείᾳ τῇ τοῦ παντὸς, καὶ τοὺς φαυλοτάτους, παρ' ἑαυτοὺς δὲ ἔσεσθαι ἐν τοῖς ἀπευκτοῖς· χρησιμωτάτους δ' ἔσεσθαι καὶ τοὺς σπουδαιοτάτους τῷ παντὶ, παρ' ἑαυτῶν (1) αἰτίαν ἐν καλλίστῃ χώρᾳ ταχθησομένους, φησίν· "ἐν μεγάλῃ δ' οἰκίᾳ οὐκ ἔστι μόνον σκεύη χρυσᾶ καὶ ἀργυρᾶ, ἀλλὰ καὶ ξύλινα καὶ ὀστράκινα· καὶ ἃ μὲν εἰς τιμὴν, ἃ δὲ εἰς ἀτιμίαν. (2) ἐὰν οὖν τις ἐκκαθάρῃ ἑαυτὸν, ἔσται σκεῦος εἰς τιμὴν, ἡγιασμένον, καὶ εὔχρηστον τῷ δεσπότῃ εἰς πᾶν ἔργον ἀγαθὸν ἡτοιμασμένον." καὶ ταῦτα δ' ἀναγκαῖον ὑπολαμβάνω ἐκτεθεῖσθαι πρὸς τό· "κἄν σοί τι δοκῇ κακὸν, οὔπω δῆλον, εἰ κακόν· οὐ γὰρ οἶσθα, ὅ, τι ἢ σοὶ, ἢ ἄλλῳ συμφέρει." ἵνα μὴ ἀφορμὴν λαμβάνῃ τις ἐκ τῶν κατὰ τὸν τόπον πρὸς τὸ ἁμαρτάνειν, ὡς χρήσιμος τῷ ὅλῳ διὰ τὴν ἁμαρτίαν ἐσόμενος.

71. Ἐπεὶ δὲ μετὰ ταῦτα μὴ νοήσας τὰς περὶ θεοῦ ὡς ἀνθρωποπαθοῦς ἐν ταῖς γραφαῖς λέξεις διασύρει ὁ Κέλσος, ἐν αἷς ὀργῆς λέγονται κατὰ τῶν ἀσεβῶν φωναὶ, καὶ ἀπειλαὶ κατὰ τῶν ἡμαρτηκότων· λεκτέον, ὅτι ὥσπερ ἡμεῖς τοῖς κομιδῇ νηπίοις διαλεγόμενοι, οὐ τοῦ ἑαυτῶν ἐν τῷ λέγειν στοχαζόμεθα δυνατοῦ, ἀλλ' ἁρμοζόμενοι πρὸς τὸ ἀσθενὲς τῶν ὑποκειμένων, φαμὲν ταῦτα, ἀλλὰ καὶ ποιοῦμεν ἃ φαίνεται ἡμῖν χρήσιμα εἰς τὴν τῶν παίδων, ὡς παίδων, ἐπιστροφὴν καὶ διόρθωσιν· οὕτως ἔοικεν ὁ τοῦ Θεοῦ λόγος ᾠκονομηκέναι τὰ ἀναγεγραμμένα, μετρήσας τῇ δυνάμει τῶν ἀκουόντων, καὶ τῷ (3) πρὸς αὐτοὺς χρησίμῳ, τὸ ἐν τῇ ἀπαγγελίᾳ πρέπον. καὶ καθόλου γε περὶ τοῦ τοιούτου τρόπου τῆς ἀπαγγελίας τῶν (4) περὶ Θεοῦ ἐν τῷ Δευτερονομίῳ οὕτω λέλεκται· "ἐτροποφόρησέ σε Κύριος ὁ Θεός σου, ὡς εἴ τις τροποφορῆσαι ἄνθρωπος τὸν υἱὸν αὐτοῦ." οἱονεὶ ἀνθρώπου τρόπους πρὸς τὸ ἀνθρώποις λυσιτελὲς φορῶν ὁ λόγος τοιαῦτα λέγῃ· οὐ γὰρ ἐδέοντο οἱ

(1) 2 Tim. ii. 20, 21.
(2) Post vocem: ἑαυτόν, libri editi addunt: ἀπὸ τούτων, quae uncinulis includuntur, et a MSS. omnibus absunt, ideoque e textu nostro recidimus. R.
(3) Boherell.: Bene Hoeschelius: ἀπαγγελίᾳ, et ἀπαγγελίας. Probat R.
(4) Deut. i. 31. Act. xiii. 18.

πολλοὶ προσωποποιοῦντος Θεοῦ ἁρμοζόντως ἑαυτῷ τὰ πρὸς τοὺς τοιούσδε λεχθησόμενα. ἀλλ' ᾧ μέλει τῆς τῶν θείων γραμμάτων σαφηνείας, εὑρήσει ἀπ' αὐτῶν τὰ λεγόμενα πνευματικὰ τοῖς ὀνομαζομένοις πνευματικοῖς, συγκρίνων τὸ βούλημα τῶν τε πρὸς τοὺς ἀσθενεστέρους λεγομένων, καὶ τῶν τοῖς ἐντρεχεστέροις ἀπαγγελλομένων, πολλάκις ἐν τῇ αὐτῇ λέξει ἑκατέρων τῷ εἰδότι ἀκούειν αὐτῆς κειμένων.

72. Ὀργὴν μὲν οὖν ὀνομάζομεν Θεοῦ. οὐ πάθος δ' αὐτοῦ αὐτὴν εἶναί φαμεν, ἀλλά τι παραλαμβανόμενον εἰς τὴν διὰ σκυθρωποτέρων ἀγωγῶν παίδευσιν τοῖς τὰ τοσάδε καὶ τοιάδε ἡμαρτηκόσιν. ὅτι γὰρ παιδεύει ἡ καλουμένη ὀργὴ τοῦ Θεοῦ, καὶ ὁ ὀνομαζόμενος θυμὸς αὐτοῦ, καὶ τοῦτ' ἀρέσκει τῷ λόγῳ, δῆλον ἐκ τοῦ ἐν μὲν ἕκτῳ ψαλμῷ εἰρῆσθαι· "Κύριε, (1) μὴ τῷ θυμῷ σου ἐλέγξῃς με, μηδὲ τῇ ὀργῇ σου παιδεύσῃς με." ἐν δὲ τῷ Ἱερεμίᾳ· "παίδευσον ἡμᾶς, Κύριε, πλὴν ἐν κρίσει· (2) καὶ μὴ ἐν θυμῷ, ἵνα μὴ ὀλίγους ἡμᾶς ποιήσῃς." ἀναγνοὺς δέ τις ἐν μὲν τῇ δευτέρᾳ τῶν Βασιλειῶν ὀργὴν Θεοῦ, ἀναπεί- (3) θουσαν τὸν Δαυὶδ ἀριθμῆσαι τὸν λαόν· ἐν δὲ τῇ πρώτῃ τῶν Παραλειπομένων, τὸν διάβολον· καὶ συνεξετάζων ἀλλήλοις (4) τὰ ῥητὰ, ὄψεται ἐπὶ τίνος τάσσεται ἡ ὀργή· ἧς καὶ τέκνα πάντας ἀνθρώπους γεγονέναι φησὶν ὁ Παῦλος, λέγων· "ἤμε- (5) θα τέκνα φύσει ὀργῆς, ὡς καὶ οἱ λοιποί." ὅτι δ' οὐ πάθος τοῦ Θεοῦ ἐστιν ἡ ὀργὴ, ἀλλ' ἕκαστος αὐτῷ ταύτην δι' ὧν ἁμαρτάνει κατασκευάζει· δηλώσει ὁ Παῦλος ἐν τῷ· "ἢ τοῦ (6)(7) πλούτου τῆς χρηστότητος αὐτοῦ, καὶ τῆς ἀνοχῆς, καὶ τῆς μακροθυμίας καταφρονεῖς, ἀγνοῶν, ὅτι τὸ χρηστὸν τοῦ θεοῦ εἰς μετάνοιάν σε ἄγει; κατὰ δὲ τὴν σκληρότητά σου καὶ ἀμετανόητον καρδίαν, θησαυρίζεις σεαυτῷ ὀργὴν ἐν ἡμέρᾳ

---

(1) Psalm. vi. 1, xxxviii. 1 (xxxvii.). L.
(2) Jerem. x. 24.
(3) 2 Sam. xxiv. 1 seqq. (II Regg.).
(4) 1 Chron. xxi. 1.
(5) Ephes. ii. 3. ἤμεν.
(6) Codd. Regius, Basileensis, et duo Anglicani, κατασκευάζει. Libri impressi: κατασκευάσει. R.
(7) Rom. ii. 4, 5.

ὀργῆς καὶ ἀποκαλύψεως δικαιοκρισίας τοῦ θεοῦ." πῶς οὖν δύναται ἕκαστος θησαυρίζειν ἑαυτῷ ὀργὴν ἐν ἡμέρᾳ ὀργῆς, ὀργῆς τοῦ πάθους νοουμένης; πῶς δὲ ὀργῆς πάθος παιδεύειν δύναται; ἀλλὰ καὶ οὐκ ἂν ὁ διδάσκων λόγος ἡμᾶς μηδαμῶς (1) ὀργίζεσθαι, καὶ φάσκων ἐν τριακοστῷ ἕκτῳ ψαλμῷ· "παῦσαι ἀπὸ ὀργῆς, καὶ ἐγκατάλιπε θυμόν·" λέγων δὲ καὶ ἐν τῷ (2) Παύλῳ· "ἀπόθεσθε καὶ ὑμεῖς τὰ πάντα, ὀργὴν, θυμὸν, κακίαν, βλασφημίαν, αἰσχρολογίαν·" αὐτῷ τῷ Θεῷ περιῆπτε τὸ (3) πάθος, οὗ ἡμᾶς πάντη ἀπαλλάξειν βούλεται. δῆλον δὲ τὸ (4) τροπολογεῖσθαι τὰ περὶ ὀργῆς θεοῦ, ἐκ τοῦ καὶ ὕπνον αὐτοῦ ἀναγεγράφθαι, ἀφ᾽ οὗ ὥσπερ διϋπνίζων αὐτὸν ὁ προφήτης (5) λέγει· "ἀνάστηθι, ἵνα τί ὑπνοῖς, Κύριε;" καὶ πάλιν φησί· (6) "καὶ ἐξηγέρθη ὡς ὁ ὑπνῶν Κύριος, ὡς δυνατὸς καὶ κεκραιπαληκὼς ἐξ οἴνου." εἴπερ οὖν ὁ ὕπνος ἄλλο τι σημαίνει, καὶ οὐχ ὅπερ ἡ πρόχειρος ἐκδοχὴ τῆς λέξεώς δηλοῖ· διατί οὐχὶ καὶ ἡ ὀργὴ παραπλησίως νοηθήσεται; καὶ αἱ ἀπειλαὶ δὲ, ἀπαγγελίαι εἰσὶ περὶ τῶν ἀπαντησομένων τοῖς φαύλοις· ὡς εἰ ἀπειλάς τις ἔφασκεν εἶναι καὶ τοὺς τοῦ ἰατροῦ λόγους, λέγοντος τοῖς κάμνουσι· τεμῶ σε, καὶ καυστῆρας προσάξω σοι, ἐὰν μὴ πεισθῇς μου τοῖς νόμοις, καὶ οὑτωσὶ μὲν διαιτήσῃ, οὑτωσὶ δὲ σαυτὸν ἀγάγῃς. οὐκ ἀνθρώπινα οὖν πάθη προσάπτομεν τῷ Θεῷ, οὐδὲ δυσσεβεῖς δόξας ἔχομεν περὶ αὐτοῦ, οὐδὲ (7) πλανώμενοι τὰς περὶ τούτων διηγήσεις ἀπ᾽ αὐτῶν τῶν γραμ- (8) μάτων συνεξεταζομένων ἀλλήλοις παριστῶμεν. οὐδὲ τὸ προκείμενον τοῖς ἐν ἡμῖν συνετῶς πρεσβεύουσι τοῦ λόγου ἄλλο ἐστὶν, ἢ εὐηθείας μὲν ἀπαλλάξαι κατὰ τὸ δυνατὸν τοὺς ἀκούοντας, ποιῆσαι δ᾽ αὐτοὺς φρονίμους.

73. Ἀκολούθως δὲ τῷ μὴ νενοηκέναι τὰ περὶ ὀργῆς

(1) Psalm. xxxvii. 8 (xxxvi.).
(2) Coloss. iii. 8.
(3) Codd. Regius, Vaticanus, et duo Anglicani: ἀπαλλάξαι. R.
(4) Codd. Regius et Basileensis: ἐκ τοῦ καὶ περὶ ὕπνου αὐτοῦ ἀναγεγράφθαι, quae lectio non spernenda. R.
(5) Psalm xliv. 24 (xliii.).
(6) Psalm lxxviii. 65 (lxxvii.).
(7) Codd. Regius et Basileensis: περὶ τοῦτον. R.
(8) Sic Codd. Regius et Basileensis. Libri editi: παρίσταμεν. R.

ἀναγεγραμμένα Θεοῦ, φησίν· "ἦ γὰρ οὐ καταγέλαστον, εἰ ἄνθρωπος μὲν ὀργισθεὶς Ἰουδαίοις πάντας αὐτοὺς ἡβηδὸν ἀπώλεσε, καὶ ἐπυρπόλησεν, οὕτως οὐδὲν ἦσαν· θεὸς δ' ὁ μέγιστος, ὥς φασιν, ὀργιζόμενος καὶ θυμούμενος, καὶ ἀπειλῶν, πέμπει τὸν υἱὸν αὐτοῦ, καὶ τοιαῦτα πάσχει ;" εἴπερ οὖν Ἰουδαῖοι, μετὰ τὸ διαθεῖναι τὸν Ἰησοῦν, ἅπερ ἐτόλμησαν κατ' αὐτοῦ, ἡβηδὸν ἀπώλοντο, καὶ ἐπυρπολήθησαν· οὐκ ἀπ' ἄλλης ὀργῆς, ἢ ἧς ἑαυτοῖς ἐθησαύρισαν, ταῦτα πεπόνθασι· τῆς τοῦ Θεοῦ κατ' αὐτῶν κρίσεως, Θεοῦ καταστήματι γεγενημένης, 10 ὀνομαζομένης ὀργῆς πατρίῳ τινὶ Ἑβραίων ἔθει. καὶ πάσχει γε ὁ υἱὸς τοῦ μεγίστου Θεοῦ βουληθεὶς ὑπὲρ τῆς τῶν ἀνθρώπων σωτηρίας, ὡς ἐν τοῖς ἀνωτέρω κατὰ τὸ δυνατὸν ἡμῖν λέλεκται. Μετὰ ταῦτά φησιν· "ἀλλ' ὅπως μὴ περὶ μόνων (1) Ἰουδαίων, οὐ γὰρ τοῦτο λέγω, ἀλλὰ περὶ τῆς ὅλης φύσεως, ὅπερ ἐπηγγειλάμην, ὁ λόγος ᾖ· σαφέστερον ἐμφανιῶ τὰ προειρημένα." τίς δ' οὐκ ἂν τούτοις ἐντυγχάνων μέτριος, καὶ αἰσθανόμενος τῆς ἀνθρωπίνης ἀσθενείας, οὐκ ἂν περισταίη (2) τὸ ἐπαχθὲς τοῦ περὶ ὅλης τῆς φύσεως ἐπαγγειλαμένου ἀποδοῦναι λόγον, καὶ ἀλαζονευσαμένου ὁμοίως ᾗ ἐτόλμησεν ἐπι- (3) 20 γράψαι ἐπιγραφῇ τοῦ βιβλίου; ἴδωμεν δὴ τίνα ἐστὶ τὰ, ἃ περὶ ὅλης τῆς φύσεως ἐπαγγέλλεται λέξειν, καὶ τίνα ἐμφανίσειν.

74. Διὰ πολλῶν δ' ἑξῆς ἐγκαλεῖ ἡμῖν, ὡς τῷ ἀνθρώπῳ φάσκουσι πάντα πεποιηκέναι τὸν Θεόν. καὶ βούλεται ἐκ τῆς περὶ τῶν ζώων ἱστορίας, καὶ τῆς ἐμφαινομένης αὐτοῖς ἀγχινοίας δεικνύναι, οὐδὲν μᾶλλον ἀνθρώπων, ἢ τῶν ἀλόγων ζώων ἕνεκεν γεγονέναι τὰ πάντα. καὶ δοκεῖ μοι ὅμοιόν τι εἰπεῖν τοῖς διὰ τὸ πρὸς τοὺς μισουμένους ἔχθος κατηγοροῦσιν αὐτῶν, ἐφ' οἷς οἱ φίλτατοι αὐτῶν ἐπαινοῦνται. ὥσπερ γὰρ

---

(1) Philoc. ex edd. Tarini Cap. XIX. ex edd. vero Spenc. Cap. XX. L.
(2) Edd. Philoc. impressae, itemq. edd. Spenceri: περισταίη, Philoc. vero Mscr., Hoeschel. teste: ἀχθεσθείη. Ed. Ruaei, ut nos, in textu; ἀχθεσθείη, in notis: "Pro: περισταίη, recte Philoc. habet: ἀχθεσθείη. Nam περισταίη hic locum non habet, ut monuit Guietus." L.
(3) Philoc. Mscr., Hoeschelio teste: δοῦναι λόγον.

ἐπὶ τούτων τυφλοῖ τὸ ἔχθος πρὸς τὸ μὴ συνορᾶν, ὅτι καὶ φιλτάτων κατηγοροῦσι, δι' ὧν κακῶς λέγειν νομίζουσι τοὺς ἐχθρούς· τὸν αὐτὸν τρόπον καὶ ὁ Κέλσος συγχυθεὶς τὸν (1) λογισμὸν, οὐχ ἑώρακεν, ὅτι καὶ τῶν ἀπὸ τῆς Στοᾶς φιλοσό- (2) φων κατηγορεῖ, οὐ κακῶς προταττόντων τὸν ἄνθρωπον, καὶ ἀπαξαπλῶς τὴν λογικὴν φύσιν, πάντων τῶν ἀλόγων· καὶ διὰ (3) ταύτην λεγόντων προηγουμένως τὴν πρόνοιαν πάντα πεποιηκέναι. καὶ λόγον μὲν ἔχει τὰ λογικὰ, ἅπερ ἐστὶ προηγού- (4) μενα, παίδων γεννωμένων· τὰ δ' ἄλογα καὶ τὰ ἄψυχα χωρίου συγκτιζομένου τῷ παιδίῳ. καὶ ἡγοῦμαί γε, ὅτι ὥσπερ ἐν ταῖς 10 πόλεσιν οἱ προνοούμενοι τῶν ὠνίων καὶ τῆς ἀγορᾶς, δι' οὐδὲν ἄλλο προνοοῦνται ἢ διὰ τοὺς ἀνθρώπους, παραπολαύουσι δὲ τῆς δαψιλείας καὶ κύνες, καὶ ἄλλα τῶν ἀλόγων· οὕτως ἡ πρόνοια τῶν μὲν λογικῶν προηγουμένως προνοεῖ, ἐπηκολούθησε δὲ τὸ καὶ τὰ ἄλογα ἀπολαύειν τῶν δι' ἀνθρώπους γινομένων. καὶ ὥσπερ ἁμαρτάνει ὁ λέγων τοὺς ἀγορανόμους προνοεῖν οὐ μᾶλλον τῶν ἀνθρώπων, ἢ τῶν κυνῶν, ἐπεὶ καὶ οἱ κύνες παραπολαύουσι τῆς δαψιλείας τῶν ὠνίων· οὕτω πολλῷ μᾶλλον Κέλσος, καὶ οἱ τὰ αὐτὰ φρονοῦντες αὐτῷ ἀσεβοῦσιν εἰς τὸν προνο- (5) οῦντα τῶν λογικῶν Θεὸν, φάσκοντες, μὴ μᾶλλον ἀνθρώποις 20 γίνεσθαι ταῦτα πρὸς τροφὴν, ἢ τοῖς φυτοῖς, δένδροις τε, καὶ (6) πόαις, καὶ ἀκάνθαις.

75. Οἴεται γὰρ πρῶτον μὲν "μὴ ἔργα Θεοῦ εἶναι βρον- (7) τὰς, καὶ ἀστραπὰς, καὶ ὑετούς·" ἤδη σαφέστερον Ἐπικουρίζων· δεύτερον δέ φησιν· "ὅτι, εἰ καὶ διδοίη τις ταῦτα ἔργα εἶναι θεοῦ, οὐ μᾶλλον ἡμῖν τοῖς ἀνθρώποις ταῦτα γίνεται πρὸς τροφὴν, ἢ τοῖς φυτοῖς, δένδροις τε, καὶ πόαις, καὶ ἀκάνθαις·" συντυχικῶς διδοὺς καὶ οὐ κατὰ πρόνοιαν, ὡς ἀληθῶς Ἐπικού-

---

(1) Vide huj. libri num. 54. R.
(2) Philoc. Mscr., Hoeschel. teste: ὡς οὐ κακῶς, edd. vero Philoc. ὡς καλῶς. L.
(3) Philoc. Mscr., Hoeschel. teste: ποιεῖν. L.
(4) Philoc. χωρίῳ συγκτιζομένῳ. Sed Codd. Reg. et Basileensis: χωρίου συγκτιζομένου, rectius. R.
(5) Sic Philocalia, Hoeschel. autem et Spencerus: τί μᾶλλον. R.
(6) Desunt in Philoc. verba: καὶ ἀκάνθαις. L.
(7) Philoc. ἤδη σαφῶς ἐπικουρίζων. R.

ρειος, ταῦτα συμβαίνειν. εἰ γὰρ οὐ μᾶλλον ἡμῖν, ἢ φυτοῖς, καὶ δένδροις, καὶ πόαις, καὶ ἀκάνθαις, ταῦτ᾽ ἔστι χρήσιμα· δῆλον, ὅτι οὐδ᾽ ἀπὸ προνοίας ταῦτ᾽ ἔρχεται· ἢ ἀπὸ προνοίας οὐ μᾶλλον ἡμῶν προνοουμένης, ἢ δένδρων, καὶ πόας, καὶ ἀκάνθης. ἑκάτερον δ᾽ αὐτόθεν ἀσεβές· καὶ τὸ τοῖς τοιούτοις ἀντιλέγειν, ἱστάμενον πρὸς τὴν ἀσέβειαν ἡμῖν ἐγκαλοῦντα, (1) εὔηθες· παντὶ γὰρ δῆλον, ἐκ τῶν εἰρημένων, τίς ὁ ἀσεβής. εἶτά φησιν, ὅτι "κἂν ταῦτα λέγῃς ἀνθρώποις φύεσθαι, δηλονότι τὰ φυτὰ, καὶ δένδρα, καὶ πόας, καὶ ἀκάνθας· τί μᾶλλον
10 αὐτὰ ἀνθρώποις φήσεις φύεσθαι, ἢ τοῖς ἀλόγοις ζώοις τοῖς ἀγριωτάτοις; σαφῶς οὖν λεγέτω ὁ Κέλσος, ὅτι ἡ τοσαύτη (2) τῶν ἐπὶ γῆς φυομένων διαφορὰ οὐ προνοίας ἐστὶν ἔργον· ἀλλὰ συντυχία τις ἀτόμων τὰς τοσαύτας ποιότητας πεποίη- (3) (4) κε· καὶ κατὰ συντυχίαν τοσαῦτα εἴδη φυτῶν, καὶ δένδρων, καὶ πόας, παραπλήσιά ἐστιν ἀλλήλοις· καὶ ὅτι οὐδεὶς λόγος τεχνικὸς ὑπέστησεν αὐτὰ, οὐδ᾽ ἀπὸ νοῦ ἔχει τὴν ἀρχὴν πάντα θαυμασμὸν ὑπερβεβηκότος. ἀλλ᾽ ἡμεῖς, οἱ τῷ ταῦτα κτίσαντι μόνῳ Θεῷ ἀνακείμενοι Χριστιανοὶ, καὶ ἐπὶ τούτοις χάριν οἴδαμεν τῷ καὶ τούτων δημιουργῷ, ὅτι ἡμῖν τηλικαύτην ἑστίαν
20 ηὐτρέπισε, καὶ δι᾽ ἡμᾶς τοῖς δουλεύουσιν ἡμῖν ζώοις· "ὁ ἐξ- (5) ανατέλλων χόρτον τοῖς κτήνεσι, καὶ χλόην τῇ δουλείᾳ τῶν ἀνθρώπων, τοῦ ἐξαγαγεῖν ἄρτον ἐκ τῆς γῆς· καὶ ἵν᾽ οἶνος εὐφραίνῃ καρδίαν ἀνθρώπου, καὶ ἱλαρύνηται πρόσωπον ἐν ἐλαίῳ, καὶ ἄρτος στηρίζῃ καρδίαν ἀνθρώπου." εἰ δὲ καὶ τοῖς ἀγριωτάτοις τῶν ζώων τροφὰς κατεσκεύασεν, οὐδὲν θαυμαστόν· καὶ ταῦτα γὰρ τὰ ζῶα καὶ ἄλλοι τῶν φιλοσοφησάντων εἰρήκασι γυμνασίου ἕνεκεν γεγονέναι τῷ λογικῷ ζώῳ. φησὶ δέ

(1) Hoeschel. et Spencerus: ἡμῶν κατηγοροῦντα, sed Philoc. ut in nostro textu. R.
(2) Philoc. Mscr., Hoeschelio teste: τοιαύτη. Philoc. impressa, ut nos in textu: τοσαύτη. L.
(3) Philoc. Mscr., Hoeschel. teste: τοιαύτας. Philoc. impressa, ut nos in textu: τοσαύτας. L.
(4) Recte omnino Philocalia: ποιότητας, male autem Hoeschel. et Spencerus: συντυχίας· quae vox nullum hic locum habet. R. Pro voce: συντυχίας, a praecedd. et subseqq. natâ, repone e Philocalia: ποιότητας. Boherell.
(5) Psalm. civ. 14, 15 (ciii.).

(1) που των καθ' ημάς τις σοφών· "μη είπης, τί τούτο, ή εις
(2) τί τούτο; πάντα γαρ εις χρείαν αυτών έκτισται. και μη
είπης· τί τούτο, ή εις τί τούτο; πάντα γαρ εν καιρώ αυτών
ζητηθήσεται."

76. Εξής τούτοις ο Κέλσος, θέλων μη μάλλον ημίν
την πρόνοιαν πεποιηκέναι τα φυόμενα επί γης, ή τοις των
ζώων αγριωτάτοις, φησίν· "ημείς μεν γε κάμνοντες και προσ-
ταλαιπωρούντες, μόλις και επιπόνως τρεφόμεθα· τοις δ'
άσπαρτα και ανήροτα πάντα φύεται" ουχ ορών, ότι παντα-
χού την ανθρωπίνην σύνεσιν γυμνάζεσθαι βουλόμενος ο Θεός, 10
ίνα μη μένη αργή και ανεπινόητος των τεχνών, πεποίηκε τον
(3) άνθρωπον επιδεή· ίνα δι' αυτό το επιδεές αυτού αναγκασθή
ευρείν τέχνας, τινάς μεν διά την τροφήν, άλλας δε διά την
σκέπην. και γαρ κρείττον ήν τοις μη μέλλουσι τα θεία
ζητείν, και φιλοσοφείν, το απορείν, υπέρ του τη συνέσει
χρήσασθαι προς εύρεσιν τεχνών· ήπερ εκ του ευπορείν, πάντη
της συνέσεως αμελείν. η των κατά τον βίον γούν χρειών
απορία συνέστησε τούτο μεν γεωργικήν, τούτο δε αμπελουρ-
γικήν, τούτο δε τας περί τους κήπους τέχνας, τούτο δε τεκτο-
νικήν και χαλκευτικήν, ποιητικάς εργαλείων ταις υπηρετουμέναις 20
τέχναις τα προς τροφήν. η δε της σκέπης απορία τούτο
μεν υφαντικήν, την μετά την ξαντικήν, και την νηστικήν εισή-
γαγε· τούτο δε οικοδομικήν· και ούτως αναβέβηκεν η σύνεσις
και επί την αρχιτεκτονικήν. η δε των χρειών ένδεια πεποίηκε
(4) και τα εν ετέροις τόποις γεννώμενα φέρεσθαι διά ναυτικής
και κυβερνητικής προς τους μη έχοντας εκείνα· ώστε και τού-
των ένεκεν θαυμάσαι τις αν την πρόνοιαν, συμφερόντως παρά
τα άλογα ζώα ενδεές ποιήσασαν το λογικόν. τα μεν γαρ
(5) άλογα ετοίμην έχει την τροφήν, άτε ουδέ αφορμήν προς

(1) Sap. Sirac. xxxix. 21, 17 (Ecclesiastic.).
(2) Philoc. hic et paulo post, τί τούτο, ή εις τί τούτο; Apud Hoeschel. et Spencer. utrobique desideratur prius: τί τούτο. R.
(3) Philoc. το ενδεές αυτού.
(4) Philocal. γενόμενα. R.
(5) Philocal. Mscr., Hoeschel. teste: άτε αφορμήν προς τέχνας μη έχοντα, Philoc. vero impressa: άτε ουδέ αφορμήν προς τέχνας έχοντα.

τέχνας έχοντα. και φυσικήν δ' έχει την σκέπην· τετρίχωται (1) γαρ, ή επτέρωται, ή πεφολίδωται, ή ωστράκωται. και ταύτα δε προς απολογίαν ημίν λελέχθω της φασκούσης λέξεως παρα τω Κέλσω· "ημείς μεν κάμνοντες και προσταλαιπωρούντες μόλις τρεφόμεθα· τοις δ' άσπαρτα και ανήροτα πάντα φύονται."

77. Έξης δε τούτοις επιλαθόμενος, ότι το προκείμενον αυτώ εστιν Ιουδαίων και Χριστιανών κατηγορείν, εαυτώ ανθυποφέρει Ευριπίδειον λόγον ιαμβείον, εναντιούμενον αυτού (2) τη γνώμη· και ομόσε χωρήσας τω λελεγμένω, κατηγορεί ως κακώς ειρημένου. έχει δ' ούτως ή του Κέλσου λέξις· "ει δε και το Ευριπίδειον ερείς, ότι

ήλιος μεν νυξ τε δουλεύει βροτοίς· (3)

τι μάλλον ημίν, ή τοις μύρμηξι, και ταις μυίαις; και γαρ εκείνοις η μεν νυξ γίνεται προς ανάπαυσιν, η δε ημέρα προς το οράν τε και ενεργείν." σαφες δη, ότι ου μόνον Ιουδαίων και Χριστιανών τινες ειρήκασιν ημίν δουλεύειν ήλιον, και τα εν ουρανώ· αλλά και ο κατά τινας Σκηνικός φιλόσοφος, και (4) φυσιολογίας της Αναξαγόρου γενόμενος ακροατής· όστις από ενος λογικού του ανθρώπου συνεκδοχικώς πάσι τοις λογικοίς τεταγμένα εν τω παντί φησι δουλεύειν, δηλούμενα πάλιν (5) συνεκδοχικώς εκ του·

ήλιος μεν νυξ τε δουλεύει βροτοίς· (6)

η τάχα και ο τραγικός από του ποιούντος την ημέραν ηλίου

(1) Cic. de natura Deorum Lib. II. Animantium aliae coriis tectae sunt, aliae villis vestitae, aliae spinis hirsutae: pluma alias, aliâs squama videmus obductas; alias esse cornibus armatas, alias habere effugia pennarum.
(2) Vide hujus libri num. 30. R.
(3) Eurip. Phoeniss. 512.
(4) Euripides nempe, qui ab Athenaeo et Clemente Alexandrino Stromat. v. vocatur ο επι της σκηνης φιλόσοφος. Suidas in Ευριπιδ. Διήκουσε δε και Αναξαγόρου του Κλαζομενίου. R.
(5) Scribendum forte: τα τεταγμένα, uti conjicit Guietus. R.
(6) Sic Cod. Jolianus. In antea editis deest: δουλεύει βροτοίς. R.

ὠνόμασε τὴν ἡμέραν· διδάσκων, ὅτι τὰ μάλιστα χρῄζοντα
(1) ἡμέρας καὶ νυκτὸς, τὰ ὑπὸ σελήνην ἐστί· καὶ οὐχ οὕτως ἄλλα,
ὡς τὰ ἐπὶ γῆς. ἡμέρα οὖν καὶ νὺξ δουλεύει βροτοῖς, γενό-
μεναι διὰ τα λογικά· εἰ δὲ παραπολαύουσι μύρμηκες καὶ
μυῖαι, ἐνεργοῦντες μὲν ἡμέρας, νυκτὸς δὲ διαναπαυόμενοι, τῶν
δι' ἀνθρώπους γεγενημένων· οὐχὶ καὶ διὰ μύρμηκας καὶ μυίας
(2) λεκτέον ἡμέραν γίνεσθαι καὶ νύκτα· οὐδὲ δι' οὐδὲν, ἀλλὰ κατὰ
πρόνοιαν, ἀνθρώπων ἕνεκεν, ταῦτα χρὴ νομίζειν γεγονέναι.
(3) 78. Ἑξῆς δὲ τούτοις ἑαυτῷ ἀνθυποφέρει τὰ ὡς ὑπὲρ
ἀνθρώπων λεγόμενα, ὅτι δι' αὐτοὺς τὰ ἄλογα ζῶα δεδημιούρ-
γηται, καί φησιν, ὅτι " εἴ τις ἡμᾶς λέγοι ἄρχοντας τῶν ζώων,
(4) ἐπεὶ ἡμεῖς τὰ ἄλλα(4) ζῶα θηρῶμέν τε καὶ δαινύμεθα· φήσομεν,
(5) ὅτι τί δ' οὐχὶ μᾶλλον ἡμεῖς δι' ἐκεῖνα γεγόναμεν, ἐπεὶ ἐκεῖνα
θηρᾶται ἡμᾶς, καὶ ἐσθίει; ἀλλὰ καὶ ἡμῖν μὲν ἀρκύων καὶ
ὅπλων δεῖ, καὶ ἀνθρώπων πλειόνων βοηθῶν, καὶ κυνῶν, κατὰ
τῶν θηρευομένων· ἐκείνοις δ' αὐτίκα καὶ καθ' αὑτὰ ἡ φύσις
ὅπλα δέδωκεν εὐχερῶς ἡμᾶς ὑπάγουσα ἐκείνοις." καὶ ἐνταῦθα
(6) δὲ ὁρᾷς, τίνα τρόπον ἡ σύνεσις μέγα βοήθημα ἡμῖν δέδοται,
καὶ παντὸς ὅπλου κρεῖττον, οὗ δοκεῖ ἔχειν τὰ θηρία. ἡμεῖς
(7) γοῦν οἱ πολλῷ τῷ σώματι τῶν ζώων(7) ἀσθενέστεροι, τινῶν δὲ
(8) καὶ εἰς ὑπερβολὴν βραχύτεροι, κρατοῦμεν διὰ τὴν σύνεσιν τῶν
θηρίων, καὶ τοὺς τηλικούτους ἐλέφαντας θηρεύομεν, τὰ μὲν
πεφυκότα τιθασσεύεσθαι ὑποτάσσοντες τῇ ἡμετέρᾳ ἡμερότητι·
κατὰ δὲ τῶν μὴ πεφυκότων, ἢ μὴ δοκούντων ἡμῖν χρείαν παρέ-
χειν ἐκ τῆς τιθασσείας, οὕτω μετὰ τῆς ἡμετέρας ἱστάμεθα

(1) Vitiose in antea editis legitur: καὶ οὐχ οὕτως, ἀλλὰ ὡς τὰ ἐπὶ γῆς. R. sic
Boh.
(2) Hic item lego: οὐδὲ δι' οὐδὲν ἄλλο, κατὰ πρόνοιαν, ἢ ἀνθρώπων ἕνεκεν. Bo-
herell. Nihil mutandum. W. S.
(3) Ἑξῆς δὲ τούτοις usque ad δεδημιούργηται, supplentur e Philocalia. R.
(4) Philoc.: ἄλογα. R.
(5) Hoeschel. et Spencerus: ὅτι οὐχὶ μᾶλλον. R. Lege, e Philocalia, cum
interrogatione: τί δ' οὐχί; Boherell.
(6) Idem Aristotelis argumentum Lib. IV. de partib. animal. cap. 70. L.
(7) Philoc. θηρίων. Vid. Sophocl. Antigon. 333.
(8) Philoc. Mscr., Hoeschelio teste: βραδύτεροι, Philoc. vero impressa, ut nos
in textu. L.

ἀσφαλείας, ὥστε, ὅτε μὲν βουλόμεθα, ἔχομεν τὰ τηλικαῦτα
θηρία κατακεκλεισμένα· ὅτε δὲ χρῄζομεν τροφῆς τῆς ἀπὸ τῶν
σωμάτων αὐτῶν, οὕτως αὐτὰ ἀναιροῦμεν, ὡς καὶ τὰ μὴ ἄγρια
τῶν ζώων. δοῦλα οὖν πάντα τοῦ λογικοῦ ζώου καὶ τῆς
φυσικῆς αὐτοῦ συνέσεως κατεσκεύασεν ὁ δημιουργός. καὶ εἰς
ἄλλα μὲν κυνῶν χρῄζομεν, φέρ' εἰπεῖν, εἰς φυλακὴν ποιμνίων,
ἢ βουκολίων, ἢ αἰπολίων, ἢ οἰκιῶν· εἰς ἄλλα δὲ βοῶν, οἷον
εἰς γεωργίαν· εἰς ἄλλα δ' ὑποζυγίοις χρώμεθα, ἢ ἀχθοφόροις.
οὕτως εἰς γυμνάσιον τῶν τῆς ἀνδρείας ἐν ἡμῖν σπερμάτων δεδό-
10 σθαι ἡμῖν λέγεται τὸ λεόντων, καὶ ἄρκτων, παρδάλεών τε καὶ
συῶν, καὶ τὸ τῶν τοιούτων γένος.

79. Εἶτα λέγει πρὸς τὸ τῶν αἰσθανομένων τῆς ἑαυτῶν
ὑπεροχῆς ἀνθρώπων γένος, ἣν ὑπερέχει τῶν ἀλόγων ζώων, ὅτι·
" πρὸς ὃ ὑμεῖς φατε, ὡς ὁ θεὸς ὑμῖν δέδωκεν αἱρεῖν τὰ θηρία
δύνασθαι, καὶ καταχρήσασθαι· ἐροῦμεν, ὅτι, ὡς εἰκὸς, πρὶν (1)
πόλεις εἶναι καὶ τέχνας, καὶ τοιαύτας ἐπιμιξίας, καὶ ὅπλα, (2)
καὶ δίκτυα, ἄνθρωποι μὲν ὑπὸ θηρίων ἡρπάζοντο καὶ ἠσθίοντο,
θηρία δὲ ὑπ' ἀνθρώπων ἥκιστα ἡλίσκετο." ὅρα δὲ πρὸς
ταῦτα, ὅτι εἰ καὶ αἱροῦσιν ἄνθρωποι θηρία, καὶ θηρία ἀν-
20 θρώπους ἁρπάζει· πολλή ἐστι διαφορὰ τῶν συνέσει κρατούν- (3)
των παρὰ τὰ ἀγριότητι καὶ ὠμότητι περιγινόμενα τῶν οὐ
χρωμένων τῇ συνέσει πρὸς τὸ μηδὲν ὑπὸ θηρίων παθεῖν. τὸ δέ·
" πρὶν πόλεις εἶναι καὶ τέχνας καὶ τοιαύτας ἐπιμιξίας·" ἐπιλε-
λησμένου οἶμαι εἶναι ὧν ἀνωτέρω προεῖπεν· ὡς " ἀγενήτου (4)
ὄντος τοῦ κόσμου, καὶ ἀφθάρτου, καὶ μόνων τῶν ἐπὶ γῆς κατα-
κλυσμοὺς καὶ ἐκπυρώσεις πασχόντων, καὶ οὐ πάντων ἅμα
τούτοις περιπιπτόντων." ὡς οὐκ ἔστιν οὖν τοῖς ἀγένητον
ὑφιστάνουσι τὸν κόσμον, ἀρχὴν αὐτοῦ εἰπεῖν· οὕτως οὐδὲ
χρόνον, ὅτ' οὐδαμῶς ἦσαν πόλεις, οὐδὲ τέχναι πω εὕρηντο.

---

(1) Philoc. καὶ καταχρῆσθαι. R.
(2) Philoc. Mscr., Hoeschel. teste: καὶ τὰς τοιαύτας, Philoc. vero impressa, ut nos in textu. L.
(3) Philoc. πολλή ἐστιν ἡ διαφορὰ τῶν συνέσει κ.τ.λ. L.
(4) Philoc. ἀγεννήτου. L.

(1) ἀλλ' ἔστω καὶ ταῦτα ἡμῖν μὲν συνᾳδόντως αὐτὸν⁽¹⁾ συγχωρεῖν,
(2) αὐτῷ δὲ καὶ τοῖς ἀνωτέρω ὑπ' αὐτοῦ λελεγμένοις οὐκέτι· τί
οὖν τοῦτο πρὸς τὸ πάντως καταρχὰς τοὺς μὲν ἀνθρώπους ὑπὸ
θηρίων ἁρπάζεσθαι καὶ ἐσθίεσθαι, μηκέτι δὲ καὶ τὰ θηρία ὑπ'
ἀνθρώπων ἁλίσκεσθαι; εἴπερ γὰρ κατὰ πρόνοιαν ὁ κόσμος
γεγένηται, καὶ Θεὸς ἐφέστηκε τοῖς ὅλοις· ἀναγκαῖον ἦν τὰ
ζώπυρα τοῦ γένους τῶν ἀνθρώπων ἀρξάμενα ὑπό τινα γεγονέ-
ναι φρουρὰν τὴν ἀπὸ κρειττόνων, ὥστε κατ' ἀρχὰς ἐπιμιξίαν
γεγονέναι τῆς θείας φύσεως πρὸς τοὺς ἀνθρώπους. ἅπερ καὶ
ὁ Ἀσκραῖος ποιητὴς ἐννοῶν εἶπε·   10
(3)   ξυναὶ γὰρ τότε δαῖτες ἔσαν, ξυνοὶ δὲ θόωκοι
    ἀθανάτοισι θεοῖσι καταθνητοῖς τ' ἀνθρώποις.

80. Καὶ ὁ θεῖος δὲ κατὰ Μωϋσέα λόγος εἰσήγαγε
(4) τοὺς πρώτους⁽⁴⁾ ἀκούοντας θειοτέρας φωνῆς, καὶ χρησμῶν,
(5)
καὶ ὁρῶντας ἔσθ' ὅτε καὶ ἀγγέλων Θεοῦ ἐπιδημίας γεγενη-
μένας πρὸς αὐτούς. καὶ γὰρ εἰκὸς, ἐν ἀρχῇ τοῦ κόσμου ἐπὶ
πλεῖον βεβοηθῆσθαι τὴν ἀνθρώπων φύσιν· ἕως, προκοπῆς
γενομένης εἰς σύνεσιν, καὶ τὰς λοιπὰς ἀρετὰς, καὶ τὴν εὕρεσιν
τῶν τεχνῶν, δυνηθῶσι καὶ καθ' ἑαυτοὺς ζῆν, οὐ χρῄζοντες ἀεὶ
ἐπιτροπευόντων, καὶ οἰκονομούντων αὐτοὺς μετὰ παραδόξου 20
ἐπιφανείας τῶν ὑπηρετουμένων τῷ τοῦ Θεοῦ βουλήματι.
ἀκόλουθον δὲ τούτοις τό ψεῦδος εἶναι, "ὅτι κατ' ἀρχὰς ἄν-
θρωποι μὲν ὑπὸ θηρίων ἡρπάζοντο, καὶ ἠσθίοντο, θηρία δ' ὑπ'
ἀνθρώπων ἥκιστα ἡλίσκετο." ἐκ δὴ τούτων φανερὸν, ὅτι
ψεῦδος καὶ τὸ ὑπὸ τοῦ Κέλσου οὕτως λεγόμενον· "ὥστε
ταύτῃ γε ὁ θεὸς τοὺς ἀνθρώπους μᾶλλον τοῖς θηρίοις ὑπέ-
βαλεν." οὐ γὰρ ὑπέβαλε τοὺς ἀνθρώπους τοῖς θηρίοις ὁ
Θεὸς, ἀλλὰ τῇ συνέσει τῶν ἀνθρώπων ἁλωτὰ δέδωκεν εἶναι τὰ

---

(1) Antea αὐτῷ. W. S. Legendum videtur: αὐτὸν συγχωρεῖν. Boherell.
(2) Deest in Philoc. ἀνωτέρω. L.
(3) Cf. Hesiod. fragmenta incertae sedis, ed. Goettling, p. 231. L.
(4) Addendum videtur: ἀνθρώπους, quod facile fuit ut excideret, propter ele-
mentorum similitudinem. Boh. Abest in Philoc. W. S.
(5) Apud Hoeschel. et Spencer. corrupte legitur: ἀκούοντας θειοτέρας φωνῆς,
καὶ χρησμόσινα ὁρῶντας, ἔσθ' ὅτε. Praestat lectio Philocaliæ, quam exhibemus in
textu nostro. R.

θηρία, καὶ ταῖς ἀπὸ συνέσεως ὑφισταμέναις κατ' ἐκείνων τέχναις. οὐ γὰρ ἀθεεὶ ἐμηχανήσαντο σφίσιν αὐτοῖς οἱ ἄνθρωποι σωτηρίαν ἀπὸ τῶν θηρίων, καὶ τὴν κατ' ἐκείνων ἐπικράτειαν.

81. Οὐχ ὁρῶν δ' ὁ γεννάδας, ὅσων φιλοσόφων τὴν πρόνοιαν εἰσαγόντων, καὶ διὰ τὰ λογικὰ πάντα ποιεῖν αὐτὴν λεγόντων, συναναιρεῖ, τὸ ὅσον ἐφ' ἑαυτῷ, χρήσιμα δόγματα (1) τῇ Χριστιανῶν κατὰ ταῦτα πρὸς φιλοσοφίαν συμφωνίᾳ· οὐδ' ὅση βλάβη κωλυτικὴ γίνεται εὐσεβείας ἐκ τοῦ παραδέξασθαι, 10 ὅτι οὐδὲν μυρμήκων, ἢ μελισσῶν διαφέρει ὁ ἄνθρωπος παρὰ τῷ Θεῷ, φησὶν, ὅτι "εἰ διὰ τοῦτο οἱ ἄνθρωποι διαφέρειν δοκοῦσι τῶν ἀλόγων, ἐπεὶ πόλεις ᾤκησαν, καὶ χρῶνται πολι- (2) τείᾳ, καὶ ἀρχαῖς, καὶ ἡγεμονίαις· τοῦτ' οὐδὲν πρὸς ἔπος ἐστὶ, καὶ γὰρ οἱ μύρμηκες καὶ αἱ μέλισσαι· μελίσσαις γοῦν ἐστιν ἡγεμὼν, ἔστι δ' ἀκολουθία τε καὶ θεραπεία, καὶ πόλεμοι, καὶ νῖκαι, καὶ τῶν ἡττωμένων αἱρέσεις, καὶ πόλεις καὶ προπόλεις (3)(4) γε, καὶ ἔργων διαδοχὴ, καὶ δίκαι κατὰ τῶν ἀργῶν τε καὶ πονηρῶν· τοὺς γοῦν κηφῆνας ἀπελαύνουσί τε καὶ κολάζουσιν."

οὐδ' ἐν τούτοις δὲ ἑώρακε, τίνι διαφέρει τὰ ἀπὸ λόγου καὶ 20 λογισμοῦ ἐπιτελούμενα τῶν ἀπ' ἀλόγου φύσεως καὶ κατασκευῆς ψιλῆς γινομένων, ὧν τὴν αἰτίαν οὐδεὶς μὲν ἐνυπάρχων τοῖς ποιοῦσι λόγος ἀναδέχεται· οὐδὲ γὰρ ἔχουσιν αὐτόν· ὁ πρεσβύτατος δὲ καὶ υἱὸς μὲν τοῦ Θεοῦ, πάντων δὲ τῶν ὑποκειμένων βασιλεὺς, φύσιν ἄλογον πεποίηκε, βοηθοῦσαν ὡς ἄλογον τοῖς ἀξιωθεῖσι λόγου. πόλεις οὖν παρ' ἀνθρώποις μετὰ πολλῶν ὑπέστησαν τεχνῶν καὶ διατάξεως νόμων· πολιτεῖαι δὲ, καὶ ἀρχαὶ, καὶ ἡγεμονίαι ἐν ἀνθρώποις ἤτοι αἱ κυρίως εἰσὶν οὕτω καλούμεναι, σπουδαῖαί τινες ἕξεις καὶ ἐνέργειαι, ἢ καὶ αἱ καταχρηστικώτερον οὕτως ὀνομαζόμεναι πρὸς τὴν, κατὰ (5)

---

(1) Philoc. δόγματα Χριστιανῶν καὶ ταῦτα πρὸς φιλοσοφίαν σύμφωνα. R.
(2) Hoeschel. ᾤκισαν. R.
(3) Edd. Spenc. ἡττημένων. L.
(4) αἱρέσεις. Nota pro occisionibus, destructionibus. Boh. Haud scio, an alibi reperiatur pari significatu. Forte etiam scribendum: καθαιρέσεις. R. Nihil mutandum. W. S.
(5) Philoc. ἢ καὶ καταχρηστικώτερον. L.

τὸ δυνατὸν, ἐκείνων μίμησιν· ἐκείναις γὰρ ἐνορῶντες οἱ ἐπιτετευγμένως νομοθετήσαντες συνεστήσαντο τὰς ἀρίστας πολιτείας, καὶ τὰς ἀρχὰς, καὶ τὰς ἡγεμονίας. ὧν οὐδὲν ἐν τοῖς ἀλόγοις ἐστὶν εὑρεῖν· κἂν ὁ Κέλσος τὰ λογικὰ ὀνόματα, καὶ ἐπὶ λογικῶν τεταγμένα, πόλιν, καὶ πολιτείας, καὶ ἀρχὰς, καὶ ἡγεμονίας, ἀναφέρῃ καὶ ἐπὶ μύρμηκας καὶ μελίσσας· ἐφ' οἷς οὐδαμῶς μὲν τοὺς μύρμηκας, ἢ τὰς μελίσσας ἀποδεκτέον· οὐ γὰρ σὺν λογισμῷ ποιοῦσι· τὴν θείαν δὲ φύσιν θαυμαστέον, μέχρι τῶν ἀλόγων ἐκτείνασαν τὸ οἱονεὶ πρὸς τὰ λογικὰ μίμημα· τάχα πρὸς δυσωπίαν τῶν λογικῶν· ἵν' ἐνορῶντες 10 μύρμηξιν ἐργατικώτεροι γίνωνται, καὶ ταμιευτικώτεροι τῶν ἑαυτοῖς χρησίμων· κατανοοῦντές τε μελίσσας πείθωνται μὲν ἡγεμόνι, διαιρῶνται δὲ τὰ χρήσιμα τῆς πολιτείας ἔργα πρὸς σωτηρίαν τῶν πόλεων.

82. Τάχα δὲ καὶ οἱ οἱονεὶ πόλεμοι τῶν μελισσῶν, διδα-
(1) σκαλία ἔκκειται πρὸς τὸ δικαίους καὶ τεταγμένους πολέμους, εἴ ποτε δέοι, γίγνεσθαι ἐν ἀνθρώποις. καὶ οὐ πόλεις μὲν καὶ προπόλεις ἐν μελίσσαις· ἀλλ' οἱ σίμβλοι καὶ τὰ ἑξάγωνα τῶν μελισσῶν ἔργα, καὶ ἡ παρ' ἐκείναις διαδοχὴ αὐτῶν, διὰ τοὺς ἀνθρώπους εἰς πολλὰ τοῦ μέλιτος χρῄζοντας, θεραπείας 20
(2) τε χάριν σωμάτων πεπονθότων, καὶ τροφὴν καθάριον. οὐ
(3) παραβλητέον δὲ τὰ κατὰ(3) τῶν κηφήνων ὑπὸ τῶν μελισσῶν ἐπιτελούμενα, ταῖς κατὰ τῶν ἀργῶν ἐν ταῖς πόλεσι καὶ πονηρῶν δίκαις, καὶ ταῖς κατ' αὐτῶν κολάσεσιν. ἀλλ', ὡς προεῖπον, τὴν μὲν θείαν φύσιν ἐν τούτοις θαυμαστέον· τὸν δ' ἄνθρωπον, ἐπιλογίσασθαι τὰ περὶ πάντων δυνάμενον, καὶ κοσμῆσαι τὰ πάντων, ἅτε συνεργοῦντα τῇ προνοίᾳ, ἀποδεκτέον· καὶ οὐ μόνης προνοίας Θεοῦ ἔργα ἐπιτελοῦντα, ἀλλὰ καὶ τῆς ἑαυτοῦ.

83. Εἰπὼν δ' ὁ Κέλσος περὶ τῶν μελισσῶν, ἵνα, τὸ 30 ὅσον ἐφ' ἑαυτῷ, ἐξευτελίσῃ ἡμῶν οὐ Χριστιανῶν μόνον, ἀλλὰ

(1) Philoc.: ἔκκεινται. Vide Lib. VIII. num. 73, 74, coll. Lib. v. num. 33. R.
(2) Vox χάριν, quae apud Hoeschel. et Spencer. deest, suppletur e Philocalia. R.
(3) Adde, e Philoc. κατά. Boh. Addit R.

42

καὶ πάντων ἀνθρώπων τὰς πόλεις, καὶ τὰς πολιτείας, καὶ τὰς ἀρχὰς, καὶ τὰς ἡγεμονίας, καὶ τοὺς ὑπὲρ τῶν πατρίδων πολέμους, ἑξῆς ἐπιφέρει, διεξιὼν μυρμήκων ἐγκώμιον ὅπως τῷ περὶ ἐκείνων ἐγκωμίῳ τὸ τῶν ἀνθρώπων περὶ τὴν τροφὴν οἰκονομικὸν παραβάλῃ τῷ λόγῳ πρὸς τοὺς μύρμηκας· καὶ τὸ (1)(2) τῶν χειμαδίων προνοητικὸν καταρρίψῃ, ὡς οὐδὲν πλέον ἔχον τῆς ἀλόγου τῶν μυρμήκων ἐν οἷς ἐκεῖνος νομίζει προνοίας. τίνα δ᾽ οὐκ ἂν τῶν ἀπλουστέρων ἀνθρώπων, καὶ οὐκ ἐπι- (3) σταμένων ἐνορᾷν τῇ φύσει πάντων πραγμάτων, ἀποτρέψαι, (4)
10 τὸ ὅσον ἐφ᾽ ἑαυτῷ, ὁ Κέλσος ἀπὸ τοῦ τοῖς βαρουμένοις (5) ὑπὸ φορτίων βοηθεῖν, καὶ κοινωνεῖν ἐκείνοις τῶν καμάτων, λέγων περὶ μυρμήκων, ὡς "ἂν ἀλλήλοις τῶν φορτίων, ἐπειδάν τινα κάμνοντα ἴδωσιν, ἐπιλαμβάνωνται;" ἐρεῖ γὰρ ὁ δεόμενος τῆς διὰ λόγου παιδεύσεως, καὶ μηδαμῶς ἐπαΐων αὐτῆς· ἐπεὶ τοίνυν μηδὲν διαφέρομεν μυρμήκων καὶ ὅτε τοῖς κάμνουσι διὰ (6) τὸ φέρειν βαρύτατα φορτία βοηθοῦμεν· τί μάτην τὸ τοιοῦτον ποιοῦμεν; καὶ οἱ μὲν μύρμηκες, ἅτε ἄλογα ζῷα τυγχάνοντες, οὐκ ἂν ἐπαρθεῖεν πρὸς τὸ μέγα φρονῆσαι, διὰ τὸ παραβάλλεσθαι ἀνθρώποις τὰ ἔργα αὐτῶν· οἱ δὲ ἄιθρωποι,
20 διὰ τὸν λόγον ἀκοῦσαι δυνηθέντες, τίνα τρόπον εὐτελίζεται αὐτῶν τὸ κοινωνικὸν, βλαβεῖεν ἂν, τὸ ὅσον ἐπὶ τῷ Κέλσῳ, καὶ τοῖς λόγοις αὐτοῦ, οὐκ ἰδόντι, ὅτι Χριστιανισμοῦ ἀποτρέ- (7) ψαι θέλων τοὺς ἐντυγχάνοντας αὐτοῦ τῇ γραφῇ, ἀποτρέπει καὶ τῶν οὐ Χριστιανῶν τὸ πρὸς τοὺς φέροντας τὰ βαρύτατα τῶν φορτίων συμπαθές. ἐχρῆν δ᾽ ἂν αὐτὸν, εἴπερ ἦν καὶ φιλόσοφος αἰσθανόμενος τοῦ κοινωνικοῦ, πρὸς τῷ μὴ συναν- (8)

---

(1) Ad oram librorum editorum legitur: καταβάλῃ. R. Philoc. impressa: καταβάλλῃ, Philoc. vero Mscr., Hoeschel. teste: καταβάλῃ. L.
(2) Verba: τῷ λόγῳ πρὸς τοὺς μύρμηκας, addititia videntur et recidenda. R. Philoc. τῷ λόγῳ τῷ πρὸς τοὺς μύρμηκας. L.
(3) Philoc. καὶ μὴ ἐπισταμένων. L.
(4) Antea ἀποτρέψαιτο, Hoeschel. in textu ἀποτρέψαι. R. Deest τὸ in Philoc. L.
(5) Philoc. βαρυνομένοις. L.
(6) Desunt in Philoc. verba: διὰ τὸ φέρειν βαρύτατα φορτία. L.
(7) Philoc. οὐκ εἰδότι. R.
(8) Sic Philoc. Boherell. "Lege: πρὸς τό." Nihil mutandum. W. S.

αιρεῖν τῷ Χριστιανισμῷ τὰ χρήσιμα τῶν ἐν ἀνθρώποις, καὶ
(1) συνεργεῖν, εἰ οἷόν τε ἦν, τοῖς κοινοῖς ἐν Χριστιανισμῷ πρὸς
τοὺς ἄλλους ἀνθρώπους καλοῖς. εἰ δὲ καὶ τῶν ἀποτιθεμένων
(2) καρπῶν τὰς ἐκφύσεις ἀπεκτιθέασιν οἱ μύρμηκες, ἵνα μὴ σπαρ-
γῷεν, μένοιεν δὲ δι' ἔτους αὐτοῖς εἰς τροφήν· οὐ λογισμὸν
εἶναι ἐν μύρμηξι τούτων αἴτιον ὑπονοητέον, ἀλλὰ τὴν παμμή-
τορα φύσιν τὴν καὶ τὰ ἄλογα κοσμήσασαν, ὡς μηδὲ τοὐλά-
χιστον καταλιπεῖν, μηδαμῶς φέρον ἴχνος τοῦ ἀπὸ τῆς φύσεως
(3) λόγου. εἰ μὴ ἄρα διὰ τούτων λεληθότως βούλεται ὁ Κέλσος,
(4) καὶ γὰρ ἐν πολλοῖς Πλατωνίζειν θέλει, ὁμοειδῆ εἶναι πᾶσαν 10
ψυχὴν, καὶ μηδὲν διαφέρειν τὴν τοῦ ἀνθρώπου τῆς τῶν
μυρμήκων καὶ τῶν μελισσῶν· ὅπερ κατάγοντός ἐστι τὴν
ψυχὴν ἀπὸ τῶν ἀψίδων τοῦ οὐρανοῦ, οὐκ ἐπὶ τὸ ἀνθρώπινον
σῶμα μόνον, ἀλλὰ καὶ ἐπὶ τὰ λοιπά. τούτοις δ' οὐ πείσον-
ται Χριστιανοὶ, προκατειληφότες τὸ κατ' εἰκόνα γεγονέναι
Θεοῦ τὴν ἀνθρωπίνην ψυχὴν, καὶ ὁρῶντες, ὅτι ἀμήχανόν ἐστι
(5) τὴν κατ' εἰκόνα Θεοῦ δεδημιουργημένην φύσιν πάντη ἀπαλεῖ-
ψαι τοὺς χαρακτῆρας αὐτῆς, καὶ ἄλλους ἀναλαβεῖν οὐκ οἶδα
(6) κατ' εἰκόνας τίνων γεγενημένους ἐν τοῖς ἀλόγοις.

84. Ἐπεὶ δὲ καὶ "τοῖς ἀποθνήσκουσι μύρμηξι φησι 20
τοὺς ζῶντας ἴδιόν τι ἀποκρίνειν χωρίον, κἀκεῖνο αὐτοῖς εἶναι
πάτρια μνήματα·" λεκτέον, ὅτι ὅσῳ πλείονα λέγει τῶν ἀλό-
γων ζώων ἐγκώμια, τοσούτῳ πλεῖον, κἂν μὴ θέλῃ, αὔξει τὸ

---

(1) Philoc. Mscr., Hoeschel. teste: τοῖς κοινοῖς τῷ Χριστιανῷ, Philoc. vero
impressa: τοῖς κοινοῖς Χριστιανισμῷ. L.
(2) Philoc. σπαραγγῶεν. L.
(3) Philoc. λεληθότως ὁ Κέλσος ἐν πολλοῖς Πλατωνίζειν θέλει, καὶ βούλεται
ὁμοειδῆ εἶναι κ.τ.λ. Lactant. Lib. VII. cap. 13. Pythagoras, apud Ovidium,
Lib. XV. Metamorphos. Fab. 3. Origenes Lib. I. contra Cels. num. 32, 33,
Lib. IV. num. 54, 56, et Lib. V. num. 20, 21. Vide etiam Platonem in Epinom.
pp. 980, 981, et in Timaeo pp. 90, 91. Spencer. R.
(4) Philoc. Mscr., Hoeschel. teste: μονοειδῆ, pro: ὁμοειδῆ. Philoc. impressa,
ὁμοειδῆ. — Hoeschel. in notis: "In Palatino Codice adscriptum hic margini:
Σημείωσαι, ὅτι διαβάλλεται ὁ Ὠριγένης ὡς κἂν τοῖς ἄλλοις καὶ εἰς τὴν μετεμψύχωσιν."
L.
(5) Philoc. ἀπολείψαι. L.
(6) Philoc. Mscr., Hoeschel. teste: κατ' εἰκόνα τίνων γεγενημένων, Philoc. vero
impressa, ut nos in textu. L.

τοῦ πάντα κοσμήσαντος λόγου ἔργον· καὶ δείκνυσι τὴν ἐν ἀνθρώποις ἐντρέχειαν, δυναμένην κοσμεῖν τῷ λόγῳ καὶ τὰ πλεονεκτήματα τῆς φύσεως τῶν ἀλόγων. τί δὲ λέγω τῶν (1) ἀλόγων, ἐπεὶ Κέλσῳ δοκεῖ μηδ' ἄλογα εἶναι τὰ κατὰ τὰς κοινὰς πάντων ἐννοίας ἄλογα καλούμενα; οὐδὲ τοὺς μύρμηκας γοῦν οἴεται εἶναι ἀλόγους, ὁ περὶ τῆς ὅλης φύσεως ἐπαγγειλάμενος λέγειν, καὶ τὴν ἀλήθειαν ἐν τῇ ἐπιγραφῇ τοῦ βιβλίου αὐχήσας. φησὶ γὰρ περὶ τῶν μυρμήκων ὡς διαλεγομένων ἀλλήλοις τοιαῦτα· "καὶ μὲν δὴ καὶ ἀπαντῶντες
10 ἀλλήλοις διαλέγονται, ὅθεν οὐδὲ τῶν ὁδῶν ἁμαρτάνουσιν. οὐκοῦν καὶ λόγου συμπλήρωσίς ἐστι παρ' αὐτοῖς, καὶ κοιναὶ ἔννοιαι καθολικῶν τινων, καὶ φωνὴ, καὶ τυγχάνοντα σημαινόμενα." τὸ γὰρ διαλέγεσθαί τινα πρὸς ἕτερον, ἐν φωνῇ γίνεται δηλούσῃ τι σημαινόμενον, πολλάκις δὲ καὶ περὶ τῶν καλουμένων τυγχανόντων ἀπαγγελλούσῃ· ἅπερ καὶ ἐν μύρ- (2) μηξι λέγειν εἶναι, πῶς οὐ πάντων ἂν εἴη καταγελαστότατον;

85. Καὶ οὐκ αἰδεῖταί γε ἐπιφέρων τούτοις, ἵνα καὶ τοῖς μετ' αὐτὸν ἐσομένοις ἐπιδεικνύηται τὴν τῶν δογμάτων ἑαυτοῦ ἀσχημοσύνην, λέγων· "φέρ' οὖν, εἴ τις ἀπ' οὐρανοῦ ἐπὶ τὴν
20 γῆν ἐπιβλέποι, τί ἂν δόξαι διαφέρειν τὰ ὑφ' ἡμῶν, ἢ τὰ ὑπὸ μυρμήκων καὶ μελισσῶν δρώμενα;" ὁ ἀπ' οὐρανοῦ δὴ ἐπὶ γῆν κατὰ τὴν ὑπόθεσιν αὐτοῦ βλέπων τὰ δρώμενα ὑπὸ τῶν ἀνθρώπων, καὶ τὰ ὑπὸ τῶν μυρμήκων γινόμενα, πότερον ἐνορᾷ μὲν ἀνθρώπων καὶ μυρμήκων σώμασιν· οὐ κατανοεῖ δὲ τὸ λογικὸν ἡγεμονικὸν καὶ λογισμῷ κινούμενον; πάλιν τε αὖ τὸ ἄλογον ἡγεμονικὸν καὶ ὑπὸ ὁρμῆς καὶ φαντασίας ἀλόγως κινούμενον, μετά τινος φυσικῆς ὑποκατασκευῆς; ἀλλ' ἄτοπον τὸν ἀπ' οὐρανοῦ βλέποντα τὰ ἐπὶ γῆς, ἐνορᾶν μὲν θέλειν σώμασιν ἀνθρώπων καὶ μυρμήκων, ἀπὸ τοσούτου διαστήματος·
30 μὴ πολὺ δὲ μᾶλλον βλέπειν ἡγεμονικῶν φύσεις, καὶ πηγὴν ὁρμῶν λογικὴν, ἢ ἄλογον. εἰ δ' ἅπαξ βλέποι(3) τὴν πασῶν (3) ὁρμῶν πηγήν· δῆλον, ὅτι καὶ τὴν διαφορὰν ἴδοι ἂν, καὶ τὴν

(1) Τί δὲ λέγω τῶν ἀλόγων. Haec in antea editis omissa, supplentur e Philocalia. R.
(2) Antea ἀπαγγέλλουσιν, "Malim cum Boherello: ἀπαγγελλούσῃ." R.
(3) Antea βλέπει. Vid. l. 20. W. S.

ORIGENIS CONTRA CELSVM LIB. IV. 323

ὑπεροχὴν τοῦ ἀνθρώπου, οὐ μόνον παρὰ τοὺς μύρμηκας, ἀλλὰ καὶ παρὰ τοὺς ἐλέφαντας. ὁ γὰρ βλέπων ἀπ᾽ οὐρανοῦ, ἐν μὲν τοῖς ἀλόγοις, κἂν μεγάλα ᾖ αὐτῶν τὰ σώματα, οὐκ ἄλλην ὄψεται ἀρχήν, ἢ τὴν, ἵν᾽ οὕτως ὀνομάσω, ἀλογίαν· ἐν δὲ τοῖς λογικοῖς, λόγον τὸν κοινὸν ἀνθρώπων πρὸς τὰ
(1) θεῖα καὶ ἐπουράνια, τάχα δὲ καὶ αὐτὸν τὸν ἐπὶ πᾶσι Θεόν,
(2) δι᾽ ὃν κατ᾽ εἰκόνα γεγονέναι ὠνόμασται τοῦ Θεοῦ· εἰκὼν γὰρ τοῦ ἐπὶ πᾶσι Θεοῦ ὁ λόγος ἐστὶν αὐτοῦ.

86. Ἑξῆς δὲ τούτοις ὡσπερεὶ ἐπὶ πλεῖον καταβιβάσαι ἀγωνιζόμενος τὸ τῶν ἀνθρώπων γένος, καὶ ἐξομοιῶσαι τοῖς 10 ἀλόγοις, καὶ μηδὲν ὅ, τι καταλιπεῖν θέλων τῶν ἐν τοῖς ἀλόγοις ἱστορουμένων, ἐμφαινόντων τὸ μεῖζον· καὶ "τὰ τῆς γοητείας φησὶν εἶναι καὶ ἔν τισι τῶν ἀλόγων·" ὡς μηδ᾽ ἐπὶ
(3) τούτῳ τοὺς ἀνθρώπους ἐξαιρέτως σεμνύνεσθαι, μηδὲ θέλειν ἔχειν τὴν πρὸς τὰ ἄλογα ὑπεροχήν· καί φησι ταῦτα· "εἰ
(4) δέ τι καὶ ἐπὶ γοητείᾳ φρονοῦσιν ἄνθρωποι, ἀλλ᾽ ἤδη καὶ κατὰ τοῦτο σοφώτεροι ὄφεις καὶ ἀετοί· πολλὰ γοῦν ἴσασιν ἀλεξιφάρμακα καὶ ἀλεξίκακα, καὶ δὴ καὶ λίθων τινῶν δυνάμεις,
(5) ἐπὶ σωτηρίᾳ τῶν νεοσσῶν. οἷς ἂν ἐπιτύχωσιν ἄνθρωποι,
(6) θαυμαστόν τι κτῆμα ἔχειν νομίζουσι." καὶ πρῶτόν γε οὐκ 20 οἶδ᾽ ὅπως τὴν τῶν ζώων περὶ τὰ φυσικὰ ἀλεξιφάρμακα εἴτε ἐμπειρίαν, εἴτε φυσικήν τινα κατάληψιν, γοητείαν ὠνόμασεν·
(7) ἐπ᾽ ἄλλου γὰρ τέτριπται τὸ τῆς γοητείας τάσσεσθαι ὄνομα. εἰ μὴ ἄρα λεληθότως διαβάλλειν βούλεται, ὡς Ἐπικούρειος, πᾶσαν τὴν τῶν τοιούτων χρῆσιν, ὡς ἐν ἐπαγγελίᾳ γοήτων κειμένην. πλὴν ἀλλὰ δεδόσθω αὐτῷ τὸ τοὺς ἀνθρώπους φρονεῖν ἐπὶ τῇ τούτων γνώσει μέγα, εἴτε γόητας ὄντας, εἴτε
(8) καὶ μή· πῶς ὅτι σοφώτεροι κατὰ τοῦτο ἀνθρώπων εἰσὶν

(1) Philoc. θεόν· διὸ καὶ κατ᾽ εἰκόνα κ.τ.λ. L.
(2) Coloss. i. 15.
(3) ἐξαιρέτως] Deest apud Hoeschel. et Spencerum, sed reperitur in Codd. Regio, Basileensi, et Philocalia. R.
(4) Boherellus: Adde μέγα ut paulo post, l. 27. Et sic R.
(5) Philoc. Οἷς ἐάν. L.
(6) Philoc. πρῶτον μέν. L.
(7) Ita Philoc., alias ἔσεσθαι.
(8) Philoc. πῶς ὅτι, alias ἔτι.

ὄφεις, τῷ μαράθρῳ εἰς ὀξυωπίαν καὶ ταχύτητα κινήσεως χρώ- (1)
μενοι, μόνον τοῦτο φυσικὸν οὐκ ἐξ ἐπιλογισμοῦ καταλαμβά-
νοντες, ἀλλ' ἐκ κατασκευῆς; ἄνθρωποι δὲ οὐκ ἀπὸ ψιλῆς
φύσεως ἐπὶ τὸ τοιοῦτον ὁμοίως ὄφεσιν ἔρχονται· ἀλλὰ πῆ
μὲν ἐκ πείρας, πῆ δ' ἐκ λόγου, ἔσθ' ὅτε δὲ καὶ ἐξ
ἐπιλογισμοῦ, καὶ κατ' ἐπιστήμην. ὡς εἰ καὶ ἀετοὶ πρὸς (2)
σωτηρίαν τῶν ἐν τῇ καλιᾷ νεοσσῶν, τὸν λεγόμενον ἀετίτην
λίθον εὑρόντες, φέρουσιν ἐπ' αὐτήν, πόθεν, ὅτι σοφοὶ ἀετοί,
καὶ τῶν ἀνθρώπων σοφώτεροι, τῶν ἐκ πείρας τὸ τοῖς ἀετοῖς
10 δοθὲν φυσικὸν βοήθημα εὑρόντων διὰ τοῦ λογισμοῦ, καὶ μετὰ
νοῦ χρησαμένων;

87. Ἔστω δὲ καὶ ἄλλα ὑπὸ τῶν ζώων γιγνώσκεσθαι
ἀλεξιφάρμακα, τί οὖν τοῦτο πρὸς τὸ μὴ φύσιν, ἀλλὰ λόγον
εἶναι τὸν εὑρίσκοντα ταῦτα ἐν τοῖς ζώοις; εἰ μὲν γὰρ λόγος
ἦν ὁ εὑρίσκων, οὐκ ἂν ἀποτεταγμένως τόδε τι μόνον εὑρίσκετο (3)
ἐν ὄφεσιν, ἔστω καὶ δεύτερον, καὶ τρίτον, καὶ ἄλλο τι ἐν
ἀετῷ, καὶ οὕτως ἐν τοῖς λοιποῖς ζώοις· ἀλλὰ τοσαῦτα ἄν,
ὅσα καὶ ἐν ἀνθρώποις. νυνὶ δὲ φανερὸν ἐκ τοῦ ἀποτεταγμένως
πρός τινα ἑκάστου φύσιν ζώου νενευκέναι βοηθήματα, ὅτι
20 οὐ σοφία, οὐδὲ λόγος ἐστὶν ἐν αὐτοῖς· ἀλλά τις φυσικὴ πρὸς
τὰ τοιάδε σωτηρίας ἕνεκεν τῶν ζώων κατασκευή, ὑπὸ τοῦ
λόγου γεγενημένη. καίτοιγε εἰ ἐβουλόμην ὁμόσε χωρεῖν
τῷ Κέλσῳ κατὰ ταῦτα, ἐχρησάμην ἂν Σολομῶντος λέξει
ἀπὸ τῶν Παροιμιῶν, οὕτως ἐχούσῃ· "τέσσαρα δ' ἐστὶν
ἐλάχιστα ἐπὶ τῆς γῆς, ταῦτα δέ ἐστι σοφώτερα τῶν σοφῶν·
οἱ μύρμηκες, οἷς μή ἐστιν ἰσχύς, καὶ ἑτοιμάζονται θέρους τὴν (4)
τροφήν. καὶ οἱ χοιρογρύλλιοι, ἔθνος οὐκ ἰσχυρόν, οἳ ἐποίησαν
ἐν πέτραις τοὺς ἑαυτῶν οἴκους. ἀβασίλευτός ἐστιν ἡ ἀκρίς, (5)
καὶ στρατεύει ἀπὸ ἑνὸς κελεύσματος εὐτάκτως. καὶ ἀσκα- (6)

---

(1) Vide Plinium, Lib. VIII. cap. xxvii. R.
(2) Vide Plin. Lib. x. cap. iii. R.
(3) Philoc. οὐκ ἄν ποτε ἀποτεταγμένως. R.
(4) Prov. xxx. 24—28 (xxiv.).
(5) Sic Codd. Reg. et Basileensis. Philoc. ἀβασίλευτόν ἐστιν ἡ ἀκρίς. R.
(6) Sic Codd. Reg. et Basil. Philoc. καὶ στρατοπεδεύει. R.

(1) λαβώτης, χερσὶν ερειδόμενος, καὶ ευάλωτος ὤν, κατοικεῖ εν οχυρώμασι βασιλέως." ἀλλ' οὐ συγχρῶμαι ὡς σαφέσι τοῖς ῥητοῖς, ἀκολούθως δὲ τῇ ἐπιγραφῇ, ἐπιγέγραπται γὰρ τὸ βιβλίον Παροιμίαι· ζητῶ ταῦτα, ὡς αἰνίγματα. ἔθος γὰρ τοῖς ἀνδράσι τούτοις τὰ ἔτερον μέν τι αυτόθεν δηλοῦντα, ἕτερον (2) δὲ ἐν ὑπονοίᾳ ἀπαγγέλλοντα, διαιρεῖν εἰς εἴδη πολλὰ, ὧν ἓν εἶναι τὰς παροιμίας. διὸ καὶ ἐν τοῖς εὐαγγελίοις ἡμῶν γέ-
(3) γραπται ὁ σωτὴρ ἡμῶν εἰρηκέναι· "ταῦτ' ἐν παροιμίαις λελάληκα ὑμῖν· ἀλλ' ἔρχεται ὥρα, ὅτε οὐκέτι ἐν παροιμίαις λαλήσω ὑμῖν." οὐχ οἱ αἰσθητοὶ τοίνυν μύρμηκες σοφώτεροι 10 τῶν σοφῶν εἰσιν, ἀλλ' οἱ δηλούμενοι ὡς ἐν εἴδει παροιμιῶν. οὕτω δὲ λεκτέον καὶ περὶ τῶν λοιπῶν ζώων· ἀλλὰ πάνυ ἁπλούστατα νομίζει εἶναι καὶ ἰδιωτικὰ ὁ Κέλσος τὰ Ἰουδαίων καὶ Χριστιανῶν βιβλία, καὶ οἴεται τοὺς ἀλληγοροῦντας αὐτὰ, βιαζομένους τὸ βούλημα τῶν γραψάντων, τοῦτο ποιεῖν. ἐληλέγχθω οὖν καὶ διὰ τούτων ὁ Κέλσος μάτην ἡμᾶς διαβάλλων· ἐληλέγχθω δὲ αὐτοῦ καὶ ὁ περὶ ὄφεων καὶ ἀετῶν λόγος, ἀποφηνάμενος εἶναι τούτους ἀνθρώπων σοφωτέρους.

88. Θέλων δ' ἔτι διὰ πλειόνων μηδὲ τὰς περὶ τοῦ θείου ἐννοίας ἐξαιρέτους εἶναι παρὰ τὰ θνητὰ πάντα ἐν τῷ γένει 20 τῶν ἀνθρώπων, ἀλλὰ καὶ τῶν ἀλόγων ζώων τινὰ ἀποφῆναι (4) ἐννοοῦντα περὶ τοῦ θεοῦ, περὶ οὗ τοιαῦται διαφωνίαι γεγόνασι καὶ τοῖς ὀξυτέροις τῶν πανταχοῦ ἀνθρώπων, Ἑλλήνων, καὶ βαρβάρων, φησίν· "εἰ δ', ὅτι καὶ θείας ἐννοίας ἄνθρωπος ἐπείληπται, νομίζεται ὑπερέχειν τῶν λοιπῶν ζώων· ἴστωσαν (5) οἱ τοῦτο φάσκοντες, ὅτι καὶ τούτου πολλὰ τῶν ἄλλων ζώων (6) ἀντιποιηθήσεται· καὶ μάλα εἰκότως, τί γὰρ ἂν φαίη τις θειότερον τοῦ τὰ μέλλοντα προγιγνώσκειν τε καὶ προδηλοῦν; τοῦτο τοίνυν ἄνθρωποι παρὰ τῶν ἄλλων ζώων, καὶ μάλιστα

(1) Libri editi in textu: οἰκεῖ. R. Boherell.: "Alia exemplaria habent: κατοικεῖ. Lege: καὶ οἰκεῖ."
(2) Cf. libri huj. num. 38. L.
(3) Ev. Joann. xvi. 25.
(4) Philoc. τοσαῦται διαφωνίαι. R.
(5) Philoc. Mscr., Hoesch. teste: τῶν ἀλόγων ζώων, Philoc. vero impressa, ut nos in textu. L.
(6) Philoc. ἀντιποιήσεται. R.

παρ' ὀρνίθων, μανθάνουσι. καὶ ὅσοι τῆς ἐκείνων ἐνδείξεως ἐπαΐουσιν, οὗτοι μαντικοί. εἰ δὲ ὄρνιθες ἄρα, καὶ ὅσα ἄλλα (1) ζῶα μαντικὰ ἐκ θεοῦ προγινώσκοντα, διὰ συμβόλων ἡμᾶς διδάσκει, τοσοῦτον ἔοικεν ἐγγυτέρω τῆς θείας ὁμιλίας ἐκεῖνα (2) πεφυκέναι, καὶ εἶναι σοφώτερα, καὶ θεοφιλέστερα. φασὶ δὲ (3) τῶν ἀνθρώπων οἱ συνετοὶ καὶ ὁμιλίας ἐκείνοις εἶναι, δηλονότι τῶν ἡμετέρων ἱερωτέρας· καὶ αὐτοί που γνωρίζειν τὰ λεγόμενα, καὶ ἔργῳ δεικνύειν, ὅτι γνωρίζουσιν, ὅταν προειπόντες, ὅτι ἔφασαν οἱ ὄρνιθες ὡς ἀπίασί ποι, καὶ ποιήσουσι τόδε, ἢ τόδε, δεικνύωσιν ἀπελθόντας ἐκεῖ, καὶ ποιοῦντας ἃ δὴ προεῖπον. ἐλεφάντων δὲ οὐδὲν εὐορκότερον, οὐδὲ πρὸς τὰ θεῖα πιστότερον εἶναι δοκεῖ, πάντως δή που, διότι γνῶσιν αὐτοῦ ἔχουσιν." ὅρα δὲ ἐν τούτοις, ὅσα ζητούμενα παρὰ τοῖς φιλοσοφοῦσιν, οὐ μόνον Ἑλλήνων, ἀλλὰ καὶ τῶν ἐν βαρβάροις, εἴθ' εὑρόντων, εἴτε παρά τινων δαιμόνων μαθόντων τὰ περὶ οἰωνῶν καὶ τῶν ἄλλων ζώων, ἀφ' ὧν μαντεῖαί τινες ἀνθρώποις γίνεσθαι λέγονται, συναρπάζει, καὶ ὡς ὁμολογούμενα ἐκτίθεται. πρῶτον μὲν γὰρ ἐζήτηται, πότερόν ἐστί τις τέχνη οἰωνιστικὴ, καὶ ἁπαξαπλῶς ἡ διὰ ζώων μαντικὴ, ἢ οὐκ ἔστι. δεύτερον δὲ παρὰ τοῖς παραδεξαμένοις εἶναι τὴν δι' ὀρνίθων μαντικὴν, οὐ συμπεφώνηται ἡ αἰτία τοῦ τρόπου τῆς μαντείας· ἐπειδήπερ οἱ μὲν ἀπό τινων δαιμόνων, ἢ θεῶν μαντικῶν φασι γίγνεσθαι τὰς κινήσεις τοῖς ζώοις, ὄρνισι μὲν εἰς διαφόρους πτήσεις, καὶ εἰς διαφόρους φωνὰς, τοῖς δὲ λοιποῖς εἰς τὰς τοιάσδε κινήσεις, ἢ τοιασδί. ἄλλοι δὲ θειοτέρας αὐτῶν, καὶ πρὸς τοῦτο ἐπιτηδείους εἶναι τὰς ψυχάς· ὅπερ ἐστὶν ἀπιθανώτατον.

89. Ἐχρῆν οὖν τὸν Κέλσον, διὰ τῶν προκειμένων βουλόμενον θειότερα καὶ σοφώτερα ἀποδεῖξαι τὰ ἄλογα ζῶα τῶν ἀνθρώπων, κατασκευάσαι διὰ πλειόνων, ὡς ὑπάρχουσαν τὴν τοιάνδε μαντικήν· καὶ τὴν ἀπολογίαν μετὰ τοῦτ' ἐνεργεστέρως (4)

(1) Vox ἄλλα, quae in antea editis desideratur, suppletur e Philocalia. R.
(2) Boherellus, Lego: τοσούτου.
(3) Philoc. θεοφιλέστερα, alias ...ἔστατα. R.
(4) Boherell. "Forte: ἐναργεστέρως. Ceterum e Philoc. abest vox sequens: ἀποδεῖξαι, ut et praecedentes: τὴν ἀπολογίαν, et abesse possunt, salva sententia."

ἀποδεῖξαι· καὶ ἀποδεικτικῶς ἀποδοκιμάσαι μὲν τοὺς λόγους τῶν ἀναιρούντων τὰς τοιάσδε μαντείας· ἀποδεικτικῶς δ' ἀνατρέψαι καὶ τοὺς λόγους τῶν εἰπόντων ἀπὸ δαιμόνων, ἢ θεῶν γίγνεσθαι τὰς κινήσεις τοῖς ζώοις πρὸς
(1) τὸ μαντεύσασθαι· καὶ μετὰ ταῦτα κατασκευάσαι περὶ τῆς τῶν ἀλόγων ζώων ψυχῆς ὡς θειοτέρας, οὕτω γὰρ ἂν πρὸς τὰ πιθανὰ αὐτοῦ, ἐπιδειξαμένου φιλόσοφον περὶ τῶν τηλικούτων ἕξιν, κατὰ τὸ δυνατὸν ἡμῖν ἐνέστημεν· ἀνατρέποντες μὲν τὸ, ὅτι σοφώτερα τὰ ἄλογα ζῶα τῶν ἀνθρώπων· ψευδοποιοῦντες δὲ καὶ ὅτι ἐννοίας ἔχει τοῦ θείου ἱερωτέρας ἡμῶν, καὶ ὅτι ὁμιλίας ἔχει πρὸς ἄλληλα ἱεράς τινας. νυνὶ δὲ ὁ ἐγκαλῶν ἡμῖν, ὅτι πιστεύομεν τῷ ἐπὶ πᾶσι Θεῷ, ἀξιοῖ ἡμᾶς πιστεύειν, ὅτι αἱ ψυχαὶ τῶν ὀρνίθων θειοτέρας ἔχουσιν ἐννοίας καὶ τρανωτέρας ἀνθρώπων. ὅπερ εἰ ἀληθές ἐστιν,
(2) ὄρνιθες μᾶλλον τρανωτέρας Κέλσου ἔχουσι περὶ θεοῦ ἐννοίας. καὶ οὐ θαυμαστὸν, εἰ Κέλσου, τοῦ ἐπὶ τοσοῦτον τὸν ἄνθρωπον ἐξευτελίζοντος. ἀλλὰ γὰρ, ὅσον ἐπὶ Κέλσῳ, οἱ ὄρνιθες μείζονας καὶ θειοτέρας ἔχουσιν ἐννοίας, οὐ λέγω ἡμῶν Χριστιανῶν, ἢ τῶν ταῖς αὐταῖς ἡμῖν γραφαῖς χρωμένων Ἰουδαίων· ἀλλὰ γὰρ καὶ τῶν παρ' Ἕλλησι θεολόγων· ἄνθρωποι γὰρ ἦσαν. μᾶλλον οὖν, κατὰ Κέλσον, κατείληφε τὴν τοῦ θείου φύσιν τὸ τῶν δῆθεν μαντικῶν ὀρνίθων γένος, ἢ Φερεκύδης, καὶ Πυθαγόρας, καὶ Σωκράτης, καὶ Πλάτων· καὶ ἐχρῆν γε ἡμᾶς πρὸς τοὺς ὄρνιθας φοιτᾶν διδασκάλους· ἵν', ὥσπερ κατὰ τὴν τοῦ Κέλσου ὑπόληψιν διδάσκουσιν ἡμᾶς μαντικῶς τὰ ἐσόμενα, οὕτω καὶ περὶ τοῦ ἀμφιβάλλειν περὶ τοῦ θείου ἀπαλλάξωσι τοὺς ἀνθρώπους, ἣν κατειλήφασι τρανὴν περὶ αὐτοῦ ἔννοιαν παραδιδόντες. Κέλσῳ μὲν οὖν ἀκολουθεῖ, τῷ διαφέρειν ἡγουμένῳ τῶν ἀνθρώπων τοὺς
(3) ὄρνιθας, διδασκάλοις αὐτὸν χρῆσθαι τοῖς ὄρνισι, καὶ μηδενὶ ἄλλῳ τῶν φιλοσοφησάντων παρ' Ἕλλησιν.

(1) Philoc. μαντεύεσθαι. L.
(2) Geminati comparativi exempla habes passim, quae plurima congessit Taubmannus ad vers. 78 Culicis. Vide Marc. vii. 36, et Philipp. i. 23. R.
(3) Sic Philocalia. Hoeschel. et Spencerus: καὶ μηδενὶ οὕτω τῶν. R.

90. Ἡμῖν δὲ ὀλίγα πρὸς τὰ προκείμενα ἀπὸ πολλῶν λεκτέον, διελέγχουσι τὴν ἀχάριστον ψευδοδοξίαν πρὸς τὸν (1) πεποιηκότα αὐτόν· ἄνθρωπος γὰρ καὶ Κέλσος ὢν, ἐν τιμῇ (2) ὢν, οὐ συνῆκε· διὸ οὐδὲ παρασυνεβλήθη τοῖς ὄρνισι, καὶ (3) τοῖς ἄλλοις ἀλόγοις ζώοις, οἷς νομίζει εἶναι μαντικοῖς· ἀλλ' ἐκείνοις παραχωρήσας τὰ πρωτεῖα, ὑπὲρ Αἰγυπτίους, τοὺς τὰ ἄλογα ζῶα ὡς θεοὺς προσκυνοῦντας, ἑαυτὸν ὑπέταξε, τὸ δ' ὅσον ἐπ' αὐτῷ, καὶ πᾶν τὸ τῶν ἀνθρώπων γένος, ὡς χεῖρον καὶ ἔλαττον νοοῦν περὶ τοῦ θείου, τοῖς ἀλόγοις ζώοις. προη-
10 γουμένως μὲν οὖν ζητείσθω, πότερον ὑπάρχει ἡ δι' ὀρνίθων καὶ τῶν λοιπῶν ζώων πεπιστευμένων εἶναι μαντικῶν μαντικὴ, ἢ μὴ ὑπάρχει. καὶ γὰρ οὐκ εὐκαταφρόνητός ἐστιν εἰς ἑκάτερα (4) ἐπιχειρούμενος ὁ λόγος· ὅπου μὲν δυσωπῶν μὴ παραδέξασθαι τὸ τοιοῦτον, ἵνα μὴ τὸ λογικὸν ἀντὶ τῶν δαιμονίων χρηστη- (5) ρίων ὄρνισι χρήσηται, καταλιπὸν ἐκεῖνα· ὅπου δὲ διὰ (6) μαρτυρουμένης ὑπὸ πολλῶν ἐναργείας παριστὰς, ὅτι πολλοὶ (7) ἀπὸ μεγίστων διεσώθησαν κινδύνων, πεισθέντες τῇ δι' ὀρνίθων μαντικῇ. ἐπὶ δὲ τοῦ παρόντος δεδόσθω, ὑπαρκτὸν (8) εἶναι τὴν οἰωνιστικήν· ἵνα καὶ οὕτω δείξω τοῖς προκαταλη- (9)
20 φθεῖσιν, ὅτι καὶ τούτου διδομένου πολλή ἐστιν ἡ τοῦ ἀνθρώπου παρὰ τὰ ἄλογα ζῶα, καὶ παρ' αὐτὰ τὰ μαντικὰ, ὑπεροχή, καὶ οὐδαμῶς πρὸς ἐκεῖνα συγκριτή. λεκτέον οὖν, ὅτι εἴπερ (10)

(1) Philoc. Mscr., Hoeschel. teste: ψευδολογίαν, Philoc. vero impressa, ut nos in textu. L.
(2) Psalm. xlix. 12, coll. 20. (xlviii.)
(3) Philoc. παρεσυνεβλήθη τοῖς κτήνεσι καὶ τοῖς ἄλλοις, κ.τ.λ. L.
(4) Philoc. εἰς ἑκάτερον. L.
(5) Hoeschel. et Spencerus: ἀντὶ τῶν δαιμόνων. Sed Philoc. ut in nostro textu. R. Boherell.: "Lege: δαιμονίων, e Philocalia."
(6) Cod. Regius recte: ὅπου δὲ διὰ μαρτυρουμένης. Hoeschel. et Spencer. ὅπου δὲ διαμαρτυρουμένης. R. Philoc. Mscr., Hoesch. teste: διὰ μαρτυρουμένης, Philoc. vero impressa: διαμαρτυρουμένης. L.
(7) Antea ἐνεργείας. W. S. Philoc. in textu, edd. Spenc. ad marginem: ἐναργείας. L.
(8) Philoc. Mscr., Hoeschel. teste: ὑπαρκτικὸν εἶναι, Philoc. vero impressa, ut nos in textu. L.
(9) Sic Philocalia. Hoeschel. et Spencerus: προσκατειληφθεῖσιν. R.
(10) Philoc. Mscr., Hoeschel. teste: συγκριτική, Philoc. impressa, ut nos in textu. L.

τις θεία φύσις ἦν ἐν αὐτοῖς τῶν μελλόντων προγνωστική, καὶ ἐπὶ τοσοῦτον πλουσία, ὡς ἐκ περιουσίας καὶ τῷ βου-
(1) λομένῳ τῶν ἀνθρώπων δηλοῦν τὰ ἐσόμενα· δηλονότι πολὺ πρότερον τὰ περὶ ἑαυτῶν ἐγίνωσκον· γινώσκοντα δὲ τὰ περὶ ἑαυτῶν, ἐφυλάξατο ἂν ἀναπτῆναι κατὰ τοῦδε τοῦ τόπου, ἐφ᾽ οὗ παγίδας καὶ δίκτυα ἄνθρωποι ἔστησαν κατ᾽ αὐτῶν· ἢ τοξόται σκοπῷ χρώμενοι τοῖς ἱπταμένοις βέλη ἐπ᾽ αὐτὰ ἀπέλυον. πάντως δ᾽ ἂν καὶ προγιγνώσκοντες ἀετοὶ τὴν κατὰ τῶν νεοσσῶν ἐπιβουλήν, εἴτε τῶν ἀναβαινόντων πρὸς αὐτοὺς ὄφεων, καὶ διαφθειρόντων αὐτούς, εἴτε καί τινων 10 ἀνθρώπων, εἴτε εἰς παιδιὰν, εἴτε καὶ εἰς ἄλλην τινὰ χρείαν καὶ θεραπείαν, λαμβανόντων αὐτούς· οὐκ ἂν ἐνόσσευσαν, ἔνθα ἔμελλον ἐπιβουλεύεσθαι· καὶ ἁπαξαπλῶς οὐκ ἄν ποτε τῶν ζώων τι τούτων ἁλωτὸν ἀνθρώποις ἦν, ὡς ἀνθρώπων θειότερον καὶ σοφώτερον.

(2) 91. Ἀλλὰ καὶ εἴπερ οἰωνοὶ οἰωνοῖς διαλέγονται, ὥς φησιν ὁ Κέλσος, θείαν φύσιν ἔχοντες οἱ μαντικοὶ ὄρνεις,
(3)(4) καὶ τὰ ἄλλα ἄλογα ζῶα, καὶ ἐννοίας τοῦ θείου, καὶ πρό-
(5) γνωσιν περὶ μελλόντων, καὶ τὰ τοιαῦτα ἑτέροις προεδήλουν· οὔτ᾽ ἂν ἡ καθ᾽ Ὅμηρον στρουθὸς ἐνόσσευσεν ὅπου δράκων 20
(6) ἔμελλεν αὐτὴν, καὶ τὰ τέκνα ἀφανίζειν· οὔτ᾽ ἂν ὁ κατὰ τὸν αὐτὸν ποιητὴν δράκων οὐκ ἐφυλάξατο τὸ ὑπὸ τοῦ ἀετοῦ ληφθῆναι. φησὶ γὰρ ὁ ἐν ποιήσει θαυμαστὸς Ὅμηρος περὶ μὲν τοῦ προτέρου τοιαῦτα·

(7)   ἔνθ᾽ ἐφάνη μέγα σῆμα· δράκων ἐπὶ νῶτα δαφοινὸς,
(8)   σμερδαλέος· τόν ῥ᾽ αὐτὸς Ὀλύμπιος ἧκε φόωσδε,

(1) Deest πολὺ in Philoc. L. Vid. Euseb. P. E. IX. 4.
(2) Philoc., itemq. edd. Spenc. et Ruaei in textu: μάχονται, ed. vero Ruaei, Boherello duce, in notis: "Scribendum videtur διαλέγονται." L.
(3) Deest ἄλλα in Philoc. L.
(4) Philoc. τοῦ θεοῦ. L.
(5) Ab antea editis exciderat καί, quod suppletur e Codd. MSS. R.
(6) Sic Philoc., antea ἀφανίσειν.
(7) Homer. Iliad. Lib. II. a vers. 308. Latine reddidit Cicero, Lib. II. de Divinatione.
(8) Philoc. itemq. edd. Homer. τόν ῥ᾽ αὐτός. Edd. Spenc. et Ruaei: τὸν δ᾽ αὐτός. L.

βωμοῦ ὑπαΐξας, πρός ῥα πλατάνιστον ὄρουσεν.
ἔνθα δ' ἔσαν στρουθοῖο νεοσσοὶ, νήπια τέκνα,
ὄζῳ ἐπ' ἀκροτάτῳ πετάλοις ὑποπεπτηῶτες,
ὀκτώ· ἀτὰρ μήτηρ ἐνάτη ἦν, ἣ τέκε τέκνα.
ἔνθ' ὅγε τοὺς ἐλεεινὰ κατήσθιε τετριγῶτας·
μήτηρ δ' ἀμφεποτᾶτο ὀδυρομένη φίλα τέκνα·
τὴν δ' ἐλελιξάμενος πτέρυγος λάβεν ἀμφιαχυῖαν.
αὐτὰρ ἐπεὶ κατὰ τέκν' ἔφαγε στρουθοῖο καὶ αὐτήν·
τὸν μὲν ἀρίζηλον θῆκεν θεὸς, ὅσπερ ἔφηνεν·
10   λᾶαν γάρ μιν ἔθηκε Κρόνου παῖς ἀγκυλομήτεω·
ἡμεῖς δ' ἑσταότες θαυμάζομεν οἷον ἐτύχθη.
ὡς οὖν δεινὰ πέλωρα θεῶν εἰσῆλθ' ἑκατόμβας.
Περὶ δὲ τοῦ δευτέρου, ὅτι
ὄρνις γάρ σφιν ἐπῆλθε περησέμεναι μεμαῶσιν,   (1) (2)
αἰετὸς ὑψιπέτης, ἐπ' ἀριστερὰ λαὸν ἐέργων,
φοινήεντα δράκοντα φέρων ὀνύχεσσι πέλωρον
ζωὸν, ἔτ' ἀσπαίροντα· ὁ δ' οὔπω λήθετο χάρμης.   (3)
κόψε γὰρ αὐτὸν ἔχοντα κατὰ στῆθος παρὰ δειρὴν,
ἰδνωθεὶς ὀπίσω· ὁ δ' ἀπὸ ἕθεν ἧκε χαμᾶζε,   (4)
20   ἀλγήσας ὀδύνῃσι, μέσῳ δ' ἐγκάββαλ' ὁμίλῳ·   (5)
αὐτὸς δὲ κλάγξας πέτετο πνοιῆς ἀνέμοιο.
Τρῶες δ' ἐρρίγησαν, ὅπως ἴδον αἰόλον ὄφιν
κείμενον ἐν μέσσοισι, Διὸς τέρας αἰγιόχοιο.

Ἆρ' οὖν ὁ μὲν ἀετὸς ἦν μαντικός· ὁ δὲ δράκων, ἐπεὶ καὶ τούτῳ χρῶνται τῷ ζώῳ οἱ οἰωνοσκόποι, οὐκ ἦν μαντικός; τί δέ, ἐπεὶ τὸ ἀποκληρωτικὸν εὐέλεγκτόν ἐστιν· οὐχὶ καὶ τὸ ἀμφοτέρους εἶναι μαντικοὺς ἐλεγχθείη ἄν; οὐκ ἂν γὰρ ὁ δράκων ὢν μαντικὸς οὐκ ἐφυλάξατο τάδε τινὰ ἀπὸ τοῦ ἀετοῦ παθεῖν; καὶ ἄλλα δ' ἂν μυρία τοιαῦτα εὕροι τις

(1) Homer. Iliad. Lib. XII. vers. 200.
(2) Philoc. itemq. edd. Homeri: περησέμεναι. Edd. Spenc. et Ruaei in textu: πτερισσέμεναι, edd. Spenc. ad marg. περησέμεναι. L.
(3) Edd. Homeri: καὶ οὔπω λήθετο, κ.τ.λ. L.
(4) Edd. Homeri: ὃ δ' ἀπὸ ἕθεν, κ.τ.λ. L.
(5) Philoc. itemq. edd. Homeri: μέσῳ δ' ἐνὶ κάββαλ' ὁμίλῳ. L.

παραδείγματα, παριστάνοντα ὅτι οὐ τὰ ζῶα μέν ἐστιν
ἐν ἑαυτοῖς ἔχοντα μαντικὴν ψυχήν· ἀλλὰ, κατὰ μὲν τὸν
ποιητὴν, καὶ τοὺς πολλοὺς τῶν ἀνθρώπων, αὐτὸς " Ὀλύμπιος ἧκε φόωσδε." κατὰ δέ τι σημεῖον καὶ Ἀπόλλων
(1) ἀγγέλῳ χρῆται ἱέρακι· κίρκος γὰρ Ἀπόλλωνος εἶναι λέγεται
ταχὺς ἄγγελος.

92. Κατὰ δὲ ἡμᾶς, δαίμονές τινες φαῦλοι, καὶ, ἵν'
οὕτως ὀνομάσω, τιτανικοὶ, ἢ γιγάντιοι, ἀσεβεῖς πρὸς τὸ
ἀληθῶς θεῖον καὶ τοὺς ἐν οὐρανῷ ἀγγέλους γεγενημένοι, καὶ
πεσόντες ἐξ οὐρανοῦ, καὶ περὶ τὰ παχύτερα τῶν σωμάτων
καὶ ἀκάθαρτα ἐπὶ γῆς καλινδούμενοι· ἔχοντές τι περὶ τῶν
μελλόντων διορατικὸν, ἅτε γυμνοὶ τῶν γηΐνων σωμάτων
τυγχάνοντες· καὶ περὶ τὸ τοιοῦτον ἔργον καταγινόμενοι,
βουλόμενοι ἀπάγειν τοῦ ἀληθινοῦ Θεοῦ τὸ τῶν ἀνθρώπων
γένος, ὑποδύονται τῶν ζώων τὰ ἁρπακτικώτερα καὶ ἀγριώτερα, καὶ ἄλλα πανουργότερα, καὶ κινοῦσιν αὐτὰ πρὸς
ὃ βούλονται, καὶ ὅτε βούλονται· ἢ τὰς φαντασίας τῶν
τοιωνδὶ ζώων τρέπουσιν ἐπὶ πτήσεις καὶ κινήσεις τοιάσδε·
ἵνα ἄνθρωποι, διὰ τῆς ἐν τοῖς ἀλόγοις ζώοις ἁλισκόμενοι
μαντικῆς, Θεὸν μὲν τὸν περιέχοντα τὰ ὅλα μὴ ζητῶσι, μηδὲ
τὴν καθαρὰν θεοσέβειαν ἐξετάζωσι, πέσωσι δὲ τῷ λογισμῷ
ἐπὶ τὴν γῆν καὶ τοὺς ὄρνεις, καὶ τοὺς δράκοντας, ἔτι δὲ
ἀλώπεκας καὶ λύκους. καὶ γὰρ παρατετήρηται τοῖς περὶ
(2) ταῦτα δεινοῖς ὅτι αἱ ἐναργέστεραι προγνώσεις διὰ τῶν
τοιούτων ζώων γίγνονται· ἅτε μὴ δυναμένων τῶν δαιμόνων
ἐν τοῖς ἡμερωτέροις τῶν ζώων τοσοῦτον, ὅσον δύνανται διὰ
(3) τὸ παραπλήσιον τῆς κακίας, καὶ οὐ κακίαν μὲν, οἱονεὶ
δὲ κακίαν οὖσαν ἐν τοῖς τοιοισδὶ τῶν ζώων, ἐνεργῆσαι τάδε τὰ
(4) ζῶα.

93. Ὅθεν εἴπερ ἄλλο τι Μωϋσέως τεθαύμακα, καὶ
τὸ τοιοῦτον θαύματος ἀποφανοῦμαι ἄξιον εἶναι, ὅτι φύσεις
κατανοήσας ζώων διαφόρους, καὶ εἴτ' ἀπὸ τοῦ θείου μαθὼν

(1) Homer. Odyss. Lib. xv. vers. 526.
(2) Antea ἐνεργ. W. S. Boherell.: "Malim: ἐναργέστεραι."
(3) Desunt in Philoc. verba: καὶ οὐ κακίαν μέν.
(4) Guieto τάδε τὰ ζῶα addititia videntur et superflua. R.

τὰ περὶ αὐτῶν, καὶ τῶν ἑκάστῳ ζώῳ συγγενῶν δαιμόνων, εἴτε καὶ αὐτὸς ἀναβαίνων τῇ σοφίᾳ εὗρεν, ἐν τῇ περὶ (1) ζώων διατάξει πάντα μὲν ἀκάθαρτα ἔφησεν εἶναι τὰ (2) νομιζόμενα παρ' Αἰγυπτίοις καὶ τοῖς λοιποῖς τῶν ἀνθρώπων εἶναι μαντικὰ, ὡς ἐπίπαν δὲ εἶναι καθαρὰ τὰ μὴ τοιαῦτα. καὶ γὰρ ἐν ἀκαθάρτοις παρὰ Μωϋσῇ ἐστι λύκος, καὶ ἀλώπηξ, καὶ δράκων, ἀετός τε καὶ ἱέραξ, καὶ τὰ ὅμοια τούτοις. καὶ ὡς ἐπίπαν οὐ μόνον ἐν τῷ νόμῳ, ἀλλὰ καὶ ἐν τοῖς προφήταις εὕροις ἂν ταῦτα τὰ ζῶα εἰς παράδειγμα 10 τῶν κακίστων παραλαμβανόμενα, οὐδέ ποτε δὲ εἰς χρηστὸν πρᾶγμα ὀνομαζόμενον λύκον, ἢ ἀλώπεκα. ἔοικεν οὖν τις εἶναι ἑκάστῳ δαιμόνων εἴδει κοινωνία πρὸς ἕκαστον εἶδος ζώων. καὶ ὥσπερ ἐν ἀνθρώποις ἀνθρώπων ἄνθρωποι ἰσχυρότεροί τινές εἰσιν, οὐ πάντως διὰ τὸ ἦθος· τὸν αὐτὸν τρόπον δαίμονες δαιμόνων εἶεν ἂν ἐν μέσοις δυνατώτεροι· καὶ οἵδε μὲν τοῖσδε τοῖς ζώοις χρώμενοι εἰς ἀπάτην τῶν ἀνθρώπων, κατὰ τὸ βούλημα τοῦ καλουμένου ἐν τοῖς λόγοις ἡμῶν ἄρχοντος τοῦ αἰῶνος τούτου, ἕτεροι δὲ δι' ἄλλου (3) εἴδους προδηλοῦντες. καὶ ὅρα ἐφ' ὅσον εἰσὶν οἱ δαίμονες 20 μιαροὶ, ὡς καὶ γαλᾶς ὑπὸ τινῶν παραλαμβάνεσθαι πρὸς τὸ δηλοῦν τὰ μέλλοντα· καὶ σὺ δὲ παρὰ σαυτῷ κρῖνον ὁπότερόν ἐστι βέλτιον παραδέξασθαι, ὅτι ὁ ἐπὶ πᾶσι Θεὸς καὶ ὁ τούτου υἱὸς κινοῦσι τοὺς ὄρνιθας, καὶ τὰ λοιπὰ ζῶα εἰς μαντικὴν, ἢ οἱ κινοῦντες τὰ τοιαδὶ τῶν ζώων, καὶ οὐκ ἀνθρώπους παρόντων ἀνθρώπων, δαίμονές εἰσι φαῦλοι, καὶ, ὡς ὠνόμασε τὰ ἱερὰ ἡμῶν γράμματα, ἀκάθαρτοι. (4)

94. Εἴπερ δὲ θεία ἐστὶν ἡ τῶν ὀρνίθων ψυχὴ διὰ τὸ δι' αὐτῶν προλέγεσθαι τὰ μέλλοντα· πῶς οὐχὶ μᾶλλον, ὅπου κληδόνες ὑπ' ἀνθρώπων λαμβάνονται, θείαν εἶναι 30 φήσομεν τὴν ψυχὴν ἐκείνην, δι' ὧν αἱ κληδόνες ἀκούονται; (5)

(1) Antea εὑρών. W. S. Philoc. εὗρεν. R.
(2) Philoc. Mscr., Hoeschel. teste : τάξει, Philoc. vero impressa, ut nos in textu.
L.
(3) Ev. Joann. xii. 31, coll. 2 Cor. iv. 4.
(4) Zachar. xiii. 2, coll. Matth. x. 1.
(5) Guieto videtur scribendum: τὴν ψυχὴν ἐκείνων, δι' ὧν. R.

θεία οὖν τις ἦν κατὰ τοὺς τοιούσδε ἡ παρὰ τῷ Ὁμήρῳ ἀλετρὶς, περὶ τῶν μνηστήρων εἰποῦσα·

(1) ὕστατα καὶ πύματα νῦν ἐνθάδε δειπνήσειαν.

κἀκείνη μὲν θεία ἦν· ὁ δὲ τηλικοῦτος Ὀδυσσεὺς, ὁ τῆς Ὁμηρικῆς Ἀθηνᾶς φίλος, οὐκ ἦν θεῖος, ἀλλὰ συνεὶς τῶν ἀπὸ τῆς θείας ἀλετρίδος εἰρημένων κληδόνων ἔχαιρεν, ὡς ὁ ποιητής φησι·

(2) χαῖρε δὲ κληδόνι δῖος Ὀδυσσεύς.

ἤδη δὲ ὅρα, εἴπερ οἱ ὄρνιθες θείαν ἔχουσι ψυχὴν, καὶ
(3) αἰσθάνονται τοῦ θεοῦ, ἤ, ὡς ὁ Κέλσος ὀνομάζει, τῶν θεῶν· 10 δῆλον ὅτι καὶ ἡμεῖς οἱ ἄνθρωποι πταρνύμενοι, ἀπό τινος ἐν ἡμῖν οὔσης θειότητος καὶ μαντικῆς περὶ τὴν ψυχὴν ἡμῶν πταρνύμεθα. καὶ γὰρ τοῦτο μαρτυρεῖται ὑπὸ πολλῶν· διὸ καὶ ὁ ποιητὴς λέγει τό·

(4) ὁ δ' ἔπταρεν εὐχομένοιο.

διὸ καὶ ἡ Πηνελόπη φησίν·

(5) Οὐχ ὁράᾳς, ὅ μοι υἱὸς ἐπέπταρε πᾶσιν ἔπεσσι;

95. Τὸ δ' ἀληθὲς θεῖον εἰς τὴν περὶ τῶν μελλόντων γνῶσιν οὔτε τοῖς ἀλόγοις χρῆται ζώοις, οὔτε τοῖς τυχοῦσι τῶν ἀνθρώπων· ἀλλὰ ψυχαῖς ἀνθρώπων ἱερωτάταις καὶ 20 καθαρωτάταις, ἅστινας θεοφορεῖ τε καὶ προφήτας ποιεῖ. διόπερ εἴ τι ἄλλο θαυμασίως εἴρηται ἐν τῷ Μωϋσέως νόμῳ,
(6) καὶ τὰ τοιαῦτα ἐν τοῖς τοιούτοις κατατακτέον· " οὐκ οἰωνιεῖ-
(7) σθε, οὐδ' ὀρνιθοσκοπήσεσθε." καὶ ἀλλαχοῦ· "τὰ γὰρ ἔθνη, οὓς κύριος ὁ θεός σου ἐξολοθρεύσει ἀπὸ προσώπου σου, οὗτοι

---

(1) Homer. Odyss. Lib. IV. vers. 685, coll. Lib. XX. vers. 116, et vers. 119.
(2) Homer. Odyss. Lib. XX. vers. 120.—Edd. Homeri: χαῖρεν δὲ κληδόνι δῖος, κ.τ.λ. L.
(3) Philoc. τοῦ θείου. L.
(4) Homer. Odyss. Lib. XVII. vers. 541. Ex memoria citat. R.
(5) Homer. Odyss. Lib. XVII. vers. 545. Apud poetam nunc legitur: ἐπέπταρε πᾶσιν ἔπεσσιν. In Philoc. ἐπέπταρε σοῖς ἐπέεσσι. Apud Hoeschel. et Spencer. οἷσιν. R.
(6) Levit. xix. 26.
(7) Deut. xviii. 14.

κληδόνων καὶ μαντειῶν ἀκούσονται· σοὶ δὲ οὐχ οὕτως ἔδωκε κύριος ὁ θεός σου." εἶθ' ἑξῆς φησι· "προφήτην ἀναστήσει (1) σοι κύριος ὁ θεός σου ἐκ τῶν ἀδελφῶν σου." βουληθεὶς δέ ποτε ὁ Θεὸς δι' οἰωνοσκόπου ἀποτρέψαι ἀπὸ τῆς οἰωνιστικῆς, (2) πεποίηκε πνεῦμα ἐν τῷ οἰωνοσκόπῳ εἰπεῖν· "οὐ γάρ ἐστιν (3) οἰωνισμὸς ἐν Ἰακὼβ, οὐδὲ μαντεία ἐν Ἰσραήλ. Κατὰ καιρὸν ῥηθήσεται τῷ Ἰακὼβ, καὶ τῷ Ἰσραήλ, τί ἐπιτελέσει ὁ θεός." ταῦτα δὴ γιγνώσκοντες ἡμεῖς, καὶ τὰ τούτοις παραπλήσια, τηρεῖν βουλόμεθα μυστικῶς εἰρημένην ἐντολὴν τήν· "πάσῃ (4) φυλακῇ τήρει σὴν καρδίαν·" ἵνα μὴ ἐπιβῇ τι τῶν δαιμονίων τῷ ἡγεμονικῷ ἡμῶν, ἢ πνεῦμά τι τῶν ἐναντίων πρὸς ἃ βούλεται τρέψῃ τὸ φανταστικὸν ἡμῶν. εὐχόμεθα δὲ λάμψαι ἐν (5) ταῖς καρδίαις ἡμῶν τὸν φωτισμὸν τῆς γνώσεως τῆς δόξης τοῦ Θεοῦ, ἐπιδημοῦντος ἡμῶν τῷ φανταστικῷ πνεύματος Θεοῦ, καὶ φαντάζοντος ἡμᾶς τὰ τοῦ Θεοῦ· ἐπεὶ "ὅσοι πνεύματι Θεοῦ (6) ἄγονται, οὗτοι υἱοί εἰσι Θεοῦ."

96. Χρὴ δ' εἰδέναι, ὅτι τὸ τὰ μέλλοντα προγιγνώσκειν, οὐ πάντως θεῖόν ἐστι· καθ' αὑτὸ γὰρ μέσον ἐστὶ, καὶ πίπτον εἰς φαύλους καὶ ἀστείους. καὶ ἰατροὶ γοῦν ἀπὸ ἰατρικῆς προγιγνώσκουσί τινα, κἂν φαῦλοι τὸ ἦθος τυγχάνωσιν. οὕτω δὲ καὶ κυβερνῆται, κἂν μοχθηροὶ τυγχάνωσιν ὄντες, προγιγνώσκουσιν ἐπισημασίας, καὶ ἀνέμων σφοδρότητας, καὶ τροπὰς περὶ τὸ περιέχον ἔκ τινος πείρας καὶ τηρήσεως· καὶ οὐ δή που παρὰ (7) τοῦτο θείους τις ἂν αὐτοὺς εἶναι φήσει, ἂν τύχωσι μοχθηροὶ εἶναι τὸ ἦθος. ψεῦδος οὖν τὸ παρὰ τῷ Κέλσῳ λεγόμενον, τό· "τί ἂν φαίη τις θειότερον τοῦ τὰ μέλλοντα προγιγνώσκειν τε καὶ προδηλοῦν;" ψεῦδος δὲ καὶ τό· "πολλὰ τῶν ζώων ἀντιποιεῖσθαι θείας ἐννοίας." οὐδὲν γὰρ τῶν ἀλόγων ἔννοιαν ἔχει τοῦ Θεοῦ. ψεῦδος δὲ καὶ τό· "ἐγγυτέρω τῆς θείας ὁμιλίας εἶναι τὰ ἄλογα ζῶα·" ὅπου γε καὶ τῶν ἀνθρώ-

(1) Deut. xviii. 15.
(2) Philoc. Mscr., Hoeschel. teste: ἀποστρέψαι, Philoc. vero impressa, ut nos in textu. L.
(3) Num. xxiii. 23. (4) Prov. iv. 23.
(5) 2 Cor. iv. 6. (6) Rom. viii. 14.
(7) Philoc. καὶ παρατηρήσεως. L.

πων οἱ ἔτι φαῦλοι κἂν ἐπ᾽ ἄκρον προκόπτωσι, πόρρω εἰσὶ τῆς θείας ὁμιλίας. μόνοι δὴ ἄρα οἱ κατὰ ἀλήθειαν σοφοὶ, καὶ ἀψευδῶς εὐσεβεῖς, ἐγγυτέρω τῆς θείας ὁμιλίας εἰσίν· ὁποῖοί εἰσιν οἱ καθ᾽ ἡμᾶς προφῆται, καὶ Μωϋσῆς, ᾧ μεμαρ-
(1) τύρηκε διὰ τὴν πολλὴν καθαρότητα ὁ λόγος εἰπών· " ἐγγιεῖ Μωϋσῆς μόνος πρὸς τὸν Θεὸν, οἱ δὲ λοιποὶ οὐκ ἐγγιοῦσι,"
97. Πῶς δὲ ἀσεβῶς ὑπὸ τοῦ ἀσέβειαν ἡμῖν ἐγκαλοῦντος εἴρηται τό· " οὐ μόνον σοφώτερα εἶναι τὰ ἄλογα τῶν ζώων τῆς τῶν ἀνθρώπων φύσεως· ἀλλὰ καὶ θεοφιλέστερα·" καὶ τίς οὐκ ἂν ἀποτραπείη, προσέχων ἀνθρώπῳ λέγοντι δράκοντα, καὶ ἀλώπεκα, καὶ λύκον, καὶ ἀετὸν, καὶ ἱέρακα, τῆς τῶν ἀνθρώπων φύσεως εἶναι θεοφιλέστερα; ἀκολουθεῖ δ᾽ αὐτῷ τὸ λέγειν,
(2) ὅτι, εἴπερ θεοφιλέστερα τάδε τὰ ζῶα τῶν ἀνθρώπων, δῆλον ὅτι καὶ Σωκράτους, καὶ Πλάτωνος, καὶ Πυθαγόρου, καὶ Φερεκύδους, καὶ ὧν πρὸ βραχέος ὕμνησε θεολόγων, θεοφιλέστερά ἐστι ταῦτα τὰ ζῶα. καὶ ἐπεύξαιτό γ᾽ ἄν τις αὐτῷ λέγων· εἴπερ θεοφιλέστερά ἐστι τάδε τὰ ζῶα τῶν ἀνθρώπων, γένοιο μετ᾽ ἐκείνων θεοφιλὴς, καὶ ἐξομοιωθείης τοῖς κατὰ σὲ ἀνθρώπων θεοφιλεστέροις. καὶ μὴ ὑπολαμβανέτω γε ἀρὰν εἶναι τὸ τοιοῦτον· τίς γὰρ οὐκ ἂν εὔξαιτο οἷς πείθεται εἶναι θεοφιλεστέροις γενέσθαι πάντη παραπλήσιος, ἵνα καὶ αὐτὸς ὡς ἐκεῖνοι γένηται θεοφιλής; θέλων δὲ τὰς ὁμιλίας τῶν ἀλόγων ζώων εἶναι τῶν ἡμετέρων ἱερωτέρας ὁ Κέλσος, οὐ τοῖς τυχοῦσιν ἀνατίθησι τὴν ἱστορίαν ταύτην, ἀλλὰ τοῖς συνετοῖς. συνετοὶ δὲ κατὰ ἀλήθειάν εἰσιν οἱ σπουδαῖοι· οὐδεὶς γὰρ φαῦλος συνετός. λέγει τοίνυν τὸν τρόπον τοῦτον· " ὅτι φασὶ δὲ τῶν ἀνθρώπων οἱ συνετοὶ, καὶ ὁμιλίας ἐκείνοις εἶναι, δηλονότι τῶν ἡμετέρων ἱερωτέρας· καὶ αὐτοί που γνωρίζειν τὰ λεγόμενα, καὶ ἔργῳ δεικνύειν, ὅτι οὐκ ἀγνοοῦσιν, ὅταν προειπόντες, ὅτι ἔφασαν οἱ ὄρνιθες ὡς ἀπίασί ποι, καὶ ποιήσουσι τόδε, ἢ τόδε, δεικνύωσιν ἀπελθόντας ἐκεῖ, καὶ ποιοῦντας ἃ ἤδη προεῖπον." κατὰ μὲν οὖν τὸ ἀληθὲς οὐδεὶς συνετὸς τοιαῦτα ἱστόρησε, καὶ οὐδεὶς σοφὸς ἱερωτέρας εἶπεν εἶναι τὰς τῶν ἀλόγων ζώων ὁμιλίας τῆς τῶν ἀνθρώπων. εἰ δὲ ὑπὲρ

(1) Exod. xxiv. 2.   (2) Cf. libr. huj. num. 88.

τοῦ ἐξετάσαι τὰ Κέλσου, τὸ ἀκόλουθον σκοποῦμεν, δῆλον ὅτι κατ' αὐτὸν ἱερώτεραι τῶν σεμνῶν Φερεκύδους, καὶ Πυθαγόρου, καὶ Σωκράτους, καὶ Πλάτωνος, καὶ τῶν φιλοσόφων ὁμιλιῶν εἰσιν αἱ τῶν ἀλόγων ζώων· ὅπερ ἐστὶ καὶ αὐτόθεν οὐ μόνον ἀπεμφαῖνον, ἀλλὰ καὶ ἀτοπώτατον. ἵνα δὲ καὶ πιστεύσωμεν, τινὰς ἐκ τῆς ἀσήμου φωνῆς τῶν ὀρνίθων μαθόντας, ὅτι ἀπίασί ποι οἱ ὄρνιθες, καὶ ποιήσουσι τόδε, ἢ τόδε, προδηλοῦν· καὶ τοῦτο ἐροῦμεν ἀπὸ τῶν δαιμόνων συμβολικῶς ἀνθρώποις δεδηλῶσθαι, κατὰ σκοπὸν τὸν περὶ τοῦ ἀπατηθῆναι ὑπὸ τῶν 10 δαιμόνων τὸν ἄνθρωπον, καὶ κατασπασθῆναι αὐτοῦ τὸν νοῦν ἀπ' οὐρανοῦ καὶ τοῦ Θεοῦ ἐπὶ γῆν, καὶ τὰ ἔτι κατωτέρω.

98. Οὐκ οἶδα δ' ὅπως ὁ Κέλσος καὶ ὅρκου ἐλεφάντων (1) ἤκουσε, καὶ ὅτι εἰσὶν οὗτοι πιστότεροι πρὸς τὸ θεῖον ἡμῶν, καὶ γνῶσιν ἔχουσι τοῦ θεοῦ. ἐγὼ γὰρ πολλὰ μὲν καὶ θαυμαστὰ οἶδα περὶ τῆς φύσεως τοῦ ζώου καὶ τῆς ἡμερότητος (2) ἱστορούμενα, οὐ μὴν καὶ περὶ ὅρκων ἐλέφαντος σύνοιδα εἰρῆσθαι παρά τινι· εἰ μὴ ἄρα τὸ ἥμερον, καὶ τὴν ὡσπερεὶ πρὸς ἀνθρώπους αὐτῶν συνθήκην ἅπαξ γενομένων ὑπ' αὐτοῖς, (3) εὐορκίαν τηρουμένην ὠνόμασεν, ὅπερ καὶ αὐτὸ ψεῦδός ἐστιν. 20 εἰ γὰρ σπανίως, ἀλλ' οὖν γε ἱστόρηται, ὅτι μετὰ τὴν δοκοῦσαν ἡμερότητα ἐξηγριώθησαν ἐλέφαντες κατὰ τῶν ἀνθρώπων, καὶ φόνους ἐποίησαν, καὶ διὰ τοῦτο κατεδικάσθησαν ἀναιρε- (4) θῆναι, ὡς οὐκέτι χρήσιμοι. ἐπεὶ δὲ παραλαμβάνει μετὰ ταῦτα, εἰς τὸ κατασκευάσαι, ὡς οἴεται, εὐσεβεστέρους εἶναι τοὺς πελαργοὺς τῶν ἀνθρώπων, τὰ περὶ τοῦ ζώου ἱστορούμενα ἀντιπελαργοῦντος, καὶ τροφὰς φέροντος τοῖς γεγεννηκόσι· (5)

(1) Plin. Lib. VIII. cap. 1.
(2) Illa qui volet, ex Aristotele, Diodoro Siculo, Æliano, Philostrato, et Plinio petat. De mutuo elephantorum in lapsu auxilio scribit Clemens Alexandrinus Stromat. 1. De draconibus mole ipsorum corpora pereuntibus Philo scribit libro περὶ ἀφθαρσίας κόσμου. De eorundem in militia usu, vitæ diuturnitate etc. Basil. Magnus scribit Hom. IX. in Hexaëmeron. *Hoeschel.* L.
(3) Hoeschel. in textu: ταττομένων. R. Philoc. Mscr., Hoeschel. teste: γενομένην, Philoc. vero impressa, ut in nostro textu. L.
(4) Verba: καὶ φόνους ἐποίησαν, quae apud Hoeschel. et Spencer. desunt, supplentur e Philocalia. R.
(5) Cf. Basil. Mag. Homil. VIII. in Hexaëmeron. L.

λεκτέον, ότι και τούτο ουκ από θεωρήματος του περί του καθήκοντος ποιούσιν οι πελαργοί, ουδ' από λογισμού· αλλ' από φύσεως, βουληθείσης της κατασκευαζούσης αυτούς φύσεως παράδειγμα εν αλόγοις ζώοις δυσωπήσαι δυνάμενον ανθρώπους εκθέσθαι περί του χάριτας αποτιννύειν τοις γεγεννηκόσιν. ει δε ήδει Κέλσος, όσω διαφέρει λόγω ταύτα ποιείν, του αλόγως αυτά και φυσικώς ενεργείν· ουκ αν ευσεβεστέρους είπε τους πελαργούς των ανθρώπων. έτι δε, ως υπέρ ευσεβείας των (1) αλόγων ζώων μαχόμενος ο Κέλσος, παραλαμβάνει το Άρά- (2) βιον ζώον, τον φοίνικα, δια πολλών ετών επιδημούν Αιγύπτω, και φέρον αποθανόντα τον πατέρα, και ταφέντα εν σφαίρα σμύρνης, και επιτιθέν όπου το του ηλίου τέμενος. και τούτο ιστόρηται μεν, δύναται δέ, εάν περ η αληθές, και αυτό φυσικόν τυγχάνειν· επιδαψιλευσαμένης της θείας προνοίας και εν ταις διαφοραίς των ζώων παραστήσαι τοις ανθρώποις το ποικίλον της των εν τω κόσμω κατασκευής, φθάνον και επί τα όρνεα· και ζώόν τι μονογενές υπέστησεν, ίνα καν τούτω ποιήση θαυμασθήναι ου το ζώον, αλλά τον πεποιηκότα αυτό.

99. Επεί ούν τούτοις πάσιν επιφέρει ο Κέλσος τό· "Ούκουν ανθρώπω πεποίηται τα πάντα, ώσπερ ουδέ λέοντι, ουδέ αετώ, ουδέ δελφίνι· αλλ' όπως όδε ο κόσμος ως αν θεού έργον ολόκληρον και τέλειον εξ απάντων γένηται· τούτου (3) χάριν μεμέτρηται τα πάντα ουκ αλλήλων, αλλ' ει μη πάρεργον, αλλά του όλου· και μέλει τω Θεώ του όλου, και τούτο ού ποτέ απολείπει πρόνοια, ουδέ κάκιον γίνεται, ουδέ δια (4) χρόνου προς αυτόν ο θεός επιστρέφει, ουδέ ανθρώπων ένεκα (5) οργίζεται· ώσπερ ουδέ πιθήκων, ουδέ μυιών· ουδέ τούτοις απειλεί, ων έκαστον εν τω μέρει την αυτού μοίραν είληφε"

(1) Philoc. ιστάμενος. R.
(2) De Phoenice vide, si vacat, Plinium, Lib. x. cap. 2, Tacit. Lib. vi. cap. 28, Dion. Lib. 57, Pompon. Mel. Lib. iii. cap. 8. R. Coll. Horapoll. Lib. i. Hieroglyph. cap. 35, Physiol. Epiphanii, et alios. L.
(3) Antea παν έργον. W. S. Boherell. "Lege: αλλ' ει μη πάρεργον."
(4) Philoc. itemq. edd. Spenc. et Ruaei in textu: προς αυτό, ed. vero Ruaei in notis: "Lege cum Boherello: προς αυτόν, vel: προς εαυτόν. Sic enim infra habetur: και δια χρόνου επιστρέφειν το όλον προς εαυτόν." L.
(5) Philoc. ουδέ μυιών. Hoeschel. et Spencerus: ουδέ μυών. R.

φέρε, κἂν διὰ βραχέων πρὸς ταῦτα ἀπαντήσωμεν. οἶμαι δὴ ἀποδεδειχέναι ἐκ τῶν προειρημένων, πῶς ἀνθρώπῳ καὶ παντὶ λογικῷ τὰ πάντα πεποίηται· προηγουμένως γὰρ διὰ τὸ λογικὸν ζῶον τὰ πάντα δεδημιούργηται. Κέλσος μὲν οὖν λεγέτω, ὅτι οὐκ ἀνθρώπῳ, ὡς οὐδὲ λέοντι, οὐδ᾽ οἷς ὀνομάζει· ἡμεῖς δὲ ἐροῦμεν, οὐ λέοντι ὁ δημιουργὸς, οὐδὲ ἀετῷ, οὐδὲ δελφῖνι ταῦτα πεποίηκεν· ἀλλὰ πάντα διὰ τὸ λογικὸν ζῶον, καὶ "ὅπως ὅδε ὁ κόσμος ὡς ἂν θεοῦ ἔργον ὁλόκληρον καὶ τέλειον ἐξ ἁπάντων γένηται." τούτῳ γὰρ συγκαταθετέον
10 ὡς καλῶς εἰρημένῳ. μέλει δὲ τῷ Θεῷ οὐχ, ὡς Κέλσος οἴεται, (1) μόνου τοῦ ὅλου, ἀλλὰ παρὰ τὸ ὅλον ἐξαιρέτως παντὸς λογικοῦ. καὶ οὐδέ ποτε ἀπολείψει πρόνοια τὸ ὅλον· οἰκονομεῖ γὰρ, κἂν κάκιον γένηται, διὰ τὸ λογικὸν ἁμαρτάνον, μέρος τι τοῦ ὅλου, καθάρσιον αὐτοῦ ποιεῖν, καὶ διὰ χρόνου ἐπιστρέφειν τὸ ὅλον πρὸς ἑαυτόν. ἀλλ᾽ οὐδὲ πιθήκων μὲν ἕνεκα ὀργίζεται, οὐδὲ μυιῶν· ἀνθρώποις δὲ ἐπάγει, ἅτε παραβᾶσι τὰς (2) φυσικὰς ἀφορμὰς, δίκην καὶ κόλασιν, καὶ τούτοις διὰ προφητῶν ἀπειλεῖ, καὶ διὰ τοῦ ἐπιδημήσαντος ὅλῳ τῷ γένει τῶν ἀνθρώπων σωτῆρος· ἵνα διὰ τῆς ἀπειλῆς ἐπιστραφῶσι μὲν οἱ
20 ἀκούσαντες· οἱ δὲ ἀμελήσαντες τῶν ἐπιστρεπτικῶν λόγων, δίκας κατ᾽ ἀξίαν τίσωσιν, ἃς πρέπον Θεῷ ἐπιτιθέναι κατὰ τὸ (3) ἑαυτοῦ συμφερόντως τῷ παντὶ βούλημα τοῖς τοιαύτης καὶ οὕτως ἐπιπόνου δεομένοις θεραπείας, καὶ διορθώσεως. ἀλλὰ γὰρ καὶ τοῦ τετάρτου τόμου αὐτάρκη περιγραφὴν εἰληφότος, αὐτοῦ που καταπαύσωμεν τὸν λόγον. Θεὸς δὲ δοίη διὰ τοῦ υἱοῦ αὐτοῦ, ὅς ἐστι Θεὸς λόγος, καὶ σοφία, καὶ ἀλήθεια, καὶ (4)(5) δικαιοσύνη, καὶ πᾶν ὅ, τί ποτε θεολογοῦσαι περὶ αὐτοῦ φασιν ἱεραὶ γραφαὶ, ἄρξασθαι ἡμᾶς καὶ τοῦ πέμπτου τόμου, ἐπ᾽ ὠφελείᾳ τῶν ἐντευξομένων, καὶ διανύσαι κἀκεῖνον, μετὰ τῆς
30 τοῦ λόγου αὐτοῦ εἰς τὴν ἡμετέραν ψυχὴν ἐπιδημίας, καλῶς.

---

(1) In antea editis deest: ὡς, quod suppletur e Philocalia. R.
(2) Hoeschel. et Spencerus: οὐδὲ μνῶν. L.
(3) Sic recte Philoc., antea κατὰ τῶν. R.
(4) Ev. Joann. i. 1, xiv. 6.   (5) 1 Cor. i. 24, 30.

NOTARVM DELECTVS
IN ORIGENIS CONTRA CELSVM

LIB. I. II. III.

EX EDITIONE SPENCERI

PAVCIS ADDITIS.

R. De la Rue.
L. Lommatzsch.

NOTARVM DELECTVS IN LIB. I.

PRAEF. c. 1. Φιλόθεε 'Αμβρόσιε] Hunc floruisse circa tempora Caracallae, Macrini, Heliogabali, et Alexandri Severi, ex Eusebio (*Eccl. Hist.* Lib. VI. Cap. 18) didicimus.

Ἐν τούτῳ καὶ Ἀμβρόσιος τὰ τῆς Οὐαλεντίνου φρονῶν αἱρέσεως, πρὸς τῆς ὑπὸ Ὠριγένους πρεσβευομένης ἀληθείας ἐλεγχθεὶς, καὶ ὡς ἂν ὑπὸ φωτὸς καταυγασθεὶς τὴν διάνοιαν, τῷ τῆς ἐκκλησιαστικῆς ὀρθοδοξίας προστίθεται λόγῳ.

Suidas in Origene: "Ὃς ἐς γνῶσιν αὐτῷ ἀφικέσθαι σπουδάσας ἀπέστη τῆς Οὐαλεντίνου καὶ Μαρκίωνος αἱρέσεως.

Sane eo fidei et constantiae provectus est, ut Christum confiteri, et poenas inde secuturas pati non formidaret, καὶ θείας ἐξομολογήσεως ἐπίσημος ἐγένετο. Hieron. *Catal. Script. Eccles. in Ambr.*

Vixit Ambrosius, imperante Severo, dives, stirpe clara prognatus, sanctus, doctus, Mecaenas, idemque ἐκκλησίας διάκονος. Hieron. *Catal. Script. Eccles. in Ambr.*

PRAEF. c. 1. Κέλσου] Huic Lucianum Epicureae sectae, si quis alius, addictissimum Alexandrum suum, sive Pseudomantem, dicasse (etenim ejus hortatu scripsit) Illustrissimus Baronius opinatur.

Ἐν τούτῳ καὶ τὰ πρὸς τὸν ἐπιγεγραμμένον καθ' ἡμῶν Κέλσου τοῦ Ἐπικουρείου Ἀληθῆ Λόγον ὀκτὼ τὸν ἀριθμὸν συγγράμματα συντάττει. Euseb. *Hist. Eccles.* Lib. VI. Cap. 36.

Hieronymus (Epistolâ ad Magnum, oratorem Romanum); scripserunt contra nos Celsus, atque Porphyrius: priori Origenes; alteri Methodius, Eusebius et Apollinarius fortissime responderunt; quorum Origenes octo scripsit libros; Methodius usque ad decem millia procedit versuum; Eusebius et Apollinarius viginti quinque et triginta volumina condiderunt. Lege eos, et invenies nos comparatione eorum imperitissimos, et, post tanti temporis otium, vix, quasi per somnium, quod pueri didicimus recordari.

PRAEF. c. 5. ψευδογραφούμενον] Aristoteles *Sophist. Elench.* c. 2.

ὁ δὲ ἐριστικός ἐστί πως οὕτως ἔχων πρὸς τὸν διαλεκτικὸν, ὡς ὁ ψευδογράφος πρὸς τὸν γεωμετρικόν· ἐκ γὰρ τῶν αὐτῶν τῇ διαλεκτικῇ παραλογίζει, καθάπερ καὶ ὁ ψευδογράφος πρὸς τὸν γεωμέτρην. Vid. *Topic.* I. c. 1 ἢ τὰ ἡμικύκλια περιγράφειν μὴ ὡς δεῖ, ἢ γραμμάς τινας ἄγειν μὴ ὡς ἂν ἀχθείησαν, κ.τ.λ. et *Topic.* VIII. c. 1. 10. R.

Lib. I. c. 1. παρανομίαν] Q. παρανομῆσαι. W. S.

Lib. I. c. 2, ad fin. Καὶ ἐκ τοῦ ἴχνη] Just. *Apol.* I. p. 45. Καὶ νῦν ἐκ τῶν ὑπ' ὄψιν γινομένων μαθεῖν δύνασθε. δαιμονιολήπτους γὰρ πολλοὺς κατὰ πάντα τὸν κόσμον, καὶ ἐν τῇ ὑμετέρᾳ πόλει, πολλοὶ τῶν ἡμετέρων ἀνθρώπων, τῶν Χριστιανῶν, ἐπορκίζοντες κατὰ τοῦ ὀνόματος Ἰησοῦ Χριστοῦ, τοῦ σταυρωθέντος ἐπὶ Ποντίου Πιλάτου, ὑπὸ τῶν ἄλλων πάντων ἐπορκιστῶν, καὶ ἐπᾳστῶν, καὶ φαρμακευτῶν μὴ ἰαθέντας, ἰάσαντο καὶ ἔτι νῦν ἰῶνται, καταργοῦντες καὶ ἐκδιώκοντες τοὺς κατέχοντας τοὺς ἀνθρώπους δαίμονας. Idem, *Dialogo cum Tryphone,* pp. 247, 302, 311.

Tertullian. *ad Scapulam,* Cap. 2. Daemones autem non tantum respuimus; verum et revincimus, et cottidie traducimus et de hominibus expellimus: sicut plurimis notum est. *Idem* in *Apol.* c. 23. Quid isto opere manifestius? quid hâc probatione fidelius? simplicitas veritatis in medio est; virtus illi sua assistit, nihil suspicari licebit Magiâ aut aliquâ ejusmodi fallaciâ fieri. Dictis non stetis, si oculi vestri et aures permiserint vobis. Quid autem eniti potest adversus id, quod ostenditur nuda sinceritate? *Vide et eundem capite vigesimo septimo. Inquit et Irenaeus* (Lib. II. c. 56), Tantum absunt ab eo, ut mortuum excitent, quemadmodum Dominus excitavit et Apostoli per orationem, et in fraternitate, saepissime propter aliquid necessarium, eâ, quae est in quoquo loco, Ecclesiâ universâ postulante per jejunium, et supplicationem multam, reversus est spiritus mortuo, et donatus est homo orationibus sanctorum. *Idem, libro eodem,* Cap. 57 et Lib. v. Cap. 8, et Origenes passim.

Insequentibus seculis rariorem hujusmodi miraculorum usum invenio.

Lib. I. c. 3. Εὐθέως Ἀθηναῖοι] Laertius in Socrate. Ἀθηναῖοι δ' εὐθὺς μετέγνωσαν, ὥστε κλεῖσαι καὶ παλαίστρας καὶ γυμνάσια. καὶ τοὺς μὲν ἐφυγάδευσαν, Μηλίτου δὲ θάνατον κατέγνωσαν, Σωκράτη δὲ χαλκῆς εἰκόνος ἐτιμήσαντο, ἣν ἔθεσαν ἐν τῷ Πομπηΐῳ, Λυσίππου ταύτην ἐργασαμένου. Ἄνυτόν τε ἐπιδημήσαντα αὐθημερὸν ἐξεκήρυξαν Ἡρακλειῶται. Tertull. *Apologet.* Cap. 14. Sed propterea damnatus est Socrates, quia Deos destruebat. Plane olim, id est semper, veritas odio est. Tamen cum paenitentia sententiae Athenienses criminatores

Socratis postea afflixerint, et imaginem ejus aeream in Templo collocarent, rescissa damnatio testimonium Socrati reddidit. Plutarch. Libro *De Invidia et Odio*. Καὶ τοὐναντίον αὖ πάλιν αἱ μὲν ἄκρατοι πονηρίαι συνεπιτείνουσι τὸ μῖσος· τοὺς γοῦν Σωκράτη συκοφαντήσαντας, ὡς εἰς ἔσχατον κακίας ἐληλακότας, οὕτως ἐμίσησαν οἱ πολῖται, καὶ ἀπεστράφησαν, ὡς μήτε πῦρ αὕειν, μήτε ἀποκρίνεσθαι πυνθανομένοις, μήτε λουομένοις κοινωνεῖν ὕδατος· ἀλλ' ἀναγκάζειν ἐκχεῖν ἐκεῖνο τοὺς παραχύτας, ὡς μεμιασμένον· ἕως ἀπήγξαντο, μὴ φέροντες τό μῖσος. Vide et *Diodorum* Lib. xiv. Et lege, si vacat, ipsum Socratem inimicos suos de futuris miseriis admonentem apud Platonem in *Apologia Socratis*, pp. 38, 39.

C. 5. Παρατιθέμενος Ἡρόδοτον] Πέρσας δὲ οἶδα νόμοισι τοιοῖσι χρεωμένους, ἀγάλματα μὲν, καὶ νεοὺς, καὶ βωμοὺς οὐκ ἐν νόμῳ ποιευμένους ἰδρύεσθαι, ἀλλά τε τοῖσι ποιοῦσι μωρίην ἐπιφέρουσι, ὡς μὲν ἐμοὶ δοκέειν, ὅτι οὐκ ἀνθρωποφυέας ἐνόμισαν τοὺς θεοὺς, καθάπερ οἱ Ἕλληνες, εἶναι. De his Herodotus in *Clio:* et Strabo, Lib. xv.

C. 5. Ἐν τῇ πολιτείᾳ] Hujus libri saepius meminit Laertius in Zenone. Plutarchus, Oratione primâ De fortuna Alexandri, a Zenone scriptum putat ὥσπερ ὄναρ, ἢ εἴδωλον εὐνομίας φιλοσόφου καὶ πολιτείας· aliter apud eundem Zopyrus, *Symposiacon*, L. 3, quaest. 6. Ὡς ἔγωγε, νὴ τὸν κύνα, καὶ τοῦ Ζήνωνος ἂν ἐβουλόμην, ἔφη, διαμερισμοὺς ἐν συμποσίῳ τινὶ καὶ παιδιᾷ μᾶλλον ἢ σπουδῆς τοσαύτης ἐχομένῳ συγγράμματι τῇ πολιτείᾳ κατατετάχθαι. Hoc vero illius decretum memoratur apud Plutarchum, libro *De Stoicorum repugnantiis*. Et verbis paululum mutatis invenies apud Theodoretum *Serm*. 3, et Clementem Alexandrinum, libro *Stromatum* v. Huic affine est illud Platonis Lib. 12 *De legibus*, p. 955.

Cetera, quae locum spectant, veterum testimonia lubens adjecissem; si eadem a clarissimo Grotio in Explicatione Decalogi summa cum diligentia in unum collecta non invenissem.

C. 7. Ἐξωτερικοὶ] Clemens, *Strom*. v. Λέγουσι δὲ καὶ οἱ Ἀριστοτέλους τὰ μὲν ἐσωτερικὰ εἶναι τῶν συγγραμμάτων αὐτῶν· τὰ δὲ κοινὰ καὶ ἐξωτερικά. A. Gellius, *Noct. Attic*. L. 20, c. 5. Similis ordo disciplinae Pythagoricae; etenim ex discipulis, quos instituit, hi ἀκουστικοὶ vel ἀκουσματικοὶ, hi μαθηματικοὶ dicebantur. A. Gell. *Noct. Att.* Lib. I. c. 9. Clem. *Strom*. v. Jambl. *De vita Pythag.*

Ibid. Πυθαγόρᾳ] Clemens Alexandrinus, *Strom*. II. Καὶ γὰρ ἄτοπον τοὺς μὲν Πυθαγόρου τοῦ Σαμίου ζηλωτὰς τῶν ζητουμένων τὰς ἀποδείξεις παραιτουμένους τὸ, Ἀυτὸς ἔφα, πίστιν ἡγεῖσθαι, καὶ ταύτῃ ἀρκεῖσθαι μόνῃ τῇ φωνῇ πρὸς τὴν βεβαίωσιν ὧν ἀκηκόασι· τοὺς δὲ τῆς αληθείας φιλοθεάμονας απιστεῖν επιχειροῦντας αξιοπίστω διδασκάλω τω μόνω Σωτήρι Θεώ, βασάνους τῶν λεγομένων απαιτεῖν παρ' αυτοῦ.

C. 7. "Άλλοι δὲ ἐν απορρήτω] Clemens, *Strom.* v. Ουκ απεικότως άρα, καὶ τῶν μυστηρίων τῶν παρ' Έλλησιν αρχαὶ μὲν τὰ καθάρσια, καθάπερ καὶ τοῖς βαρβάροις τὸ λουτρόν· μετὰ ταῦτα δέ ἐστι τὰ μικρὰ μυστήρια, διδασκαλίας τινὰ υπόθεσιν έχοντα, καὶ προπαρασκευῆς τῶν μελλόντων. τὰ δὲ μεγάλα περὶ τῶν συμπάντων οὐ μανθάνειν ἔτι υπολείπεται, εποπτεύειν δὲ, καὶ περινοεῖν τήν τε φύσιν καὶ τὰ πράγματα. C. 9. Μητραγύρταις.] Clemens Alex. *Protreptic.* § 7, Ed. Potter, p. 64. Menander.

οὐδείς μ' αρέσκει περιπατῶν ἔξω θεὸς
μετὰ γραὸς, οὐδ' εἰς οικίας παρεισιὼν
επὶ τοῦ σανιδίου.

Τοιοῦτοι γὰρ οἱ Μητράγυρται, όθεν εἰκότως ὁ Αντισθένης ἔλεγεν αὐτοῖς μεταιτοῦσιν· Οὐ τρέφω τὴν μητέρα τῶν θεῶν, ἥν οἱ θεοὶ τρέφουσιν.

Cybeles sacerdotes perstringit, qui cum anu, quae Cybeles personam sustinebat, urbes circumibant, Deae stipem petentes.

Id. *Paedag.* Lib. III. Ed. Potter, p. 269.

Περιφέρονται δ' αὗται ἀνὰ τὰ ἱερὰ ἐκθυόμεναι καὶ μαντευόμεναι· αγύρταις καὶ Μητραγύρταις, καὶ γραίαις βωμολόχοις, οικοφθορούσαις, οσήμεραι συμπομπεύουσαι. Vide et Augustin. *Civit. Dei*, Lib. VII. Antiph. *ap. Athenaeum*, p. 226.

C. 9. Μίθραις] De quibus Nonnus in secundam Nazianzeni Steleteuticam, cujus verba non erit alienum hic adponere. Τὸν Μίθραν νομίζουσι Πέρσαι τὸν ἥλιον εἶναι, καὶ τούτω θύουσιν πολλὰς θυσίας, καὶ τελοῦνταί τινας εἰς αὐτὸν τελετάς· οὐδεὶς δὲ δύναται τελεῖσθαι τὰς τοῦ Μίθρου τελετὰς, εἰ μὴ διὰ πασῶν κολάσεων παρέλθοι, καὶ δείξοι ἑαυτὸν απαθῆ τινα καὶ ὅσιον. λέγονται δὲ ογδοήκοντα εἶναι κολάσεις, ἅς κατὰ βαθμὸν δεῖ τὸν τελεσθησόμενον παρελθεῖν· οἷον πρῶτον, διανήξασθαι επὶ πολλὰς ἡμέρας ὕδωρ πολύ· εἶτα εἰς πῦρ εμβάλλειν ἑαυτόν· εἶτα εν ερήμω διαιτηθῆναι, καὶ ασιτῆσαι, καὶ άλλα τινὰ, άχρις οὗ, ὡς εἴπομεν, τὰς ογδοήκοντα κολάσεις παρέλθοι, καὶ τότε λοιπὸν εμύουν αὐτὸν τὰ τελεώτερα, εὰν ζήσῃ. Salmasius. Vid. Suidam in Μίθρα.

C. 9. Σαββαδίοις] Ipsa novissima sacra, et ritus initiationis ipsius, quibus Sebadiis nomen est, testimonio esse poterunt veritati, in quibus aureus coluber in sinum dimittitur consecratis, et eximitur rursus ab inferioribus partibus atque imis. Arnob. L. 5. Σαβαζίων γοῦν μυστηρίων σύμβολον τοῖς μυουμένοις ὁ διὰ κόλπου Θεὸς, δράκων δέ ἐστιν οὗτος, διελκόμενος τοῦ κόλπου τῶν τελουμένων. Clemens in *Protreptico*, p. 17.

C. 10. τίς γάρ] Vid. Cicer. *Acad. Q.* Lib. II. sub. init.

C. 14. Ἐν ταῖς ἑαυτῶν ἱστορίαις] Vide libros Flavii Josephi *contra Apionem;* in quibus Manethonis, et reliquorum, figmenta redarguit. Rectius omnibus Ptolemaeus Mendezius de rebus Judaicis in *Annalibus Aegyptiis* scripsisse videtur. Tatian. p. 171. *Contra gentes.*

Ibid. Ἀσσυρίων ἀρχαιολογίας] Tatian. *Orat. contra Graecos,* p. 71. Βηρωσὸς, ἀνὴρ Βαβυλώνιος, ἱερεὺς τοῦ παρ' αὐτοῖς Βήλου, κατ' Ἀλέξανδρον γεγονὼς, Ἀντιόχῳ τῷ μετ' αὐτὸν τρίτῳ τὴν Χαλδαίων ἱστορίαν ἐν τρισὶ βιβλίοις κατατάξας, καὶ τὰ περὶ τῶν βασιλέων ἐκθέμενος, ἀφηγεῖταί τινος αὐτῶν, ὄνομα Ναβουχοδονόσορ, τοῦ στρατεύσαντος ἐπὶ Φοίνικας καὶ Ἰουδαίους. Cf. Joseph. *c. Apion.* Lib. I. Vide et Eusebium, *Praep. Evang.* Lib. IX. Cap. 40, et Lib. X. Cap. 11. Scaligerum etiam in Appendice ad Emendat. temp.

C. 15. Νουμήνιος] Hujus libri meminit Eusebius, *Praep. Evang.* Lib. IX. Cap. 7, et Lib. XV. Cap. 17, item secundi Περὶ τ' ἀγαθοῦ, Lib. XI. Cap. 9, tertii, Lib. IX. Cap. 8, sexti etiam his verbis, καὶ ἐν τῷ ἕκτῳ προστίθησι ταῦτα. Ibid. Lib. XI. Cap. 18 : et alibi, de librorum numero parum solicitus, eum in τοῖς Περὶ τἀγαθοῦ indiscriminatim citat, Lib. XI. Cap. 17, 21. Eundem etiam Judaeos inter gentes, quae sapientiâ claruerunt, recensuisse, et plurima ad sacrae Scripturae mentem scripsisse praedictus Eusebius attestatur, *Praep. Ev.* Lib. IX. Cap. 7. Καὶ αὐτοῦ δὲ τοῦ Πυθαγορικοῦ φιλοσόφου, τοῦ Νουμηνίου λέγω, ἀπὸ τοῦ πρώτου Περὶ τ' ἀγαθοῦ τάδε παραθήσομαι. " Εἰς δὲ τοῦτο δεήσει " εἰπόντα καὶ σημαινόμενον ταῖς μαρτυρίαις τοῦ Πλάτωνος ἀναχωρή- " σασθαι καὶ ξυνδήσασθαι τοῖς λόγοις τοῦ Πυθαγόρου· ἐπικαλέσασθαι " δὲ τὰ ἔθνη τὰ εὐδοκιμοῦντα, προσφερόμενον αὐτῶν τὰς τελετὰς καὶ τὰ " δόγματα, τάς τε ἱδρύσεις συντελουμένας Πλάτωνι ὁμολογουμένως, " ὁπόσας Βραχμᾶνες καὶ Ἰουδαῖοι, καὶ Μάγοι, καὶ Αἰγύπτιοι διέθεντο." Idem, Lib. XI. Cap. 10. Ταῦτα μὲν ὁ Νουμήνιος, ὁμοῦ τὰ Πλάτωνος, καὶ πολὺ πρότερον τὰ Μωσέως, ἐπὶ τὸ σαφὲς διερμηνεύων.

Idem, Lib. IX. Cap. 8. Διὰ δὴ τούτων ὁ Νουμήνιος καὶ τοῖς ὑπὸ Μωσέως ἐπιτελεσθεῖσι παραδόξοις θαύμασι, καὶ αὐτῷ δὲ ὡς θεοφιλεῖ γενομένῳ μαρτυρεῖ.

C. 15. Ἕρμιππον] Hermippus Smyrnaeus citatur ἐν τοῖς περὶ Ἱππώνακτος, ab Athenaeo, Lib. VII. ἐν τρίτῳ περὶ τῶν Ἰσωκράτους μαθητῶν, Lib. VIII. ἐν τῷ περὶ Γοργίου, Lib. XI. ἐν τῷ περὶ Ἀριστοτέλους πρώτῳ, Lib. XIII. ἐν τῷ περὶ Ἀριστοτέλους, Laert. *in Arist. ἐν τοῖς περὶ τῶν ἑπτὰ σοφῶν*, Athen. Lib. X. et Laert. *in Thal.* qui omisit ἑπτά· ἐν τῷ περὶ Ἰσοκράτους, Athen. Lib. XIII. ἐν τῷ περὶ Θεοφράστου, Laert. in Xenoph. ἐν τοῖς βίοις, ab eodem in Thal.

Πάππος δέ τις, οὗ τὴν ἱστορίαν Ἕρμιππος•ἀνείληφε, Plutarch, in Demosth. ἐν τῷ α΄ τῶν περὶ Πυθαγόρου βιβλίων, in Flavio Josepho, Lib. I. contra Apionem; ἐν δευτέρῳ περὶ Πυθαγόρου, apud Laertium in Pythag. ἐν δευτέρῳ περὶ τῶν νομοθετῶν, in Porphyrii Lib. IV. περὶ ἀποχῆς.

Smyrnaeo igitur adjudicandum sentio, diligentissimo, ut ait Josephus, circa omnem historiam indagatori: cujus verba de Hermippo, ut etiam illius de Pythagora, lectu dignissima, ex primo Contra Apionem, ut aliquid Origeni adstruam, non pigebit hic transcribere. Καὶ τούτων ἐπισημότατός ἐστιν Ἕρμιππος, ἀνὴρ περὶ πᾶσαν ἱστορίαν ἐπιμελής· λέγει τοίνυν ἐν τῷ α΄ περὶ Πυθαγόρου βιβλίων, ὅτι Πυθαγόρας, ἑνὸς αὐτοῦ τῶν συνουσιαστῶν τελευτήσαντος, τοὔνομα Καλλιφῶντος, τὸ γένος Κροτωνιάτου, τὴν ἐκείνου ψυχὴν ἔλεγε συνδιατρίβειν αὐτῷ, καὶ νύκτωρ καὶ μεθ᾽ ἡμέραν· καὶ ὅτι παρεκελεύετο μὴ διέρχεσθαι τόπον, ἐφ᾽ ὃν ἂν ὄνος ὀκλάσῃ, καὶ τῶν διψίων ὑδάτων ἀπέχεσθαι καὶ πάσης ἀπέχειν βλασφημίας. εἶτα προστίθησι μετὰ ταῦτα καὶ τάδε· Ταῦτα δὲ ἔπραττε, καὶ ἔλεγε, καὶ Ἰουδαίων καὶ Θρακῶν δόξας μιμούμενος, καὶ μεταφέρων εἰς ἑαυτόν. λέγει γὰρ ὡς ἀληθὲς ὁ ἀνὴρ ἐκεῖνος πολλὰ τῶν παρὰ Ἰουδαίοις νομίμων εἰς τὴν αὐτοῦ μετενεγκεῖν φιλοσοφίαν.

C. 15. Ἑκαταίου] Abderitam intellige. Fl. Joseph. Lib. I. contra Apionem. Ἑκαταῖος ὁ Ἀβδηρίτης, ἀνὴρ φιλόσοφος, ἅμα τε περὶ τὰς πράξεις ἱκανώτατος, Ἀλεξάνδρῳ τῷ βασιλεῖ συνακμάσας, καὶ Πτολεμαίῳ τῷ Λάγου συγγενόμενος, οὐ παρέργως, ἀλλὰ περὶ αὐτῶν Ἰουδαίων συγγέγραφε βιβλίον, ἐξ οὗ βούλομαι κεφαλαιωδῶς ἐπιδραμεῖν ἔνια τῶν εἰρημένων. Quae vide; item Eusebium, p. 1050. Praep. Evan. Lib. IX. Cap. 4.

De eodem Heccataeo, ni fallor, Clemens Alexandrinus loquitur, quem in sua historia de Abrahamo et Egyptiis tractasse refert, Strom. v. p. 603. Flavius Josephus ejusdem libri de Abrahami gestis conscripti meminit, libro primo Antiq. Judaic. Cap. 8. Ἑκαταῖος δὲ καὶ τοῦ μνησθῆναι πλέον τι πεποίηκεν.

Sic disputat Origenes contra Celsum: Numenius et Hermippus Judaeos justis laudibus prosecuti sunt; Hecataeus etiam in suis de Judaeis commentariis adeo impense favet eorundem religioni; ut Herennius Philo ei adjudicare dubitabat.

C. 16. Ἐν δυσίν] Contra Apionem, qui quinque libros De Aegyptiaca historia conscripserat. Tatian. Orat. contra gentes, p. 172. Justin. Paraen. p. 10. Clem. Strom. Lib. I.

C. 16. Τατιανοῦ] Euseb. Lib. ιv. Eccles. Hist. Cap. 37. Καταλέλοιπε δὲ οὗτος πολύ τι πλῆθος συγγραμμάτων· ὧν μάλιστα παρὰ πολλοῖς μνημονεύεται διαβόητος αὐτοῦ λόγος ὁ πρὸς Ἕλληνας. ἐν ᾧ καὶ τῶν ἀνέκαθεν χρόνων μνημονεύσας τῶν παρ' Ἕλλησιν εὐδοκίμων ἁπάντων προγενέστερον Μωσέα τε, καὶ τοὺς Ἑβραίων προφήτας, ἀπέφηνεν, ὃς δὲ καὶ δοκεῖ τῶν συγγραμμάτων ἁπάντων αὐτοῦ κάλλιστός τε καὶ ὠφελιμώτατος ὑπάρχειν· Hieron. Catal. Script. Eccles. in Tatiano. Euseb. H.E. Lib. ιv. Cap. 16.

C. 16. Οὔτε νόμοι, οὔτε λόγοι] Pausanias in Corinthiacis, item in Arcadicis: Ἐοικότα δὲ πεποιηκέναι τούτοις καὶ Λίνον φασίν. ἐμοὶ δὲ ἐπιλεγομένῳ παντάπασιν ἐφαίνετο ταῦτά γε εἶναι κίβδηλα· in Boeoticis, Ἔπη δὴ οὔτε ὁ Ἀμφιμάρου Λίνος, οὔτε ὁ τούτου γενόμενος ὕστερον ἐποίησαν, ἢ καὶ ποιηθέντα εἰς τοὺς ἔπειτα οὐκ ἦλθε. At Plutarchus ex Heraclide refert eum θρήνους πεποιηκέναι, libro *De Musica*.

C. 17. Θρασυμάχῳ] Vide Platonem, Lib. ι. *De Republica*, p. 336.

C. 21. Ἐπίκουρος] Lucretius, Lib. ι.

Omnis enim per se divum natura necesse 'st
Immortali aevo summa cum pace fruatur,
Semota ab nostris rebus, sejunctaque longe;
Nam privata dolore omni, privata periclis,
Ipsa suis pollens opibus, nihil indiga nostri,
Nec bene promeritis capitur, nec tangitur ira.

Tertull. *Apologet*. Cap. 47. Contra Epicurei otiosum, et inexercitum, et, ut ita dixerim, neminem humanis rebus. Lactant. *De ira Dei*, Cap. 8, 9. Euseb. *P. E.* Lib. xιv. Cap. 23, 24, 25, 26, 27. Theod. *Serm*. 6. *De Dei provid*. Tullius, Lib. ιι. *De Divinatione*, et Lib. ιι. *De natura Deorum*.

C. 21. Ἀριστοτέλης] Tatianus, *contra Graecos*, p. 142. Καὶ Ἀριστοτέλης ἀμαθῶς ὅρον τῇ προνοίᾳ θεὶς, καὶ τὴν εὐδαιμονίαν ἐν οἷς ἠρέσκετο περιγράψας λίαν ἀπαιδεύτως. Euseb. *P. E.* Lib. xv. Cap. 5. Ὁ Ἀριστοτέλης, μέχρι σελήνης στήσας τὸ θεῖον, τὰ λοιπὰ τοῦ κόσμου μέρη περιγράφει τῆς τοῦ Θεοῦ διοικήσεως.

Audi vero Aristotelem, libro *De Mundo*, Cap. 2. Λέγεται δὲ καὶ ἑτέρως κόσμος ἡ τῶν ὅλων τάξις τε καὶ διακόσμησις, ὑπὸ Θεοῦ τε καὶ διὰ Θεὸν φυλαττομένη· et libro decimo *De Morib*. Cap. 9. Εἰ γάρ τις ἐπιμέλεια τῶν ἀνθρωπίνων ὑπὸ Θεῶν γίνεται, ὥσπερ δοκεῖ, καὶ εἴη ἂν εὔλογον χαίρειν τε αὐτοὺς τῷ ἀρίστῳ καὶ τῷ συγγενεστάτῳ—τοῦτο δὲ ἂν εἴη ὁ νοῦς,—καὶ τοὺς ἀγαπῶντας μάλιστα τοῦτο καὶ τιμῶντας ἀντευποιεῖν.

B

ὡς τῶν φίλων αὐτοῖς ἐπιμελουμένους, καὶ ὀρθῶς δὲ καὶ καλῶς πράττοντας· et Lib. I. Cap. 5. *De partibus animalium:* Διὸ δεῖ μὴ δυσχεραίνειν παιδικῶς τὴν περὶ τῶν ἀτιμοτέρων ζώων ἐπίσκεψιν· ἐν πᾶσι γὰρ τοῖς φυσικοῖς ἔνεστί τι θαυμαστόν· καὶ καθάπερ Ἡράκλειτος λέγεται πρὸς τοὺς ξένους εἰπεῖν, τοὺς βουλομένους αὐτῷ ἐντυχεῖν, οἱ ἐπειδὴ προσίοντες εἶδον αὐτὸν θερόμενον πρὸς τῷ ἰπνῳ, ἔστησαν· ἐκέλευσε γὰρ αὐτοὺς εἰσιέναι θαρροῦντας, εἶναι γὰρ καὶ ἐνταῦθα Θεούς. Vide Salomonem Gesnerum, Theologiae Professorem Witterbergensem, qui triginta testimonia, ut vocat, insignia ex monumentis Aristotelicis de Dei universali et singulari Providentia conquisivit: sufficiet enim nobis vel levissime attigisse.

C. 21. Τοῖς Στωϊκοῖς] Plutarch. lib. primo *De placitis Philosophorum.* Tullius Lib. IV. *Acad. Quaest.* Tertull. *Apol.* Cap. 47. Euseb. *Praep. Evang.* ex Aristotele, Lib. xv. Cap. 14, 15. Clem. in *Protrept.* et *Strom.* I., *Strom.* V., *Strom.* VII. Varii varie de Philosophorum dogmatis tradiderunt.

Justinus, *Apol.* II. p. 66. Οἱ λεγόμενοι δὲ Στωϊκοὶ φιλόσοφοι καὶ αὐτὸν τὸν Θεὸν εἰς πῦρ ἀναλύεσθαι δογματίζουσιν, καὶ αὖ πάλιν κατὰ μεταβολὴν τὸν κόσμον γίνεσθαι λέγουσιν. Plutarch. *De Oraculorum defectu,* p. 420 A. fol. 1624, Τοὺς Στωϊκοὺς ἔφη, γινώσκομεν οὐ μόνον κατὰ δαιμόνων ἣν λέγω δόξαν ἔχοντας, ἀλλὰ καὶ θεῶν ὄντων τοσοῦτον τὸ πλῆθος, ἑνὶ χρωμένους ἀϊδίῳ καὶ ἀφθάρτῳ, τοὺς δὲ ἄλλους καὶ γεγονέναι καὶ φθαρήσεσθαι νομίζοντας.

C. 22. Αἰγυπτίων] Credibile est Aegyptios reliquasque gentes a Judaeis circumcidendi ritus mutuatos esse. De Aethiopibus Artapanus testatur, apud Euseb. *P. E.* Lib. IX. Cap. 27. Οὕτω δὴ τοὺς Αἰθίοπας, καίπερ ὄντας πολεμίους, στέρξαι τὸν Μωϋσον, ὥστε καὶ τὴν περιτομὴν τῶν αἰδοίων παρ' ἐκείνου μαθεῖν· οὐ μόνον δὲ τούτους, ἀλλὰ καὶ τοὺς ἱερεῖς ἅπαντας. Vid. Herodot. II. 104.

Ibid. Περὶ τοῦ Ἰακώβ] Justinus *in Dialogo cum Tryphone;* Ἐὰν δὲ κατὰ παντὸς ὀνόματος τῶν παρ' ὑμῖν γεγενημένων, ἢ βασιλέων, ἢ δικαίων, ἢ προφητῶν, ἢ πατριαρχῶν, ἐξορκίζητε ὑμᾶς, οὐχ ὑποταγήσεται οὐδὲν τῶν δαιμόνων. ἀλλ' εἰ ἄρα ἐξορκίζει τις ὑμῶν κατὰ τοῦ Θεοῦ Ἀβραάμ, καὶ Θεοῦ Ἰσαάκ, καὶ Θεοῦ Ἰακώβ, ἴσως ὑποταγήσεται.

Alex. Trall. Lib. II. " Ἀλλ' ὁρκίζω σε τὸ ὄνομα τὸ μέγα Ἰαωθ'
" Σαβαὼθ, ὁ Θεὸς ὁ στηρίξας τὴν γῆν, καὶ στήσας τὴν θάλασσαν, ῥεόντων
" ποταμῶν πλεονάζων, ὁ ξηραίνας τὴν τοῦ Λὼτ γυναῖκα, καὶ ποιήσας
" αὐτὴν ἁλατίνην," κ.τ.λ.

Λέγε, " Ὁρκίζω σε κατὰ τῶν ἁγίων ὀνομάτων Ἰαώ, Σαβαώθ, Ἀδωναΐ, Ἐλωΐ." Cf. Orig. c. *Cels.* I. 24, 5; IV. 33, 4; V. 45, 6.

C. 23. Μίαν] Puto legendum μητέρα, ut Themis sit horarum, et Mnemosyne mater Musarum.

Τρεῖς δὲ οἱ Εὐρυνόμη χάριτας τέκε καλλιπαρῄους. Hesiod. in *Theogonia*, 907.

C. 24. 'Αριστοτέλης] Lib. I. Part. i. Cap. 2. *De Interpr.* Ὄνομα μὲν οὖν ἐστὶ φωνὴ σημαντικὴ κατὰ συνθήκην, ἄνευ χρόνου, ἧς μηδὲν μέρος ἐστὶ σημαντικὸν κεχωρισμένον· et paulo post, Τὸ δὲ κατὰ συνθήκην, ὅτι φύσει τῶν ὀνομάτων οὐδέν ἐστιν, ἀλλ' ὅταν γένηται σύμβολον. Vid. Platonem, in *Cratylo*. Cic. *de Nat. Deor*. Lib. III.

Ibid. Ἐπίκουρος] A. Gellius, Lib. v. Cap. 15. Democritus, ac deinde Epicurus, ex individuis corporibus vocem constare dicunt; eamque, ut ipsis eorum verbis utar, ῥεῦμα λόγων appellant.

Ibid. Σαμαναῖοι] Porphyrius Lib. IV. *De Abstin.* (p. 167, Edit. Cantabr. 1655). Ἰνδῶν γὰρ τῆς πολιτείας εἰς πολλὰ νενεμημένης, ἐστί τι γένος παρ' αὐτοῖς τὸ τῶν θεοσόφων· οὓς Γυμνοσοφιστὰς καλεῖν εἰώθασιν Ἕλληνες. τούτων δὲ δύω αἱρέσεις· ὧν τῆς μὲν Βραχμᾶνες προΐστανται, τῆς δὲ Σαμαναῖοι· ἀλλ' οἱ μὲν Βραχμᾶνες ἐκ γένους διαδέχονται ὥσπερ ἱερατείαν τὴν τοιαύτην θεοσοφίαν. Σαμαναῖοι δὲ λογάδες εἰσὶν, κἀκ τῶν βουληθέντων θεοσοφεῖν συμπληρούμενοι. ἔχει δὲ τὰ κατ' αὐτοὺς τοῦτον τὸν τρόπον, ὡς Βαρδησάνης, ἀνὴρ Βαβυλώνιος, ἐπὶ τῶν πατέρων ἡμῶν γεγονὼς, καὶ ἐντυχὼν τοῖς περὶ Δαμάδαμιν πεμπομένοις Ἰνδοῖς πρὸς τὸν Καίσαρα ἀνέγραψεν.

Cyrill. Alex. Lib. IV. *contra Julianum:* Καὶ Γαλατῶν οἱ Δρυΐδαι, καὶ ἐκ Βάκτρων τῶν Περσικῶν Σαμαναῖοι καὶ Κελτῶν οὐκ ὀλίγοι.

Ibid. Ὄυτως εὑρεθήσεται] Orig. *in Num.* Hom. XI. Sed et illud, quod in Genesi scriptum legimus, Deum ad Angelos sine dubio loquentem dicere, *Venite, confundamus linguas eorum;* quid aliud putandum est, nisi quod diversi angeli diversas in hominibus linguas operati sint, ac loquelas? ut, verbi gratia, unus aliquis fuerit, qui Babylonicam tunc uni homini impresserit linguam, alius qui alii Aegyptiam, et alius qui Graecam, et sic diversarum gentium ipsi illi fortasse principes fuerint, qui et linguarum ac loquelae videbantur auctores: manserit autem lingua per Adam primitus data, ut putamus Hebraea, in ea parte hominum; quae non pars alicujus angeli vel principis facta est, sed quae Dei portio permansit.

C. 25. Μιχαήλ] Orig. *in Jos.* Hom. XXIII. Hinc ergo est, quod dispensavit divina sapientia nomina quaedam locorum scribi in scripturis, quae mysticam quandam interpretationem contineant, per quae indicetur nobis, quia haec certis quibusque rationibus, et non casu vel fortuitu fieri dispensentur. Sicut enim non est putandum quod fortuitu accideret, verbi causa, ut ille Angelus Michael vocaretur, alius autem Gabriel, alius vero Raphael.

C. 25. ᾿Ω Πρώταρχε] Plato in *Philebo*, p. 12. Τὸ δὲ ἐμὸν δέος, ὦ Πρώταρχε, ἀεὶ πρὸς τὰ τῶν Θεῶν ὀνόματα οὐκ ἔστι κατ᾽ ἄνθρωπον, ἀλλὰ πέρα τοῦ μεγίστου φόβου.

C. 26. σέβειν ἀγγέλους] Hieronymus in *Resp. ad Quaestionem ab Algasia propositam.* Conversus autem Deus tradidit eos; ut colerent militiam caeli, sicut scriptum est in libro Prophetarum. Militia autem caeli non tantum Sol appellatur, et Luna, et astra rutilantia; sed et omnis Angelica multitudo, eorumque exercitus, qui Hebraice appellatur Sabaoth, id est, virtutum, sive exercituum: *et paulo post*, Tradidit eos Deus, ut servirent militiae caeli, quae nunc ab Apostolo dicitur Religio Angelorum.

Q. 26. in fine. ᾿Αφροδισίων] Orig. in Cap. 6 *ad Rom.*, Orig. Hom. VI. *in Num.*, Just. *Apol.* II. p. 62. Καὶ πολλοί τινες, καὶ πολλαὶ, ἑξηκοντοῦταί, καὶ ἑβδομηκοντοῦται, οἳ ἐκ παίδων ἐμαθητεύθησαν τῷ Χριστῷ, ἄφθοροι διαμένουσι.

Athenag. legat. pro Christianis, p. 36. Καὶ ἡμῖν μέτρον ἐπιθυμίας ἡ παιδοποιΐα. εὕροις δὲ ἂν πολλοὺς τῶν παρ᾽ ἡμῖν, καὶ ἄνδρας, καὶ γυναῖκας, καταγηράσκοντας ἀγάμους ἐλπίδι τοῦ μᾶλλον συνέσεσθαι τῷ Θεῷ.

C. 27. ᾿Επὶ πᾶσαν ψυχήν] Tertull. Lib. adv. *Judaeos*, Cap. 7. In universa, inquit, terra exiit sonus eorum, et usque ad terminos terrae verba eorum. In quem enim alium universae gentes crediderunt, nisi in Christum, qui jam venit? Cui enim et aliae gentes crediderunt; Parthi, Medi, Elamitae, et qui inhabitant Mesopotamiam, Armeniam, Phrygiam, Cappadociam; et incolentes Pontum, et Asiam, et Pamphiliam, immorantes Aegyptum, et regionem Africae quae est trans Cyrenen inhabitantes, Romani et incolae; tunc et in Hierusalem Judaei, et ceterae gentes; ut jam Getulorum varietates, et Maurorum multi fines, Hispaniarum omnes termini, et Galliarum diversae nationes, et Britannorum inaccessa Romanis loca, Christo vero subdita, et Sarmatarum, et Dacorum, et Germanorum, et Scytharum, et abditarum multarum gentium, et provinciarum, et insularum multarum nobis ignotarum, et quae enumerare minus possumus? In quibus omnibus locis Christi nomen, qui jam venit, regnat; utpote ante quem omnium civitatum portae sunt apertae, et cui nullae sunt clausae. Irenaeus, Lib. I. Cap. 3.

C. 29. Παρὰ τῷ Πλάτωνι] Plato, Lib. I. *De Repub.* p. 329.

C. 31. ᾿Ανάλογον τοῖς] Eorum, qui ut publico prosint obierunt, non pauca apud veteres exempla, si scripta vel leviter attigeris, invenies.

C. 31. Μεγάλου δαίμονος] Id. est, Βελζεβούβ· qui apud Gentes vocatur Πλούτων, Σάραπις, Ἑκάτη. Vide Eusebium, Lib. IV. Cap. 23. *Praep. Evang.* item, Lib. V. Cap. 7, et Lib. III. Cap. 16. Theodoretum *Serm.* 3, De Angelis, Diis, et Daemonibus, p. 47. Lucanum, Lib. VI. et Statium, Lib. IV. *Thebaidos.*

C. 32. Λέγω δὲ ταῦτα νῦν κατά] ' Vide Origenem, Lib. II. Cap. 9, et Lib. IV. C. 2, *De Principiis.*

Ibid. Πλάτωνα] Plato, libro *De anima mundi*, p. 104. Λέγοιντο δ' ἀναγκαίως καὶ τιμωρίαι ξέναι, ὡς μετενδυομέναν τὰν ψυχᾶν, τῶν μὲν δειλῶν, εἰς γυναικέα σκάνεα, ποθ' ὕβριν ἐκδιδόμενα· τῶν δὲ μιαιφόνων, ἐς θηρίων σώματα, πότι κόλασιν· λάγνων δὲ ἐς συῶν, ἢ κάπρων, μορφάς· κούφων δὲ, καὶ μετεώρων, ἐς πτηνῶν ἀεροπόρων· ἀργῶν δὲ καὶ ἀπράκτων, ἀμαθῶν τε καὶ ἀνοήτων, ἐς τὰν ἐνύδρων ἰδέαν. Et in *Phaedone*, p. 70. Παλαιὸς μὲν οὖν ἐστί τις ὁ λόγος οὗτος, οὗ μεμνήμεθα, ὥς εἰσιν ἐνθένδε ἀφικόμεναι ἐκεῖ, καὶ πάλιν γε δεῦρο ἀφικνοῦνται, καὶ γίγνονται ἐκ τῶν τεθνεώτων, &c. Item, p. 81. Τὰ ποῖα δὴ ταῦτα, λέγεις, ὦ Σώκρατες; οἷον τοὺς μὲν γαστριμαργίας τε, καὶ ὕβρεις, καὶ φιλοτησίας μεμελετηκότας, καὶ μὴ διευλαβημένους, εἰς τὰ τῶν ὄνων γένη, καὶ τῶν τοιούτων θηρίων, εἰκὸς ἐνδύεσθαι, &c. Vide eundem in *Phaedro*, p. 248, in *Timaeo*, p. 42, et *De Republ.* Lib. X.

Ibid. Ἐμπεδοκλέα] Laert. in *Empedocl.* Καὶ τὴν ψυχὴν παντοῖα εἴδη ζώων καὶ φυτῶν ἐνδύεσθαι. φησὶ γοῦν,

Ἤδη γάρ ποτ' ἐγὼ γενόμην κοῦρος τε, κόρη τε,
Θάμνος τ', οἰωνός τε, καὶ ἐξ ἁλὸς ἔμπυρος ἰχθύς.

C. 33. Ζωπύρου] Eusebius, *Praep. Evang.* Lib. VI. Cap. 9. ex Alex. Aphrod. Tull. Lib. IV. *Tusc. Qu.* et *De fato.* Quid? Socratem nonne legimus quemadmodum notarit Zopyrus Physiognomon, qui se profitebatur hominum mores naturasque ex corpore, oculis, vultu, fronte, pernoscere?

Plato, *Alcib.* primo p. 122. Σοὶ, δ' ὦ Ἀλκιβιάδη, Περικλῆς ἐπέστησε παιδαγωγὸν τῶν οἰκετῶν τὸν ἀχρειότατον ὑπὸ γήρως, Ζώπυρον τὸν Θρᾷκα.

Ibid. Πολέμωνος] Atheniensis erat, et librum scripsit *De interpretatione signorum naturae.* Eundem Nicolaus Petreius Latinitate donavit, et Gryphius (Ann. Dom. 1552) Venetiis excudit. Gesn. in *Biblioth.*

C. 37. Περὶ γυπῶν] Vide Ambros. Lib. v. *Hexam.* Cap. 20. Aldrovand. Lib. III. *Ornitholog.* Cap. 1. De vulturibus. Ut vero quid sentiam hac in re dicam, plerosque coire certus sum; et fabulosa reputo, quae de conceptu ex vento feruntur.

Ibid. 'Αμφικτιόνης] Sic etiam Lib. VI. c. 8. Melius Περικτιόνης. Vid. Suidam in Platone. L. Vives *Comment.* ad Lib. VIII. Cap. 4. August. *De Civit. Dei.* Fallitur meâ sententiâ, quisquis Platonem non aliquanto plus quam hominem, aut certe non ex optima illa et rarissima hominum nota, fuisse putat.

C. 40. Πλάτων] In *Euthyphrone,* p. 11, in *Phaed.* p. 108, in *Cratylo,* pp. 392, 400, 401, 428, 440, Lib. II. *De Rep.* p. 378, Lib. VI. *De Rep.* pp. 506, 507, Lib. VII. *De Rep.* p. 517, Lib. x. *De Rep.* p. 611, in *Timaeo,* pp. 18, 29, 40, *Epist.* 7, p. 344. Vide Clem. Alexandr. *Strom.* v., Theodor. *Sermone* 2, et 4, Cyrill. *contra Julian.* Lib. I.

C. 47. ἀπιστῶν] Vide Eusebium, Lib. III. Cap. 8, *Eccles. Hist.* atque hinc intelligas quorsum Origenes dixit, *Cum non probavit hanc sententiam, Jesum nostrum fuisse Christum.* Vide Hieronymum in *Catal. Script. Eccles.* in Josepho: Eusebium, Lib. II. Cap. 23, *Eccles. Hist.* Suid. in 'Ιώσηβος.

Ibid. 'Ιακώβου] Fl. Josephus, Lib. XX. Cap. 8. *Antiq. Judaic.* Ἄτε δὴ οὖν τοιοῦτος ὢν ὁ Ἄνανος νομίσας ἔχειν καιρὸν ἐπιτήδειον, διὰ τὸ τεθνᾶναι μὲν Φῆστον, Ἀλβίνον δὲ ἔτι κατὰ τὴν ὁδὸν ὑπάρχειν, καθίζει συνέδριον κριτῶν· καὶ παραγαγὼν εἰς αὐτὸ τὸν ἀδελφὸν τοῦ λεγομένου Χριστοῦ, Ἰάκωβος ὄνομα αὐτῷ, καί τινας ἑτέρους, ὡς παρανομησάντων κατηγορίαν ποιησάμενος, παρέδωκε λευσθησομένους· ὅσοι δὲ ἐδόκουν ἐπιεικέστατοι τῶν κατὰ τὴν πόλιν εἶναι, καὶ περὶ τοὺς νόμους ἀκριβεῖς, βαρέως ἤνεγκαν ἐπὶ τούτῳ, καὶ πέμπουσιν πρὸς τὸν βασιλέα κρύφα παρακαλοῦντες αὐτὸν ἐπιστεῖλαι τῷ Ἀνάνῳ, μηκέτι τοιαῦτα πράσσειν· μηδὲ γὰρ τὸ πρῶτον ὀρθῶς αὐτὸν πεποιηκέναι.

C. 51. σπήλαιον] Euseb. *Evang. Demonstrationis,* Lib. VII. Cap. 2. Καὶ εἰς δεῦρο δὲ οἱ τὸν τόπον οἰκοῦντες, ὡς ἐκ πατέρων εἰς αὐτοὺς κατελθούσης παραδόσεως, τοῖς τῶν τόπων ἱστορίας χάριν ἐς τὸν Βηθλεὲμ ἀφικνουμένοις μαρτυροῦσι, τῶν λόγων πιστούμενοι τὴν ἀλήθειαν, διὰ τῆς τοῦ* ἀγροῦ [* leg. ἄντρου] δείξεως· ἐν ᾧ τεκοῦσα ἡ παρθένος κατατέθειται τὸ βρέφος. Idem Lib. III. Cap. 40, *De vita Constantini,* et Cap. 42. Just. Martyr. *Dial. cum Tryph.* p. 303. Γεννηθέντος δὲ τότε τοῦ παιδίου ἐν Βηθλεὲμ, ἐπειδὰν Ἰωσὴφ οὐκ εἶχεν ἐν τῇ κώμῃ ἐκείνῃ που καταλῦσαι, ἐν σπηλαίῳ τινὶ σύνεγγυς τῆς κώμης κατέλυσε, καὶ τότε αὐτῶν ὄντων ἐκεῖ ἐτετόκει ἡ Μαρία τὸν Χριστὸν, καὶ ἐν φάτνῃ αὐτὸν ἐτεθείκει.

C. 56. δύο λέγουσιν]. Vide Lib. II. Cap. 29. Just. *Dialog. cum Tryph.* pp. 247, 268, 350. Iren. Lib. IV. Cap. 56. Tertull. *Apolog.* Cap. 21. Eundem vide *contra Judaeos,* et Lib. III. *contra Marcionem.*

C. 57. Σίμων] Justin. *Dial. cum Tryph.* p. 349, *Apol.* II. p. 69, et 91, Iren. Lib. I. Cap. 22, Tertull. *Apol.* Cap. 13, Euseb. Lib. II. Cap. 13, 14, Theodor. Lib. I. *De Haeret. fab.*, Damasc. *De Haereticis,* Augustin. *De Haeret.*, Epiphan. *Haeres.* 21. De morte ejus vide Arnobium, Lib. II. p. 30. Clementem, *Constit. Apost.* Lib. VI. Cap. 9, Ambrosium, *Hexam.* Lib. IV. Cap 8, Cyrillum Hierosolymitanum, *Cateches.* 6, Eusebium, Lib. II. Cap. 14.

Ibid. τριάκοντα] Theodoretus (Lib. I. *De Haeret. fab.*) loquens de Simonis haeresi, et aliis istius radicis ramusculis, "Sed ii omnes," inquit, "cum impiae sectae parvas quasdam mutationes excogitassent, non diu durarunt; sed oblivioni omnino traditi sunt." Epiphanius, *Haeres.* 22, de Menandro, Simonis discipulo, Ἀνετράπη γὰρ οὗτος, καὶ ἔληξεν ἡ αὐτοῦ αἵρεσις, ὡς ἐπὶ τὸ πλεῖστον.

C. 58. Μάγους Χαλδαίων] Vid. Diog. Laert. *in Prooemio:* παρὰ μὲν Πέρσαις Μάγους, παρὰ δὲ Βαβυλωνίοις ἢ Ἀσσυρίοις Χαλδαίους. R.

C. 59. Χαιρήμονος] Vide Vossium, libro secundo, capite primo, *De Historicis Graecis.*

C. 63. Βαρνάβα] Hieron. *Catal. Script. Eccles.* in Barn. Βαρνάβας Κύπριος, ὁ καὶ Ἰωσὴφ Λευίτης, μετὰ Παύλου τῶν ἐθνῶν Ἀπόστολος καταστᾰθεὶς, μίαν πρὸς οἰκοδομὴν τῆς Ἐκκλησίας ἐπιστολὴν συνέταξεν· ἥτις εἰς τὰς ἀποκρύφους γραφὰς ἀναγινώσκεται. In eadem epistola haec verba occurrunt, p. 16. Ὅτι δὲ τοὺς ἰδίους ἀποστόλους, τοὺς μέλλοντας κηρύσσειν τὸ εὐαγγέλιον αὐτοῦ, ἐξελέξατο ὄντας ὑπὲρ πᾶσαν ἁμαρτίαν ἀνομωτέρους· ἵνα δείξῃ ὅτι οὐκ ἦλθῃ καλέσαι δικαίους, ἀλλ' ἁμαρτωλοὺς εἰς μετάνοιαν. Hieron. Lib. III. *adversus Pelagian.* Ignatius, vir Apostolicus, et Martyr, scribit audacter: "Elegit Dominus Apostolos, qui super homines peccatores erant." Sed, cum in toto Ignatio nihil hujusmodi reperire sit, puto esse lapsum memoriae: et quod Barnabae tribuendum erat, Ignatio fuisse tributum. Menard. in notis ad Barn. *Epist.*

C. 64. Πολέμωνος] Valerius Maximus, Lib. VI. Cap. 9. Laertius in *Polemone.* Lucianus in *Bis accusato.*

Ibid. Χρύσιππος] Vid. Lib. VIII. C. 51. Hujus libri Galenus saepius meminit in libris, *De Hippocratis et Platonis decretis:* uti Lib. IV. Κατὰ δὲ τὰ περὶ τῶν παθῶν ἅπαντα, τάτε τρία, δι' ὧν ἐπισκέπτεται, τὰ λογικὰ περὶ αὐτῶν ζητήματα, καὶ προσέτι τὸ θεραπευτικὸν, ὃ δὴ καὶ ἠθικὸν ἐπιγράφουσί τινες.

C. 65. Χαλκίδι] Ammonius in *vita Arist.* Aelian. Lib. III. Cap. 36, *Var. Hist.* Vide Athenaeum, Lib. xv. Cap. 16, et Laertium in Aristotele.

LIBER II.

C. 1. Πτωχός] Orig. Lib. IV. *De Princip.* Ignat. *ad Philadelph.* Theodoret. Lib. II. *De Haer. Fab.* Euseb. Lib. III. Cap. 24. *Eccles. Hist.*

Per Ebionaeos hoc in loco intellige Nazaraeos: erant enim duplicis generis Ebionaei; quod non semel monuit Origenes, Lib. v. pp. 272, 274. Ex quibus hi Jesum e Virgine natum esse agnoverunt, suntque Nazaraei, cum latiori sensu illud nomen interpretatur.

Ebionaeos sic distinguere accuratius me docuit Eusebius, *H. E.* Lib. III. Cap. 27. Ἐβιωναίους τούτους οἰκείους ἐπεφήμιζον οἱ πρῶτοι, πτωχῶς καὶ ταπεινῶς τὰ περὶ τοῦ Χριστοῦ δογματίζοντας καὶ δοξάζοντας· λιτὸν μὲν γὰρ αὐτὸν καὶ κοινὸν ἡγοῦντο, κατὰ προκοπὴν ἤθους αὐτὸν μόνον ἄνθρωπον δεδικαιωμένον, ἐξ ἀνδρός τε κοινωνίας καὶ τῆς Μαρίας γεγενημένον. δεῖν δὲ πάντως αὐτοῖς τῆς νομικῆς θρησκείας, ὡς μὴ ἂν διὰ μόνης τῆς εἰς τὸν Χριστὸν πίστεως, καὶ τοῦ κατ' αὐτὴν βίου σωθησομένοις. ἄλλοι δὲ παρὰ τούτοις τῆς αὐτῆς ὄντες προσηγορίας τὴν μὲν τῶν εἰρημένων ἔκτοπον διεδίδρασκον ἀτοπίαν, ἐκ παρθένου καὶ ἁγίου πνεύματος μὴ ἀρνούμενοι γεγονέναι τὸν Κύριον. οὐ μὲν ἔσθ' ὁμοίως καὶ οὗτοι προϋπάρχειν αὐτὸν Θεὸν λόγον ὄντα καὶ σοφίαν ὁμολογοῦντες, τῇ τῶν προτέρων περιετρέποντο δυσσεβείᾳ, μάλιστα ὅτε καὶ τὴν σωματικὴν περὶ τὸν νόμον λατρείαν ὁμοίως ἐκείνοις περιέπειν ἐσπούδαζον.

Iren. Lib. I. Cap. 26. Isti enim Dominum Jesum Josephi et Mariae filium opinati sunt; at Nazaraei, sive primi generis Ebionaei, Christum e Virgine natum esse juxta fidem Orthodoxam crediderunt. Vid. plura apud Spencerum.

C. 12. Πλάτωνος] Aelian Lib. III. Cap. 19, *Var. Hist.* et Lib. IV. Cap. 9. Laert. in Arist. Vide quae profert Casaubonus in notis ad Laertium ex Aristocle.

Ibid. Κατηγορηκέναι] Ni fallor, in libro primo *De anima,* Cap. 2.

NOTAE. LIB. II. 17

Τὸν αὐτὸν δὲ τρόπον ἐν τῷ Τιμαίῳ Πλάτων τὴν ψυχὴν ἐκ τῶν στοιχείων ποιεῖ. Credo eum respexisse Platonis *Timaeum*, pp. 41, 42, et 69. Vide Atticum Plat. apud Euseb. *Praep. Evan.* Lib. xv. Cap. 9.
 Ibid. τερετίσματα] Plut. *adversus Colotem.* T. II. p. 1115. Τάς γε μὴν ἰδέας, περὶ ὧν ἐγκαλεῖ τῷ Πλάτωνι, πανταχοῦ κινῶν ὁ Ἀριστοτέλης, καὶ πᾶσαν ἐπάγων ἀπορίαν αὐταῖς, ἐν τοῖς ἠθικοῖς ὑπομνήμασιν, ἐν τοῖς φυσικοῖς, διὰ τῶν ἐξωτερικῶν διαλέγων φιλονεικότερον ἐνίοις ἔδοξεν, ἢ φιλοσοφώτερον ἐκ τῶν δογμάτων τούτων, ὡς προθέμενος τὴν Πλάτωνος ὑπεριδεῖν φιλοσοφίαν· οὕτω μακρὰν ἦν τοῦ ἀκολουθεῖν. Arist. *Analyt. Post.* Lib. I. Cap. 18, 19, et *De Moribus*, Lib. I. Cap. 4. *Metaphys.* Lib. XII. Cap. 4, 5. Vide Att. Plat. apud Euseb. *P. E.* Lib. xv. Cap. 13.
 Ibid. Κενοτάφια] Clem. Alex. *Strom.* v. Φασὶ γοῦν Ἵππαρχον τὸν Πυθαγόρειον, αἰτίαν ἔχοντα γράψασθαι τὰ τοῦ Πυθαγόρου σαφῶς, ἐξελασθῆναι τῆς διατριβῆς, καὶ στήλην ἐπ᾽ αὐτῷ γενέσθαι, οἷα νεκρῷ. Διὸ καὶ ἐν τῇ βαρβάρῳ φιλοσοφίᾳ νεκροὺς καλοῦσι τοὺς ἐκπεσόντας τῶν δογμάτων, καὶ καθυποτάξαντας τὸν νοῦν τοῖς πάθεσι τοῖς ψυχικοῖς. Ad eundem sic scripsit Lysis : " Si igitur mutatus fueris gratulabor; sin minus, jamjam mihi obiisse videberis."
 Jamblichus, in *vita Pythag.* c. 17. Στήλην δή τινα τῷ τοιούτῳ καὶ μνημεῖον ἐν τῇ διατριβῇ χώσαντες, καθὰ καὶ Περιάλῳ τῷ Θουρίῳ λέγεται, καὶ Κύλωνι τῷ Συβαριτῶν ἐξάρχῳ, ἀπογνωσθεῖσιν ὑπ᾽ αὐτῶν, ἐξήλαυνόν ἂν τοῦ ὁμακοΐου, φορτίσαντες χρυσοῦ τε καὶ ἀργύρου πλῆθος.
 C. 13. Ἐπικουρείους] Aelian., Lib. IX. Cap. 12, *Var. Hist.* Ὅτι Ῥωμαῖοι Ἀλκαῖον καὶ Φιλίσκον τοὺς Ἐπικουρείους ἐξέβαλον τῆς πόλεως, ὅτι πολλῶν καὶ ἀτόπων ἡδονῶν εἰσηγηταὶ τοῖς νέοις ἐγένοντο. καὶ Μεσσήνιοι δὲ ἐξέωσαν τοὺς Ἐπικουρείους.
 Ibid. εὐχάς] Aristoteles, Lib. VII. Cap. 8, *De Repub.* Πρῶτον μὲν οὖν ὑπάρχειν δεῖ τροφήν, ἔπειτα τέχνας· πολλῶν γὰρ ὀργάνων δεῖται τὸ ζῆν· τρίτον δὲ ὅπλα· τοὺς γὰρ κοινωνοῦντας ἀναγκαῖον καὶ ἐν αὐτοῖς ἔχειν ὅπλα, πρός τε τὴν ἀρχὴν τῶν ἀπειθούντων χάριν, καὶ πρὸς τοὺς ἔξωθεν ἀδικεῖν ἐπιχειροῦντας. ἔτι χρημάτων τινὰ εὐπορίαν, ὅπως ἔχωσι καὶ πρὸς τὰς καθ᾽ αὑτοὺς χρείας, καὶ πρὸς πολεμικάς· πέμπτον δὲ καὶ πρῶτον, τὴν περὶ τὸ θεῖον ἐπιμέλειαν, ἣν καλοῦσιν ἱερατείαν. Idem, Cap. 9, et *De Moribus*, x. 8.
 Verius dici potest[1] de Pythagoricis: Laert. *in Pythag.* Οὐκ ἐᾷ εὔχεσθαι ὑπὲρ αὐτῶν διὰ τὸ μὴ εἰδέναι τὸ συμφέρον. Sp. Sed vid. Clem. Al. *Str.* IV. p. 543 et VII. p. 722.
 Ibid. Σαμαρεῖς] Quondam longa pace fruebantur; ut constat ex Justino, in *Apolog.* II. p. 69. Τρίτον δ᾽ ὅτι καὶ μετὰ τὴν ἀνέλευσιν

(1) i.e. quod hic dicit Origenes.

C

τοῦ Χριστοῦ εἰς οὐρανὸν προεβάλλοντο. οἱ δαίμονες ἀνθρώπους τινὰς λέγοντας ἑαυτοὺς εἶναι Θεούς· οἳ οὐ μόνον οὐκ ἐδιώχθησαν ὑφ᾽ ὑμῶν, ἀλλὰ καὶ τιμῶν κατηξιώθησαν. Σίμωνα μέν τινα Σαμαρέα, &c. At postea Caesaris opem ad eos compescendos imploravit in *Dialogo cum Tryphone*, p. 349.

C. 13. Σικάριοι] Modestinus, Lib. VI. *Regularum, ad Legem Corneliam de Sicariis.* Circumcidere filios suos Judaeis tantum rescripto Divi Pii permittitur: in non ejusdem Religionis qui hoc fecerit, castrantis paena irrogatur.

Ibid. Ἰώσηπος] Vide ad Lib. I. Cap. 47.

C. 14. Φλέγων] Adriani libertus erat, et Chronicon scripsit, quod constabat ex libris sedecim, continens res gestas CCXXIX Olympiadum; quarum ultima desiit in quartum Antonini Pii annum. Scaliger, in *Animadvers. Euseb.* ad annum MMXLIV. Vossius, Lib. II. Cap. 11, *De Historicis Graecis.* Suidas in Φλέγων. Salmasius in *Spartianum.* Photius *Tmemate* 97. Ex Stephano, in Ταραχίνη, constat quale fuerit praecipuum ejus Chronicorum argumentum; Ἐφ᾽ οἷς τοὺς μάντεις προαγορεῦσαι ὄλεθρον· nam sub unaquaque Olympiade recensuit omnia, quae contigere, prodigia; qua de causa reprehenditur a Photio.

De solis deliquio, quod tunc temporis evenit, cum Judaei Jesum cruci suffixerunt, ejus testimonium exstat locupletissimum in Eusebii *Chronico,* ad annum MMXL.

Origen. *Tractat.* 35 *in Matth.* Et Phlegon quidem in Chronicis suis scripsit, in principatu Tiberii Caesaris factum; sed non significavit in Luna plena hoc factum. Vide Tertull. *Apol.* Cap. 21.

C. 16. Δοκήσει] Iren. Lib. I. Cap. 22. *De Saturnino.* Epiph. *Haeres.* 24, quae est Basilidianorum. Ignat. *Epist. ad Trallianos,* c. x. Εἰ δὲ ὥσπερ τινὲς ἄθεοι ὄντες, τουτέστιν ἄπιστοι, λέγουσι τῇ δοκήσει γεγενῆσθαι αὐτὸν ἄνθρωπον, οὐκ ἀληθῶς ἀνειληφέναι σῶμα, καὶ τῷ δοκεῖν τεθνηκέναι, πεπονθέναι οὐ τῷ ὄντι.

Ibid. Ἡρακλείδη] Plinius, Lib. VII. *Nat. Hist.* Cap. 52. Huc pertinet nobile illud apud Graecos volumen Heraclidis septem diebus foeminae exanimis ad vitam revocatae. Laert. in *Prooemio in Emped.* Τὴν γοῦν ἄπνουν ὁ *Ἡράκλειτός [* leg. Ἡρακλείδης] φησιν τοιοῦτόν τι εἶναι ὡς τριάκοντα ἡμέρας συντηρεῖν ἄπνουν καὶ ἄσηπτον τὸ σῶμα. Galen., Περὶ τῶν πεπονθότων τόπων, Lib. VI. Ἡ μὲν οὖν πρώτη λελεγμένη διαφορά, τὸ κατὰ τοῦ Ποντικοῦ Ἡρακλείδου γεγραμμένον βιβλίον, ἀπορίαν ἔχει πολλὴν ὅπως γίγνεται. λέγεται γὰρ ἄπνους τε καὶ ἄσφυκτος ἐκείνη ἡ ἄνθρωπος γεγονέναι, τῶν νεκρῶν ἑνὶ μόνῳ διαλλάττουσα, τῷ βραχεῖαν ἔχειν θερμότητα, κατὰ τὰ μέσα μέρη τοῦ σώματος. ἐπιγέγραπται γοῦν τὸ βιβλίον "Απνους Ἡρακλείδου· καὶ ζήτησιν ἔφη γεγονέναι τοῖς παροῦσιν ἰατροῖς, εἰ μήπω τέθνηκεν.

Hinc subit mirari; quorsum inter alios, Grotius, et Origenes, summae eruditionis viri, his et similibus nullius ponderis instantiis usi sunt; quibus neque resurrectionis mysterium confirmare, nec Paganos ab ista, quam conceperant de rebus fidei, sententia dimovere, nec refellere Haereticos, nec dubios et vacillantes stabilire potuerunt.

C. 16. Πολλοί] Aristeas; Herodot. in *Melp.* Plin. Lib. VII. *Nat. Hist.* Cap. 52. Plutarch. in *Vit. Rom.* Suid. in Ἀριστ. Duo uno die fuisse defunctos et occurrisse invicem in quodam compito. Aug. *De Civit. Dei*, Lib. XXII. Cap. 28, ex Labeone.

Ibid. Οἰκονομήσαμένη] Vide ad Lib. II. Cap. 43.

C. 17. Κρίτωνι] Plato in *Apolog. Socr.* p. 38.

C. 20. αἰτίαν] Justin. *Dialog. cum Tryph.* p. 370. Εἰ δὲ ὁ λόγος τοῦ Θεοῦ προμηνεύει πάντως τινὰς καὶ ἀγγέλους καὶ ἀνθρώπους κολασθήσασθαι μέλλοντας· διότι προεγίνωσκεν αὐτοὺς ἀμεταβλήτους γενησομένους πονηροὺς, προεῖπε ταῦτα. Clem. Alex. *Strom.* VII. Ἑνὸς τοῦ Θεοῦ τῷ βουλήματι, δι' ἑνὸς τοῦ Κυρίου συνάγουσαν τοὺς ἤδη κατατεταγμένους, οὓς προώρισεν ὁ Θεὸς, δικαίους ἐσομένους πρὸ καταβολῆς κόσμου ἐγνωκώς. Origenes in *Explanat.* Cap. 7, *ad Rom.* Nam etsi communi intellectu de praescientia sentiamus; non propterea erit aliquid, quia id scit Deus futurum: sed, quia futurum est, scitur a Deo antequam fiat.......

Nec aliter de hac controversia, Augustinum si excipias, omnes Patres tradiderunt.

Ibid. ἀργὸς λόγος] Tull. libro *De Fato*, Cap. 12.

C. 21. Λυκάμβην] Ejus filiam Neobulam Archilocho despondisset, cujus rei postea poenituit, et alteri collocavit: unde Quintilianus (*Instit. Orat.* Lib. X. Cap. 1.): Adeo ut videatur quibusdam, quod quidem veneni est materiae esse, non ingenii vitium. Horat. *Epod.* 6.

Cave, cave: namque in malos asperrimus
Parata tollo cornua ;
Qualis Lycambae spretus infido gener.

Oenomaus apud Eusebium, *P. E.* Lib. V. Cap. 33. Tull. Lib. III. *De Natura Deorum.* Lucian. in *Pseudologista*, non longe ab initio.

C. 27. Μαρκίωνος] Vide Epiphanium, *Haeres.* 42, p. 312, ad finem. Iren. Lib. III. Cap. 11. Marcion autem, id, quod est secundum Lucam, circumcidens, ex his, quae adhuc servantur penes eum, blasphemus in solum existentem Deum ostenditur. Vide Irenaeum, Lib. I. Cap. 23.

C. 27. Οὐαλεντίνου] Iren. Lib. I. Cap. 1. 15. Transferunt autem, et transfingunt, et alterum ex altero facientes seducunt multos ex iis, quae aptant ex Dominicis eloquiis male composito phantasmati, &c. Vide eundem, Lib. III. Cap. 11.

Ibid. Λουκιανοῦ] Erat Marcionis sectator. Epiph. *Haeres.* 43. Κατὰ πάντα μὲν οὖν κατὰ τὸν Μαρκίωνα δογματίζει. *Ibid.*

C. 29. δύο ἐπιδημίαις] Vide ad Lib. I. Cap. 56.

C. 33. Φλέγων] Vide ad Cap. 14.

C. 43. Ταῖς γυμναῖς] Orig. in Cap. 5, *ad Rom.* 8. Iren. Lib. IV. Cap. 45. " Eapropter Dominum in ea, quae sunt sub terra, descendisse, evangelizantem et illis adventum suum, remissam peccatorum existentem his, qui credunt in eum. Et Lib. V. Cap. 31. Nunc autem tribus diebus conversatus est ubi erant mortui; quemadmodum Propheta ait de eo, Commemoratus est Dominus sanctorum mortuorum suorum, eorum qui ante dormierunt in terram sepelitionis, et descendit ad eos, extrahere eos et salvare eos. Tertull. libro *De anima*, Cap. 55. Quod si Christus Deus, quia et homo, mortuus secundum Scripturas, et sepultus secundum easdem; hic quoque Legi satisfecit, formâ humanae mortis apud Inferos functus; nec ante ascendit in sublimiora caelorum, quam descendit in inferiora terrarum; ut illic Patriarchas, et Prophetas, compotes sui faceret: habes et regionem Inferûm subterraneam credere, et illos cubito pellere, qui satis superbe non putent animas fidelium Inferis dignas. Servi supra magistrum, aspernati si forte in Abrahae sinu exspectandae resurrectionis solatium carpere. Hoc sensu Athanasius obscurissimum Petri locum explicuit, in Epistola ad Epictet. Corinth. Episc. *contra Haeret.* Eundem vide, De Incarnatione Domini, *contra Apollinarium:* De salutari adventu Jesu Christi, contra eundem, p. 500, item p. 505, *Dialog.* 4. *De Trin. in Passionem, et Crucem Domini.* Εἶτα ἐκβληθεὶς ὁ Ἄθλιος ἀπὸ τοῦ ᾄδου, καθήμενος παρὰ τὰς πύλας, θεωρεῖ ἐξαγομένους πάντας τοὺς πεπεδημένους τῇ τοῦ Σωτῆρος ἀνδρείᾳ, καὶ τοὺς μὲν νεκροὺς ἀναζῶντας, τοὺς δὲ αἰχμαλώτους ἀφιεμένους, καὶ τοὺς μὲν ἁγίους προαπαντῶντας τοὺς περὶ τὸν Ἀβραάμ τε ἀνακρουομένους, κ.τ.λ. Cyrill. Hierosol. *Catech.* 4. *De Sepulchro. Catech.* 11. 14. Κατῆλθε γὰρ εἰς τὸν θάνατον, καὶ πολλὰ σώματα τῶν κεκοιμημένων ἁγίων ἠγέρθη δι' αὐτοῦ. ἐξεπλάγη ὁ θάνατος, θεωρήσας καινόν τινα κατελθόντα εἰς ᾅδην δεσμοῖς τοις αυτόθι μὴ κατεχόμενον. Τίνος ἕνεκεν, ὦ πυλωροὶ ᾅδου, τοῦτον ἰδόντες ἐπτήξασθε; τίς ὁ κατέχων ὑμᾶς ἀσυνήθης φόβος; ἔφυγεν ὁ θάνατος, καὶ φυγῇ τὴν δειλίαν ἠλέγχετο· προσέτρεχον οἱ ἅγιοι προφῆται, καὶ Μωϋσῆς ὁ νομοθέτης, καὶ Ἀβραάμ, καὶ Ἰσαὰκ, καὶ Ἰακὼβ, Δαβίδ τε, καὶ Σαμουὴλ, καὶ Ἡσαΐας, καὶ ὁ Βαπτιστὴς Ἰωάννης, κ.τ.λ. Greg. Naz. Orat. 35, De Theolog. Orat. 42, in Pascha. *Ἂν εἰς ᾅδου κατίῃ· συγκάτελθε. γνῶθι καὶ τὰ ἐκεῖσε τοῦ Χριστοῦ μυστήρια. τίς ἡ οἰκονομία τῆς διπλῆς καταβάσεως; τίς ὁ λόγος; ἁπλῶς σώζει πάντας ἐπιφανείς; ἢ κἀκεῖ τοὺς πιστεύοντας; Invitus praetereo insignem Clementis Alexandrini locum, Strom. VI. quem lege, pp. 637, 638, 639, 640, 641.

C. 55. Πυθαγόραν] Laert. in Pythag. p. 224. Καὶ ἄλλο τι περὶ Πυθαγόρου φησὶν ὁ Ἕρμιππος. λέγει γὰρ ὡς γενόμενος ἐν Ἰταλίᾳ, κατὰ γῆς οἰκίσκον ποιῆσαι, καὶ τῇ μητρὶ ἐντείλαιτο τὰ γινόμενα εἰς δέλτον γράφειν σημειουμένην καὶ τὸν χρόνον· ἔπειτα καθιέναι αὐτῷ ἔστ' ἂν ἀνέλθῃ· τοῦτο ποιῆσαι τὴν μητέρα. τὸν δὲ Πυθαγόραν μετὰ χρόνον ἀνελθεῖν ἰσχνὸν καὶ κατεσκελετευμένον· εἰσελθόντα τε εἰς τὴν ἐκκλησίαν φάσκειν ὡς ἀφῖκται ἐξ ᾅδου· καὶ δὴ καὶ ἀνεγίνωσκεν αὐτοῖς τὰ συμβεβηκότα. οἱ δὲ σαινόμενοι τοῖς λεγομένοις ἐδάκρυόν τε καὶ ᾤμοζον, καὶ ἐπίστευον εἶναι τὸν Πυθαγόραν θεῖόν τινα· ὥστε καὶ τὰς γυναῖκας αὐτῷ παραδοῦναι, ὡς καὶ μαθησομένας τι τῶν αὐτοῦ· τὰς καὶ Πυθαγορικὰς κληθῆναι.

Ibid. Ῥαμψίνιτον] Herodot. Lib. II. Cap. 122. Μετὰ δὲ ταῦτα, ἔλεγον τοῦτον τὸν βασιλῆα ζωὸν καταβῆναι κάτω ἐς τὸν οἱ Ἕλληνες ἀΐδην νομίζουσι εἶναι, κἀκεῖθι συγκυβεύειν τῇ Δήμητρι. καὶ τὰ μὲν, νικᾶν αὐτὴν, τὰ δὲ ἐσσοῦσθαι ὑπ' αὐτῆς. καί μιν πάλιν ἀπικέσθαι δῶρον ἔχοντα παρ' αὐτῆς χειρόμακτρον χρύσεον.

Ibid. Πρωτεσίλαον]· Caecilius apud Minutium Felicem in Octavio, c. XI. Et tamen tanta aetas abiit; secula innumera fluxerunt: quis unus ullus ab Inferis vel Protesilai sorte remeavit, horarum saltem permisso commeatu, vel ut exemplo crederemus?

C. 60. Πλάτων] In Phaedone, p. 81. Ἐμβριθὲς δέ γε, ὦ φίλε, τοῦτο οἴεσθαι χρὴ εἶναι, καὶ βαρὺ, καὶ γεῶδες, καὶ ὁρατόν· ὃ δὴ καὶ ἔχουσα ἡ τοιαύτη ψυχὴ βαρύνεταί τε, καὶ ἕλκεται πάλιν εἰς τὸν ὁρατὸν τόπον, φόβῳ τοῦ ἀειδοῦς τε καὶ ᾅδου, ὥσπερ λέγεται, περὶ τὰ μνήματά τε, καὶ τοὺς τάφους καλινδουμένη· περὶ ἃ δὴ καὶ ὤφθη ἄττα ψυχῶν σκιοειδῆ φαντάσματα, οἷα παρέχονται αἱ τοιαῦται ψυχαὶ εἴδωλα, αἱ μὴ καθαρῶς ἀπολυθεῖσαι, ἀλλὰ τοῦ ὁρατοῦ μετέχουσαι· διὸ καὶ ὁρῶνται.

Ibid. αὐγοειδεῖ] Suidas in Αὐγοειδής. Ἔφασκε δ' οὖν παρ' ἐκείνου καὶ ἐκεῖνο ἀκηκοέναι ὁ Ἰσίδωρος, ὡς ἔχει τι ἡ ψυχὴ αὐγοειδὲς ὄχημα λεγόμενον, ἀστροειδές τε, καὶ ἀΐδιον. * καὶ τούτῳ μέν τοι τῷ ἀστροειδεῖ

σώματι τῷδε [* leg. καὶ τοῦτο μέν τοι τὸ ἀστροειδὲς ἐν σώματι τῷδε] ἀποκέκλεισται· ἐνίοις μὲν εἴσω τῆς κεφαλῆς, ἐνίοις δὲ εἴσω τοῦ δεξιοῦ ὤμου· ὅπερ οὐδεὶς φαίνεται ἄλλος ἱστορήσας. Iren. Lib. II. Cap. 62.
Plenissime autem Dominus docuit—non solum perseverare, non de corpore in corpus transgredientes animas, sed et characterem corporis, in quo etiam adaptantur, custodire eundem; et meminisse eas operum quae egerunt hic, et a quibus cessaverunt—in enarratione, quae scribitur de Divite et de Lazaro eo, qui refrigerabatur in sinu Abrahae; in quâ ait Divitem cognoscere Lazarum post mortem, et Abraham autem similiter. Eundem vide, Lib. eod. Cap. 63. Tertull. *De Anima*, Cap. 9.

C. 61. Μέγεθός τε] Homer. *Iliad.* ψ. 65.

ἮΗλθε δ' ἐπὶ ψυχὴ Πατροκλῆος δειλοῖο,
Πάντ' αὐτῷ, μέγεθός τε, καὶ ὄμματα κάλ' εἰκυῖα,
Καὶ φωνήν· καὶ τοῖα περὶ χροῒ εἵματα ἔστο.
Στῆ δ' ἄρ' ὑπὲρ κεφαλῆς, καί μιν πρὸς μῦθον ἔειπεν.

C. 62. Ἐν μεθορίῳ] Orig. Homil. III. *in Luc.*
Origenis sententiam Grotius sic explicat (in *Annot.* ad Cap. 24, Com. 32. *Evang. secundum Luc.*): Diversa ab his videtur fuisse sententia Origenis, qui in accurata adversus Celsum disputatione Christi corpus quadraginta illis diebus ait fuisse ὁρατὸν, ὅτ' ἐβούλετο, καὶ οἷς ἐβούλετο. Censet enim id ipsum sacratissimum corpus fuisse eo tempore ἐν μεθορίῳ, inter eam, ut ipse appellat, παχύτητα, quam habent corpora caduca, et inter naturas liberas ab hac concretione mortali.
At Origeni Epiphanius indignatur, quasi Christum corpore longe alio ab isthoc, quod Cruci affixum est, indutum resurrexisse credidisset; cum is solummodo corpus (uti ait p. 99), μεταμορφούμενον supponit, a faecibus nimirum et mortali crassitudine repurgatum. Vid. Epiph. *Haeres.* 64, quae est *Origenianorum*.

Ibid. Σίμωνος] Vide Cap. 63, et Grotii *Annotationes* ad Cap. 24, Com. 12. *Evang. secundum Lucam.*

LIBER III.

C. 3. Κλαζομένιον] Plin. Lib. VII. Cap. 52. Reperimus inter exempla, Hermotini Clazomenii animam, relicto corpore, errare solitam, vagamque e longinquo multa annuntiare, quae nisi a praesenti nosci non possunt, corpore interim semianimi: donec, cremato eo, inimici (qui Cantharidae vocabantur) remeanti animae velut vaginam ademerint. Lucian. in *Muscae encomio.* Apollon. Dyscol. *Hist. Comment.* Cap. 3. Tertull. Lib. *De Anima*, Cap. 44. Vid. infra, Cap. 32.

Ibid. Κλεομήδην] Pausanias in *Eliac. Post.* Τῇ δὲ Ὀλυμπιάδι τῇ πρὸ ταύτης, Κλεομήδη φασὶν Ἀστυπαλαίεα, ὡς Ἴκκῳ πυκτεύων ἀνδρὶ Ἐπιδαυρίῳ τὸν Ἴκκον ἀποκτείνειεν ἐν τῇ μάχῃ, καταγνωσθεὶς δὲ ὑπὸ τῶν Ἑλλανοδικῶν ἄδικα εἰργάσθαι, καὶ ἀφῃρημένος τὴν νίκην, ἔκφρων ἐγένετο ὑπὸ τῆς λύπης, καὶ ἀνέστρεψε μὲν ἐς Ἀστυπαλαίαν· διδασκαλείῳ δ' ἐπιστὰς ἐνταῦθα ὅσον ἑξήκοντα ἀριθμὸν παίδων ἀνατρέπει τὸν κίονα, ὃς τὸν ὄροφον ἀνεῖχεν· ἐμπεσόντος δὲ τοῦ ὀρόφου τοῖς παισί, καταλιθούμενος ὑπὸ τῶν ἀστῶν, κατέφυγεν ἐς Ἀθηνᾶς ἱερόν· ἐσβάντος δὲ ἐς κιβωτὸν κειμένην ἐν τῷ ἱερῷ, καὶ ἐφελκυσάμενος τὸ ἐπίθημα, κάματον ἐς ἀνωφελὲς οἱ Ἀστυπαλάιεῖς ἔκαμνον, ἀνοίγειν τὴν κιβωτὸν πειρώμενοι· τέλος δὲ τὰ ξύλα τῆς κιβωτοῦ καταρρήξαντες, ὡς οὔτε ζῶντα Κλεομήδην, οὔτε τεθνεῶτα εὕρισκον, ἀποστέλλουσιν ἄνδρας ἐς Δελφοὺς ἐρησομένους ὁποῖα ἐς Κλεομήδη τὰ συμβάντα ἦν. τούτοις χρῆσαι τὴν Πυθίαν φασίν—

Ὕστατος ἡρώων Κλεομήδης Ἀστυπαλαιεύς,
Ὃν θυσίαις τιμᾶθ' ὡς μηκέτι θνητὸν ἐόντα.

Κλεομήδει μὲν οὖν Ἀστυπαλαιεῖς ἀπὸ τούτου τιμὰς ὡς ἥρωϊ νέμουσι. Vide Plutarchum in *Rom.* et Suidam in Κλεομηδής. Vid. infra, Cap. 25.

C. 12. ἐν ἰατρικῇ] Vide librum Galeni Περὶ αἱρέσεων τοῖς εἰσαγομένοις, et Περὶ ἀρίστης αἱρέσεως· et Cap. 3 et 4 *Introductionis, siue Medici*, Galeno adscriptae.

C. 15. στάσεως] Origenes videtur respicere annum primum et tertium Gordiani Imper. sub quibus exortum est bellum Persicum. Etenim Sapor, ut cladem ab Alexandro Severo Persis illatam ulcisceretur, ditiones Romanas invadit, Antiochiam capit, et civibus servitutem imposuit, quos postea Gordianus in libertatem vindicavit, ut ipse testatur in Epistola, quam scripsit ad Mesithium, ejus socerum. Vid. Baronium ad ann. 233, 234.

Ibid. νομίσωσιν] Orig. Tractat. XXVIII. *in Matth.* Frequenter enim famis causâ Christianos culpârunt Gentiles, et quicunque sapiebant quae Gentium sunt. Sed et pestilentiarum causas ad Christi Ecclesiam retulerunt. Scimus autem et apud nos Terraemotum factum in locis quibusdam, et factas fuisse quasdam ruinas, ita ut qui erant impii extra fidem causam Terrae-motus dicerent Christianos. Propter quod et persecutiones passae sunt Ecclesiae, et incensae sunt. Non solum autem illi, sed et qui videbantur prudentes, talia in publico dicerent: Quia propter Christianos fiunt gravissimi Terrae-motus.

Tertull. *Apol.* Cap. 40. Praetexentes sane ad odii defensionem illam quoque vanitatem, quod existiment omnis publicae cladis, omnis popularis incommodi, Christianos esse causam. Si Tiberis ascendit in moenia, si Nilus non ascendit in arva, si caelum stetit, si terra movit, si fames, si lues: statim CHRISTIANOS ad LEONEM. Tantos ad unum? etc. Vide Cap. 2 *ibid.*, et librum *ad Scapulam,* Cap. 3. Cyprianum *ad Demetrianum,* Firmilianum *ad Cypr.* Epist. 75, apud Cypr. Augustinum, Lib. II. Cap. 2, *De Civit. Dei.* Edictum Maximini apud Eusebium, Lib. IX. Cap. 6, *Ecclesiast. Hist.*

Locupletius de hac calumnia agit Arnobius Lib. I. *contra gentes,* quem vide.

C. 23. Μαινόλας] Μαινόλης. Hesych. Πακάκοπος ἔνθεος. Clem. Alex. in *Protrept.* p. 9. Διόνυσον Μαινόλην ὀργιάζουσι Βάκχοι.

C. 25. Ἀρχίλοχον] Clem. Alex. *Strom.* I. Ἔτι δὲ Ἱππώνακτι καὶ Ἀρχιλόχῳ αἰσχρῶς ἐπιτρεπτέον γράφειν. Athen. Lib. III. Cap. 94. Κηφισόδωρος γοῦν, ὁ Ἰσοκράτους τοῦ ῥήτορος μαθητής, ἐν τῷ τρίτῳ τῶν Πρὸς Ἀριστοτέλην, λέγει, ὅτι εὕροι τις ἂν ὑπὸ τῶν ἄλλων ποιητῶν, ἢ καὶ σοφιστῶν, ἐν ᾗ δύο γοῦν πονηρῶς εἰρημένα, οἷα παρὰ μὲν Ἀρχιλόχῳ τὸ, Πάντ' ἀνδρ' ἀποσκολύπτειν. Est enim ἀποσκολύπτειν, inquit Casaubonus, illi Neronis simile, quod refert Suetonius, c. 29. "Ex nonnullis," inquit, "comperi persuasissimum habuisse eum, neminem hominem pudicum, aut ullâ corporis parte purum esse." Καὶ γὰρ Δίφιλος ὁ κωμῳδοποιὸς πεποίηκεν ἐν Σαπφοῖ δράματι Σαπφοῦς ἐραστὰς Ἀρχίλοχον καὶ Ἱππώνακτα. Athen. Lib. XIII. Cap. 8. Plutarch. *De Audit.* p. 45. μέμψαιτο δ' ἄν τις Ἀρχιλόχου μὲν τὴν ὑπόθεσιν. Vide Suidam in Ἀρχίλ. et Eusebium, *P. E.* Lib. v. Cap. 32, 33. Ex Varrone et Plutarcho constat eundem Lacedaemone expulsum fuisse, non tantum quia virulentus et inverecundus erat, ut visum est Vossio (libro *De Poet. Graec.*), sed quod fugere potius, quam fortiter dimicare, in isthoc quod scripsit carmine, militibus persuasit. Ἀρχίλοχον τὸν ποιητὴν

NOTAE. LIB. III. 25

ἐν Λακεδαίμονι γενόμενον αὐτῆς ὥρας ἐδίωξαν, διότι ἐπέγνωσαν αὐτὸν πεποιηκότα, ὡς κρεῖττόν ἐστιν ἀποβαλεῖν τὰ ὅπλα, ἢ ἀποθανεῖν.
Ἀσπίδι μὲν Σαίων τις ἀγάλλεται, ἣν περὶ θάμνῳ
Ἐντὸς ἀμώμητον κάλλιπον οὐκ ἐθέλων.
           ἀσπὶς ἐκείνη
Ἐρρέτω· ἐξαῦθις κτήσομαι οὐ κακίω. Plutarch. in *Lacon. Instit.*

C. 30. Ἐκκλησίας βουλευταί] Id est, Episcopi, Presbyteri, et Diaconi. Vide Clementem, *Constitut.* Lib. II. Cap. 49, 50, 51, 52, 53, 54, 55, 56, 57. Judicia vestra fiant in secunda Sabbatorum, ut, siqua controversia ex sententia vestra oriatur, usque ad Sabbatum libera sit vobis facultas, quâ possitis illam controversiam componere, et pacem conciliare inter eos qui litigant. Adsint autem judicio Diaconi et Presbyteri, integre judicaturi, veluti Dei homines, cum justitia. Cum utraque persona venerit, prout lex jubet, ambo qui litigant statuantur in medio tribunali, iisque auditis, sancte judicium pronuntiate, studentes ante sententiam Episcopi eos reconciliare; ne exeat supra terram judicium in peccatorem, prout in tribunali consortem participemque causae habet Christum Dei Filium. Vide Augustinum, *De operibus Monachorum.*

C. 31. Ἀβάριδι] Herodot. in *Melp.* Lil. Gyraldus, Lib. III. *De Poet.* Suid. in Ἄβαρις. Apollon. Dyscol. Cap. 4, *Hist. Comment.*

C. 36. ἕτεροι] De Prophetis porro Antinoi locus est elegans Origenis adversus Celsum, quem jam produxerunt docti viri; sed minus integrum: eum ita lego, Ἕτεροι δὲ ὑπὸ τοῦ ἐκεῖ ἱδρυμένου δαίμονος ἀπατώμενοι, καὶ ὑπὸ ἀσθενοῦς συνειδότος ἐλεγχόμενοι οἴονται πνεῖν θεήλατον ἀπὸ τοῦ Ἀντινόου πνοήν. Salmas. in notis ad Æl. Spart. Ita quidem legis, Salmasi, et rectissime: sed te prius ita legerat Josephus Scaliger in *Animadvers. Euseb.* ad annum MMCXLV.

C. 37. τὰς θυσίας] Orig. *contra Celsum,* Lib. VII. p. 334. Δηλοῖ δὲ τὸ τοιοῦτον τοὺς αὐτοὺς τυγχάνειν, καὶ τὸ ταῖς ἀπὸ τῶν θυσιῶν ἀναθυμιάσεσι, καὶ ταῖς ἀπὸ τῶν αἱμάτων καὶ ὁλοκαυτωμάτων ἀποφοραῖς, τρεφόμενα αὐτῶν τὰ σώματα φιληδονούντων. Vid. Orig. in *Prooem.* Lib. I. *De Princip.*

Ibid. ἄλλης φύσεως] Hoc in loco per φύσιν intellige dispositionem et ingenium: aliter quî sibi Origenes conveniet? Tom. 23, *in Joan.*

C. 48. μονόγαμον] *Can. Apost.* Cap. 17. Ὁ δυσὶ γάμοις συμπλακεὶς μετὰ τὸ βάπτισμα, ἢ παλλακὴν κτησάμενος, οὐ δύναται εἶναι

D

ἐπίσκοπος, ἢ πρεσβύτερος, ἢ διάκονος, ἢ ὅλως τοῦ καταλόγου τοῦ ἱερατικοῦ. Ambros. *Epist.* 82, Ad Vercellensem Ecclesiam, etc. Ideo Apostolus legem posuit, dicens, "Si quis sine crimine est, unius uxoris vir." Ergo, quia sine crimine est unius uxoris vir, teneatur ad legem Sacerdotii suscipiendi; qui autem iteraverit conjugium, culpam quidem non habet coinquinati, sed praerogativa exuitur Sacerdotis.

C. 50. Κυνικῶν] Vide Laertium in *Diog.* Idem refert de Menedemo Cynico: quod, ἐριννύος ἀναλαβὼν σχῆμα, περιῄει λέγων ἐπίσκοπος ἀφῖχθαι ἐξ ᾅδου τῶν ἁμαρτανομένων, ὅπως πάλιν κατιὼν ταῦτα ἀπαγγέλλοι τοῖς ἐκεῖ δαίμοσιν.

C. 51. l. 5. Χριστιανοί] Haec articulatim distincteque dicta sunt ab Origene: at plenius intelliges, si legas Justinum in fine *Apologiae* secundae, et Tertullianum, Cap. 39, *Apolog.*

C. 51. Ἀκολασταινόντων] Tertull. Lib. II. *Ad Uxorem*, Cap. 3. Haec cum ita sint, fideles Gentilium matrimonia subeuntes stupri reos esse constat, et arcendos ab omni communicatione fraternitatis, ex literis Apostoli dicentis, "Cum ejusmodi nec cibum sumendum." Idem in libro *De Pudicitia*, Cap. 4. Ideo penes nos occultae quoque conjunctiones, id est, non prius apud Ecclesiam professae, juxta moechiam et fornicationem judicari periclitantur. Nec inde consertae obtentu matrimonii crimen illudant. Reliquas autem libidinum furias impias et in corpora et in sexus, ultra jura naturae, non modo limine, verum omni Ecclesiae tecto submovemus; quia non sunt delicta, sed monstra. Idem, in *Apolog.* Cap. 39.

Cyprian. *Epist.* 38 (41). Ad Caldonium et Herculanum, *de Felicissimo abstinendo.* Ut abstentum[1] se a nobis sciat; quando ad fraudes ejus et rapinas, quas dilucida veritate cognovimus, adulterii etiam crimen accedit. Idem *Epist.* 62, *Ad Pomponium, De Virginibus.*

Ibid. κενοτάφια] Vide ad Lib. II. Cap. 12.

Ibid. εἰς οὐδεμίαν ἀρχήν] Cypr. *Epist.* 64 (65). *Ad Epictetum*, agens de Fortunatiano, Episcopo Assuritano, quem dicit "post gravem lapsum ruinae suae pro integro nunc agere velle, et Episcopatum sibi vindicare coepisse": et paulo post: "Audet sibi adhuc Sacerdotium, quod prodidit, vindicare; quasi post aras Diaboli accedere ad Altare Dei fas sit." Idque conatus est, spreto Cornelii Papae interdicto, quo vetitum erat Episcopos lapsos ulterius frui Episcopatu.

C. 54. Ζάμολξιν] Herodot. in *Melp.* p. 290. Suid. in Ζάμ. Λέγουσι δέ τινες, ὡς ὁ Ζάμολξις ἐδούλευσε Πυθαγόρᾳ Μνησάρχου Σαμίῳ,

[1] Id est, excommunicatum. Phrasis Cypriano peculiaris.

καὶ ἐλευθερωθεὶς ταῦτα ἐσοφίζετο· ἀλλὰ πολὺ πρότερος δοκεῖ ὁ Ζάμολξις Πυθαγόρου γενέσθαι. Aliter Strabo (Lib. VII. et XVI.), Laertius (in *Pythag.*), Clemens (*Strom.* IV.) et alii quamplurimi; quorum testimonia allegare non est necesse.

C. 54. Περσαῖον] Θρεπτὸς Ζήνωνος τοῦ φιλοσόφου. Suid. in Περσαῖος. Et Zenonis Stoici servus, qui Persaeus vocatus est. A. Gellius, Lib. II. Cap. 18. Laert. in *Zenon*.

Ibid. Ἐπίκτητον] De Epicteto autem Philosopho nobili, quod is quoque servus fuit, recentior est memoria, quam ut scribi quasi obliteratum debuerit. A. Gell. ibid. Δοῦλος δὲ Ἐπαφροδίτου τῶν σωματοφυλάκων τοῦ βασιλέως Νέρωνος. Suid. in Ἐπίκτ.

C. 66. Μουσώνιον] Vel Babylonium intellige, vel Tyrrhenum; qui, Nerone imperante, floruerunt. Philostrat. Lib. IV. Cap. 12. Νέρων οὐ ξυνεχώρει φιλοσοφεῖν; ἀλλὰ περίεργον αὐτῷ χρῆμα καὶ φιλοσοφοῦντες ἐφαίνοντο; καὶ μαντικὴν συσκιάζοντες· καὶ ἤχθη ποτὲ ὁ τρίβων ἐς δικαστήριον, ὡς μαντικῆς σχῆμα· ἐῷ τοὺς ἄλλους, ἀλλὰ Μουσώνιος, ὁ Βαβυλώνιος ἀνήρ, Ἀπολλωνίου μὲν δεύτερος, ἐδέθη ἐπὶ σοφίᾳ· καὶ ἐκεῖ μὲν ὢν ἐκινδύνευσεν· ἀπέθανε δ' ἂν τὸ ἐπὶ τῷ δήσαντι, εἰ μὴ σφόδρα ἔρρωτο. Et Cap. 16. Ἐτύγχανε δὲ περὶ τὸν χρόνον τοῦτον καὶ Μουσώνιος, κατειλειμμένος ἐν τοῖς δεσμωτηρίοις τοῦ Νέρωνος, ὃν φασι τελεώτατα ἀνθρώπων φιλοσοφῆσαι.

Just. *Apolog.* I. p. 46. Καὶ τοὺς ἀπὸ τῶν Στωϊκῶν δὲ δογμάτων, ἐπειδὴ κἂν τὸν ἠθικὸν λόγον κόσμιοι γεγόνασιν, ὡς καὶ ἕν τισιν οἱ ποιηταὶ διὰ τὸ ἔμφυτον παντὶ γένει ἀνθρώπων σπέρμα τοῦ λόγου, μεμισῆσθαι καὶ πεφονεῦσθαι οἴδαμεν. Ἡράκλειτον μὲν ὡς προέφημεν, καὶ Μουσώνιον δὲ ἐν τοῖς καθ' ἡμᾶς, καὶ ἄλλους οἴδαμεν. Philostrat. Lib. VII. Cap. 8. Καὶ μὴν καὶ Μουσώνιον τὸν Τυρρηνὸν, πολλὰ τῇ ἀρχῇ ἐναντιωθέντα τῇ νήσῳ ξύνεσχεν, ᾗ ὄνομα Γύαρα.

C. 75. Στωϊκῶν] Vide Plutarch. in libro *De Stoicorum repugnantiis*. Οὐδεὶς οὖν ἐστὶ τῶν πάντων ὁ Χρύσιππος κατ' Ἀντίπατρον· οὐδὲν γὰρ οἴεται πλὴν τοῦ πυρὸς ἄφθαρτον εἶναι τῶν Θεῶν· ἀλλὰ πάντας ὁμαλῶς καὶ γεγονότας, καὶ φθαρησομένους. ταῦτα δὲ πανταχοῦ, ὡς ἔπος εἰπεῖν, ὑπ' αὐτοῦ λέγεται. παραθήσομαι δὲ λέξιν ἐκ τοῦ τρίτου Περὶ Θεῶν καθ' ἕτερον λόγον. "Οἱ μὲν γὰρ γενητοί εἰσι καὶ φθαρτοί· οἱ δὲ ἀγένητοι. Vide *ibidem*, p. 1052.

C. 80. Πυθαγόρου] Laert. in *Pythag.* Τὸν δὲ Ἑρμῆν ταμίαν εἶναι τῶν ψυχῶν. καὶ διὰ τοῦτο Πομπέα λέγεσθαι, καὶ Πυλαῖον, καὶ Χθόνιον· ἐπειδήπερ οὗτος εἰσπέμπει ἀπὸ τῶν σωμάτων τὰς ψυχὰς, ἀπό τε γῆς, καὶ ἐκ θαλάττης, καὶ ἄγεσθαι μὲν τὰς καθαρὰς ἐπὶ τὸν ὕψιστον· τὰς δὲ ἀκαθάρτοὺς μήτε ἐκείναις πελάζειν, μήτε ἀλλήλαις, δεῖσθαι δ' ἐν ἀρρήκτοις δεσμοῖς ὑπὸ Ἐριννύων.

C. 80. Πλάτωνος] In *Phaedro*, p. 247.

Ibid. περὶ τοῦ θύραθεν νοῦ] Arist. t., Lib. II. Cap. 3, *De Generat. Animalium*. Ἑπομένως δὲ δηλονότι καὶ περὶ τῆς αἰσθητικῆς λεκτέον ψυχῆς, καὶ περὶ τῆς νοητικῆς. πάσας γὰρ ἀναγκαῖον δυνάμει πρότερον ἔχειν, ἢ ἐνεργείᾳ. ἀναγκαῖον δὲ ἤτοι μὴ οὔσας πρότερον ἐγγίνεσθαι πάσας, ἢ πάσας προϋπαρχούσας, ἢ τὰς μὲν, τὰς δὲ μή· καὶ ἐγγίνεσθαι ἢ ἐν τῇ ὕλῃ μὴ εἰσελθούσας ἐν τῷ τοῦ ἄρρενος σπέρματι· ἢ ἐνταῦθα μὲν, ἐκεῖθεν ἐλθούσας. ἐν δὲ τῷ ἄρρενι, ἢ θύραθεν ἐγγινομένας ἁπάσας, ἢ μηδεμίαν· ἢ τὰς μὲν, τὰς δὲ μή. ὅτι μὲν τοίνυν οὐχ οἷόν τε πάσας προϋπάρχειν, φανερόν ἐστιν ἐκ τῶν τοιούτων. ὅσων γάρ ἐστιν ἀρχῶν ἡ ἐνέργεια σωματική, δῆλον ὅτι ταύτας ἄνευ σώματος ἀδύνατον ὑπάρχειν· οἷον βαδίζειν ἄνευ ποδῶν· ὥστε καὶ θύραθεν εἰσιέναι ἀδύνατον. οὔτε γὰρ αὐτὰς καθ' ἑαυτὰς εἰσιέναι οἷόν τε ἀχωρίστους οὔσας, οὔτ' ἐν σώματι εἰσιέναι· τὸ γὰρ σπέρμα περίττωμα μεταβαλλούσης τῆς τροφῆς [ἐστι] λείπεται δὲ τὸν νοῦν μόνον θύραθεν ἐπεισιέναι, καὶ θεῖον εἶναι μόνον· οὐδὲ γὰρ αὐτοῦ τῇ ἐνεργείᾳ κοινωνεῖ σωματικὴ ἐνέργεια.

LIBER IV.

C. 2. οὐ πάνυ τι Ἰουδαῖοι λέγουσι θεὸν ὄντα τὸν Χριστὸν καταβήσεσ-
θαι ἢ θεοῦ υἱόν] De hâc re conferas Schoettgenii *Hor. Hebr. et Tal-
mud:* et librum, cui titulus, An illustration of the method of explain-
ing the New Testament by the early opinions of Jews and Christians
concerning CHRIST. By William Wilson, B.D., late Fellow of St
John's College, Cambridge. Cantabrig.: typis Academicis; A.D.
MDCCCXXXVIII. Edente Th. Turton. S. T. P. W. S.

C. 10. τοῖς πεισομένοις αὐτὰς οὐκ ἀχρήστους] Pharaonis et
Aegyptiorum poenas remedii et emendationis causa adhibitas esse;
immo Regem in Mari Rubro mersum, "non ut penitus interiret; sed
ut ejectis peccatis allevaretur," suspicatur Origenes (in Exodum,
Philocal. c. XXVII., ed. Spen. p. 104). καὶ τάχα ἐν εἰρήνῃ ἀπὸ τοσούτου
πολέμου τῆς ψυχῆς εἰς ᾅδου καταβῆναι. (*Hic quoque nimium miseri-
cors Origenes. Io. Tarinus.*) De poenarum post hanc vitam vi purga-
toriâ, catenam Patrum Eccl. exhibet Spencerus (p. 47), Annot. ad hunc
locum, (Orig. Tractat. 33 *in Matth.*: Greg. Nyssen. cap. 8 *Orat.
Catechet.*: Justin. M. *Dial. cum Tryphone,* p. 223; Theoph. Antioch.
Lib. II. *ad Autolycum,* p. 96, 101, 103; Tatian. *Orat. c. Graecos,*
p. 152; Iren. Lib. II. c. 64, Lib. V. c. 4. Arnob. Lib. II. p. 31) et
Annot. (p. 48) in locum sequentem c. 12, κακίαν ἐπὶ πλεῖον χεομένην
(Greg. Nyss. *Orat. Catechet.* c. 35. *De anima et resurrectione,* pp. 654,
661, 686. Hieronym. *in Amos.* c. IV. Ambrosium *in Luc.* c. XII.
et *in Psalm.* CXVIII. Lactant. Lib. VII. c. 21).

Opinionem antea instabilem, nec satis scripturâ fultam, Augusti-
nus (ut in aliis) fidentius et cum quadam auctoritatis specie
promulgat, *de Civit. Dei,* Lib. XX. c. 25. "Ecce, venit, dicit
Dominus Omnipotens, et quis sustinebit diem introitus ejus? aut
quis ferre poterit ut aspiciat eum? quia ipse ingredietur quasi ignis
conflatorii, et quasi herba lavantium, et sedebit conflans, et emundans
sicut aurum, &c. *Ex his,* inquit, *quae dicta sunt, videtur evidentius
apparere, in illo judicio quasdam quorundam purgatorias poenas
futuras.*" W. S.

C. 11. τὰ τοῦ Φλαβίου Ἰωσήπου περὶ τῆς Ἰουδαίων ἀρχαιότητος δύο βιβλία] Vid Lib. I. num. 16, ἐν δυσίν, sc. *Contra Apionem.*

C. 15. μὴ δυναμένῳ αὐτοῦ τὰς μαρμαρυγὰς βλέπειν] Cf. Ev. Joann. I. 14, 18.

> The Son of GOD in radiance beam'd
> Too bright for us to scan:
> But we may face the rays that stream'd
> From the mild Son of Man.
>   J. KEBLE, *Christian Year.*

C. 16. διάφοροι τοῦ λόγου μορφαί] Vid. Lib. II. num. 64, VI. num. 77, et Tractat. 35 *in Matth.* R. Origenis verba in Matth. exhibet Spencerus, Annot. (p. 41) in Lib. II. num. 64.

C. 17. οὐ κατὰ τὴν Πλάτωνος μετενσωμάτωσιν] Vid. Not. in Lib. I. c. 32 (p. 13).

C. 20. δεῖσθαί του] Antea τοῦ. W. S.

C. 22. τεσσαράκοντα ἔτη καὶ δύο] Vid. Scaligerum, Animadv. Euseb. ad annum MMLXXXVI., et Petavium, Lib. XI. c. 17, *De doctrina temporum.* Spenc.

C. 22. οὐδ' ἀποκατασταθήσονται] *Origenem* sequitur *Chrysostomus,* Orat. 3, *adv. Judaeos.* Proximo loco *Flavii Josephi* testimonio utitur, quod invenies in fine Lib. x. *Antiq. Jud.* Aliter sentit *Justinus,* in *Dial. cum Tryphone,* p. 306. Vid. *ibid.* pp. 245, 249, 259. et *Apolog.* 2, p. 87. Praeter Justinum alii magni nominis autores hanc opinionem tuebantur, quorum catalogum apud *Hieronymum* invenies in proemiis ad Lib. XVIII. *Comment. in Esaiam.* Eundem vide in *Comment. ad Ezech.* cap. XXXVI. et in *Catalogo Script. Eccl.* in *Papia. Iren.* Lib. V. c. 22, &c. *Tertull.* Lib. *de Resurrectione Carnis,* c. 25, et *Contra Marcionem,* Lib. III. c. 24. *Lactant.* Lib. VII. c. 24. *Augustin. de Civitate Dei,* Lib. XX. c. 29. Spencer.

C. 25. Ἀντιφῶν...περὶ ἀληθείας] Orationes multas scripsit, aliosque libros (vid. Spenceri notam). "At nullibi, quantum scio, occurrit περὶ Ἀληθείας liber, quo in opere, si credas *Origeni,* providentiam elevavit." Spencer.

C. 26. θαυμάζειν τὸν πεποιηκότα] Vid. Cl. Galeni *De usu partium corporis humani,* Lib. III. p. 72 (ed. Paris, 1543). σὲ μὲν οὖν ἴσως ἐκπλήττει τοῦ κατὰ τὴν Ὀλυμπίαν Διὸς ὁ πέριξ κόσμος, ἐλέφας στιλπνὸς καὶ χρυσὸς πολὺς, ἢ τὸ μέγεθος τοῦ παντὸς ἀγάλματος· εἰ δ' ἐκ πηλοῦ τὸ τοιοῦτο θεάσαιο, καταφρονήσας ἂν ἴσως παρέλθοις· ἀλλ' οὐχ ὅγε τεχνίτης, καὶ γνωρίζειν εἰδὼς ἐν ἔργοις τὴν τέχνην· ἀλλ' ἐπαινοῖ τὸν Φειδίαν. W. S.

C. 31. "The spirit of the whole passage bespeaks that the writer of it had no sympathy with the use of images, and no experience of it in his own church." J. J. B.

C. 33. σαφὲς δή]. *Grotius in Annot. ad Matth.* "Ejus quod Origenes hic dicit, vestigium me deprehendere memini in Luctatio, Papinii interprete." Credo Grotium respexisse ejus commentarios ad Lib. IV. *Thebaidos.* Spencer.

C. 33. τὰ ὀνόματα] Vid. Not. ad Lib. I. c. 22, περὶ τοῦ 'Ιακώβ; et Spenceri Annot. (p. 17).

C. 40. ἐν τῷ 'Αδάμ...πάντες ἀποθνήσκουσι] Vid. *Orig.* Tract. 9 *in Matth.* Hom. 14 *in Luc.* Hom. 8 et 12 *in Levit.*: *Justin. Expos. Fidei* et *Dial. cum Tryph.* p. 315. *Iren.* v. 14. *Tertull. De habitu mulierum,* c. 1. *De anima,* c. 40. *De testimonio Animae,* c. 3. *De Paenitentia,* c. 2. *Adv. Marcionem,* II. c. 11. *Clem. Alex. Strom.* III. pp. 453, 468. Spencer.

C. 51. 'Αριστοβούλου] Euseb. Chron. MDCCCXLI. Aristobulus, natione Judaeus, Peripateticus Philosophus cognoscitur, qui ad Philometorem Ptolemaeum explanationum in Moysen commentarios scripsit. Vid. plura in Spenceri Annot. (p. 55).

C. 51. Νουμήνιον] Vid. Not. ad Lib. I. 15 (p. 7).

C. 51. 'Ιαννοῦ καὶ 'Ιαμβροῦ] *Orig.* Tractat. 35 *in Matth.* Item quod ait "Sicut Iannes et Iambres restiterunt Moysi," non invenitur in publicis Scripturis, sed in libro secreto, qui supra scribitur, JANNES ET JAMBRES LIBER: unde ausi sunt quidam Epistolam ad Timotheum repellere, quasi habentem in se textum alicujus secreti, sed non potuerunt. *Ambros. Comment. in Timoth.* II. c. 3, (v. 8) "Exemplum hoc de Apocryphis est."

Locus *Numenii,* ad quem nos *Origenes* remittit, apud *Eusebium* invenies; *Pr. Ev.* Lib. IX. c. 8. Spencer.

C. 52. Παπίσκου τινὸς καὶ 'Ιάσονος] *Hieronymus* hujus libri meminit, et unius erroris arguit. Etenim in Quaestionibus in Genesin haec habet; "In principio fecit Deus caelum et terram. Plerique existimant, sicut in altercatione quoque Jasonis et Papisci scriptum est, et Tertullianus in libro contra Praxeam disputat, necnon Hilarius in expositione cujusdam Psalmi affirmat, in Hebraeo haberi, *In Filio fecit Deus caelum et terram.* Quod falsum esse ipsius rei veritas comprobat."

Ex quo loco patet, pure librum tunc temporis extitisse. Hic "Jason Hebraeus erat, et Christianus. Thessalonicensis fuisse dicitur, cujus Rom. XVI. et Act. XVII. fit mentio, quemque Dorotheus Tyrius

in Synopsi postea fuisse scribit Troadis primum Episcopum." *Pamel.*
in Annot. ad lib. *de Jud. Incred.* inter opera Cypriani.

Lubens interrogarem, a quibus Thessalonicensis dicitur?
Papiscus Judaeus, et patria Alexandrinus erat. Spencer.

C. 63. ἀρρητοποιούς] Paulus ad Ephesios, c. v. 12, τὰ κρυφῇ γινόμενα ὑπ' αὐτῶν αἰσχρόν ἐστι καὶ λέγειν. W. S.

C. 83. Πλατωνίζειν θέλει] Nusquam invenio apud *Platonem* animas aliis alias ortu et origine praestantiores: nec scio, an ullibi dixit brutorum animas perituras, aut in corpora humana migraturas; licet de humanis passim asseruit eas in brutorum corpora detrudendas. Quoniam vero e secretioribus *Pythagorae* et *Aegyptiorum* disciplinis hanc opinionem mutuatus est, facile induci possum ut credam *Platonem* idem de brutorum animabus statuisse. Spencer.

C. 90. ἐφυλάξατο] Vide quae refert *Josephus* ex *Hecataeo* de Mosolamo, Lib. I. *contra Apionem;* vel, ut *Eusebius* (*Pr. Ev.* Lib. IX. c. 4) habet, Mosomamo. Spencer.

C. 98. Plin. Lib. VIII. c. 1. Alienae quoque religionis intellectu creduntur (*elephantes*) maria transituri non ante naves conscendere, quam invitati rectoris jure-jurando de reditu. Spencer.

www.ingramcontent.com/pod-product-compliance
Lightning Source LLC
Chambersburg PA
CBHW061422300426
44114CB00014B/1492